Ägypten
zur Pharaonenzeit

Eugen Strouhal

Ägypten zur Pharaonenzeit

Alltag und gesellschaftliches Leben

mit Fotografien von Werner Forman

Geleitwort von Geoffrey T. Martin

Wasmuth

Originaltitel: Život starých Egypt'anù

Aus dem Tschechischen übersetzt von Wolf B. Oerter

Folgende Abbildungen gehen auf Fotos des Autors zurück: 25, 44, 71, 78, 97, 106, 128, 129, 134, 160, 198, 219, 222, 223, 229, 252, 266–270, 279, 280, 283, 285, 286.
Weitere Bildquellen: Bildarchiv Foto Marburg 87; IGDA Milano 37, 85;
Kodasnha Ltd 101, 164, 251; Milan Zemina 11, 30, 39, 111, 123, 158, 224.

Schmutztitel
1. Nach Feigen greifende Hand. Ausschnitt aus einer Wandmalerei aus Scheich Abd-el-Gurna, Theben-West. 18. Dynastie, Amarnazeit

Frontispiz
2. Opfergaben darbringende Frau. Fragment eines Kalksteinreliefs aus Saqqara. 18. Dynastie. Kairo. Ägyptisches Museum

Gegenüberliegende Seite
3. Vögel und ein Schmetterling im Papyrusdickicht. Ausschnitt aus einer Wandmalerei im Grab des Haremheb in Scheich Abd-el-Gurna, Theben-West. 18. Dynastie

Repros: La Cromolito, S. Giuliano Milanese
Satz: Computer Staiger GmbH, Ammerbuch-Pfäffingen
Druck: Vincenzo Bona, Torino
Printed in Italy

ISBN 3 8030 1043 8

Inhalt

Geleitwort

Die Pioniere der Ägyptologie interessierten sich sehr für die Alltagsaktivitäten der Bewohner des Niltals, mindestens so sehr fesselten sie aber auch ihre religiösen Glaubensvorstellungen und jene, die mit dem Grab- und Totenkult verbunden waren, bemühten sie sich doch darum, die Texte und Papyri zu entziffern. Sir John Gardner Wilkinson (1797–1875) war der erste Ägyptologe, der – auf der Grundlage seiner Beobachtungen in der Nekropole von Theben – einen umfassenden Bericht über das altägyptische Alltagsleben verfaßte. Sein *Manners and Customs of the Ancient Egyptians, including their private life, government, laws, arts, manufactures, religion, agriculture, and early history, derived from a comparison of the painting, sculptures, and monuments still existing, with the accounts of ancient authors* wurde 1837 zum ersten Mal publiziert. Das Buch erlebte mehrere Auflagen, die letzte und beste, die von Samuel Birch herausgegeben wurde, erschien 1878. Der ausführliche Titel gibt uns eine Vorstellung von den weitreichenden Interessen Wilkinsons, zu einer Zeit als die Ägyptologie noch in den Kinderschuhen steckte. *Manners and Customs* war ein außerordentliches Werk und kann noch heute, anderthalb Jahrhunderte nach der ersten Veröffentlichung, mit großem Gewinn gelesen werden.

Der große Teil der auf uns überkommenen Artefakte, die uns einen Einblick in das tägliche Leben der Ägypter geben können, stammen nicht von Siedlungsstätten, in denen die Menschen lebten, sondern aus den Gräbern. Von den frühesten Zeiten an verfügten das Königtum und die Elite des Landes über genügend Reichtum und Einfluß, um ihre Grabmonumente mit allem auszustatten, was für ein angemessenes Weiterleben in der Unterwelt notwendig schien. Vorausschauende Personen von Stand gaben rechtzeitig zu ihren Lebzeiten eine ausgewählte Ausstattung in Auftrag und bezahlten für sie. Weniger Begüterte begnügten sich damit, sich die notwendigen Dinge in den Warenlagern der mit Grabausstattung befaßten Werkstätten zu besorgen. Wohlhabende Handwerker im Königsdienst, so wie jene, die im Neuen Reich in Deir el-Medinah lebten, waren in der glücklichen Lage, sich ihre Grabausstattung selbst anfertigen zu können. Nicht alle Gegenstände, die in den Grabkammern aufgestellt wurden, waren speziell für das Leben nach dem Tod gefertigt. Einige von ihnen wurden sicherlich schon zu Lebzeiten des Grabinhabers benutzt, um später der Sammlung der Grabbeigaben, die im Trauerzug ins Grab gebracht wurde, beigefügt zu werden. Wer weiß, ob die hinterbliebenen Verwandten nicht einen solchen Trauerfall auch einmal nutzten, Möbelstücke oder Nippsachen los zu werden, die altmodisch geworden waren oder nicht gefielen, oder ob sie ihren Haushalt damit wirklich aus dem Gleichgewicht brachten. Wir sollten uns immer daran erinnern, daß die Bewohner des alten Ägyptens wirkliche Menschen waren, zu allen Gefühlen und Empfindungen fähig, die menschlich sind, wie uns dies auch zahlreiche schriftliche und bildliche Zeugnisse übermitteln.

Doch ist die Grabausstattung nur eine der reichen Informationsquellen zum ägyptischen Alltagsleben. Vieles läßt sich aus den Ruinen ihrer Städte ablesen, von denen einige – wie Memphis oder Tell el-Amarna – heute systematisch von den Archäologen ausgegraben werden. Mit modernen wissenschaftlichen Techniken und genaueren Vorstellungen darüber, wie man Siedlungen 'zum Sprechen' bringen kann, steht uns heute eine große Zahl von Funden und Dokumentationen zur Verfügung, die darauf warten analysiert, interpretiert und verglichen zu werden. Man denke hier nur an Nahrungs- und Pflanzenreste, solche, die mit Entwässerung und Kanalisation zu tun haben, mit Anlagen für die Herstellung von Töpferware oder einfach zum Brotbacken, aber auch mit jenen, die mit der Organisation und Verteilung der Wasservorräte in Verbindung standen. Wenn man Städte dem Verfall überließ oder solche zugunsten eines anderen Ortes aufgegeben wurden, wurden verständlicherweise die meisten Besitztümer von den Einwohnern mitgenommen. Die Bruchstücke und Scherben, die sie zurückließen und die von den Archäologen ausgegraben werden können, vermehren und vertiefen das Wissen, das die in den Gräbern gefundenen besser erhaltenen Artefakte vermittelt haben. Eine andere Sache ist es, wenn eine Stadt oder ein Dorf überstürzt verlassen werden mußte und die Bewohner keine Gelegenheit fanden, zurückzukehren und ihre Besitztümer mitzunehmen. (Es gibt einige Hinweise dafür, daß solches in der letzten Besiedlungsphase in Deir el-Medinah geschehen sein könnte.) Den glücklichen Ausgräber einer solchen Fundstätte erwartet reiche Ausbeute, und die gewonnenen Erkenntnisse können unser Verständnis verschiedener Aspekte des ägyptischen Lebens revolutionieren, vor allem wenn auch dokumentarisches und inschriftliches Material vorhanden ist. Auch hierfür ist die 'klassische' Fundstätte Deir el-Medineh.

Die Arbeiten einiger Philologen, so die Professor Jaroslav Černýs, eines wie der Autor dieser Monographie tschechischen Wissenschaftlers, konfrontieren uns hier mit den Einwohnern eines ägyptischen Dorfes im 2. Jahrtausend v. Chr. – sicherlich nicht eines ausgesprochen typischen, war es doch auf die Schaffung und Ausschmückung der königlichen Gräber im Tal der Könige und dem der Königinnen in Theben-West spezialisiert. Wir können sie beispielsweise beim Heiraten beobachten, aber auch beim Streiten, Handeln, Tauschen, Stehlen und vor Gericht. Die mit Inschriften versehenen Tonscherben und Steinstücke (ostraca) wie die Papyri erhellen uns diese und andere Aspekte des täglichen Lebens, können das Bild schärfen, das aus dem ausgegrabenen Material der Häuser, Schreine und Grabkapellen gewonnen wurde.

4. Junge Prinzessin beim Weinlesen. Elfenbeintafel. 18. Dynastie, Amarnazeit. Privatsammlung

Ägyptische Gräber wie Stadtgrabungen versorgen uns mit einer Fülle von Informationen über weltliche Angelegenheiten. Natürlich konzentrieren sie sich vor allem auf das Leben der Könige, Höflinge und Verwalter, doch werden auch einfache Ägypter auf den Wänden der Gräber abgebildet und namentlich genannt. Auf Reliefs und Wandmalereien wird eine große Bandbreite von Aktivitäten gezeigt: von militärischen Aktionen, dem Tempelkult, der Landwirtschaft, Szenen aus dem häuslichen Leben, Berufswelt und Handwerk bis zu den mannigfaltigen Aspekten des Lebens in der Unterwelt.

Alle diese genannten Quellen und auch andere wurden von Dr. Eugen Strouhal für sein lebendig geschriebenes und wundervoll illustriertes Buch, das sich dem Leben im alten Ägypten widmet, ausgewertet. Zu den früheren Werken zu diesem Thema gehört der Klassiker von Adolf Ermann, *Ägypten und ägyptisches Leben im Altertum* (1885, und spätere Ausgaben), ein damals zukunftsträchtiges Werk mit weitreichendem Ansatz, das heute aber in vielem überholt ist. Das Werk von Pierre Montet, *La Vie quotidienne en Égypte au temps de Ramsès* (1946) war nicht so gründlich, der Blickwinkel war beschränkter. Eugen Strouhal ist ein ausgezeichneter Kenner des Materials und hat seinen Vorgängern die Tatsache voraus, daß er nicht nur Archäologe ist, sondern auch ein international anerkannter Anthropologe. Seine Diskussion des anatomischen Materials und die Vertrautheit mit den medizinischen Texten sind ein wichtiger Aspekt seines Buches. Wir erfahren einiges über Themen wie Lebenserwartung, Hygiene, Krankheiten und Traumata. Viele Jahre lang hat Dr. Strouhal an Grabungskampagnen in Ägypten und im Sudan teilgenommen, die von seinem tschechoslowakischen Heimatland, aber auch anderen europäischen Ländern, so England, gefördert wurden. Er untersucht derzeit eine große Anzahl von Skeletten, die von der Egypt Exploration Society und dem Leiden Museum gemeinsam in Saqqara ausgegraben wurden. Er steht in einer Reihe mit den anderen tschechischen Ägyptologen, die in dieser Wissenschaft eine herausragende Traditionslinie vertreten: František Lexa, Zbyněk Žába, Jaroslav Černý. Sein neues Buch wird deshalb begrüßt und eindringlich empfohlen.

Geoffrey T. Martin
Edwards Professor of Egyptology
University College London

Vorwort

Wohl jeder Besucher Ägyptens, dieses uralten Landes am Nil, und jeder, der in Büchern über die Kunst und Kultur Altägyptens blättert, ist von der Vollkommenheit seiner Monumentalarchitektur, seiner Kolossalstatuen und Grabmalereien sowie von dem Reiz der altägyptischen Kleinkunst fasziniert und von dem Glanz der in Gold und Silber gefaßten oder mit Glas und Edelsteinen verzierten Luxusgegenstände geblendet. Die Tatsache, daß vor fünftausend Jahren ein Bruchteil der Menschheit in einem bestimmten Gebiet die Schwelle zur Zivilisation überschritten hat, während sonst – sieht man einmal von Mesopotamien ab – Kulturlosigkeit herrschte, unterstreicht dies noch. Und nur selten machen wir uns bewußt, wieviel Mühen, Geschicklichkeit und Ausdauer zahlloser ungenannter Künstler sich in diesen prächtigen Werken verbergen. Die altägyptischen Könige und Edlen wären schon längst der Vergessenheit anheimgefallen, wenn Arbeiter- und Künstlerhände nicht Pyramiden oder doch wenigstens ausgedehnte Grabbauten über ihren Särgen errichtet hätten. Über die Kunstwerke, den Adel, die Könige und Götter des alten Ägyptens sind schon viele Bücher geschrieben worden, doch nur wenige Publikationen haben auch das Leben der einfachen Menschen zum Gegenstand.

Das Leben der alten Ägypter zu beschreiben ist ein weitaus schwieriges Unterfangen, als etwa eine Beschreibung ihrer Werke zu liefern. Direkte Quellen, also etwa die archäologische Freilegung ihres einstigen Lebensbereiches, sind eher die Ausnahme, denn die Ausgrabungen in Ägypten haben sich bislang weitestgehend auf das Reich der Toten konzentriert. Ein Abglanz ihres Lebens geben uns allerdings die Reliefs und Wandmalereien der Beamtengräber. Allerdings dienten diese Darstellungen keinesfalls dem Selbstzweck und sind auch nicht um der reinen Dekoration willen angebracht worden, es sind vielmehr Opferszenen, die immerhin auch die Herstellung der Gegenstände und Produkte zeigen, ohne die der Tote nach altägyptischer Auffassung nicht des ewigen Lebens teilhaftig werden konnte. Erwähnungen des Alltags finden sich in schriftlichen Quellen, wie beispielsweise in den Lebenslehren oder in literarischen und medizinischen Texten, in Urkunden und Verträgen. Wichtige Details enthalten auch die Zeugnisse jener antiken Autoren, die Ägypten selbst bereist und Augenzeugen waren.

In unserem Buch kommen auch solche Quellen zu Wort, die gewöhnlich nicht unter die 'historischen' gezählt zu werden pflegen – nämlich Mumien und die sterblichen Überreste der alten Ägypter, die dank immer ausgefeilterer naturwissenschaftlicher und medizinischer Forschungsmethoden zum 'Sprechen' gebracht werden können. Sie zeugen auf ganz unmittelbare Weise von den physischen Eigenschaften, den erlittenen Krankheiten oder der Lebensdauer des Einzelnen – Dinge, die anderweitig nur schwer feststellbar wären.

Empfängnis, Geburt, Tod und Begräbnis sind die Wegstrecken, die wir bei unserem Versuch, das Leben der alten Ägypter nachzuzeichnen, zurücklegen werden. Bei der Schilderung ihrer beruflichen Tätigkeiten gehen wir gleich mehreren Richtungen nach: wir beginnen bei den unmittelbaren Produzenten – den Bauern und Viehzüchtern –, wenden uns dann den Handwerkern und Künstlern zu und gelangen schließlich zu den Erbauern der Monumentalbauten. Ihrer bedeutenden Rolle auf organisatorischem Gebiet wegen seien freilich auch die Schreiber, die Priester, die 'Wissenschaftler', Ärzte und Balsamierer mit einbezogen. Die Angehörigen der herrschenden Schicht – also der König, dessen Familienmitglieder und der Adel – werden von uns nur dann berücksichtigt, wenn es keine anderen geeigneten Zeugnisse gibt, um bestimmte Tatsachen zu beschreiben, oder wenn wir den Kontrast zeigen wollen, der zwischen dem Leben der höheren und der niederen Schichten bestand. Von unserer Darstellung ausgenommen sind hingegen altägyptische Institutionen, wie Rechtsordnung, Wirtschaft, Ideologie, Religion und Mythologie, sowie Literatur, Kunst und andere Bereiche der altägyptischen Kultur, die sich in anderen Publikationen ausführlich behandelt finden.

Im Mittelpunkt unseres Interesses steht der Ägypter als physisches und soziales Wesen. Dabei unterliegen wir keinesfalls der Illusion von den idyllischen Bedingungen des Niltals, sondern haben die schwere körperliche Arbeit vor Augen, die von den altägyptischen Landarbeitern tagtäglich geleistet werden mußte. Arbeitstechniken und Herstellungsmethoden interessieren uns nicht nur in ihrem Verhältnis zum jeweiligen Endprodukt, sondern auch unter dem Aspekt ihres Arbeitsaufwandes, der notwendigen physischen Leistungen und ihrer negativen Einflüsse auf die Gesundheit der Produzenten. Der Blick auf die in den Steinbrüchen und auf den Baustellen geleistete schwere körperliche Arbeit führt uns zu der Untersuchung der Bedingungen, unter denen die monumentalen Werke errichtet wurden, und der Gefahren, die damit verbunden waren. Aber auch die Frau, die im Schutz ihres Heimes lebte, war von Risiken bedroht, die Schwangerschaft, Geburt und Kindbett mit sich brachten. Wir werden sehen, daß das Leben im Altertum keinesfalls eine Idylle war. Tödliche Unfälle, ansteckende Krankheiten – insbesondere parasitä-

5. Weizenfeld. Relieffragment. 18. Dynastie, Amarnazeit. New York, Nobert Schimmel Collection

ren Ursprungs – sowie häufige Epidemien, vor allem aber die hohe Säuglings- und Kindersterblichkeit waren Vorbedingungen einer sehr niedrigen Lebenserwartung. Die frühe Zivilisation sah sich außerstande, mit den steigenden hygienischen und sanitären Problemen fertigzuwerden.

Der Autor ist sich der Gefahr bewußt, die eine thematisch gegliederte Darstellung mit sich bringt, im Unterschied zu der geläufigeren chronologischen Anordnung. Einerseits kann er zwar eine komplexere Sicht der einzelnen Aspekte des Lebens bieten, andererseits ist es ihm aber – schon allein aus Raumgründen – unmöglich, sämtliche Veränderungen darzustellen, zu denen es im Verlaufe der dreitausendjährigen Entwicklung der altägyptischen Gesellschaft gekommen ist. Er kann lediglich auf wesentliche Veränderungen aufmerksam machen bzw. die dargebotenen Fakten datieren.

Ziel des vorliegenden Buches ist es nicht, eine erschöpfende Auskunft über alles zu geben, was zu dem weitgefaßten Begriff 'Alltag und soziales Leben' im alten Ägypten gehört, sondern vielmehr, den Leser mit den interessantesten bzw. typischen Erscheinungen dieser jahrtausendealten Zivilisation bekannt zu machen und ihm auf diese Weise das Leben der einfachen Menschen näherzubringen, die indirekt auch zur Geburt unserer europäischen Zivilisation beigetragen haben.

Eugen Strouhal

KAPITEL 1

Beginn des Lebens

Seit Jahrtausenden schon kommt es – nicht nur im Land am Nil – immer wieder zu demselben, aber stets aufs neue einzigartigen Ereignis – der menschlichen Geburt. Dem Menschen, seinem natürlichen Intellekt und seinen physischen Kräften, verdankte eine der ältesten und bewundernswertesten Zivilisationen der Welt ihre Existenz. Bevor wir den einzelnen Lebensabschnitten der Ägypter im Altertum nachgehen, wollen wir den Schleier des Geheimnisses ein wenig lüften, der über dem verborgenen Leben zwischen Empfängnis und Geburt liegt. Welche Kenntnisse hatten die Ägypter wohl von diesen physiologischen Vorgängen, und wie verstanden sie es, das ungeborene Leben zu schützen?

Die Kenntnis von der Rolle des männlichen Samens und des Geschlechtsaktes bei der Empfängnis ist uralt, wohl genau so alt wie die Menschheit selbst. Mit der Entwicklung der Viehzucht in den landwirtschaftlichen Kulturen des neolithischen Ägyptens seit dem 5. Jahrtausend v. Chr. erwarben sich die Menschen praktische Kenntnisse, indem sie diese Vorgänge bei ihren Haustieren beobachteten. Die Ägypter äußerten sich über die Empfängnis sehr schlicht und ohne Umschweife: „Der Mann lag in der Nacht bei seiner Frau, und sie wurde schwanger.“ Ausführlichere Schilderungen finden wir in den königlichen Geburtslegenden, in denen die Geburt des Pharaos auf die geschlechtliche Vereinigung zwischen Königinmutter und einem Gott zurückgeführt wird, wodurch der Herrscher seinen göttlichen Ursprung öffentlich kundtat. Am bekanntesten ist die Geburtslegende der Königin Hatschepsut, die auf den Wänden ihres Tempels in Deir el-Bahari bildlich dargestellt wird. *10*

Die Legende beginnt damit, daß Thot, der Gott der Weisheit, dem höchsten der Götter des Neuen Reiches, Amun von Theben, von der angehenden Königinmutter berichtet: „Diese junge Frau, von der du sprachst, heißt Ahmose. Schöner ist sie als jede andere Frau in diesem ganzen Lande. Sie ist die Gattin des Herrschers, des Königs von Ober- und Unterägypten Aa-Cheper-Ka-Re (Thutmosis I.), der ist mit Leben begabt ewiglich ...“

Thot führt darauf Amun, der mittlerweile die Gestalt König Thutmosis' II. angenommen hat, zur Königin Ahmose „... Der erhabene Gott Amun, der Herr des Thrones Beider Länder, ging, nachdem er seine Gestalt zu der ihres Gatten, der Majestät, des Königs von Ober- und Unterägypten Aa-Cheper-Ka-Re, gemacht hatte, zu ihr. Er fand sie, wie sie ruhte im Innern ihres Palastes. Sie erwachte wegen des Gottesduftes und lachte Seiner Majestät entgegen. Er trat sogleich auf sie zu und ließ sie ihn in seiner Gottesgestalt sehen. Sie jubelte beim Anblick seiner Vollkommenheit. Seine Liebe ging in ihren Leib ein, und der Palast war überflutet von Gottesduft, mit all den Wohlgerüchen aus Punt.“

Zur nächsten Szene gehört ein Gespräch der beiden „... Die Königsgemahlin und Königsmutter Ahmose sprach zu der Majestät, dem erhabenen Gott Amun, dem Herrn des Thrones Beider Länder, nachdem er alles, was er wollte, mit ihr getan hatte: ‘Mein Herr, wie groß ist doch deine Kraft! Herrlich ist es, dein Antlitz zu sehen. Du hast meine Majestät mit deinem Glanz umfangen. Du bist in allen meinen Gliedern.’ Amun, der Herr des Thrones Beider Länder, sprach zu ihr: ‘Chenemet-Amun Hatschepsut ist der Name deines Sohnes, den ich in deinen Leib gelegt ...’.“

Aus der Legende wird zugleich deutlich, für wie hoch man die eheliche Treue veranschlagte; der Gott mußte die Gestalt des Königs, des Gemahls der Königin, annehmen, um sich ihr nähern zu können. Bemerkenswert ist auch, daß die künftige Königin Hatschepsut in der Legende als Sohn bezeichnet wird – wohl um die Legitimität ihrer Thronfolge zu unterstreichen.

Die Vertrautheit mit der Vorstellung der Zeugung als Besamung zeigt sich auch in anderen Legenden, nicht zu vergessen den Darstellungen des Gottes Min bei der Ejakulation mit erigiertem Penis. In mehreren Texten finden wir die altägyptischen Bezeichnungen für das Geschlechtsorgan, *henen* (*ḥnn*, in der Hieroglyphenschrift immer aufgerichtet), *beh* (*bḥ*) für die Penisspitze, aus der *mu*, der Samen, ausgestoßen wird. Die Ägypter unterschieden den Hodensack (mit Inhalt) (*ḥrwj*) und die Testikel (*inswj*). Der medizinische Papyrus Ebers beschreibt zwei Gefäße, die in die Hoden das Sperma leiten, dessen angenommener Ursprung in den Knochen liegt. Die Ägypter wußten offensichtlich, daß Sperma und Hoden irgendwie zueinander in Verbindung standen, es fehlte ihnen jedoch die Erkenntnis, daß der männliche Samen hier produziert wird. Die Vorstellung vom Ursprung in den Knochen geht auf den Glauben zurück, daß ein Kind alle seine härteren Bestandteile vom Vater, die weicheren von der Mutter erwarb.

Anatomie und Physiologie der weiblichen Geschlechtsorgane wurden nur vage verstanden. Dokumente sprechen vom Uterus (*šd*) und von den großen Schamlippen (*sp.tj šd*) als 'seinen Lippen'. Die Vagina, in den Pyramidentexten als Gegenstück zum Penis beschrieben, wird sehr bildhaft als Mörser (*q3t*) bezeichnet. 'Menschenmutter' (*mwt rmts*) wurde die Gebärmutter genannt (oder die Plazenta, wie einige Wissenschaftler behaupten) – als der Ort, an dem sich der Embryo entwickelt. Der Embryo – der tierische wie der menschliche – wurde als 'kleines Ei' bezeichnet (*swḥt*), für den menschlichen gab es auch eine eigene Benennung (*wnw*).

Vorhergehende Seite
6. Die Nilpferdgöttin Thoeris schützte Frauen bei der Geburt. Hathor, hier als Kuh dargestellt, war eine sorgende Muttergottheit. Dies war freilich nicht ihre einzige Rolle: Sie trägt die Krone der Liebesgöttin – nämlich die Sonnenscheibe mit Kuhhörnern – und den Federschmuck des Totengottes Osiris. Hathor geht gerade über den Bergen von Theben-West auf, der Nekropole, denn sie war zugleich eine Totengöttin. Aus dem Totenbuch des Userhetmes. 19. Dynastie. Kairo, Ägyptisches Museum

7. König Sesostris I. verehrt Min, den Gott der Fruchtbarkeit, der wie üblich mit erigiertem Phallus dargestellt ist. Kalksteinrelief vom Barkenschrein des Königs. Amuntempel in Karnak. 12. Dynastie

Für Eileiter und Eierstock hatten die Ägypter keine besondere Bezeichnung. Den Eileiter hielten sie für einen unmittelbaren Bestandteil der Gebärmutter, während sie von der Existenz des Eierstocks möglicherweise überhaupt keine Kenntnis hatten. Interessanterweise stellt die Hieroglyphe *id.t*, die auch als *ḥmt* 'Gebärmutter' gelesen werden kann, die doppelhornige Gebärmutter (*Uterus bicornis*) von Kühen dar. Damit hätten wir einen weiteren Anhaltspunkt dafür, daß die alten Ägypter ihre anatomischen Kenntnisse dem Ausweiden von Tieren verdankten und nicht Obduktionen des menschlichen Körpers oder dem sehr anderen Bereich des Einbalsamierens. Die Gebärmutter stellten sie sich als im Bauch frei beweglich vor, die unter Umständen durch eine falsche Lage Krankheiten hervorrufen konnte.

Als gute Beobachter stellten die alten Ägypter fest, daß beide Enden der doppelhornigen Gebärmutter (in Wirklichkeit die Enden der Eileiter) frei in die Bauhöhle münden. Weniger richtig indes war ihre Vorstellung, wonach auch der Verdauungstrakt, der zum Mund und an die Afteröffnung führt, hier ende. Ihre kosmologische Parallele hat diese Vorstellung dann im Mythos von der Himmelsgöttin Nut, die abends die Sonne verschluckt, um sie morgens wieder zu gebären, wie sie auch morgens die Sterne verspeist, die dann abends erneut aus ihrem Schoß aufsteigen.

Diese Anschauung basierte möglicherweise auf Beobachtungen seltener, extrauteriner Schwangerschaften, bei denen die Leibesfrucht durch den Mund oder den After abgeht. Auf ihr beruht dann zugleich die Ansicht, daß eine Befruchtung auch durch einen abnormalen Geschlechtsakt möglich sei, insbesondere auf orale Weise. Dies spiegelt sich beispielsweise in dem Märchen von den beiden Brüdern wider: eine Prinzessin wird, nachdem sie den Splitter eines Baumes, in den ihr Ehegatte verwandelt worden ist, verschluckt hat, sofort schwanger. Denselben Gedanken finden wir in der Weltschöpfungslehre wieder, nach der Schu, der Luftgott, und Tefnut, die Göttin der Feuchte, beide durch Atum, einen der Urgötter, gezeugt werden, indem er sie ausspeit, nachdem er seinen Samen verschluckt hat.

Indem die Ägypter dann den Gedanken von einer Verbindung zwischen Gebärmutter, Bauchhöhle und Verdauungstrakt logisch weiterentwickelten, fanden sie eine 'Erklärung' für die Unfruchtbarkeit: bei sterilen Frauen sei diese Verbindung verschlossen. Diese Erklärung lag dann auch jenen Fruchtbarkeitstests an Frauen zugrunde, bei denen man ihnen verschiedene Stoffe, wie Zwiebeln oder Knoblauch, in die Scheide legte. War die Verbindung frei, die Frau also fruchtbar, dann mußte ihr Atem anderntags nach Zwiebeln oder Knoblauch riechen. Doch wandte man auch andere Tests an. So wurden der Frau beispielsweise mit Muttermilch vermischte Pflanzendrogen oder Mehl mit Datteln, in Bier aufgeweicht, eingeflößt bzw. intravaginal verabreicht. Übergab sich die Frau, hieß das, daß sie fruchtbar war. Auch äußere Untersuchungen halfen bei der Diagnostizierung von Unfruchtbarkeit. Entsprach das eine Auge der Frau dem einer Asiatin und das andere dem einer Afrikanerin galt sie als unfruchtbar. Auch Hautfarbe, das Geflecht der Brustadern oder Form und Spannung der Brüste verrieten angeblich Unfruchtbarkeit. Volle und feste Brüste bedeuteten, daß die Frau schwanger werden konnte, flache und schlaffe Brüste hingegen, daß eine Schwangerschaft kaum oder überhaupt nicht möglich war.

Die ägyptischen Frauen hatten naturgemäß Angst vor der Unfruchtbarkeit, die als Schande und Fluch galt. Sterilität behandelten sie, indem sie verschiedene Stoffe, beispielsweise Datteln, in die Scheide legten oder Bauch und Schenkel mit Menstruationsblut bestrichen. Dieser Brauch

8. Fruchtbarkeitszauber. Fayence. Der Geschlechtsakt war ein auf Amuletten gern dargestelltes Thema. Spätes Neues Reich. Privatsammlung

10. Um die Legitimität ihrer Herrschaft zu unterstreichen, hat sich Königin Hatschepsut als Sphinx darstellen lassen, mit dem üblichen Zeremonienbart, dem Attribut der Könige. Aus dem Terrassentempel der Hatschepsut in Deir el-Bahari, Theben-West. Bemalter Kalkstein. 18. Dynastie. Kairo, Ägyptisches Museum

9. Kolonnade des Geburtshauses (*mammisi*) von Harsomtus, der der mystischen Vereinigung von Hathor und Horus entsprang. Das Geburtshaus, das von Ptolemaios VIII. Euergetes II. errichtet wurde, befindet sich südlich des Horus-Tempels von Edfu

hing mit der Ansicht zusammen, wonach das Ausbleiben der Menstruation während der Schwangerschaft darauf zurückzuführen sei, daß das Blut zur Bildung und Ernährung der Leibesfrucht gebraucht werde. Freilich wandte man sich auch an die Götter oder Geister der Verstorbenen mit der Bitte um Abhilfe, wie dies Votivfigürchen nackter, auf Betten neben Kindern liegender Frauen beweisen. *15*

Die Erfahrung lehrte die Ägypter relativ genau, wie lange eine Schwangerschaft normalerweise dauerte. Diesbezügliche Angaben schwanken zwischen 271 und 294 Tagen, was mit der heutigen durchschnittlichen Schwangerschaftsdauer von 282 Tagen – vom ersten Tag nach der letzten Menstruation an gerechnet – übereinstimmt und den Wert von 269 Tagen nach der Befruchtung nur geringfügig übersteigt. Die altägyptischen Angaben stammen unter anderem aus Eheverträgen. Auf einem Ostrakon aus den Sammlungen des städtischen Museums Straßburg wird zur Feststellung, ob die Braut mit ihrer Behauptung, zum Zeitpunkt der Hochzeit noch nicht schwanger gewesen zu sein, auch die Wahrheit gesagt habe, eine Prüfzeit von 275 Tagen genannt. Auf einem Sarkophag aus dem Ägyptischen Museum in Berlin steht geschrieben: „Deine Mutter trug dich bis zum 1. Tag des 10. Monats." Da der ägyptische Monat 30 Tage lang war, kommen wir mit dieser Angabe genau auf 271 Tage.

Die altägyptischen Ärzte entwickelten auch Methoden zur Schwangerschaftsprognose, die beispielsweise bei erneuten Eheschließungen von Witwen oder bei Erbschaftsstreitigkeiten von praktischer juristischer Bedeutung war. Die Methoden beruhten jedoch nicht auf klinischen Erfahrungen, sondern gingen von Analogiebildungen aus. Wenn sich ein menschliches Lebewesen im Körper der Frau herausbilden konnte, dann mußte deren Urin ein schöpferisches Prinzip enthalten, das auch auf das Wachstum von Getreide oder Gemüseblättern beschleunigend wirkte. Interessanterweise haben moderne Testverfahren gezeigt, daß die durch den Urin ausgeschiedenen weiblichen Hormone eine ähnliche Wirkung zeigen wie das Pflanzenhormon Auxin und in der Tat die Blütezeit zu beschleunigen vermögen.

Als frühe Kennzeichen einer Schwangerschaft führten die Ärzte unter anderem Grünfärbung der Haut, warmen Hals und kalten Rücken, veränderte Augenfarbe, Veränderungen der Muskelspannung und des Blutkreislaufes an. Einen der zahlreichen Schwangerschaftstest enthält auch das Rezept des Berliner Papyrus Nr. 3038: die zu Untersuchende soll Melonenbrei mit der Muttermilch einer Frau trinken, die einen Sohn geboren hat. Erbricht sie, gilt sie als schwanger.

Vorstellungen, die man mit dem Urin von Schwangeren verband, führten dann auch zu Versuchen einer Geschlechtsbestimmung des noch Ungeborenen. Man glaubte, Urin von Frauen, die mit einem männlichen Embryo schwanger gingen, beschleunige das Wachstum von Weizen – offensichtlich deshalb, weil das Wort für Weizen ein männliches war. Demgegenüber ließ der Urin von Frauen, deren Embryo weiblichen Geschlechts war, Gerste schneller wachsen, weil Gerste grammatikalisch eben weiblichen Geschlechts war. (Diese Methode ist Anfang der 60er Jahre von P. Ghalioungui an der Ein-Shams Universität in Kairo getestet und als völlig ungeeignet verworfen worden.)

Relativ wenig wissen wir vom Schwangerschaftsverlauf und seinen Kompliktionen. Darstellungen schwangerer Frauen stammen häufiger aus der Vor- und Frühgeschichte als aus späterer Zeit. Zu den neueren Funden gehört eine neolithische Statuette, die französische Grabungen in Kadero bei Khartum im Sudan zutage gefördert haben. Aus der vordynastischen Zeit Ägyptens sind mehrere Statuetten bekannt, die allerdings als weniger gelungen angesehen werden dürfen. Auf den Reliefs aus dynastischer Zeit sind schwangere Frauen nur selten dargestellt. Zu den vorhandenen Darstellungen gehört das Relief einer stehenden Schwangeren aus der Mastaba (Grab) des Anchmahor in Saqqara (6. Dyn.). Auf den Tempelreliefs der Hatschepsut in Deir el-Bahari (18. Dyn.) und Amenophis' III. in Luxor ist in den Geburtslegenden von König und Königin auch die schwangere Mutter dargestellt. Aus dieser Zeit stammen auch Alabastervasen in Form einer nackten schwangeren Frau sowie kleine Krüge in Gestalt einer knienden Schwangeren mit im Schoß verschränkten Händen (ganz ähnlich auch jene Hieroglyphe, die als sogenanntes Deutzeichen dem Wort für „empfangen, schwanger sein" beigefügt wird). Zu dieser Kategorie von Zeugnissen gehören auch Tonmodelle, die Betten mit liegenden nackten Frauenfigürchen darstellen. Sämtliche Darstellungen hatten offenbar magische Bedeutung und sollten die Schwangere vor Komplikationen, vor allem aber vor Fehlgeburten schützen. Bis zum Zeitpunkt der Geburt führte die schwangere Frau allerdings ein normales Leben und verrichtete auch oft körperlich anstrengende Arbeit.

Daß man im alten Ägypten mit Schwangeren offensichtlich auch brutal umging, beweisen die beinernen Überreste eines 16jährigen nubischen Mädchens, das schwer mißhandelt worden war – vielleicht gerade weil es schwanger war. Die Folgen der Mißhandlung: Unterarm- und Beinfrakturen; sie starb an den Folgen eines Schädelbruches.

Die alten Ägypter kannten bereits Mittel zur Empfängnisverhütung wie zur künstlichen Abtreibung, die man 'Abgehen aus der Schwangeren' nannte. Hierzu gehörten verschiedene vaginale Einläufe, beispielsweise mit heißem Öl. Künstliche Abtreibungen wurden zwar geahndet, doch konnten sie in begründeten Fällen rechtlich auch gestattet werden.

11. Begräbnis. Eine der Trauernden – sie ist schwanger – fällt in Ohnmacht. Relief in der Mastaba des Anchmahor, Saqqara. 6. Dynastie

Drohenden Fehlgeburten versuchte man auf verschiedene Weise zu begegnen. Blutungen sollten durch eine Zwiebel-Wein-Mischung oder durch eine Mischung aus Blättern und Früchten verschiedener Pflanzen, Öle und Honig gestillt werden, die man in das Genital der Frau goß. Vaginalpräparate aus den unterschiedlichsten Pflanzen sollten ein 'Zusammenziehen der Gebärmutter' bewirken. Gegen die Entstehung von Dehnungsstreifen (*striae*) rieben sich die Frauen den Bauch mit verschiedenen Ölen ein; wohlhabende Damen pflegten dafür feines Behenöl aus den Früchten der Moringa zu verwenden.

Über die Geburt selbst gibt es in den medizinischen Papyri fast keine Angaben, was vielleicht darauf zurückgeführt werden kann, daß sie eine Sache der Hebamme war und als eine normale Angelegenheit betrachtet wurde, die sich der medizinischen Kompetenz entzog, komplizierte Fälle vielleicht ausgenommen.

Auch die altägyptischen Frauen gebaren nicht schmerzlos. „An einem dieser Tage wurde es der Ruddjedet übel, und sie spürte starke Wehen", lesen wir in einer der Wundergeschichten des Papyrus Westcar aus der Anfangszeit des Neuen Reiches. Und in einem Gebet an Amun vernehmen wir „... eile wie der Nordwind. Denn die Zeit der Schwangeren ist gekommen. Sie ist voller Schmerzen, ihre Zeit ist gekommen."

Daß Frauen bei der Geburt halfen, war selbstverständlich. In der soeben zitierten Erzählung des Papyrus Westcar heißt es dann weiter, daß der Gott Re, der Kindesvater, vier göttliche Geburtshelferinnen zu der Schwangeren schickt. Wir kennen solche Göttinnen aus den Geburtsszenen in den königlichen Geburtshäusern (*mammisi*). Auch auf einem Relief aus der Mastaba des Anchmahor sehen wir eine am Boden hockende, von zwei Geburtshelferinnen gestützte schwangere Frau beim Eintreten der Wehen. Der Verlauf der Geburt, bei der die göttlichen Geburtshelferinnen zugegen sind, wird dann im Papyrus Westcar folgendermaßen geschildert: „Isis stellte sich vor sie, Nephthys hinter sie, und Heket beschleunigte die Geburt. ... Das Kind glitt auf ihre Arme. Es war 1 Elle lang, von festen Knochen, mit Gliedmaßen aus Gold und einem Kopftuch aus echtem Lapislazuli. Sie wuschen es, nachdem sie seine Nabelschnur abgeschnitten hatten, und legten es auf ein Kissen."

Kurz vor der Geburt zog sich die werdende Mutter gewöhnlich in die sogenannte Wochenlaube zurück, einen leichten Bau aus Pfählen und Pflanzenmaterial, der im Garten, im Hof oder auf dem Dach des Hauses errichtet wurde. Hier zog sie sich dann bis zum Ende der Reinigungszeit vor den übrigen Familienmitgliedern zurück.

Um uns eine Vorstellung vom Ablauf der Geburt machen zu können, sind wir zumeist auf bildliche Darstellungen angewiesen, die sich vor allem auf den Reliefs der königlichen Geburtshäuser finden. Diese *Mammisi* genannten Bauten standen in der Nähe großer Tempel und waren dem Mysterium der Vereinigung zwischen Königin und Gott geweiht, aus deren Verbindung der entsprechende König hervorgegangen war. Auf einem heute nicht mehr erhaltenen Relief aus Armant, das aber auf früheren Expeditionen genauestens abgezeichnet worden ist, ist die Königin Kleopatra nackt in kniender Gebärstellung dargestellt. In dieser Stellung bringen auch heute noch die ägyptischen Frauen auf dem Lande ihre Kinder zur Welt. Hinter Kleopatra stehen drei Schutzgöttinnen, allen voran die Göttin Neith; die dritte Göttin trägt das Anch-Zeichen als Symbol des Lebens. Vor Kleopatra knien drei Frauen: die erste, die das Neugeborene in den Händen

12. Teil einer Tempelinschrift oder Entwurf mit einer auf zwei Ziegeln knienden Kreißenden. Diese stilisierte Darstellung bedeutet als Hieroglyphe „gebären". Griechisch-römische Zeit. London, British Museum

hält, ist die Hebamme, die zweite vermutlich die Säugamme und die dritte eine Geburtshelferin. Die Hieroglyphe *mśj*, 'gebären', zeigt die werdende Mutter in kniender Gebärstellung.

Eine andere, nach Meinung einiger Gelehrter allerdings weniger häufige Gebärstellung war ein Hocken, bei dem man sich auf zwei voneinander getrennte Ziegelsteine stützte. Ein Relief im Ägyptischen Museum Kairo zeigt eine Frau, die in einem kleinen Ziegelbau sitzt, auf dessen Rand
sie sich mit Ellbogen und Armen stützt, während ihre Hände die Knie umschließen. Bei der Ge- 13
burt assistiert ihr die Göttin Hathor. Dieser einfache 'Gebärschemel' aus Ziegeln ist auch aus literarischen Quellen bekannt, und auch diese Gebärstellung kommt als Hieroglyphe in der Bedeu-
tung 'Geburt' vor. 12

Entbindungen wurden in der Regel so dargestellt, daß das Neugeborene den Mutterleib mit Kopf und Armen zuerst verläßt. Derartige Bilder zeigen somit die fortgeschrittene Phase einer normalen Geburt. Papyrus Westcar zufolge war es Brauch, die Nabelschnur erst nach dem Reinigen und Waschen des Neugeborenen sowie nach erfolgtem Ausstoß der Plazenta (*ḫ*) abzutrennen. Auf ein Abbinden des Nabels gibt es keine Hinweise. Offensichtlich trennte man das Baby von der Nabelschnur erst dann, wenn die Blutzirkulation im Nabel von selbst zum Stillstand gekommen war. Plazenta und Nabelschnur waren von magischen Vorstellungen umgeben und galten als Sitz des geistigen *alter ego* oder Doppelgängers des Kindes. Mitunter wurden sie getrocknet aufbewahrt und dem Toten mit ins Grab gegeben.

Nur wenige Hebammen verfügten über eine fachliche Ausbildung, die vornehmlich in dem berühmten Lebenshaus in Sais im Delta erfolgte. In den schriftlichen Quellen werden sie „die Süße" genannt. Bei der Geburt hatte das Kind leicht in die Hand der einen Hebamme zu 'glei-

13. Eine kauernde Frau bei der Geburt, unterstützt von zwei Hathoren. Hathor und Thoeris rief man bei der Geburt an. Relief aus dem Hathor-Tempel in Dendara. Ptolemäerzeit. Kairo, Ägyptisches Museum

ten', während die andere die kreißende Mutter am Rücken stützte. Doch nicht jede Hebamme besaß die für eine glückliche Geburt erforderlichen Kenntnisse und Fertigkeiten, so daß viele Mütter mit ihrer Gesundheit oder gar dem Leben bezahlten. Der Beruf der Hebamme galt als 'unrein' und hatte kein hohes Ansehen.

Ärzte, unter denen wir Fachärzte für Geburtshilfe und Frauenärzte vermissen, waren nur ausnahmsweise bei Geburten zugegen, vor allem dann, wenn Komplikationen auftraten. Zur Geburtsauslösung wird im medizinischen Papyrus Ebers beispielsweise die *niaia*-Pflanze verordnet, auf die sich die Kreißende nackt zu setzen und die Wirkung abzuwarten hatte. Getreide- und Schilflagen in einem Druckverband um die untere Bauchhälfte der Mutter sollten den Entbindungsvorgang – das 'Lösen eines Kindes aus dem Leib der Frau' – beschleunigen. Warmes Öl, vermischt mit dem Pulver frisch produzierter Vasenscherben, sollten das Ausscheiden von Fruchthülle und Plazenta erleichtern. Die Schmerzen der Geburtswehen, die in der Literatur als sehr intensiv beschrieben werden, versuchte man durch einen Rauschtrank, vor allem durch Bier, zu lindern.

Die Ärzte unterschieden drei Arten der Geburt: die normale oder „glückliche" (*ḥtp*), die „schwierige" (*bnd*) oder Fehlgeburt und die „zögernde, langwierige" (*wdf*).

Langanhaltende schwierige Entbindungen versuchte man dadurch zu beschleunigen, daß man den Bauch der Kreißenden mit brennendem Terebinthenharz erwärmte und mit einer aus Bier und Safran oder aus Marmorstaub und Essig bestehenden Mischung einrieb, was die Schmerzen lindern sollte.

In den schriftlichen Quellen gibt es Zeugnisse für Einzel- wie für Zwillingsgeburten. Auch einer Grabstele (eine Art moderner Grabstein) für die Brüder Horus und Seth aus dem Britischen Museum lesen wir: „Ich erfreue mich an meinem Bruder, der von gleicher Art ist wie ich; er ist am selben Tag aus dem Mutterleib gekommen wie auch ich." Der Ägyptologe W. R. Dawson hat zwei Mumien aus römischer Zeit gefunden, die einander auffällig glichen und offensichtlich eineiige Zwillinge waren. Die Geburt von Drillingen erwähnt unsere Wundergeschichte im Papyrus Westcar. Der Mythos von der Geburt der Gottheiten Osiris, Horus, Seth, Isis und Nephthys, die
254 allesamt aus der Vereinigung des Erdgottes Geb mit der Himmelsgöttin Nut an fünf aufeinander-
255 folgenden Tagen hervorgingen, wird als ein Reflex auf existierende Fünflinge verstanden.

Die Überlebenschancen eines kränklichen Neugeborenen konnten, so glaubten die Ägypter, an der Stärke seines Schreies oder an seinem Gesichtsausdruck abgelesen werden. Gab es indes noch immer Zweifel, so erhielt das Baby drei Tage lang Milch, der man ein Stück seiner Plazenta beimischte. Erbrach das Kind die Milch, bedeutete dies sein nahendes Ende, behielt es die Milch, würde es überleben.

Schwangerschaft und Entbindung bedeuteten freilich auch im alten Ägypten für die Kindesmutter ein Risiko. Nicht immer verlief alles reibungslos, wie diesbezügliche Hinweise in medizinischen Texten ahnen lassen und es direkte Zeugnisse belegen, die sich aus dem Studium ägyptischer Mumien und anthropologischen Materials ergaben.

Hierher gehören vor allem Fälle von Frauen mit schmalem oder deformiertem Becken. Genannt sei der Fall einer negroiden Frauenmumie aus der byzantinischen Zeit in Nubien, in deren Körper man ein Baby fand, dessen Kopf in der Enge des Beckens eingekeilt war. Im Grab des Königs Haremheb in Saqqara waren unter den beinernen Überresten seiner Frau, der Königin

14. Bes, der Schutzpatron der Kreißenden, tanzt mit einem Tamburin in der Linken, um andere Götter zu erfreuen oder um böse Geister abzuwehren. Holz mit Gesso. 19. Dynastie. London, British Museum

15. Eine Votivplastik aus Ton mit Mutter und Kind im Bett. Es sollte eine sichere Befruchtung und leichte Geburt garantieren. 19. Dynastie. London, British Museum

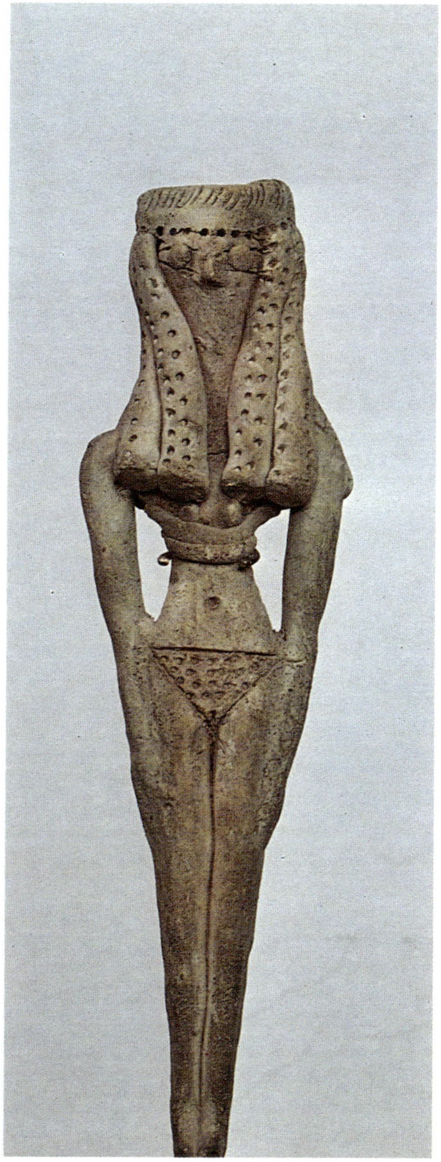

16. Weibliche Fruchtbarkeitsfigur aus Ton. Gesicht und Körper sind roh ausgeführt. Durch die kleinen Löcher im Haar waren einst Fäden mit Lehmperlen gezogen. Die ausgearbeitete Frisur, die vorstehenden Brüste und der Schamberg heben die erotische Natur dieser Figur hervor. Mittleres Reich. Berlin, Ägyptisches Museum

Mutnedjemet, auch winzige Knochen eines reifen Fötus. Die Königin war aller Wahrscheinlichkeit nach bei der Entbindung gestorben. Ihr Schambein trug deutliche Spuren voraufgegangener schwerer Geburten, die ihren Gesundheitszustand wohl untergraben hatten. Ihren letzten Versuch, durch die Geburt eines Erben die 18. Dynastie zu verlängern, bezahlte sie, die etwa 40–45jährige, mit dem Leben. Prinzessin Hehenheti (11. Dyn.) litt infolge einer für ihr enges Becken schweren Entbindung an einer Fistel zwischen Vagina und Harnblase.

Dauerte die Entbindung zu lange, konnte dies auch zu Ausstülpungen von Vagina und Gebärmutter führen, wie man an einem ausgetrockneten Frauenkörper aus vordynastischer Zeit in Gebelein festgestellt hat. Auf ähnliche Fälle ware auch G. E. Smith und F. W. Jones zu Beginn unseres Jahrhunderts bei ihren ersten Grabungskampagnen in Nubien gestoßen. Einen Gebärmuttervorfall beschreibt sehr anschaulich der medizinische Papyrus Ebers, der zur Behandlung Mittel empfiehlt, „die die Rückkehr der Gebärmutter an ihre Stelle bewirken", wie Anräuchern in Verbindung mit der Anwendung von Terpentinöl, getrocknetem Stuhlgang oder Ibis-Statuetten aus Wachs, den Symbolen des Weisheitsgottes Thot. An anderer Stelle verordnet besagter Papyrus Infusionen von Pflanzenextrakten oder Bier, eventuell mit Tampons in der Art von Pessaren. Mit Ausnahme des zuletzt empfohlenen Mittels darf eine Wirkung der übrigen bezweifelt werden.

Direkte Zeugnisse für das tödliche Kindbettfieber der Wöchnerin haben wir zwar nicht, doch angesichts der verordneten intravaginalen Infusionen, die sicherlich mit Infektionen verbunden waren, kann mit einiger Sicherheit davon ausgegangen werden, daß es vorkam. Den Tod der Wöchnerin konnten zudem starke Blutungen, Erschlaffung der Gebärmutter, Zurückhalten der Plazenta und Schwangerschaftskrämpfe (*eclampsia*) herbeiführen.

Die erhöhte Gefahr, denen Frauen bei der Kindesgeburt ausgesetzt waren, spiegelt sich deutlich in ihrer durchschnittlich kürzeren Lebenserwartung als die der Männer wider. (Heute ist die Situation in den Industrieländern genau umgekehrt.) Die zahlreichen demographischen Analysen anthropologischen Materials aus den altägyptischen Gräbern sowie die Befunde ägyptischer Mumien aus verschiedenen Museen der Welt sprechen eine deutliche Sprache. So lag beispielsweise das Durchschnittsalter erwachsener Männer aus Spätzeitgräbern im Bereich des bereits erwähnten Haremheb-Grabes in Saqqara bei 33 Jahren, während das Durchschnittsalter der Frauen um vier Jahre geringer war. Untersuchungen von Mumien in den tschechischen und slowakischen Sammlungen haben für Männer ein Durchschnittsalter von 43,7 Jahren, für Frauen von lediglich 41,3 Jahren ergeben.

Kein Wunder also, daß die ägyptische Frau angesichts der Unvollkommenheit der damaligen Heilmethoden und einer fehlenden Vorbeuge oft zu irrationalen Mitteln griff. Die Schutzgöttin schwangerer, gebärender und stillender Frauen war Ipet-Thoeris, die als aufrecht stehendes 6
schwangeres Nilpferd dargestellt zu werden pflegte, das in seinen Vorderklauen ein Zaubermesser oder den magischen Isisknoten (*tjt*) hielt. Der Isis-Knoten symbolisierte einen Tampon, den der Gott Atum in die Gebärmutter der schwangeren Isis gebunden hatte, um den Embryo Horus vor dem vernichtenden Eingriff des Seth zu schützen. Eine ähnliche Funktion versah auch die Göttin Neith, die sich seit der Saitenzeit (26. Dyn.) besonderer Beliebtheit erfreute. Auch Thot, den Gott der Weisheit, der durch einen Ibis oder Pavian symbolisiert wurde, rief man gern um Hilfe an. Die Göttin Hathor, die allgemein als Schutzpatron der Frau und des häuslichen Wohl- 13
standes galt, assistierte nach ägyptischen Vorstellungen unmittelbar bei der Geburt und garantierte somit ihren glücklichen Ausgang. In ähnlicher Funktion hatten wir bereits Isis, ihre Schwester Nephthys und die froschköpfige Göttin Heket kennengelernt. Der Atem des Gottes Amun, der sich als kühlender Nordwind offenbarte, sollte übermäßig schmerzhafte Wehen lindern. Der zwergen- und groteskenhafte Gott Bees galt als Überwinder von Dämonen, die der Wöchnerin 14
und ihrem Neugeborenen Schaden zufügten. Auf den Bauch der Kreißenden legten die Hebammen ein halbmondförmiges 'Zaubermesser' aus Elfenbein, das mit eingravierten Schutzgottheiten, Schlangen, Löwen, Krokodilen, Fabelwesen und Dämonen verziert war.

Aus dem Papyrus Westcar wissen wir, daß sich Ruddjedet nach der Entbindung nur 14 Tage lang reinigte. Dies war in der Tat genau die Zeit, die die Wöchnerinnen im 'Kindbett' zubrachten, dessen Darstellungen wir von zahlreichen Ostraka aus dem Neuen Reich her kennen: Die Wöchnerin sitzt in einem reich plissierten Kleid auf einem Bett mit beesgestaltigen Füßen und hält ihr Baby in den Armen oder hat es neben sich liegen. Eine Frau reicht ihr eine Schale Milch oder andere Nahrung, der Affe hinter ihr hält in seinen Händen eine Rolle Stoff, und das neben der Wöchnerin stehende Mädchen fächert ihr Kühlung zu. Auch an Salbkegel und Spiegel für ihre kosmetischen Bedürfnissen ist gedacht. Die Darstellung ist gewöhnlich von Blatt- und Blütenranken umrahmt, die die Laube symbolisieren, in der das Ereignis stattgefunden hat.

Angesichts der Gefahren, die der Mutter und ihrem Baby drohten – der Wöchnerin Kindbettfieber, dem Neugeborenen Darminfektionen –, besaß nur ein kleiner Prozentsatz der Neugeborenen echte Überlebenschancen. Trotzdem stieg die Zahl der ägyptischen Bevölkerung ständig. Deshalb liegt die Vermutung nahe, daß die ägyptischen Frauen häufig Kinder zur Welt brachten, obgleich die lange Stillzeit (gewöhnlich drei Jahre) sie physiologisch vor der nächsten Schwangerschaft schützte.

KAPITEL 2

Sorglose Kindheit

17. Die Zärtlichkeit der alten Ägypter, die sie ihren Kindern entgegenbrachten, wird durch eine Statue Echnatons, der eine seiner Töchter küßt (wahrscheinlich Meritaon), illustriert. Nur in der Amarnazeit erlaubte die ägyptische Kunst derartige Äußerungen von Intimität. Unvollendete Kalksteinstatue aus der Werkstatt des Bildhauers Thutmosis in Tell el-Amarna. 18. Dynastie. Kairo, Ägyptisches Museum

18. Die Muttermilch, die als mächtiges Heilmittel galt, wurde in Krügen aufbewahrt, die die Gestalt der Horus säugenden Isis hatten. Aus Saqqara oder Abusir. St. Petersburg, Eremitage

Selbst wenn bei der Geburt alles gut gegangen war, so hieß das noch lange nicht, daß der neugeborene Ägypter bereits außer Gefahr war. Eine kritische Zeit, von hoher Säuglingssterblichkeit gekennzeichnet, erwartete ihn, so daß jeder überstandene Tag seine Lebenschancen steigen ließ. Die höchste Gefahr drohte in den ersten Tagen nach der Geburt und nahm dann von Monat zu Monat bis zum Ende des ersten Lebensjahres merklich ab. Zum Teil kam hier die natürliche Auswahl zur Geltung, indem schwache und kränkliche Säuglinge oder solche mit Geburtsfehlern bzw. degenerierte Kinder eliminiert wurden. Darüber hinaus wirkten Krankheiten mit, die sich das Kind erst nach der Geburt zugezogen hatte, insbesondere Infektionserkrankungen, die infolge des niedrigen hygienischen Standards besonders häufig auftragen. Die Ägypter indes machten Seschat, die Göttin des Schreibens und Berechnens, dafür verantwortlich, da sie bei der Geburt die Lebensjahre berechnete. Auch waren sie der Meinung, daß die 'sieben Hathoren', die Schicksalsgöttinnen, den Gang der weiteren Entwicklung des neugeborenen Kindes bestimmten.

Kindergräber, die man bei Ausgrabungen fand, bilden keine ausreichende Grundlage, um die Kindersterblichkeit auch nur annähernd schätzen zu können. Es hat den Anschein, als seien viele Kinder, insbesondere Neugeborene, nicht in eigenen Gräbern auf Friedhöfen beigesetzt worden. War ein Neugeborenes während der Geburt oder kurz danach zusammen mit seiner Mutter gestorben, dann wurde es in der Regel gemeinsam mit ihr beigesetzt. Mitunter kam es aber auch in Tonkrüge, die man unweit des Hauses oder unter dem Fußboden im Haus vergrub. Auch scheint es nicht selten vorgekommen zu sein, daß man das tote Baby, zu dem die Familie noch keine feste Bindungen hatte, am Rande der Wüste begrub, wo es Raubtieren und Raubvögeln als Fraß diente, oder aber in einen Kanal bzw. in den Nil warf, wo es von Krokodilen gefressen wurde.

Deshalb ist die Zahl von Kindergräbern in den Nekropolen geringer, als man unseren Schätzungen zufolge erwarten würde, die wir zur damaligen Säuglingssterblichkeit anhand von Parallelen aus weniger entwickelten Ländern angestellt haben. In der Nekropole der 1.–2. Dynastie in Abydos bildeten Kinderbestattungen nur ein Siebentel aller Gräber dort, während auf dem Friedhof im nubischen Wadi Qitna (3.–5. Jh. n. Chr.) 43 % aller Gräber Kinder und Jugendliche bargen und der Anteil an Kinderbestattungen auf dem sekundären Gräberfeld in Abusir (Spätzeit und Ptolemäerzeit) bereits 50 % betrug.

Die Gräber von Kindern zeugen oft von der Pietät und der Liebe ihrer Eltern. Es fehlte nicht an Versuchen, den kindlichen Körper zu erhalten, um ihm ein dauerhaftes Leben nach dem Tode zu sichern, wie wir dies ja auch von Erwachsenenbestattungen her kennen. Die Kinder wohlhabender Eltern wurden mumifiziert, waren in eigenen Särgen beigesetzt und mitunter in Leinen, das mit polychromem Stuck verziert war, eingewickelt. Die Kinder armer Eltern waren lediglich in Leinenbinden oder in Hüllen aus geflochtenen Palmblättern beigesetzt. Den Körper des toten Kindes zierten Schutzamulette und persönlicher Schmuck wie Halsketten aus Perlen, Korallen oder Muscheln, Ringe, Arm- und Beinreifen und ähnliches. Obgleich die Grabbeigaben der Kleinsten relativ bescheiden war, fanden sich mitunter auch die verschiedensten Gefäße und sogar Spielzeug.

Trotz der hohen Kindersterblichkeit darf angenommen werden, daß die altägyptischen Familien kinderreich waren. In Ermangelung direkter Zeugnisse kann freilich nur theoretisch geschlossen werden, daß die Frauen bei einem durchschnittlichen dreijährigen Geburtenzyklus vom 15. bis 40. Lebensjahr acht Kinder zur Welt bringen konnten. Und nimmt man ferner an, daß jedes zweite oder dritte Kind im Säuglingsalter oder in früher Kindheit starb, dann kamen auf jede Familie 4 bis 6 Kinder.

Wenden wir uns nun aber der glücklicheren Seite des Familienlebens zu. Auch die alten Ägypter hatten die Qual der Namenswahl für ihre Sprößlinge, galt der Name doch als untrennbarer Bestandteil der Persönlichkeit. Das Neugeborene konnte bereits während der Geburt zu seinem Namen kommen, indem man ihm Worte zugrunde legte, die die Mutter oder eine der tatsächlichen oder gedachten Hebammen während der Entbindung gesprochen hatte. Die ägyptischen Namen waren voller Poesie und brachten sehr oft die Freude der Eltern über die Geburt ihres Kindes zum Ausdruck – „Willkommen", „Ihn-habe-ich-mir-gewünscht" oder „Die-Schöne-ist-gekommen" lauteten die Namen. In anderen Namen rief man die Götter an, zum Beispiel: „Stark-ist-Thot", „Gut-ist-Re", „Sei-geschützt-von-Amun", „Sei-bewahrt-von Mut". Doch auch die Unterwürfigkeit gegenüber dem Herrscher kam im Namen zum Ausdruck: „Snofru-ist-gut", „Lang-lebe-Chephren", usw. In der Regel wählte die Mutter den Namen aus, seltener der Vater oder beide Elternteile gemeinsam. Neben dem Geburts- oder Mutternamen gab es besonders im Alten und im Mittleren Reich und dann wieder in der Spätzeit die Sitte eines Beinamens, der sehr häufig ein Spitzname war.

Für eine gesunde Entwicklung des Kindes war es unerläßlich, bereits im frühesten Alter für eine ausreichende Ernährung zu sorgen, was damals einzig und allein auf natürliche Weise möglich war: durch das Stillen nämlich. Deshalb waren die Mütter von dem Wunsch nach ausreichender Muttermilch beseelt, deren Bedeutung auch den altägyptischen Ärzten schon bewußt war, die nach Aussagen des medizinischen Papyrus Ebers die Qualität der Muttermilch anhand ihres charakteristischen Geruchs bestimmten. Um die Bildung von Muttermilch zu erleichtern, empfahlen sie, den Rücken der Stillenden mit Öl einzureiben, in dem die Rückenflosse des Nilbarsches gekocht war.

Beim Stillen, das ohne falsche Scham in aller Öffentlichkeit erfolgte, hockte oder kniete die Mutter am Boden und hielt ihr Kind auf dem Schoß, wie dies zahlreiche Plastiken bezeugen, darunter auch eine mit der stillenden Prinzessin Sebeknacht (12. Dyn.). Auf einem einzigartigen Amarna-Relief sehen wir sogar die Königin Nofretete, die eines ihrer sechs Töchterchen stillt. Die beliebte Statuette der Horus – ihren Sohn – stillenden Isis stellten sich manche Frauen sogar
18 auf dem Hausaltar auf oder trugen sie als Miniaturamulett bei sich.

Hatte die Mutter nicht genügend Muttermilch, griffen die alten Ägypter, wie in anderen Fällen auch, zur Magie. So sprachen sie über der Wöchnerin verschiedene Zaubersprüche, wie zum Beispiel: „O du, der du auf dem Wasser bist, eile schnell zum obersten Richter und sage ihm, der in seiner Gotteswohnung ist, und zu Sachmet, die hinter ihm schreitet, und zu Isis, der Herrin von Dep: 'Bringt ihr diese Milch'." Magische Bedeutung hatten offenbar auch die beliebten kleinen Keramikkrüge in Gestalt einer stillenden Mutter, die mit der Hand ihre Brust drückt; vielleicht dienten sie zum Auffangen überschüssiger Muttermilch. Auf dem Prinzip der sympathetischen Magie beruhten hohle Frauenfigürchen, aus deren durchbohrten Brustwarzen Milch spritzte, die man zuvor hineingegossen hatte.

19. Mutter mit Kind. Der Säugling sitzt mit gespreizten Beinen auf der Hüfte seiner Mutter. Elfenbein. Frühdynastisch. Berlin, Ägyptisches Museum

Oben rechts
21. Dieselbe Statuette, diesmal von hinten, zeigt die Sitzposition des Kindes noch deutlicher. Elfenbein. Frühdynastisch. Berlin, Ägyptisches Museum

Rechts
22. Eine junge Frau – vermutlich eine Schwarzafrikanerin – stillt ein nacktes Baby. Ihr Haar ist nach nubischer Sitte zu fünf kleinen Nestern geschnitten. Auf beiden Schultern sowie zu ihren Füßen je ein Äffchen. Fayence. Spätzeit – ptolemäisch. New York, Norbert Schimmel Collection

Links
20. Eine Frau langt mit der rechten Hand nach einer Feige, mit der Linken stützt sie ihr Kind, das von einem breiten Leinentuch gehalten wird. Das Kind trägt die Jugendglocke. Ungewöhnlich die übereinandergeschlagenen Beine der Frau. Dieses Relief aus dem Grab des Montemhet in Luxor (25. Dyn.) folgt einer Malerei der 18. Dynastie im Grab des Menena. New York, Brooklyn Museum

Die Muttermilch von Frauen, die einen Knaben geboren hatten, galt sogar als wirkungsvolles Arzneimittel. Aufbewahrt wurde sie in Krügen in Gestalt der knienden Isis, die einen geschwächten Säugling, ihren Sohn Horus nämlich, in den Armen hält. Mit dieser Arznei behandelt man Verdauungsstörungen oder Schnupfen von Säuglingen, aber auch Augenkrankheiten von Erwachsenen. Die Wirkung dieses Mittels sollten abermals magische Sprüche steigern, wie der folgende etwa: „Fließe ab, o Schnupfen, Tochter aller Krankheiten, die du Knochen brichst, den Kopf zertrümmerst und die sieben Öffnungen des Hauptes schmerzhaft verletztest. O Begleiter des Re, gib Thot die Ehre! Schau, ich bringe dir deine Arznei, dein Schutzgetränk, für dich bestimmt, die Milch einer Frau, die einen Knaben gebar …". Mitunter gab man der Milch gemahlene Papyrusstengel und Samenkörner bei. Nach Genuß dieses Getränks schliefen die Kinder angeblich den ganzen Tag und die ganze Nacht. Medizinhistoriker vermuten, daß Mohn- oder Hyoscyamus-Samen enthalten waren.

Offenbar ahnten die Ägypter, daß die Gesundheit des Kindes durch Arzneimittel beeinflußt werden konnte, die die stillende Mutter zu sich nahm. Eine besonders beliebte 'Medizin' waren Mäuse, die der Mutter eines kranken Kindes verabreicht wurden. Darüber hinaus (wohl zur Sicherheit) legte man die Knochen der von der Mutter verspeisten Maus in ein Leinenbeutelchen, das siebenmal verknotet und als Talisman um den Hals des kleinen Patienten gehängt wurde.

Das Kind wurde von der Mutter gefüttert, die es bei ihren Arbeiten im Haushalt oder auf dem Feld mit sich herumtrug. In der Regel wurde es drei Jahre lang gestillt, also weitaus länger, als es anderswo Sitte war. In der Lehre des Ani wird der Sohn aufgefordert, gut zu seiner Mutter zu sein, die für sein Wohlergehen so viel auf sich genommen hatte:

> „Sie hatte mit dir große Last,
> doch hat dich nicht verlassen.
> Als du nach deinen Monaten geboren warst,
> war sie durch dich gebunden,
> denn ihre Brust war drei Jahre lang in deinem Mund."

Eine Analyse der Kindersterblichkeit in den spät- bis ptolemäerzeitlichen Gräbern rund um die Ptahschepses-Mastaba in Abusir durch ein tschechoslowakisches Forscherteam ergab, daß die Sterblichkeitsrate von drei- bis vierjährigen Kindern höher lag als die von jüngeren Kindern, die noch von ihren Müttern gestillt worden sein dürften. Offensichtlich führte die Umstellung von Muttermilch auf feste Nahrung in erhöhtem Maße zu Darminfektionen mit tödlichem Ausgang.

Hatte die Mutter nicht genügend Muttermilch oder war sie von vornehmer Abstammung und konnte oder wollte ihr Kind nicht stillen, vertraute sie es einer Amme an. Mit Stillen ergänzten am häufigsten Frauen der unteren Schichten ihr Einkommen. Kam der fremde Säugling gleichfalls aus ärmeren Verhältnissen, dann nahm ihn die Amme zu sich und zeigte ihn zu bestimmten Zeiten seinen Eltern, die sich von seinem Wohlergehen überzeugen konnten. Bei vermögenderen Kunden hingegen zog die Amme ins Haus des Kindesvaters.

Mitunter wurden die Rechtsverhältnisse zwischen Ammen und Kindeseltern sogar durch schriftliche Verträge festgelegt, deren Texte aus der jüngeren ägyptischen Geschichte erhalten sind. Bevor ein solcher Vertrag geschlossen wurde, stillte die Amme das Kind 'auf Probe'. Der Vertrag sah die Zeitdauer vor, für die die Amme gemietet wurde. Sie verpflichtete sich, das Kind mit einwandfreier Milch zu ernähren, kein anderes Kind – mit Ausnahme ihres eigenen – zu stillen und sich während dieser Zeit jeglichen Geschlechtsverkehrs zu enthalten und nicht schwanger zu werden. Bei Erkrankung des anvertrauten Säuglings war es ihre Pflicht, ihn gesundzupflegen. Der Klient hingegen versprach, sein Kind nicht vor Ablauf des ausgehandelten Termins zurückzuverlangen, Kinderwäsche und -öl zur Verfügung zu stellen und die Amme termingemäß für Milch und Nahrung zu bezahlen.

Kinder höhergestellter Damen, insbesondere von Königinnen, hatten fast immer ihre Ammen, auch wenn die Mutter gesund und in der Lage war, selbst zu stillen. Um sie kümmerten sich zudem ganze Scharen von Kindermädchen und Hauslehrern. Für die Erziehung und das Wohlergehen von Königskindern trugen besondere Angestellte, die sogenannten Königsammen, die mit dem Prinzen oder der Prinzessin im Arm dargestellt zu werden pflegten, die persönliche Verantwortung.

Der körperliche Kontakt, der zwischen Nährkind und Amme bestand, ließ die Überzeugung aufkommen, daß sich zwischen ihnen ein bestimmtes verwandtschaftliches Verhältnis entwickle. Daher findet sich die Amme mitunter auch im Grab ihres einstigen Nährkindes dargestellt bzw. genannt, und zwar gleich hinter den Darstellungen oder Namen seiner Eltern, Frauen und Kinder. Die königlichen Ammen brachten es zu bedeutender Stellung und zu hohem Einfluß am Hof; einige genossen nach dem Tod fast göttliche Ehren.

Auch zwischen den Milchgeschwistern, also Kindern, die von ein und derselben Amme gestillt worden waren, entstand ein besonderes persönliches Verhältnis, das ein Leben lang andauern konnte. So wissen wir beispielsweise von der Mutter Kenamuns, des späteren Obersten Sieglers und Oberdomänenvorstehers Amenophis' II., daß sie auch den zukünftigen König gestillt hatte. Dies mag Kenamuns spätere Laufbahn entscheidend beeinflußt haben. Bekannt ist auch, daß sich Thutmosis III. die Tochter seiner Amme zur Hauptfrau nahm.

Auf Darstellungen in den *Mammisi* („Geburtshäuser") oder in Totentempeln werden die Könige, entsprechend ihrer göttlichen Herkunft, oft gezeigt, wie sie von Göttinnen gestillt werden,
26 am häufigsten von Hathor, aber auch von Semat-weret, Sechat-Hor oder Hesat, seit Sethos I. sehr oft auch von Isis. Mit der Milch der Göttinnen sogen sie auch göttliches Leben und die unbezwingbare Kraft ein, die für die Bewältigung der Regierungsgeschäfte erforderlich war. Auf ähnlichen 'weltlichen' Szenen sehen wir einen Jungen und ein Kalb, die gemeinsam vom Euter einer Kuh trinken. Die älteste derartige Szene stammt aus Beni Hasan (12. Dyn.).

Das Thema der göttlichen Amme fand auch seine volkstümliche Variante in Gefäßen, die Göttinnen mit durchbohrten Brüsten nachgestaltet waren, durch die dann die ins Gefäß gegossene Milch floß. Bei Ausgrabungen der *Egypt Exploration Society* in der spätzeitlichen Tiernekropole in Saqqara fanden Archäologen unlängst eine Fayence-Statuette der Göttin Taweret. Goß man durch den Mund des Figürchens Milch, dann floß diese durch ein Loch in der rechten Brust wieder heraus. Ein ähnliches Gefäß hatte L. Borchardt zu Beginn unseres Jahrhunderts im Totentempel des Königs Sahure (5. Dyn.) in Abusir gefunden. Derartige Figuren dürften als Brustersatz zum Entwöhnen der Kinder gedient haben.

Häufiger als diese Statuetten indes verwendete man zum Abstillen kleine halbrunde Schälchen mit röhrenförmigem (geschlossenem) oder schnabelförmigem (oben offenem) Ausguß. Das älteste bekannte Exemplar stammt aus Gräbern in Lischt (Mittleres Reich). Lange Zeit hielt man diese Funde für Lämpchen, bis wir derartige Schälchen auch in Gräbern in Wadi Qitna und Kalabscha-Süd (3.–5. Jh. n. Chr.) in Nubien entdeckten. Da sie ausschließlich Bestattungen von Kindern unter sechs Jahren beigegeben waren, läßt sich vermuten, daß sie als Trinkgefäße für Milch oder andere Flüssigkeiten verwendet wurden.

Demselben Zweck dienten wohl auch die seltsamen Objekte aus hohlem Horn, deren abgeschnittene Spitze ein geschnitzter Löffel oder der Kopf der Göttin Hathor ziert und die an einigen Mutter-Kind-Statuetten zu finden sind. Die Ägyptologin Ch. Desroches-Noblecourt hielt diese Objekte für Instrumente, die bei Vaginaleinläufen oder Klistieren verwendet wurden, P. Ghalioungui hingegen sah in ihnen Gefäße zum Absaugen von Milch oder Öl.

Unerfahrene Mütter holten sich ihr Wissen über die rechte Säuglingspflege zwar vor allem bei älteren Freundinnen, doch gab es auch einen schriftlichen 'Ratgeber', der sich als „Zaubersprüche für Mutter und Kind" auf dem Berliner Papyrus Nr. 3027 erhalten hat. Obgleich sie zahlreichen Aberglauben und irreführende Anweisungen enthält, so verfolgten sie doch das erhabene Ziel, Mutter und Kind vor Schaden zu bewahren.

Die Sprüche waren vor allem darauf aus, Säugling und Kleinkind vor Krankheiten zu beschützen, von denen es eine ganze Reihe gab und die einen hohen Prozentsatz von Kindern vor allem aus den niederen Schichten bedrohten. Dies wird durch das häufige Vorkommen der sogenannten Harris-Linien bestätigt, die durch Röntgenaufnahmen der Gliedmaßenknochen diagnostiziert werden können. Es handelt sich dabei um Streifen dichten Knochengewebes, die bei verlangsamtem Körperwuchs entstehen. Die Linien verraten, daß das betreffende Individuum während seiner Wachstumszeit eine ernsthafte, länger währende Krankheit durchgemacht oder an Hunger gelitten hat. Je nachdem, an welcher Stelle im Knochen sich diese Linien zeigen, kann auf das Alter des Kindes geschlossen werden, in dem es die Krankheit ereilte.

Am häufigsten war der Säugling von Infektionen des Verdauungstraktes bedroht. Die diesbezüglichen Zaubersprüche, die das Kind davor bewahren und den Krankheitserreger aus dem kindlichen Körper vertreiben sollten, sind sehr suggestiv gehalten:

> „Laufe aus, der du im Dunkel kommst und schleichst,
> Nase und Gesicht zurückgewandt,
> du, dem entgeht, wozu er gekommen ist.
> Bist du gekommen, dieses Kind zu küssen? Ich lasse es nicht zu, daß du es küßt!
> Bist du gekommen, es zu beruhigen? Ich lasse es nicht zu, daß du es beruhigst!
> Bist du gekommen, ihm zu schaden? Ich lasse es nicht zu, daß du ihm schadest!
> Bist du gekommen, es mir zu nehmen? Ich lasse es nicht zu, daß du es mir nimmst!
> Ich habe seinen Schutz gegen dich bereitet aus giftigem *afat*-Kraut, aus Knoblauch, der dir schadet, aus Honig, süß für die Menschen, aber bitter für die Verstorbenen, aus den Exkrementen und Eingeweiden von Fischen und Tieren und aus dem Rücken des Barsches."

Daneben waren Hautkrankheiten häufig, wie *neschu* (*nšw*), wohl ein nässendes Ekzem, ferner Infektionserkrankungen, die im medizinischen Papyrus Ebers beschrieben werden und zu denen sowohl Mandel- als auch Lymphknotenentzündungen gehörten, die zumeist mit Umschlägen behandelt wurden. Doch auch vor Tropenkrankheiten blieb das Kind nicht verschont. Viele Kinderschädel weisen in den Augenhöhlen oder an der Innen- und Außenseite der Schädelknochen Inselchen von porösen oder faserartigen Beinstrukturen auf, die mit schwereren Formen

23. Amarna-Prinzessinnen im Kindesalter. Beide Mädchen halten einander an den Schultern umarmt. Inlay aus rotem Glas. 18. Dynastie. University College London, Petrie Museum

24. Die beiden Kinder des Zwerges Seneb lutschen an den Fingern. Ausschnitt aus der Familiengruppierung (siehe Abb. 263). Bemalter Kalkstein. Giseh (Gisa). 4. oder frühe 5. Dynastie. Kairo, Ägyptisches Museum

25. Ein Vater mit seinen nackten Kindern. Die Kinder sind zum Teil kahlgeschoren und tragen die Jugendlocke. Wandmalerei im Grab des Inhercha, Deir el-Medineh, Theben-West. 20. Dynastie

26. Hathor als Kuh säugt ein Königskind. Bemalte Sandsteinstatue aus der Kapelle Thutmosis' III. in Deir el-Bahari, Theben-West. 18. Dynastie. Kairo, Ägyptisches Museum

von Blutarmut in Verbindung gebracht werden. Demgegenüber war die in nördlicheren Ländern so häufig anzutreffende Rachitis bei den ägyptischen Kindern so gut wie unbekannt. Den Rezepten in den medizinischen Papyri nach zu urteilen, mußten die ägyptischen Ärzte in der Lage gewesen sein, es mit Harnverhaltung und Inkontinenz (unwillkürliches Harnlassen), mit Entzündungen der Atemwege, der Luftröhre und der Bronchien sowie mit weiteren Krankheiten aufzunehmen.

Zur Vorbeugung von Krankheiten dienten damals jedoch nicht hygienische Maßnahmen, und auf Schutzimpfungen konnte man nicht zurückgreifen, man behalf sich vielmehr mit dem wiederholten Aufsagen verschiedener Zaubersprüche und dem Tragen von Amuletten. So glaubte man beispielsweise, die einzelnen Körperteile des Kindes dadurch schützen zu können, daß man sie mit denen verschiedener Götter gleichsetzte: „Dein Scheitel ist derjenige Res, du gesundes Kind, dein Hinterkopf ist der von Osiris, deine Stirn ist die von Sathis, der Herrin von Elephantine, dein Haar ist Neiths Haar, deine Augenbrauen sind jene der Herrin des Ostens, deine Augen die des Herrn des Weltalls, deine Nase ist jene des Götterlehrers, deine Ohren sind die der beiden Königsschlangen, deine Unterarme sind die des Falken, deine eine Schulter ist Horus' Schulter, die andere die des Seth …". Dieser Zauberspruch war jeden Morgen aufzusagen, wenn man dem Kind das Amulett am Arm befestigte.

Es gab sehr verschiedenartige Amulette. Zum einen waren es ganz unterschiedliche Symbole, 15
die für Gesundheit, langes Leben, Glück, Beständigkeit, Zufriedenheit und andere sehnliche Wünsche standen, zum anderen Götterdarstellungen. Auf einigen Amuletten wiederholt sich immer wieder die magische Zahl 7, so auf einem Amulett, auf dessen sieben Flachsfäden sieben Achat- und sieben Goldperlen gezogen sind; der Flachs wurde von zwei Müttern – zwei Schwestern – gesponnen. Ein anderes Amulett, das sich in einem Kindergrab fand, hat die Form einer hohlen Lehmkugel, in der sich Stoff- und Papyrusfetzen sowie Kinderlöckchen befanden.

Nach der Reinigungszeit gingen die jungen Mütter wieder ihren täglichen Pflichten in vollem Umfange nach. Verließen sie ihre Behausungen, dann nahmen sie auch das kleinste Kind mit, das sie in einer Schlinge vor der Brust, in einer Falte ihrer Kleidung über der Schulter oder an der linken Hüfte trugen. Das Kind war ihnen bei der Arbeit nicht hinderlich, da sie beide Hände frei 21
hatten.

Eine kleine, um 3000 v. Chr. datierte Elfenbeinstatue im Ägyptischen Museum in Berlin veranschaulicht noch eine andere Trageweise: hier sitzt das Kind mit gespreizten Beinchen auf der linken Hüfte seiner Mutter, die es mit ihrer Linken von hinten stützt und es mit der Rechten an einem Beinchen hält. Diese Tragweise ist noch heute bei Naturvölkern bekannt. Unter dem von F. Petrie veröffentlichten Kinderspielzeug fanden sich Puppen, die Mutter und Kind darstellen. An ihnen ist zu beobachten, daß das Kleinkind mit gespreizten Beinen auf dem Rücken, den Schultern oder der Hüfte der Mutter sitzt. Es ist dies übrigens die beste Prophylaxe gegen die Entstehung von Luxationshüften bei Kindern.

Sobald die Kinder größer wurden und zu laufen begannen, wurde die Last für die Mutter leichter, denn Verpflegung und Kleidung waren kein großes Problem. Bei dem griechischen Historiker Diodor (1. Jh. v. Chr.) lesen wir darüber: „Sie kochen ihnen einen Brei aus dem Erstbesten, was zur Hand ist und so gut wie nichts kostet, so auch die Wurzelstengel der Papyrusstaude, die im Feuer geröstet werden … Da ferner wegen des milden Klimas die meisten ohne Schuhwerk und auch sonst ganz nackt aufwachsen, so geben die Eltern für ein Kind, bis es völlig erwachsen ist, nicht über zwanzig Drachem aus." Das Kind erhielt auch normale Erwachsenennahrung, vor allem ungegorenes Brot und hie und da sicherlich auch einen kleinen Schluck Bier.

In dem warmen Klima Ägyptens konnten die Kinder auch außerhalb des Hauses nackt herumlaufen. Wandreliefs und verschiedene Statuetten zeigen vielfach Darstellungen nackter Kinder. Die Nacktheit war anscheinend das äußere Symbol der Kindheit, Mitunter waren die ansonsten nackten Kinder mit einem engen Gürtel, mit Halskette, Armreifen oder anderen kleineren Schmuckstücken angetan. Erst später galt die Nacktheit für ältere Mädchen als ungeziemend, so daß sie sich mit den Tuniken der Frauen bekleideten.

Ein anderes typisches Zeichen der Kindheit ist eine lange, hinter das rechte Ohr gestrichene 25
Haarlocke, während das übrige Haar kurz geschnitten ist. Die Strähne konnte auch zu einem geraden oder eingerollten Zopf geflochten werden. Sie wurde bis zum zehnten Lebensjahr getragen, manchmal auch noch darüber hinaus, und ist bereits aus dem Alten Reich bekannt. Im Neuen Reich bezeichnet diese Jugendlocke auch den Prinzen oder den *Sem*-Priester, der bei den königlichen Begräbniszeremonien die Rolle des Thronnachfolgers spielte. Auch der junge Gott Horus, der in griechisch-römischer Zeit Harpokrates – „Horus-das-Kind" – genannt wurde, trug diese Locke. Die stilisierte, S-förmige Seitenlocke war zugleich eine Hieroglyphe und bedeutet 'Kind' oder 'Jugend'.

Daneben gab es noch ein anderes Symbol der frühen Kindheit, das man der Welt des Kindes 24
abgeschaut hatte: der im Mund des Kindes steckende Zeigefinger der rechten Hand, also der allseits bekannte Nuckelersatz. Wir finden dieses Symbol nicht nur bei Darstellungen von Kindern, sondern auch von jungen Göttern.

Die jungen Mädchen trugen im Alten Reich in der Regel kurzgeschnittene Frisuren. Manchmal legten sie sich auch längeres Haar zu, das sie zu einem Zopf flochten, den sie am Hinterkopf trugen. Das Zopfende war entweder auf natürliche Weise eingerollt, oder man flocht eine Kugel bzw. Scheibe ein. Man erhielt so die seit dem Mittleren Reich beliebte Kugelzopffrisur von Tänzerinnen und Akrobatinnen.

Offensichtlich südlichen Ursprungs ist die Sitte, in der Mitte des kahlgeschorenen Kopfes ein Büschelchen krauser oder lockiger Haare stehen zu lassen. Vor allem Nubierinnen trugen diese Frisur (sie tragen sie übrigens auch heute noch!), seit dem Neuen Reich und der Spätzeit trugen sie auch Schwarzafrikaner.

Selbstverständlich hatten auch die altägyptischen Kinder ihre Welt der Spielzeuge und Spiele. Das angenehme Klima Ägyptens lockte vor allem zum Spielen im Freien, wo sie die verschiedensten Gegenstände dafür vorfanden, wie Steinchen, Holzstücke, Stoffetzen, Sand, Blumen und auch Tiere. Besonderer Beliebtheit erfreuten sich bei den Kindern Vögel, Haustiere oder Äffchen.

Doch kannte auch bei ihnen die Phantasie keine Grenzen, so daß sie sich allerlei Spielzeug selbst zurechtbastelten, das von Kreiseln über Klappern bis hin zu primitiven Blasrohren reichte. Vor allem aber stellten sie sich ein breites Sortiment an Puppen her: Holzstöcke mit umwundenen Stoffresten, aus Brettchen geschnitzte und bemalte, sehr stilisiert anmutende Puppen, aber auch Figürchen aus glasiertem Ton, aus Stein oder aus Stoff und Faden. Auch Puppenbetten und andere Puppenmöbel sind gefunden worden.

Aus Holz und anderem Material schnitzten die Kinder oder ihre Eltern Handpuppen oder verschiedene Tiere, zum Beispiel Krokodile und Leoparden, die ihr Maul aufreißen und mit dem Schwanz wedeln konnten. Auch Elefanten und 'Hampelmänner' mit beweglichen Gliedmaßen sowie eine Katze mit Glasaugen, die ihr Maul öffnen konnte, sind bekannt.

In der Arbeitersiedlung in el-Lahun (12. Dyn.) hat F. Petrie zahlreiche Spielsachen aus Lehm gefunden, die von Kinderhand gefertigt wurden. Darunter befinden sich ungeschickt modellierte menschliche Figuren, zahlreiche stilisierte Tiermodelle (Schweinchen, Schäfchen, Hündchen oder kleine Schakale, Schildkröten, Eidechsen und Krokodile), kleine Ziegel, Schiffchen, Bälle, Reifen und sogar eine Spielzeugmumie in einem Miniatursarkophag.

Auch die Palette der Kinderspiele war sehr bunt. Haschen, Hüpfen und Wettlauf gehörten ebenso dazu wie Ringkampf und Balancieren.

An einer Wand in der Mastaba des Mereruka in Saqqara (6. Dyn.) sehen wir im oberen Bildstreifen einen Jungen, der auf den ausgestreckten Armen seines Kameraden, die von zwei anderen Spielgefährten gestützt werden, balanciert. Daneben sind zwei Parteien beim 'Tauziehen', und die nächste Szene zeigt drei Knaben beim Wettlauf.

Im mittleren Bildregister spielt eine Gruppe von Knaben 'das Einbringen eines Gefangenen', eine Art Kriegsspiel: Drei Jungen mit Straußenfedern in der Rechten eskortieren einen an den Armen gefesselten 'Kriegsgefangenen', den sie drei anderen Spielgefährten übergeben, die in der Linken 'Rangabzeichen' hochhalten: Stöcke, die am oberen Ende in der Form einer Hand, einer Geißel oder als Zepter auslaufen. Ein anderer Knabe hockt mit schützend erhobener Hand am Boden; offensichtlich hat er zu raten, welcher seiner Spielgefährten ihn mit den Fäusten schlägt.

27. Mädchen beim Rundlauf, einem Spiel, das in der Beischrift als „Weintraubenpressen" bezeichnet wird (siehe Abb. 111). Andere Mädchen mit Spiegeln und Rasseln in den Händen beim Hathor-Tanz. Grab des Mereruka, Saqqara. Frühe 6. Dynastie

28. Ein Mädchen zieht ihrer Freundin einen Dorn aus der Fußsohle. Ausschnitt aus einer Ernteszene. Malerei aus dem Grab des Menena, Scheich Abd-el-Gurna. 18. Dynastie

Der untere Bildstreifen stellt spielende Mädchen dar. Links im Bild haben sich vier Mädchen zum 'Rundlauf', einer Art Kreisspiel formiert; der hieroglyphischen Beischrift zufolge handelt es sich um das 'Weintraubenpressen' genannte Spiel. Daneben vollführt eine Gruppe von fünf 27
Mädchen den sogenannten – der Göttin Hathor gewidmeten – Spiegeltanz, wobei sie eine handförmige Rassel und einen Spiegel in den Händen halten.

Welcher Beliebtheit sich der Tanz bei Kleinstkindern erfreute, zeigt eine meisterhaft ausgeführte Gravierung auf dem Boden eines länglichen Holzkästchens unbekannter Bestimmung, das stilistisch in die ausgehende 18. Dynastie datiert wird. Die Szene spielt unter einer Dumpalme – einer Palmenart, die noch heute besonders in Nubien wächst – und zeigt einen flötenspielenden Jungen, der vom Gebell eines Hudnes begleitet wird, und zwei kleine, zum Rhythmus der Flöte tanzende Kinder mit kahlgeschorenem Kopf und den charakteristischen 'nubischen' Haarbüscheln. Ein Affe, der auf die Palme klettert, und die Silhouetten fliegender Wildenten ergänzen diese bukolische Szene.

Auch Ballspiele waren bei den ägyptischen Kindern bekannt, wie dies die Funde von Bällen bezeugen, die – mit Stroh, Fäden oder Roßhaaren ausgestopft – aus Papyrus, Stoff oder Leder zusammengenäht waren. Auf den Wänden einiger Gräber in Beni Hasan (Mittleres Reich) sieht man Gruppen junger Mädchen, die sich Bälle zuwerfen, mit einem oder drei Bällen jonglieren oder eine Art Reitball spielen, wobei der Verlierer den Gewinner 'Huckepack' tragen mußte.

Andere Kinderfreuden bestanden im Fischfang, Zielwerfen, Reiten auf Eseln und Schwimmen in den Kanälen, die das Land kreuz und quer durchzogen. Königskindern standen künstliche Teiche zur Verfügung.

Die Grabwände sind oft mit Darstellungen versehen, auf denen auch Szenen aus dem Leben der Kinder nicht fehlen, deren winzige Gestalten sich zu Füßen der Erwachsenenfiguren fast völlig verlieren. Auf der Ernteszene im Grab des Menena in Scheich Abd-el-Gurna (18. Dyn.) sehen
wir auf einem Stoß sorgfältig gesammelter Ähren zwei sich an den Haaren ziehende Mädchen, an 29
anderer Stelle wieder wird ein Mädchen gezeigt, das ihrer Freundin einen Dorn aus dem Fuß 28
zieht. Ungewöhnliche Szenen finden sich auf Ostraka, wie beispielsweise die eines Jungen, der mit Steinwürfen versucht, der süßen Früchte einer Dattelpalme habhaft zu werden.

Die Liebe der Ägypter zu ihren Kindern strahlt dem Betrachter auch aus den zahlreichen Familienszenen entgegen. Eine der ältesten und wohl auch bemerkenswertesten Szenen dieser Art findet sich auf einem Relieffragment, das einst die Wand der Mastaba des Wesirs Ptahschepses in Abusir bei Kairo zierte. Das Bruchstück zeigt Teile einer sitzenden männlichen Figur mit einem Knaben auf dem Schoß. Die linke Hand des Mannes ist um die Hüfte des Knaben gelegt, während der rechte Arm des Knaben auf der Schulter seines Vaters liegt. Das Kind ist nackt und trägt die typische Kinderfrisur: die seitlich herabhängende Jugendlocke. Seine Brust zieren ein Pektorale und ein Amulett an einer Kette. Die Szene stellt sehr wahrscheinlich Ptahschepses selbst und sein Söhnchen dar.

Bereits ab dem fünften Lebensjahr begannen die Kinder, sich auf spielerische Weise auf die Arbeitswelt der Erwachsenen einzustellen. Illustriert wird dies durch Szenen auf den Wänden der Gräber in Scheich Abd-el-Gurna (18. Dyn.). Im Grab des Chaemhet beispielsweise ist neben dem Pflüger ein säender Knabe dargestellt, im Grab des Menena helfen nackte Mädchen bei der

Rechts
29. Zwei sich balgende Mädchen über einem Weizenhaufen. Ausschnitt aus einer Ernteszene. Grab des Menena, Theben-West. 18. Dynastie.

30. Ein Knabe wird von vier anderen attakkiert und schreit: „Paß auf, du trittst mich!“, „Au, meine Rippen!“ und „Hier hast du eine Kostprobe!“ Relief im Grab des Ptahhotep, Saqqara. 5. Dynastie.

Ernte, und in Userhets Grab lesen Kinder Ähren, die sie in Säcken verstauen. Andere Darstellungen zeigen, wie Kinder Getreide in die Speicher schaffen oder Erfrischungen aufs Feld bringen. Auf einem Ostrakon aus Deir el-Medineh polieren Kinder Keramikgefäße.

Das Ende einer sorglosen Kindheit schien mit der Beschneidung (*sbj*) erreicht zu sein, die im alten Ägypten nur bei Knaben belegt ist und – wie allgemein angenommen wird, denn genaue Angaben fehlen – im zweiten Lebensjahrzehnt erfolgte. Eine Beschneidung unmittelbar nach der Geburt, wie dies bei den Juden Sitte ist, kann ausgeschlossen werden. Die Mumie eines etwa zehnjährigen Prinzen, die von G. E. Smith und W. R. Dawson aufgeführt wird, trug noch die Jugendlocke und war unbeschnitten, während die Beschneidungsszene die Knaben immer ohne Jugendlocke zeigen. Der Gaufürst Chnumhotep (12. Dyn.) hielt es einer Mitteilung wert, daß er bereits vor seiner Beschneidung regierte.

Um das übliche Beschneidungsalter zu bestimmen, wird man sicher auch nach ihrem Zweck fragen müssen. Obgleich ihre hygienische Bedeutung angesichts des heißen Klimas Ägyptens auf der Hand liegt – die Entfernung der Vorhaut verhinderte ein Anhäufen von Bakterien sowie die nach neuen Erkenntnissen krebsbildende Sekretion der Vorhautdrüsen –, war dies den Ägyptern sicherlich nicht bewußt. Und obwohl es sich bei der Beschneidung um einen chirurgischen Eingriff handelte, wurde sie nicht von Ärzten, sondern von den Totenpriestern vorgenommen; wohl deshalb auch fehlt in den medizinischen Texten jeder Hinweis auf sie. Die Beschneidung war also ein ausgesprochen religiöses Ritual, was auch durch das dafür verwendete Instrument bestätigt wird: in einer Zeit, als es bereits das weitaus schärfere Metallmesser gab, verwendete man noch immer ein ovales Feuersteinmesser, das übrigens auch beim Balsamieren – beim rituellen Schnitt an der Mumie – gebraucht wurde.

Eine Beschneidungsszene – die selten dargestellt wurde – findet sich in der Mastaba des
31 Anchmahor in Saqqara (6. Dyn.), sie zeigt einen stehenden nackten Jungen, der von einem Helfer festgehalten wird. Der Junge stützt sich mit seiner Linken auf den Kopf eines vor ihm sitzenden Totenpriesters, der die Beschneidung an ihm vornimmt, indem er mit der linken Hand das Glied des Jungen hält und mit der Rechten die Vorhaut ablöst. In einer weiteren Szene reibt ein Mann das Glied des Jungen mit irgendeinem Mittel ein. Einige Gelehrte haben diese Szene als vor der Operation erfolgende Behandlung des Gliedes mit kohlensaurem Kalk, dessen Kohlensäure betäubend wirkt, gedeutet, andere sahen in ihr eine Art Nachbehandlung der Wunde. Der Eingriff war sicherlich schmerzhaft; zudem erfolgte er unter septischen Bedingungen ohne Desinfektion, so daß es sicherlich zu Vereiterungen der Wunde und anderen Komplikationen gekommen sein dürfte. Die andere und bislang letzte Beschneidungsszene, die wir kennen, stammt aus dem Tempel von Karnak (18. Dyn.).

Die Beschneidung darf zweifellos als eine uralte Tradition angesehen werden. Dafür spricht nicht nur der Gebrauch eines archaischen Instruments, sondern auch der Umstand, daß die altägyptischen Bezeichnung für das männliche Glied (*ḥnn*) den Penis ohne Vorhaut (*ṯ3m*) meinte. Erst seit dem Neuen Reich, als es in Ägypten zahlreiche unbeschnittene Ausländer gab, kennt man auch die Bezeichnung für den unbeschnittenen Penis (*ḳrnt*). Beschneidungen konnten auch an natürlich getrockneten Mumien aus vordynastischer Zeit in Nubien nachgewiesen werden.

Der Ritualcharakter von Beschneidungen läßt sich auch aus der Tatsache ablesen, daß sie in größeren Gruppen, wenn nicht gar massenweise erfolgten. Eine Stele aus der 1. Zwischenzeit erwähnt die Beschneidung von 120 Jungen. Wahrscheinlich hat es sich hierbei um Initiationsriten gehandelt, wie sie auch bei anderen afrikanischen Völkern geläufig sind. Ziel dieser in der Pubertät erfolgenden Riten ist es, die in die Welt der Erwachsenen eintretenden Jünglinge einer Männlichkeitsprobe zu unterziehen, wozu eben auch das Ertragen von Schmerzen gehörte. Der Ägyptologe E. Wente hat jüngst das obere Pubertätsalter bei den altägyptischen Jungen und Mädchen festzustellen versucht. Ihm zufolge lag es bei den Jungen bei 14 und bei den Mädchen zwischen dem 12. und 13. Lebensjahr. Daraus folgt, daß die Jungen zumeist in ihrem 14. Lebensjahr beschnitten worden sind – eine Annahme, die auch von Ambrosius (4. Jh. n. Chr.) bestätigt wird.

Gelegentliche Darstellungen nackter Arbeiter oder Handwerker auf Mastabawänden zeigen, daß die Beschneidung auch beim einfachen Volk des Alten Reiches gang und gebe, wenn auch nicht Pflicht war. Erst die Quellen der Spätzeit sprechen davon, daß für Priester eine Beschneidungspflicht bestand, was mit Reinheitsvorstellungen zusammenhing. Bekanntlich vermied es König Pianchi (25. Dyn.), mit unbeschnittenen Libyern zusammenzutreffen. Auch machte man bei der Zählung getöteter Feinde einen Unterschied zwischen beschnittenen Opfern – z.B. den Seevölkern –, denen man lediglich die Hände abschlug, und unbeschnittenen – z.B. den Libyern –, denen man zusätzlich auch das Glied entfernte. Von der Beschneidung der Ägypter weiß in römischer Zeit auch Strabo zu berichten, und bei Muslimen und Kopten ist sie bis heute in Gebrauch. Obwohl sie heute bereits in frühester Kindheit erfolgt, ist sie stets eine feierliche Handlung.

Die Beschneidung von Mädchen (Exzision oder Klitorisektomie genannt), die im heutigen Ägypten nicht ungewöhnlich ist, wird ausnahmslos und ganz geheim von Frauen vorgenommen. Darin könnte auch der Grund dafür liegen, warum wir über sie aus dem alten Ägypten nichts erfahren. Sofern es sie auch damals schon gegeben haben sollte, war sie ganz gewiß gleichfalls eine Angelegenheit der engsten weiblichen Verwandten. An Mumien ist sie bislang nicht festgestellt worden, vielleicht, weil man ihr keine Aufmerksamkeit geschenkt hatte. Erwähnungen 'unbeschnittener Jungfrauen' in den Texten deuten jedenfalls auf ihre mögliche Existenz hin. Auch bei den Mädchen wäre sie dann an der Schwelle zum Erwachsenenalter erfolgt.

31. Priester bei der rituellen Beschneidung eines Knaben und Salbung des Penis. Grab des Anchmahor, Saqqara. 6. Dynastie

KAPITEL 3

Erziehung und Ausbildung

32. Die Erfindung der Schrift wurde Thot, dem Gott des Wissens und der Weisheit und Schutzpatron der Schreiber, zugeschrieben, der hier als Pavian dargestellt ist. Ihm gegenüber ein Schreiber mit einer Papyrusrolle auf den Knien. Serpentin. 18. Dynastie. Berlin, Ägyptisches Museum

Anders als in der modernen Gesellschaft war im alten Ägypten die Welt des Kindes nicht von der der Erwachsenen getrennt. Mit zunehmendem Alter begann das Kind, das Tun der Erwachsenen nachzuahmen, was jetzt Spiel und unbeschwertes Herumtollen immer mehr ersetzte. Immer häufiger halfen die Kinder bei weniger anspruchsvollen Arbeiten und übernahmen somit von den Erwachsenen nach und nach praktische Fertigkeiten und Kenntnisse. Dabei brachten ihnen die Eltern in Wort und Tat verschiedene Grundsätze, moralische Haltungen und Lebensanschauungen bei. Im frühen Alter also erhielten die Kinder im Schoß der Familie die Grundlagen der Bildung. Für die Mädchen blieb es zumeist auch dabei, während die Jungen einen Beruf erlernten, der ihnen entweder vorgeschrieben wurde oder den sie hatten frei wählen können.

Der Begriff der Bildung enthält einerseits die allgemeine Kindeserziehung, andererseits die Ausbildung in einem konkreten Beruf. Die Erziehung der Knaben lag überwiegend in den Händen der Väter, die der Mädchen bei den Müttern. Die Eltern machten ihre Kinder mit den Grundlagen der altägyptischen Weltanschauung, mit den religiösen Vorstellungen, den sittlichen Prinzipien, dem Umgang mit Menschen und Göttern sowie mit Kulten der Volksfrömmigkeit bekannt.

Die Grundlagen der altägyptischen Erziehung sind uns in zahlreichen Schriftdenkmälern erhalten, allen voran den Lehren. Ihr Ziel war es, zu persönlichem Erfolg in Übereinstimmung mit den Bedürfnissen des Staates und den damals geltenden ethischen Normen zu erziehen. Gerechtigkeit und Wahrhaftigkeit als Lebenshaltung verlangte man nicht aus absoluten Gründen, sondern weil eine solche Haltung gesellschaftlich erforderlich und zugleich für den Einzelnen von größerem Vorteil war als Ungerechtigkeit und Lüge, die in ihrer Konsequenz schließlich doch auf einen selbst zurückfielen. Die altägyptischen Lehren enthalten Regeln für ein geordnetes Leben und die Prinzipien der Moral, zu der man Gerechtigkeit, Weisheit, Gehorsam, Humanität und Zurückhaltung zählte. Die in Versform abgefaßten Ratschläge wurden gewöhnlich dem Sohn vom Vater erteilt, wenn jener dessen Ämter übernahm oder ihm im Alter hilfreich zur Seite trat. Ähnliche Ratschläge gab auch der König seinem Amtsnachfolger. Die meisten Lehren wurden von höher gestellten Schreiberbeamten niedergeschrieben, erst später waren damit auch rangniedrigere Schreiber beschäftigt (z.B. Ani).

Die Lehren pflegten sehr häufig kopiert zu werden, da sie auch als Schultexte in den Schreiberschulen dienten. Sieben Lehren haben sich vollständig erhalten, von fünf Lehren sind nur Teile auf uns gekommen, und die Existenz weiterer Lehren ist nur anhand von Fragmenten zu erschließen. Verfasser der offenbar ältesten Lehre war der berühmte Imhotep – Wesir, Architekt *261*
und Arzt unter König Djoser (3. Dyn.). Seine Lehre ist nicht erhalten, wird aber in einem Harfnerlied erwähnt, das aus dem Grab des Königs Antef stammt. Aus einer anderen, vielleicht der wichtigsten Lehre, der des Ptahhotep, Stadtregent und erster Minister zur Regierungszeit des *33*
Pharaos Isesi aus der 5. Dynastie, stammen die nun folgenden Ausschnitte. Beginnen wir zunächst mit ein paar Maximen der „Schönen Rede", also zur Rhetorik:

„... rede nur dann, wenn du die Lösung weißt.
Ein Künstler ist ja, wer im Rate spricht,
und schwieriger ist die Rede als jedes andere Werk –

33. Der Wesir Ptahhotep, Verfasser einer berühmten Lebenslehre, wird in einer Sänfte getragen. Bemaltes Kalksteinrelief. Grab des Ptahhotep, Saqqara. 5. Dynastie

wer sich darauf versteht, macht sie sich zunutze."
„Sprich nicht einmal dies und dann wieder jenes
und verwechsle nicht das eine mit dem andern."

Nur wenn du vollkommen sprichst
trifft jede deiner Absichten ins Ziel."

„Sei besonnen, wann immer du sprichst.
Sage stets nur etwas Herausragendes,
damit die Vornehmen, die dich hören, sagen können:
'Schön ist, was aus seinem Munde kommt'."

Über das Wissen stellt Ptahhotep gerechtes Verhalten:

„Einen weisen Menschen erkennst du daran, was er weiß,
einen erhabenen Menschen hingegen gemäß seiner guten Taten."

Geradezu demokratisch und angesichts der hierarchischen Gesellschaftsordnung kontrastierend wirkt das Gebot, die Ansichten und Kenntnisse einfacher Leute zu respektieren:

„Sei nicht aufgeblasen wegen deines Wissens,
besprich dich mit dem Unwissenden so gut wie mit dem Wissenden."
„Die Schöne Rede ist verborgener als frischer Malachit,
doch kann man sie finden bei den Mägden über dem Mahlstein."

Ptahhotep mahnt, Gerechtigkeit walten zu lassen, warnt vor Intrigen zum Zwecke der Bereicherung, vor Bestechungen und davor, Darlehensrückzahlungen von jenem zu fordern, der die Schuld nicht bezahlen kann, sowie vor Besitzgier. Seine Lehre enthält lauter konkrete Ratschläge, wie man sich in verschiedenen Lebenssituationen verhalten soll, sei es bei Gastmahlen, in leitender Funktion, gegenüber Freunden und Frauen, Bittstellern und Armen.

Den geistigen Höhepunkt dieser Literaturgattung stellt gegen Ende des 2. vorchristlichen Jahrtausends die Lehre des Amenemope dar, aus der übrigens auch die bekannten alttestamentlichen Sprüche Salomos geschöpft haben dürften. In ihr wird u.a. die Forderung nach Gerechtigkeit und Nachsicht gegenüber Armen und Witwen erhoben:

„Verrücke nicht den Markstein an den Grenzen der Felder,
verschiebe nicht die Meßschnur von ihrem Platz.
Giere nicht nach einer Elle Acker,
vergreife dich nicht an den Ackergrenzen einer Witwe."

(Aus dem 6. Kap.)

„Begehre nicht die Habe eines Bittgängers,
hungere nicht nach seinem Brot.
Die Habe des Bittgängers
bleibt dir in der Kehle stecken,
du wirst dich daran verschlucken."

(Aus Kap. 11)

„Wenn du einen großen Rückstand bei einem Armen findest,
so mache daraus drei Teile:
Erlasse ihm zwei davon und laß nur einen stehen.
Du wirst diese Tat wie den Weg des Lebens finden ...
Besser als Schätze im Speicher ist es,
als Menschenfreund gelobt zu werden.
Besser sind Brote bei fröhlichem Herzen
als Reichtum mit Kummer."

(Aus Kap. 13)

„Nimm keine Bestechung von einem Mächtigen an,
und benachteilige ihretwegen nicht den Schwachen ..."

(Aus Kap. 20)

An die christliche Moral erinnert auch das Gebot Amenemopes, behinderten Mitmenschen gegenüber Rücksicht walten zu lassen:

„Verlache nicht einen Blinden und verhöhne nicht einen Krüppel,
erschwere nicht das Los eines Lahmen.
Verspotte nicht einen Mann, der in der Hand Gottes ist (Geisteskranken),
und sei nicht aufgebracht gegen ihn, wenn er sich vergangen hat."

(Aus Kap. 25)

34. Ein sitzender Schreiber bei der Arbeit, vielleicht beim Diktat. Teil eines Reliefs aus dem Grab des Iniuja, Saqqara. Späte 18. Dynastie

Die hier zitierten Beispiele enthalten eine Reihe überraschender ethischer Grundsätze. Der Begriff der Tugend stützte sich auf das Prinzip ihrer Vergeltung, was sich zu der Maxime zusammenfassen läßt: Verhaltet euch eurem Gott, dem König, den Vorgesetzten und auch euren Untergebenen gegenüber gerecht, und ihr werdet gesund sein, lange leben und man wird euch ehren. Eure guten Taten vergilt euch Gott beim Totengericht, und auch die Hinterbliebenen werden gern die Opferformel für euch sprechen und euch die erforderlichen Opfergaben darbringen, damit ihr eines ewigen Lebens sicher seid. Das höchste Ziel des ägyptischen Sittenkodex' indes war es, zur Aufrechterhaltung der von den Göttern gesetzten und vom König garantierten harmonischen Weltordnung beizutragen.

Neben Geboten, die auf allgemeinen ethischen Prinzipien beruhten, gab es aber auch Maximen, die sich auf einen ganz bestimmten Beruf bezogen, den sich die Knaben in der Regel allerdings nicht selbst aussuchten. Die klassischen griechischen Autoren Herodot (II, 164) und Diodor (I, 74) sprechen direkt davon, daß im alten Ägypten Berufe vererbt wurden. In Wirklichkeit handelte es sich hierbei aber nicht um eine automatische Vererbung, sondern – wie dies eine Steleninschrift aus dem Alten Reich formuliert – um das Bemühen des Vaters, sein Amt seinem Sohn zu vermachen. Andere Quellen führen an, daß dies mit Zustimmung des Königs oder seiner Bevollmächtigten geschah. Daher können wir die gesamte ägyptische Geschichte über die Tendenz beobachten, auch die höchsten Ämter in den Händen von Mitgliedern ein und derselben Familie zu konzentrieren. Ende des Mittleren Reiches beispielsweise gab es in der Tat eine Dynastie von Wesiren, und in der Ramessidenzeit ist ähnliches für das Amt der Hohenpriester des Amun zu beobachten. Der Hohepriester Rai berichtet sogar, daß ihm Amun erlaubt habe, seine beiden Söhne und seine beiden Enkel in hohe Priesterämter in seinem Amtsbereich zu berufen, und äußert dann den Wunsch, sein Amt möge auch nach seinem Tode für immer in den Händen der Familie bleiben.

Es war üblich, daß ein Beamter seinen Sohn als Gehilfen einstellte, der dann ganz selbstverständlich sein Amtsnachfolger wurde. Darin bestand im wesentlichen auch der Sinn der ägyptischen Mitregentschaft. Die alten Ägypter nannten einen Sohn einen „Stab des Alters seines Vaters": der Sohn sollte dem Vater die Ausübung seiner Pflichten erleichtern und schließlich sein Nachfolger werden. Obgleich in der Lehre des Ani geschrieben steht, daß „die Ämter keine Kinder haben", waren die Beamtenfamilien bemüht, ihr Amt für ihre Nachkommen zu erhalten. Und als mit Ausgang des Neuen Reiches die königliche Macht im Schwinden begriffen war, reklamierten die Beamten ganz offen das Recht auf das Amt des Vaters an, was zu einer ganzen Reihe von – früher undenkbaren – Fällen des Ämterverkaufs führte.

Doch gab es auch Ausnahmen, vor allem dann, wenn keine männlichen Nachkommen vorhanden waren. Weil jedoch die Amtsnachfolge durch den Sohn das geläufigste war, ernannte ein Beamter seinen jungen Mitarbeiter aus einer anderen Familie zu seinem 'Sohn' oder 'Kind'. Auch kam es vor, daß sich ein junger Mann aus einer sozial niedriggestellten Familie durch Fleiß und außerordentliche Fähigkeiten oder durch persönliche Beziehungen in höhere und höchste Ämter emporzuarbeiten verstand (wie beispielsweise in der 5. Dynastie Ptahschepses oder in der 18. Dynastie Amenophis, Sohn des Hapu).

Hieraus ergibt sich zugleich, daß meistens der Vater der Lehrer seines Sohnes war, und zwar besonders dann, wenn sein Sohn sein 'Gehilfe' oder 'Stab des Alters' war. Konnte nur ein Sohn – in der Regel der erstgeborene – das väterliche Amt übernehmen, suchten sich die übrigen Söhne bei einem anderen Mann eine Anstellung, dessen Amt mehrere Nachfolger als Schüler zuließ oder der selbst keinen Sohn hatte.

Eine Ausnahme von dieser Regel bildete der König, der sich der Erziehung und Ausbildung seiner Kinder nicht selbst widmete, sondern seine Untergebenen, spezielle Erzieher, mit dieser Aufgabe betraute. Aus den tschechoslowakischen Grabungen in Abusir ist beispielsweise die Person des Idu bekannt, der Erzieher der Königskinder war. Im Königspalast lernten die Prinzen

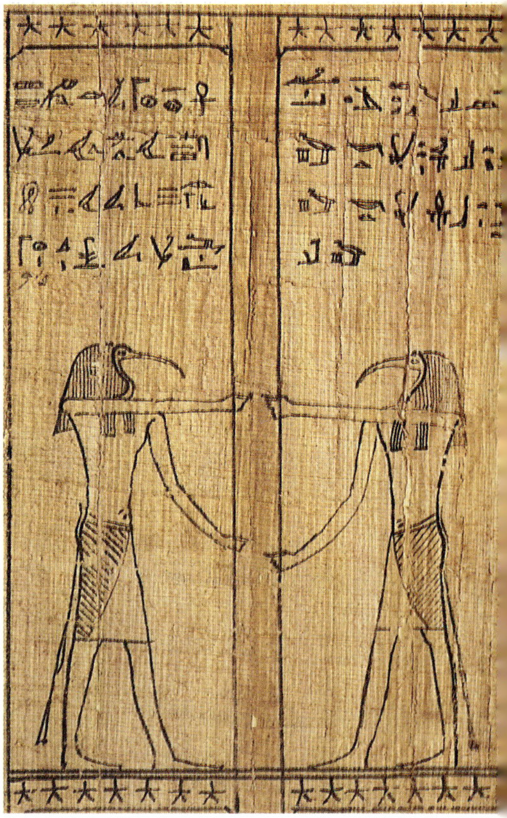

Oben
35. Der Text rechts ist in hieratischer Schrift, einer kursiven Weiterentwicklung der Hieroglyphen, geschrieben, die die ursprünglichen Zeichen vereinfachte und ein schnelleres Schreiben ermöglichte. Auf der linken Seite, oberhalb des ibisgestaltigen Thot, hieroglyphischer Text. Teil des Totenbuches des Kahapa. Spätzeit. Privatsammlung

36. Hieroglyphen in ihrer dekorativsten Form auf dem inneren Sarg des Petosiris mit Sprüchen aus dem 42. Totenbuchkapitel. Polychrome Glaspaste auf Holz. Frühe Ptolemäerzeit. Kairo, Ägyptisches Museum

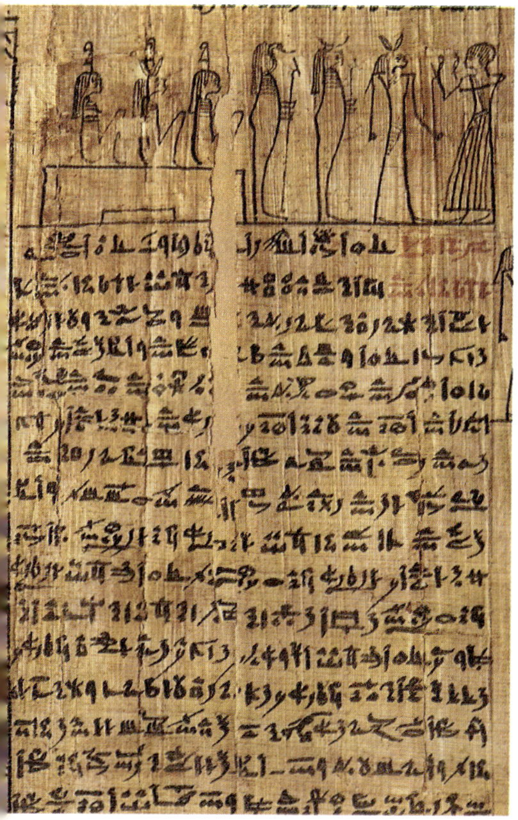

und Prinzessinnen die Grundlage der Schrift, Grammatik und Stilistik und eigneten sich grundlegende Kenntnisse in Literatur und Mathematik an. Daß auch Prinzessinnen am Unterricht teilnahmen, ist aus einer Darstellung bekannt, die eine Prinzessin mit einer Schreibtafel in der Hand zeigt. Auch wissen wir, daß der Wesir und königliche Architekt Senenmut die Tochter der Königin Hatschepsut, Nefrure, unterrichtete. Mitunter durften auch die Kinder ranghöchster Höflinge am königlichen Unterricht teilnehmen, so daß Frühformen von 'Schulen' entstanden, in denen eine größere Anzahl von Kindern von einem Lehrer unterrichtet wurden.

Mädchen aus einfachen Familien genossen nur eine Minimalbildung. Sie hielten sich zumeist in der Nähe der Mutter auf, lernten von ihr, wie man einen Haushalt führt, und übernahmen von ihr auch die ethischen Grundlagen einer anständigen Lebensführung. Mädchen aus den höheren Gesellschaftsschichten lernten darüber hinaus schwimmen, musizieren und tanzen. Nur wenige lernten auch schreiben, wie dies beispielsweise vereinzelte Unterschriften auf Urkunden aus späteren Zeiten zeigen.

Auch für Bauernkinder gab es nur eine sehr einfache Ausbildung. Vom frühen Kindesalter an
gingen die Jungen und Mädchen mit aufs Feld, um zu helfen: sie sammelten Ähren, worfelten *29*
Getreide, hüteten das Geflügel und weideten später auch Vieh. Auch Fischer und Bootsbauer
nahmen ihre Kinder mit zur Arbeit, um ihnen praktische Kenntnisse anzuerziehen. *39*

Relativ selten sind Darstellungen, die Kinder bei der Arbeit von Handwerkern zeigen. So sehen wir beispielsweise einen Knaben, der einem Metzger eine Keule reicht, oder einen anderen, der einem älteren Mann beim Polieren von Gefäßen hilft. Ein anderer Junge spielt bei Musikanten mit. Beim Militär waren Jungen als Diener oder mit dem Schwemmen von Pferden beschäftigt.

Schriftquellen aus römischer Zeit wissen so manches Interessante über die Lehre künftiger Weber und Spinnerinnen zu berichten. Ihre Ausbildung begann im Alter von 12 bis 14 Jahren und dauerte ein bis drei, ausnahmsweise fünf Jahre. Zweieinhalb Jahre arbeitete der Lehrling unentgeltlich, später bekam er oder sie eine geringe Bezahlung. Tagelang brachten die Lehrlinge in der Werkstatt ihres Lehrers zu, und nur wenn sie in der Nähe wohnten, konnten sie nachts nach Hause gehen. Gegen Ende der Lehre unterzogen sie sich offenbar einer Prüfung. Die Weber schickten ihre Kinder damals gewöhnlich zu anderen Webern in die Lehre. Der Lehrer verpflichtete sich, die Ausbildungskosten, die der Vater seines Lehrlings aufzubringen hatte, zurückzuerstatten, falls er seinem Lehrling nichts Ordentliches beigebracht hatte.

Über die Ausbildung von Bildhauern und Malern spricht das schriftliche Zeugnis in der Inschrift des Irtisen, der auf Empfehlung des Königs seinen ältesten Sohn in die Geheimnisse seiner Kunst einweihte. Ein Künstler mußte die gewöhnlich verwendeten Symbole und Schmuckmotive, die traditionellen Stellungen und die Proportionsgesetze für menschliche Figuren und Tiergestalten kennen. Erhalten haben sich Ostraka mit eingeritzten oder aufgemalten Motiven. Auf einem Ostraka aus Deir el-Medineh, das sich heute im Náprstek-Museum in Prag befindet, ist
der Zeichenversuch eines Schülers erhalten: ein menschlicher Kopf mit Gesicht, Auge und Ohr, *58*
eine schreitende Göttergestalt mit dem *w3s*-Zepter (den Kopf hatte er vergessen!) und Osiris und Isis, die sich im Allerheiligsten gegenübersitzen. Bereits seit der 3. Dynastie kennen wir Reliefvorlagen, Modelle für Bildhauer aber erst seit der Spätzeit. Die Anwärter für die verschiedenen Kunsthandwerke gingen zu reifen Meistern in die Lehre. Mit der Vorlage eines eigenen 'Meisterstücks' bewiesen sie, daß sie ihr Metier beherrschten und ihre Lehre beenden konnten.

Am ausführlichsten sind wir über die Ausbildung der Schreiber informiert. Im Alten Reich lag die Heranbildung des Nachwuchses ganz individuell bei jedem Schreiber selbst, zumeist war es der Vater, der seinen Sohn ausbildete. Von der 1. Zwischenzeit an sind 'Schulklassen' für die Ausbildung ganzer Gruppen von Schreiberanwärtern belegt. Im Neuen Reich kennen wir solche Klassen aus der Residenzstadt Theben (z.B. im Ramesseum und sehr wahrscheinlich auch in Deir el-Medineh), später entstanden sie auch an anderen Orten. Hierbei handelte es sich freilich nicht um wirkliche Schulen im Sinn von selbstandigen Institutionen mit Lehrern, die einzig und allein mit der Ausbildung beschäftigt gewesen wären. Jedes größere Amt – die königliche Kanzlei, Amtsstuben des Militärs, die Verwaltungsorgane der Tempel oder ihre Lebenshäuser – kümmerte sich selbst um die Ausbildung des für sein Ressort erforderlichen Nachwuchses, wobei die pädagogische Tätigkeit in den Händen seiner Angestellten lag. Als Lehrbuch – das älteste, das wir überhaupt kennen – diente ihnen die sogenannte *Kemit*. Die Schüler, die zumeist Söhne von Schreibern waren, traten im Alter von 5–10 Jahren in die Schule ein.

Zunächst mußten die Schüler lesen und schreiben lernen, und zwar sowohl die hieratische *35*
Schrift, die man im Alltag gebrauchte, als auch die Hieroglyphen. Anstelle von Heften verwendeten sie zumeist das billigste Material, das überall zugänglich war: Keramikscherben oder Kalksteinsplitter, sogenannte Ostraka. Weniger oft schrieb man auf Papyri, und wenn, dann benutzte man bereits beschriebene, von denen man den alten Text abwusch oder überpinselte (sog. Palimpseste). Auch gab es Täfelchen für Schülerübungen; sie bestanden aus Holz und waren mit einer weißen geglätteten Stuckschicht überzogen, deren Oberfläche abwaschbar war und die bei Bedarf erneuert werden konnte. In griechisch-römischer Zeit kamen Täfelchen mit einer Wachsschicht auf, in die die Schüler mit einem Metallstäbchen ihre Aufgaben ritzten.

An Schülerübungen haben sich uns Listen mit Hieroglyphen oder ganzen Wörtern erhalten. Auch Umschriften von Hieroglyphen in hieratische Zeichen, deren Umrisse kaum noch die ursprünglich dargestellten Gegenstände erkennen lassen, sind gefunden worden. Fortgeschrittene Schüler konnten sich an das Abschreiben ganzer Texte machen, z.B. des Buches *Kemit*, an das Kopieren von Lebenslehren, Lobgesängen auf den König, Götterhymnen, Musterbriefen, amtlichen Berichten u.ä. Auch der Grammatik und Stilistik wurde gebührende Aufmerksamkeit geschenkt, so daß auch Diktate und Stilübungen nicht fehlten.

Aus der 19. Dynastie stammt ein Text, der als Papyrus Anastasi I bekannt ist. Aus ihm erfuhr der Schüler Wissenswertes über die Geographie Asiens, lernte aber auch – in einen militärischen Kontext gestellt – in humorvoller Form Arithmetik. Der Fremdsprachenunterricht gehörte nicht zu den üblichen Unterrichtsfächern. Fremdsprachenkenntnisse waren auch im Ägypten des Neuen Reiches eher die Ausnahme. Die in Keilschrift geführte Amarna-Korrespondenz könnte auch von Ausländern mit Wohnsitz in Ägypten abgefaßt sein. Religiöse Texte gehörten nicht zum Lehrstoff normaler Schreiberschulen, doch in den Tempelschulen waren sie wichtiger Bestandteil des Unterrichts.

Neben dem Schreiben kam auch das Lesen von Texten nicht zu kurz, das im Chor geübt wurde. Man achtete darauf, daß die Schüler die gelesenen Texte auch verstanden, sie richtig interpretierten und ihre genaue Lesung beherrschten. Deshalb lernten sie vor allem literarische Texte auswendig. Das Gedächtnis stand damals in weit höherem Ansehen als Erfindungsgeist und logisches oder kritisches Denken. Auf ähnliche Weise lernen noch heute die Schüler in den Koranschulen islamischer Länder.

37. Kinder helfen bei der Ernte und füllen Körbe mit Korn. Der Mann links schüttet Korn in ein *ḥq3t*-Gefäß, das etwa einen Scheffel faßte. Fragment einer Grabmalerei aus Theben-West. Neues Reich. Turin, Museo Egizio

38. Dieses Kalksteinfragment benutzte ein Lehrling zu Übungszwecken: es ist mit den verschiedensten Reliefs und Ritzzeichnungen versehen, die in keiner Beziehung zueinander stehen. Dargestellt sind ein Falkenkopf, ein menschliches Ohr und ein Gesicht. Datierung und Herkunft unbekannt. Prag, Náprstek-Museum

Relativ wenig Raum gewährte man in den Schulen der Mathematik. Die Ausbildung beschränkte sich auf einfache Aufgaben in Algebra, die die Schreiber als Verwaltungsbeamte bei der Festschreibung von Ackerflächen, bei der Berechnung der Ernte, beim Zählen von Vieh und anderweitigem Vermögen beherrschen mußten. Rechenbücher mit Beispielen gab es, doch ohne allgemeine Regeln.

Die Lehrer hielten die Schüler dazu an, sich mit Eifer und Liebe dem Lernen zu widmen. So rät der Schreiber Cheti (12. Dyn.) seinem Sohn, der Schüler einer staatlichen Schreiberschule ist: „Wenn du schreiben kannst, so ist das für dich besser als die Berufe, die ich dir vorgeführt habe. [...] Denn nützlich ist dir ein Tag in der Schule." Weil freilich nicht alle Schüler beim Lernen den erwünschten Eifer aufbrachten, gehörte auch der Stock zu den damaligen Erziehungsmethoden.

„Das Ohr eines Knaben ist auf seinem Rücken – er hört, wenn er geschlagen wird", heißt ein altägyptisches Sprichwort. Aufsässigeren Schülern wurden dabei die Beine gefesselt, damit sie nicht entwischen konnten.

Die Länge der Ausbildung schwankt in einzelnen Fällen beträchtlich. Der Hohepriester Bekenchons führt an, daß er mit 5 Jahren in die Schule kam und sie 11 Jahre lang besucht habe, wobei er die letzten Jahre „bereits Vorgesetzter des Zuchtstalls König Sethos' I." war. Mit 16 Jahren wurde er niederer Priester (*w3b*-Priester). Demgegenüber wird in einer anderen Quelle das Alter eines Hilfsschreibers, also eines noch ungelernten Schreibers, mit 30 Jahren angegeben, was freilich schon als Ausnahme betrachtet werden muß.

Die Lehrer waren erfahrene oder pädagogisch begabte Schreiberbeamte, die von ihrem Ressort mit der Ausbildung des Nachwuchses betraut waren, sei es mit der Unterrichtung einer ganzen Klasse oder mit der Einarbeitung eines fortgeschrittenen Schülers in sein Ressort. Daneben übten sie aber auch weiterhin ihr Amt aus. Die Pädagogik hatte sich im alten Ägypten noch nicht als selbständiger Zweig von der Verwaltungstätigkeit der Schreiberbeamten befreit.

Bildung wurde im alten Ägypten in Ehren gehalten und als Privileg betrachtet. Es gab auch begabte Individuen, denen ein Schulbesuch nicht möglich war und die sich aus eigener Kraft die erforderlichen Kenntnisse aneigneten und dann in ihrem Fach hervortraten. Andererseits fehlte es aber auch im alten Ägypten nicht an Leuten, die ihren Mangel an Bildung durch Intrigen oder Protektion ersetzten – mitunter bis zum Umkreis des Königs.

39. Ein Knabe hilft Fischern beim Fischetrocknen. Kalksteinrelief im Grab des Ptahhotep, Saqqara. 5. Dynastie

KAPITEL 4

Zeit der Liebe und Vergnügungen

41. Frauen sind auf Wandmalereien oft musizierend dargestellt. Unser Bild zeigt eine Lyraspielerin. Malerei auf Kalkstein. Grab des Djeserkaresneb, Theben-West. 18. Dynastie

Links
40. Zwei Damen im Gespräch auf einem Bankett. Die eine bietet der anderen einen Lotus zum Riechen an. Beide Damen tragen auf ihren Perücken einen Salbkegel, der in der Wärme des Raumes allmählich schmolz und eine kühlende wohlriechende Substanz freigab. Malerei auf Kalkstein aus dem Grab des Nebamun. Dra Abu-el-Naga, Theben-West. 18. Dynastie. London, British Museum

Sobald die jungen Ägypter beiderlei Geschlechts an der Schwelle zum Erwachsenenalter standen, tat sich natürlich auch ihnen die bislang verschlossene Welt der Romantik und der Liebe auf. Sie lebten im Schoß einer idyllischen Landschaft mit rauschenden Palmenkronen, an heißen Tagen gewährten weitgefächerte Sykomoren kühlenden Schatten, auf sattgrünen Wiesengründen weideten Rinderherden, und die stillen Gewässer der zahlreichen Flußarme waren von weißen Lotosblüten bedeckt oder mit mannshohem Papyrusdickicht bewachsen, aus dem fröhliches Vogelgezwitscher erscholl. Der Reiz der Natur wird überall in der Welt vor allem von Verliebten stark empfunden, die darin eine Inspiration für die Bewunderung der Schönheit ihres Partners finden, wie dies auch die erstaunlich frische Liebeslyrik der Ägypter bezeugt, die ihre besten Früchte in der Ramessidenzeit hervorbrachte.

Die Lippen der Geliebten werden mit der Lotosblüte, ihre Arme mit den biegsamen Zweigen junger Bäume und ihre Haare mit Vogelnetzen verglichen. Auch der Granatbaum diente als beliebte Quelle von Metaphern:

„Was spricht der Granatbaum?
Meine Kerne gleichen ihren Zähnen,
meine Früchte ihren Brüsten."

Die Liebeslyrik kennt zahlreiche Wendungen, in denen das zärtliche Verhältnis der Liebenden, die sich seit der 18. Dynastie als „Bruder" und „Schwester" anredeten, zum Ausdruck kommt. Sie ermöglichen uns einen Einblick in das Geheimnis von Liebesspielen. So freut sich das Mädchen beispielsweise auf ein gemeinsames Bad mit ihrem Geliebten im Fluß, wenn sie sich ihm in voller Schönheit zeigen kann. Ein Junge lockt sein Mädchen an ein verstecktes Plätzchen im Schilf, während sie ein Versteck unter dem aufrechten Granatbaum vorziehen würde. Auch andere Plätze wurden von den Liebespaaren für ihre Rendezvous gewählt, wie etwa Gartenlauben, Zelte, Papyrusdickicht und sogar verlassene Gräber. Aus den Liebesgedichten spricht das Verlangen des verliebten Jungen, die ihn von seiner Geliebten trennenden Hindernisse aus dem Weg zu räumen, also etwa eine in ihre Kammer führende Holztür mit Riegel durch eine Strohmatte zu ersetzen oder den breiten, trennenden Nil zu überwinden:

„Die Liebe zu meiner 'Schwester' ist
aufs andere Ufer gerichtet.
Ein Fluß ist zwischen uns
und das Krokodil liegt auf der Sandbank.

Ich steige ins Wasser und
durchwate die Wellen.
Mein Herz fürchtet weder Tiefe
noch Krokodil.
Denn der Fluß ist meinen Füßen wie Land.

Die Liebe gibt mir Kraft,
sie ist mein Zauberspruch.
Ich folge dem Verlangen meines Herzens,
sie steht vor mir."

Natürlich werden in der Liebeslyrik auch die Gefühle des Mädchens reflektiert. Der Gedanke an den Geliebten in der Ferne läßt das Herz des Mädchens höher schlagen, ja macht sie sogar krank. Interessanterweise hielten auch die alten Ägypter das Herz für den Sitz der Liebesgefühle und nicht nur für den der Seele und für das Zentrum des Verstandes.

Das Liebesverlangen wird nur sehr zartfühlend und zurückhaltend ausgedrückt. So wird ein Mädchen geschildert, wie es kunstvoll die Netze nach dem Begehrten auswirft: sie verführt ihn mit dem Blick ihrer Augen, bindet ihn an sich mit der Schönheit ihrer Haare, fesselt ihn mit dem Glanz ihres Halsschmucks, zeichnet ihn schließlich mit ihrem signierten Ring. Ihren vollen Zauber offenbart sie ihm, wenn sie ihre Kleider unter dem Maulbeerfeigenbaum ablegt.

„Wie wundervoll ist es, mein Liebster
mit dir zum Fluß hinunterzugehen.
Ich warte auf den Augenblick, daß du mich bittest,
vor Deinen Augen zu schwimmen.

Ich werde ins Wasser tauchen
und auftauchen mit einem roten Fisch in der Hand.
Er wird glücklich sein zwischen meinen Fingern.
Ich werde ihn zwischen meine Brüste legen.
Komm und sieh, Liebster!"

In dieser Dichtung wird über den Liebesakt mit jener Offenheit gesprochen, wie dies einem Volk, das dem Rhythmus der Natur nachlebt, zukommt. Jegliche Vulgarität fehlt. Wenn der junge Mann seine Liebste in ihrem Haus alleine antrifft, wird er keine Zeit verlieren und, von ihrem Duft verzaubert, seinem Begehren auf dem Bett, auf dem sie liegt, nachkommen. Er schließt sie in die Arme, zieht ihr die Kleider aus, streichelt ihre Brüste und Schenkel, bis ihr Herz zu bersten droht; sie umschlingt ihn, nimmt seine Leidenschaft wahr, gibt sich hin. Aufgewühlt vom Wunder dieses Augenblicks wünscht sie sich, er würde nie vorübergehen ... Aus anderen Quellen wissen wir, daß der Geschlechtsverkehr im allgemeinen als „Zeltebauen" bezeichnet wurde. Waren beide Liebesleute noch ungebunden, stand dem nichts im Wege.

Seine Zuneigung tat man sich auf afrikanische Weise durch Reiben der Nasen kund. Dabei tauschte man symbolisch 'Atem' aus, der als die wichtigste Äußerung des Lebens galt – und von hier aus war es dann nur noch ein Schritt zu der Vorstellung vom 'Geist' als dem Prinzip des Lebens. Natürlich küßte man sich auch auf den Mund, wie dies erotische Erzählungen, die besonders in der Spätzeit häufig waren, sowie Darstellungen aus dem Kreis der Amarna-Kunst zeigen. Auch Briefe zeugen von der tiefen Zuneigung, die man zueinander empfand, wie etwa die folgenden Zeilen eines Mädchens an ihren in der Ferne weilenden Geliebten: „Die Sängerin des Amun Iset-Nofret sagt: 'Wie geht es Dir? Wie sehr sehne ich mich danach, Dich zu sehen. Meine Augen sind so groß wie Memphis, weil ich danach hungere, Dich zu sehen. Und ich sage hier Thot und allen Göttern aus seinem Hause: Mögest Du gesund sein! Mögest Du leben! Mögest Du wegen dem, was Du tust, gelobt werden'."

Schutzherrin der Verliebten war die Göttin Hathor, die Herrin der Liebe, Freude und Schönheit, die in der Liebeslyrik die 'Goldene' hieß. An sie wandte sich das verliebte Mädchen mit der Bitte, sie möge sie zur Frau ihres Geliebten machen, oder der Junge mit dem Wunsch, ihm das Mädchen seiner Wahl zu schenken.

Jugend und Vergnügen gehören zweifellos zusammen. Die Jugend hat mehr Energie und Zeit für Vergnügungen, ist zudem ohne Hemmungen, freut sich spontan und unmittelbar und mag Bewegung, Sport, Tanz, Musik und Gesang. Nach des Tages Arbeit oder dem alltäglichen Pensum in Schule und Beruf brach mit dem Sonnenuntergang, da die ägyptische Natur nach der Hitze des Tages endlich wohltuende Kühle spendete, endlich die Freizeit an, ein munteres Beisammensein bei Musik und Tanz bis in die tiefe Nacht hinein. Dieser uralte Rhythmus von Arbeit und Vergnügen ist an den Ufern des Nils bis heute zu beobachten.

Besondere Gelegenheiten zum Ausgelassensein boten Festtage und arbeitsfreie Tage. Aus den Quellen zum Leben der Nekropolenarbeiter von Deir el-Medineh wissen wir, daß jeder zehnte Tag arbeitsfrei war. Hinzu kamen die Feiertage, deren es im altägyptischen Kalender eine schier unermeßliche Menge gab. Gefeiert wurde das Neujahr, mehrere Tage lang dauerte das Erntefest, und auch an den fünf Schalttagen am Jahresende, den sogenannten Epagomenen (der bürgerliche Kalender umfaßte 12 Monate zu lediglich je 30 Tagen, also insgesamt nur 360 Tage), ruhte die Arbeit. Grund zum Feiern boten auch die Feste verschiedener Lokalgötter im Lande. Auch an den staatlichen Feiern, wie etwa an der Thronbesteigung des neuen Herrschers, an den Grün-

42. Ein mit Ohrringen, Kollier und Armband geschmücktes tanzendes Mädchen, das auf einem Tamburin spielt. Es trägt ein offenes plissiertes Gewand und einen Gürtel aus Perlen um die Hüften. Teil eines Spendenlöffels. Derartige Löffel mit Weihrauchspenden waren ein beliebtes Neujahrsgeschenk, das man sich mit dem Wunsch für ein langes Leben auf Erden und für die Wiederbelebung nach dem Tode überreichte. Holz. 18. Dynastie. Berlin, Ägyptisches Museum

43. Sänger und Musiker auf einem Bankett. Gespielt werden Flöte und Doppelklarinette. Um den Takt anzugeben, schlägt sich der eine Sänger auf die Knie, während der andere, der sich zugleich eine Hand ans Ohr hält, mit den Fingern schnippt. Bemaltes Kalksteinrelief aus dem Grab des Nenchefetka, Saqqara. 5. Dynastie. Kairo, Ägyptisches Museum

44. Harfen-, Lauten- und Tambourinspielerinnen. Bemaltes Kalksteinrelief. Grab des Rechmire, Scheich Abd-el-Gurna, Theben-West. 18. Dynastie

dungszeremonien bei der Errichtung von Tempeln (dem sogenannten Spannen des Strickes), am *Sed*-Fest, mit dem man das 30jährige Regierungsjubiläum des Königs – das dann alle drei Jahre wiederholt wurde – beging, an der feierlichen Errichtung des *Djed*-Pfeilers, der die Dauer der Königsherrschaft symbolisierte, und schließlich an der Beisetzung des Herrschers nahmen die Menschen gern teil. Selbst Totenfeste fehlten nicht, an denen man unter Teilnahme der Hinterbliebenen Opferriten an den Gräbern der Toten vollzog. Und dann gab es ja schließlich noch so wichtige Familienereignisse wie Geburt, Hochzeit und Tod, die man im privaten Kreis feierlich beging.

Die Ägypter verstanden es, sich am Leben selbst zu erfreuen und es so zu gestalten, wie es das Harfnerlied des Königs Antef empfahl:

„Folge deinem Herzen, solange du lebst.
Lege Myrrhen auf dein Haupt
und kleide dich in feines Leinen.
Salbe dich mit wundervollsten Salben.
Vermehre dein Wohlbefinden auf Erden
und nutze die göttlichen Gaben.
Nutze die Freude und sei froh dabei ..."

Ein ähnliches *Carpe diem* können wir auch in der Lehre des Ptahhotep vernehmen:

„Folge deinem Herzen, solange du lebst,
und tue nicht mehr, als notwendig ist.
Schmälere nicht die Zeit, in der du deinem
Herzen folgst,
denn deinem Geiste widerstrebt es,
so um die Freuden gebracht zu werden.
Verliere nicht Zeit, nicht eine Stunde
über das Bestellen deines Haushalts hinaus.
Auch wenn du deinem Herzen folgst,
ist dir Wohlstand gewiß,
doch keinen Nutzen hast du an ihm,
wenn du es vergißt."

Als spontanster Ausdruck der Freude, in harmonische Bewegung umgesetzt, darf wohl der Tanz gelten. Auf den Grabwänden findet sich eine Vielzahl von Tanzszenen, die Feiern, Gastmahle, Rituale und Begräbniszeremonien, aber auch Vergnügungen des Alltags begleiteten. Begann jemand zu tanzen, schlossen sich ihm sehr bald auch andere an, weshalb Solotänzer nur selten belegt sind.

Nach Frau I. Lexová ist zwischen reinem Bewegungstanz als einer Form aktiver Erholung nach vollbrachtem Tagewerk und gymnastischem Tanz, der oft in Akrobatik übergeht und schwierigere, erst nach längerem Training erreichbare Tanzfiguren enthält, zu unterscheiden. Weniger häufig belegt sind Tänze, in denen Bewegung von Tieren nachgeahmt werden. Den Paartanz in unserem Sinne, bei dem der Mann eine Frau führt, hat es im alten Ägypten nicht gegeben; was dennoch mit Paartanz bezeichnet wird sind Tänze von Mädchen, die sich an den

Händen halten und paarweise im Reigen tanzen. Gruppentänze werden von mehreren Personen ausgeführt, wobei jeder Tänzer unabhängig von den Bewegungen der anderen seine eigenen Tanzbewegungen ausführt. Spezieller Natur sind Kriegs- und Totentänze, dramatische, lyrische, groteske und kultische Tänze.

Typisch für die altägyptischen Tanzdarstellungen ist, daß sie niemals Mann und Frau gemeinsam tanzend zeigen. Beide Geschlechter tanzen für sich, wobei Frauen beim Tanz häufiger dargestellt werden als Männer. Auch gibt es keine scharfe Grenze zwischen Tanz und Gymnastik bzw. Akrobatik, die Unterschiede sind vielmehr fließend. Die erhaltenen Szenen zeigen beispielsweise Gruppen von Mädchen beim Rad- und Brückenschlagen (die schönste Darstellung
46 findet sich auf einem Ostrakon im Ägyptischen Museum in Turin), Mädchen auf einem Bein, während sie das andere ausgestreckt nach oben reißen, oder Mädchen beim Überschlag. Daneben gibt es Szenen, auf denen wirkliche Tänze dargestellt sind, wie aus den eleganten und harmonischen Bewegungen der Beine und Hände, dem gebeugten Rumpf und einer dem Rhythmus
52 entsprechenden Kopfhaltung zu schließen ist.

Der Tanz kann in Ägypten auf eine uralte Tradition zurückblicken, wie aus Tonfigürchen mit erhobenen Armen geschlossen werden kann und es ähnliche Gesten von Frauen bezeugen, die sich, von Männern mit Klappern begleitet, auf Darstellungen vordynastischer Gefäße finden. Im Alten Reich kamen Springen, Stampfen und sportliche Elemente hinzu, während das Neue Reich eine Lockerung der Regeln dahingehend brachte, daß sich der Tanz von nun an zu verschiedenen Figuren entfaltete und seine Bewegungen insgesamt lebhafter, gleitender und graziler wurden. Auch Tänze der Nachbarvölker – Nubier, Libyer und Syrer – wurden gezeigt. In der Spätzeit herrschten Tänze vor, die Bestandteil öffentlicher Feiern oder ritueller Handlungen waren.

Zahlreiche Szenen zeigen Frauen, die durch Händeklatschen den Tanzrhythmus angeben. Die Tänzerinnen trugen in der Regel ein kurzes, vorne offenes oder ausgefranstes Hemd oder eine lose (im Neuen Reich durchsichtige) Tunika mit Trägern oder einfach einen langen Schal, den sie um sich drapierten. Mitunter tanzten sie auch nackt, nur mit einem schmalen Hüftgürtel bekleidet.

Die strammen Schenkel einiger Tänzerinnen haben zu der Vermutung geführt, daß es sich bei ihnen um Berufstänzerinnen handelte. In der Tat gibt es in den schriftlichen Quellen Hinweise auf sie; sie werden dort als „Tänzerinnen" (*ḥ̮bj.t*) bezeichnet, vor allem im königlichen Harem, und als „gut genährt und freundlich gesinnt" charakterisiert, was auch noch anderes bedeuten kann.

41 Zum Tanz gehörten Musik und Gesang. Die Hauptrolle spielte dabei der Sänger, der von In-
42 strumenten begleitet wurde. Kennern zufolge hat es im alten Ägypten noch keine eigenständige
44 Instrumentalmusik gegeben, und auch der Sänger trat nur sehr selten als Solist auf. Die musikalische Begleitung erfolgte im Alten Reich mit einem, nur ausnahmsweise mit mehreren Instrumen-

45. Teil einer Gastmahlszene mit zwei jungen Tänzerinnen, die – begleitet von Flötenspiel und Händeklatschen – mit ihrer Darbietung die Gäste unterhalten. Anders als die konventionelle Darstellung im Profil werden zwei Frauen *en face* gezeigt, die ihre Köpfe offensichtlich im Takt der Musik wiegen, wie ihre Perücken erkennen lassen. Der Sinn für Bewegung, der in dieser Zeichnung zum Ausdruck gebracht wird, macht diese zu einem der besten Beispiele in der ägyptischen Kunst. Malerei auf Kalkstein aus dem Grab des Nebamun. Dra Abu-el-Naga, Theben-West. 18. Dynastie. London, British Museum

ten. Im Neuen Reich begleitete sich der Sänger entweder selber – die Figur des singenden Harf- *65*
ners ist sehr häufig –, oder er wurde von einem kleineren oder größeren Orchester begleitet, das mit verschiedenen Instrumenten besetzt war. Die Zahl der Musikinstrumente war dann in der Spätzeit wieder rückläufig.

Eines der ältesten Blasinstrumente war die Flöte, die aus Rohr, Holz oder später aus Metall *43*
bestand. Ihre Darstellung finden wir auf einer vordynastischen Tonscherbe und der sogenannten Schminkpalette aus Hierakonpolis, so daß ihre ägyptische Herkunft sehr wahrscheinlich ist. Von einem Relief des Alten Reiches ist eine 1 Meter lange Flöte bekannt, die von ihrem Spieler schräg gehalten wird. Daneben gab es auch kürzere Flöten, die man beim Spielen waagerecht hielt. Die Zahl der Grifflöcher schwankte zwischen drei und fünf. Ursprünglich blies man in eine Öffnung am Ende der Flöte – in vordynastischer Zeit geschah dies übrigens mit der Nase, in dynastischer Zeit dann mit dem Mund. Während des Neuen Reiches verschloß man das Flötenende und verlagerte die Blasöffnung seitwärts. Damals auch begannen andere Blasinstrumente die Flöte allmählich zu verdrängen, ohne daß sie freilich völlig verschwunden wäre: noch heute gibt es sie unter den arabischen Bezeichnungen *nay* und *uffafa*. Nach den Darstellungen zu urteilen, wurden Flöten, oft von Klarinetten begleitet, ausschließlich von Männern gespielt.

Gleichfalls in vordynastischer Zeit reichen sogenannte Schneckenpfeifen zurück, die auch bei Verständigungen auf größere Entfernungen, z.B. bei der Jagd, verwendet werden konnten. Seit der 4. Dynastie gibt es Belege für die Klarinette, die sich als *zummarah* bis heute erhalten hat. Etwa vom Alten Reich an gebrauchte man auch die Trompete, obwohl ihre ersten Darstellungen erst aus dem beginnenden Neuen Reich stammen. Das schönste Trompetenpaar, aus Silber und Gold gefertigt und von einfacher, aber eleganter Form, ist im Grab des Tutanchamun gefunden worden. Die Trompete diente gleichfalls zum Signalisieren und wurde Bestandteil der Ausrüstung des Heeres. Im Neuen Reich gelangte aus Kleinasien die Doppeloboe nach Ägypten, die gewöhnlich von Frauenpaaren gespielt wurde. Instrumente aus Tierhörnern kennen wir nicht von Reliefs her, sondern aus Terrakottamodellen des Neuen Reiches. In der Ptolemäerzeit kamen der Doppelaulos, die Panflöte und andere Instrumente griechischer Herkunft auf. Im 3. vorchristlichen Jahrhundert erfand der alexandrinische Grieche Ktesibios die Wasserorgel, die auf einer Kombination von Panflöte und Tastatur beruhte. Sie erhielt die Bezeichnung *hydraulos*, da die zur Regulierung des Wasserdruckes notwendige Luft mittels eines Blasebalges zugeführt wurde. In römischer Zeit waren die hellenistischen Musikinstrumente in Ägypten bereits derart beliebt, daß sie fast alle einheimischen Formen verdrängt hatten.

An Saiteninstrumenten kannten die Ägypter bereits seit dem Alten Reich die Harfe, die dem sumerischen Typ zum Verwechseln ähnlich ist; noch heute ist strittig, ob sie am Nil oder in Mesopotamien entstand. Ihrer Ausmaße wegen mußte die Harfe beim Spiel abgestützt werden. Der Harfner hielt sie mit der einen Hand fest, mit der anderen zupfte er – stehend oder kniend – ihre elf oder dreizehn Saiten.

Im Neuen Reich kamen drei neue Saiteninstrumente vorderasiatischen Ursprungs in Ägypten auf. Da ist zunächst die kleine Winkelharfe aus Babylonien zu nennen, von der sich ein prächtiges
Exemplar im Pariser Louvre erhalten hat. Dann die Laute oder Mandoline mit langem Hals und *44*
einem länglich-ovalen Resonanzkörper aus Holz, der teils mit Leder, teils mit einem dünnen *155*

46. Eine akrobatische Tänzerin bei einem grazilen Brückenschlag. Ihr langes gewelltes Haar und ihre sparsame Bekleidung steigern die erotische Wirkung des Bildes. Fragment einer Malerei auf Kalkstein. Deir el-Medineh, Theben-West. 18. Dynastie. Turin, Museo Egizio

47. Nefertari beim *senet*-Brettspiel. *Senet,* wörtlich „vorbeigehen“, war als Brettspiel seit frühesten Zeiten äußerst populär und diente alsbald auch als religiöses Ritual. Auf Grabwänden und im Totenbuch wird der Tote am *senet*-Brett vor einem unsichtbaren Gegner sitzend dargestellt. Das Brettspiel ermöglichte ihm, unbeschadet ins Jenseits zu gelangen. Bemaltes Relief im Grab der Königin Nefertari, Tal der Königinnen, Theben-West. 19. Dynastie

48. Spielscheibe mit Gazellen jagenden Hunden. Aus der Mastaba des Hemaka, eines Beamten unter König Dewen. Schwarzer Steatit mit eingelegtem Alabaster. Saqqara. 1. Dynastie. Kairo, Ägyptisches Museum

Holzblatt bespannt war und ein Schalloch enthielt. Und schließlich die Lyra, die im Unterschied zur griechischen mit sieben Saiten bespannt war.

Unter den Musikinstrumenten durften selbstverständlich auch die Schlaginstrumente nicht fehlen, mit denen den Tänzern der Rhythmus angegeben wurde. Das einfachste Instrument dieser Art waren sichelartig gebogene, handförmig geschnitzte Klappern aus Knochen oder Elfenbein, die man durch Schlagen an den Körper oder durch paarweises Aneinanderschlagen zum Klingen brachte. Ein typisch ägyptisches Instrument war das *Sistrum*, eine Art Handrassel mit frei beweglichen Metallblättchen, die auf mehreren waagerecht verlaufenden Drahtreihen aufgezogen waren und diesem Instrument seinen typischen Klang verliehen. Sein gleichfalls aus Metall bestehender Griff war mitunter mit einem Hathor-Kopf verziert. Ähnliche Rasseln werden übrigens noch heute in der äthiopischen Kirche verwendet, wohin sie über koptischen Einfluß gelangt sind. In der Spätzeit kannte man in Ägypten auch die Zimbel, zwei ausgewölbte Becken mit einem Durchmesser von 15 cm, die mit Lederriemchen an den Fingern ihres Spielers befestigt waren. Kleine und größere Glocken vervollständigten die Palette der Schlaginstrumente.

An sogenannten Membranophonen, also Trommeln, hat sich in einem Grab in Beni Hasan (Mittleres Reich) eine etwa meterhohe Faßtrommel gefunden, die beiderseits mit einer Tierhaut bespannt ist. Privat- und Kriegsszenen des Neuen Reiches zeigen kleine und größere Trommeln, die, zumeist um den Hals gehängt, nicht mit einem Schlegel, sondern stets mit den Fingern oder den Handflächen geschlagen werden. Bekannt waren auch Tamburine.

Das Musizieren war oft von Cheironomen, d.h. Handzeichen und Gebärden begleitet, mit denen der Tänzer, Sänger oder Dirigent eines Chores oder Orchesters Melodie, Rhythmus und
43 Dynamik leitete und beeinflußte.

Obgleich wir uns von den Klängen der altägyptischen Musik anhand der oben erwähnten Instrumente eine gewisse Vorstellung machen können, ist es sehr bedauerlich, daß die Ägypter keine Notenschrift kannten, so daß uns die Melodik ihrer Kompositionen für immer verschlossen bleibt. Sofern die altägyptische Musik nicht bereits von Anfang an heptatonisch gewesen war, wurde sie es ganz gewiß im Neuen Reich unter asiatischem Einfluß. Mitunter bewegte sie sich an der Grenze zwischen dem heutigen orientalischen und dem schwarzafrikanischen Musizieren. Einige Wissenschaftler suchten ihre Spuren am Oberlauf des Nils oder in den Oasen der Westwüste, wie z.B. in der Oase Siwa.

Ihre Freizeit versuchten die Ägypter – so wie auch wir es tun –, mit allerlei Gesellschaftsspielen recht bunt zu gestalten. Dem aufmerksamen Besucher altägyptischer Denkmäler werden schachbrettartige Felder auf der Bodenpflasterung nicht entgehen, auf denen man Vorläufer un-
47 seres Damespiels spielte. Am verbreitetsten war das *senet*-Brettspiel. Die in 3 x 10 Felder unter-

teilte rechteckige Spielfläche konnte aus Holz, Stein, Lehm oder Fayence bestehen, war oftmals aber auch direkt in den Steinboden geritzt. Die Spielfiguren beider Parteien unterschieden sich in ihrer Größe oder Form. In der Ptahschepses-Mastaba in Abusir haben sich zahlreiche Spielfeldgravierungen erhalten, und jüngste Grabungen tschechischer Ägyptologen haben im Tempel des Königs Raneferef und der Königin Chentkaus unzählige Spielfiguren zutage gefördert.

Zum sogenannten *tjau*-Spiel, das seine Popularität den Hyksos verdankte, wurde ein Spielfeld von drei Reihen zu 4, 12 und 4 Feldern benötigt. Auch andere Brettspiele dieser Art, mit unterschiedlicher Felderanzahl, sind bekannt. Gespielt wurden diese Positionsspiele, deren Regeln sich leider nicht erhalten haben, zumeist von zwei sich gegenübersitzenden Spielern.

Ein Gesellschaftsspiel für eine größere Anzahl von Mitspielern (maximal für sechs) war das 'Schlangenspiel' (*mḫn*), auf dessen rundem, einer geringelten Schlange gleichenden Spielbrett, das gleichfalls in den Fußboden geritzt zu werden pflegte, steinerne Hunde, Löwen und Kugeln bewegt wurden. Kleine Stäbe mit Hunde- oder Schakalköpfen hingegen verwendete man bei einem aus dem Mittleren Reich bekannten transportablen Brettspiel, dessen Spielfläche aus Reihen zu 30 oder 60 Löchern besteht; auch hier kann nur vermutet werden, nach welchen Regeln gespielt werden sollte.

Zum Zeitvertreib junger Männer, insbesondere von Prinzen und jungen Aristokraten, gehörten Leibesübungen und Sport. Körperertüchtigung und Sport standen allerdings auch auf dem Ausbildungsprogramm junger Rekruten in den Kasernen. Sieht man einmal von den sportlichen Elementen und akrobatischen Einlagen beim Tanz ab, so gibt es für die sportliche Betätigung von Mädchen indes nahezu keine Zeugnisse.

Am beliebtesten waren Kampfsportarten wie Boxen, Ringen oder Stockfechten. Am häufig- *50*
sten, und zwar schon seit ältester Zeit, ist der Ringkampf belegt, besonders in den Gräbern des *51*
Mittleren Reiches in Beni Hasan und auf Ostraka des Neuen Reiches. Gezeigt wird beispielsweise ein Athlet in Ausgangsstellung, der mit seiner Rechten den Arm seines Gegners hält und mit der Linken versucht, ihn am Nacken zu packen. Den Ablauf des Ringens zeigt jene Szene, in der ein Ringkämpfer mit der rechten Hand die Wade seines Gegners faßt und mit der linken am gegnerischen Nacken versucht, ihn zu Fall zu bringen. Eine andere Phase des Kampfes zeigt einen gelungenen Schulterwurf. Kennern dieser Kampfsportart zufolge erinnern die dargestellten Griffe an den griechisch-römischen Stil, an das Freistilringen und sogar an Elemente japanischer Kampfsportarten. Der erste internationale Wettkampf im Stockfechten fand am Hofe König Ramses' III. statt. Ausgetragen wurde er zwischen jungen Soldaten der königlichen Garde und Einheiten ausländischer Bundesgenossen Ägyptens. Die Stockkämpfer trugen Lederhelme, die an Kinnriemen festsaßen, und hielten wuchtige Stöcke in den Händen. Zuschauer aus den Reihen der Vornehmen hatten die Treffer zu zählen, die die Fechtpaare jeweils beim Gegner landeten. Welche Partei schließlich den Sieg davontrug, wird leider nicht mitgeteilt.

Der Lauf ist aus dem königlichen *Sed*-Fest bekannt, zu dessen Feiern anläßlich des 30. Regierungsjubiläums (und dann immer nach drei Jahren) auch ein Langlauf des Königs gehörte, der hierbei seine physische Leistungskraft unter Beweis stellte, ohne sich hierbei jedoch mit einem Gegner zu messen. Eine kürzlich entdeckte Stele des Königs Taharqa (25. Dyn.) bezeugt aber auch, daß es Wettläufe über längere Distanzen gegeben hat. Ganz seltene Belege gibt es für eine Art Hochweitsprung, und das Gewichtheben ist nur singulär bezeugt.

Das Bogenschießen auf kupferne Schießscheiben vom fahrenden Wagen aus ist seit der 18. Dynastie ein Privileg der Prinzen und Könige. Mit besonderen Leistungen trat hierbei König Amenophis II. hervor, der sie auf seiner sogenannten Schieß-Stele, deren Text zu den wichtigsten Quellen ägyptischer Sportgeschichte zählt, verewigen ließ. Von dieser Zeit an pflegten Könige, Prinzen, Vornehme und die Elite der Streitwagenkämpfer auch schnelle Fahrten auf zweirädrigen Wagen und – seltener – das Reiten.

Beliebt waren auch Ballspiele – ihre Regeln haben sich nicht erhalten – sowie die verschiedensten gymnastischen Übungen, insbesondere das Balancieren.

Unter den Arten des Wassersports ist vor allem das Schwimmen zu nennen, dessen Verbreitung seit ältester Zeit in einem Land nicht überrascht, das außer vom Nil noch von zahllosen Kanälen und Flußarmen durchzogen war. Darstellungen von Schwimmern finden sich bereits auf frühdynastischen Siegelabdrücken. Aus der Biographie des Cheti (1. Zwischenzeit) erfahren wir, daß Schwimmen genauso zur Ausbildung der Königs- und Aristokratenkinder gehörte wie Bogenschießen und Laufen. Aus dem Neuen Reich kennen wir Salblöffel, deren Griffe kunstvoll
geschnitzte schwimmende Mädchen darstellen. Das Motiv der Schwimmerin kommt auch in den *53*
Liebesliedern vor. Auch das Wettrudern war bekannt, bei dem man in den Booten abwechselnd saß und stand.

Die Palette der Sportdisziplinen wird von der Jagd, in der auch Prinzen und junge Aristokra- *113*
ten ihre Tüchtigkeit bewiesen, sowie dem Fischestechen beschlossen. *128*

Sport konnte überall in der Natur betrieben werden, obgleich die Stele Amenophis' II., die sich unter der Sphinx von Giseh (Gisa) fand, eine „nördliche Stätte des Bogenschießens" erwähnt. Gelegentliche Erwähnungen dieser Art oder Darstellungen von Zuschauern lassen schlie-

49. Ungewöhnlich archaische Turmfigur aus Elfenbein, die für ein Brettspiel bestimmt war. Aus einem Grab der 1. Dynastie. Umm el-Gaab, Abydos. Berlin, Ägyptisches Museum

50. Zwei Jungen, in Schurze gekleidet, boxen mit ungeschützten Fäusten. Relief im Grab des Cheriuf, Theben-West. 18. Dynastie

51. Zwei Knaben fechten mit Papyrusstöcken. Relief im Grab des Cheriuf, Theben-West. 18. Dynastie

ßen, daß es auch organisierte Sportveranstaltungen gegeben haben muß, insbesondere dann, wenn der König aktiv daran teilnahm. Seine physische Leistungskraft hatte zu bestimmten Zeiten vor allem symbolische rituelle Bedeutung.

Mittelpunkt zwanglosen Vergnügens waren auch im alten Ägypten die Gasthäuser, die sogenannten Bierhäuser. Auch in ihnen wurde gesungen, gespielt, getanzt, wohl auch deklamiert, doch saßen hier, im Unterschied zu den Gastmahlen in den Häusern der Vornehmen, Jungen und Mädchen beieinander. Man zechte fröhlich miteinander, bis einem das Bier in den Kopf gestiegen war. Während der brave Bürger normalerweise nach Eintritt der Dunkelheit schlafen zu gehen pflegte, brannte in den Bierhäusern das Licht bis tief in die Nacht hinein, und von einer 'Polizeistunde' vernehmen wir nichts. Demgegenüber hat sich uns aus einer Schreiberschule der Vorwurf eines Lehrers erhalten, der einem seiner Schüler ungebührliches Benehmen unter Alkoholeinfluß vorhält: „Wie ich hörte, vernachlässigst du die Papyri und gibst dich dem Tanze hin. Du ziehst von einer Schenke zur anderen, der Durst nach Bier lenkt deinen Weg. Die Menschen weichen dir aus, wenn du auf der Straße torkelst. Du solltest nicht mehr ans Bier denken und erkennen, daß die Trunkenheit dich unwürdig macht. Deinen Geist verleugnest du." Besonders die Straßen von Großstädten waren in der Nacht voll von angeheiterten Jugendlichen, Soldaten und Ausländern.

In den Bierhäusern fanden auch leichte Mädchen ihre Kunden; die Lehre des Ani warnt eindringlich vor ihnen:

> „Hüte dich vor einer fremden Frau,
> die man in ihrer Stadt nicht kennt.
> Schaue ihr nicht nach, wenn sie an dir vorübergeht,
> und verlange nicht nach ihr."

Indes, selbst die bestgemeinten Ratschläge waren vergeblich. Das sexuelle Verlangen der jungen Männer, die sehr viel später als die Mädchen in den Stand der Ehe traten, war allzu stark, als daß sie ihm widerstehen konnten. Übermütig zogen sie mit den Dirnen in deren Häuser, die mitunter, wie Mariette im Falle von Abydos nachweisen konnte, ein eigenes Stadtviertel bildeten.

Was sich nun im einzelnen in diesen Häusern abspielte, bliebe uns auch weiterhin verborgen, gäbe es nicht das Zeugnis des lange vorenthaltenen und erst kürzlich veröffentlichten Papyrus Nr. 55001 aus dem Ägyptischen Museum in Turin, eines bebilderten Textes aus der frühen 20. Dynastie. Der Papyrus enthält in der rechten Hälfte die auch aus anderen Papyri und Ostraka sowie aus Tierfabeln bekannten Tiernamen, in der linken Hälfte gewährt er mit einer den Ägyptern eigenen Aufrichtigkeit Einblick in ihr intimes Sexualleben. Der Papyrus war bereits 1820 in den Besitz des Museums gelangt und ist seitdem von zahlreichen Ägyptologen studiert worden, darunter auch von F. Champollion. Seiner schockierenden Szenen wegen ist er aber lange unpubliziert geblieben, bis er schließlich 1973 von J. Omlin veröffentlicht wurde.

54 Der Papyrus besteht aus zwölf Szenen, die an die Bildergeschichten auf den Grabwänden oder an unsere Comics erinnern und in zusammenhängender Abfolge die Liebesabenteuer eines älteren Mannes mit einer jungen Frau darstellen, wobei kurze Beischriften ihre Dialoge wiedergeben.

Was der Held dieser Geschichte: der unrasierte, etwas verwahrlost wirkende glatzköpfige

52. Frauen bei einem rituellen Tanz als Teil des *Sed*-Festes anläßlich des 36jährigen Regierungsjubiläums König Amenophis' III. Kalksteinrelief aus dem Grab des Cheriuf, Theben-West. 18. Dynastie

Mann mit Resten ungepflegten Nackenhaares, war, wissen wir nicht. Da er beschnitten war, ver- *55*
mutete Omlin in ihm einen Priester, was nicht sehr überzeugend klingt, haben wir doch bereits gehört, daß jeder Mann beschnitten sein konnte. Zudem waren die Priester, wie wir in einem späteren Kapitel noch erfahren werden, von der 19. oder 20. Dynastie an völlig kahlgeschoren. Darüber hinaus trug er nicht den gewöhnlichen Schurz mit Vorderknoten, sondern nur ein dreieckiges, langzipfliges Tuch über dem Gesäß. Sein Typ wird aus der Darstellung nicht so deutlich, als daß man in ihm, wie es Omlin tat, eher einen Syrer denn einen Ägypter vermuten könnte.

Die Frau in unserer Geschichte war zweifellos eine Prostituierte. Ihre Figur entspricht dem ägyptischen Schönheitsideal eines schön gebauten Körpers mit festen Brüsten, einem ausgeprägten Gesäß und auffällig langen Beinen. Sie ist lediglich mit einem Leibgurt mit zwei Borten bekleidet, der zwischen Nabel und Scham getragen wird, ansonsten ist sie nackt. Ihren Kopf schmückt eine Perücke, die in manchen Szenen von einer Lotosblüte geschmückt wird, ihren Hals ein zweireihiges Halsband, an den Armen trägt sie Ringe und an den Ohren kreisrunde Ohrringe. Eine der Beischriften bezeichnet ihren Beruf als Hathorsängerin (*ḥsjj.t*).

Die einzelnen Szenen führen nun verschiedene Stellungen des Koitus vor, wie er damals von den Ägyptern geübt worden ist. Die Pausen zwischen den Geschlechtsakten nutzt die Frau, um sich wieder zurechtzumachen. Darauf folgt eine Szene, in der sie den Mann zu sich aufs Lager lockt; in einer anderen Szene trägt sie ihn, der schlafend oder betrunken dargestellt ist, mit Hilfe zweier Mädchen weg, anschließend beugt sie sich über ihn, wobei sie seinen Kopf und sein Kinn streichelt, um ihn auf diese Weise wieder zu sich zu locken.

Die nur teilweise erhaltenen Beischriften geben die Worte der Frau wieder, die den Partner erregen sollten: „Ich mache es dir schön", „Hab keine Furcht", „Dein Phallus ist mit mir, siehe" und „Oh, mein Verbrecher". In Verbindung mit den bildlichen Darstellungen dieses Papyrus vermitteln auch diese Gesprächsfetzen einen einzigartigen Einblick in die intimste Sphäre im alten Ägypten.

53. Entenförmiges Schminknäpfchen mit einem Griff in Form eines schwimmenden Mädchens. Holz. 19. Dynastie. London, British Museum

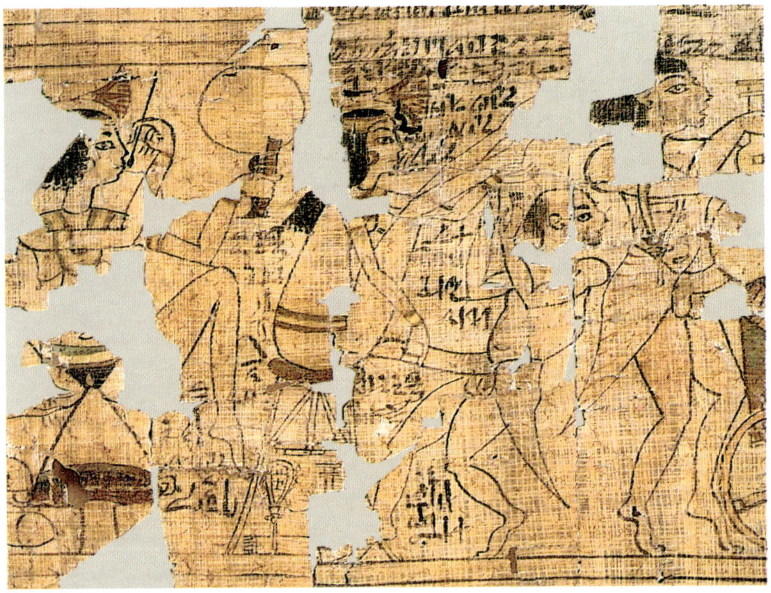

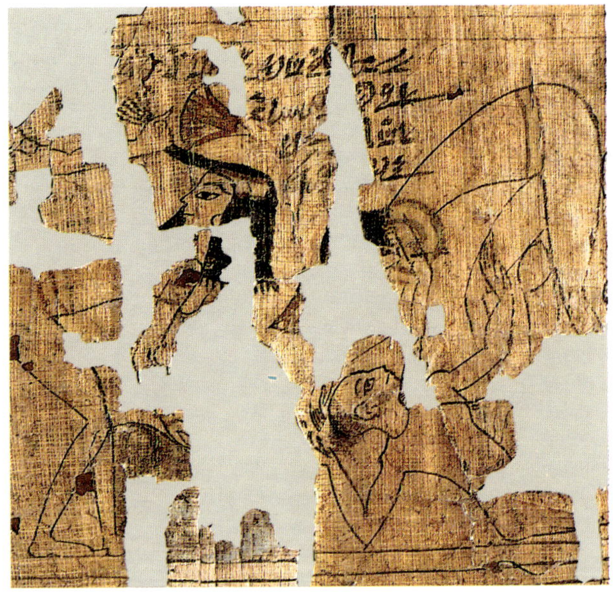

54. Links im Bild eine nackte Prostituierte mit Lotusblume, Halskette, Armbändern und Lendengürtel. In der Linken hält sei einen Spiegel, in der Rechten einen Pinsel, mit dem sie ihr Gesicht schminkt. Die rechte Bildhälfte zeigt sie beim Geschlechtsverkehr mit einem unrasierten kahlköpfigen Mann mit übergroßem Phallus. Papyrus Turin Nr. 55001. 19. Dynastie. Turin, Museo Egizio

55. Die Prostituierte beugt sich über den ruhenden Mann, streichelt seinen Kopf und sein Kinn, um ihn erneut zu sich zu locken. Papyrus Turin Nr. 55001. 19. Dynastie. Turin, Museo Egizio

Bei seiner Interpretation der Szenen sah Omlin in der Haltung beider Akteure verschiedene Parallelen zu Riten und hielt vieles für Übertreibungen, womit ein Bezug zum zweiten, satirischen Teil des Papyrus hergestellt sei. Seiner Ansicht nach richtete sich die Spitze der Satire gegen die Herrschenden und die Priesterschaft. Anhand der Kriegsthematik in den Vignetten des Papyrus schlußfolgert er, daß dieser in Militärkreisen kursierte. Welchen Zweck der Papyrus auch immer verfolgt haben mag, so steht wohl fest, daß er gleich anderen altägyptischen Bildwerken auf realistischen Beobachtungen des Lebens basiert.

Man muß sich vor Augen halten, daß das Sujet des Geschlechtsaktes in der altägyptischen Kunst keinerlei Tabus unterlag. Die Sorge um die sexuelle Kraft stand nicht nur aus erotischen Gründen im Vordergrund des Interesses, sondern vor allem, um die männliche Nachkommenschaft sicherzustellen. Symbolisiert wird dies insbesondere durch den Gott Min, den Schutzherrn der Städte Koptos und Achmim, der auf Tempelwänden mit erigiertem Glied dargestellt wird. Ihm und anderen Göttern opferten Männer, die an Impotenz litten oder ihre Potenz stärken wollten, Votivstatuetten, die einen sitzenden oder knienden Mann mit übergroßem Glied darstellten. Andere Votivstatuetten zeigen einen knienden Mann vor einer stehenden oder über einer mit leicht angezogenen Beinen liegenden oder knienden Frau. Ähnliche Szenen kennen wir seit dem Neuen Reich auch von Ostraka her. Damals kamen auch Amulette in Gestalt des männ-
149 lichen oder weiblichen Geschlechtsorgans auf sowie Männerfigürchen mit erigiertem Glied oder Paare in intimer Umarmung.

Zur Erhöhung der männlichen Potenz bediente man sich aber auch Geschlechtstrieb steigernder Drogen, sogenannter Aphrodisiaka. Zu ihnen zählte eine nicht näher bestimmte Pflanze namens *mnhp*, die mit dem Phallus determiniert wurde und unter dem Schutz des Widders von Mendes – einem weiteren Symbol männlicher Zeugungskraft – stand. Beliebt war auch Salat aus Lattich (*Lactuca sativa longifolia*), der beim Pressen eine milchartige dicke, dem männlichen Samen gleichende Flüssigkeit von sich gab, ferner Mandragora (*Siphium*) sowie andere Pflanzendrogen. In den demotischen Setne-Chaemwese-Erzählungen wird einer Frau, die im Tempel um Rat nachsucht wegen ihrer vermeintlichen Unfruchtbarkeit, der Rat gegeben, eine Kolokasie-Pflanze zu pflücken, daraus eine Arznei zu brauen und sie ihrem Mann zu trinken zu geben. Danach soll sie sich neben ihn legen und könne sich dann der Empfängnis sicher sein. Der Übergang zur Magie war natürlich auch hier fließend, wie die dubiose Verwendung von Spermata eines anderen Mannes oder Tieres bzw. von Blut bezeugt, die man Getränken beigab oder auf das männliche Glied schmierte. Doch gab es auch Gegenmittel, in der Regel magischer Natur, um die Liebeslust von Rivalinnen oder der Geliebten verheiratete Männer einzudämmen.

102 Freilich entbehrte die Darstellung weiblicher Brüste oder arbeitender nackter Männer bei den naturverbundenen und realistisch denkenden Ägyptern jeglicher Erotik. Auch Details aus dem sexuellen Leben der Götter kommen in religiösen Vorstellungen und Mythen zur Sprache. Es genügt hier an Isis, die Gattin des Osiris, zu erinnern, die nach langer Suche die verstreuten Körperteile ihres Mannes, der von Seth ermordet worden war, findet – mit Ausnahme seines Gliedes. Dieses war vom *Oxyrhynchos*-Fisch verschlungen worden, einem Spitznasenfisch, der aber wie ein Penis mit langer Vorhaut aussieht. Isis setzte den Körper ihres Mannes zusammen und ersetzte sein Glied durch ein künstliches. Auf Tempelreliefs, wie beispielsweise in Abydos,

Dendara und auf der Insel Philae, ist Osiris liegend und mit erigiertem Glied dargestellt, über
dem Isis hockt. Als weiteres Beispiel diene der Kult der Göttin Hathor, der Schutzherrin körper-
licher Liebe, sozusagen der ägyptischen Venus. Sie besuchte von ihrem Kultort Dendara aus re-
gelmäßig ihren Gatten Horus in Edfu (Behdet). Die Mythen kennen auch die Vorstellung vom *271*
krokodilgestaltigen König, der den Männern ihre Frauen raubt und sie vergewaltigt, und es gibt
auch Legenden von der göttlichen Empfängnis, wie beispielsweise der Königin Hatschepsut, mit
detaillierten Schilderungen des Geschlechtsverkehrs, wie wir bereits zu Beginn des ersten Kapi-
tels erwähnt haben.

Aufnahme im öffentlichen Leben fand die Erotik voll und ganz erst in der 18. Dynastie, als mit
der Expansion des ägyptischen Reiches nach Asien viele fremde Einflüsse, unter anderem der
Kult der syrischen Liebesgöttinnen Qadesch und Astarte und mit ihnen die Liebespoesie und die
Verehrung der Frauenschönheit in Ägypten Eingang fanden. Die Anmut des weiblichen Körpers
wurde nun nicht mehr durch Kleidung verborgen, sondern durch durchsichtige Gewänder bei *178*
jungen Damen noch raffiniert unterstrichen. Tänzerinnen und Dienerinnen liefen splitternackt *60*
herum und waren nur mit einem schmalen Band um die Hüfte bekleidet, das bis zur Scham *45*
hinabreichte.

Interessanterweise verschwinden während der 19. Dynastie Szenen, die auf lockere Sitten hinweisen, ganz plötzlich. So hatte der Ägyptologe S. Schott in einem Grab der 18. Dynastie eine Darstellung nackter Dienerinnen gefunden, die bei der Wiederverwendung des Grabes in der 19. Dynastie übermalt und mit Kleidern im Schnitt dieser Zeit 'bekleidet' wurden.

Für ungewöhnlichere sexuelle Praktiken bei den alten Ägyptern gibt es ebenfalls Zeugnisse, beispielsweise für die Homosexualität, die in Memphis verboten, andernorts aber geduldet war. König Pepi II. warf man Intimbeziehungen zu seinem General Sisenet vor. Vor dem Totengericht rechtfertigte sich ein Verstorbener unter anderem mit den Worten: „Ich habe mich keines sexuellen Fehltritts schuldig gemacht, ich habe nicht mit einem Knaben geschlafen.“ Es gibt Darstellungen von Sodomie, und wahrscheinlich verfielen Balsamierer mitunter der Nekrophilie. Deshalb auch wurden ihnen in der Spätzeit tote Frauenkörper erst drei Tage nach dem Tod übergeben. Auf Ablehnung stieß gleichfalls Päderastie. Und Ptahhotep hält in seiner Lebenslehre den Ratschlag bereit: „Schlafe nicht mit einer Frau, die noch ein Kind ist ...“.

KAPITEL 5

Die Ehe und die Stellung der Frau

56. Königin Anchesenamun salbt ihren Ehemann Tutanchamun liebevoll mit einer wohlriechenden Salbe, die sie einem Gefäß in ihrer linken Hand entnimmt. Ausschnitt aus der Rückenlehne des Thrones Tutanchamuns. Polychromes Inlay (Fayence, Glas, Halbedelsteine und Silber) in Goldfolie. Aus dem Grab des Tutanchamun, Tal der Könige, Theben-West. 18. Dynastie. Kairo, Ägyptisches Museum

Idealer Bestandteil der altägyptischen Ordnung war das Eheleben. Schon in vordynastischer Zeit ist in Ägypten die Familie bezeugt. Und so betrat der junge Mann, der bislang ein freies und mitunter auch ungebundenes Leben geführt hatte, 'das Haus' des Vaters seiner Auserwählten, um bei diesem um die Hand seiner Tochter anzuhalten.

Den Eintritt in die Ehe bezeichneten die alten Ägypter mit der Wendung „sich eine Frau machen" bzw. „sich eine Frau nehmen", doch scheint den Grundsätzen der vorherrschenden patriarchalen Ordnung gemäß der Brautvater das letzte Wort gehabt zu haben. Auch die Meinung der Brautmutter war sicherlich nicht ohne Gewicht, wie dies ein heiratslustiges Mädchen in einem der Liebeslieder verrät: „Er kennt meinen Wunsch nicht, damit ich ihn umarmen kann und er zu meiner Mutter schickt." Hatte die Braut keinen Vater, trat ihr Onkel an dessen Stelle.

Aus den uns zugänglichen Quellen geht nicht hervor, inwieweit es sich stets um Liebesheirat handelte und wieviele junge Männer bei den Eltern der Braut um ihre Hand anhielten. In einer aus der Ptolemäerzeit stammenden biographischen Inschrift heißt es: „Mein Vater gab mich dem NN zur Frau."

Anscheinend war es unwichtig, ob das auserwählte Mädchen zur Eheschließung ihr Einverständnis gab (sofern sich die Brautleute nicht schon vorher einig geworden waren). Erst seit der 26. Dynastie durfte auch die Braut ein Wörtchen mitreden. In den Eheurkunden aus jener Zeit lesen wir nicht nur „Ich habe dich zur Ehefrau gemacht", sondern auch den Standpunkt der Frau, die die Formulierung wiederholt „Du hast mich zur Ehefrau gemacht". Ob der Eheschließung eine Verlobungszeit vorausgegangen war, wissen wir nicht.

In welchem Alter heiratete man damals? In den Eheurkunden fehlt darauf jeder Hinweis. Überlegungen zu Kindhochzeiten oder zur Frühreife der ägyptischen Mädchen, wie sie in der populärwissenschaftlichen Literatur mitunter angestellt werden, entsprechen nicht dem Normalfall. Die untere Grenze des Heiratsalters dürfen wir in der Pubertät suchen, die bei den Mädchen meist zwischen ihrem 12. und 13., bei den Jungen etwa im 14. Lebensjahr anzusetzen war. Die Lehre des Ani mahnt die Jünglinge:

> „Nimm dir eine Frau, solange du jung bist,
> damit sie dir einen Sohn gebiert."

Daraus geht logischerweise hervor, daß die notwendige Voraussetzung für die Eheschließung die Erreichung der Geschlechtsreife war. In einem Beleg aus der Ptolemäerzeit ist das niedrigste Alter eines Bräutigams mit 15 Jahren angegeben, was mit unserer Schlußfolgerung übereinstimmt. In der aus späterer Zeit stammenden Lehre des Anch-Scheschonqi wird das Alter ganz genau bestimmt: „Nimm dir eine Frau, wenn du 20 Jahre alt bist, auf daß du einen Sohn hast, während du noch jung bist."

Das Heiratsalter des Bräutigams scheint also physische Reife und eine bestimmte Stellung in der beruflichen Laufbahn, die die materielle Sicherstellung der Ehefrau und der zu erwartenden Kinder garantierte, vorausgesetzt zu haben. Dies verrät auch der uns bekannte Ptahhotep in seinen Maximen: „Wenn du angesehen bist, gründest du dir einen Hausstand ...".

Andererseits waren auch 'überreife' Bräutigame, die sich eine wesentlich jüngere Frau nahmen, keine Seltenheit. Der Schreiber Kenherchepeschef aus Deir el-Medineh nahm sich mit seinen 54 Jahren ein 12jähriges Mädchen namens Nanacht zur Frau. Und die Königin Mutnedjmet war, wie wir feststellen konnten, zwischen 25 und 30 Jahre alt, als der 50jährige General Haremhab mit ihr die Ehe schloß. Dies war freilich eine typische Vernunftehe, mit der Haremhab in das Geschlecht der 18. Dynastie einheiratete und sich so den Thron sicherte.

Anders hingegen verhielt es sich mit dem Alter der Bräute, die nicht erst warten mußten, bis sie eine bestimmte gesellschaftliche Stellung erreicht hatten, sondern im Gegenteil nicht zögern durften, um nicht den Reiz der Jugend zu verlieren. Das niedrigste Heiratsalter fand P. W. Pestman in Dokumenten aus römischer Zeit: die Mädchen waren 8, 9 und 10 Jahre alt. Ein Mumientäfelchen in demotischer Schrift spricht davon, daß es sich bei der Verstorbenen um ein verheiratetes Mädchen handelt, das im Alter von 11 Jahren gestorben war. E. F. Wente räumt in diesem Zusammenhang allerdings die Möglichkeit ein, daß es sich bei den Altersangaben um Irrtümer der Schreiber gehandelt haben könnte (sofern sie nicht Ausnahmefälle darstellten). E. Lüddekkens, einer der besten Kenner der Eheurkunden aus ptolemäischer Zeit, schlußfolgert in seinen Analysen dieser Urkunden, daß die meisten Bräute zwölf-, dreizehnjährige Mädchen waren. Dasselbe Heiratsalter kann bei den rekonstruierten Biographien der Prinzessinnen aus Amarna angenommen werden. Die Frau, aus deren biographischer Inschrift wir bereits oben zitiert hatten („Mein Vater gab mich dem NN zur Frau"), war zur Zeit der Eheschließung 14 Jahre alt.

Im Gegensatz zu den jungen Männern schlossen die ägyptischen Mädchen also zumeist in der Pubertät oder kurz danach, also zwischen dem 12. und dem 14. Lebensjahr, die Ehe.

Eheschließungen im präpubertalen Alter hingegen sind eine Erscheinung, mit der man gewöhnlich bei Mitgliedern des Königshauses rechnen muß. Hinzu kommt, daß gerade bei ihnen auch die Geschwisterehe keine Seltenheit war, die man aus dynastischen Gründen einging. Als Beispiel sei die Eheschließung zwischen Tutanchamun und Anchesenamun angeführt: Tutanchamun, der nach 9jähriger Regierungsdauer im Alter von 18 Jahren starb, dürfte zum Zeitpunkt seiner Eheschließung 9 Jahre alt gewesen sein, und das Alter seiner Braut lag möglicherweise noch darunter.

Verwandtschaftsehen gab es im alten Ägypten auch unter dem gemeinen Volk. Es heirateten Stiefgeschwister untereinander, oftmals auch nahm der Onkel seine Nichte und noch häufiger der Cousin seine Cousine zur Frau. Diese Art von Ehe ist auch im heutigen Ägypten und besonders in Nubien ganz geläufig. Ehen unter leiblichen Geschwistern sind bei den einfachen Leuten hingegen die Ausnahme. J. Černý hat in schriftlichen Quellen, die aus der 1. Zwischenzeit und der 18. Dynastie stammen, bei insgesamt 490 Eheschließungen lediglich zwei Fälle von Geschwisterehen ausmachen können. Seit Thutmosis III. sind derartige Feststellungen allerdings schwierig geworden, da jetzt auch die Geliebte und sogar die Ehefrau „Schwester" genannt werden. Eine Geschwisterehe liegt im Fall des Ptah-Hohenpriesters von Memphis aus der 22. Dynastie vor: die Eltern beider Eheleute weisen eine identische Genealogie auf.

Im Königshaus waren Eheschließungen innerhalb der engsten Verwandtschaft seit alters fast die Regel. Das ideelle Vorbild der Königsfamilie bestand nämlich in dem weit verbreiteten Mythos von den geschwisterlichen Eheleuten Isis und Osiris, die auf der Welt erschienen waren, um die Menschheit aus der Barbarei zu befreien, ihr die Grundlagen der Zivilisation beizubringen und die Allmacht und Weisheit der Götter zu verkünden. Der König, der sich als lebender Gott betrachtete, wollte die Ausschließlichkeit seines göttlichen Ursprungs in vollem Maße auch seinem Nachfolger sichern, so daß er nicht zögerte, seine Schwester oder Stiefschwester (dies war der Fall bei den Königen Sekenenre Tao II., Ahmose, Amenophis I., Thutmosis I., Thutmosis IV., Ramses II., Merenptah, Siptah), seine Tochter (Amenophis III., Echnaton; Ramses II. hatte sogar drei Töchter zur Frau) oder auch seine Tante (Sethos II.) zur Ehefrau zu nehmen. Auch Ptolemaios II. und seine Nachfolger heirateten ihre Schwestern. Diese Könige waren griechischen Ursprungs, achteten jedoch in jeder Hinsicht – einschließlich ihrer Heiratspolitik – streng auf die Einhaltung alter ägyptischer Traditionen. Bemerkenswert ist die Feststellung des Pathologen M. A. Ruffer, daß die häufigen Verwandtschaftsehen der Könige der 18. und 19. Dynastie bei den Mitgliedern des Königshauses offenbar keinerlei Degenerationserscheinungen hervorgerufen haben.

Daß Vorbilder schon damals wirkten, zeigen die Ergebnisse einer Analyse von 161 Eheschließungen unter einfachen Leuten aus der Ptolemäerzeit: 23,6 % stellen Geschwisterehen dar. Unter hellenistischem Einfluß scheint dies also kein königliches Privilegium mehr zu sein. Aus der Zeit des römischen Kaisers Commodus stammt die Nachricht, daß in der Stadt Arsinoe (dem ehemaligen Krokodilopolis, der Hauptstadt des Fajjum) sogar zwei Drittel der Bevölkerung unter den engsten Verwandten die Ehe schloß!

Für die altägyptische Ehe ist weiterhin typisch, daß die Ehepaare in der Regel aus derselben sozialen Schicht stammten. Natürlich gab es von dieser Regel auch Ausnahmen, wie dies das Beispiel der Naunachte aus der 20. Dynastie zeigt: sie war zunächst mit einem Schreiber, später mit einem Handwerker verheiratet. Oder das Beispiel König Amenophis' III., der sich in Teje, ein Mädchen bürgerlicher Herkunft, verliebte und sie zu seiner Hauptfrau machte.

Eheschließungen zwischen Leuten unterschiedlicher ethnischer Herkunft stand offenbar

Unten
57. Nofretete, die schöne Gattin König Echnatons und Mutter der sechs Amarna-Prinzessinnen. Dieser unvollendete Kopf stammt von einer Komposit-Statue, die aus mehreren, separat hergestellten Teilen bestand. Er zeigt, inwieweit der Künstler die Sensibilität, Anmut und Schönheit einer Frau von großem Geist und Edelmut einzufangen verstand. Dieser Kopf ist unbestritten das schönste aller bekannten Nofretete-Porträts. Brauner Quarzit. Werkstatt des Thutmosis in Tell el-Amarna. 18. Dynastie. Kairo, Ägyptisches Museum

Rechts
58. Nofret und Rahotep, zwei Höflinge, deren Darstellung die große Bedeutung ihrer Stellung widerspiegelt. Nofret wurde als „Bekannte des Königs" bezeichnet. Ihr Gemahl, Prinz Rahotep, war vielleicht der Sohn des Königs Snofru; er trug die Titel eines Hohenpriesters des Re von Heliopolis, eines Expeditionsleiters und Oberhauptes der Bauarbeiten. Das bunte Diadem, das Nofret über ihrer Perücke trägt, stellt ein Silberband mit ornamentalen Einlegestücken dar. Ihr Halskragen imitiert Perlenschnüre und Anhänger aus Halbedelsteinen. Einer künstlerischen Konvention entsprechend ist die Hautfarbe des Mannes dunkler als die seiner Frau. Beide Plastiken gehören zu den Meisterwerken ägyptischer Kunst. (Siehe auch Abb. 80.) Bemalter Kalkstein. Aus der Mastaba des Rahotep und der Nofret. Meidum. Frühe 4. Dynastie. Kairo, Ägyptisches Museum

nichts im Wege. Ein Ägypter konnte eine Syrerin oder eine Nubierin heiraten, und eine Ägypterin konnte die Frau eines Ausländers werden. Auch die Könige wählten sich ausländische Prinzessinnen zu Nebenfrauen. Ramses II. war mit der hethitischen Prinzessin Maathorneferure verheiratet, der er sogar den Titel „Große königliche Gemahlin“ verlieh, den auch seine Hauptfrau Nefertari trug. Seit der Spätzeit kam es in einigen Städten im Delta zu Mischehen zwischen der ägyptischen und der griechischen Bevölkerung, in der Römerzeit insbesondere im Fajjum zwischen den ägyptischen Einwohnern und denen lateinischer Herkunft.

Demgegenüber galt die Ehe zwischen einem Freien und einer Sklavin als bloßes Konkubinat, ohne daß die Partnerbeziehung eine rechtliche Grundlage gehabt hätte. Die aus dieser Bindung hervorgehenden Kinder blieben Sklaven. Damit eine Sklavin eine ordnungsgemäße Ehe eingehen konnte, mußte sie zuvor freigekauft oder adoptiert werden. Der Mann konnte auch die Kinder, die ihm eine Sklavin geboren hatte, adoptieren.

Damit kommen wir zur Frage nach der Anzahl der Ehefrauen, die ein Ägypter haben konnte. Theoretisch war sie unbegrenzt, in der Praxis hing dies jedoch von den wirtschaftlichen Möglichkeiten des Mannes ab. Den meisten Ägyptern genügte eine Ehefrau. Die Ehegemeinschaft stellte an den Ehemann nämlich beträchtliche finanzielle Ansprüche, und auch das System von Eheverträgen stellte die materiellen Rechte der Ehefrau und ihrer Nachkommen auf eine Weise sicher, daß sich der einfache Mann den Luxus der Ehe nicht mehrmals leisten konnte.

59. Amun krönt die vor ihm in Pharaonentracht kniende Hatschepsut, eine der wenigen Herrscherinnen Ägyptens. Relief an der Spitze eines umgestürzten Obelisken, den Hatschepsut im Tempel von Karnak hatte errichten lassen. Kalkstein. 18. Dynastie

Angetraute Nebenfrauen konnten sich im Alten Reich nur der König und die höchsten Beamten aristokratischer Herkunft leisten. N. Kanawati hat in Zeugnissen aus dieser Zeit nur sechzehn mögliche Ausnahmefälle von Polygamie bei Würdenträgern gefunden, ein weiteres Zeugnis für Polygamie fand B. Vachala unlängst in der Nekropole (Totenstadt) von Giseh. Während der 1. Zwischenzeit fand die Polygamie bei den Gaufürsten und bei höher gestellten Schreiberbeamten Verbreitung. Für die Spätzeit haben wir das Zeugnis Herodots (II, 92), daß bei den Ägyptern die Monogamie genauso üblich sei wie bei den Griechen. In griechisch-römischer Zeit könnte es zu einem Ansteigen der Polygamie gekommen sein, denn Diodor (I, 80,3) berichtet, daß nur die Priester in Monogamie, die übrigen Menschen jedoch in Polygamie lebten.

Wie sah nun das Leben in einem ägyptischen Harem aus? Im Grab des Aja und Tutu in Amarna haben sich Darstellungen von Harems erhalten, die von hohen Mauern umgeben und deren Eingänge bewacht sind. Die Frauen, direkt als 'Eingeschlossene' bezeichnet, bewohnten allein oder mit ihren Kindern einen der vielen Haremsräume. Sie trafen sich aber zu gemeinsamer Arbeit, zu Vergnügungen, Gastmahlen und Festen. Auf den Reliefs sehen wir sie tanzen und singen, wobei sie von Instrumenten begleitet wurden. Der Haremsbetrieb war bis ins kleinste organisiert, und ein ganzer Apparat von Dienern, Schreibern, Wächtern und Vorgesetzten kümmerten sich um einen ordnungsgemäßen Ablauf. Ihre Titel – z.B. „Wächter der königlichen Konkubinen“ – verraten ganz offen ihre Funktion.

Ein Haremspalast aus dem Neuen Reich konnte jüngst von B. J. Kemp auf Plänen und älteren Grabungsdokumenten von Medinet el-Gurab (dem altägyptischen *Merwer*) im Fajjum entdeckt werden. In seiner Größe konnte er es durchaus mit dem unweit gelegenen Königspalast aufnehmen, zu dem er allerdings nicht gehörte. Neben den Haupt- und zahlreichen Nebenfrauen des Königs lebten hier Kammerzofen, Dienerinnen, Frauen, die sich in Heimarbeit mit der Herstellung verschiedener Gegenstände – beispielsweise dem Weben von Stoffen – befaßten, sowie Ammen, denen die Erziehung der Königskinder oblag.

60 Die Zahl der Haremsdamen konnte auch mehrere Hundert betragen. So brachte beispielsweise Tadu, Prinzessin von Mitanni und Nebenfrau Amenophis' III., diesem aus ihrer Heimat 317 Kammermädchen mit, die unter den schönsten Mädchen des Landes ausgewählt worden waren. Bei der großen Zahl von Ehefrauen und Haremsdamen, die Ramses II. besessen hatte, muß die Zahl seiner Kinder, die mit 200 angegeben wird – davon 111 Söhne –, durchaus nicht übertrieben sein.

Das Leben im Harem war für den König, der dort seine Lieblingsfrauen besuchte oder sich in Anwesenheit einer größeren Zahl von Damen vergnügte, sicherlich angenehm. Auf einem Relief im Tempel von Medinet Habu sehen wir den nackten Ramses III., der in Gesellschaft gleichfalls nackter, nur Perücke, Halsketten und Sandalen tragender Mädchen Dame spielt. Demgegenüber waren die Beziehungen der Haremsdamen untereinander wohl nicht immer freundlich. Die zeitweilige Bevorzugung der einen dürfte nicht selten den Neid der anderen hervorgerufen haben. Frauen, die nach der Thronnachfolge ihres erstgeborenen Sohnes strebten, schreckten vor keinen Intrigen zurück, die zuweilen auch gegen den König selbst gerichtet waren. Dieses Ziel verfolgte anscheinend auch Teje, eine der Nebenfrauen Ramses' III., die wohl jene Verschwörung anzettelte, die Ramses' das Leben kostete. Auf ähnliche Weise war auch Amenemhet I. umgekommen.

Die Harems von Würdenträgern und Neureichen aus den Mittelschichten waren eine weit bescheidenere Kopie der königlichen Vorbilder.

Was nun das männliche Haremspersonal – die Wächter, Diener und Angestellten – betrifft, so verraten die oben genannten Grabreliefs aus Amarna nicht, ob es sich bei ihnen um Eunuchen

60. Konkubine aus dem Harem König Amenophis' III. Elfenbein. 18. Dynastie. New York, Brooklyn Museum

handelte. Wir wissen, daß die Ägypter Tiere zu kastrieren verstanden, für eine Kastrierung von Menschen – einschließlich Sklaven – hingegen gibt es keinerlei Belege. Die unzweifelhaft eunuchoiden Züge, die sich allmählich bei Echnaton herausbildeten, hängen eher mit einer Erkrankung des Zwischenhirns oder der Hypophyse zusammen. Das Fehlen des männlichen Glieds bei den Mumien Thutmosis' III. oder Merenptahs und ihr Ersatz durch ein künstliches Glied aus Harz und Stoff hängt mit dem Problem der Balsamierung zusammen. Jedes Organ, das durch Fäulnis oder anderweitig beschädigt war, mußte wiederhergestellt werden, damit die Mumie abermals komplett war.

Nach diesem Exkurs in die Sphäre der Aristokratie kehren wir wieder zum einfachen Ägypter zurück, der seine Hochzeitsvorbereitungen getroffen hatte. Der lang ersehnte Tag brach an und damit auch ein Grund zum Feiern und für ein Festgelage. Unter den Teilnehmern befanden sich neben dem Brautpaar und seinen Familienmitgliedern auch die gesamte übrige Verwandtschaft und zahlreiche Bekannte. Im Unterschied zu unseren Hochzeiten kannten die alten Ägypter keine besondere Hochzeitszeremonie, auch keine religiöse Weihe oder gar einen formalen Rechtsakt, in den die staatliche Gesetzgebung eingegriffen hätte. Die altägyptische Hochzeit ist vielmehr als ein gesellschaftliches Ereignis zu betrachten, bei dem sich Mann und Frau zu einem gemeinsamen Leben verpflichteten, dessen eigentlicher Sinn in der Zeugung und Erziehung von Kindern bestand, wodurch die Existenz und Prosperität der Familie sowie das ewige Leben der Eheleute gesichert wurde. Die Hochzeitsfeier bestand sicherlich aus einer bunten Folge von Gebräuchen, reichlicher Bewirtung, Erzählen, Gesang, Musik und Tanz. Nähere Einzelheiten dazu fehlen uns, so daß wir lediglich auf schriftliche Überlieferungen angewiesen sind. In den Chaemwese-Erzählungen wird die Hochzeit eines königlichen Geschwisterpaares erwähnt. Der Königsvater läßt nach einem Festgelage die Braut, mit einer reichen Mitgift ausgestattet, in der Nacht in des Bräutigams Haus bringen. Von Hochzeitsfeierlichkeiten ist auch in einem Bericht über die Eheschließung Ramses' mit einer hethitischen Prinzessin die Rede.

Daß die Familie der Grundstein der Gesellschaft war, kann man den altägyptischen Verwandtschaftsbezeichnungen entnehmen. Sie beschränken sich lediglich auf die engsten Mitglieder der Familie: bezeichnet werden Vater, Mutter, Bruder, Schwester, Sohn und Tochter. Entfernte Verwandtschaftsgrade blieben unbezeichnet und mußten umständlich umschrieben werden. Die Bedeutung der engeren Familie zeigt sich auch darin, daß die Könige bis zur 4. Dynastie und erneut ab der 3. Zwischenzeit die höchsten Ämter ihren Söhnen übertrugen.

Nach Beendigung der Hochzeitsfeierlichkeiten bezog die Ehefrau das Haus ihres Mannes. Dementsprechend bezeichnete man die Hochzeit als „einen Hausstand gründen" oder als „Eintritt in das Haus des Partners". Nur selten zog der Ehemann in das Haus seiner Frau, das sie gewöhnlich mit ihren Eltern bewohnte. Aus den Quellen läßt sich ablesen, daß diese Eheform – die matrilokale – nicht immer gut endete. Auf einem Ostrakon aus dem Neuen Reich beschwert sich der Ehemann über das Verhalten seiner Frau und ihrer Verwandten, die ihn zweimal aus dem Haus gesperrt hätten. Aus einem Papyrus aus derselben Zeit geht hervor, daß der genannte Ehemann sein Haus mit seinem Schwiegervater teilen mußte. Ob so oder so, die Frau wurde nach der Eheschließung die 'Hausherrin', womit sie ihre eigentliche und spezifische Bestimmung erreicht hatte, nämlich über die Angelegenheiten des Haushalts und die Kindererziehung zu entscheiden.

In der 3. Zwischenzeit kommen erste schriftliche Belege eines besonderen Rechtsaktes auf, und zwar Eheurkunden, die der Ehefrau und ihren Kindern materielle Rechte sichern. Sie konnten am Tag der Eheschließung, aber auch jederzeit danach abgefaßt worden sein, wie dies insbesondere jene Urkunden zeigen, in denen die Kinder namentlich genannt werden. Ursprünglich handelte es sich bei diesen Dokumenten um Verträge zwischen dem Ehemann und seinem Schwiegervater, der gleichsam Rechtsvertreter seiner Tochter war, erst später, als sich die Rechtsstellung der Frau gebessert hatte, waren die Verträge direkt zwischen beiden Ehepartnern abgefaßt.

Hinweise auf derartige Verträge haben wir erst seit dem Neuen Reich; konkrete Texte in kursivhieratischer oder demotischer Schrift besitzen wir von der 22. Dynastie bis in griechisch-römische Zeit. Es gibt mehrere Hundert solcher Verträge, die allesamt aus der sozialen Mittelschicht stammen und von E. Lüddeckens analysiert worden sind. Gewöhnlich beginnen sie mit dem Datum und den Namen des Mannes und der Frau, genannt werden ferner die Eltern, beim Mann auch dessen Beruf, eventuell auch die ethnische Herkunft (Nubier, Libyer, Grieche, Blemmyer u.ä.). Es folgt dann eine Klausel über die Eheschließung und gleich darauf eine Erklärung, daß der Mann seiner Frau die sogenannte Frauengabe überreicht hat. Einigen Wissenschaftlern zufolge war dies eine Abwandlung des ursprünglichen Kaufpreises für die Frau. Bei der Frauengabe handelte es sich um eine nicht allzu große Gütermasse – Schmuck oder Geld und Getreide – im Wert von Bruchteilen eines Silber-*dbn*, der ungefähr dem Kaufpreis eines Sklaven entsprach. Im Laufe der Zeit wurde sie jedoch nicht ausgezahlt, sondern stand nur auf dem Papier als eine Sicherheit für die Frau im Falle der Ehescheidung.

In einem späteren Vertragstyp, der erst von 517 v. Chr. an belegt ist, war es die Frau, die dem

Mann Geld dafür in die Ehe bringen mußte, daß sie seine Ehefrau wurde (das sog. Geld des Ehefrau-Werdens). Es handelte sich hierbei um eine Zahlung in Geld oder Naturalien bis zu einer Höhe von 3 *dbn* Silber, doch ist unklar, ob der Mann die Zahlung tatsächlich erhielt.

Einige Verträge enthalten eine Klausel über 'Dotationen' oder 'Alimentation', die die Frau bzw. ihr Vater dem Ehemann zu erbringen hat, und zwar als Ersatz für einen genau angegebenen jährlichen Unterhalt einschließlich Bekleidung. Die Unterhaltspflicht des Mannes galt auch dann, wenn die Frau für eine bestimmte Zeit wegzog oder wenn es, allerdings ohne ihr Verschul-

61. Intime Szene aus dem Familienleben König Echnatons mit seinen drei jüngsten Kindern und seiner Gemahlin Nofretete. Anchesenpaaton, die jüngste Tochter, sitzt auf dem Schoß ihrer Mutter. Auf den Knien der Mutter steht die ältere Tochter; sie versucht, die Aufmerksamkeit ihrer Mutter auf sich zu lenken, indem sie deren Kinn berührt. Die übermäßig langgestreckten Hinterköpfe der Mädchen sind kahlgeschoren. Die älteste Tochter Meritaton – sie trägt die Jugendlocke – erhält von ihrem Vater einen Ohrring. Dieses versenkte Relief, das die Königsfamilie als „Heilige Familie“ darstellt, entstammt der Privatkapelle eines Hauses in Amarna. Bemalter Kalkstein. 18. Dynastie. Kairo, Ägyptisches Museum

den, zu einer Scheidung kam. Auch verpflichtete sich der Mann, zum Unterhalt seiner Frau alles, was er bislang verdient hat oder noch verdienen wird, heranzuziehen. Bei der Scheidung war der Ehemann zu einer anteiligen Zahlung – meist einem Drittel davon – an seine Frau verpflichtet.

Eine anderer Text setzt die Erben des Ehemannes fest, also entweder direkt die Kinder, eventuell der älteste Sohn, oder mittelbar die Kinder, d.h. über die Mutter, die dann zunächst alles erbte. Ansonsten hatte die Witwe ein Anrecht auf ein Drittel der Erbmasse, die Kinder und eventuelle Verwandte auf zwei Drittel. Die Frau hatte dann ein unumschränktes Erbrecht, wenn sie der Mann als seine Tochter adoptiert hatte.

In den Verträgen fehlten in der Regel auch Klauseln über das von der Frau in die Ehe eingebrachte Gut nicht, das gewöhnlich aus Haushaltseinrichtungen, aber auch aus einem Esel, dem damals hauptsächlichen Verkehrsmittel, bestand. Jeder Gegenstand war in seinem Wert beziffert und blieb ständiges Eigentum der Frau. Dasselbe galt auch für das persönliche Vermögen des Mannes.

Die Verträge enden mit einem Eid, in dem der Mann seine Pflichten gegenüber der Frau bekräftigt. Manchmal ist seine Unterschrift beigefügt. Genannt ist ein Schreiber, der den Vertrag unterschreibt, und auf der Rückseite der Urkunde finden sich die Namen von Zeugen – ihre Zahl schwankt von drei bis sechsunddreißig –, die den Vertrag gleichfalls mit ihrer Unterschrift beglaubigen. Interessanterweise fand sich bislang kein Frauenname unter den Zeugen. Der Vertrag wird dann bei einer Drittperson – oft ist es der Vater der Ehefrau – oder im nahegelegenen Tempel verwahrt.

Nur am Rande sei erwähnt, daß es auch eine Art Probeehe gab, die gleichfalls vertraglich abgesichert war. Als seltene Ausnahme gelten zwei Fälle, in denen die Frau ihrem Mann einen Ehevertrag ausstellte. In dem einen Fall verpflichtete sie sich, bei selbstverschuldeter Scheidung ihrem Mann die Hälfte der Frauengabe zurückzuerstatten und auf ihren Anteil am gemeinsamen Ehevermögen zu verzichten.

Obwohl selbst vertraglich gesicherte Ehen ganz bestimmt nicht immer idyllisch waren – für gestörte Ehen gibt es zahlreiche Zeugnisse –, behandelten die ägyptischen Männer ihre Frauen zumeist gut. Dazu mahnt übrigens auch die Lehre des Ptahhotep:

> „Liebe deine Frau aufrichtig,
> fülle ihren Leib mit Speise und kleide sie;
> Hautöl ist Balsam für den Körper.
> Erfreue ihr Herz, solange du lebst,
> denn sie ist ein fruchtbarer Acker für ihren Besitzer.“

In der Lehre des Ani wiederum lesen wir, daß man der Ehefrau vertrauen soll:

> „Kontrolliere nicht deine Frau in ihrem Hause,
> wenn du weißt, daß sie tüchtig ist.
> Sage nicht zur ihr: ‘Wo ist das? Hole es!’,
> wenn sie es an den richtigen Platz gelegt hat.“

Aus Darstellungen von Ehepaaren als Statuen, auf Wandmalereien und Reliefs in den Beamten- und Handwerkergräbern zeigt sich häufig das liebevolle Verhältnis zwischen Menschen, die sich zu einem glücklichen Leben auf dieser Erde verbunden hatten. In der Regel stehen oder sitzen die Eheleute nebeneinander, wobei sie sich an den Händen halten. Oft hat die Frau ihren Arm um die Hüfte oder die Schultern ihres Mannes gelegt, seltener ist es der Mann, der seine Frau so hält. Mitunter steht die Frau bescheiden hinter ihrem Mann oder ist in geringerer Größe als dieser selbst abgebildet, womit der Künstler die Bedeutung des Mannes unterstreichen, nicht aber eine Geringschätzung der Frau zum Ausdruck bringen wollte. Andererseits gibt es aber auch Darstellungen beider in gleicher Größe.

Im Neuen Reich wird sogar das Liebesverhältnis zwischen König und Königin, bislang hinter den Mauern des königlichen Harems verborgen, veranschaulicht, und zwar in Wort und Bild. Amenophis III. beispielsweise hat seine Hochzeit mit Teje, die nichtköniglicher Abstammung war, auf Skarabäen verewigt – das Motiv für seine Eheschließung mit ihr konnte also nur Liebe gewesen sein. Obwohl dieser Herrscher einen der größten Harems besaß und sogar seine Töchter zu Nebenfrauen erkor, blieben ihre Beziehungen wohl stets ungetrübt. Dafür spricht der Umstand, daß Teje nach dem Tod des Königs ein Holztäfelchen anfertigen ließ, das seiner Inschrift zufolge, für „ihren geliebten Bruder“ bestimmt war und das Königspaar in Umarmung zeigt. Auch kennen wir zahlreiche Amarna-Reliefs, die das zärtliche Verhältnis zwischen Echnaton und Nofretete zeigen: Der König hält seine Frau auf dem Schoß oder küßt sie auf dem fahrenden Wagen in aller Öffentlichkeit. Innige Verbundenheit zeigt sich dem Betrachter auch auf *56*
den Darstellungen Tutanchamuns und Anchesenamuns.

Ein beeindruckendes Zeugnis von einer glücklichen Ehe legt der Papyrus Leiden Nr. 371 ab. In einem Brief, den ein Witwer an den Geist seiner verstorbenen Frau schreibt, heißt es u.a.: „Ich habe dir nichts Übles getan und ließ dein Herz nicht zornig werden ... Nicht habe ich dich an

62. Ein Mann und seine Frau teilen sich die Feldarbeit: sie pflügen den Acker, säen und bringen die Ernte ein. Aus dem Totenbuch der Dame Cheritwebeschet. Malerei auf Papyros. 21. Dynastie. Kairo, Ägyptisches Museum

etwas, was ich als Ehemann mit dir tat, leiden lassen. Du hast nie gefunden, daß ich dich betrog in der Weise eines Bauern, indem ich in ein anderes Haus eintrat ...".

Noch liebevoller indes wirken Darstellungen, die Eheleute im Kreise ihrer Kinder zeigen. Als Beispiel diene die Grabstele des Anchhorkau aus Qurnet Murrai, die ihn mit seiner Frau Wabeti und mehreren Söhnen und Töchtern zeigt. Die Mädchen halten Wachteln in den Händen, und der Vater kämmt einer seiner Töchter das Haar. Ein bekanntes Relief aus Amarna stellt das einander gegenübersitzende Königspaar dar: Echnaton hält eine seiner kleinen Töchter in die Höhe
61 und küßt sie auf den Mund. Die andere Königstochter sitzt auf Nofretetes Schoß und zeigt auf den Vater, die dritte Tochter, von ihrer Mutter an den Händen gehalten, spielt mit dem Uräus (Kobraschmuck) an der Krone ihrer Mutter.

Betrachtet man die Stellung der Frau in anderen Ländern der damaligen Welt oder in vielen orientalischen Ländern von heute und vergleicht sie mit der der damaligen Ägypterin, so kann allgemein festgestellt werden, daß deren Stellung nicht so schlecht war. Sie war ihrem Mann im Alltag in vielerlei Hinsicht eine gleichrangige Partnerin, freilich stets nur im Rahmen derselben sozialen Schicht. Die Frau hatte stets das Recht auf ein eigenes Grab und auf Grabbeigaben, Statuen, Grabstelen, Scheintüren usw. Auch in der Ausstattung mit Grabbeigaben unterschied sich das Grab einer Frau nicht von dem eines Mannes aus derselben sozialen Schichtung. In der Spätzeit und in der Ptolemäerzeit bezeugen schriftliche Quellen auch die rechtliche Gleichstellung von Mann und Frau. Die Frau konnte über ihr Vermögen frei disponieren, das auch in der Ehe von dem des Mannes und dem gemeinsamen ehelichen Vermögen getrennt wurde. Es ist ein kurioser Fall bekannt, in dem eine Frau ihrem Mann eine gewisse Summe auf drei Jahre lieh (übrigens zu einem Wucherzins von 30 %), für die er mit seinem ganzen Vermögen haften mußte.

Die Frau konnte nach eigenem Ermessen verschiedene Verträge schließen, vom Ehevertrag über Verträge mit Ammen, Gärtnerinnen und Lieferanten bis hin zu Verträgen, in denen sie sich selbst an ihren Gläubiger in die Sklaverei oder an einen Tempel verkaufte. Der Käufer nahm dabei die Verpflichtung auf sich, die Sklavin zu schützen und sich um ihre Gesundheit, ihren Unterhalt und alle anderen lebensnotwendigen Dinge zu kümmern. Andererseits hatte die Frau wie auch der Mann das Recht, ihre Sklaven freizulassen, was häufig durch Adoptionen geschah.

Auch konnte die Frau sich an ein Gericht wenden und Klage einreichen. Auf einem Ostrakon aus Deir el-Medineh findet sich eine kurze Notiz eines solchen Falles: „An diesem Tag. Klage der

Bürgerin Isis gegen die Arbeiter Chaemipet, Chaemweset und Amennacht wie folgt: 'Mir sollen die Arbeitsstellen des Panacht, meines Mannes, gegeben werden.' Es kam zur Beratung. Das Urteil des Richters: 'Die Frau ist im Recht. Man gebe ihr die Arbeitsstellen ihres Mannes.'"

S. Wenig, der sich mit der Stellung der altägyptischen Frau in einer ausführlichen Monographie befaßt hat, behauptet sogar, daß Mann und Frau für dieselbe Arbeit gleichen Lohn erhielten. S. Allam wiederum betont die Freizügigkeit der ägyptischen Frau, die einer Inschrift im Tempel Ramses' III. in Medinet Habu zufolge „ihrem Wunsch gemäß, mit ihrer Kleidung auf dem Kopf, ohne Hindernisse überall dorthin ging, wohin sie wollte". Der ursprüngliche Sinn dieser Inschrift war allerdings, die durch die Friedenspolitik des Herrschers möglich gewordene sichere Bewegungsfreiheit zu propagieren, die ein jeder Bürger genoß.

Das Reich der Frauen war ihr Haushalt und die Erziehung der Kinder ihre Bestimmung. Zu Hause mahlten sie Korn, buken Brot, brauten Bier, kochten das Essen, sponnen Lein und webten daraus Stoffe. Zudem halfen die Bauersfrauen ihren Männern auf den Feldern, wie dies beispielsweise auf den Wandmalereien im Grab des Sennedjem in Deir el-Medineh zu sehen ist, oder worfelten und siebten Getreide, wie dies im Grab des Nacht in Scheich Abd-el-Gurna dargestellt ist. Als Weberinnen und Spinnerinnen, Bäckerinnen oder Müllerinnen treffen wir sie auch in den Tempelwerkstätten oder in den Werkstätten von Würdenträgern an. Einige Frauen widmeten sich beruflich dem Gesang, der Musik und dem Tanz, andere betrieben Kosmetik, banden Blumensträuße und Kränze, und viele Frauen aus ärmlichen Verhältnissen oder Sklavinnen dienten in reichen Familien. Selbst das 'älteste Gewerbe', die Prostitution, fehlte nicht.

Die meisten öffentlichen Funktionen und Ämter blieben den Frauen verschlossen oder wurden nur ausnahmsweise von ihnen besetzt. Aus Schriftquellen kennen wir die Vorgesetzte einer 'Kantine', einer Perückenwerkstatt, eines Raumes für Salben und Schminken, eines Hauses von Spinnerinnen, Sängerinnen, eines königlichen Harems u.ä. Belegt ist auch die Existenz von Ärztinnen, nur ausnahmsweise auch einer Richterin. In späteren Zeiten schmückten sich die Frauen hoher Beamter oder Aristokratinnen mit Amtstiteln, die allerdings nur Ehrentitel waren.

Eine bedeutende Stellung hatte freilich die Königin inne, allerdings als 'Gottesgemahlin', d.h. als Frau des Königs, und als seine Begleitung in der Öffentlichkeit. In Wirklichkeit jedoch übte selbst sie keine Amtsfunktion aus. Nur in einigen Fällen gibt es Andeutungen, daß der alternde oder kranke König seine Gemahlin als Koregentin ernannt und sie mit der Ausübung von Regierungsgeschäften betraut hatte. So urteilt man übrigens auch im Fall der Königinnen Nofretete und Teje, die u.a. die Korrespondenz mit fremden Herrschern führten.

63. Viele Frauen, besonders Mädchen, mußten sich als Dienerinnen verdingen. Diese Dienerin trägt einen Korb mit Broten und Fleisch auf ihrem Kopf. Bemaltes Holz. Mittleres Reich. London, British Museum

In der langen ägyptischen Geschichte sind nur drei regierende Herrscherinnen bekannt, die mit allen Vollmachten des 'lebendigen Gottes' ausgestattet waren. Es waren dies Hatschepsut (18. Dyn.), die ursprünglich im Namen des noch jungen Thutmosis III. herrschte und dann zwei Jahre später den Thron für weitere zwanzig Jahre usurpierte, Tawosret, die Frau Sethos' II., die nach dem Tod ihres jungen Sohnes zwei Jahre als Alleinherrscherin regierte, und die letzte Angehörige der Ptolemäerdynastie, Kleopatra VII. Noch in der 18. Dynastie war dies ein so seltenes Ereignis, daß sich die Königin mit dem typischen männlichen Königsattribut, dem Kinnbart, dar-
stellen ließ. 10

Frauen konnten – ganz sicher seit dem Neuen Reich – auch in Tempeln beschäftigt sein, als niedere, vereinzelt auch als höhere Priesterinnen oder (und dies wohl öfter) in Ehrenfunktionen bei Tempeldiensten, die zeitlich begrenzt waren. Sie wirkten hauptsächlich in den Heiligtümern weiblicher Gottheiten, wie in denen der Hathor, Isis, Neith, Satis, Sachmet oder Bastet, und auch in Totentempeln, wo sie an der Zubereitung der Totenopfer für die Verstorbenen beteiligt waren. Im Unterschied zu herrschenden Vorstellungen waren sie keine Jungfrauen, die wie neuzeitliche Nonnen im Zölibat lebten, und auch keine Frauen, die sich im Namen einer bestimmten männli-
chen Gottheit der Tempelprostitution hingaben, sondern Frauen, die mit Männern aus den ver- 66
schiedensten Gesellschaftsschichten verheiratet waren, wobei Würdenträger, Priester und Be- 83
amte überwogen. Für ihren Dienst im Tempel wurden sie materiell entlohnt.

Wohl noch mehr Frauen taten in den Tempeln als Sängerinnen, Musikerinnen und Tänzerin- 64
nen Dienst. Die begabtesten wurden zu professionellen Darstellerinnen der Göttinnen Isis und Nephtys in den ältesten Kultspielen ausgesucht, den Osiris-Mysterien, die vom Tod und der Auferstehung dieses Gottes handelten.

An höheren Funktionen standen den Frauen in den Tempeln das Amt einer Vorgesetzten der Sängerinnen, Musikerinnen oder Tänzerinnen offen, ferner konnten sie Vorsteherin der Schatzkammer der Tempel werden und ab dem Neuen Reich im Amun-Tempel von Karnak auch die bedeutende Funktion der 'Gottesgemahlin' innehaben, die in der Regel von der Königin oder von Prinzessinnen ausgeübt wurde. Die weiblichen Mitglieder der Aristokratie bildeten den irdischen Harem dieses Gottes.

Alle verheirateten Frauen im alten Ägypten hatten eine überaus wichtige Pflicht zu erfüllen: ihren Ehemännern einen männlichen Nachkommen zu schenken (Mädchen zählten nicht). Die Geburt eines Sohnes wurde ausgelassen gefeiert. Dazu gab es auch allen Grund: mit ihm war für Vater und Mutter jetzt ein Mensch auf der Welt, der in Zukunft ihren Totenkult und damit ihr ewiges Leben garantierte. Die meisten ägyptischen Frauen sind dieser Pflicht wohl erfolgreich nachgekommen. Unfruchtbare Frauen befanden sich da schon in einer schlechteren Lage. Als Ausweg aus dieser Situation griff man zumeist zu einer Konkubine für den Ehemann – häufig einer Sklavin, deren Sohn (oder alle Kinder) man adoptierte.

Die Adoption ist wohl ein alter Akt, obgleich ihre ersten Zeugnisse erst aus der 19. Dynastie stammen. Zu ihnen gehört auch ein von A. Erman publiziertes Ostrakon, das einen Brief mit der Empfehlung an einen Kinderlosen enthält, einen Waisenknaben aufzuziehen. Aus einem Adoptionspapyrus erfahren wir, daß eine Frau namens Nanefer gemeinsam mit ihrem Mann eine Sklavin kaufte, die einen Jungen und zwei Mädchen gebar. Nanefer adoptierte diese Kinder nach dem Tod ihres Mannes und zog sie auf. Ihr jüngerer Bruder nahm sogar das älteste der Mädchen zur Frau. Nanefer adoptierte auch ihren Bruder, damit auch er denselben Erbanteil ihres verstorbenen Mannes bekommen konnte.

Wie verhielt es sich nun mit der ehelichen Treue im alten Ägypten? Die Frau mußte ihrem Mann absolute Treue bewahren, seinen Anweisungen gehorchen und ihm willfährig sein. Demgegenüber konnte sich der Mann eine Nebenfrau halten – sei es, um sich einen männlichen Nachkommen zu sichern oder auch nur aus einer Laune heraus. Auch hatte er als Haupt einer patriarchal strukturierten Familie das Recht auf Dienerinnen, zumeist Sklavinnen, die im Haus angestellt und zu Diensten aller Art verpflichtet waren. (Die aus dieser Verbindung gezeugten Kinder konnten zwar, mußten aber nicht adoptiert werden.) Ein Mann, der diese Möglichkeit nicht wahrgenommen hatte, konnte vor dem Totengericht stolz verkünden: „Ich war nicht hinter meinen Dienerinnen her."

Im Kontrast zu den Privilegien des Mannes innerhalb der Familie galten strenge Vorschriften, wenn es darum ging, die Familie vor einem Eingriff von außen zu schützen. Als schlimmstes Delikt galt der Ehebruch, ganz gleich, ob er vom Mann, dem die Frau des Nachbarn gefiel, oder von der Frau begangen wurde, die einen anderen Mann verführte, wobei es keine Rolle spielte, ob dieser ledig oder verheiratet war. Die Schuldigen pflegten öffentlich ausgepeitscht oder durch Abschneiden von Nase und Ohren gebrandmarkt zu werden. Verbannung nach Nubien oder in die Steinbrüche war eine mildere Alternative zur auch drohenden Todesstrafe.

Im Papyrus Westcar aus der Anfangszeit des Neuen Reichs wird von einem Priester erzählt, dessen Frau untreu war. Der Priester ließ den Verführer seiner Frau von einem Krokodil fangen und brachte ihn vor den König. Der König entschied, den Mann den Krokodilen zum Fraß vorzuwerfen, die ungetreue Frau zu verbrennen und ihre Asche in den Nil zu schütten.

In dem Märchen von den beiden Brüdern, das sich im Papyrus D'Orbiney aus dem Neuen Reich erhalten hat, begegnet uns das biblische Motiv von Potiphars Frau, die den jungen Joseph verführt. Im Brüdermärchen nun versucht die Frau des Anubis, ihren Schwager Bata zu verführen. Als Anubis aber die Wahrheit erfährt, läßt er von der Verfolgung seines Bruders ab, tötet seine Frau und wirft ihren Leichnam den Hunden vor.

Kein Wunder also, daß verschiedene Lebenslehren, z.B. die Lehre des Anch-Scheschonqi, nachdrücklich vor der ehelichen Untreue warnen. Dennoch gab es Fälle von Untreue, wie wir aus Hinweisen in nichtliterarischen Papyri und Ostraka erfahren. Aus der Spätzeit haben wir Tempeleide von Ehefrauen, deren Ruf gefährdet war und die beeideten, seit der Eheschließung keinen Ehebruch begangen zu haben. Daß der Mann nicht mit gleicher Elle gemessen wurde, kann man daraus ermessen, daß sich kein einziger derartiger Eid eines Mannes erhalten hat.

Die Untreue der Ehefrau (keineswegs die des Mannes!) war auch einer der häufigsten Scheidungsgründe. Andere Gründe bestanden in der Unfruchtbarkeit der Frau, irgendeinem Mangel bei einem Ehepartner, der beim anderen Abneigung hervorruft, oder der Entschluß, eine andere Person zu heiraten. Wie die Eheschließung war auch die Scheidung ein Privatakt, an dem weder die weltliche noch die religiöse Autorität beteiligt war und in dem der eine Ehepartner den andern aus dem Ehebund entließ. Meistens verließen die Männer ihre Frauen; erst seit der Perserzeit werden auch Fälle bekannt, in denen die Frau ihren Mann aus eigenem Ermessen verläßt. Schon früher war es vorgekommen, daß die Frau von ihrem Vater oder Bruder ihrem Manne weggenommen worden war, weil man diesen schwerer Verbrechen überführt hatte (z.B. Grabräuberei).

Nach der Scheidung hatte die Frau das Haus ihres Mannes zu verlassen, und nur ausnahmsweise konnte ihr ein zeitweiliges Verbleiben gestattet werden. Die Frau fiel dann oft ihren Eltern zur Last. Durch die Scheidung waren beide Partner wieder frei und konnten mit anderen eine neue Ehe eingehen.

Seit dem 6. Jh. v. Chr. sind auch Scheidungsurkunden belegt, die der Mann seiner Frau zwecks finanziellen Ausgleichs ausstellte. Löste der Mann durch Scheidung die Ehe, konnte die Frau alle Sachen mitnehmen, die sie in die Ehe gebracht hatte. Der Mann war zur Aushändigung der Frauengabe verpflichtet, mußte ihr das 'Geld-des-Ehefrau-Werdens' auszahlen und sowohl ein Drittel des gemeinsam erworbenen Vermögens als auch das Vermögen abgeben, das ursprünglich den gemeinsamen Kindern vererbt werden sollte und rechtlich ihnen zustand. Auch gab es eine Abfindung bzw. Scheidungsstrafe, die bis zu einem Drittel des Vermögens des Man-

Links
64. Wie andere Frauen hohen Standes war auch Merit, die Gemahlin des königlichen Schatzhausvorstehers Maja, Sängerin am Amun-Tempel. Hier hält sie eine Statuette der Göttin Hathor vor der Brust. Kalksteinstatue. Späte 18. Dynastie. Leiden, Rijksmuseum van Oudheden

Unten
65. Gewöhnliche Frauen konnten Sängerinnen oder Musikantinnen werden. Hier begleitet eine Harfnerin den Gesang einer anderen Frau. Relief auf der Scheintür aus der Mastaba des Nikaure, Saqqara. Erste Hälfte der 5. Dynastie. Kairo, Ägyptisches Museum

Rechts
66. Die Hathor-Priesterin Imeret mit einer Lotusblüte. Scheintür aus dem Grab des Ika. Holz. Saqqara. Späte 4. oder frühe 5. Dynastie. Kairo, Ägyptisches Museum

nes betragen konnte, automatisch aber auf das Doppelte erhöht wurde, wenn der Mann beabsichtigte, eine andere Frau zu heiraten. Für den Mann war die Scheidung mit schweren wirtschaftlichen Verlusten verbunden, die so manchen von einer beabsichtigten Ehelösung abhielten, während die schuldlos geschiedene Frau und ihre Kinder vermögensrechtlich abgesichert waren.

War die Frau untreu geworden, konnte sie der Mann ohne finanzielle Abfindungen entlassen. Reichte die Frau aus eigenem Ermessen die Ehescheidung ein, dann erhielt sie lediglich ihren Privatbesitz zurück und einen Anteil am gemeinsamen Vermögen, jedoch keine Abfindung. Als Folge der Scheidung wurden Bild und Name der Frau aus dem gemeinsamen Familiengrab getilgt. Unangenehm für die Männer war, daß Gerichte in der Regel die verstoßenen Frauen vorluden, die ganz sicher nicht zu ihren Gunsten aussagten. Es gab also im damaligen Ägypten eine ganze Reihe von Faktoren, die gegen eine schnelle Scheidung wirkten und Ehen, die sich in einer momentanen Krise befanden, letztlich retteten.

KAPITEL 6

Häuser und Siedlungen

67. Das Haus eines bedeutenden Schreibers. Zum Schutz vor Feuchtigkeit steht es auf einer Plattform oberhalb des Überschwemmungsniveaus. Aus dem Totenbuch des Nacht. Bemalter Papyrus. Späte 18. Dynastie. London, British Museum

Waren die Hochzeitsfeierlichkeiten vorbei, betraten die Jungvermählten ihr Haus, das der junge Ehemann mit Hilfe von Verwandten und Freunden meist schon vor der Eheschließung errichtet hatte. Hier wird sich nun ihr weiteres, gemeinsames Leben abspielen. Welchen Lebensstandard Ehepaare erreichten, hing vom Beruf und der sozialen Stellung des Mannes ab. Dementsprechend war auch die Größe und Gliederung des Hauses sowie seine Einrichtung. Was weiß nun die Archäologie darüber zu berichten?

Zunächst muß gesagt werden, daß wir weit besser über das 'Haus der Ewigkeit', also die Gräber der alten Ägypter informiert sind als über ihre diesseitigen Behausungen. Die Gräber, die Teil weiträumiger Totenstädte am Rande der Wüste waren, wurden aus beständigen Baustoffen errichtet – zum Zeichen dafür, daß es sich bei ihnen um dauerhafte 'Häuser' handelte. Sie haben sich in der Regel gut erhalten und sind modernen Ausgrabungen leicht zugänglich. Sie liegen außerhalb heutiger Siedlungen und Anbaugebiete unter feinem Wüstensand, und in vielen von ihnen haben sich – dem Wüten antiker und moderner Grabräuber zum Trotz – Gegenstände von derartigem Wert erhalten, daß diese der Stolz großer Museen in der Welt geworden sind.

Anders verhält es sich hingegen mit den Resten altägyptischer Städte und Dörfer. Sie liegen im Niltal, von heutigen Ansiedlungen oft völlig überbaut und fast immer unter hohen Schlammanschwemmungen verborgen. Wenn der Archäologe dann, nachdem er zahlreiche Hindernisse überwunden hat, sich endlich zu ihnen vorgegraben hat, stellt er fest, daß die Gebäude aus Nilschlammziegeln, aus Holz und gestampftem Lehm bestehen und daß die meisten Gegenstände aus organischen Stoffen gefertigt sind. Vieles ist durch die Feuchtigkeit des Bodens zerstört worden, und was trotzdem übrig blieb, sind Reste von schlichten Gegenständen des Alltags, die nur selten einen Ehrenplatz unter Museumsexponaten finden.

Kein Wunder also, daß sich nur wenige Expeditionen an die Erforschung von Siedlungsstätten machten, und wenn, dann lagen jene Siedlungen zumeist außerhalb des Niltals oder jenseits heutiger Siedlungsgebiete. W. M. F. Petrie hatte in den Jahren 1890–1891 die Pyramidenstadt Sesostris' II. (12. Dyn.) in el-Lahun im Fajjum freigelegt und 1888–1890 sowie 1903–1904 in Medinat el-Gurab (dem altägyptischen *Merwer*) eine Stadt aus dem Neuen Reich ausgegraben. Von der amerikanischen Hearst-Expedition wurde 1900 ein Städtchen aus der 18. Dynastie bei Deir el-Ballas freigelegt. Der von dem Reformatorkönig Echnaton gegründeten Stadt *Achet-Aton,* die auf einer freien ebenen Fläche am rechten Nilufer bei der heutigen Stadt Tell el-Amarna entstand (18. Dyn.), galt vor dem 1. Weltkrieg das Interesse L. Borchardts, und in den Jahren 1921–1937 und dann wieder von 1977 an war hier die *Egyptian Exploration Society* (London) tätig. B. Bruyère vom Französischen Archäologischen Institut in Kairo grub in den dreißiger Jahren unseres Jahrhunderts in der Siedlung und Totenstadt der königlichen Nekropolenarbeiter in Deir el-Medineh (18.–20. Dyn.). Eine Expedition der Universität von Michigan legte in den Jahren 1928–1931 die am Nordrand des Fajjum gelegene römerzeitliche Stadt Karanis frei. Eine von K. Kromer geleitete österreichische Expedition untersuchte von 1971–1975 Siedlungsreste aus den ersten Dynastien unweit der Pyramiden von Giseh.

Nach unseren heutigen Kenntnissen lassen sich urbanistisch drei Grundtypen altägyptischer Besiedlung unterscheiden: die geplante, die ungeplante oder gewachsene (aber mit einem Kern und in einem begrenzten, oft ummauerten Bereich) und die offene Siedlung, die Streusiedlung ohne festen Kern, in der es keine Baubeschränkungen gab.

Die zweite war die am meisten verbreitete. Sie entwickelte sich planlos über lange Zeiträume hinweg, den unmittelbaren Bedürfnissen der Einwohner entsprechend. Im Laufe der Generationen dehnte sie sich aus, wurde viele Male auf- und umgebaut, so daß der Siedlungsplan immer verwirrender wurde – ein Labyrinth enger, seltsam gewundener Straßen, Gassen, Plätze und Innenhöfe mit wenig unbebautem Raum und nur gelegentlich einmal einem Baum. Dort, wo die Bevölkerung am dichtesten aufeinander wohnte, hinter den Mauern zusammengepreßt, kam es rasch zu Platzmangel, die Häuser wuchsen in die Höhe, hatten zwei, manchmal auch drei Stockwerke. Nur die Tempel und Paläste, die von hohen Mauern umgeben waren, bildeten mit ihren weitläufigen Anlagen und dem festen Bauplan, dem sie folgten, Oasen der Ruhe.

Den Ausgrabungen ist es bisher noch nicht möglich gewesen, uns ein Bild der Hauptstadt des Alten Reiches, Memphis, zu geben, das uns eine wirkliche Vorstellung von ihrem Aufbau vermitteln könnte. Man nimmt an, daß sie aus einer Anhäufung mehrerer Wohngebiete bestand, die meist ummauert waren, um sie vor Angriffen zu schützen; hinzu kamen ebenfalls eingezäunte Tempelbezirke und festungsartige königliche Paläste, die ein Gebiet von 13 x 6,5 km bedeckten. Es gab wohl Gärten und Felder zwischen den Wohnvierteln. Wahrscheinlich wuchs die Stadt nie zu einer wirklichen Einheit zusammen.

Alles, was wir über It-taui wissen, die Hauptstadt des Mittleren Reiches, ist Hinweisen aus Texten entnommen. Sie muß irgendwo am Rand der Oase Fajjum gelegen haben, die genaue Stelle konnte noch nicht identifiziert werden.

Um eine Rekonstruktion von Theben, der Hauptstadt des Neuen Reiches, hat sich A. Badawy bemüht. Dabei konnte er sich allerdings nur auf ein paar Darstellungen in den Beamtengräbern von Theben-West sowie auf seine städtebaulichen Kenntnisse heutiger ägyptischer Städte und Dörfer stützen. Die Hauptstadt des Neuen Reiches stellte er sich als eine kompakt befestigte Stadt mit Straßen und dicht beieinanderstehenden, oft mehrstöckigen Häusern vor.

Anhand von Hausmodellen aus Ton aus dem Mittleren Reich und bildlichen Darstellungen in *70*
den thebanischen Gräbern, insbesondere in dem Grab des Thotnefer (18. Dyn.), können wir uns eine ungefähre Vorstellung davon machen, wie das mehrstöckige Haus eines begüterten Beamten oder Adligen in den Großstädten ausgesehen hat. Im Erdgeschoß, mitunter auch im Souterrain, befanden sich die Werkstätten der Handwerker, Wirtschaftsräume (Bäckerei, Mälzerei, Küche), Ställe und Vorratsräume. Im ersten Stock hatte der Hausbesitzer mehrere Räume zum Empfang von Gästen und zur Erledigung seiner Amtsgeschäfte. Erst im zweiten Stock befanden sich die Privaträume mit Speisezimmer, Schlafzimmer und wohl auch das Bad sowie der abgesonderte Bereich für die Frauen, der Harem. Die Etagen waren durch eine Treppe verbunden, die bis auf das Flachdach reichte. Hier war genügend Platz für Speicher, den Brennstoffvorrat oder auch für ein leichtes Schutzdach, unter dem man angenehm sitzen oder auch in der kühlenden Nordbrise schlafen konnte. Mitunter befanden sich hier auch bescheidene Unterkünfte für das Dienstpersonal.

68. Eine thebanische Villa im Grundriß. Im Garten verschiedene Baumarten und ein künstlich angelegter Teich. Malerei auf Kalkstein, Grab des Nachtmin. Scheich Abd-el-Gurna, Theben-West. 18. Dynastie

Der andere Siedlungstyp – die geplante Siedlung –, den wir aus el-Lahun, Amarna (*Achet-Aton*) oder Deir el-Medineh kennen, hatte nicht nur einen regelmäßigeren, oft rechteckigen (schachbrettartigen) Grundriß, sondern berücksichtigte in seiner Anlage auch die entsprechende soziale Zugehörigkeit seiner Bewohner.

Am deutlichsten treten die sozialen Gegensätze in el-Lahun, der von Sesostris II. am Rand der Oase Fajjum gegründeten Stadt, zutage. Sie besaß einen länglichen Grundriß von 400 x 350 m und war von einer Ziegelmauer umgrenzt. Innerhalb der Mauern wurde die Stadt von einer weiteren Mauer in einen kleineren, 150 m breiten westlichen und einen größeren, 250 m breiten östlichen Teil getrennt. Im Westteil der Stadt drängten sich 200 Häuser, deren Ausdehnung selten 100 Quadratmeter überstieg. Sie bestanden aus 3–7 Räumen und Terrassen. Das größte Zimmer diente dem Empfang von Gästen, einige andere Räume dem Familienleben, der Rest waren Lagerräume. Diese Häuser wurden von Arbeitern und Handwerkern bewohnt, die auf den Baustellen der unweit gelegenen Pyramiden arbeiteten.

Der Ostteil von el-Lahun umfaßte nur ein paar Dutzend Häuser mit einer Ausdehnung von etwa 1000 Quadratmetern (maximal 2400 Quadratmeter). Ihren Kern bildeten große quadratische Höfe, um die schattigen Gänge liefen, von denen aus man in große Empfangsräume gelangte, deren Decken von zwei bis vier Holzsäulen auf steinernen Basen gestützt wurden. Andere Eingänge führten in die Küche, in zahlreiche Lagerräume, in die Frauengemächer (Harem) und die für das Dienstpersonal bestimmten Zimmer. Über einen langen Korridor gelangte man in die Privaträume des Hausbesitzers und in die Gästezimmer. Insgesamt gab es wohl 60–70 Räume. Die dem Schlafzimmer anliegenden Räumlichkeiten dienten vermutlich als Bad und Toilette. Dieser Häusertyp war für hohe Beamte und Höflinge bestimmt.

Die von dem Reformator Echnaton gegründete Stadt *Achet-Aton* (Amarna) erstreckte sich in einem 9 km langen und einem 1 km breiten Streifen entlang des Nils. Ihr zentraler Teil war in rechtwinkligem Grundriß angelegt, der längs durch drei breite Hauptstraßen und durch zahlreiche quer dazu verlaufende schmalere Straßenzeilen aufgeteilt war. Es gab überwiegend kleinere Häuser, während größere Häuser seltener waren – auch dies ein Ausdruck für die unterschiedliche soziale Schichtung ihrer Bewohner. Allerdings gab es keine getrennten Stadtviertel, die Übergänge waren fließend.

Im Zentrum der Stadt standen sich die Residenz des Königs und der Staatspalast gegenüber und waren durch eine Brücke, die über eine der betriebsamsten Straßen führte, miteinander verbunden. Der große Aton-Tempel umfaßte eine Fläche, die zwei Drittel der Ausmaße des größten ägyptischen Tempels: des Amun-Tempels von Karnak, betrug (31 ha). Der kleinere Aton-Tempel befand sich südlich der Königsresidenz. Außer diesem verfügte der König noch über einen weiteren gewaltigen Privatpalast, der sich, von hohen Mauern umgeben, am Nilufer unweit des nördlichen Stadtrandes erhob und dem Herrscher als Ort der Erholung im Kreis seiner Familie diente.

Eine beachtliche Größe wies auch die sogenannten Amarna-Villa auf, die S. Lloyd 1933 anhand von Grabungsunterlagen im Modell nachbildete, das in populärwissenschaftlichen Publikationen als Prototyp des ägyptischen Hauses schlechthin gilt. Vergessen wird dabei allerdings, daß es sich bei dieser Villa um die Privatresidenz eines Vornehmen handelte und nicht um einen Haustyp für breite Bevölkerungskreise.

Durch einen Eingang in der massiven Umfassungsmauer kam der Besucher zunächst in eine ausgedehnte Gartenanlage mit Dattel- und Dumpalmen, Granatapfelbäumen, Sykomoren, Akazien und zahlreichen Sträuchern, die mit Weinlaub umrankten Altanen Schatten spendeten. In der Mitte des Gartens befand sich ein rechteckiges Fischbassin, dessen Wasserfläche Lotosblüten und andere Wasserpflanzen zierten. (Ähnliche Gärten mit Bassins dürften auch die Häuser

69. Häuserfundamente in der Siedlung Deir el-Medineh, die in der 18. Dynastie für die in den Königsgräbern im Tal der Könige und Königinnen beschäftigten Arbeiter und Handwerker errichtet wurde.
18.–20. Dynastie

der thebanischen Beamten besessen haben, wie aus Wandmalereien in ihren Gräbern hervorgeht.) Am Rande des Gartens standen die Wirtschaftsgebäude mit Küchen, Werkstätten, Pferde- und Viehställen, Magazinen und Speichern. Ein jeder derartiger Herrschaftssitz war wirtschaftlich autark.

Im hinteren Teil des Gartens erhob sich auf Sockeln die eigentliche Residenz, in die ein Treppenaufgang, von prunkvoller Säulenfassade gerahmt, führte. Durch ein Vestibül gelangte man in die Empfangshalle. Dieser große, nach Norden führende Raum war mit einer flachen Decke versehen, die auf vier bis zwölf hölzernen, über drei Meter hohen Säulen ruhte. Der Wandverputz bestand aus weißem Stuck mit aufgemalten Pflanzen, Tieren und geometrischen Mustern. Zur Belüftung dienten hoch oben in der Wand eingesetze kleine Fensterchen, die zugleich vor direkter Sonnenstrahlung schützten. Die Mitte des Raumes nahm eine Feuerstelle ein, die in den Steinplattenfußboden eingelassen war. Lehmbänke oder Matten am Fußboden boten Platz für Gäste.

Die inneren Teile des Hauses, der eigentliche Wohnbereich des Hausbesitzers, umgaben einen zentralen, großen, quadratischen Saal, dessen Decke gewöhnlich von vier 4 m hohen Säulen gestützt wurde; Licht und Luft drangen von oben her ein. An der Rückwand standen Sitzgelegenheiten für den Hausherrn und seine Frau, daneben befand sich ein Wasserbehältnis zum Waschen und der Hausaltar. Auch die Wände dieses Saals waren mit Fresken verziert. Von diesem Saal aus gelangte man in die zahlreichen kleineren Zimmer, von denen das Schlafzimmer mit einer in die verdickte Südwand des Hauses eingebauten Bettnische wohl am charakteristischsten war. Die Nische schottete den Schläfer von der Betriebsamkeit seiner Umwelt ab, schützte ihn im

Sommer vor Hitze und staute im Winter die Wärme. An das Schlafzimmer grenzten Garderobe, Bad und Toilette an. Ein gesonderter Raum war wohl das Arbeitszimmer des Hausherrn, wie dies P. T. Crocker jüngst deutete. Über eine Treppe gelangte man auf das Flachdach, das eine nach Norden hin offene Loggia barg, in der man sitzen und bei großer Hitze auch schlafen konnte. Die Amarna-Villen hatten insgesamt 20–28 Räume.

Natürlich war Amarna reich an Häusern verschiedenster Größe und Architektur. Ch. Tietze, der mit Hilfe eines Computers die Ausmaße und Charakteristika von über 500 Häusern in Amarna ausgewertet hat, führt dies auf die soziale Schichtung der altägyptischen Gesellschaft zurück. 7–9 % der Bevölkerung bestand aus der herrschenden Schicht der Beamten, Hohenpriester und Generäle, die direkt mit dem König zusammenarbeiteten und in ihren Händen die politische, religiöse und militärische Leitung des Staates konzentrierten; diese Schicht besaß die größten und komfortabelsten Luxusvillen mit vielen Räumen. Die mittleren Verwaltungsbeamten, Priester, Vorsteher der Handwerker und Offiziere, denen die Organisation der Gesellschaft oblag und die etwa ein Drittel der Stadtbevölkerung ausmachten, lebten in Häusern, die, was Größe, Wohndichte und Ausstattung betrifft, durchaus modernen Standards entsprachen, wenn sie sie nicht sogar übertrafen. Der Rest der Einwohner – Arbeiter und Handwerker, die mehr als die Hälfte der Bevölkerung ausmachten – war auf die kleinsten und ärmlichsten Häuser angewiesen, die nur mit dem Notdürftigsten ausgestattet waren und in den dichtbesiedeltsten Stadtvierteln lagen. Wie die Wohnhäuser dieser Menschen ausgesehen haben, darüber geben die Ergebnisse einer Revisionsgrabung Aufschluß, die B. J. Kemp jüngst in einer südlich von Amarna gelegenen umfriedeten Arbeitersiedlung vorgenommen hat. Sie lag in einem Quadrat von 65 m Seitenlänge und war von fünf in Nord-Süd-Richtung verlaufenden Gassen durchzogen, über die man in sechs Häuserzeilen gelangte, deren jede aus zwölf eng beieinander stehenden, fast gleichgroßen Häusern (in der Regel 10 x 5,5 m) aus luftgetrockneten Ziegeln bestand. 38 Häuser sind untersucht worden. Eingehende Untersuchungen des Hauses „Torweg Nr. 8“ haben gezeigt, daß es aus vier Räumen bestand, die durch einen Eingang von Westen her zugänglich waren. Der Eingangsraum war durch eine niedrige Mauer in zwei Teile geteilt: in einen nördlichen größeren Vorraum und einen südlichen kleineren Arbeitsraum, in dem sich ein Sockel für eine Handmühle befand. In dem in der Mitte des Hauses gelegenen größten Raum, der als Wohnzimmer diente, verlief an zwei Wänden entlang eine Lehmbank, auf der noch Abdrücke einer Matte sichtbar waren. Die Bank mündete an einer Feuerstelle, deren Keramikboden noch Asche aufwies. Eine Beheizung der Räume in Winternächten, in denen die Temperaturen um den Gefrierpunkt lagen, war unerläßlich. Ringförmige Gruben in dem festgestampften Lehmfußboden weisen darauf hin, daß hier Vorratsgefäße eingelassen waren. Zwei selbständige 'Türen' verbanden diesen Raum mit den nebeneinander gelegenen Räumen im westlichen Teil des Hauses. In dem südlich gelegenen und kleineren von beiden befand sich eine niedrige Lehmbank, auf der wohl einst ein Bett gestanden hat. Den nördlichen und größeren Raum füllte eine Lehmtreppe fast völlig aus, die zwischen der Westwand des Zimmers und einem in Raummitte stehenden Pfeiler eingelassen war; Pfeiler und Wand bestanden aus luftgetrockneten Ziegeln. Die Treppe war nach Osten hin abgewinkelt und ruhte auf einer dichten Schicht von Holzstangen, so daß hier, unterhalb dieses Treppenflügels, Raum geschaffen war für eine Art Anrichte. Die Schuttschichten des Mittelzimmers sowie der

70. Lehmmodell eines Hauses mit überwölbtem Eingang und einer auf das Dach führenden Treppe. Das Dach hat einen Wasserabfluß und eine Lüftungsöffnung. Bei heißem Wetter brachten die Hausbewohner die meiste Zeit auf dem Dach zu. Grabmodelle wie dieses hießen „Seelenhaus“. Mittleres Reich. London, British Museum

71. Eine Gruppe von Arbeitern bei der Herstellung von Lehmziegeln. Zwei Männer schöpfen aus einem Teich Wasser in große Krüge, ein anderer Mann steht in einem Haufen aus Lehm und Häcksel, während ein weiterer die Lehm-Häcksel-Mischung in einen Holzrahmen füllt und diesen neben die bereits zum Trocknen aufgereihten Ziegel legt. Malerei auf Kalkstein im Grab des Rechmire. Scheich Abd-el-Gurna, Theben-West. 18. Dynastie

beiden im Westen des Hauses gelegenen Räume enthielten Materialreste der Raumdecke und ermöglichten deren Rekonstruktion. Danach bestand die Decke aus Akazienbalken, die in einem Abstand von etwa 70 cm zueinander den gesamten Raum überdeckten. Darauf kamen Holzstangen (offenbar Tamariskenholz), die dicht nebeneinander und quer zu den Balken verlegt wurden und eine aus Lehm, Schilf und Gras bestehende Schicht trugen. In der Schuttschicht des mittleren Raumes fanden sich zwei Kalksteinplatten und ein fast völlig erhaltener hölzerner Fensterladen mit Rahmen, der offenbar von dem in der überhöhten Ostwand dieses Zimmers eingesetzten Fenster her stammte. Die Decke war hier in einer Höhe von etwa 1,8 bis 2 m eingelassen. Der zweigeteilte Vorraum hingegen, in dem der Hausherr arbeitete und Tiere untergebracht waren, dürfte keine Decke besessen haben. Über die bereits erwähnte Treppe, deren südlicher Arm von einem leichteren Dach bedeckt war, gelangte man in einen kleineren Raum oberhalb der Schlafstätte, der nach oben hin offen war und als Küche gedient haben mag, wie dies Fragmente eines gewöhnlichen Brotofens, Aschereste und zahlreiche angeschwärzte Gefäßscherben nahelegen. Von hier aus konnte man dann noch in einen angrenzenden Raum über dem Mittelzimmer gelangen, der mit einem Dach aus grauem Schlamm, in dem sich Abdrücke von Schilf erhalten haben, bedeckt war. Dieser engste und zugleich intimste Raum war wahrscheinlich den Frauen vorbehalten.

Besser als das Armenvolk von Amarna hatten es die Bewohner von Deir el-Medineh – die im Tal der Könige und Königinnen beschäftigten Nekropolenarbeiter – getroffen. Obgleich diese Siedlung viereinhalb Jahrhunderte lang bestand, ist deren Terrain durch Abriß und anschließende Nivellierung alter Häuser nicht weiter gewachsen. Sofern man Umbauten vornahm, verwendete man die ursprünglichen Fußböden und Fundamente wieder – ein Zeichen dafür, daß es hier eine organisierte Baukontrolle gab. Ein anderes Merkmal dieser Siedlung ist, daß mitunter mehrere Gebäude um einen gemeinsamen Hof gruppiert wurden, so daß gleichsam Häuserinseln entstanden. B. J. Kemp vermutete dahinter Wohnkomplexe für Großfamilien, wobei die einzelnen Generationen aber relativ getrennt voneinander untergebracht waren. Diese Häuserinseln bestanden aus fünf Blöcken, zwischen denen enge Gäßchen parallel verliefen.

Jedes Haus hatte einen rechteckigen Grundriß von 5 bis 6 x 16 m, wobei die kürzere Häuserseite zur Straße hin lag. Die Hausmauern bestanden aus Nilschlammziegeln, die mitunter auf einem Sockel aus Bruchgestein ruhten. Die Flachdächer aus Palmbalken eigneten sich zur Ablage verschiedener Vorräte und in den heißen Sommernächten zum Übernachten. Nach innen zu öffnende Holztüren in steinernen Rahmen gaben den Weg ins Haus frei. Der erste Raum, der zum Empfang von Gästen diente, beherbergte in einer Ecke ein kleines Heiligtum, zu dem Stufen emporführten. Das zweite und zugleich größte Zimmer, dessen Decke auf einer oder zwei Holzsäulen ruhte, enthielt eine eingebaute Ziegelbank. Von den restlichen beiden kleinen Räumen des Hauses diente der eine als Küche – hier stand ein Ofen aus Lehm, befanden sich ein Wassergefäß, eine Mühle sowie zahlreiche Töpfe und Körbe –, der andere als Schlafzimmer. Geschlafen wurde entweder in Holzbetten oder auf Schilfmatten, die man auf Podesten aus Lehm ausbreitete. Auch Kellerräume zur Aufbewahrung von Vorräten fehlten nicht. Unweit des Hauseingangs waren Wasserbehälter in den Boden eingelassen.

Der dritte Siedlungstyp: die offene Siedlung mit freier Bebauung, deren Anordnung zufällige Gruppen ergab, ist aus Deir el-Ballas bekannt; die Siedlung erstreckte sich hier zwischen dem fruchtbaren Niltal und der Wüste über 2 km Länge. Andere Dörfer dürften ähnlich ausgesehen haben.

Die im ägyptischen Hausbau angewandte Bautechnik kann auf eine Jahrtausende währende Entwicklung zurückblicken. Bereits im Neolithikum errichteten sich die Menschen Unterkünfte aus Holzpfählen und lehmbeschmierten Schilfmatten. In vordynastischer Zeit entdeckte man den luftgetrockneten Ziegel. Seine Verwendung als Baumaterial fand während der 1. und 2. Dynastie weite Verbreitung, als man aus ihm auch geräumige Gräber, Tempel, Königspaläste und andere Monumentalbauten errichtete. Nur allmählich und zögernd begann sich Stein durchzusetzen, beispielsweise in Bodenpflasterungen, Türschwellen, Türstürzen, Wandverkleidungen und anderen architektonischen Details. Um einer längeren Mauer bessere Festigkeit zu verleihen, wurde sie nach mesopotamischem Vorbild in vor- und zurückspringende Pfeiler und Nischen gegliedert. Die Ecken der Bauten verkleideten die altägyptischen Baumeister mit Holz, Matten und anderem Material, die ein Abbröckeln verhindern und somit längere Haltbarkeit gewährleisten sollten. Aus Holz bestanden auch Türrahmen und Dachbalken, die durch ein Tonnengewölbe aus Ziegeln ersetzt werden konnten, das bereits seit dem Alten Reich bekannt war.

Revolutionäre Veränderungen in der Bautechnik verdankt Ägypten dem genialen Architekten König Djosers, Imhotep (3. Dyn.), der die gesamte königliche Pyramidenanlage in Saqqara aus *261* einem beständigen Baumaterial, nämlich Stein, errichtete. Seit dieser Zeit spaltete sich die altägyptische Baukunst in zwei grundlegende Richtungen auf. Die eine, nämlich die monumentale Steinarchitektur, entstand vor allem auf Geheiß des Königs und umfaßte Paläste, Tempel, Pyramiden und später die königlichen Felsgräber. Stein wurde zum Symbol der Ewigkeit und sollte den Grabinhabern ein 'dauerhaftes Haus' garantieren. Wurden bei diesen Bauten mitunter auch Lehmziegel verwendet, so geschah dies wohl aus wirtschaftlichen Gründen. Bruchstein und lettenhaltiger Lehm als Bindemittel waren das auch außerhalb des Niltals, an Stätten mit Mangel an Ziegellehm, verwendete Baumaterial.

Daneben gab es freilich auch weiterhin die traditionelle, auf der Verwendung luftgetrockneter Lehmziegel beruhende Bauweise, die vor allem bei Wohnbauten der unteren Volksschichten Anwendung fand. An qualitätsvollem Lehm war in den schlammhaltigen Anschwemmungen des Nils fürwahr kein Mangel.

Die Herstellung von luftgetrockneten Ziegeln ist auf den Wandmalereien im Grab des Rech- *71* mire (18. Dyn.) anschaulich dargestellt. Männer mit kurzem Schurz schleppen in Gefäßen Wasser aus einem Bassin herbei, um den angehäuften Lehm naß zu machen. Der Lehm wird mit Häcksel vermischt, in rechteckige Formen zu Ziegeln gestrichen und dann, fein säuberlich ausgebreitet, an der Luft getrocknet. Andere Männer schaffen anschließend die fertigen Ziegel an Tragestangen zu dem nahegelegenen Bau der Kornspeicher des Amun, wobei sie von Aufsehern mit Stöcken angetrieben werden. Die Begleittexte zu den einzelnen Szenen rufen zu sorgfältiger Arbeit und zur Respektierung der Anweisungen des Vorstehers auf.

Die Arbeit des Maurers mag zwar leicht erscheinen, war jedoch unter der sengenden Sonne ganz bestimmt ein kräftezehrendes Geschäft. Davon spricht Cheti in der für seinen Sohn Pepi

72. Steinmetzen bei der Arbeit und Querschnitt eines Hauses. Relieffragment. Tell el-Amarna. 18. Dynastie. Museum in el-Minieh

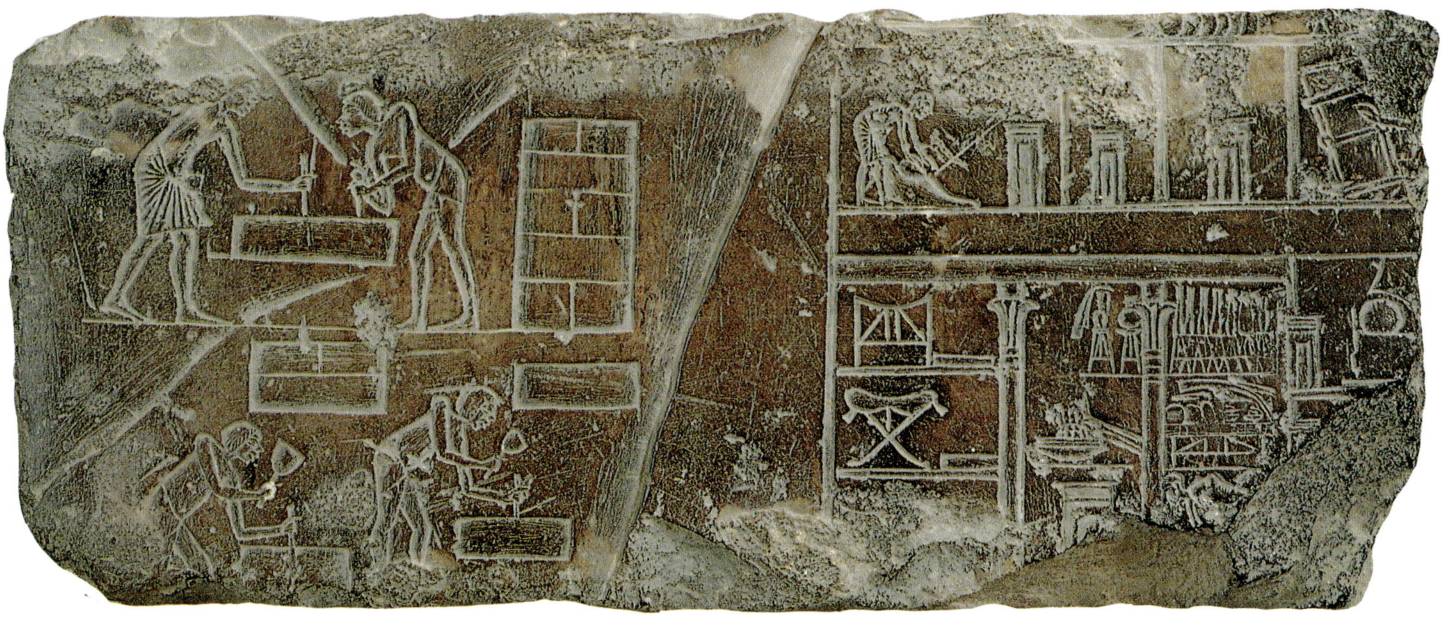

bestimmten Lehre: „Auch den Maurer nenne ich dir. Seine Nieren sind krank, denn er ist draußen im Wind und mauert, ohne ein Hemd auf dem Leibe zu haben. Statt eines Schurzes trägt er nur einen Gürtel um den Hintern. Seine Hände sind zuschanden von der erschöpfenden Mühsal, denn allerlei Kot muß er kneten. Das Brot nimmt er mit den Fingern zu sich, obwohl er sie nur einmal am Tage waschen kann."

Das Geheimnis der Qualität von Lehmziegeln, die die Jahrtausende überdauert haben, besteht darin, daß man das Lehm-Häcksel-Gemisch mehrere Tage lang wässerte. Dabei zersetzt sich das Stroh zu einem gewissen Grade und gibt einen Schleim frei, der den Lehm durchdringt, seine Viskosität erhöht und ihm beim Trocknen eine bessere Festigkeit verleiht. Die altägyptischen Ziegel konnten in der Größe zwar variieren, doch waren sie kleiner als unsere.

Luftgetrocknete Ziegel waren als Baumaterial hygienischer als Stein. Sie sind ein schlechter Wärmeleiter, weshalb sie große Hitze besser isolieren, so daß es in den Räumen im Sommer angenehm kühl und im Winter relativ warm war. Ihr einziger Nachteil: nicht feuchtebeständig zu sein, stand ihrer normalen Verwendung in einem Land, in dem es nur sehr selten und kurz oder überhaupt nicht regnete, nicht im Wege.

Die Ziegel wurden von Mörtel zusammengehalten, der aus einer Mischung von Sand, Häcksel und Spreu bestand. So entstanden gerade Wände, die sich nach oben leicht verjüngten und annähernd rechtwinklig aneinander anschlossen. Eine ähnliche Zusammensetzung wie der Mörtel hatte auch der Verputz, der mit Hilfe einer hölzernen Maurerkelle, die der unseren auffällig gleicht, auf die Wand aufgetragen wurde. Zur Glättung des Verputzes benutzte man ein ebenes Brett mit abgerundeten Kanten und einer Schlinge als Griff. Ein Lot wurde benutzt, um die Senkrechte zu ermitteln, und ein hölzerner rechter Winkel mit Richtlot diente zur Bestimmung der Waagerechten. Zur Richtungsfixierung spannte man Schnüre, die sich auch zum Ausmessen eigneten.

Zur Errichtung von Ställen, Getreidemagazinen oder anderer kleiner Räume wurden mitunter Mauern direkt aus gestampften Lehm-Häcksel-Schichten errichtet. In der Siedlung von Giseh sind auch große Platten, bestehend aus Lehm und beigemengter Spreu, gefunden worden, die als Zwischenwände gedient haben könnten.

Die Innen- und Außenwände ihrer Häuser weißten die Ägypter fast stets mit Kalk. Dies geschah nicht nur aus ästhetischen, sondern auch aus hygienischen Gründen. An Verputzresten von Häusern in der Siedlung in Giseh, deren Bewohner zu den Bessergestellten gezählt haben dürften, hat man 5–7 cm breite bunte Farbstreifen gefunden. Brauner Anstrich imitierte die Maserung von Holz – man wird also auch Mauerverkleidungen aus Holz gekannt haben.

Die Fundamente bestanden entweder aus Bruchstein oder aus Ziegeln. Aus der Siedlung in Giseh sind große Fundamentblöcke bekannt, die mit gestampftem Lehm verkleidet waren. Nur die Wohlhabenderen leisteten sich in ihren Häusern für Türschwellen und Türstürze Kalkstein, und zwar in derselben Form, wie wir sie von den Mastabas in Giseh her kennen; in den Häusern des einfachen Volkes verwendete man dafür Holzbalken.

Der Fußboden bestand zumeist aus gestampftem Lehm oder aus einer Schicht von Pflasterziegeln. Auch Reste fugenloser Fußböden – unseren Terrassen gleich – sind in der Siedlung von Giseh gefunden worden. Dem lehmhaltigen Bindemittel gab man Bruchstücke gebrannten Tons und Keramikscherben bei, und die Oberfläche wurde dann mit Sand zu einer spiegelglatten Fläche poliert. In den Häusern der Vornehmen und im Königspalast wurde der Fußboden mit einer feinen Mörtelschicht überzogen, auf die mitunter Stuck kam. Derartige Fußböden sind dann wahrscheinlich noch mit Matten aus Pflanzenmaterial (Schilf, Papyrus oder Palmblattrippen) bedeckt worden, die nicht nur gut isolierten, sondern auch verhinderten, daß beim Gehen Staub aufgewirbelt wurde.

Über die Decken- und Dachkonstruktionen haben Ausgrabungen bislang nur wenig Ergiebiges gebracht, so daß wir hier auf Hausmodelle aus dem Mittleren Reich angewiesen sind. Die meisten Häuser waren mit eng anliegenden Querbalken überdacht, die in der Regel aus halben oder ganzen Dattelpalmstämmen bestanden. Das Holz der Dattelpalme eignete sich seiner fasrigen Struktur wegen nicht für Schreinerarbeiten, zeichnete sich aber durch große Tragfähigkeit, Elastizität, Widerstandsfähigkeit und Haltbarkeit aus. Bei größeren Spannweiten mußten die Balken durch Palmstämme gestützt werden. Auf die Balken kamen Palmblattrippen, Papyrus oder Schilf, Matten, Lehmziegel oder auch eine festgestampfte Lehmschicht und darüber noch eine leicht abschüssige wasserdichte Schicht aus feinem Schlamm, die das Regenwasser ablaufen ließ. Die flachen Dächer, die über eine Treppe bestiegen werden konnten, waren ringsherum mit einer Brustwehr zum Schutz vor Absturz und Wind versehen, so daß man den Dachraum vor allem als Ablage, aber auch zur Arbeit oder zum Entspannen unter freiem Himmel nutzen konnte. Tonnengewölbe aus Ziegeln, wie wir sie von Mastabas, aber auch von einigen Tempeln des Alten Reichs her kennen, wurden nur selten als Dachkonstruktionen verwendet.

Die Fenster bestanden aus kleinen Öffnungen, die entweder flach und breit oder hoch und eng waren und in der Regel in den oberen Mauerteilen saßen. Sie ließen nur das notwendigste Licht durch, sorgten für den Abzug der warmen Luft aus den Räumen und verhinderten den

73. Ein Holzstuhl mit Beinen in Form von Löwentatzen. Neues Reich. London, British Museum

Einfall der Sonnenstrahlung, die in Ägypten ihrer Intensität wegen gern gemieden wurde. Zum Schutze vor sandhaltigem Wind hängte man Stoffe vor die Öffnungen.

Die Ägypter mochten den erfrischenden Nordwind, den sie mit dem Atem des Gottes Amun identifizierten. Er entsteht, indem die sich erwärmenden Luftmassen im Süden des Landes aufsteigen und kühlere und feuchtere Luft des Mittelmeergebietes nach sich ziehen. Deshalb weisen die Hauseingänge und Lüftungslöcher in den Wänden nach Möglichkeit nach Norden. Unerwünscht hingegen war der heiße Westwind, der von der Sahara her wehte, wo insbesondere zu Frühjahrsbeginn infolge von Stürmen über dem Mittelmeer atmosphärische Störungen entstanden. Die Araber nannten diesen Wind Chamsin, entsprechend der 50 Tage umfassenden Periode, in der er am häufigsten aufkam. Der Chamsin bringt Unmengen Sand und Staub mit sich, die überall hin gelangen. Die Staubpartikel setzen sich auch in der menschlichen Lunge fest, wo sie nach einer bestimmten Zeit Pneumokoniose hervorrufen können, eine Krankheit, die der Silikose der Steinmetzen verwandt, doch nicht so gefährlich ist. Kein Wunder also, daß diese Krankheit in den Lungen von Mumien wiederholt festgestellt worden ist, und zwar auch bei Leuten, die nachweislich nicht als Steinmetzen in den Steinbrüchen tätig waren.

Die aus Holzbrettern bestehenden Haustüren bewegten sich auf Zapfen, die in Vertiefungen in Türschwelle und -sturz saßen. Als Türverschluß dienten Wandriegel.

74. Kopfstützen aus Holz kannte man bereits im Alten Reich. Gurob. 19. Dynastie. University College London, Petrie Museum

Der natürliche Mittelpunkt der Hausarbeit der Frau war die Feuerstelle, die sich – von drei Seiten her ummauert – in der offenen Küche oder im Hof des Hauses befand. Bekannt sind auch transportable 'Kocher' aus Lehm in Form einer Pfanne mit konisch offenem Ständer, unter dem mit Holzkohle gefeuert wurde. Fast in keinem Haus fehlte ein Ofen zum Backen von Brot und eine Kornmühle zur Zubereitung von Mehl. Wer es sich leisten konnte, besaß einen zylindrischen Lehmofen mit einem Türchen unten zum Entnehmen der Asche und einer breiten Öffnung oben, durch die man das Brennmaterial in den Ofen schob. Beim Kochen setzte man das Kochgefäß über die Öffnung. Als Brennmaterial dienten getrockneter Tiermist und Früchte, Zweige, Abfallholz und ähnliches. Zum Feuerentzünden gebrauchte man in der Regel trockene Hartholzstäbe, die auf einer Weichholzunterlage rasch gequirlt wurden. Der von der Feuerstelle aufsteigende Rauch zog oftmals noch in die angrenzenden Räume und wurde von den dort Anwesenden eingeatmet. Von der verqualmten Atmosphäre solcher Räume, in denen es sich wohl kaum atmen ließ, zeugen dicke schwarze Rußschichten, die B. J. Kemp bei seinen jüngsten Untersuchungen der im Süden Amarnas gelegenen Arbeitersiedlung an den Unterseiten der Deckenstützen und rund um ihre Abdrücke in der Lehmdecke gefunden hat. Diese Stellen an der Decke erneut zu verputzen, hatte man offenbar für zwecklos gehalten.

Die Ausstattung der Häuser des einfachen Mannes mit Möbeln war mehr als bescheiden. In der Eingangshalle stand eine eingebaute Lehmbank oder ein niedriges Tischchen aus Holz oder Lehm, an dem man hockte. Nur selten wurden Lehnstühle oder Hocker verwendet. Kleinere *73*
oder größere Holztruhen und zahlreiche kleine Nischen in den Wänden dienten zur Ablage kleinerer Gegenstände. Geschlafen wurde auf eingebauten Podesten aus Lehm, die mit Matten bedeckt waren, oder – so in vornehmeren Haushalten – auch in Holzbetten mit Bespannung und Matratzen.

Als Unterlage für den Kopf dienten beim Schlafen Kopfstützen aus Holz, Bein oder Stein. *74*
Derartige Kopfstützen waren vom Alten bis zum Neuen Reich in Gebrauch. Sie bestanden aus einer mondsichelförmig gebogenen, dem Kopf des Schlafenden bequem Platz bietenden Auflage auf einem massiven Ständer (mitunter waren es auch zwei) mit breitem waagerechten Fuß, der häufig auch mit Gravierungen verziert war. Da die Stellung des Kopfes bequem geändert werden konnte, drückten die Kopfstützen nicht. Ob es sich bei der Verwendung der Kopfstützen um eine alte afrikanische Sitte handelte oder im Gegenteil um ägyptischen 'Export' in andere Teile Afrikas, in denen man sie noch heute in Gebrauch findet, ist nicht bekannt.

Die engen Fensteröffnungen ließen nur wenig Licht durch, so daß bereits bei Einbruch der Dämmerung in den Räumen Licht gemacht werden mußte. Als Lampen dienten steinerne oder tönerne, mit Öl gefüllte Schälchen, in denen ein Docht aus Pflanzenmaterial oder gedrehtem Stoff schwamm. Die Schälchen standen auf schmalen, hohen Untersätzen aus Stein, Holz oder Lehm. Eine einzigartige Lampe stammt aus dem Grabschatz des Tutanchamun: zwei ineinandergelegte Alabasterschälchen, von denen das innere auf seiner Außenseite bemalt ist, wobei die Bemalung aber erst sichtbar wird, wenn die Lampe entzündet ist. Als weitere Lichtquelle kannte man auch hölzerne Fackeln mit einem fetthaltigen Kern. Sie wurden auch beim Totenkult verwendet, um die bösen Geister der Finsternis fernzuhalten. Aus diesem Brauch gingen die 'Lampenfeste' hervor, die in der Ptolemäerzeit populär waren.

Berücksichtigt man hygienische Aspekte und zieht man auch einen gewissen Komfort in Betracht, dann boten die Häuser Schutz vor den Unbilden des Klimas, insbesondere der Hitze des Tages und den vor allem zur Winterszeit spürbar kalten Nächten. Darüber hinaus garantierten sie ihren Bewohnern auch ein notwendiges Privatleben und Sicherheit. Andererseits darf aber auch nicht übersehen werden, daß vor allem die Häuser der einfachen Menschen allzu oft überbelegt waren. Eine Quelle aus römischer Zeit spricht von 26 Bewohnern in einem Haus! Da ver-

sagte die natürliche Belüftung, die Luft war schnell verbraucht und zudem mit dem Schweiß der Menschen, dem Gestank der Haustiere und Kochdünsten erfüllt. Kein Wunder also, wenn der medizinische Papyrus Ebers auch zwei Rezepte enthält, die den Gestank des Hauses und der Kleidung lindern sollen. Die Ansammlung von so vielen Leuten in einem Haus förderte natürlich auch die Verbreitung ansteckender Krankheiten, besonders von Kinderkrankheiten und Tuberkulose.

Unangenehm und sogar gesundheitsschädigend waren auch die lästigen Insekten, vor allem die Fliegen, die durch die offenen Fenster, Belüftungen und Türen in die Räume gelangten. Sie ließen sich auf den Lebensmitteln und auf Abfällen nieder und trugen so zur Verbreitung von Darminfektionen bei, wie Amöben-Dysenterie, Typhus und Paratyphus. Es gab derart viele Fliegen, daß sich die Menschen an sie gewöhnten und auch die Kinder keinen Versuch unternahmen, sie wegzuscheuchen, wenn sie sich auf der Haut oder sogar auf den Augen niederließen. Die Fliegen übertrugen Augenkrankheiten, vor allem das Trachom, das zu schweren Mißbildungen der Bindehaut und oft zu Blindheit führte. Der medizinische Papyrus Ebers (Rezept Nr. 845) empfiehlt zum Schutz gegen Stiche das Fett der Goldamsel. Mückenstiche bei Rindern führten zu Furunkulose.

Eine andere, nicht minder gefürchtete Geißel, besonders im Delta und in sumpfigen Gebieten, waren die Moskitos, die besonders im Oktober und November auftraten, wenn die Überschwemmungen des Nils zurückgingen. In der Lehre für seinen Sohn Pepi beschreibt Cheti die furchtbaren Erfahrungen eines Hirten, den Moskitos fast zu Tode stachen, als er ins Delta zog, um dort seine Schafherde zu verkaufen.

Wie man sich vor dieser Plage schützen konnte, berichtet Herodot in seinem zweiten Buch (II, Kap. 95): „Im Oberlande schläft man auf Türmen, wo man von den Moskitos nicht zu leiden hat, denn so hoch können sie des Windes wegen nicht fliegen. In der Marsch hat man solche Türme nicht, weiß sich aber folgendermaßen zu helfen. Jeder hat ein Netz, mit dem er am Tage Fische fängt und mit dem er sich des Nachts ein Dach über sein Bett macht, unter das er kriecht und unter dem er schläft ..."

Die Holzkonstruktion, die man über dem Bett der Königin Hetepheres, der Mutter des Königs Cheops (4. Dyn.), in ihrem Grab in Giseh fand, trug kein Himmelbett, sondern ein Moskitonetz.

Außer unangenehmen Stichen konnten die Gabelmücken (Anopheles) auch den Malariaerreger (*Plasmodium vivax*) übertragen. Andere Mückenarten (*Culex pipiens, Aedes aegypti*) übertrugen die Larven des Fadenwurms (*Wuchereria bancrofti*), der eine schwere und zu dauerhaften Schwellungen (Filariose) führende Erkrankung der Lymphgefäße bewirkte. Gegen Moskitos sollten nun angeblich verschiedene Rezepte helfen, beispielsweise das Besprühen des Raumes mit Natronlösungen oder mit dem frischen Öl des 'ägyptischen Balsams' (*Balanites aegyptiaca*).

75. Hunde und Ziegen tollen zwischen Sträuchern am Rande eines Dorfes umher. Block mit Ritzzeichnungen aus dem Tempel des Aton, wiederverbaut in einem der Pylone des Amuntempels von Karnak. 18. Dynastie. Museum in Luxor

Daß es in den ägyptischen Häusern auch Wanzen gab, darf wohl ohne weiteres angenommen werden. Ein magischer Papyrus aus dem 3. Jh. v. Chr. enthält ein Rezept zur Beseitigung von Wanzen und Fliegen. Hunde und Katzen waren Überträger von Flöhen, gegen die der medizinische Papyrus Ebers einerseits das Besprühen mit einer Natronlösung empfahl, andererseits das Beschmieren der Wände mit einer Mischung aus Conyza (*Pulicaria dysenterica*) und Holzkohle.

Neben den Wohnräumen waren es vor allem die Magazine und Speicher, die allerlei Nagetiere, vor allem aber Mäuse und Ratten anzogen. In den Zimmerecken von Häusern in el-Lahun haben sich Rattenlöcher gefunden, die von den Hausbewohnern mit Steinen, Stoffetzen und anderem Abfall zugestopft worden waren. In den Häuserruinen der ägyptischen Festung Buhen bei Wadi Halfa haben Archäologen sogar zahlreiche Nagetierskelette gefunden. Diese ungebetenen Gäste machten sich nicht nur über die Lebensmittelvorräte her, sondern übertrugen auch Krankheitserreger. Die Ratte *Rattus rattus alexandrinus*, in deren Haaren der Floh *Xenopsylla cheopsis* haust, konnte durch diesen die Bakterie *Pasteurella pestis*, den Erreger der Pest, übertragen. Daß diese Erkrankung mit tödlichem Ausgang sowohl Ägypten als auch Libyen heimgesucht hat, bezeugt Rufus von Ephesus (2. Jh. n. Chr.), dessen ausführliche Beschreibungen keinen Zweifel daran lassen, daß es sich dabei um die Pest gehandelt hat. Gegen Mäuse empfiehlt der medizinische Papyrus Ebers (Rezept Nr. 847) Katzenfett, dessen Gestank sie offenbar fernzuhalten vermochte.

Zu den ungebetenen Gästen zählten außerdem Eidechsen und, weniger häufig, Schlangen.

Die schlechten hygienischen Bedingungen in den ägyptischen Häusern wurden noch dadurch

76. Hohes schmales 'Turmhaus'. Die obersten Fenster sind vergittert, das Flachdach umläuft eine Brustwehr. Kalksteinmodell. Vielleicht griechisch-römische Zeit. London, British Museum

verschlimmert, daß deren Bewohner kein großes Interesse zeigten, die in den Häusern ständig anfallenden Abfälle wirkungsvoll zu beseitigen. Zu den weniger anstößigen Abfällen gehörten sicherlich Kleidungsreste, ausgediente Schuhe, Topfscherben, kaputtes Werkzeug und dergleichen. Bedenklicher indes stand es schon um die Küchenabfälle, die Speisereste, Tierknochen und Fischgräten, Asche und Ruß sowie Aas enthielten.

Zwar kehrte die Hausfrau die Abfälle oft aus dem Haus, doch landeten diese zumeist nur auf der Straße unweit vom Hauseingang, wo dann allmählich ganze Kehrichthaufen emporwuchsen, die das beliebte Ziel von Tieren waren, die sich wie Hunde, Hyänen oder der Gänsegeier von Kadavern ernährten. Oft wurden die Abfälle auch in Gruben geworfen, die in der Nähe des Hauses dort zurückgeblieben waren, wo man nach Lehm zwecks Herstellung von Ziegeln oder heimischer Keramik gegraben hatte. Oder man nutzte ganz einfach ein leerstehendes Haus in der Nachbarschaft als Müllkippe.

In el-Lahun gab es sogar eine Art offizieller Müllkippe jenseits der nördlichen Stadtmauer, und in Amarna hat man etwa 600 m vom Palast entfernt eine Abfallzone festgestellt, die sich auf einer Fläche von 120 x 180 m bis zu 1,3 m tief erstreckte und die Abfälle des Palastes sowie der in seiner Umgebung liegenden Häuser der Vornehmen barg. Archäologen fanden hier unter anderem Hunderte von Glasgefäßfragmenten, zahllose Gegenstände mit den Namen der Königsfamilie sowie Scherben wertvoller importierter ägäischer Keramik. Die Siedlung der Nekropolenarbeiter in Deir el-Medineh war von einer Umfassungsmauer aus Lehm umgeben, hinter die die Siedlungsbewohner ihre Abfälle schafften. Nur selten fand sich jemand, der die getrockneten Abfallhaufen verbrannte.

Lagen die Häuser in der Nähe eines Kanals oder unweit vom Nil, so warf man Teile des Abfalls ganz einfach in den Fluß, wo sie relativ wenig Schaden anrichteten. Schlimmer war es freilich, wenn die Abfälle im Dorfteich landeten, der oftmals in ausgehobenen Lehmgruben entstand. Wenn die Selbstklärung des Teiches nicht mehr ausreichte, fing das Wasser durch die sich zersetzenden organischen Stoffe zu stinken an. Dessen ungeachtet trank das Vieh weiterhin aus ihm, und neben Enten badeten Kinder im Teich.

Exkremente von Tier und Mensch gehörten nicht nur zu den unangenehmen Abfällen, sondern waren für die Gesundheit der Menschen auch am schädlichsten. In den Ställen der Haustiere und auf den Straßen häufte sich der Kot, der freilich nicht unbeachtet blieb. Frauen und Kinder sammelten ihn nämlich, vermengten ihn mit Stroh und kneteten daraus Fladen, die sie auf den Dächern ihrer Häuser zum Trocknen auslegten, um für den Winter nützlichen Brennstoff zu haben. In einem Land wie Ägypten, in dem Holz selten und teuer war, war dies natürlich die billigste und am leichtesten zugängliche Energiequelle.

Seine Notdurft verrichtete man in der Natur frei, im Haus wohl in einer dafür bestimmten Ecke. Herodot schreibt darüber wie folgt (II, 35): „Die Weiber schlagen das Wasser im Stehen ab, die Männer im Sitzen. Die Notdurft verrichten sie im Hause und essen auf der Straße; denn nach ihrer Meinung muß man das Unanständige, wenn man es nötig hat, im Verborgenen tun, das Anständige aber vor aller Augen." Daraus darf man schließen, daß zumindest in den gehobeneren Haushalten Toiletten vorhanden waren. Dies wird auch durch Hausmodelle aus Gräbern des Alten Reiches bestätigt: zwei aufrecht stehende Blöcke – in Wirklichkeit sicher aus Stein –, und dazwischen ein Spalt, in den ein zur Hälfte mit Sand gefülltes Gefäß gestellt wurde. Die Toiletten in den Adelshäusern von Amarna waren entweder mit einem steinernen bzw. hölzernen Sitz mit schlüssellochartiger Öffnung oder aber mit zwei parallel verlaufenden niedrigen Mäuerchen ausgestattet. Auch sammelte man den Kot in Gefäßen mit Sand. Das Grab des Architekten Cha in Deir el-Medineh enthielt einen hölzernen 'Nachttopf'.

Badezimmer sind erstmals aus der 2. Dynastie belegt, und zwar aus Mastabas in Saqqara, die die Einrichtungen des Königspalastes imitierten. In den großen Häusern von el-Lahun und Amarna betrat man das Badezimmer vom Schlafzimmer aus. Die Wände im Bad waren mit Steinplatten verkleidet oder trugen einen glatten Gipsverputz, der wasserundurchlässige Fußboden bestand aus einer Steinplatte mit niedriger, ringsum laufender Umrandung. Das Schmutzwasser floß entweder in ein in den Boden eingelassenes Gefäß, das von Zeit zu Zeit in einen tiefer gelegenen Behälter entleert werden mußte, oder durch eine Abflußvorrichtung direkt auf die Straße. Da man Wasserentnahme aus Rohrleitungen noch nicht kannte, mußte die Dienerschaft das Badewasser aus dem Nil herbeischaffen. Schon dieser Umstand ließ das Badezimmer zum Luxus werden.

Die Existenz von Badezimmern in den Königspalästen beweisen der Titel „Vorsteher des königlichen Badezimmers" sowie Architekturreste, die man im Palast des Merenptah in Memphis und im einstigen Harem des Palastes Ramses' III. in Medinet Habu freigelegt hat. Kleine Bassins zur Waschung von Pilgern haben sich am Prozessionsweg zum Großen Tempel des Ptah in Memphis erhalten, und in Dendara ist eine ganze Serie von Keramikwaren, die innen fein verputzt waren und offenbar zu Heilbädern im Badebereich dieses Tempels dienten, zutage getreten. In dem Modell eines stehenden Keramikgefäßes, aus dessen oberer Öffnung ein menschlicher Kopf herausragt, hat W. Dawson einen Beweis dafür gesehen, daß man den Leichnam bei der Mumifi-

77. Der Wärter des Kornspeichers trägt ein Maß, das vermutlich das Standardmaß für Korn war. Im Innern des Holzmodells befinden sich sieben Behältnisse mit Gleitverschlüssen, denen man die gespeicherten Korn- und Früchtevorräte entnahm. Assuan. 6. Dynastie. London, British Museum

zierung in Natron tauchte, doch scheint es sich hierbei vielmehr um die Darstellung eines Badenden zu handeln.

Interessanterweise ist bislang nichts gefunden worden, was auf die Existenz von Kanalisation in Wohnobjekten und in Königspalästen schließen ließe, obgleich überirdisch verlaufende Kanäle in den Totentempeln und Mastabas des Alten Reiches durchaus nichts Unbekanntes waren. Das Wasser floß hier in Behälter mit Öffnungen, die mit Metallstöpseln verschließbar waren oder durch nahezu 400 m lange Röhren aus Kupferblech entleert werden konnten. Auch von einer städtischen Kanalisation fehlt jede Spur. In der Mitte der Straßen verlief lediglich eine offene Rinne, wie es sie in abgelegenen Dörfern Afrikas noch heute gibt.

Weder in den Häusern noch in den Palästen Altägyptens kannte man fließendes Wasser. Brunnen waren selten, da ihre Ausschachtung kostspielig war und im Niltal sowieso fast überall Wasser vorhanden war, so daß wir sie lediglich aus den Gärten der Vornehmen oder von Orten her kennen, die weiter abseits des Niltals lagen.

Am Morgen und am späten Nachmittag waren die Straßen der Städte und Dörfer von Frauen bevölkert. Aufrecht und stolz wie Königinnen schritten sie einher, wobei sie den großen Krug mit Wasser, der auf einem weichen Stoffkranz auf ihrem Kopf saß, mit unglaublicher Leichtigkeit balancierten. Die sogenannte symmetrische Atrophie des Schädelbeins, die in Ägypten häufiger als anderswo auftritt, ist seinerzeit zu Unrecht gerade dieser Art des Lastentragens zugeschrieben worden. Heute wissen wir, daß sie erblich ist und bei entsprechend veranlagten Personen in fortgeschrittenerem Alter auftritt. Als Folge physischer Anstrengungen, denen die Frau ausgesetzt war, haben einige Gelehrte auch die größeren 'Auswüchse' (Spondylose) in der Nackenregion am Rückgrat der Frau erklärt. In der Tat sind sie bei Frauen ausgeprägter als bei Männern. Schließlich waren es vor allem die Frauen, die aus dem nächstgelegenen Kanal, Teich oder direkt aus dem Nil Wasser schöpften und es in die großen Tongefäße gossen, die vor den Hauseingängen oder auf dem Hof standen. Wasser konnte man nicht genug gebrauchen, sei es zum Kochen, zum Trinken, zum Reinigen des Hauses, zum Abwaschen oder zum Wäschewaschen. Allerdings wusch man zu Hause nur kleine Kleidungsstücke, das Geschäft der 'großen Wäsche' besorgten die Frauen in munterer Gesellschaft direkt an der Wasserquelle.

Das Leben der einfachen Leute in den engen, unhygienischen und überfüllten Häusern war gewiß alles andere als angenehm. Es war die Schattenseite der großartigen ägyptischen Zivilisation und ließ den Kontrast zwischen Arm und Reich besonders deutlich werden. Um so mehr darf bewundert werden, was diese Menschen geschaffen haben.

KAPITEL 7

Kleidung, Schmuck und Körperpflege

79. Eine Dienerin ordnet die Haare der Perücke einer vornehmen Dame, die als Gast auf einem Bankett weilt. Wandmalerei im Grab des Djeserkareseneb, Theben-West. 18. Dynastie

Links
78. Sennedjem und seine Frau vor einem Schrein mit Osiris, Horus und anderen Unterweltsgöttern. Sennedjem, der zu den Erbauern der Gräber im Tal der Könige gehört, ist mit einem plissierten Schurz bekleidet. Das kurzärmlige, mit Fransen verzierte Faltengewand seiner Frau ist vor der Brust zusammengeheftet, darunter trägt sie eine enganliegende durchscheinende Tunika. Beide Eheleute tragen einen Salbkegel auf dem Kopf. Malerei auf Stuck im Grab des Sennedjem, Deir el-Medineh, Theben-West. 19. Dynastie

Verließ der Ägypter seine schattenspendende Behausung, empfing ihn gleißendes Sonnenlicht. Der strahlend blaue Himmel war nur selten von Wolkenfeldern verdeckt, die vom Mittelmeer her aufzogen und sich über Mittelägypten bereits aufgelöst hatten, jedenfalls nur selten Oberägypten erreichten. Die Trockenheit der größten Wüste der Welt: der Sahara, reichte auch bis ins Niltal, so daß der menschliche Körper selbst bei größter physischer Anstrengung seine Temperatur durch Schweißabgabe zu regeln imstande war.

Die klimatischen Besonderheiten des Landes zwangen seit Menschengedenken zu leichter und luftiger Kleidung. Ausgiebiges Schwitzen hielt die Menschen dazu an, Haut und Haare zu pflegen, wobei man über das Waschen hinaus zu anspruchsvoller Kosmetik griff. Wie in der Kleidung waren die Frauen auch in der Körperpflege tonangebend: Sie verstanden es, ihre natürliche Schönheit – dunkles Haar und dunkle Augen, die Merkmale des mediterranen Typs – sowie die Anmut ihrer harmonischen Bewegungen durch geschmackvollen Zuschnitt der Kleidung, eine auffällige Frisur, eine relative Reinlichkeit und nicht zuletzt durch die Verwendung betörender kosmetischer Mittel entsprechend zu betonen.

Textilherstellung und Schneidern, die einzigen Wirtschaftsbereiche, die vorwiegend in den Händen von Frauen blieben, wurden in einem jeden Haushalt ausgeübt, und auch in den Spinnereien und Webereien in den Häusern der Vornehmen spielten Frauen lange Zeit die Hauptrolle. Die Kleider wurden zumeist aus Leinen, seltener aus Schafswolle oder, seit der Ptolemäerzeit, aus Baumwolle gefertigt. Man benötigte dazu Messer (oder Scheren) und Nadeln. In vordynastischer Zeit bestanden die Messer aus behauenem Stein, die Nadeln aus Knochen, im Alten Reich waren beide Instrumente aus Kupfer, das vom Mittleren Reich an allmählich durch Bronze ersetzt wurde. Interessant ist, daß das winzige Nadelöhr nicht durchbohrt, sondern mittels eines scharfen harten Werkzeuges, am ehesten wohl aus Stein, ausgestochen wurde. Der Faden bestand aus gezwirntem Leinengarn.

Die Haut der Männer hatte sich bereits in urgeschichtlicher Zeit durch eine Vermehrung der Pigmente in den tieferen Hautzellen der alltäglichen Sonnenbestrahlung biologisch angepaßt. Ihre rotbraune Farbe wurde nach Süden hin dunkler. Die Hautfarbe der Männer ist auf den Grabmalereien treu wiedergegeben.

Auf Paletten aus vordynastischer Zeit sind die Männer nackt dargestellt, sieht man einmal von einer Art Lendengurt ab, an dem ein Stück Stoff als Phallustasche oder dichte Pflanzenstreifen herabhingen. Daß man das Glied auf diese Weise verhüllte, geschah wohl weniger aus Scham heraus als vielmehr, um es vor ungünstigen Witterungseinflüssen zu schützen.

Ähnlich gingen in geschichtlicher Zeit in Ägypten auch noch ledige Männer gekleidet, insbe- *98*
sondere auf dem Lande. Bei Ahmose, dem Sohn der Abina und Teilnehmer an den Befreiungskämpfen gegen die Hyksos zu Beginn der 18. Dynastie, heißt es: „Ich übte die Funktion eines Offiziers an Stelle meines (Vaters) aus [...], während ich noch ein sehr junger Mann war, noch keine Frau genommen hatte und die Nächte mit einem Futteral an meinem Penis zubrachte, das an meiner Hüfte festgebunden war." Noch heute tragen Eingeborene in Teilen Afrikas eine derartige Phallustasche.

Auf der bekannten Schminkpalette des Königs Narmer, der die beiden Landesteile Ägyptens *215*
vereinigte, haben wir die älteste Darstellung eines Königs in kurzem Schurz vor uns. Die Schurz-

zipfel sind oben kreuzweise übereinandergelegt und werden über den Hüften von einem Gürtel gehalten, der mit einer Schleife zugebunden ist. Der Schurz war jahrtausendelang das grundlegende Bekleidungsstück des einfachen Mannes. Anfangs trug man ihn sehr kurz; der kurze Schurz blieb das Kleidungsstück des einfachen Mannes, während der Vornehme einen immer längeren Schurz trug, der zunächst bis an die Waden, im Mittleren Reich sogar bis an die Knöchel reichte. Der Oberrand des Schurzes stand mitunter ab. Zum Schurz trat dann oft ein Stück Stoff hinzu, das frei über der Schulter getragen wurde und im weiteren Verlauf zunächst kurze, später lange Ärmel erhielt. Im Neuen Reich kamen dann kurzämelige Überwürfe aus durchsichtigem Stoff auf, der aus besonders feinem, aus Syrien importiertem Leinen (Byssus), gewebt war.

Die Dorfbewohner trugen zur Feldarbeit einen einfachen dreieckigen, vorn keilförmig offenen Schurz, dessen Zipfel hinten über das Gesäß hing. Bootsbauer, Fischer und Papyrus- und Schilfpflücker arbeiteten splitternackt. Lieferte man jedoch in den Städten oder in den Kornkammern seine Produkte ab oder ging Verwandte besuchen oder in den Tempel, dann legte man sich den Schurz an. Dasselbe galt für die Darbringung von Opfergaben. Im Mittleren Reich wurde der Schurz zur Universalbekleidung, und im Neuen Reich kam dann noch eine Art leger sitzendes Hemd oder Tunika hinzu, die weniger in bildlichen Darstellungen als vielmehr in Texten und durch Funde bezeugt ist.

Die Vornehmen trugen im Alten Reich außer dem Schurz noch verschiedenen Schmuck, wie z.B. Halsketten und Pektorale (Holz- oder Metallplättchen als Brustschmuck), und mitunter auch die Insignien ihres Amtes, wie beispielsweise der Wesir das Bild der Göttin Maat. Der Schurz der Könige konnte schon damals gestärkt und plissiert sein. Die *Sem*-Priester und mit dem Priesteramt betraute Aristokraten trugen über der Schulter ein gegerbtes Leopardenfell mit Tatzen und Schwanz. Die auffällige Fleckung des Fells verriet schon von weitem die Funktion seines Trägers. Der Würdenträger Thothotep (Mittleres Reich) ließ sich in seinem Grab in el-Berscheh in einem plissierten Umhang und in langem weiten durchsichtigen Schurz, unter dem er noch den üblichen kürzeren Schurz trug, darstellen.

Im Neuen Reich trugen die höchsten Beamten – beispielsweise der Wesir Rechmire, der Vorsteher der Ärzte Nebamun oder der königliche Herold Antef – mitunter ein Kleidungsstück, das dem von Frauen sehr ähnlich war: ein von den Achseln bis zu den Knöcheln reichendes sackartiges Hemd, auch Tunika genannt, das an einem um den Nacken getragenen Band festgemacht war. Auch die Statuen von Toten – ob Mann oder Frau – pflegten derart bekleidet dargestellt zu werden.

Von etwas anderem Zuschnitt ist die durchsichtige Tunika, die die Jugend der gehobenen Schichten über dem einfachen Schurz trug, wie eine dementsprechende Darstellung im Grab des Ramose in Scheich Abd-el-Gurna (18. Dyn.) zeigt, in der junge Leute als Begleiter von Opferträgern dargestellt sind. Besagte Tunika zeigt einen weiten Halsausschnitt, kurze Ärmel und reicht bis an die Waden.

Andere Vornehme bevorzugten im Neuen Reich und auch später einen plissierten Schurz oder einen glatten Schurz mit einer gefalteten Schürze darüber, zu dem ein ebenfalls plissiertes Hemd hinzukam. Die Ärmel an Tuniken und Hemden wurden mit der Zeit länger, und die Tuniken selbst weiter, luftiger und bequemer. Außerdem trat ein kurzer, weiter ärmelloser Umhang mit frei herabhängenden Enden hinzu. Besondere Aufmerksamkeit schenkte man damals farbigen Verzierungen oder breiten Gürteln und Bändern mit Einlegearbeiten. Den aufwendigsten Schnitt und die kompliziertesten Applikationen symbolischer Motive wies selbstverständlich die zeremonielle Tracht des Königs auf.

Im Vergleich zu der schlichten Tracht des Mannes war die Mode der ägyptischen Frauen, die ihren Körper fast vollkommen verhüllten, eine komplizierte Angelegenheit. Obgleich wir über die Frauentracht aus vordynastischer Zeit nur wenig wissen, dürfte das soeben Gesagte auch auf diesen Zeitraum bereits zugetroffen haben. Anders als die Männer dürften die Frauen die meiste Zeit im Innern des Hauses oder im Schatten des Hofes bzw. Gartens zugebracht haben, und auch die Frauen auf dem Lande werden wohl nur bei der Ernte oder plötzlich anfallenden Arbeiten auf den Feldern ausgeholfen haben. Intensiver Sonnenstrahlung waren sie daher weniger ausgesetzt, so daß ihre Hautfarbe viel heller blieb; in den Grabmalereien wird diese in einem Ocker- bis Gelbton wiedergegeben.

Die Standardbekleidung der Frau war im Alten und Mittleren Reich eine lange, glatte, eng anliegende Tunika, die als Trägerkleid getragen wurde. Sie reichte von der Brust, die mitunter zur Hälfte entblößt war, bis an die Knöchel. Ihr Schnitt garantierte völlige Bewegungsfreiheit, vom Tanz bis zur Gymnastik.

46 Tänzerinnen freilich bevorzugten einen rockähnlichen kurzen Schurz mit über der Brust gekreuzten Trägern, und Dienstmädchen trugen als Arbeitskleidung entweder einen kurzen Rock oder eine Schürze.

An kühlen Morgen oder Abenden hüllten sich die Damen in einen langärmeligen Mantel, der vorn bis zum Schulteransatz weit ausgeschnitten war. In einem solchen Mantel ist beispielsweise
80 Nofret, die Gemahlin des Prinzen Rahotep (4. Dyn.) dargestellt.

80. Nofret, die Gemahlin des Prinzen Rahotep und „Bekannte des Königs", ist in einen langen Mantel gekleidet, unter dem die breiten Träger ihrer Tunika durchscheinen. Unter der schweren Perücke schaut ihr Kopfhaar hervor. Ihren Hals schmückt ein breiter, aus mehrreihigen Perlenschnüren und Anhängern bestehender Halskragen. Ihr Gemahl trägt einen kurzen Schurz und eine kleine Perücke. Seinen Hals ziert ein Amulett, seinen Mund ein elegant gestutzter Oberlippenbart. Bemalter Kalkstein. Aus dem Grab des Rahotep und der Nofret in Meidum. Frühe 4. Dynastie. Kairo, Ägyptisches Museum

Links
81. Das vornehm gekleidete Königspaar in einer üppigen Gartenszenerie. König Tutanchamun trägt eine Perücke mit stufig angeordneten Locken, einen breiten Halskragen und einen plissierten Schurz mit Besatz und langen Bändern. Königin Anchesenamun, die ihrem Gemahl Blumengestecke überreicht, trägt eine mit Juwelen besetzte Perücke, die von einem Salbkegel und zwei Uräen gekrönt wird, einen breiten Halskragen und Ohrringe. Gekleidet ist sie in ein fußlanges plissiertes Gewand. Bemalte Elfenbeinverkleidung einer Holztruhe. Aus dem Grab des Tutanchamun, Tal der Könige, Theben-West. 18. Dynastie. Kairo, Ägyptisches Museum

82. Die Gattin des Nachtmin, von deren Statue dieser Ausschnitt stammt, trägt ein verführerisches, enganliegendes Plisseegewand aus feinem Leinen, das unter der Brust verknotet ist. Die geflochtenen Locken ihrer langen Perücke enden in straff gekräuselten Strähnen. Kristalliner Kalkstein. 18. Dynastie. Kairo, Ägyptisches Museum

Zu feierlichen Anlässen trugen die vornehmen Damen ein Netz mit roten, blauen und grünen zylinderförmigen Fayenceperlen, das sie sich über das mittlere Drittel ihrer Tunika streiften. Das Netz schränkte die Beweglichkeit seiner Trägerin zwar erheblich ein und war besonders beim Sitzen lästig, doch dies erduldete man, um gut gekleidet zu sein! Ärmere Frauen hatten sich mit einem Perlenstreifen um die Taille oder seiner Imitation – einem buntgestreiften Gürtel – zu begnügen. Als modische Extravaganz darf wohl eine Tunika gelten, auf der bunte Vogelfedern aufgemalt sind.

Im Neuen Reich wurde die Damenmode bunter und raffinierter, nicht zuletzt durch Einflüsse aus Gebieten Vorderasiens, die nun unter ägyptischer Herrschaft standen. Weiß, nur selten leicht getönt, blieb auch weiterhin in Mode, doch die Kleidung bestand nunmehr aus mindestens zwei Stücken. Das Obergewand bildete ein leger geschnittenes, glattes oder plissiertes kurzärmeliges Kleid aus feinstem Leinen, das über der Brust in Zierfalten gesteckt oder gebunden war. Da es durchsichtig war, kamen die Rundungen des weiblichen Körpers besonders raffiniert zur Geltung. Allerdings trugen die meisten Damen darunter noch die klassische Tunika, oft gleichfalls durchsichtig und hauteng am Körper anliegend.

Das Obergewand war unterschiedlich lang und wies entweder schmale Längsfalten oder fächerartige Falten über den Schultern bzw. Querfalten an den Ärmeln auf. Geschmückt war es mit farbigen Borten, Bändern, Säumen und anderen dezenten Verzierungen, in der Spätzeit auch mit Metallverzierungen, mit Stickereien oder Malereien. Vorn hatte es entweder einen tiefen und breiten Ausschnitt oder ein spitz zur Taille zulaufendes Dekolleté. Oft war es nur an der einen Schulter befestigt, so daß die andere Schulter und Brust unbedeckt blieben, sofern man darüber nicht noch einen feinen Schleier, einen Shawl oder Mantel trug.

Umhänge und Mäntel, die von den Frauen über den Schultern getragen wurden und bis zum Gesäß reichten, liefen unten in verknotete Fransen aus. Die weibliche Mode jener Zeit wurde zusehends raffinierter und zweifellos auch erotischer. Zudem waren Tänzerinnen, Sängerinnen und Musikerinnen sowie junge Dienstmädchen, die bei Gastmahlen auftischten, nackt und lediglich mit einem schmalen Perlengurt um das Gesäß und über der Schamgegend oder mit einem *142*
leichten Tuch über dem Schoß bekleidet.

Obwohl der besiedelte Teil Altägyptens einer grünen Oase mit üppiger Vegetation glich, fehlte es nicht an festgetretenen Wegen, die voller Staub und oftmals sogar schlammig waren. Der häufige Wind wirbelte Staub und Sand auf, so daß die langen Schurze, Tuniken und Mäntel, die ohnehin rasch durchgeschwitzt waren, noch zusätzlich verschmutzten. Ein häufiges Wechseln der Kleidung war deshalb unumgänglich und erfolgte bei den Angehörigen der oberen Schichten wohl auch mehrmals am Tage, wie übrigens auch Herodot zu entnehmen ist, wenn er schreibt (II, 37): „Sie tragen leinene, immer frisch gewaschene Kleider, womit sie es sehr genau nehmen."

Kleinere Wäschestücke wuschen die Frauen zu Hause, zur 'großen Wäsche' allerdings versammelten sie sich, wie wir bereits wissen, an den Ufern der Kanäle, Teiche oder des Nils, wo sie die schmutzige Wäsche gegen Felsblöcke schlugen oder mit Holzkeulen klopften. Um die schmutzige Wäsche vornehmer Familien kümmerten sich berufsmäßige Wäscher, die wir aus Grabdekorationen und schriftlichen Quellen kennen. Schmutz und Fett wurden mit Hilfe von *85*
Natron gelöst (einer mineralischen Verbindung aus Natriumkarbonat und Natriumbikarbonat mit verschiedenen Verunreinigungen), doch bediente man sich P. Montet zufolge auch einer seifenähnlichen Paste, die aus Asche, Lehm und einem nicht näher genannten Bindemittel bestand und angeblich sogar schäumte. Die gewaschene Wäsche kam dann zum Trocknen auf Schnüre oder Zäune und wurde anschließend in Wäschetruhen aufbewahrt. Ging ein hoher Beamter für längere Zeit auf Reisen, mußte er von einem Diener begleitet werden, der ihm einen Sack frischer Wäsche trug.

Der einfache Ägypter ging meistens barfuß, seine vornehmeren Zeitgenossen beiderlei Geschlechts trugen hingegen Sandalen aus Leder oder aus Bast. Sie waren mit drei Riemen am Fuß befestigt, von denen der eine nach vorn zwischen der großen und der zweiten Zehe verlief und die beiden anderen seitlich der Knöchel. Oberhalb des Spanns liefen alle drei Riemen wieder zusammen. Die Sandalen von Priestern mußten weiß sein.

Es ist unmöglich, all das modische Zubehör aufzuzählen, das die Kleider der Frauen, aber auch oft die Bekleidung der Männer, besonders der hohen Beamten, zierte. Bis weit in die Urgeschichte reicht die Tradition von Perlen und Halsgehängen, die zunächst aus Knochen, Eierschalen, Elfenbein, Tierzähnen, Muscheln und anderem organischen Material angefertigt worden waren, ehe man dann allmählich zu den verschiedensten Gesteinsarten, zu gebranntem Ton und Fayence oder, wie seit der Badari-Kultur, schließlich zu Kupfer griff.

Arm- und Fußbänder wurden aus Knochen oder Stein hergestellt. Halsbänder, Armbänder und Gürtel waren darüber hinaus, wie Darstellungen in Saqqara (Altes Reich) zeigen, aus Gold, Silber und Halbedelsteinen. Für den Adel und seine Frauen wurde das mehrreihige breite Halsband aus bunten zylinderförmigen Perlen, der sogenannte *Wesech*-Halskragen, charakteristisch, *90*
und vom Mittleren Reich an trugen sie Pektorale aus Bronze, die Inkrustationen aus Halbedel-

83. Prinzessin Nefertiabt in schwarzgeflecktem Leopardenfell, der Priesterkleidung. Giseh. Altes Reich, 4. Dynastie. Paris, Musée du Louvre

steinen oder farbigem Glas enthielten. Königin Hetepheres, die Mutter des Cheops, hatte als Grabbeigaben Armbänder aus Elfenbein und Silber, die mit Karneol-, Türkis- und Lapislazuli-Schmetterlingen verziert waren. Die Angehörigen der unteren Schichten mußten sich mit Perlen aus Keramik oder Fayence in Weiß, Rot oder Blaugrün begnügen.

88 Der Kopfschmuck einfacher Mädchen bestand darin, daß sie sich um das Haar ein Band aus Leinen banden und es am Hinterkopf mit einer Masche versahen. Daraus entwickelte sich dann das Stirnband oder Diadem, das von vornehmen Damen getragen wurde. An den Seiten war es mit Blättern von Blumen, vorn aber mit einer Lotosblüte verziert. Besonders kostspielige Diademe bestanden aus Draht oder Metallstreifen mit aufgelöteten Verzierungen, wie Rosetten mit eingelegten Halbedelsteinen. Sowohl Frauen als auch Männer gehobeneren Standes trugen Ringe an den Fingern; billigere Ringe waren aus Fayence, teure aus Gold, Silber, später auch aus Bronze und selten aus Eisen.

Bemerkenswert ist, daß in Ägypten – ganz im Unterschied zu anderen Ländern Afrikas – Jahrtausende verstreichen mußten, ehe Schmuck aufkam, der einen – wenngleich nur geringfügigen – operativen Eingriff in den menschlichen Körper erforderte. Die Rede ist von Ohr- und Nasenringen bzw. Lippenpflöcken. Erst in der 2. Zwischenzeit kam es hier mit der Einführung von Ohrringen zu der besagten Wende. Ein Teil der Ohrringe konnte als Clips getragen werden, andere Ohrringe hingegen machten es erforderlich, daß man die Ohrläppchen durchstach. Im Neuen Reich kamen auch massive Scheiben und knopfartige Verzierungen mit dicken Querstegen auf, die weitaus größere Löcher in den Ohrläppchen erforderten, wie dies an Mumien aus jener Zeit beobachtet werden kann.

84. Über dem kurzen weißen Schurz, der üblichen Männerkleidung, wird noch ein langer durchscheinender Schurz getragen. Malerei auf Papyrus. Aus dem Totenbuch. Neues Reich oder Spätzeit. Privatsammlung

Vom Neuen Reich an waren bei den Damen gehobenerer Standes neben Armbändern auch Oberarmreifen aus Metallstreifen mit Halbedelsteineinlagen oder farbigen Glasinkrustationen in Gebrauch. Leder- oder Stoffschärpen, mit einem Perlennetz dekoriert und einer vorn verschließbaren, gleichfalls verzierten Schnalle versehen, wurden von den Vornehmen zu feierlichen Anlässen umgebunden.

Bereits in vordynastischer Zeit trugen die Ägypter Amulette, die sich insbesondere in der Spätzeit und in griechisch-römischer Zeit großer Beliebtheit erfreuten und vor allem magisch-schützende Funktion hatten. Zu ihnen zählten das *Anch*-Zeichen, das Symbol des Lebens schlechthin, das *Udjat*- oder Horusauge als Symbol des Schutzes, der *Djed*-Pfeiler des Osiris als *272*
Dauer verheißendes Symbol, der Papyrusstengel *Wadj*, der seinem Träger Jugend und Gedeihen versprach, der Isisknoten *Tit*, mit dem man die Wiedergeburt des Toten verband, und das *Was*-Zepter des Gottes Ptah als Symbol der Macht. Schutzfunktionen wurden auch den Skarabäen *169*
zugeschrieben, also jenen Amuletten in Form des heiligen Pillendrehers (*Scarabaeus sacer*), die im Mittleren Reich zunächst als Petschaften aufkamen.

Goldenen Schmuck durfte ursprünglich nur der König tragen, denn Gold, das 'Fleisch der Sonne', symbolisierte Unsterblichkeit. Es war dem König anheimgegeben, dieses Vorrecht auch an Priester oder ihm besonders ergebene hohe Beamte aus den Reihen der Aristokratie weiterzugeben. Über die Pracht des Goldschmucks aus den Königsgräbern des Mittleren Reiches, aus der Grabkammer Tutanchamuns oder den königlichen Begräbnisstätten in Tanis ist schon viel und detailliert geschrieben worden, so daß wir hier auf eine erneute Beschreibung verzichten können.

Zur klassischen Kleidung der alten Ägypter sei der Vollständigkeit halber noch gesagt, daß sie in der Prolemäerzeit verhältnismäßig rasch durch die damalige griechische Mode: die im Bund geraffte, legere Tunika bei den Männern und die oftmals langen, in Schnitt und Dekor sehr unterschiedlichen Frauengewänder, verdrängt wurde.

Besondere Bedeutung für die äußerliche Erscheinung eines Menschen kam selbstverständlich seiner Haar- und Barttracht zu, die zugleich Bekleidung und modisches Zubehör erst richtig zur Geltung brachten. Die ägyptischen Männer bevorzugten zu allen Zeiten kurzgeschnittenes Haar, *80*
das flach anlag und die Ohren frei ließ. Diese Frisur wurde vor allem von Männern der niederen Schichten getragen, solange sie nicht an Haarausfall zu leiden hatten. Doch auch über die einsetzende und fortschreitende Glatzenbildung bei den Männern sind wir aus Darstellungen anschaulich informiert: der Haarausfall begann im Stirnbereich, setzte sich zur Kopfmitte hin fort, um schließlich nur noch am Hinterkopf spärliche Haarreste übrigzulassen.

Eine andere Frisur war die kurzhaarige Löckchenfrisur, die die Ohren bedeckte und in geschwungener Linie von den Schläfen zum Nacken führte. In dieser Frisur werden Vornehme in den Speisetischszenen sowie Personen dargestellt, die am Totenkult teilnahmen, also Opferträger, Tiervorführer, Totenpriester, aber auch Schlächter und ihre Gehilfen. Uneins sind sich die Wissenschaftler allerdings darüber, ob es sich bei dieser Frisur nicht um Perücken handelt. Gegen diese Annahme spricht allerdings, daß auch Männer aus dem niederen Stand eine solche Frisur tragen, woraus wiederum geschlossen werden kann, daß man sich auch das eigene Haar eindrehte.

Daneben wurde auch mittellanges Haar getragen, das zu beiden Seiten eines Mittelscheitels *78*
gleichmäßig in den Nacken fiel, wobei es die Ohren zur Hälfte (so in der Regel auf Statuen dargestellt) oder ganz bedeckte (wie auf Reliefdarstellungen ersichtlich). Hierbei handelt es sich zumeist um Perücken, denn auf Darstellungen schaut unter dem Frisurenrand mitunter noch der natürliche Haaransatz hervor. Diese Frisur war ausschließliches Attribut der Vornehmen und ihrer Familienangehörigen sowie von Vorlesepriestern. In den ersten vier Dynastien kommt es selten vor, ab der 5. Dynastie dann häufiger, und später war sie neben der Löckchenfrisur die zu festlichen Anlässen bevorzugte Haartracht des Adels.

Langes Haar, in drei Teile gekämmt, deren einer lang in den Rücken fiel, während die beiden anderen vorn auf die Brust herunterhingen, ist das Merkmal einer Frauenperücke. Doch auch männliche Gottheiten sind mit dieser Perücke angetan, und in der 6. Dynastie kommt sie vereinzelt auch auf Statuen von Privatleuten vor.

Mit langem, allerdings ungeteiltem Haar werden ansonsten die Asiaten dargestellt, während kurzes lockiges Haar zur Charakterisierung von Schwarzafrikanern dient. Die ägyptischen Priester gingen allmählich dazu über, ihren Kopf kahl zu scheren, und ab der 19. Dynastie wurde *241*
Kahlköpfigkeit bei Priestern zur Regel.

Der Vollbart war nach dem Zeugnis vordynastischer Statuetten bei den alten Ägyptern ursprünglich die Regel. Erst mit Beginn der geschichtlichen Zeit begannen die Vornehmen und dann auch der gemeine Mann, sich das Gesicht zu rasieren. Als Rasiermesser diente ihnen zunächst die scharfe Kante einer Steinklinge, die zumeist einen hölzernen Griff besaß. Allmählich wurde diese durch eine kupferne und vom Mittleren Reich an durch eine bronzene trapezförmige Klinge ersetzt. Man rasierte sich und schnitt sich die Haare entweder selbst oder vertraute sich Barbieren an, die ihre vornehmen Kunden daheim aufsuchten, den gemeinen Mann aber im Freien, zum Beispiel auf einer Bank im Schatten einer stattlichen Sykomore bedienten. Eine der-

219 artige Szene hat sich im Grab des Userhet in Scheich Abd-el-Gurna erhalten: auf Klappstühlen oder dreibeinigen Hockern wartet die Kundschaft, alles junge Männer, während der Barbier, zu dessen Füßen ein Krug mit Wasser steht, flink das Rasiermesser schwingt.

Von der 3. Dynastie an lassen sich Vornehme – nicht jedoch der König – einen dezenten Ober-
80 lippenbart stehen. Als Beispiel dafür diene die wunderschöne Sitzstatue des Prinzen Rahotep, die ihn zusammen mit seiner Gemahlin Nofret zeigt. Auch der kurze Kinnbart war verbreitet. Der lange, schmale Spitzbart, der wie ein Zopf geflochten und am unteren Ende nach vorne eingerollt wurde – auf Statuen trägt er mitunter Lapislazuli-Einlagen –, war ein Attribut der Götter. Auf Erden wurde ein ähnlicher, künstlicher Bart, der sich nach unten oft verbreiterte und um die
10 Ohren gebunden war, nur vom König, dem 'lebenden Gott', und dem Verstorbenen als Personifikation des Totengottes Osiris getragen. Nur zum Zeichen der Trauer ging man mit stoppeligem
206 Kinn; ansonsten war der ungepflegte Bart eher ein Zeichen von Verwahrlosung.

Größerer Erfindungsreichtum ist bei der Haartracht der Frauen zu beobachten. Auch bei ihnen war das kurze anliegende Haar ursprünglich die Standardfrisur. Nur manchmal treten hierbei auch die natürliche Wellung oder Löckchen auf. Die Kurzhaarfrisur wurde von Frauen aller Schichten getragen, sofern sie nicht Perücken verwendeten.

Auf Frauenplastiken des Alten Reiches sehen wir am häufigsten eine Perücke aus mittellangem Haar, das in Kopfmitte gescheitelt und über die Ohren bis in Höhe des Kinns oder auf die Schultern gekämmt wurde. Diese Perücke wurde überwiegend von Adligen, seit der 5. Dynastie auch von ihren Dienerinnen getragen.

Links
85. Ein Wäscher wringt ein Kleidungsstück aus, das er dann auf den Wäschestoß zu seinen Füßen legt, während ein anderer ein Gewand aus einem zum Kochen oder Färben bestimmten großen Krug herausnimmt. Fragment einer Wandmalerei aus Theben-West, Neues Reich. Turin, Museo Egizio

Oben
86. Junge Frau mit langer Perücke und breitem Halskragen, beides Schmuckstücke, die im alten Ägypten sehr beliebt waren. Kalksteinstatuette. Neues Reich. Privatsammlung

Demgegenüber war die dreiteilige Langhaarperücke, wie sie von Göttinnen getragen wurde, ursprünglich ein Vorrecht der Königin und der Damen gehobeneren Standes, ehe sich ihrer auch einfache Frauen bedienten.

Junge Mädchen, besonders aber Tänzerinnen, flochten sich ihr Haar seit der 5. Dynastie zum
91 sogenannten Kugelzopf: einem mächtigen Zopf, der vom Hinterkopf über den Rücken fiel und am unteren Ende mit einer geflochtenen Scheibe oder einem Gewicht (einer Kugel) versehen
25 war. Einen Seitenzopf trugen kleine Kinder, deren übriges Haar entweder kurz oder völlig abrasiert war.

Im Mittleren Reich kam eine neue Haarmode auf: die Volutenfrisur, mit der man die Haartracht der Göttin Hathor imitierte. Hierbei wurde das Haar in zwei starke Strähnen zusammengefaßt, hinter die Ohren bis auf die Brust gekämmt und unten spiralförmig eingerollt.

86 Im Neuen Reich erfreuten sich Perücken mit langen, dünnen Zöpfen, die in Fransen endeten, großer Beliebtheit. In der Amarna-Zeit lebte die Mode einfacherer Kurzhaarperücken, die auch von der Königin getragen wurde, wieder auf, wenngleich nur für kurze Zeit.

Neben den Kurzhaarfrisuren waren es vor allem Perücken mit ganz unterschiedlicher Haartracht, die eine beträchtliche Rolle spielten. Sie wurden in besonderen Kästen aufbewahrt und waren im Bedarfsfall stets zur Hand, so daß sich die Frau nicht erst umständlich frisieren mußte.
86 Die Perücke war nicht nur ein wichtiger Kopfschmuck, den man zu feierlichen Anlässen, bei Gastmahlen und anderen bedeutenden Festen trug, sondern bot zugleich Schutz vor Sonnen-

87. Königin Kawit, eine der Gemahlinnen des Königs Mentuhotep II. Nebhepetre, bei Morgentoilette und Frühstück. Sie sitzt in einem bequemen Lehnstuhl, hält in der linken Hand einen Spiegel und führt mit der rechten eine Schale Milch zum Mund. Der Diener vor ihr füllt eine weitere Schale, während die hinter ihr stehende Dienerin die Locken ihrer Perücke feststeckt. Ausschnitt aus dem Sarkophag der Königin Kawit. Versenktes Relief in Kalkstein aus dem Tempel Mentuhoteps II. in Deir el-Bahari, Theben-West. 11. Dynastie. Kairo, Ägyptisches Museum

stich, was insbesondere für die vornehmen Damen, die nicht an die sengende Hitze gewöhnt waren, wichtig war. Im Laufe der Zeit legten sich auch die Frauen auf dem Lande, die mitunter stundenlang in der Sonne zubringen mußten, Perücken zu. Die Männer schützten sich vor Sonnenstich mit Tüchern oder Roßhaarfetzen, die sie wie einen Turban um den Kopf banden.

Besonders aus dem Neuen Reich haben sich zahlreiche Perücken erhalten. Hergestellt wurden sie von Perückenmachern oder Friseuren; als Material verwendete man Menschenhaar, dem gelegentlich Pflanzenfasern beigegeben wurden. Einige Perücken weisen Spuren von Bienenwachs auf, das man zur Festigung ihrer Locken benötigte. Aus einer Siedlung in Gurab stammt sogar ein scherenartiges Instrument zum Eindrehen der Locken.

Neue Kenntnisse über die Herstellung von Perücken verdanken wir jetzt polnischen Archäologen, die in einer Felsenkluft oberhalb des Tempels König Mentuhoteps (11. Dyn.) in Deir el-Bahari Reste einer Perückenmacherwerkstatt aus der Zeit zwischen der 12. und dem Beginn der 18. Dynastie gefunden haben. In einem Leinensack traten vier Alabastergefäße, die Haarbüschel und aufgefädelte oder mit Fasern zusammengebundene Locken enthielten, sowie ein bemerkenswertes Fadennetz zutage, das offenbar der Grundstock einer Perücke war. In einem Papyrusbehältnis lagen fünf beinerne Stecknadeln, eine Bronzeahle und die Bruchstücke zweier Feuersteinmesser. Der bedeutendste Fund indes war das einzigartige Holzmodell eines menschlichen Kopfes, auf dem eine schwarze Linie die Umrisse der Perücke angab, während andere Hilfslinien ihre Achse bezeichneten. In anderen Gefäßen fanden sich Stoffetzen, Lederriemchen, kleine Perlenkettchen aus Knochen und anderes mehr. Kosmetischen Zwecken indes dürften zweifellos die Samenkörner des Balanites-Baumes (*Balanites aegyptiaca*) gedient haben, die ein wohlduftendes Öl ergaben und Parfüms beigemischt waren, ferner ein braunes Pulver, in dem man ein Haarfärbemittel vermutet, und der wachsartige Rückstand harter Natronseife, dessen hautschützende Eigenschaften sich noch erhalten hatten.

Trotz ihrer Vorliebe für Perücken haben die Ägypterinnen aber die Haarpflege keineswegs
vernachlässigt. Als Beispiel diene uns ein bekanntes Relief der Königin Kawit (11. Dyn.), das uns *87*
diese in einem Sessel sitzend bei der Haarpflege zeigt. Während sie in einem Handspiegel ihrer

Dienerin zuschaut, wie diese ihr von hinten die Haare eindreht, wird ihr von vorne von einem Diener ein Schälchen mit den Worten gereicht: „Auf deinen *Ka* (Seele), o Herrin, trinke, was ich dir reiche.“

92 Kreisrunde Spiegel kannten die alten Ägypter bereits im Alten Reich. Sie bestanden aus blankem Kupfer oder Silber und steckten an kunstvoll verzierten Griffen.

Zum Frisieren gebrauchten die Ägypter bereits seit vordynastischer Zeit Kämme aus Holz oder Knochen, Materialien also, die zur Kammherstellung auch noch in geschichtlicher Zeit verwendet wurden. Es gab einseitige und doppelseitige Kämme mit langem Griff und sehr fein gezinkt, die nicht nur den üblichen Schmutz, sondern auch die Eier von Läusen mit Erfolg beseitigten. Tatsächlich hat man in den Haaren verschiedener Mumien Läuseeier gefunden, so auch bei dem thebanischen Weber Nacht, dessen Mumie 1974 in Toronto untersucht worden ist. Läuse waren nun nicht nur unästhetisch, sondern auch gefährlich, denn sie konnten ihre Träger mit dem Flecktyphuserreger *Rickettsia prowazeki* infizieren. Herodot bemerkte dazu (II, Kap. 37): „Die Priester scheren sich alle drei Tage den ganzen Leib, damit sie beim Gottesdienst nicht von Läusen und anderem Ungeziefer befallen werden.“

Zur Haarpflege gehörte selbstverständlich auch die regelmäßige Haarwäsche, nur haben wir keine Nachrichten darüber, wie oft dies geschah. Demgegenüber sprechen die Quellen sehr oft
40 davon, daß man sich das Haar mit duftenden Salben und Ölen einrieb. In Gastmahlszenen des
78 Neuen Reiches werden Dienerinnen gezeigt, die ihren vornehmen Herrinnen einen sogenannten
79 Salbkegel, bestehend aus einer Mischung von Fett und Aromastoffen, auf den Kopf setzten.
Durch die Wärme schmolz der Kegel, durchsetzte das Haar und rann auch über Gesicht und Bekleidung, wie dies auf einigen Darstellungen durch Gelbfärbung des Kleides angedeutet ist.

Auch die Ägypter plagte Haarausfall, wie man Rezepten entnehmen kann, die als Haarwuchsmittel unter anderem Öl aus den Samen des Bockshornklees (*Trigonella foenum graecum*) empfehlen, das auch heute noch von Kräutersammlern und Pharmakologen geschätzt wird. Der Ägyptologe H. Grapow führt ein anderes Haarwuchsmittel an, „gemacht für die Königin Schesch, die Mutter des Königs Teti: Ein Bein einer Windhündin, ein Dattelkorn, ein Eselhuf; es werde in einem *Djadja*-Topf tüchtig in Öl gekocht; (es) werde damit tüchtig gesalbt.“ Ein anderes empfohlenes Mittel gegen Haarausfall war, wenngleich beträchtlich teurer, Löwenfett.

Das Ergrauen der Haare war für die Ägypter ebenfalls kein unlösbares Problem – es genügten das in Öl gekochte Blut eines schwarzen Rindes, das Fett schwarzer Schlangen und der Inhalt von Rabeneiern, und die schwarze Lockenpracht war wieder hergestellt …

Die Haarpflege war indes nur die eine Seite der Körperhygiene. Daß auch die Haut reinzuhalten war, wußten die Ägypter natürlich ebenfalls. Sie wuschen sich regelmäßig jeden Tag, aber auch, wenn sie sich schmutzig gemacht hatten, sich erfrischen wollten oder religiöse Kulthandlungen zu vollziehen hatten. Wasser gab es zur Genüge, obgleich es hygienisch nicht immer einwandfrei war. Besonders gefährlich war stehendes Wasser aus Teichen und Kanälen, das Schnekken von der Art *Bulinus* mit dem Saugwurm *Schistosomum* enthielt, dessen Larven auch durch die unverletzte Haut in den menschlichen Körper gelangt und die lebensgefährliche Bilharzia-Krankheit hervorruft.

Die Morgenwäsche wird auch in dem bekannten Sonnenhymnus des Königs Echnaton besungen: „Es wird hell, wenn du aufgehst am Horizont und leuchtest als Sonne am Tage und die Finsternis vertreibst. Du schenkst deine Strahlen, und die beiden Länder sind in festlichen Glanz getaucht. Die Menschen sind erwacht und stehen auf den Füßen, denn du hast sie aufgerichtet. Sie waschen ihren Leib, legen ihre Gewänder an und heben ihre Arme zum Gebet an deine Erscheinung.“ Andere Texte erwähnen, daß die Ägypter sich Gesicht und Hände wuschen, besonders vor und nach dem Essen. Auch das allmorgendliche ‘Reinigen von Mund und Zähnen’ mit etwas Natron, in Wasser gelöst, ist belegt.

Das einfache Volk lernte nie in seinem Leben ein Badezimmer kennen. Zum Waschen reichten Krüge aus Stein, Ton oder Metall, die mit einem Ausguß versehen waren. Man goß sich das Wasser über die Hände oder andere Körperteile und fing es in breiten und tiefen Schüsseln auf. Wie es heißt, hatte man sogar für jeden Körperteil ein besonderes Gefäß, doch dürfte dies sicherlich nicht die Regel gewesen sein. In einem Haus aus der Spätzeit hat man eine Schüssel mit folgender Aufschrift gefunden: „Gesundheit, wenn du dir das Gesicht wäschst, und laß dein Herz erfreuen.“

Demgegenüber besaßen die Angehörigen der gehobenen Stände Badezimmer, in denen sie von ihren Dienern mit Wasser begossen wurden, denn Badewannen waren unbekannt. Mitunter goß man das Wasser durch ein Sieb oder einen Korb und erzielte somit eine ähnliche Wirkung wie bei einer Dusche.

Zur Pflege des Körpers gehörte auch sein regelmäßiges Einreiben mit Salben, die gewöhnlich aus tierischen Fetten (z.B. Nashorn, Krokodil, Katzen) und verschiedenen Pflanzenölen bestanden. Sie sollten ein Austrocknen der Haut verhindern und sie zugleich straff und geschmeidig halten. Einigen Salben wurde zudem Heilwirkung zugesprochen. Salböllieferungen an Arbeiter waren daher sogar Teil der Lohnauszahlung, wie wir aus Deir el-Medineh, der Siedlung der kö-

88. Mädchen mit schönem Kopfband. Fragment einer Wandmalerei. Theben-West. 18. Dynastie

89. Stilisierte Lotusblüten – hier als Kopfschmuck – waren ein beliebtes Ornament. Die Augenschminke *kohl* wurde seit vordynastischer Zeit aus einer Blei-Schwefelverbindung hergestellt. Mumienmaske. 18. Dynastie. Brüssel, Musées d'Art et d'Histoire

niglichen Nekropolenarbeiter, wissen. Im Grab des Rechmire in Scheich Abd-el-Gurna finden sich Szenen mit Dienern und Dienerinnen, die ihre Herrschaften einsalben. Gefäße zur Aufbewahrung der Salben kennen wir in den unterschiedlichsten Formen und aus verschiedenem Material, wie Stein, Keramik, Fayence, Glas, Holz und Elfenbein. Zum Auftragen der Salbe verwen- *157* dete man Löffelchen aus Holz, Knochen oder Elfenbein, die im Neuen Reich die kunstvoll ge- *53* schnitzte Form eines schwimmenden Mädchens hatten.

Dem unangenehmen Schweißgeruch des Körpers versuchte man mit verschiedenen Duftstoffen beizukommen, die in den Rezepten des medizinischen Papyrus Ebers genannt werden (Nr. 708–711). Parfüms – in Alkohol gelöste Duftessenzen – waren bei den Ägypterinnen zwar unbekannt, doch verfügte man über Duftsalben, die man gewann, indem man die Aromastoffe von Myrrhe, dem Balanites-Baum, Terpentin und Weihrauch in fettem Öl auslaugte. Auch der Verstorbene wurde für seine Unterweltsreise mit den 'sieben heiligen Ölen' ausgestattet, die man in die Vertiefungen einer eigens dafür bestimmten rechteckigen Alabasterpalette träufelte.

Bei den Mädchen und Frauen besonders beliebt war das Schminken der Augenlider, das auf eine uralte, bis in vordynastische Zeit reichende Tradition zurückblicken kann, wie dies ovale oder tiergestaltige Schminkpaletten aus Stein, besonders aus Schiefer bezeugen. Ihre polierten Flächen, auf denen man die Schminke mit Hilfe glatter Poliersteine zerkleinerte und in Fett oder Öl anrieb, tragen noch Schminkspuren. Aus geschichtlicher Zeit ist vor allem die für sechs verschiedene Schminken bestimmte Palette aus dem Grabschatz des Königs Tutanchamun berühmt. Die unverbrauchte Schminke bewahrten die Ägypter in verschlossenen Döschen aus Alabaster (oder anderen Gesteinsarten) oder Glas, mitunter auch in Alabaster- und Holzfläschchen oder in Röhrchen auf.

Die Ägypter kannten zwei verschiedene Schminkstoffe: *wadju* (*w3ḏw*) und *mesdemet* (*mśdmt*). Ersterer bestand aus grünem Malachit, den man auf dem Sinai gewann und der wiederholt in vordynastischen Gräbern gefunden wurde. Als Lidrandschminke fand er bis in die 4. Dynastie Verwendung, danach ist er nicht mehr belegt.

Vom Ende der vordynastischen Zeit an kam die schwarze *mesdemet*-Schminke in Gebrauch, die entweder aus Bleiglanz (Galenit) oder aus Antimon (Stibium) gewonnen wurde. Fundort des Bleiglanzes war die Umgebung von Assuan und die Küste des Roten Meeres. Bleiglanz gehörte zu den Geschenken, die asiatische Beduinen dem ägyptischen König darbrachten, sowie zu den Produkten, die Königin Hatschepsut von ihrer Expedition aus Punt, dem heutigen Somalia, mit- *260* bringen ließ. Noch heute wird dieses schwarze Pigment in Ägypten unter der Bezeichnung *kohl* verwendet.

In Beutelchen aus Leinen oder Leder ist Bleiglanz auch in Gräbern gefunden worden. Als Pulver oder Paste bewahrte man ihn zudem in Muscheln, in Röhrchen sowie in kleinen zylinderförmigen Gefäßen auf. Seit der 1. Zwischenzeit gab es blau glasierte Töpfe extra für *kohl*, und von der 18. Dynastie an verwendete man dafür Glas- oder Steingefäße mit dunkelgrüner Fayenceglasur.

Beide Schminkstoffe kommen bereits auf den ältesten Opferlisten des Alten Reiches vor, wo sie neben den sieben heiligen Ölen als Mittel genannt werden, die für das ewige Leben unentbehrlich sind. Daraus kann man ermessen, wie beliebt sie auch im Alltag waren.

Die ägyptischen Frauen schminkten sich Augenbrauen, Wimpern und Lider. Zum Auftragen der Schminke verwendeten sie Miniaturlöffel oder Stäbchen aus Stein, Metall, Holz oder Knochen, wobei sie den Schminkstreifen gern vom äußeren Augenbrauenansatz und dem äußeren Augenwinkel bis zur Ohrmuschel hin verlängerten, wo beide Streifen zusammentrafen. *89*

Über die ästhetische Wirkung hinaus hatte das Schminken auch eine medizinische Funktion. Nach Meinung von Fachleuten wirkte Bleiglanz desinfizierend, stieß Fliegen ab und schützte das Auge vor dem blendenden Sonnenlicht. Allem Anschein nach wußten das die Ägypter, denn *mesmedet* verschrieben sie zur Behandlung von Augenkrankheiten und gebrauchten es in Verbänden zum 'Erweichen der Gefäße'.

Das Schminken der Wangen und Lippen war demgegenüber selten. Einziges Beispiel einer Frau, die die Lippen mit einem Pinsel, Stäbchen oder Löffelchen nachzieht, ist eine Szene in dem bereits erwähnten erotischen Papyrus aus Turin. Sein Herausgeber führt außerdem an, daß auch *54* ihre Wangen geschminkt erscheinen. Den bemalten Gesichtern von Mumien des Alten Reiches, die einige Gelehrte in diesem Zusammenhang erwähnen, dürfte allerdings eine andere Absicht zugrundegelegen haben: das Bemühen nämlich, den Toten das Aussehen Lebender zu verleihen.

Wie die heutigen Ägypterinnen, so haben sich auch ihre Vorfahrinnen Nägel, Hände und Fußsohlen und mitunter sogar die Haare mit einer Paste gefärbt, die den rotgelben Farbstoff aus den Blättern der Henna-Pflanze (*Lawsonia alba*) enthielt. Davon zeugen beispielsweise die rotgefärbten Fingernägel einer Mumie aus Theben (11. Dyn.), die deutlich roten Haare der Mumie Henutmehits (18. Dyn.) sowie der Fund von Henna-Zweigen in den Gräbern von Hawara (Ptolemäerzeit).

Ein besonderes Mittel, den weiblichen Körper attraktiver zu machen, waren Tätowierungen. Als älteste Zeugnisse dafür gelten Muster auf vordynastischen und archaischen Statuetten. Echte

Tätowierungen in Form von Dreiecken und Rauten hat H. E. Winlock auf Rumpf und Gliedmaßen zweier Mädchenmumien in der Nähe des Tempels Mentuhoteps in Deir el-Bahari gefunden. Ähnliche Muster finden sich gleichfalls auf blauen weiblichen Fayencefigürchen aus derselben Zeit. Die Mumie einer Sängerin, von der man weder Datierung noch Fundort kennt, trägt auf ihrem Schenkel eine Tätowierung des Gottes Bes, der unter anderem als Schutzherr der Liebe und der Wonne galt. Dieselbe Gottheit kommt auch auf den Schenkeln von Tänzerinnen und Musikerinnen auf Wandmalereien des Neuen Reiches vor. Tätowierungen am Hals und auf der Brust trägt eine Lautenspielerin auf einem Ostrakon des Neuen Reiches, das sich im Ägyptischen Museum in Berlin befindet.

Aus griechisch-römischer Zeit haben wir Zeugnisse für Tätowierungen am Kinn und an den Nasenflügeln, wie dies Frauenmumien aus Achmim, die aus den Grabungen des Ägyptologen G. Maspero stammen, zeigen.

Französische Funde aus Akscha bezeugen, daß es auch in Nubien Tätowierungen gegeben hat, und zwar zur Zeit der sogenannten C-Gruppe (6.–18. Dyn.) und in meroïtischer Zeit (3. Jh. v. Chr. – 3. Jh. n. Chr.). Deshalb meinen einige Forscher, daß die Sitte der Tätowierung von Nubien aus nach Ägypten gelangt sei.

Beim Tätowieren brachte man mit einem scharfen Instrument, das aus einer oder aus mehreren Spitzen aus Bronze oder Fischgräten und einem hölzernen Griff bestand, ein blauschwarzes Pigment – bestehend aus einer Ruß-Öl-Mischung – in die Unterhaut.

Allem Anschein nach haben sich im alten Ägypten vor allem Tänzerinnen, Sängerinnen, Musikerinnen und Dirnen tätowieren lassen. Daß hier auch Erotik mit im Spiele war, lassen nicht

90. Halskragen und -kette aus glasierten Perlen und Anhängern. Aus Deir el-Bahari, Theben-West. 11. Dynastie. London, British Museum

91. Dienerin mit *$ws\underline{h}$*–Halskragen, Perücke mit Zopf und einem kaum sichtbaren Band um die Hüfte. Bemalter Salblöffel aus Holz. Späte 18. oder 19. Dynastie. Paris, Musée du Louvre

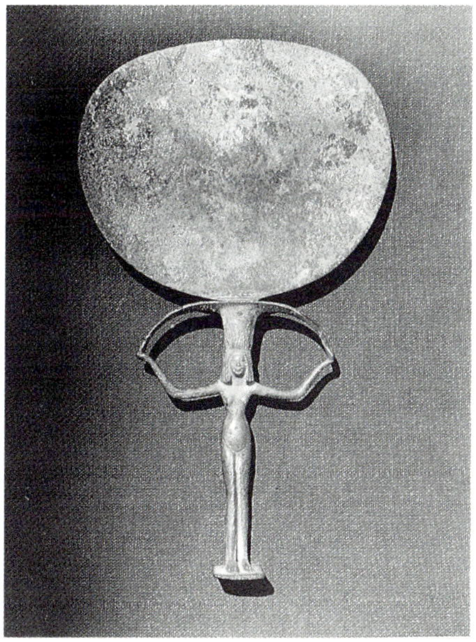

92. Spiegel aus polierter Bronze mit Griff in Gestalt eines nackten Mädchens. Semna, Obernubien. 18. Dynastie. Khartum, Sudanesisches Archäologisches Museum

zuletzt 'Beischläferinnen des Toten' deutlich erkennen: Figürchen, die mit denselben Mustern verziert sind, wie wir sie von den Tätowierungen her kennen, und die man dem Toten vom Neuen Reich an mit ins Grab gab.

Freilich, auch in Ägypten ging das Alter nicht spurlos an den Menschen vorüber, und so hatten die Ägypterinnen gegen Falten (und auch Pickel) der Haut, insbesondere des Gesichts, anzukämpfen. Als Mittel gegen Hautfalten empfahl man das Öl aus den Samen des Bockshornklees, der ansonsten als Futtermittel für Rinder angebaut wurde. Doch auch kompliziertere kosmetische Rezepte waren bekannt, deren einleitende Formeln vielversprechend waren: „Anfang vom Buch über das Verwandeln eines Alten in einen Jungen". Eines der Rezepte, das Gesichtsfalten garantiert beseitigen sollte, bestand aus einer Mischung von Terebinthenharz, Wachs, frischem *Behen*-Öl und Zyperngras; diese Mischung, sorgfältig zerrieben und mit Pflanzenschleim versehen, war dann täglich auf das Gesicht aufzutragen. Leider hat man ihre Wirkung noch nicht überprüfen können, da einige Ingredienzien bislang noch unbekannt sind.

Vornehme Damen trugen ihr Toilettengeräte in eigens dafür bestimmten Kästen mit sich. Diese enthielten kleine Metallpinzetten zur Entfernung von Gesichts- und Körperhaar (auch Priester unterzogen sich dieser Schönheitspflege), Nadeln aus Metall, Holz oder Knochen zur Nagelreinigung sowie Klingen aus Feuerstein (der später durch Metall ersetzt wurde) zum Beschneiden von Nägeln und wohl auch Hühneraugen.

Berühmt sind die Manikür- und Pedikürszenen im Eingang der Mastaba des Anchmahor in Saqqara (6. Dyn.). Sie zeigen zwei Frauen am Boden, die ihrem Kunden die Nägel der rechten Hand bzw. des linken Fußes schneiden. Auf einer der erhaltenen Beischriften mahnt der Kunde *93*
im Hinblick auf seine Nägel: „Tut ihnen nicht weh!" Weiter oben haben sich die Bruchstücke einer anderen Szene erhalten, auf der zwei Männer ihrem am Boden hockenden Kunden beide Hände zugleich pflegen, wobei diesem versichert wird: „Ich mache es angenehm für dich, mein Lieber!"

Nach allem, was wir hier gesagt haben, könnte man meinen, die Ägypter hätten in der Schönheits- und Körperpflege schon vor vielen Jahrtausenden einen hohen Standard erreicht. Leider trifft dies nicht für alle zu. Auch in diesem Lebensbereich gähnte ein tiefer Abgrund zwischen den Angehörigen der Aristokratie (und vor allem der Priesterschaft) und dem einfachen Volk, insbesondere den ärmsten Schichten.

93. Dieses Relief bezeugt Maniküre bereits für das Alte Reich. Grab des Anchmahor, Saqqara. 6. Dynastie

KAPITEL 8

Die Früchte des 'Schwarzen Landes'

Die ägyptische Landschaft gehört zu den reizvollsten der Welt. Ein relativ schmaler, fruchtbarer Talstreifen, der im Norden des Landes ins Delta übergeht und im Süden die endlosen Weiten der Sahara durchschneidet, zieht sich der Länge nach durch das Land. Seine Fruchtbarkeit hängt nicht von der Menge der Niederschläge ab, die übrigens seit dem Ende der neolithischen Pluvialzeit (Subpluvial, etwa 2350 v. Chr.) in Oberägypten und Nubien abnahmen, bis sie fast völlig zum Stillstand kamen, sondern von den regelmäßig wiederkehrenden Überschwemmungen des Nils. Sie bewirkten, daß sich im Niltal alljährlich ein Wunder vollzog: die Wiedergeburt der Natur, die die Felder stets aufs neue grünen und sie das goldgelbe Kleid erntereifen Korns annehmen ließ.

Bereits im 5. Jahrtausend vor Christus wurden sich die Ägypter der außerordentlichen Fruchtbarkeit ihrer Felder und des sich dahinter verbergenden Geheimnisses bewußt: nämlich der Ablagerungen schwarzen Nilschlammes während der Überschwemmungen des Flusses. Das Land des Niltales nannten sie das 'Schwarze' (*kmt*), im Gegensatz zur Wüste, dem 'Roten' (*dšrt*).

In ihrem Schwarzen Land fühlten sich die Ägypter zufrieden und geborgen. Sie vertrauten darauf, daß die Fruchtbarkeit des Landes von zahlreichen, ursprünglich regionalen Gottheiten garantiert werde und daß Chnum, der Gott des ersten Kataraktes, für den rechtzeitigen Beginn und eine ausreichende Höhe der alljährlichen Nilüberschwemmungen sorge. Der Zyklus dieses Naturereignisses unterwarf ihr Leben einem Rhythmus, den sie als Teil der *Maat*, der ewigen Weltordnung, betrachteten.

Das Rote Land hingegen mieden die alten Ägypter nach Möglichkeit. Es brachte von Westen her einen heißen, zerstörerischen Wind, den wir heute unter der Bezeichnung Chamsin kennen. Er trieb feine Sand- und Staubwolken vor sich her, ließ Mensch und Tier erblinden, trocknete ihre Felder aus und schüttete sie zu. Kein Wunder also, daß man die Wüste als eine Stätte böser, die Weltordnung störender Kräfte betrachtete, die in der Spätzeit von dem verderblichen Gott Seth verkörpert wurden.

Die engste Verbindung zum Boden des Landes hatte selbstverständlich der ägyptische Bauer. Er hatte gelernt, das Land zu bestellen, und allmählich erweiterte er seine Felder auf alle jene Gebiete, die von den alljährlichen Nilüberschwemmungen betroffen wurden. Das zum Anbau erforderliche Wasser leitete er auf die Felder, den Wasserüberschuß lenkte er ins Flußbett zurück. Im Laufe der Zeiten stieg der Ernteertrag, und die Zahl der Viehherden nahm zu, so daß bereits in vordynastischer Zeit (4000–3000 v. Chr.) ein Teil der Bevölkerung anderen Erwerbstätigkeiten nachgehen konnte. Diese zweite gesellschaftliche Arbeitsteilung – die erste hatte in der Vorgeschichte zwischen Mann und Frau stattgefunden – währte bis an die Schwelle der geschichtlichen Zeit. Doch auch damals war der Großteil der Bevölkerung an landwirtschaftliche Arbeit gebunden, von deren Erzeugnissen auch die übrigen sozialen Schichten lebten.

Ägypten ist ein „Geschenk des Nils" (Herodot), und die Ernte hängt mithin von den Überschwemmungen dieses Lebensspenders ab. Seine Fluten regulierten das Leben der altägyptischen Bauern. Und gerade sie waren es also, die ein besonderes Interesse am Kalender zeigten, so daß der älteste Kalender der Welt dank der regelmäßigen Naturerscheinungen eben in Ägypten entstand.

Den Beginn des neuen Jahres legten sie auf eine Zeit fest, da es in Ägypten bereits Sommer

Vorhergehende Seite
94. Sennedjem bei der Weizenmahd im Jenseits. Ausschnitt aus Abb. 97. Deir el-Medineh, Theben-West. 19. Dynastie

95. Dieses Relief eines vordynastischen Königs mit Wedelträgern ist als zeremonieller Dammdurchstich zur Bewässerung der Felder interpretiert worden. Detail vom Kopf eines Votiv-Streitkolbens des sogenannten Königs Skorpion. Hierakonpolis. Späte vordynastische Zeit. Oxford, Ashmolean Museum

war, in der Regel auf den 19. Juni unseres heutigen (Gregorianischen) Kalenders, wenn bei Sonnenaufgang nach 70tägiger Abwesenheit erneut der Sirius (Sothis) am Horizont erscheint. Eine in langen Jahren gemachte Erfahrung besagte, daß damit der Zeitpunkt einer erneuten Nilschwemme gekommen war. Kurz zuvor waren die ägyptischen Felder abermals von Scharen weißer Ibisse aufgesucht worden, die aus dem Süden ins Land gezogen kamen. Verspäteten sie sich aber oder blieben gar völlig weg, dann sahen die Bauern darin ein schlechtes Zeichen, das niedrige Überschwemmung und geringe Ernte verhieß. Im Ibis, dem weisen Vogel, der das Geheimnis dieser lebenswichtigen Naturerscheinung kannte, sah man deshalb die Verkörperung des gelehrten Gottes Thot.

Die Nilschwemme geht auf heftige Monsunregen zurück, die im äthiopischen Hochland fallen, dem Quellgebiet des Blauen Nils, in geringerem Maße aber auch in der Umgebung des Victoriasees und im Ruwenzori-Gebirge, wo der Weiße Nil entspringt. Die heftigen Regenfälle und die reißenden Wassermassen des Flusses führen fruchtbaren Boden mit sich, den der über seine Ufer getretene Nil dann in seinem ruhigeren Unterlauf in Ägypten allmählich auf den Feldern ablagert.

Eine chemische Analyse verrät das Geheimnis der Fruchtbarkeit des Nilschlammes, der alle wichtigen Stoffe enthält, die man dem Boden sonst durch Düngen hätte zuführen müssen: Der Nilschlamm enthält etwa 0,1 % Stickstoff in gebundener Form, etwa 0,2 % Phosphorsäureanhydrid und 0,6 % Kaliumkarbonat. Der Stickstoff gelangt zudem durch tiefe Risse in den ausgetrockneten Boden, wo er sich mittels Katalysatoren, wie Eisenoxid, festsetzt.

96. Der Nilgott Hapi hält ein Tablett mit Produkten, den Gaben des fruchtbaren Nils. Kalksteinrelief in Medinet Habu, Theben-West. 20. Dynastie

Die ägyptischen Bauern beteten zu dem Nilgott Hapi, den sie der Selbstbefruchtung des Nils und des überschwemmten Bodens wegen als Zwitter, als Hermaphrodit erachteten und als Mann mit weiblichen Brüsten darstellten, damit dieser alljährlich für die richtige Höhe der Nilschwemme sorge, die nicht zu niedrig, aber auch nicht zu hoch sein durfte. Fiel die Überschwemmung zu gering aus, erreichten die Fluten die durstigen, ausgetrockneten Felder nicht, zuviel Wasser würde jedoch die mühevoll errichteten Deiche wegschwemmen, das Land verwüsten, die Bäume umstürzen und sogar niedrig gelegene Dörfer bedrohen. *96*

Die Nilflut wurde in den alten Zeiten in ihrem Ausmaß über 'Nilometer' gemessen: Stufen, die bis unter die Wasseroberfläche führen und mit einer Skala in Ellen und kleineren Einheiten markiert sind. Am Nilometer von Assuan wird die optimale Fluthöhe – umgerechnet in Meter über Meeresspiegel – mit 93 m angegeben. Wann immer die 94 m überschritten wurden, kam es zu einer Flutkatastrophe, wurden andererseits 91,5 m nicht erreicht, mußte man mit einer Hungersnot rechnen. Antike Autoren machen unterschiedliche Angaben über die ideale Fluthöhe, was wahrscheinlich damit zusammenhängt, daß die Messungen, auf die sie sich berufen, an verschiedenen Stellen stattfanden: Herodot spricht von 15–16, Strabo von 8–14, Plinius der Ältere von um die 14 Ellen.

Zu den Hauptproblemen bei der Auseinandersetzung mit der ägyptischen Geschichte zählt die Frage nach der Bestimmung des Zeitpunkts, an dem die Ägypter begannen, bewußt die natürlichen Effekte der Nilüberschwemmung durch künstliche Bewässerung noch zu steigern, vor allem durch den Bau eines ausgeklügelten Kanalsystems. Die Kanäle brachten die Flut zu Plätzen, die diese sonst nie erreicht hätte, und fiel sie einmal geringer aus, konnte immerhin im Bereich des Kanalnetzes leichter künstlich bewässert werden.

Bis vor kurzem herrschte die Meinung vor, daß eine zentrale Organisation nötig war, um für den Bau, die Wartung des Kanalsystems und die Wasserverteilung zu sorgen, und daß dies die ursächliche Voraussetzung für den Aufstieg und Bestand des alten ägyptischen Staates war.

Dieser Theorie zufolge lag die Entscheidungsgewalt beim König und beim Wesir, während die unmittelbare Kontrollfunktion Beamten aus den Reihen des Adels und der Schreiber übertragen wurde. Demgegenüber vertritt L. Krzyżaniak die Ansicht, daß man bereits in der zweiten Hälfte der vordynastischen Zeit mit der künstlichen Bewässerung begonnen habe. Als Zeugnis dafür, daß Bewässerungskanäle bereits vor der Reichseinigung des Landes existierten, wird gewöhnlich auf den Keulenkopf von König Skorpion, dem letzten Herrscher Oberägyptens verwiesen, der hier bei der zeremoniellen Eröffnung eines künstlichen Kanals dargestellt sei. *95*

In jüngster Zeit haben zwei deutsche Ägyptologen, Frau E. Endesfelder und W. Schenkel, unabhängig voneinander die ältesten Zeugnisse für eine künstliche Bewässerung kritisch untersucht. Frau Endesfelder stellte fest, daß die Pyramidentexte (ihr ältester Wortlaut ist auf den Pyramidenwänden der späten 5. Dynastie überliefert) den Ausdruck „Kanal" (*mr* und *jtrw*) ausschließlich im Zusammenhang mit der Funktion von Wasserwegen gebrauchen. Auch W. Schenkel räumt die Existenz von Kanälen im Alten Reich als Wasserwege ein, die möglicherweise aber auch zur Entwässerung dienten.

Auf die bedeutende Rolle, die ein solcher Kanal beim Bau der Pyramiden spielte, verweist G. Goyon. Besagter Kanal zog sich, von Deirut kommend, am Fuße einer Anhöhe hin, auf der die Pyramiden und Mastabas des Alten Reiches errichtet wurden, und erstreckte sich bis zum Rande des Nildeltas. Von einer Bewässerungsfunktion der *mr*-Kanäle wird einzig und allein in dem Schutzdekret gesprochen, das König Pepi I. für die Pyramidenstadt des Snofru in Dahschur erlassen hatte; hier heißt es von den Kanälen, daß sie die Felder, die zur Versorgung der Pyramidenstadt angelegt worden waren, mit Wasser zu beliefern hatten.

In den Königsdekreten der 6. und 8. Dynastie fehlt jeder Hinweis darauf, daß Arbeitertrupps zum Bau von Bewässerungskanälen abgestellt worden seien. Die Dekrete nennen auch nur zwei Arten von Feldern: jene, die alljährlich vom Nil überschwemmt werden, und solche, die aufgrund ihrer höheren Lage nur selten von den Nilfluten erreicht werden.

Abgesehen von Reliefs in der Mastaba des Mereruka, die Gärtner bei der Bewässerung von Pflanzungen zeigen, gibt es in den Gräbern des Alten Reiches keine bildlichen Darstellungen von künstlicher Feldbewässerung, vom Kanal- oder Deichbau.

Alles deutet also darauf hin, daß bis zum Ende der neolithischen Pluvialzeit um 2350 v. Chr. eine künstliche Bewässerung in der Regel nicht nötig gewesen war. Die Nilschwemme trat mehr oder weniger regelmäßig ein, gelegentlich wurde sie auch durch Niederschläge ergänzt. Erst eine Aufeinanderfolge niedriger Überschwemmungen in der 1. Zwischenzeit, die mit dem Ausbleiben von Niederschlägen in Oberägypten verbunden war und zu Hungersnöten führte, machte radikale Maßnahmen erforderlich. Gerade aus dieser Zeit (9.-10. Dyn.) stammt aus dem Grab des Cheti, Gaufürst von Assiut, der erste Text, der den Bau eines 10 Ellen (5,2 m) breiten Kanals erwähnt. Das in diesem Kanal herangeführte Wasser wurde über die Felder verteilt, wobei man sich der Bassinbewässerung bediente, von der noch unten die Rede sein wird.

Seit dem Mittleren Reich sind auch Ausdrücke belegt, die mit Bewässerungsanlagen zusammenhängen: *ʿ* („Einlaufregulator"), *mrjt* („Uferdamm") und *dnjt* („Grenzdeich").

97. Sennedjem und seine Frau beim Pflügen und Ernten von Flachs und Weizen auf den mythischen Feldern von Earu. Malerei auf Stuck im Grab des Sennedjem. Deir el-Medineh, Theben-West. 19. Dynastie

Im Unterschied zu der früheren Auffassung, wonach die Bewässerung eine Angelegenheit der Zentralgewalt gewesen sei, zeigt sich jetzt im Lichte neuerer Funde, daß es sich dabei um Initiativen der Lokalmächte handelte, die sogar zu einer Vertiefung regionalen Partikularismus führen konnten. Für die Errichtung und Wartung von Bewässerungsanlagen sowie die Wasserverteilung sorgte eine lokale Körperschaft, deren höchstes Mitglied der Gaufürst war. Auch aus späterer Zeit sind keine Zeugnisse für die Existenz einer staatlichen Zentralbehörde überliefert, die sich mit der künstlichen Bewässerung befaßt hätte, und in den Beamten- und Priesterbiographien fehlt es an Titeln, die auf eine derartige Tätigkeit schließen lassen könnten. Im Gegenteil: Für den wirtschaftlichen Umgang mit Wasser war jeder einzelne Bauer mitverantwortlich. Das Totenbuch spricht ausdrücklich von einem großen Vergehen, wenn man seinen Mitmenschen an der Nutzung von Wasser hinderte oder ihm die Wasserzufuhr unrechtmäßigerweise abschnitt.

Das Interesse, das die Zentralgewalt für die Höhe der Nilschwemme zeigte, erfolgte eher aus steuerlichen Gründen, beispielsweise um die Höhe des Ernteertrages voraussagen zu können, oder aus religiösen Gründen. Doch befaßte sie sich auch mit Projekten von landesweiter Bedeutung. Einigen Wissenschaftlern zufolge wurde schon bald nach der Reichseinigung unterhalb von Memphis, der Hauptstadt des Alten Reiches, ein Damm gebaut. Durch die Entwässerung des Deltas und die Nutzung bislang brachliegender Flächen in Oberägypten wurden während der 3. und 4. Dynastie neue Felder gewonnen (sogenannte innere Kolonisierung). In der 12. Dynastie nahm man ein weitreichendes Projekt in Angriff: die Urbarmachung der Oase Fajjum, wobei der Moeris-See (der heutige Birket el-Qarun) als Wasserreservoir diente. Während der Nilschwemme floß das Wasser durch einen Kanal – er existiert noch heute als Bahr Jussuf – in diesen See, dessen Pegel eine Höhe von 18 m über dem Meeresspiegel erreichte (heute liegt er 45 m unter Meeresspiegel). In der Zeit zwischen den Überschwemmungsperioden des Nils hingegen leitete man das Wasser aus dem Moeris-See durch ein System von Bewässerungskanälen auf die Felder. Die Ausdehnung kultivierten Bodens im Fajjum fand dann unter den ersten Ptolemäerkönigen ein Ende.

Das allmählich dichter werdende Kanalnetz verbesserte nicht nur die Wasserzufuhr zu jenen Feldern, die sowieso schon von der Nilschwemme erreicht wurden, sondern ermöglichte jetzt auch eine Bewässerung jener Landstücke, die bislang außerhalb der Nilschwemme und auf höherem Terrain lagen. Gab es im Alten Reich lediglich natürlich bewässerte Felder, so unterschied man im Mittleren Reich zwischen niedrig gelegenen, natürlich bewässerten Felder und höher gelegenem, künstlich bewässertem Ackerboden. Im Neuen Reich kamen dann die Kategorien 'verbrauchtes' und 'frisches' Feld hinzu. Letztere ermöglichten, so W. Schenkel, eine Zweierntewirtschaft pro Jahr. Im Wilbour-Papyrus aus der Zeit Ramses' V. wird das Verhältnis des Ernteertrags zwischen dem höher gelegenen, dem 'verbrauchten' und dem 'frischen' Feld mit 5 : 7,5 : 10 angegeben, wobei dieses Verhältnis als Ausgangspunkt für die Festsetzung der Grund- und Bodensteuer diente. Aus derselben Zeit sind auch weitere Feldarten belegt wie 'Inselfeld', 'Neufeld' und 'Hochfeld'; diese Kategorien hängen offensichtlich mit der Einführung des Schadufs zusammen, eines mechanischen Wasserhebegeräts.

Nach Schätzungen von K.W. Butzer betrug die Fläche des kultivierten Landes im alten Ägypten von der vordynastischen Zeit bis zum Mittleren Reich etwa 8000 Quadratkilometer, nach der

Einführung des Schadufs im Neuen Reich stieg sie um 10 bis 15 %, und um denselben Prozentsatz nahm sie in der Ptolemäerzeit zu, als man Sakijen, also Schöpfwerke installierte, die von Büffeln bewegt wurden. Heute beträgt das kultivierte Land in Ägypten schätzungsweise 40 000 Quadratkilometer.

Herodot, der im 5. Jahrhundert v. Chr. Ägypten besuchte, lernte es offensichtlich in einer Zeit optimaler Nilschwemme kennen, so daß er zu dem Schluß gelangte, das Leben der ägyptischen Bauern sei beneidenswert bequem (II, 14): „Jetzt freilich ernten sie dort die Früchte ihres Landes mit weniger Mühe als alle anderen Völker …; sie brauchen sich nicht damit zu quälen, das Land zu pflügen und zu behacken, und haben nicht nötig, ihre Felder wie andere Leute mühsam zu bestellen, sondern der Fluß kommt von selbst und bewässert sie. Hinterher, wenn er wieder zurücktritt, besät dann jeder sein Stück Land, treibt die Schweine darauf, und wenn die Schweine die Saat eingetreten haben, wartet er die Ernte ab."

Demgegenüber malt eine Schülerübung das Los des Bauern in dunklen, ja allzu dunklen Farben, um es von dem gepriesenen glücklichen Leben des Schreibers so scharf wie möglich abzuheben: „Kehrt er (der Bauer) auf sein Feld zurück, findet er es in gutem Zustand vor. Er verbringt hier acht Stunden, indem er pflügt, während die Würmer bereits warten. Sie fressen die Hälfte der Saat, und das Nilpferd vertilgt den Rest. Auf dem Feld gibt es viele Mäuse, und die Heuschrecken fallen über es her. Auch das Vieh frißt (die Ernte), und die Spatzen stehlen sie. Wehe dem Bauern! Das bißchen in der Scheune wird den Dieben zur Beute. Dann legt der Schreiber am Ufer an und mit ihm seine Gehilfen, die Stöcke tragen, und schwarze Männer mit Palmruten. Sie sagen: 'Gib das Korn her!' 'Es gibt kein Korn.' Und sie schlagen den Bauern, fesseln ihn und werfen ihn in den Graben. Auch seine Frau und seine Kinder fesseln sie, und ihre Nachbarn beeilen sich, ihnen zu entkommen, um ihr eigenes Getreide zu retten."

Bei der Bestellung seiner Felder begnügte sich der ägyptische Bauer mit wenigen einfachen Arbeitsgeräten, von denen viele, nur leicht abgewandelt, auch von den heutigen Fellachen verwendet werden. Hierzu gehörte vor allem die unentbehrliche Hacke zum Lockern des Bodens. Sie bestand aus einer dünnen breiten scharfkantigen Klinge aus Hartholz, die in einem spitzen Winkel an einem hölzernen Schaft saß, an den sie mit einem Strick aus Pflanzenfasern festgebunden war. In den Hieroglyphen findet sie sich als Lautwert *mr* wieder.

Indem man nun diese Hacke vergrößerte und mit weiteren Bestandteilen versah, wurde aus ihr eine Pflugschar oder besser gesagt eine 'Pflughacke', denn sie riß den Ackerboden eher auf, als daß sie ihn umpflügte. Das älteste Zeugnis für ihre Existenz ist eine Hieroglyphe in Form eines Pfluges aus der 2. Dynastie. Die längere, aus Hartholz bestehende Klinge des Pfluges war an das untere Ende V-förmiger Holzsterze befestigt, die nach oben hin auseinanderliefen. Auf die oberen Enden der Sterze stützte sich dann der Pflüger, um dem Pflug die gewünschte Pflugtiefe zu geben und ihn entlang der Furchen führen zu können. Eine lange Stange verband das untere Ende der Sterze mit dem Joch der Zugtiere.

Zum Schneiden der Ähren verwendete der Bauer eine fast gerade oder leicht gebogene Holzsichel mit einer länglichen Furche, in der die Schneide saß, die aus eng aneinandersitzenden gezackten Feuersteinsplittern bestand. Die hölzerne Sichel wurde nach und nach von Kupfersicheln und seit dem Mittleren Reich von Sicheln aus Bronze verdrängt.

Holz behaute der Bauer mit geschliffenen Steinäxten, deren scharfe Klingen an J-förmige

98. Die Korn siebenden Frauen tragen Bänder um die Stirn, wohl um den Blick frei zu haben. Kalksteinrelief aus Saqqara. 5.–6. Dynastie. Kairo, Ägyptisches Museum

Schäfte gebunden waren. Zu den landwirtschaftlichen Geräten gehörten ferner Holzschaufeln zum Worfeln von Getreide, Holzgabeln zum Aufladen der Getreidegarben, hölzerne Harken, mit denen man die Ähren zusammenharkte, Netze und Körbe aus Pflanzenfasern, Leder- und Leinensäcke für den Transport der Ähren und Körner, Holzgefäße zum Abmessen des Ernteertrags und schließlich Schnüre zum Vermessen der Felder.

Die ägyptischen Bauern bauten drei verschiedene Weizensorten (Einkorn, Emmer und Spelt) sowie mehrere Arten von Gerste an, insbesondere die sechszeilige. Dem Anbau von Flachs, dem Grundstoff für die Textilherstellung, waren besonders viele Felder vorbehalten. In Gärten oder als zweite Ernte auf den Feldern pflanzte man Gemüse an, also Zwiebeln, Knoblauch, Porree, ägyptischen Lattich, Rettich, Kraut, Spargel, Gurken, Melonen, Linsen, Erbsen, Bohnen und verschiedenerlei Gewürze. Pflanzenöl, das man überaus schätzte, wurde aus den Samen von Sesam, Flachs und Rizinus gewonnen.

Die Zeit der Nilschwemme war für den ägyptischen Bauern eine Zeit der Ruhe, sofern ihn der König nicht für öffentliche Bauten dienstverpflichtete oder zum Militär einzog. „Während der ganzen Zeit der Überschwemmung“, schreibt Diodor, „enthält sich das Landvolk aller Arbeit und gibt sich ganz der Lustbarkeit hin in ununterbrochenen Festessen und unbeschränktem Genuß jedes Vergnügens“ (I, 36). Unter den Nilfluten verschwanden ganze Landschaften, und nur die Dörfer ragten wie Inseln aus ihnen hervor. Die Menschen machten ihre Papyrusnachen fahrbereit, um ihre Bekannten in den umliegenden Dörfern besuchen zu können, und die besonders Frommen steuerten die Tempel ihrer Lieblingsgötter an.

Hatte die Überschwemmung ihren Höhepunkt erreicht – in der Regel war dies Mitte August –, fuhr der Bauer seine Felder ab, um die Öffnungen der sie umgebenden Deiche zu schließen. Sank der Wasserstand des Nils wieder, ging auch das Hochwasser allmählich zurück, lagerte den mitgeschwemmten fruchtbaren Schlamm ab und sickerte tief in das Erdreich. Etwa anderthalb Monate später kam der Bauer erneut und ließ das restliche, sehr salzhaltige Wasser, das bereits größtenteils verdunstet war, ab. Felder, die auf diese zwar natürliche, doch von Menschenhand regulierte Weise bewässert wurden, brachten allerdings nur eine Ernte im Jahr. Um noch eine zweite Ernte zu erzielen, und zwar im Sommer, mußte der Bauer für eine künstliche Bewässerung in den übrigen Jahreszeiten sorgen.

War das Wasser restlos in den Feldern versickert, so daß man diese wieder betreten konnte, machte sich der Bauer mit seiner Familie daran, den Boden aufzuhacken oder von Zeit zu Zeit zu tiefen Furchen umzupflügen. Erst danach konnten die Felder bestellt werden.

Die Schreiber, die den Speichern vorstanden, teilten jedem Bauern eine bestimmte Menge an Saatgut zu, worüber sie genauestens Buch führten. Dann gab der Wesir durch seine Beamten, Stadtregenten und Dorfschulzen den Befehl zur Aussaat.

Mit dem Beginn der Aussaat war ein Ritual verbunden, bei dem der König Erdaufhackung und Aussaat symbolisch vollzog. Das älteste Zeugnis dieser Handlung hat sich in einer Darstel-
95 lung auf dem Keulenkopf König Skorpions erhalten: Der König hält eine Hacke in den Händen, während ein anderer Mann Saatkörner aus einem Korb streut.

Diese Zeremonie symbolisierte zugleich die rituelle Bestattung des Gottes Osiris, der durch die Hand seines Bruders Seth den Tod erlitten hatte, doch dank seiner Gattin und Schwester Isis wieder zu neuem Leben erweckt worden war. Das Getreidekorn – Symbol des Körpers von Osiris – war nur scheinbar gestorben, denn es wird gleichfalls neu zu sprießen beginnen. Hierin liegt auch der Grund dafür, daß man bei den Erntefesten vor allem die Göttin Isis feierte, denn ihr kam das Verdienst zu, daß das Korn wiederauferstanden war. Einen Reflex auf diesen Mythos findet man im Volksglauben, und zwar in dem Brauch, flache Tonfigürchen in Gestalt des liegenden Osiris mit Erde und Samen zu füllen – in der aufgehenden Saat sah man dann das Symbol der Wiederauferstehung.

Nach vollzogenem Ritual konnte der Bauer also mit der Aussaat beginnen. Er warf sich eine Ledertasche über die linke Schulter oder ergriff mit der Linken einen Korb mit Körnern, die er dann mit seiner Rechten in einem weiten Bogen über das aufgehackte Erdreich streute. Damit die Saat nicht auf der Ackeroberfläche liegen blieb und womöglich eine Beute der Vögel wurde, ließ er von Hirten Schafe und Ziegen über seine Felder treiben; auf diese Weise wurde die Saat von den Tierhufen in den Boden getreten. Auf einigen bildlichen Darstellungen ist ein Knabe zu sehen, der den Leithammel mit einem Bündel Grünfutter und den Worten lockt: „Halte dich in meiner Nähe!“ Doch auch Schweine traten die Saat ein, wie Darstellungen aus dem Neuen Reich zu entnehmen ist.

Das Wasser, das bei der Nilschwemme ins Erdreich gedrungen war, reichte in der Regel aus, um das Getreide bis zur Reife mit der notwendigen Feuchtigkeit zu versorgen. Mitunter aber trockneten die sengenden Sonnenstrahlen den Boden vorzeitig aus, insbesondere bei höher gelegenen Feldern, die von der Nilschwemme nicht erreicht worden waren, oder zu Zeiten niedriger Überschwemmungen. Anders als im Delta oder in Mittelägypten, wo es von Zeit zu Zeit, meistens im November oder im Dezember, heftig regnete, sind im restlichen Teil des Niltales in Oberägypten und Nubien seit dem Ende der neolithischen Pluvialzeit starke Regenfälle ausge-

99. Ein Schreiber notiert die Kornmengen, die unter Aufsicht des Majordomus von Trägern in den Speicher gebracht werden. Ausschnitt aus dem Sarkophag der Aschait aus dem Tempel Mentuhoteps II. Versenktes Kalksteinrelief. Deir el-Bahari. 11. Dynastie. Kairo, Ägyptisches Museum

blieben. Es erwies sich also als notwendig, daß die Bauern für eine ausreichende Bewässerung ihrer Felder selber Sorge trugen, sei es, daß sie das lebensspendende Naß direkt dem Nil entnahmen oder es durch Bewässerungskanäle zugeführt bekamen.

Im Alten und Mittleren Reich konnte der Bauer in solchen Fällen nichts anderes tun, als sich eine Tragstange, an deren beiden Enden je ein hölzerner oder tönerner Eimer hing, über die Schultern zu legen und das kostbare Wasser auf diese Weise auf die Felder zu tragen. Ein Relief in der Mastaba des Mereruka in Saqqara (6. Dyn.) zeigt Gärtner mit einer solchen Tragstange Lat- *105*
tichbeete in einem Garten bewässern. Sollten Felder oder Beete bewässert werden, teilte man sie in kleine Quadrate ein, die von Dämmen abgegrenzt wurden. Dann wurde Quadrat für Quadrat begossen, und die Dämme hielten das Wasser, bis es im Erdreich versickert war. Wie ermüdend und eintönig es gewesen sein muß, die Äcker bei der sengenden Tageshitze von Sonnenaufgang bis zum Einbruch der Dunkelheit auf diese Weise zu bewässern, kann sich sicherlich jeder lebhaft vorstellen.

Eine Erleichterung trat erst ein, als man in der ausgehenden 18. Dynastie den Schaduf einführte. Sein Ursprung liegt offenbar in Mesopotamien, wo er bereits auf einem akkadischen Rollsiegel dargestellt ist, das aus der Zeit von 2370–2200 v. Chr. stammt. Auf einer zumeist kegelförmigen Stütze aus Nilschlamm, die mit Schilf oder Palmblattrippen verstärkt ist, sitzt an einem beweglichen Zapfen ein langer waagerechter Hebebaum. Er trägt an seinem einen Ende einen ledernen, hölzernen oder tönernen Kübel zum Wasserschöpfen, an dem anderen Ende ein Gewicht aus gestampftem Lehm oder aus Stein. Mit dem Hebebaum konnte Wasser ohne größere Anstrengung 1–2 Meter hochgehoben und in Rinnen am Rande des Feldes gegossen werden, von wo aus es zu jenen Stellen weiterfloß, die bewässert werden sollten. Die frühesten Zeugnisse für die Verwendung des Schadufs stammen aus den Gräbern Neferhoteps und Merires in Tell el-Amarna sowie aus einigen thebanischen Gräbern der 19. Dynastie. Auf diesen Darstellungen sind Männer bei der Bewässerung eines Gartens zu sehen, die Wasser aus einem quadratischen Bassin schöpfen, und man darf annehmen, daß auf dieselbe Weise auch die Felder bewässert wurden. Obgleich der Schaduf ohne größere körperliche Anstrengung bedient werden konnte, war diese monotone Tätigkeit sowohl physisch wie psychisch ermüdend.

Das erste mechanische Gerät, mit dem Wasser aus Kanälen auf höher gelegene Felder geleitet werden konnte, stammt aus der Perserzeit (nach 525 v. Chr.). Es war die sogenannte archimedische Schraube (Tanbur), eine in einem schrägen Zylinder verlaufende Schnecke, die bei Drehungen mit einer Kurbel einen starken Wasserstrom nach oben beförderte. Die Bewässerung erfolgte dadurch zwar schneller, ausgiebiger und kontinuierlicher, doch weil die Bedienung der Wasserschraube weitaus anstrengender als die des Schadufs war, konnte sich letzterer auch weiterhin neben dieser neuen Erfindung behaupten.

Die entscheidende Wende in der Bewässerungstechnik trat erst Anfang der Ptolemäerzeit mit der Einführung der Sakije ein, die um 300 v. Chr. im Fajjum erstmals archäologisch bezeugt ist. Bei ihr handelt es sich um eine Vorrichtung, die den einst in Europa bekannten Göpeln ähnlich ist: An ein waagerecht installiertes Antriebsrad wird eine Kuh gebunden, die im Kreise läuft und das Rad somit dreht. Die Bewegung des Rades wird auf ein großes, senkrecht sich drehendes Schöpfrad übertragen, dessen Eimer unten Wasser schöpfen, das sie dann oben, in 3–4 m Höhe,

in eine Holzrinne gießen, die es auf das Feld weiterleitet. Die Sakije hebt das Wasser also nicht nur in größere Höhen als die bereits genannten Vorrichtungen, sondern sichert auch einen kontinuierlichen und ausreichenden Wasserzufluß. Sie erwies sich als eine effektive Methode, nicht nur höher und entfernter gelegene Felder zu bewässern, sondern ermöglichte eine Bewässerung auch das ganze Jahr über und verhalf somit zu einer sehr ertragreichen zweiten Ernte. Man hat berechnet, daß mit der Sakije pro Tag etwa 10 ha Land bewässert werden konnten.

Ägyptenreisende können bei einem Ausflug über Land auch heute noch alle drei Bewässerungsvorrichtungen in Betrieb sehen, obgleich diese immer mehr durch leistungstärkere Motorpumpen ersetzt werden.

Endlich war der lang ersehnte Tag gekommen. Der Bauer nahm eine Ähre des goldgefärbten Getreides in die Hand, rieb sie zwischen den Fingern und erkannte, daß sie reif war. Die Erntezeit begann und mit ihr die Mobilisierung sämtlicher Arbeitskräfte des Dorfes, einschließlich der Frauen und Kinder. Seit dem Neuen Reich befanden sich unter ihnen auch Sklaven sowie Personen, die gegen königliche Dekrete verstoßen hatten. Bei Bedarf konnten zu den Erntearbeitern auch Militäreinheiten abkommandiert werden.

7 Die Ernte begann zunächst mit Feiern zu Ehren des Fruchtbarkeitsgottes Min. Eröffnet wurden sie durch den König, der mit einer Sichel die ersten Getreideähren schnitt. Diodor berichtet, daß noch zu seiner Zeit (1. Jh. v. Chr.) die Bauern einem alten Brauch folgten und aus dem ersten eingebrachten Korn Getreidegarben errichteten, sich vor die Brust schlugen und die Göttin Isis anriefen.

100. Ein Bauer mit einem Stock über den Schultern treibt einen Esel an, der zwei Körbe mit Getreide transportiert. Am Kornspeicher werden die Körbe dann von Trägern in Empfang genommen, die sie über eine Treppe in den Speicher tragen. In der Szene darüber drei gezähmte Antilopen beim Äsen vor drei Häuschen. Malerei auf Kalkstein aus dem Grab des Iti. Gebelein. 1. Zwischenzeit. Turin, Museo Egizio

Rechts
101. Ein pflichtvergessener Bauer wird vom Steuereinnehmer kräftig an den Schultern geschüttelt, ein anderer Bauer mit Stockschlägen bestraft, und ein dritter bittet auf Knien um Erbarmen. Malerei im Grab des Menena. Scheich Abd-el-Gurna, Theben-West. 18. Dynastie.

Ernteszenen haben sich an den Wänden zahlreicher Gräber erhalten, am vollständigsten sind sie uns im Grab des Menena in Scheich Abd-el-Gurna (18. Dyn.) überliefert. Seine Darstellung diente uns im folgenden als Wegweiser.

Bevor man begann, das Getreide mit Sicheln zu mähen, kamen die Landvermessungsschreiber unter Führung des 'Vorstehers der Felder', um die Lage der Marksteine zu kontrollieren und mit Hilfe geeichter Meßschnüre die Größe des Feldes zu ermitteln. Die so gewonnenen Angaben 232
dienten ihnen dann für eine vorläufige Berechnung des zu erwartenden Ernteertrags, die nach vollzogener Mahd mit dem tatsächlichen Ertrag verglichen wurde. Mit dieser Kontrollmaßnahme sollte offenbar verhindert werden, daß ein Teil der Ernte 'abhanden' kam.

Die Schnitter gingen gewöhnlich in einer geraden Reihe vor, wobei sie zügig zum Rhythmus von Arbeitsliedern arbeiteten, deren Texte sich beispielsweise im Grab des Ti (5. Dyn.) oder in der Mastaba des Mereruka (6. Dyn.) in Saqqara erhalten haben. Der Vorsänger wurde von einem Flötenspieler begleitet, und die Schnitter sangen ihre Antwort im Chor. (Dieser Wechselgesang wird auch heute noch von den einheimischen Arbeitern beispielsweise auf Grabungen gepflegt.)

Der Schnitter ergriff mit seiner Linken ein Bündel Getreidehalme und schnitt sie etwa in 94
Kniehöhe ab. Die abgeschnittenen Halme ließ er zu Boden fallen, wo sie von Erntehelfern aufgelesen und gestapelt wurden, wobei man die Ähren kreuzweise übereinanderlegte. Auf diese Weise entstanden kompakte Garben, die nicht gebunden werden mußten, wie uns dies das Relief im Grab des Ti anschaulich zeigt. Die Garben kamen dann in Tragkörbe oder Netzsäcke und wurden auf Eseln auf die Tenne transportiert. Einige Ernteszenen sind mit kurzen aufmunternden Beischriften versehen, wie: „Was ist das denn, Leute, beeilt euch, die Gerste (ist zu ernten), bevor der Tag um ist!“ oder „Wo bist du, der geschickt in seiner Arbeit ist?“ – „Ich bin es!“

Die Tenne befand sich entweder auf dem Feld oder in der Nähe eines Bauernhauses. Sie bestand aus einer runden gestampften Lehmfläche und war von einer niedrigen Lehmmauer umgeben. Auf der Tenne angekommen, wurden die Garben gelöst, die Ähren auf den Boden geworfen und anschließend Rinder oder Esel in die Umfriedung getrieben, die mit ihren Hufen das Korn aus den Ähren stampften. Die Mauern der Tenne waren von Männern bevölkert, die die Tiere mit Schreien oder leichten Stockhieben in Bewegung hielten.

Das auf diese Weise 'gedroschene' Korn enthielt eine Unmenge Spreu, Stroh und anderen Unrat. Es mußte deshalb geworfelt, also gereinigt werden, was an windigen Tagen auf einer saubergefegten Fläche erfolgte. Zumeist waren es junge Mädchen, die sich dieser Arbeit annahmen;

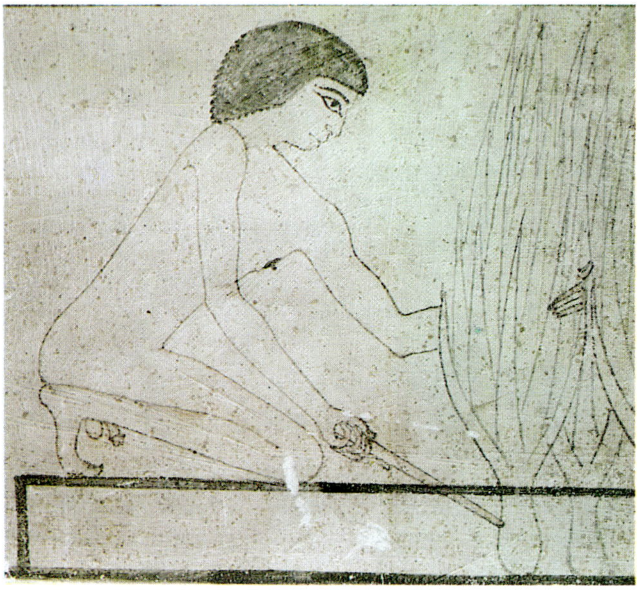

mit kurzstieligen Holzschaufeln warfen sie die zerstampften Ähren in die Luft, wobei die leichtere Spreu, das Stroh und aller Unrat vom Wind fortgeweht wurden, während das schwerere Korn auf die Erde fiel. Das Worfeln konnte auch in Netzen erfolgen, allerdings war dies bereits Männerarbeit. Und dann kamen wieder die Schreiber zu Wort, die in Hohlmaßen (Holzgefäßen) das geerntete Korn maßen. Schließlich füllte man das Getreide in Säcke ab und trug oder transpor-
100 tierte es auf Eseln in die Speicher.

Der älteste Speichertyp, der bereits in Modellen aus vorgeschichtlicher Zeit faßbar ist, glich einem Kegel mit kreisrundem Grundriß und war mit einer Kuppel überdacht. Errichtet war er aus gut getrocknetem Holz, das oft verputzt war, oder aus Nilschlammziegeln. Die größten Kornspeicher hatten eine Treppe, über die man zur Füllöffnung nach oben gelangte; war keine Treppe vorhanden, legte man einfach eine Leiter an. Die Zahl der Säcke, die man im Speicher entleerte, wurde abermals von Schreibern notiert. Am Fuße des Speichers befand sich eine weitere, fest
99 verschließbare Öffnung, die zur Getreideentnahme diente. Jede Entnahme von Getreide unterstand gleichfalls der Kontrolle der Schreiber.

Saatkorn wurde in besonderen Speichern gelagert, die sich schon äußerlich durch ihre Trapezform von den oben erwähnten Speichern unterschieden, so daß es zu keinen Verwechslungen kommen konnte.

77 Unter Modellen aus dem Mittleren Reich finden wir einen weiteren, viereckigen Speichertyp. Einer dieser Speicher, die entlang den Mauern eines Hofes angeordnet sind, trägt ein Flachdach

Von rechts nach links
102–104. Ein Gärtner schlägt mit Stöcken, um Vögel zu verscheuchen, gießt und schneidet Lattich. Entwurf für die unvollendete Dekoration im Grab des Neferherenptah, Saqqara. 5. Dynastie

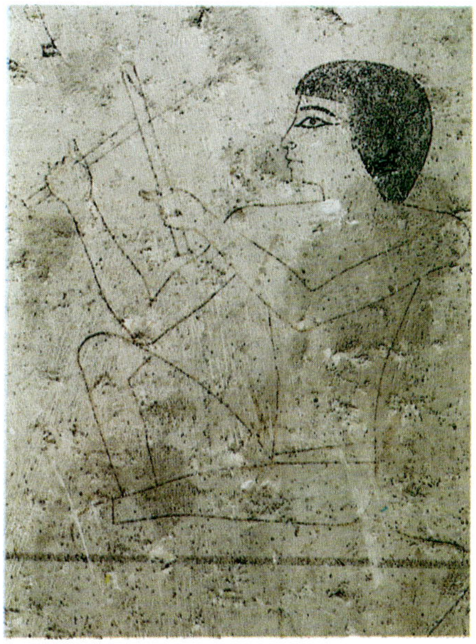

105. An Tragstangen bringen Gärtner Krüge mit Wasser herbei, um die quadratischen Lattichbeete zu bewässern, die von einem Netz seichter Gräben umgeben sind. Grab des Mereruka, Saqqara. 6. Dynastie

mit fünf Füllöffnungen, durch die Frauen Getreidesäcke entleeren, während nicht weit davon entfernt ein Schreiber sitzt und die Zahl der Säcke notiert. Überwacht werden die Arbeiten von einem Wächter mit einem Stock in der Hand. Auch in Gräbern und an Fußenden von Särgen findet sich dieser Speichertyp dargestellt.

Viele Speicher mit enormem Fassungsvermögen – beredtes Zeugnis für ihre Bedeutung in der Tempelwirtschaft des Neuen Reiches – haben sich im Ramesseum, dem Totentempel Ramses' II. am Westufer des Nils in Theben erhalten. Die Speicher bestehen aus Reihen langer Lehmziegelgänge mit Tonnengewölbe, die oben in regelmäßigen Abständen Füllöcher aufweisen.

Ein System von staatlichen und tempeleigenen Speichern war das Rückgrat der altägyptischen Naturalwirtschaft. Zugleich stellten diese Speicher wichtige Verwaltungszentren dar, die für einen Ort, für einen Gau oder für den Staat insgesamt von Bedeutung waren und in denen ein ganzes Heer von Schreiberbeamten über sämtliche Einnahmen, über die Lagerung und alle Ausgaben von Getreide genauestens Buch führte. Dank der Speicher war man auch für den Notfall gerüstet: bei Mißernten, hervorgerufen etwa durch eine zu niedrige Nilschwemme, stand genügend Getreidevorrat zur Verfügung, so daß eine Hungersnot auch auf Jahre hinaus abgewendet werden konnte. Erinnert sei in diesem Zusammenhang an den in der Bibel geschilderten Traum Pharaos und seine Deutung durch Joseph, der darin sieben fette und sieben magere Jahre auf das Land zukommen sah. Die Getreidespeicher versorgten das Heer, die Arbeiter auf öffentlichen Großbaustellen sowie alle anderen, nicht in der Landwirtschaft tätigen Bevölkerungsschichten. Neben staatlichen und tempeleigenen Speichern, denen die Bauern den Großteil ihrer Getreideernte ablieferten, gab es auch große Privatspeicher auf großen Gütern und kleinere auf den bescheidenen Höfen des Landvolkes.

Eine andere wichtige Nutzpflanze: der Flachs, wurde nicht geschnitten, sondern gezogen. Diese Arbeit konnte außer dem Bauern auch dessen Frau verrichten, wie dies eine Szene im Grab 97
des Senedjem in Deir el-Medineh (20. Dyn.) zeigt. Bei der Flachsernte wurde, wie Plinius in seiner Naturgeschichte beschreibt (Historia naturalis XIX, 16–18), die Pflanze von ihren Wurzeln und Samenkapseln befreit, in kleinen Bündeln etwa eine Woche lang an der Sonne getrocknet, danach 10–14 Tage lang gewässert, schließlich 'gebrochen', indem man sie gegen Steine schlug, und mit einem Holz- oder Metallkamm gehechelt, wobei die Fasern in lange Einzelfasern voneinander getrennt wurden. Anschließend wurde der Flachs in Weberwerkstätten oder in Heimarbeit weiterverarbeitet.

War die Ernte vorüber, so hieß das nicht, daß der Bauer ausruhen konnte. Bereits im Alten Reich hatte man an eine zweite Feldbestellung zu denken, da zwischen dem Ende der Ernte (März-April) und dem Eintreten der Nilflut (Juni) genügend Zeit lag. Angebaut wurde diesmal zumeist Gemüse, vor allem Hülsenfrüchte, die sich für einen Wechsel mit Getreide besonders eigneten, da sie den Boden mit Stickstoff anreicherten. Hülsenfrüchte bildeten also einen wichtigen Bestandteil der altägyptischen Nahrung. Unter Ptolemaios III. Euergetes ist als Zweierntewirtschaft auch der Getreideanbau bezeugt. In Ägypten mußte man den Ackerboden nicht ruhen lassen, denn seine 'Düngung' besorgte die nächste Nilschwemme.

Die Aufsicht von Schreibern bei der Einbringung der Ernte war weder Zufall noch eine Ausnahme, denn das Produkt, das der Bauer erarbeitete, gehörte ja nicht ihm und mußte zu einem Großteil an den Staat abgeführt werden. Sämtlicher Boden in Ägypten war ausschließlich Eigentum des Königs oder der Tempel oder gehörte Großgrundbesitzern, die ihn ihrerseits vom König zugewiesen bekommen hatten. Es handelte sich also um Großgrundbesitz, der von der Mehrzahl der Landbevölkerung bestellt wurde.

Die Bauern zählten zu den *mrt* – ein Ausdruck, der gewöhnlich mit „Hörige" übersetzt wird und – wohl weniger wahrscheinlich – „Unfreie" bedeuten soll (wir wissen ja nicht, ob sie tatsächlich in ihrer Bewegungsfreiheit eingeschränkt waren), doch nannten sie sich auch *ʿḥwtj*, also „Domänenarbeiter". Jede Bauernfamilie bewirtschaftete ein ihr zugewiesenes Stück Land, an das sie zeitlebens gebunden war. Den wesentlichen Teil ihres Ertrags lieferte sie dem Bodeneigentümer ab. Ansonsten waren die ägyptischen Bauern persönlich Freie und genossen alle bürgerlichen Rechte. Als sich im Neuen Reich in Ägypten die Sklaverei verbreitete, nahmen auch sie Sklaven zu sich, die ihnen bei der Landarbeit behilflich waren.

War ein Bauer nicht in der Lage, seinen Abgabeverpflichtungen nachzukommen, erwartete ihn gnadenlose Strafe. Die Mastaba des Mereruka in Saqqara zeigt in ihren bildlichen Darstellun- 234
gen Gutsverwalter, die derartige Schuldner – sie werden in gebeugter Haltung dargestellt – vor den Richter führen und ihnen bereits auf dem Weg dorthin Stockschläge verabreichen. Einen der Schuldner binden sie sitzend an einen Pfahl, wo ihn zwei Männer mit Stöcken auf den nackten Rücken schlagen. Schläge bekommt ein liegender Bauer auch auf Darstellungen im Grab des Me- 101
nena in Scheich Abd-el-Gurna.

Mit eintretender Schwächung der Zentralgewalt war es – insbesondere seit der 3. Zwischenzeit – möglich geworden, daß auch königliche oder Tempelpriester, Soldaten im Ruhestand und Vertreter anderer Berufe Land erwarben, das ihnen zunächst ihren persönlichen Bedarf bis ans Lebensende decken sollte. Dieses Land konnte an die nächste Generation weitervererbt

106. Unter den Bäumen und Sträuchern, die im alten Ägypten wuchsen, sind zu erkennen: die Dattelpalme mit ihrem unverzweigten Stamm und kleiner Frucht, die Dumpalme mit gegabeltem Stamm und großer Frucht sowie die Sykomore. Malerei im Grab des Sennedjem, Deir el-Medineh. 19. Dynastie

werden, bis es schließlich als frei verfügbar und auch verkaufbar angesehen wurde. Die staatliche Verwaltung besaß nicht mehr die Autorität, es für die staatlichen Domänen zurückzufordern.

Unsere Aufzählung der Früchte des Schwarzen Landes wäre unvollständig, erwähnten wir nicht auch die altägyptischen Gärten. Gärten wurden nicht nur des Obst- und Gemüseanbaus halber, sondern auch aus ästhetischen, psychologischen und religiösen Gründen angelegt – von der schattenspendenden Funktion ihrer Bäume ganz zu schweigen. Die Ägypter schätzten Bäume und Blumen und verwendeten große Sorgfalt auf ihre Pflanzungen, ihre Pflege und ihren Schutz. Bei drückender Hitze im Schatten eines dichtbelaubten Baumes zu sitzen, gehörte zu einer beliebten Form körperlicher und geistiger Erholung.

Dem Volksglauben zufolge hausten in den Bäumen übernatürliche Wesen oder beliebte Götter. Die Göttin Hathor trug den Beinamen „Herrin der südlichen Sykomore". Das Totenbuch verbindet die Sykomore mit dem Aufgang der Sonne und der Himmelsgöttin Nut, mitunter wurde sie mit Isis in Verbindung gebracht. Zugleich galt die Sykomore dem Toten als Quell für Schatten und Nahrung. In der zweiten Hälfte der Herrschaftszeit der 18. Dynastie
106 wurden eben diese Eigenschaften auf die Dattelpalme übertragen. Im heiligen Perseabaum (*Mimusops Schimperi*) wiederum erblickte man den Lebensbaum; auf seinen Blättern und Früchten zeichneten die Göttin Seschat und der Gott Thot Namen und Regierungsjahre eines jeden Königs auf. Verschiedene Kultstätten wurden mit dem Christusdorn (*Zizyphus spina Christi*) verbunden, und den Moringaölbaum (*Moringa aptera*) ordnete man den Göttern Hetepbakef und Cheribakef zu.

Da Ägypten ein an Bäumen relativ armes Land war, nimmt es nicht wunder, daß sie besonderen Schutz genossen. Als Sitz der Götter durften heilige Bäume nicht gefällt werden, und sollten 'profane' Bäume geschlagen werden, mußte zuvor die Genehmigung des Wesirs einge-
107 holt werden. Die im Grab des Nacht in Scheich Abd-el-Gurna (18. Dyn.) dargestellte Fällung eines Baumes ist deshalb von Seltenheitswert. Besagte Szene zeigt einen knienden Holzfäller, der mit beiden Händen eine langstielige Axt umfaßt und einen Baum umhaut; ein anderer Baum ist bereits gefällt, und ein dritter steht noch.

Im alten Ägypten kannte man verschiedene Arten von Gärten. Die größten säumten den Königspalast oder große Tempel. Von diesen Gärten haben sich nur wenige Zeugnisse erhalten. Anders die Gärten in den Residenzen der Adligen, die wir von Darstellungen auf den Wänden ihrer Gräber her kennen. Im Mittleren Reich gab es kleine Gemüsegärten an Kanalufern, zu denen man über Stufen gelangte.

In den Neues-Reich-Gräbern des Rechmire, Amenemhet, Qenamun, Merire oder Sennefer
68 in Scheich Abd-el-Gurna sind große Gärten jeweils von einer hohen Ziegelmauer umgeben dargestellt, die ihnen vor Mensch und Tier Schutz bot. Die Gärten waren mit Bäumen in regel-
106 mäßigen Reihen bepflanzt: hohe Sykomoren an der Gartenmauer, Dattel- und Dumpalmen zur Mitte hin, und schließlich niedrige Feigenreihen, die ein rechteckiges Bassin säumten. Weinlauben, die aus leichten Papyrusstengeln und Spalieren bestanden, waren abwechselnd von Sykomoren und Palmen umstanden. Kioske und Lauben luden zu angenehmem Verweilen im Schatten ein. Beruhigend auch war der Blick, der sich auf die mit Wasser gefüllten Bassins bot, in denen sich zwischen Lotusblumen, Schilf und Papyruspflanzen Fische tummelten.

Rechts
107. Ein kniender Mann beim Fällen einer Sykomore. Er benutzt dazu eine Bronzeaxt, deren Schneide an einem Holzgriff festgebunden ist. Malerei im Grab des Nacht. Scheich Abd-el-Gurna, Theben-West. 18. Dynastie

Die einfachen Dorfbewohner hielten sich an ihren Häusern kleine Gärten. Dort, wo die Häuser sehr eng beieinander standen, mußten sie sich mit Blumenbeeten oder ein paar Bäumen begnügen, gegebenenfalls züchteten sie Blumen und Sträucher in Lehmtöpfen oder Holzkästen auf dem Hof.

Zu den wirtschaftlich bedeutendsten Bäumen gehörte die Dattelpalme. Sobald sich unter ihrer fasrigen Krone die schweren Trauben goldgelber Früchte zeigten, kletterten Knaben mit einem Messer zwischen den Zähnen den Stamm empor und schnitten die Datteln ab. Auf einer Wandmalerei im Grab des Rechmire in Scheich Abd-el-Gurna (18. Dyn.) ist eine Dattelernte dargestellt: Ein Mann pflückt mit beiden Händen die Früchte, während sie ein anderer in Gefäßen an einer Tragstange fortträgt. In den königlichen Gärten verwendete man zum Pflücken der Datteln sogar dressierte Affen. Die Schreiber, die für die Kornspeicher und die Lebensmittellager verantwortlich waren, führten Buch über die Dattellieferungen aus den staatlichen oder tempeleigenen Plantagen sowie über die entsprechenden Abgabequoten privater Gärtner. Die Früchte anderer Bäume werden uns in Kapital 10 beschäftigen.

108. Diese reizende Skizze, die einen fassungslosen Gärtner und eine Blätter fressende, ihr Junges säugende Ziege zeigt, mag einen Eindruck von den Themen jener Bilder geben, die einst Privathäuser zierten. Kalksteinsplitter (Ostrakon). 20. Dynastie. Kairo, Ägyptisches Museum

Auch der Ölbaum *b3q*, vermutlich die *Moringa aptera*, war von einiger Bedeutung. Neben Kulturbäumen gab es zahlreiche Bäume und Sträucher, die wild in freier Natur wuchsen, wie Akazie, Tamariske, Mimose, Weide, Dumpalme und der Zitronenbaum.

Die meisten einheimischen Laubbäume Ägyptens lieferten nur minder gutes Holz, das zu knorrig und unelastisch war und leicht splitterte, so daß man es lediglich als Baustützen, Dachbalken oder allenfalls zur Herstellung von Möbeln, Truhen und Särgen verwenden konnte. Mit der Entwicklung großer Bauten – der Pyramiden, Mastabas, Paläste und Tempel – war es erforderlich geworden, qualitativ besseres Holz zu importieren. Dafür in Frage kamen vorwiegend Nadelhölzer vor allem aus den Küstengebieten des heutigen Israel, Libanon und Syriens. Die ältesten Annalen, die Holzeinfuhren erwähnen, berichten von der Entsendung von 40 Schiffen nach Byblos unter König Snofru (4. Dyn.), auf denen Unmengen von Zedern, Zypressen, Kiefern, Fichten, Tannen und Wacholder nach Ägypten verschifft wurden. Als Ägypten zu Beginn des Neuen Reiches diese Gebiete beherrschte, begann es dort Holz in einem solchen Maße abzubauen, daß es zu einer Entwaldung des gesamten Küstenstreifens kam. Mit der Vervollkommnung der ägyptischen Balsamierungstechnik wurde aus diesen Ländern auch Harz – ein Produkt von Kiefer, Tanne, Fichte und wohl auch der Lärche – eingeführt. Die Zeder hingegen produzierte relativ wenig Harz. Zur Herstellung von Luxusgegenständen aus Holz verwendete man schwarzes Ebenholz, das man aus dem Innern Afrikas importierte.

Die alten Ägypter experimentierten bereits mit der Akklimatisierung exotischer Baumsorten, beispielsweise den weihrauchspendenden *Bosswelia*-Arten, die von Mitgliedern einer ägyptischen Puntexpedition mit in die Heimat gebracht wurden, wie Reliefs im Hatschepsuttempel von Deir el-Bahari zeigen. Es gab besonders in den Tempeln Gartenanlagen, die unseren botanischen Gärten ähnelten. Einer der berühmtesten Gärten dieser Art gehörte Thutmosis III. und ist auf den Reliefs des 'botanischen Saales' neben der Festhalle im Amuntempel von Karnak dargestellt.

Weintrauben durften in fast keinem Garten fehlen und wurden außerdem in eigenen Weinbergen angebaut. In vielen Gärten des Alten und mehr noch des Neuen Reiches finden sich Darstellungen mit Szenen der Weinlese: Trauben werden gepflückt, in Körbe gelegt und zur Kelter *109*

109. Weinbauern bei der Weinlese. Malerei im Grab des Nacht. Scheich Abd-el-Gurna, Theben-West. 18. Dynastie

110 getragen. Als Kelter diente ein viereckiger, mit einer glatten Mörtelschicht ausgestrichener Bottich, in den die Früchte hineinkamen. Dann wurden die Weintrauben von barfüßigen Männern getreten, die sich dabei an den Stricken eines über dem Bottich befindlichen Gerüstes festhielten, um beim Treten nicht die Balance zu verlieren und nicht in die breitgetretenen Früchte zu fallen, da einem durch den freiwerdenden berauschenden Dunst sehr leicht schwindlig werden konnte. Der Most floß durch einen Abfluß aus Holz und Metall aus dem Bottich in ein darunter stehendes Gefäß. Die Trester, also die Fruchtrückstände wie Schalen und Kerne, wurden anschließend noch in einer Sackpresse ausgepreßt. Beide Enden des Sackes waren an Stangen befestigt, die von Männern wie Hebel auseinandergedrückt wurden. Der in den Trestern enthaltene
111 Saft floß dann durch den Sack in ein darunter stehendes Gefäß. Grabmalereien des Mittleren Reiches in Beni Hasan zeigen uns eine entwickeltere Technik: das eine Ende des Sackes war an einer Wand befestigt, so daß nur mehr am anderen Ende, durch das eine Stange lief, gedrückt zu werden brauchte.

Der Most wurde anschließend durch ein Stück Stoff in Gärbottiche gefiltert. Mitunter beschleunigte man den Gärprozeß noch durch Erhitzen. Der gegorene junge Wein wurde schließlich mittels Trichter oder Pipetten in hohe Amphoren umgefüllt, in denen der Wein weiter gor und reifte, oftmals mehrere Jahre lang.

War die Gärung abgeschlossen, filterte man den reifen Wein durch ein Stück Leinen und setzte ihm Aromastoffe wie Honig oder verschiedene Gewürze zu. Die Verteilung des Weines über das gesamte Land erfolgte in Weinamphoren; sie zählen übrigens zu den häufigsten Siedlungsfunden und lassen erkennen, wie beliebt dieses Getränk besonders seit dem Neuen Reich und vor allem in römischer Zeit war. Unmengen an Weinamphoren traten bei Ausgrabungen der Magazine im Ramesseum, in den Gräbern der thebanischen Beamten, in Abydos, Tell el-Amarna und anderswo zutage. Inschriften auf einigen Amphoren enthalten den Jahrgang, die Weinsorte, ihre Qualität, die Lage und den Besitzer des Weinberges und ähnliches mehr. Auch die Weinherstellung stand unter der Kontrolle von Schreibern, die den noch feuchten Amphorenverschlüs-
237 sen aus Nilschlamm ihr Siegel aufdrückten.

Durch die Entzifferung der Angaben auf den Amphoren war es möglich, die Lage der ägyptischen Weinanbaugebiete zu rekonstruieren. Ihre wichtigsten Zentren befanden sich im Delta, am heutigen Mareotis-See bei Alexandria, an der Westküste zu Libyen hin, in den Oasen der Westküste, besonders in Charga und Dachle, und in der Umgebung von Kynopolis nahe bei el-Maragha in Mittelägypten. Neben echtem Wein gab es auch eine Art Weinersatz, der aus gegorenem Palmensaft, aus Datteln, Feigen und aus Nabak, den Früchten des Christusdornes, gewonnen wurde.

110. Männer beim Treten von Weintrauben. Sie halten sich an Seilen fest, um durch den freiwerdenden berauschenden Dunst des gärenden Rotweins nicht ihr Gleichgewicht zu verlieren. Ein anderer Mann zapft die gewonnene Flüssigkeit in einen Krug ab. Malerei im Grab des Nacht. Scheich Abd-el-Gurna, Theben-West. 18. Dynastie.

Die alten Ägypter kannten auch viele wild wachsenden Sträucher und Kräuter und verstanden es, sie zu Arzneimitteln zu verarbeiten sowie Pigmente und Flechtwerk – Matten, Bettbespannungen, Körbe, Strohschüsseln, Sandalen usw. – aus ihnen herzustellen. Aus Kornblumen, Mohn, Chrysanthemen, Mandragora, Malven, Schwertlilien, Rittersporn, Jasmin, Efeu, besonders aber aus Papyrus und Lotus banden sie Sträuße für die Lebenden und die Toten.

Die in den Sumpf- und Moorgebieten Ägyptens dicht wachsenden Papyrus- und Lotuspflan- *113*
zen geben seiner Landschaft das typische Gepräge. Papyrus wuchs vor allem im Delta und wurde somit die heraldische Pflanze für Unterägypten, während Lotus im gesamten Niltal verbreitet war und Oberägypten symbolisierte. Die Vereinigung beider Landeshälften wird deshalb in Reliefs auf den Sockeln königlicher Kolossalstatuen durch den Nilgott Hapi, der Papyrus und Lotus miteinander verknüpft, dargestellt.

Papyrusdickichte waren ein bevorzugtes Jagdgebiet. Sie wuchsen in dem Geflecht der Nilarme auf kleinen Schlamminseln, die oft ihre Gestalt änderten oder an anderen Stellen neu entstanden. In der ägyptischen Mythologie war der Papyrus das Symbol für die aus dem Urozean entstehende Welt; durch eine Bedeutungsverschiebung symbolisierte er aber auch Jugend und Freude. Beliebt waren Amulette in Gestalt von Papyrusbündeln, die zum Schutze der Lebenden getragen wurden und dem Toten auf magische Weise ewige Jugend und beständige Freude sichern sollten. Papyrussträuße bedeuteten Sieg und Freude. Oft begleitet der Papyrus auch Darstellungen von Göttern wie Horus, Hathor und Wedjat. Und natürlich konnte diese Pflanze auch im Alltag vielseitig verwendet werden, beispielsweise als Schreibmaterial, zum Flechten, beim Bootsbau und dergleichen mehr.

Die Ägypter kannten zwei Arten von Lotus: den Weißen (*Nymphea lotus*) und den Blauen (*Nymphea caerulea*), zu denen in der Spätzeit noch der Rote Lotus (*Nymphea nelumbo*) hinzukam. Dem Mythos zufolge wuchs am ersten Tag der Welt aus dem Urozean eine blaue Lotuspflanze empor, auf deren Blütenteller die Sonne aus dem Wasser gehoben wurde. Deshalb symbolisierte auch der Lotus den Beginn der Schöpfung und war bei den Göttern besonders beliebt. Nefertem, eine memphitische Gottheit und 'Herr angenehmer Düfte', wird gewöhnlich mit einem Lotus als seinem Symbol dargestellt. Lotussträuße wurden oft auf Särge gelegt, als duftender
Gruß für all jene, die ins Jenseits gegangen sind, und den Göttern in Tempeln geopfert. Der *112*
süße schwere Duft des Lotus durfte auch bei den Festlichkeiten der Lebenden nicht fehlen, wie dies Gastmahlszenen auf den Grabwänden der Adligen im Neuen Reich zeigen: die Tische biegen sich unter dem Gewicht von Lotusbouquets, die Damen tragen Lotusgeflechte in den Haa-
ren, und die Gäste riechen an reihum gereichten Lotusblumen. *40*

Die Ägypter schätzten ihr 'Schwarzes Land', das ihnen auf so vielfältige Weise Nutzen brachte, und verstanden es, es gut zu bewirtschaften. Ihre Dörfer legten sie gewöhnlich an seinem Rande an, dort, wo der sandige Boden der Wüste begann, oder auf flachen, von Sandanwehungen gebildeten 'Inseln'. Auf diese Weise verhinderten sie, daß Feuchtigkeit in ihre Häuser drang und daß wertvoller, fruchtbarer Boden verlorenging.

Die ägyptischen Bauern waren es gewohnt, halbnackt, nur mit einem kurzen Schurz bekleidet, in der sengenden Sonne zu arbeiten, was von der Widerstandsfähigkeit ihrer Haut gegen Sonnenbrand zeugt. Zum Schutz vor Sonnenstich bedeckten sie den Kopf, und gegen Erkältungen, die der merkliche Wechsel der Tages- und Nachttemperaturen mit sich brachte, waren sie gefeit. Ihre Nahrung, bestehend aus Brot, Gemüse und Milchprodukten, war ausgeglichen und biologisch vollwertig, denn sie enthielt genügend Vitamine und Mineralstoffe und wenig Fett oder andere abträgliche Stoffe. Aus bildlichen Darstellungen wissen wir, daß die altägyptischen Bauern von schlanker, muskulöser und athletischer Gestalt waren. In der Tat hätten sie zu den gesündesten Menschen der alten Welt gezählt werden dürfen, für die sie Herodot gleich nach den Libyern hielt (II, 77), wenn ihnen nicht zahlreiche Gefahren am Arbeitsplatz gedroht hätten.

Tagtäglich wateten die Bauern in schwarzem Schlamm und durch das seichte Wasser der Bewässerungskanäle und Gräben, ohne indes zu ahnen, daß Wasser und Schlamm die Larven parasitärer Würmer, insbesondere der Bilharzien (*Schistosoma haematobinum*) enthielten, deren Eier mit dem Stuhlgang Kranker dort hinein gelangt waren und sich im Organismus von Zwischenhirten: den Schnecken der Gattung *Bulinus*, weiterentwickelten. Die Larven vermochten, sich in die gesunde Haut von Menschen zu bohren, wanderten dann in den Blutgefäßen weiter und setzten sich vor allem in den Harnwegen fest, wo sie chronische Blutungen verursachten. Ständiger Blutverlust führte zu Blutarmut, zu sinkender Leistungsfähigkeit, zu körperlichem Verfall und oft zu vorzeitigem Tod.

Bei Feldarbeiten waren die Bauern auch der Gefahr ausgesetzt, von Giftschlangen gebissen zu werden, von denen es in Ägypten gleich mehrere Dutzend Arten gibt. Der Biß von Vipern, von denen die Sand- und die Hornviper am verbreitetsten waren, wirkt zytotoxisch und zerstört die Struktur der Zellen und Blutkörperchen. Besonders gefürchtet waren Kobras, zu deren verbreitetster Art die *Naja haje* zählte; wohl gerade ihres Rufes wegen wurde sie zum Symbol königlicher Macht über die Untertanen, wie es der Uräus als Schmuck der Königskrone bezeugt. Der Biß ei-

111. Ein gezähmter Pavian drückt die Stangen der Traubenpresse auseinander und hilft somit den übrigen Arbeitern beim Keltern der Weintrauben. Bemaltes Kalksteinrelief. Grab des Nefer, Saqqara. 5. Dynastie

112. Lotus, als Opfergabe für den Gott Horus. Vignette aus dem Totenbuchpapyrus der Dame Cheritwebeschet. 21. Dynastie. Kairo, Ägyptisches Museum

ner Kobra wirkt neurotoxisch und führt zu Krämpfen, Lähmung und Tod. Der Mythos von Re und Isis schilderte sehr genau die Wirkung des Kobragiftes auf den schwer leidenden Gott Re.

Auch Skorpione, die zumeist unter Steinen verborgen waren, konnten den Bauern gefährlich werden. Das Gift von Skorpionstichen wirkte gleichfalls neurotoxisch, wobei bei den größeren Skorpionarten die Folgen dieselben waren wie beim Biß einer Kobra, der Stich kleinerer Skorpione hingegen wie Bienenstiche wirkte.

Da die alten Ägypter gegen Schlangenbisse und Skorpionstiche weder über Präventivmaßnahmen noch wirksame Arzneimittel verfügten, schützten sie sich davor mit Amuletten, Zaubersprüchen, magischen Messern und – in der Spätzeit und in griechisch-römischer Zeit – mit magischen Stelen, auf denen Horus erfolgreich gegen Schlangen und Skorpione kämpfend dargestellt wurde. Wohl aus diesem Grunde wurden Giftschlangen mitunter mumifiziert. In der Praxis bestand für den Betroffenen nur dann eine Überlebenschance, wenn die Schlange zuvor bereits ein anderes Opfer gebissen und auf diese Weise einen Teil ihrer Giftdrüse bereits entleert hatte.

KAPITEL 9

Viehzucht und Jagd

Zu den Gaben des Schwarzen Landes gehörten auch Produkte, deren Verzehr nicht für die Menschen, sondern für die von ihnen untrennbaren Gefährten, Helfer und Nahrungslieferanten bestimmt war: die Haustiere. Grüne Felder mit Luzerne, Klee und *Lathyrus sativus*, einer Wickenart, gaben besonders für Rinder ein bevorzugtes Futter ab. Wiesen und saftige Anger, die oft weitab von den Ställen der Haustiere lagen, sowie Stroh und Spreu auf den abgeernteten Feldern waren das Ziel weidender Herden.

Die meisten Zuchttiere waren von den ägyptischen Bauern bereits domestiziert aus Vorderasien übernommen worden, einige Haustiere möglicherweise durch Vermittlung anderer Gebiete Nordafrikas. Seit es die ersten neolithischen Siedlungen im Fajjum und am Westrand des Deltas (Merimde Beni-Salame) gab, gehörte die Aufzucht von Haustieren zum täglichen Brot der Bauern, wie die Knochenfunde in Nahrungsresten beweisen. Felszeichnungen in Oberägypten und Nubien zeigen domestiziertes Rind wie lebendige Jagdszenen.

Mit steigender landwirtschaftlicher Produktion wuchsen in historischer Zeit auch die Zahl und die Größe der Herden, die wie der Boden Eigentum der Domänen waren. Um die Herden kümmerten sich professionelle Viehtreiber und Hirten. Sie unterstanden besonderen Vorstehern und Inspektoren, hatten aber auch eigene Hilfskräfte, wie die 'Eimerträger' und 'Fütterer'. Gewöhnlich waren sie auf eine bestimmte Tierart spezialisiert: auf Rinder, Schafe, Ziegen, Schweine, Esel, Gazellen (im Alten Reich domestiziert), Pferde (im Neuen Reich eingeführt), Gänse und anderes Hausgeflügel und sogar Hunde.

Darstellungen in Gräbern lassen uns Viehtreiber und Hirten schon an ihrem Äußeren erkennen. Sie sind in der Regel auffällig dünn, denn mit den ihnen anvertrauten Herden waren sie ständig unterwegs und mußten sich in Ernährung und persönlichem Komfort einschränken. Sie pflegten unrasiert, mit schütterem Haar oder gar kahlköpfig dargestellt zu werden. Ihre Kleidung bestand aus einem eingerollten Schurz; über der Schulter trugen sie einen langen Stab, an dem eine aufgerollte Matte hing, die ihnen als Wind- und Sonnenschutz diente, sowie ein Bündel in dem sie Geschirr und Proviant mit sich führten. Wir sehen Hirten, die den Besitzern von Herden ihren Viehbestand vorführen, Tiere melken, Jungtiere füttern, die Herden 117
durch eine Furt treiben und beim Kalben helfen. Jeder Bauer hielt sich eine kleine Zahl von 116
Tieren, die für verschiedene Arbeiten unerläßlich waren und Milch, Fleisch und auch Wolle 115
spendeten.

Unter dem Zuchtvieh nahm das Rind – hervorgegangen aus dem historischen Ur (*Bos primigenius*) – einen führenden Platz ein. Die ältere Rasse, die durch Knochenfunde und bildliche Darstellungen vordynastischer Zeit und dem Alten Reich bezeugt ist, hatte lange, lyraförmige Hörner. Noch heute ist diese Rasse im Sudan zu finden, in Ägypten selbst ist sie jedoch bereits ausgestorben. Ende des Alten Reiches kommt das Kurzhornrind mit weniger robusten Gliedmaßen auf. Es habe, so meinen einige Wissenschaftler, das Langhornrind verdrängt, nach Meinung anderer sei dieses infolge einer Epizootie (epidemische Tierseuche) ausgestorben. Der große schwarze Indische Büffel *Bos indicus*, den es heute in Ägypten überall gibt, ist für die antike Zeit 114
hier nicht nachweisbar. Vielleicht aber hatte es damals den Wasserbüffel und in der ältesten Zeit auch den Afrikanischen Büffel gegeben. In den Viehherden waren Kühe zahlreicher vertreten als Stiere; für die Existenz von Ochsen gibt es keine überzeugenden Belege.

Tagsüber trieben die ägyptischen Bauern das Rind auf die Weide, auf die abgeernteten Felder. Um ein völliges Niedertrampeln des Grases zu verhindern, wurden die Tiere mit dicken Stricken aus Dattelpalmenfasern an Steinen im Boden festgebunden.

Um sie vor wilden Tieren und Dieben zu schützen, wurden sie nachts in eingezäunte Pferche getrieben, in den kalten Wintermonaten in Ställe gebracht. Ein hölzernes Modell aus dem Grab des Meketre in Deir el-Bahari, eines Adligen aus der Zeit der 11. Dynastie, zeigt einen Stall mit zwei Abteilungen und einer Verbindungstür. In der hinteren Abteilung fressen 4 Rinder aus einem Trog, in der vorderen Hälfte wird ein Paar Kühe von zwei Männern gemästet, da diese offensichtlich geschlachtet werden sollen. In der Tür steht ein Wächter mit einem Stock. Die Tiere sind an dicken Holzpflöcken festgebunden. Sie sind ähnlich aufgereiht wie diejenigen, die bei Grabungen in der Stadt Gurob aus dem Neuen Reich gefunden wurden.

Große Viehherden waren das wichtigste Kapital der Großgrundbesitzer. Dies demonstriert ein weiteres Holzmodell aus dem Grab des Meketre, das diesen Landeigentümer zusammen mit seinem Sohn in einem Pavillon sitzend zeigt. Beide beobachten seine Herden bei einer Art Vorbeimarsch. Sicher ist hier eine Viehzählung für Steuerzwecke dargestellt, was auch die Anwesenheit von vier geschäftigen Schreibern unterstreicht. Eine Reihe von Hirten hält das Vieh in Reih und Glied, drei Männer zählen laut, wahrend der Vorsteher der Hirten vor seinem Herrn kniet und ihm Respekt erweist.

Seit prähistorischen Zeiten hielten die Ägypter Herden des *Ovis longipes palaeoaegyptiaca*, eines Schafes mit langen, horizontal abstehenden, geschraubten Hörnern, langem Schwanz und von großer schlanker Statur. Im Mittleren Reich kam eine weitere Spezies hinzu: die des *Ovis pla-*

Vorhergehende Seite
113. Nebamun mit Wurfholz und Ködern (Reihern) bei der Vogeljagd in einer Sumpflandschaft. Seine Katze hat drei Vögel ergriffen. Nebamuns Ehefrau und Tochter schauen der Jagd zu. Malerei auf Kalkstein. Aus dem Grab des Nebamun in Dra Abu-el-Naga, Theben-West. 18. Dynastie. London, British Museum

114. Die Darstellung des Himmelsstieres und dreier heiliger Hathorkühe veranschaulicht die Rinderaufzucht im alten Ägypten. Wandmalerei im Grab der Nefertari im Tal der Königinnen, Theben-West. 19. Dynastie

115. Zwei Männer assistieren beim Kalben. Kalksteinrelief im Grab des Kagemni in Saqqara. 6. Dynastie

tyura aegyptiaca mit am Kopf eng anliegenden Hörnern, gedrungener Gestalt und dickem Fettschwanz.

Die erstgenannte Schafsart hielten die Ägypter für eine Verkörperung des Chnum, des Gottes des ersten Kataraktes, und anderer widderköpfiger Götter, die letztgenannte Art war das Symbol des Amun, Gott von Theben, der im Neuen Reich der Hauptgott des Imperiums wurde. Trotzdem oder vielleicht gerade deshalb waren weder Fleisch noch Milch der Schafe Teil der Opfergaben für die Toten. Die Priester durften Schafsfleisch – besonders seit der Spätzeit – nicht verzehren und auch keine Kleidung aus Schafswolle tragen.

Die kurzhaarige Hausziege kennen wir von Grabmalereien her, und zwar als langhornige und kurzhornige Abart. Im Kult und in den Begräbnisriten spielte sie keine Rolle. Sie lieferte Haut, *108*
Milch und Fleisch, das auch für ärmere Bevölkerungsschichten erschwinglich war. Schriftlichen *75*
Quellen zufolge gab es bis zur Ptolemäerzeit mehr Ziegen als Schafe, und erst danach kehrte sich das Verhältnis um.

Das Hausschwein ist eine domestizierte Form des Wildschweins, das in verschiedenen Teilen der Welt, wie beispielsweise auf der Krim, in Thessalien, Ostasien oder im Ostdelta, unabhängig voneinander gezähmt wurde. In Ägypten züchtete man das Schwein wahrscheinlich schon im neolithischen Merimde Beni-Salame, ganz sicher bezeugt ist es seit der 3. Dynastie. Auf den Re- *123*
liefs des Alten Reichs wird das Hausschwein noch schlank, hochbeinig mit starkem Borstenwuchs auf dem Rücken und einem länglichen Rüssel dargestellt – also mit Merkmalen, die auf eine noch kurze Domestikationszeit verweisen. Doch sowohl in bildlichen Darstellungen als

116. Hirten und Rinder durchqueren einen Kanal, in dem ein Krokodil schwimmt und es von Fischen wimmelt. Bemaltes Relief im Grab der Prinzessin Idut, Saqqara. 6. Dynastie

117. Der Eigentümer einer Rinderherde bei der Inspektion seines Viehbestandes. Malerei auf Kalkstein. Aus dem Grab des Nebamun in Dra Abu-el-Naga, Theben-West. 18. Dynastie. London, British Museum

auch in Nahrungsresten ist es relativ selten vertreten. Erst von der 18. Dynastie an mehren sich die schriftlichen Zeugnisse, die von zahlreichen Schweineherden sprechen. So rühmt sich beispielsweise Reni bei der Inspektion seines Viehbestandes auf einem seiner Grabreliefs in Elkab, 1500 Schweine zu besitzen. Tausende von Schweinen befanden sich unter den Gütern, die Amenophis III. Ptah, dem Gott von Memphis, stiftete.

Die Bedeutung von Schweinefleisch für die Ernährung der Einwohner *Achet-atons* (Amarnas) haben die jüngsten Grabungen B. Kemps in der mit Mauern umgebenen Arbeitersiedlung südlich dieser Stadt gezeigt. Zahlreiche Viehumfriedungen aus Stein, in kleinere Abschnitte unterteilt und in einem Fall mit mehreren Stuckschichten sorgfältig verputzt, dienten hier zur Schweinegroßzucht, wie dies Funde von Schweineborsten und Koprolithen beweisen. In den weißgetünchten Einfriedungen ist das Schweinefleisch zweifelsohne zerteilt worden, nachdem man seine Borsten durch Überbrühen entfernt hatte. Bauweise und Größe der Anlage zeugen davon, daß man in ihr nicht nur für die Einwohner dieser Arbeitersiedlung produzierte, sondern daß wir in ihr ein Zentrum der Schweinefleischproduktion zu sehen haben, das ganz *Achet-aton* mit seinen Produkten versah. Um die Siedlungsbewohner nicht mit dem Gestank zu belästigen, wurden die Umfriedungen südlich und östlich der Siedlung auf der windabgewandten Seite errichtet. Wie gern Schweinefleisch von den einfachen Bevölkerungsschichten gegessen wurde, beweisen die jüngsten Funde von Schweineknochen in Siedlungsabfällen.

Ein wichtiges Transporttier – und in Ägypten lange Zeit das einzige – war der Esel. Er wurde im 4. vorchristlichen Jahrtausend sehr wahrscheinlich in Nordafrika, anderen Forschern zufolge wohl direkt in Oberägypten, aus dem nubischen Wildesel *Equus asinus africanus* gezüchtet. Bis

in die Perserzeit verließen sich die Ägypter ausschließlich auf den Esel, wenn sie über Land zogen oder längere Expeditionen nach dem Sinai, nach Nubien, in die Gebirgstäler der Ostwüste und die entfernt gelegenen Oasen in der Westwüste unternahmen. Da der Esel nicht lange ohne Wasser und Futter auskommt, mußten sie bei Reisen durch die Wüste auch einen entsprechenden Vorrat an Viehfutter mit sich führen. Ein weiterer Nachteil war, daß man mit dem Esel nur langsam vorwärts kam. Dessen ungeachtet gehörte er aber in der Regel zu einem jeden Bauernhaushalt, denn ohne seinen Einsatz waren Ernte und andere Feldarbeiten nur schwer vorstellbar. 100

Das Wildkamel war den Ägyptern offenbar schon seit altersher bekannt, wie die Bestattung eines Kamels aus der 1. – 2. Dynastie in Heluan und der Fund einer Vase in Kamelgestalt in Abusir el-Meleq (Altes Reich) beweisen. Um seine Domestizierung haben sich die Beduinen Nord- und Zentralarabiens in der 2. Hälfte des 2. Jahrtausends v. Chr. verdient gemacht. Das erste Vorkommen eines gezähmten Kamels in Ägypten wird von verschiedenen Wissenschaftlern ganz unterschiedlich datiert; ihre Vorschläge reichen von der Perserzeit (nach 525 v. Chr.) bis unmittelbar zur Zeitenwende. Seine sprichwörtliche Genügsamkeit im Verbrauch von Futter und Wasser – beides ist als Vorrat in den Fettpolstern seiner Höcker angelegt – machte dieses Tier zu einem geeigneten Transportmittel, mit dem große Entfernungen durch die Wüste rascher und sicherer zu überwinden waren.

Das Pferd, das wahrscheinlich in den Steppen der heutigen Ukraine gezähmt wurde, kam nachweislich erst Ende des Mittleren Reiches mit den Truppen der asiatischen Hyksos nach Ägypten. Zahlreiche Gräber mit Pferdeskeletten sind in den vergangenen Jahren von österreichischen Archäologen in Tell ed-Daba entdeckt worden, dem mutmaßlichen Auaris, einst Residenz der Hyksosherrscher. Von ihnen übernahmen dann die Ägypter des Neuen Reiches die Pferdezucht, die allerdings ausschließlich in den Ställen des Königs und der höchsten Würdenträger des Reiches erfolgte und besonderen Stallmeistern oblag. Die Pferde wurden vor leichte zweiräd- 118
rige Wagen gespannt, in denen der König zu kultischen Festen, zur Jagd und zu Militärparaden 126
ausfuhr oder in die Schlacht zog. Einige Könige fanden an Pferden derartigen Gefallen, daß sie 222
sich selbst um sie kümmerten. Die Liebe Amenophis' II. zu Pferden ist durch seine Stele vor der 223
Sphinx in Giseh bezeugt. Als Pianchi, der König der 25. Dynastie, nach der Einnahme der Stadt Hermopolis die dortigen Ställe besuchte und sah, wie ausgemergelt die Pferde infolge der langen Belagerung der Stadt waren, bereitete dies „seinem Herzen großen Kummer". Erhalten haben sich auch die Namen der Pferde Ramses' II.: „Sieg in Tehben" und „Mut ist zufrieden". Gelegentlich konnten sich auch hohe Würdenträger des Besitzes von Pferden rühmen, wie beispiels- 128
weise der königliche Leibarzt Nebamun, der auf einer Wandmalerei seines Grabes in Dra Abu el-Naga (18. Dyn.) in einem von zwei buntmähnigen Pferden gezogenen zweirädrigen Wagen auf der Hyänenjagd dargestellt ist.

Den Hund, den treuen Freund des Menschen, gewann man durch Domestikation des Wolfes während des Mesolithikums unabhängig voneinander in verschiedenen Teilen der Welt. Zu den ältesten Zentren der Hundezucht zählen Persien, aber auch Nordamerika und wahrscheinlich Nordostafrika – allerdings Ägypten selbst wohl nicht, denn Hunde waren hier erst seit der vordy- 75
nastischen Zeit bekannt. Hundedarstellungen finden wir auf den Grabwänden seit dem Alten Reich.

118. Stallknechte mit Pferden. Kalksteinrelief im Grab des Haremheb in Saqqara. 18. Dynastie. Leiden, Rijksmuseum van Oudheden

Die einzige Tierart, deren Domestizierung ganz sicher auf die alten Ägypter zurückgeht, ist
183 die ägyptische Katze, die von der nordafrikanischen Falbkatze (*Felis silvestris lybica*) abstammt
184 und bereits im Neolithikum bezeugt ist. Nach dem Urteil J. Boessnecks hat der Domestikationsprozeß Jahrtausende gedauert, so daß von der zahmen Hauskatze erst ab dem Neuen Reich gesprochen werden kann. Die Beliebtheit, deren sich dieses Tier erfreute, hing vor allem mit seiner Fähigkeit zusammen, den Haushalt vor unangenehmen Nagern freizuhalten. Dieser Schutzfunktion wegen wurde Bastet verehrt, eine als Katze oder als katzenköpfige Frau dargestellte Göttin. Seit dem Neuen Reich verband man die Katze mitunter mit der Göttin Tefnut, von der sie den Beinamen „Auge des Gottes Re" übernahm, als Symbol für die lebenspendende Sonnenwärme.

Seit Menschengedenken züchteten die alten Ägypter Geflügel, vor allem Gänse, wie dies die
119 berühmte Stuckmalerei aus dem Grab der Prinzessin Atet in Meidum (4. Dyn.) zeigt. Auf ihr sind die Gänse so detailgetreu dargestellt, daß Zoologen zwei Arten der Familie *Anser* und zwei weitere Arten aus der entennahen Familie *Branta* ausmachen konnten. Neben der Hausgans gab es die wilde Nilgans, die freilich nicht gezähmt wurde. An Enten hielt man fünf Arten, vor allem die Spießente.

Zahlreichen Wissenschaftlern zufolge ist die Hühnerzucht in Ägypten erst zu einem späteren Zeitpunkt eingeführt worden, entweder nach der ersten persischen Eroberung oder in der Ptolemäerzeit. Doch bereits Thutmosis III. erwähnte in einem Bericht von seiner Syrienexpedition einen Vogel, der täglich Eier lege – allem Anschein nach ist damit eine Henne gemeint. Vereinzelte Funde von Eierschalen sowie eine Skizze auf einem Ostrakon des Neuen Reiches aus dem Tal der Könige, in der manche Forscher einen Hahn erblickten, zeigen, daß die Zucht von Haushühnern in Ägypten bereits zu jener Zeit begann.

Das Geflügel wühlte frei im Staub von Höfen und Mastgehegen. Doch gab es auch spezielle Geflügelhöfe mit eigenen Büros, Magazinen und mit Räumen für das Dienstpersonal. Doch selbst hier wurden die Tiere nicht in engen Käfigen ohne Auslauf gehalten. Auch das Prinzip der künstlichen Geflügelbrut war den alten Ägyptern bereits bekannt. Die zu diesem Zweck ausgesuchten Eier vergrub man im Dung, in dem sich infolge von Fäulnisprozessen die zur Brut benötigte Wärme entwickelte.

Auf den Dächern ihrer Häuser bauten die Ägypter aus einer Mischung von Stroh und Nilschlamm Taubenschläge, die es auch als eigenständige Bauten (Taubentürme) gab und die durch ihre pittoresken Formen schon damals – ganz so wie auch heute noch – das Antlitz der Städte und Dörfer belebten. Unter den Tauben befand sich wohl auch der mögliche Vorfahr der heutigen Haustaube, die Felsentaube, doch ist diese Verwandtschaft noch nicht völlig bewiesen.

Der Honig wilder Bienen schmeckte den Menschen bereits im Paläolithikum, wie die Höhlenzeichnungen im spanischen Bicorp bezeugen. Die älteste ägyptische Zeichnung, die die Entnahme von Honig aus Nestern wilder Bienen zeigt, stammt aus dem Neolithikum. In geschichtlicher Zeit wurde diese Praxis von speziellen Honigsammlern (*bjtj*)ausgeübt, die am Rande der Wüste bis ins Innere Nubiens auf Honigsuche gingen.

Die Anfänge der Bienendomestikation reichen mindestens bis ins Alte Reich zurück. Auf einem Relief aus dem Sonnentempel König Niuserres in Abusir ist ein kniender Dorfbewohner vor einer Reihe künstlicher Bienenstöcke dargestellt. Da das Relief beschädigt ist, läßt es sich nicht mehr mit Sicherheit ausmachen, ob der Dargestellte aus einem der Bienenstöcke eine Honigwabe nimmt, um sie sodann in das Gefäß zu legen, das er in der Rechten bereithält. In der nächsten Szene füllen Männer Honig aus Krügen in ein großes Vorratsgefäß, in dem er zweifellos noch reifen soll. Schließlich gießen sie den Inhalt in Henkeltöpfe um, die sie verschließen, so daß die Töpfe dann an ihren Bestimmungsort transportiert werden können. Die Bienenstöcke bestanden offensichtlich aus schlammbestrichenen Schilf- und Rohrbündeln oder aus Gefäßen, die

120. Gewaltsame Fütterung eines Kranichs. Kalsteinrelief aus dem Grab des Sopduhotep, Saqqara. 5. Dynastie. Berlin, Ägyptisches Museum

Links
119. Zwei Rothalsgänse und eine weidende Saatgans. Teil einer großartigen Malerei auf Stuck aus dem Grab des Nefermaat und seiner Ehefrau Atet, Meidum. 4. Dynastie. Kairo, Ägyptisches Museum

an den Seiten Öffnungen hatten und oben mit einem abnehmbaren Deckel versehen waren, damit man jederzeit an die Honigwaben herankam.

Wandmalereien im Grab des Rechmire in Scheich Abd-el-Gurna (18. Dyn.) zeigen, welchen Fortschritt die Imkertechnik im Neuen Reich nahm. Die Bienenstöcke bestehen jetzt aus übereinandergelegten Gefäßen auf einem Fundament aus gestampftem Lehm. Einer der Imker räuchert mit Hilfe dreier Kerzen, die in einer tiefen Schale stehen, die Bienen aus, während ein anderer dem Bienenstock Honigwaben entnimmt und sie auf einen bereitstehenden Teller legt. Hilfskräfte lassen den Inhalt der Waben in große Gefäße rinnen. Ein Stückchen weiter stehen Krüge, aus denen der Honig offenbar in spezielle Gefäße umgegossen wurde, die man verschloß und versiegelte. Auf der anderen Seite des Bienenstockes wird Wachs in dreieckige Formen gefüllt.

Bienenwachs fand als Beschichtung von Holztäfelchen Verwendung, in die man mit einem Metallstäbchen Notizen oder Skizzen ritzte; außerdem wurde es zum Gießen von Bronzegegenständen im sogenannten Wachsausschmelzverfahren sowie als Bindemittel für Farbpigmente verwendet. Als Hieroglyphe im Königsnamen symbolisierte die Biene Unterägypten (das Schilf stand hierbei für Oberägypten).

Interessant sind die Versuche der alten Ägypter, auch andere wild lebende Tierarten zu domestizieren, wie beispielsweise Antilopen, Gazellen, den Nubischen Steinbock, das Mähnenschaf und sogar Hyänen, Reiher und Kraniche. Sie fingen diese Tiere in Fallen und hielten sie dann zusammen mit ihren Haustieren. Daß es sich hierbei um Domestikationsversuche handelte, zeigen die entsprechenden Darstellungen in den Mastabas: die Tiere tragen ein Halsband, an das eine Leine befestigt werden konnte. Das gewaltsame Füttern von Kranichen mit Röllchen aus Gerstenmehl, also das sogenannte Nudeln, wie man dies sonst bei Gänsen zu tun pflegt, ist nicht nur *120*
in Mastabas in Saqqara, sondern auch in der Ptahschepses-Mastaba in Abusir sowie im Grab des Djehutihotep in el-Berscheh dargestellt. Darüber hinaus haben wir Zeugnisse für die Kranichzucht auf Farmen des Mittleren Reiches. Kraniche finden wir auch in der Prozession der Opferträger im Hatschepsut-Tempel in Deir el-Bahari (18. Dyn.) dargestellt; aus Sicherheitsgründen hat man hier den Tieren die Schnäbel am Hals festgebunden. Berühmt ist die Szene der Hyänen-

121. Ein Kind spielt mit einem Pavian und einem Kranich. – Beispiel für die Verwendung von Farbpasteneinlagen. Da sie oft Sprünge bekamen und herausfielen, wurde diese Technik bald wieder aufgegeben. Aus dem Grab des Nefermaat und seiner Ehefrau Atet in Meidum. 4. Dynastie. Kopenhagen, Ny Carlsberg Glyptothek

fütterung, die sich in der Mastaba des Mereruka und des Kagemni in Saqqara (6. Dyn.) erhalten *124*
hat: Zwei Männer haben alle Hände voll zu tun mit einer auf dem Rücken liegenden Hyäne, die sie mit aller Kraft festhalten und der sie Fleisch- oder Geflügelstückchen gewaltsam ins Maul stopfen. Wilderen Tieren mußten dabei zuvor die Hinterläufe gefesselt werden. Einige Wissenschaftler vertreten die Meinung, daß man die Hyänen für die Jagd abrichten wollte.

Daneben gab es noch zahlreiches anderes Wild, an dem sich Könige und Würdenträger erfreuten und das sie sich als seltene Exemplare hielten. Auf bildlichen Darstellungen sehen wir Gazellen, die wie Hunde an Stühle gebunden sind, auf denen Würdenträger sitzen. Die Damen wiederum fanden an Dorkasgazellen Gefallen. Besonders im Alten Reich erfreuten sich die Würdenträger an den Kunststücken von Affen, vor allem von Pavianen und Meerkatzen, die aus Nu- *121*
bien und entfernter gelegenen Teilen Afrikas stammten. Aus römischer Zeit haben wir Belege für *122*
die Aufzucht des Ichneumons. Der gezähmte Gepard wurde offensichtlich als Jagdtier verwen- *111*
det. Ein gefährliches Hobby war die Haltung von Löwen, die sich freilich nur der Herrscher leisten konnte. Ein solches Steckenpferd pflegten mit Sicherheit Tutanchamun und einige Ramessiden (Ramses II., III. und VI.).

Königin Hatschepsut hatte sich einen ganzen zoologischen Garten angelegt. D. J. Osborn zufolge hielt sie in ihrem Zoo Tiere aus dem Lande Punt, also Paviane, Giraffen, Leoparden, Geparden und exotische Vögel. König Echnaton besaß in seinem Nordpalast in *Achet-aton* (Tell el-Amarna) ein Wildgehege und eine Voliere.

Erinnert sei in diesem Zusammenhang auch daran, daß die alten Ägypter namentlich in der Spätzeit und in griechisch-römischer Zeit aus religiösen Gründen Tiere fingen, in denen sie die

Verkörperungen verschiedener Götter sahen. Hierzu zählten vor allem der Falke (als Verkörpe-
271 rung des Gottes Horus), der aber auch durch andere Raubvögel ersetzt werden konnte, wie dies
169 Untersuchungen mumifizierter Vögel erbracht haben, ferner der Geier (Göttin Nechbet), der
heilige Ibis (Thot), das Krokodil (Sobek) sowie einige Fischarten. In Gurob (Neues Reich) hat L. Loat einzigartige Fischbestattungen entdeckt: gedörrte Nilbarsche und andere Arten waren hier, in getrocknetes Gras gewickelt, in Gruben beigesetzt. Andere Tiere, wie Paviane und verwandte Affenarten (sie symbolisierten abermals Thot), wurden importiert und in Tempeln gehalten. Als göttliche Inkarnationen dienten allerdings auch ganz gemeine Haustiere wie Kühe (die Mutter
273 des Gottes Apis), Stiere (Apis), Katzen (Göttin Bastet), Hunde (Anubis) usw. Ihre Mumien, Opfergaben von Gläubigen, kamen zu Hunderten und Tausenden in die unterirdischen Gänge der heiligen Tiernekropole in Saqqara oder Tuna el-Gebel. Kein Wunder also, daß diese weitverbreitete Sitte zu einer starken Dezimierung und zum Aussterben einiger Tierarten in Ägypten führte (Falke, Ibis, Krokodil).

Die alten Ägypter waren also, wie wir sahen, von Tieren buchstäblich umgeben. Die Ställe und Käfige grenzten an die Wohnräume an und hatten mit diesen einen gemeinsamen Hof, auf dem man kochte und die meisten Arbeiten für den Haushalt verrichtete. Keine Ausnahme waren selbst die Fälle – und dies nicht nur bei den ärmsten Bevölkerungsschichten – , in denen Mensch und Tier sich denselben Raum teilten. Herodot schrieb dazu (II, 36): „Andere Leute lebten nicht mit ihrem Vieh zusammen, die Ägypter lebten mit ihm unter einem Dach."

Dieses Zusammenleben führte zu einer engen Bindung zwischen Mensch und Tier. Die Züchter kannten ihre Tiere gut – ihre Art der Vermehrung, ihren Futterbedarf, wie sie heran-

122. Nubier mit Giraffe und Langhornrind als Tribute. Am Hals der Giraffe klettert ein Affe. Im unteren Bildstreifen bringen Syrer Pferde, einen Elefanten und einen Panther dar. Malerei auf Kalkstein. Grab des Wesirs Rechmire in Scheich Abd-el-Gurna, Theben-West. 18. Dynastie

wuchsen, ihre Krankheiten und deren Verlauf. Sie freuten sich über jeden Zuwachs, doch waren die Tiere mehr als nur Objekt bloßen materiellen Interesses. Aus zahlreichen Darstellungen wissen wir, wie sich die Ägypter um ihre Tiere kümmerten. Durchquerte eine Herde beispielsweise die Furt eines Flußes oder einen Kanal, nahmen die Hirten die jüngeren Tiere auf die Schultern und trugen sie behutsam ans andere Ufer. Eine andere Darstellung zeigt einen Mann, der ein Tier füttert und ihm dabei zärtlich das Maul streichelt. In der Mastaba des Kagemni ist ein Bauer dargestellt, der mit seinem Mund ein kleines Schwein füttert. Bestandteil des ägyptischen Sittenkodex' war die Forderung, mit Tieren human umzugehen und sie stets *123*
ausreichend zu füttern.

Ein ausgewogenes Verhältnis zwischen Mensch und Tier war nach altägyptischer Vorstellung Teil der ewigen Ordnung von Welt und Kosmos. Wer die Tiere gründlich kannte, verstand, wie nahe sie ihm in ihrer Physiologie, in ihren Krankheiten und – bis zu einem gewissen Grad – auch in ihrer Psychologie kamen. Die Verwandtschaft von Mensch und Tier, wie sie von vielen mythologischen Vorstellungen reflektiert wurde, war dabei schwerlich zu übersehen. Anders als in der griechisch-römischen Zivilisation, in Christentum und Judentum, in denen der Mensch ein privilegiertes, über den anderen Geschöpfen stehendes Wesen war, blieb er nach altägyptischer Vorstellung ein Naturwesen, das zusammen mit der Tier- und Pflanzenwelt ein Ganzes und eine Einheit bildete.

Es nimmt deshalb nicht wunder, daß zahlreiche Tiergötter, ursprünglich Totems, am Beginn urgeschichtlicher Familien und Stämme standen, die von ihnen ihren Ursprung ableiteten. Aus ihnen entwickelte sich dann in geschichtlicher Zeit ein beträchtlicher Teil des altägyptischen Pantheons.

Die positiven Beziehungen zwischen Mensch und Tier kamen letztlich dem Menschen zugute. Tierpflege war eine Art Gegengift gegen menschlichen Egoismus und lehrte den Menschen, auf andere Geschöpfe Rücksicht zu nehmen, also letztlich auch auf den Mitmenschen. Nur schwer können wir D. M. Dixon zustimmen, wenn er bei den alten Ägyptern infolge der Überbevölkerung in Haus, Dorf und Stadt eine Neigung zu seelischen Störungen und häufigen Gewaltausbrüchen konstatiert. Im Gegenteil, uns scheint, daß der harmonische Jahreszyklus mit seinen wechselnden landwirtschaftlichen Arbeiten sowie die enge Bindung zwischen Mensch und Tier wohltuend auf Nerven und Geist der Bauern und Hirten eingewirkt hat.

Die Kehrseite dieses engen Zusammenlebens bestand in der möglichen Übertragung ansteckender Krankheiten, insbesondere der Rindertuberkulose, und in der Gefahr, bei unachtsamem Umgang mit starken Tieren verletzt zu werden. Doch auch die Arbeit des Imkers war nicht ungefährlich: er war den Angriffen wütender Bienenschwärme ausgesetzt, denn Schutzmasken und Handschuhe waren ihm offenbar unbekannt.

Seit Menschengedenken hegten die Ägypter eine Vorliebe für die Jagd. Dies war einmal die einzige Art und Weise der Beschaffung von fleischlicher Nahrung. Noch im Neolithikum und in vordynastischer Zeit ergänzten Jagd und Fischfang als Nahrungsbeschaffung die Viehzucht. Eine berühmte Jagdszene aus der Reichseinigungszeit Ägyptens zeigt die Jagd von Löwen, Gazellen, Hirschen und Straußen. In historischer Zeit indes stiegen die Erträge der Feldarbeit und Tierhaltung derart, daß die Jagd ihre ökonomische Bedeutung verlor. Im Laufe der Zeit wurde sie zu ei-

Unten links
123. Ein Mann füttert ein Ferkel. Relief im Grab des Kagemni in Saqqara. 6. Dynastie

Unten
124. Eine Zeitlang versuchten sich die alten Ägypter auch in der Hyänenzucht. Hier sind Männer dabei, die gefesselten Tiere mit Gewalt zu füttern. Relief im Grab des Mereruka in Saqqara. Frühe 6. Dynastie

ner Art Zeitvertreib, dem sich der König, die Höflinge und die Adligen hingaben, zu einer Gelegenheit also, Mut und Kraft zu messen. E. V. Tscheresow und andere haben jedoch darauf hingewiesen, daß die Jagd auch später noch von wirtschaftlicher Bedeutung war (lieferte sie doch Nahrung sowie Rohstoffe für verschiedene Handwerkszweige).

In vorgeschichtlicher Zeit war Ägypten ein Jagdparadies. Die Menschen siedelten damals noch am Rande des Niltals, dort, wo sich Gebirgsplateaus erhoben, oder an den Mündungen von Seitentälern und begannen erst mit der allmählichen Kultivierung der fruchtbaren Nilaue. Diese war zu jener Zeit ein wilder, mit Bäumen und Sträuchern bewachsener Wasserdschungel, voller Sümpfe, in denen Schilf und Papyrus wucherten. Hier nun lebten Elefanten, Giraffen, Löwen, Nashörner, Rinder, Antilopen, Gazellen, Damwild, Steinböcke, Moufflons, die verschiedensten Vogel- und Fischarten, Krokodile und Nilpferde. Die Trockenlegung des Marschlandes und die Ausdehnung kultivierten Bodens während der ersten drei Dynastien führten jedoch zu einem Rückzug des Wildes aus dem eigentlichen Niltal.

Doch auch die zunehmende Trockenheit Nordafrikas, die Ende der neolithischen Pluvialzeit (5000–2350 v. Chr.) einsetzte und zwischen 2350–2000 v. Chr. ihren Höhepunkt erreichte, trug zu einem Schwund der Tierwelt bei. Nur einige Tierarten, die von Wasserquellen weniger abhängig waren, hielten sich in historischer Zeit auf den Weiden oder in den engen Tälern austrocknender Ströme und Flüßchen der heutigen Ostwüste sowie in den höher gelegenen weiten Schotterebenen der heutigen Westwüste, die einen Teil der Sahara bildet. Die Sumpflandschaft blieb lediglich an einigen Stellen Oberägyptens sowie in größeren Gebieten des Deltas erhalten, das durch eine allmähliche Ablagerung von Boden zum Meer hin anwuchs.

Der Bau der Königspaläste in Memphis, der Hauptstadt des Alten Reiches, macht deutlich, daß man damals hauptsächlich in den Ebenen jenseits der nahegelegenen Pyramiden jagte. Ein jeder Herrscher beschäftigte einen 'Vorsteher der Jäger', der ihn mit einem ganzen Gefolge von Helfern und Treibern auf die Jagd begleitete. Gejagt wurden gewöhnlich verschiedene Gazellen- und Antilopenarten (z.B. *Dorcas*, *Addax*, *Oryx*), Steinböcke, Büffel, Mähnenschafe und Strauße. Größere Geschicklichkeit und mehr Mut erforderten Treibjagden auf Hyänen, Löwen und Leoparden. Hyänen gab es in der Wüste genug, und auch Löwen waren noch zahlreich vorhanden, wie aus den vielen bildlichen Darstellungen des Alten Reiches ersichtlich ist. Leoparden hingegen waren schon seltener, wie uns Herchuf, der Gaufürst von Assuan (6. Dyn.) überliefert, der Leopardenfell neben Elfenbein und Giraffen unter die wertvollen Importe aus den südlichen Ländern zählt. Die Jagdausrüstung bestand aus Pfeil und Bogen, aus Lanze oder Speer. Auch *bolas* in Form von Steinen, die man an Lassos befestigte, sind bezeugt. Für die Antilopenjagd verwendete man Fallen: leichte Gatter, in die die Tiere von abgerichteten Hunden und mitunter auch Hyänen getrieben wurden. Die Jagd mittels Lasso und Fallen erlaubte es, die Tiere lebend zu fangen; die Beute wurde dann in der Gefangenschaft gemästet oder zu Domestikationsversuchen verwendet.

Einige Pharaonen machten keinen Hehl aus ihren Jagdkünsten. Vor allem die Herrscher des Neuen Reiches taten dies, denn die Jagd war – im Zusammenhang mit den erfolgreichen Kriegszügen nach Vorderasien und Nubien – immer beliebter geworden und beschränkte sich nun nicht mehr auf das eigentliche Gebiet Ägyptens. Thutmosis III. berichtete, in Nordsyrien 120 Elefanten gejagt zu haben. Dabei schwebte er einmal sogar in Lebensgefahr, denn ein großer Elefant, durch einen Pfeil des Königs in Raserei geraten, fiel ihn an. Nur der Geistesgegenwart eines

126. Ramses III. auf einem Streitwagen bei der Stierjagd. Relief auf dem ersten Pylon seines Totentempels in Medinet Habu, Theben-West. 20. Dynastie

Rechts
127. Von einer Harpune getroffenes Nilpferd im Papyrusdickicht brüllt vor Schmerz auf. Malerei aus dem Grab des Amenemhet in Scheich Abd-el-Gurna, Theben-West. 18. Dynastie.

Unten
125. Männer auf Papyrusnachen beim Harpunieren von Nilpferden. In den Zweigen des Baumes Heuschrecken und Frösche. Kalksteinrelief im Grab des Mereruka, Saqqara. Frühe 6. Dynastie

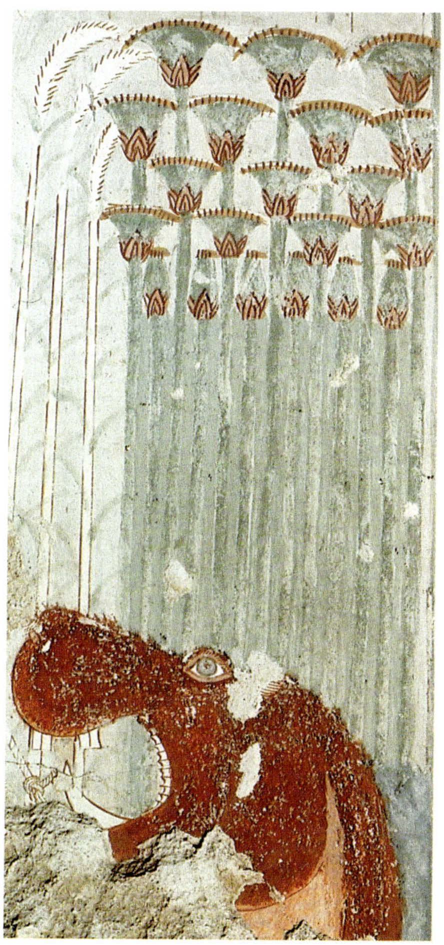

Soldaten, der dem Elefanten mit seinem Schwert den Rüssel abhieb, hatte der König sein Leben zu verdanken.

Von Amenophis II. wird berichtet, er habe einen so gewaltigen Bogen besessen, daß nur er ihn habe spannen können. Dabei lag der König mit seinen 1,70 m Körpergröße, wie man ermittelte, für ägyptische Verhältnisse nur knapp über dem Durchschnitt. Sein Nachfolger Thutmosis IV. jagte erstmals in pferdebespannten zweirädrigen Wagen, bediente sich also einer Technik, die für Könige typisch war und die Jagd sicherer machte. Amenophis III. rühmt sich, in seinen ersten zehn Regierungsjahren 200 Löwen erlegt zu haben. Wilde Stiere, die sein Reich in weiten Teilen verwüsteten, ließ er fangen, um anschließend mit ihnen zu kämpfen, wobei er 96 Stiere schwer verwundet haben soll.

Auf dem reich bemalten Deckel einer Holztruhe ist der junge Tutanchamun bei der Löwenjagd dargestellt: er steht auf einem zweirädrigen Streitwagen, der von zwei Pferden gezogen wird. Mehr Mut indes scheint Sethos I. zu zeigen, der seinen Wagen verläßt und einen Löwen mit dem Speer angreift.

Ramses III. sehen wir auf Reliefs in seinem Tempel in Medinet Habu auf einem Wagen darge- *126*
stellt, von dem aus er wilde Stiere jagt. Eine andere Szene zeigt diesen König, wie er, nachdem er bereits zwei Löwen erlegt hat, sich einem dritten zuwendet, der gerade zum Sprung gegen ihn ansetzt. Nur schwer vorstellbar ist allerdings, daß es im Neuen Reich noch so viele Löwen und wilde Stiere gegeben haben soll, wie sie insgesamt von den damaligen Herrschern erlegt worden sein wollten.

Freilich, auch die Vornehmen wollten hinter ihrem Herrn und Herrscher nicht zurückstehen, wie uns Jagdszenen aus dem Grab des berühmten Arztes Nebamun zeigen, der von seinem Streit- *128*
wagen aus Tüpfelhyänen jagt. Auch Userhet, der Schreiber Amenophis' II., hat sich in einer Jagdpose darstellen lassen: mit Pfeil und Bogen schießt er auf eine Gazellenherde, die panikartig die Flucht ergreift.

Ein ganz anderes Milieu erwartete die Jäger, die in den Sümpfen jagten. Im Papyrusdickicht lebten – folgen wir den Darstellungen auf Reliefs – Ichneumone, Chamäleons, die Rohrkatze (*Felis chaus*), Frösche und die verschiedensten Vogelarten, und zwischen den Lotusblüten wälzten sich Nilpferde. Die Jäger bahnten sich in ihren Papyrusnachen mühsam einen Weg durch das Dickicht. Tauchte vor ihnen ein Nilpferd auf, harpunierten sie es mit einem Speer, der sich von seinem Schaft zwar löste, doch durch ein Seil mit diesem verbunden blieb. An der Jagd nahmen *125*
in der Regel mehrere Jäger teil, so daß die Beute von mehreren Harpunen zugleich getroffen wurde. Allerdings mußten die Jäger aufpassen, nicht zu nahe an den um sich schlagenden Koloß

128. Userhet, Königlicher Schreiber Amenophis' II., auf seinem Streitwagen bei der Jagd von Gazellen und anderen Wüstentieren. Malerei im Grab des Userhet. Scheich Abd-el-Gurna, Theben-West. 18. Dynastie

127 heranzugeraten. Erst wenn dem Tier die Kräfte schwanden, konnte es am Seil ans Ufer gezogen werden.

Ein häufigeres Jagdziel waren die vielen Wildvögel: Enten, Gänse, Reiher, Kraniche, Schnepfen, Regenpfeifer, Wachteln, Tauben und andere Vögel. Die günstigste Jagdsaison war das Ende der Nilschwemme, wenn sich die Zugvögel anschickten weiterzuziehen und man auf dem Hochwasser an versteckt gelegene Nester direkt heranfahren konnte. Gewöhnlich werden die Jäger in ihren Booten stehend dargestellt, jederzeit bereit, nach den auffliegenden Vögeln ihr Wurfholz
113 zu werfen, eine Art Bumerang, der aber im Unterschied zu dem echten Bumerang Australiens nicht zum Werfer zurückkehrte. Die getroffenen Vögel wurden dann von den Familienmitgliedern des Jägers oder von seinen Dienern – besonders wenn dieser eine Person höheren Ranges war – aus dem Wasser geholt.

Als effektiver erwies sich die gemeinsame Vogeljagd mit Hilfe von sechs-, sieben- oder achteckigen Netzen, die über dem Boden ausgespannt und mit Getreidekörnern oder Würmern als Köder versehen wurden. Durch den Netzrand verlief ein Seil. Saßen genügend Vögel auf dem Netz, gab der 'Vorsteher der Vogelfänger' mit der Hand oder einem Tuch ein Zeichen, worauf die übrigen Männer am Seilende zogen und das Netz sich über den Vögeln schloß. Auf einigen Darstellungen ist zu sehen, daß man wohl zu heftig am Seil gezogen hatte, denn die Vogelfänger wälzen sich allesamt am Boden. Ein Relief in der Ptahhotep-Mastaba in Saqqara (5. Dyn.) zeigt uns ein Netz in dem Augenblick, da Wildenten und Gänse in die Falle gehen und es nur wenigen gelingt, blitzschnell davonzufliegen. Ein ähnliches Motiv findet sich im Grab des Nacht in Scheich Abd-el Gurna (18. Dyn.), allerdings in realistischerer Darstellung: ein Gewirr von Vogelköpfen und hoffnungslos um sich schlagenden Flügeln unterstreicht das Überraschungsmoment.

Daß Vögel auch mit Hilfe von Fallenmechanismen gefangen werden konnten, zeigen Darstellungen in den Gräbern von Beni Hasan (Mittleres Reich). So verwendete man beispielsweise Netze mit einem Rahmen, der mit einem besonderen Federmechanismus aus elastischem Holz versehen war. Die Tiere wurden mit Getreidekörnern oder anderen Ködern angelockt; berührten sie den Mechanismus, fiel das Netz von selbst auf sie herab.

Vögel konnten auch in Gruben, die man im Sand aushob, gefangen werden. Über die Grube kam ein schwerer Deckel – etwa ein tönernes Tablett –, den man an einer Seite mit Palmblattrippen stützte. Machte sich der Vogel über den ausgelegten Köder her und berührte dabei die leichte Stützvorrichtung des Deckels, klappte dieser zu und schloß die Beute in der Grube ein.

130 Andere Darstellungen in der Mastaba des Ptahhotep zeigen, wie man gefangene Vögel zu viert oder zu fünft in einen kleinen Käfig sperrt, nachdem man ihnen zuvor die Flügel hatte brechen müssen. In diesen Käfigen wurden die erbeuteten Tiere dann nach Hause transportiert, gemästet und später verzehrt.

Die Herrscher und Adligen jagten sehr gerne Strauße. König Thutmosis III. ließ einen Skarabäus zur Erinnerung daran anfertigen, daß er die ganze Nacht hindurch einer Schar von 176 Straußen nachgejagt war und 75 von ihnen schließlich erlegt hatte. Auf einem Relief im Tempel von Medinet Habu sehen wir Ramses III., wie er auf seinem Wagen eine kleine Schar von Straußen verfolgt. Die Anzahl der Strauße in Ägypten sank später, ohne daß dieser Vogel jedoch – so D. Osborn – völlig ausgestorben wäre. Daß es Strauße vom 3.–5. Jh. n. Chr. auch noch in Nubien gab, bezeugen entsprechende Ritzzeichnungen auf einem handgefertigten Gefäß, einer Grabbeigabe aus Wadi Qitna.

Auch der Fischfang wurde aus zweierlei Gründen betrieben: aus sportlichen und aus wirtschaftlichen. Als sportlicher Zeitvertreib galt er den Adligen, die im Alten und im Mittleren Reich Fische am liebsten stehend in ihren Papyrusnachen mit Harpunen jagten. Im Neuen Reich scheinen sie schon bequemer geworden zu sein: die Aristokraten sitzen jetzt sehr häufig auf Stühlen am Rande ihres Gartenbassins und warten, bis die Fische an der ausgeworfenen Angel anbeißen.

Fischfang aus wirtschaftlichen Grünen, wie es ihn seit vorgeschichtlicher Zeit bereits gab, wurde von Berufsfischern auf dem Nil, in seinen Kanälen sowie auf dem Moeris-See – dem heutigen Birket Qarun – im Fajjum betrieben. Fisch bereicherte nicht nur die Speisen des Adels, sondern gelangte auch auf den Tisch einfacher Leute, für die er eine willkommene Bereicherung der Ernährung mit tierischen Eiweißen war.

Eine besonders wichtige Rolle spielte der Fischfang im Mittleren Reich: In verschiedenen Mastabas in Saqqara gibt es bildliche Darstellungen von Fischern in Papyrusnachen, die mit der *131*
Angel in der Hand geduldig darauf warten, daß ein Fisch anbeißt. In der Ptahhotep-Mastaba wird ein Fischer gezeigt, der gerade einen Wels an der Angel aus dem Wasser zieht, um ihn anschließend zu betäuben. Im Grab des Ti und des Mereruka sind Fische unter Wasser so naturgetreu dargestellt, daß C. Gaillard 24 Arten, darunter den Wels, den Aal und den Nilbarsch, genau bestimmen konnte. Die Angelhaken, deren sich die Fischer bedienten, waren aus Bein oder später aus Bronze gefertigt, mit und ohne Widerhaken.

129. Sonnengebräunte Fischer in kurzen Schürzen ziehen ihre Beute in Schleppnetzen an Land. Das eine Netz enthält Fische, das andere verschiedene Arten von Wasservögeln. Malerei auf Kalkstein im Grab des Antefoqer. Scheich Abd-el-Gurna, Theben-West. 12. Dynastie.

In anderen Szenen ist der Fischfang mittels schilfgeflochtener Reusen dargestellt; natürlich ist die Ausbeute hierbei ergiebiger. In der Mastaba des Ti wird die Position einer großen Reuse unter Wasser mit Hilfe eines Schwimmers angegeben. Die Besatzungen zweier Boote waren nötig, um eine solche Reuse aus dem Wasser zu ziehen. Kurze Beischriften haben uns Bruchstücke dessen überliefert, was die Fischer untereinander sprachen: „Rudere kräftig, damit wir an sie herankommen!“ „Oh, wie voll sie ist. Dieses Mal ist es uns gelungen!“ läßt sich einer der Fischer lobend vernehmen, während man die Reuse einholt.

129 Die größten Fischfangerträge wurden mit Schleppnetzen erzielt. Dieser alten Technik bedienen sich die ägyptischen Fischer auch heute noch. Das Schleppnetz bestand aus einem großen Netz, dessen einer Rand mit Gewichten aus Lehm, Steinen oder Metall beschwert war, so daß es sich dicht über dem Wassergrund bewegte, während der obere Rand mit Hilfe von Holzschwimmern auf der Wasseroberfläche schwamm. Bildlichen Darstellungen zufolge wurde das Schleppnetz von drei bis sechs muskulösen Fischern auf zwei parallel nebeneinander fahrenden Booten gezogen, die von zwei Ruderern mit aller Kraft vorwärts bewegt wurden.

132 Fischfangszenen enthalten oft Darstellungen, in denen die Besatzungen zweier Papyrusnachen mit langen Stäben versuchen, einander vom Boot ins Wasser zu stoßen. Dabei handelte es sich um das Fischerstechen, einen sportlichen Wettkampf also, mit dem man etwas Abwechslung in die Monotonie des Fischfangs bringen wollte.

130. Gefangenes Federvieh wird in Käfige gesperrt, wobei man ihnen die Flügel bricht. Ihi, der ‘Vorsteher des Leinens’, trägt zwei Käfige an Tragstangen weg. Bemaltes Relief auf Kalkstein im Grab des Ptahhotep, Saqqara. 5. Dynastie

131. Zwei Männer in einem Papyrusboot beim Fischfang. Der eine Mann hält eine Leine mit mehreren Haken in den Händen, der andere ein Netz. Bemaltes Relief auf Kalkstein im Grab der Idut, Saqqara. 6. Dynastie

Der Fischfang war nun aber keine ungefährliche Angelegenheit, denn es gab eine Welsart, deren Rückenflossse in einem Giftstachel endete. Strabo zufolge konnte das Gift dieser Fischart selbst Krokodilen gefährlich werden. Auf einem Relief ist ein am Flußufer sitzender Mann dargestellt, der aus einem Haufen gefangener Fische Welse heraussucht und ihnen den gefürchteten Giftstachel entfernt.

Auf eine andere Gefahr des Fischfangs weist der Schreiber Cheti in seiner Lebenslehre hin: „Ich nenne dir auch den Fischer, der ärger dran ist als jeder andere. Er arbeitet auf dem mit Krokodilen durchsetzten Fluß. Wenn die Zeit der Abrechnung (des Fanges) naht, wird er darüber die Hände ringen. Er sagt sich nicht: 'Ein Krokodil könnte dort sein', denn die Furcht bemächtigt sich seiner erst zu spät. Dann, sobald er das Wasser erreicht, fällt er wie durch die Hand Gottes." Obgleich Cheti in seinem Bemühen, den Beruf des Schreibers über alle anderen Berufe zu stellen, sicher übertrieben haben dürfte, so gilt doch als sicher, daß nach der Kenterung eines Bootes selbst der beste Schwimmer nicht sicher sein konnte, dem tödlichen Biß dieses gefürchteten Feindes zu entkommen.

132. Ein beliebter Zeitvertreib unter Bootsleuten war das Schifferstechen, wenn man vom Vogel- oder Fischfang zurückkehrte. Bemaltes Relief im Grab des Ptahhotep, Saqqara. Späte 5. Dynastie

KAPITEL 10

Der Speiseplan im alten Ägypten

133. Ein Koch entfacht Feuer, um die Ente in seiner Hand zu braten. Modell aus bemaltem Holz und Gips. Ende der 1. Zwischenzeit. Turin, Museo Egizio

Schon die beiden vorangegangenen Kapitel boten eine Vorstellung von dem Reichtum und der Vielfalt der altägyptischen Ernährung. Doch noch wissen wir nicht, woraus ihre Speisen eigentlich bestanden, wie sie zubereitet waren und welche Tischsitten damals herrschten. Die Frage stellt sich auch, ob alle Speisen auch allen zugänglich waren, ob es rituelle Speiseverbote gab und ob die Menschen damals eher von Über- oder Unterernährung bedroht waren. Mit dem Umfang der produzierten Lebensmittel hing auch das Bevölkerungswachstum zusammen.

Ein komplettes Totenmahl hat W. B. Emery in der Mastaba einer Frau – ihr Mann gehörte zur niederen Beamtenschaft – aus der Zeit der 2. Dynastie in Saqqara entdeckt. Unweit ihres Sarges waren auf kleinen Schälchen und Tellerchen, die teils aus Ton, teils aus Alabaster und Diorit bestanden, verschiedene Speisen aufgetan. Ungeklärt ist noch, ob die Speisen in den Tongefäßen heiß und die in den Steingefäßen kalt verzehrt wurden. Der Speisezettel dieses Totenmahls sah folgende Gänge vor: Brei aus zermahlener Gerste, gekochter Fisch, Rinderrippchen, kleine dreieckförmige Brote aus Weizenmehl, Napfkuchen, gedünstetes Obst (wahrscheinlich Feigen) und frische Beeren des Christusdornes. In mehreren Näpfen stellte man Käsereste fest, und die zahlreichen großen Krüge waren ursprünglich wohl mit Bier oder Wein gefüllt.

Totenmahle finden sich immer wieder auf Stelen in den Mastabas hoher Beamter des Alten Reiches sowie auf Grabmalereien aus späterer Zeit dargestellt. Der Verstorbene sitzt vor einem Tisch, auf dem verschiedene Gemüse- und Obstsorten, Fleischstücke, Brotscheiben und Kuchen ausgebreitet sind, während unter dem Tisch gewöhnlich Krüge mit Bier oder Wein stehen.

Grundlage der täglichen Ernährung breitester Bevölkerungskreise waren vom Neolithikum an und die gesamte ägyptische Geschichte hindurch Speisen aus Getreidefrüchten. Zu ihrer Zubereitung mußten die Getreidekörner zunächst mit Steinschlegeln in flachen Kalksteinmörsern zerkleinert werden – eine Arbeit, die von Männern verrichtet wurde. Die entstandene grobe Mischung wurde dann schließlich von Frauen zermahlen, und zwar mit Hilfe eines brotlaibartigen oder halbzylindrischen Mühlsteines auf einer niedrigen Steinplatte mit leicht ausgehöhlter Mahlfläche, vor dem man kniend arbeiten mußte. Später legte man diese *137*
Platte schräg auf einen Sockel, so daß man beim Mahlen tief vornüber gebeugt stand. Zum Feinmahlen der Körner dienten hohe walzenförmige Mörser, an denen sowohl Männer als auch Frauen mit langen Schlegeln arbeiteten. Rotationsmühlen, wie sie in Ostanatolien bereits seit dem 8. Jh. v. Chr. bekannt sind, kommen in Ägypten erst kurz vor Beginn der Ptolemäerzeit auf.

Das auf Mühlsteinen und in Mörsern gewonnene Mehl wies viele Verunreinigungen auf, die von den abgebröckelten Mühlsteinflächen und Mörserwänden sowie dem umherfliegenden Sand stammten, obgleich man das Mehl mitunter auch durch Binsen- oder Papyrussiebe gesiebt hatte. F. F. Leek hat altägyptische Brote mikroskopisch, radiologisch und petrographisch untersucht. Was er in ihnen feststellte, waren Reste von Quarz, Feldspat, Glimmer, eisenhaltigen Magnesiummineralen und andere Beimischungen. Das Mehl war weder ausgemahlen noch völlig durchgesiebt, denn die Brote wiesen zahlreiche Grasfrüchte und sogar unzermahlene Körner (etwa 5 Körner pro Quadratzentimeter) als Restbestand auf.

Auch im alten Ägypten gehörte Brot zum wichtigsten Nahrungsmittel. Bis zur 2. Zwischenzeit wurde es in den Haushalten von der Hausfrau, auf den Anwesen der Vornehmen von Dienern und auf den Großbaustellen sowie auf Expeditionen von eigens dafür abgestellten Arbeitern gebacken. Erst im Neuen Reich gab es reguläre Bäckereien, die eine große Kundschaft bedienen konnten.

Brotbacken beginnt mit dem Herstellen des Teiges, der mit beiden Händen in kniender oder gebeugter Stellung auf einer niedrigen flachen Steinfläche geknetet wurde, manchmal auch in einem großen Behälter mit den Füßen. Dem Mehl wurde Hefe, Salz, Gewürze, Milch, manchmal auch Butter und Eier beigegeben. Nachdem dies alles gut untermischt worden war,
135 gab man dem Teig Zeit zum ‘Aufgehen’, um ihn dann in eine konische Backform zu geben oder ohne vorgegebene Form zu unterschiedlichen Stücken zu bilden.

In der Frühzeit wurde das Brot über dem offenen Feuer gebacken oder in der Glut. Später wurde eine einfache Vorrichtung geschaffen: ein großer flacher Stein wurde über drei aufrecht-

134. Bäcker schlagen und kneten Teig und füllen ihn in große Krüge ab, nachdem er aufgegangen ist. Malerei im Grab des Kenamun in Scheich Abd-el-Gurna, Theben-West. 18. Dynastie

Oben
135. Frauen füllen Brotformen mit Teig aus großen Krügen und stapeln die Formen fürs Backen. Wandmalerei aus dem Grab der Senet, Theben-West. 12. Dynastie

Oben rechts
136. Frauen passieren Gerste durch ein Sieb. Kalksteinrelief. Saqqara. 5. Dynastie. Kairo, Ägyptisches Museum

137. Eine kniende Frau beim Kornmahlen. Kalksteinstatuette. 5. Dynastie. Kairo, Ägyptisches Museum

stehende gelegt, unter ihm wurde Feuer gemacht. Im Alten Reich kamen dicke konische Backformen aus Keramik in Mode. Sie wurden am offenen Feuer erhitzt, dann eingefettet, schließlich mit dem Teig gefüllt, der dank der gespeicherten Hitze gebacken wurde.

Modelle aus dem Mittleren Reich bildeten bereits hohe, spitz zulaufende Backöfen ab – mit einem Feuerraum unten, einem Gitter und kuppelartig gewölbter Abteilung oben, die an der Spitze offen war. Teigklumpen wurden auf vorspringende Simse in der Wölbung gelegt, wenn der Ofen heiß war.

Die unterschiedlichen Laibformen im alten Ägypten können wir nach Bildern, schriftlichen Beschreibungen oder Funden rekonstruieren. Im Alten und Mittleren Reich sehr beliebt war das konische *t-ḥḏ*-Weißbrot, das auch häufig bei Opfern für die Toten Verwendung fand: oft in Scheiben geschnitten, die senkrecht aufgestellt wurden. Das Brot für den täglichen Verbrauch hatte die Form eines Pfannkuchens. Im Grab des Antefoker in Theben (12. Dyn.) werden Gestalt und Backen dieses Brotes dargestellt. Manchmal formte man auch dickere Teigkuchen mit *134* einem Loch in der Mitte, in das gebackene Bohnen oder Gemüse gefüllt wurden, und es gab auch dünne knusprige Waffeln, den *eisch-schams* der modernen Fellachen ähnlich. Wie noch im heutigen Nubien stellte man auch große weiche Pfannkuchen her. Es finden sich auch Rundlaibe, häufig mit tiefen Rissen, die auf das bei der Gärung und beim Backen entweichende Gas zurückzuführen sind, nicht zu vergessen viereckige, dreieckige, halbrunde oder lange dünne Formen oder flache runde, mit aufgebogener Spitze und einer Vertiefung in der Mitte für eine Ei- oder andere Füllung. Im Neuen Reich wurden aus dem Teig auch Rollen gebildet, manchmal auch Figuren: eine Kuh, eine Ziege, eine Frau oder ein Phallus. Diese erfüllten ohne Zweifel einen bestimmten Zweck bei Festlichkeiten und bestimmten Ritualen.

Natürlich bedingte auch unterschiedlich verwendeter Teig eine gewisse Variationsbreite von Brotsorten. Zu Herodots Zeiten wurde das ägyptische Brot, das die Griechen *kyllestis* nannten, aus Dinkelweizen oder – nach Athenäus – aus Gerste gebacken. Die Klassifizierung hing davon ab, wie das Mehl gemahlen war und was an Honig, süßen Früchten oder Gewürzen, häufig den unterschiedlichen Jahreszeiten entsprechend, beigemengt wurde. So ist es nicht überraschend, daß Dokumente aus dem Alten Reich 20 namentlich aufgeführte Brotsorten kennen und 40 bis 50 aus dem Neuen Reich überliefert sind, wenn auch eine Zuordnung der Namen uns nicht mehr möglich ist.

Es läßt sich keine klare Grenze zwischen Brot und anderem Backwerk ziehen, das ebenfalls eine große Variationsbreite aufweist: gesüßt mit Honig, gewürzt mit Sesam oder Anis, angereichert mit verschiedenen Obstsorten.

Brotteig diente auch zur Herstellung von Bier, das im Alten Ägypten zu den beliebtesten Getränken breitester Bevölkerungsschichten gehörte, im Unterschied zum Wein, der den Reichen vorbehalten blieb. Das Bierbrauen begleitet in bildlichen Darstellungen fast immer Szenen vom Brotbacken. Griechischen Nachrichten zufolge brauten die Ägypter ihr Bier aus Gerste, doch weisen Analysen organischer Reste in Bierkrügen überwiegend auf Weizen hin.

Das Bierbrauen war in der Regel Sache der Frauen. Zunächst wurde das Getreide einen Tag lang gewässert, dann ausgebreitet und getrocknet, anschließend wieder angefeuchtet, zerkleinert und in große Tröge gestampft, wobei man Hefe zugab. Hatte die Gärung einen gewissen

138. Ein Mann melkt eine Kuh, an deren Bein ein Kälbchen gebunden ist. Die Kuh beweint den Verlust der für ihr Kälbchen bestimmten Milch. Versenktes Relief auf dem Sarkophag der Königsgemahlin Kawit. Kalkstein. Aus dem Tempel Mentuhoteps II. in Deir el-Bahari, Theben-West. 11. Dynastie. Kairo, Ägyptisches Museum

Grad erreicht, filterte man den Brei durch ein Stück Stoff oder ein Sieb und ließ die geklärte Flüssigkeit reifen. Anstelle von Getreide konnte auch altbackenes Brot verwendet werden, das in einem Topf mit Wasser zerkleinert wurde. In den bildlichen Darstellungen wird gewöhnlich
136 die Verarbeitung des Breies und sein Filtern durch ein Sieb in ein hohes Vorratsgefäß dargestellt.

Das Filtrat wurde schließlich mit Gewürzen, Datteln, Mandragoren, Safflor und anderen Ingredienzen abgeschmeckt – Hopfen indes war unbekannt. Auf einem Relief im Badischen Landesmuseum in Karlsruhe kann man sehen, wie Datteln als Bierzutaten zubereitet werden: die Früchte werden in einem großen Gefäß zunächst gründlich kleingetreten. Aus der entstandenen Fruchtmasse sammelt eine Frau dann die Kerne, während ein Mann die Masse zu Kügelchen formt, die anschließend von einem anderen Mann in ein großes Gefäß gefüllt werden. Datteln gaben dem Bier nicht nur sein Aroma, sondern steigerten durch ihren Fruchtzucker den Gärungsprozeß. In den medizinischen Papyri werden 17 Bierarten genannt, ohne daß wir freilich sagen können, welche Bierart sich hinter den jeweiligen Bezeichnungen verbirgt.

Bevor man das Bier genoß, wurde es durch einen feinen Stoff oder ein Sieb gegossen, um es von den restlichen Zutaten oder sonstigen Verunreinigungen zu befreien.

Bier war eng mit religiösen Vorstellungen verbunden. Einem Mythos zufolge hatte der Gott Re die wütende Göttin Sachmet mit rotgefärbtem Bier, das sie für Blut hielt, betäubt und dadurch die Menschheit vor der Vernichtung gerettet. Trunkenheit hatte nicht nur Ausgelassenheit zur Folge, sondern war auch – wie beispielsweise bei dem Fest für die Göttin Tefnut – eine Quelle religiöser Ekstase.

Die Griechen schrieben die Erfindung des Bieres den Ägyptern zu. Möglicherweise war seine Erfindung ein Zufall: Als man gegorene Getreiderückstände trank, die für die Grütze- oder Brotherstellung bestimmt waren, stellte man fest, daß ihr Genuß eine berauschende Wirkung ergab.

Neben Brot und Bier gehörten Gemüse, Obst und Fisch zu den Grundnahrungsmitteln der alten Ägypter. Grabfunde zeigen, daß sie ihre Speisen auch aus Hülsenfrüchten wie Bohnen, Saubohnen, Kichererbsen und Linsen zubereiteten.

Unter den Gemüsesorten war der Knoblauch ganz besonders beliebt, und zwar nicht nur, weil er den Speisen einen besonderen Geschmack verlieh, sondern weil man ihn aufgrund seines starken Geruchs, der angeblich Krankheitserreger abstieß, für ein Heilmittel hielt. Auch die Zwiebel wurde ihres Geschmacks, ihres Geruchs und ihrer Heilkraft wegen geschätzt. Mitunter legte man Zwiebeln dem Toten unter die Achsel, in die Körper- und Augenhöhlen sowie zwischen die Lagen der Mumienbindung, da man glaubte, der Zwiebelgeruch rege den Verstorbenen zum Atmen an. Rettich verwendete man weniger für die Speisenzubereitung (obwohl dieses Gemüse Herodot zufolge zu den Rationen der Pyramidenerbauer gehörte) als vielmehr
102 zur Ölgewinnung. Beliebt waren auch Porree und besonders Lattich, eine Salatart mit 1 m ho-
bis hen Köpfen und spitz zulaufenden Blättern. Lattich gehörte zu den Opfergaben auf dem vor
105 dem Toten stehenden Opfertisch und wurde von den Ägyptern für potenzstimulierend gehal-

ten, was angeblich mit der Fruchtbarkeit des Gottes Min zusammenhing. Gurken gehörten zu jener Gemüsesorte, die man ihrer Früchte wegen anbaute.

Auch Obst aßen die Ägypter, vor allem Datteln, die reich an Zucker und Eiweißstoffen waren. In ärmeren Bevölkerungskreisen ersetzten Datteln den Süßstoff Honig, der nur den wohlhabenden Schichten vorbehalten war (*bnr* bedeutet sowohl „Dattel" als auch „süß, angenehm"). Datteln wurden entweder als Frischobst oder als Kuchen gegessen, zu Saft gepreßt, aus dem man Dattelwein gewann oder den man Bier zusetzte, und getrocknet zu Dörrobst verarbeitet. Als Medizin verordnete man Datteln zur Entschlackung und Urinregelung, als vaginale Einlagen garantierten sie angeblich Fruchtbarkeit.

Die Frucht der heute in Ägypten ausgestorbenen Argunpalme (*Medemia argun*) gehörte gleichfalls zu den häufig verzehrten Obstsorten; sie war von süßem Geschmack, ähnlich einer Kokosnuß. Die große Frucht der Dumpalme aß man roh, in Wasser geweicht oder als Sirup verarbeitet. Die süßen Früchte des Christusdornes wurden roh verzehrt oder zu Wein verarbeitet, wie ihn beispielsweise koptische Mönche in den entlegenen Wüstenklöstern noch heute kennen.

Sykomorenfeigen waren bei den Ägyptern schon deshalb beliebt, weil sie die Früchte eines heiligen Baumes waren; man findet sie deshalb in altägyptischen Gräbern häufig. Auch zu medizinischen Zwecken verwendete man sie, zum Beispiel gegen die seltsame 'blutfressende' Krankheit, die B. Ebbell für Skorbut (Avitaminose C) hält. Die echten Feigen – die Früchte des Feigenbaumes – hingegen gehören zu den selteneren Grabfunden, werden im Bilde aber häufig dargestellt und auch in Texten oft erwähnt. Weintrauben waren eine beliebte Delikatesse; man trocknete sie an der Sonne zu Rosinen.

Die Wassermelone ist nur durch einen einzigen Fund im Sarg des Nebsen (Neues Reich) bekannt. *4* Zur üblichen Grabausstattung hingegen gehörte die Frucht des heiligen Perseabaumes.

Der Granatapfel kommt in Funden vereinzelt bereits in der 12. Dynastie vor (in Gräbern in Dra Abu-el-Naga). Seine zunehmende Verbreitung wird mit den Syrienexpeditionen Thutmosis' III. in Verbindung gebracht. Auf den Malereien des Neuen Reiches ist diese Frucht an ihren typischen Konturen unschwer zu erkennen. Die Olive gelangte mit den Hyksos im Laufe der 2. Zwischenzeit nach Ägypten, wie dies Funde aus der beginnenden 18. Dynastie nahelegen. Auch die ägyptische Pflaume, Walnüsse und Johannisbrot sind erst für das Neue Reich belegt. Pfirsiche waren in Ägypten erst seit der Ptolemäerzeit bekannt.

An die verschiedenen Gerichte gehörten natürlich Gewürze, von denen sich Anis, Zimt, Koriander, Kümmel, Dill, Fenchel, Majoran, Senf und Thymian gefunden haben. Erst in griechisch-römischer Zeit kam der Gebrauch von Pfeffer auf. Daneben wurden Gewürze auch als Arzneimittel verwendet.

Fleischgerichte gab es beim einfachen Volk zumeist nur an Festtagen. Dann schlachtete man ein Schaf oder eine Ziege und lud auch Verwandte und Bekannte zum Mahl ein, denn in der Hitze Ägyptens empfahl es sich, das Fleisch nicht lange aufzubewahren, sondern möglichst rasch zu verzehren.

In vornehmen Kreisen allerdings gehörte Fleisch zu den regelmäßigen und wesentlichen Speisen, wie man aus den vielen Bildern in den Gräbern des Adels schließen kann, die Schlächter bei ihrer Arbeit zeigen. Das Vieh, dessen Beine gefesselt waren, wurde geschlachtet, indem *139* man ihm die Kehle durchschnitt oder – bei Kleinvieh – den Kopf abhackte. Das dabei ausströmende Blut wurde in tiefen Gefäßen aufgefangen, mitunter von einem Arzt auf seinen richtigen

139. Metzger beim Schlachten eines Ochsen. Malerei von der Kapelle des Iti in Gebelein. 1. Zwischenzeit. Turin, Museo Egizio

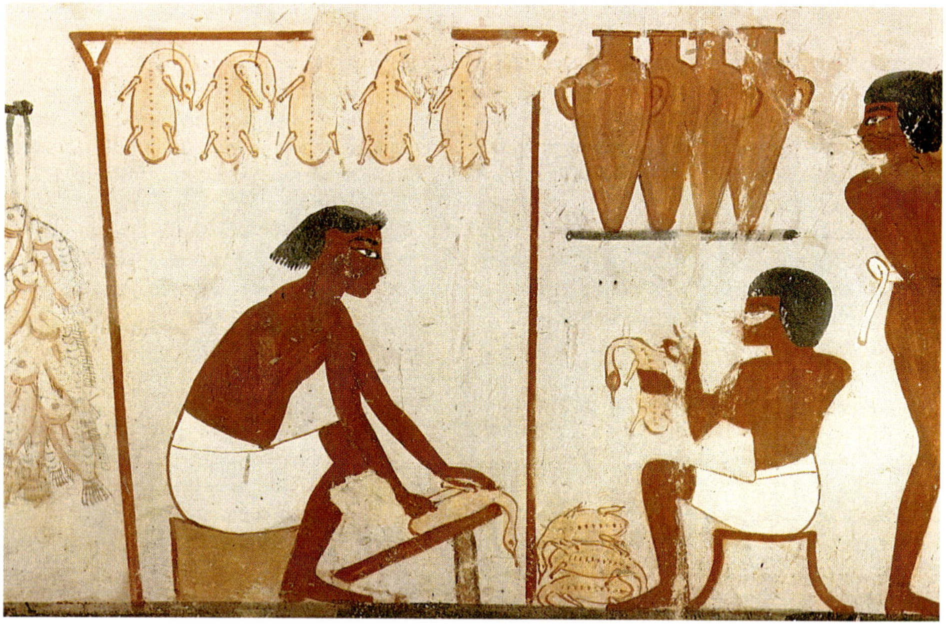

140. Ein Diener rupft Gänse, ein anderer nimmt sie aus. Malerei im Grab des Nacht. Scheich Abd-el-Gurna, Theben-West. 18. Dynastie

Geruch hin untersucht und gleich gekocht. Dem Tier zog man dann die Haut ab, die in die Gerbereien kam. Anschließend entfernte man die Innereien, wusch sie und verbrauchte sie rasch. Mit großen Messern trennte man die Gliedmaßen ab und schnitt den Tierkörper in Stücke, die auf Schnüren in gut durchlüfteten Magazinen zum Trocknen aufgehängt wurden. Mitunter zerlegte man das Fleisch noch in kleinere Portionen und kochte sie. Daß auch Hirn genossen wurde, beweist der Fund von gespaltenen Stierschädeln aus einem Stierbegräbnis aus der 26. Dynastie.

1984 fanden tschechische Ägyptologen bei Grabungen im Tempel des Raneferef in Abusir ein unikales rituelles Schlachthaus, das 'Haus der Messer' (*ḥwt nmt*). In einem großen Schlachtraum ohne Dach, der sich gleich hinter dem Schlachthauseingang befand, wurden die Opfertiere an drei fest in den Fußboden eingelassene Kalksteinblöcke gebunden. Hier schnitten ihnen die Schlächter mit einem Steinmesser die Kehle durch und trennten ihnen jeweils das linke Vorderbein ab, bevor die Tiere dann gehäutet und zerlegt wurden. In einem der drei angrenzenden Räume fand sich ein gemauerter Schlachtklotz noch *in situ*; auf ihm wurden die Fleischportionen nochmals zerkleinert, damit sie auf der Stelle gebraten oder gedörrt werden konnten. Magazingewölbe, die einen Großteil der Fläche des Schlachthauses einnehmen, dienten zur Lagerung des Fleisches. Daß man auf diese Weise viel Fleisch lagerte, zeigt ein Papyrusfragment aus dem Tempelarchiv des Raneferef: ihm zufolge wurden innerhalb von zehn Tagen allein für den Raneferef-Tempel 130 Stiere geopfert.

In den Schlachtungsszenen wird meistens das Zerlegen von Hausrind, weniger häufig das von Jagdvieh wie Antilopen, Steinböcken, Gazellen oder Rotwild dargestellt. Das Schlachten von Schafen, Ziegen oder Schweinen fehlt, wohl weil diese Tiere von den Adligen nur selten gegessen wurden.

Die Forschung hat gezeigt, daß Schweinefleisch in vordynastischer Zeit vor allem in Unterägypten ein beliebtes Fleischgericht war, in Oberägypten hingegen nur selten gegessen wurde. Die zunehmende Aversion gegen Schweinefleisch kann mit dem Einfluß Oberägyptens nach der Reichseinigung erklärt werden. Das Schwein gehörte zu jenen Tieren, die dem unterägyptischen Gott Seth, dem Widersacher des Osiris, der zunächst König von Oberägypten war, geweiht waren. Aus der Spätzeit haben sich Verbote erhalten, die Schweinehirten den Zutritt zum Tempel und Priestern den Verzehr von Schweinefleisch untersagen; auch viele Adlige enthielten sich des Genusses von Schweinefleisch.

Demgegenüber wissen wir aber, daß Schweine in Ägypten gezüchtet und von breiten Bevölkerungskreisen auch verzehrt wurden. König Sethos I., dessen Name mit der Verehrung des Seth verbunden ist, gestattete sogar, Schweine im Osiristempel zu Abydos zu halten. Darüber hinaus ist Schweinefleisch Bestandteil vieler Arzneimittel. Der Verzehr von Schweinefleisch, das nur ungenügend gekocht war, konnte freilich zu Trichinose führen – einer Infektionskrankheit, die durch den parasitischen Fadenwurm *Trichinella spiralis* verursacht wird und Zysten in den Muskeln bildet.

Relativ wenig wissen wir über die kulinarische Zubereitung von Fleisch, da keiner der altägyptischen Schreiber ein Kochrezept überliefert hat. Aus zahlreichen bildlichen Darstellungen geht indes hervor, daß die Speisezubereitung in vornehmen Haushalten Köchen oblag. Sie kochten oder dünsteten das Fleisch in Töpfen, brieten es, bereiteten Ragout zu oder frittierten es in Öl oder Fett. Eine Küchenszene auf der Wand des Grabes Ramses' III. im Tal der Könige zeigt einen Mann mit großer Schöpfkelle, der irgendeine Flüssigkeit in einem großen Kessel umrührt, während ein anderer Mann Feuer unter dem Kessel schürt. Ringsherum liegen Fleischstücke, und etwas weiter fängt ein Schlächter Blut aus der Kehle eines frisch geschlachteten Tieres in einem Schälchen auf, während sein Kollege ein anderes Tier zerteilt.

Eine willkommene Eiweißquelle auch für ärmere Bevölkerungsschichten waren Mastgeflügel oder Wildvögel: Gänse, Enten, Tauben, Wachteln, Kraniche und andere Arten, seit dem Neuen Reich auch Haushühner. Über ihre Zubereitungsart berichtete Herodot (II, 77): „Von den Vögeln essen sie Wachteln, Enten und kleine Singvögel ungekocht, nachdem sie sie vorher eingesalzen. Alle übrigen Fische und Vögel aber, die sie haben und nicht für heilig halten, essen sie gebraten oder gekocht."

Die Zubereitung von Geflügel – Rupfen, Ausnehmen, Waschen und Braten – findet sich in mehreren bildlichen Darstellungen. Auf einem Bild sehen wir einen Mann, der vor einer auf *140*
glühender Holzkohle stehenden Pfanne kniet, in seiner Rechten eine Ente an einem langen
Spieß hält und mit einem großen Fächer in der Linken entweder Fliegen verscheucht oder der *133*
Feuerstelle Sauerstoff zufächert. Ein anderer Mann, gleichfalls kniend dargestellt, 'tranchiert' den Braten auf einem niedrigen Tischchen. Ein Ostrakon aus Amarna enthält das Bild einer Amarna-Prinzessin, die an einem mit Speisen beladenen Tisch sitzt und sich eine gebratene Ente munden läßt.

Offenbar aßen die Ägypter auch Eier. Obwohl es keine direkten Zeugnisse dafür gibt, verordnen medizinische Rezepte, paradox genug, Eier gegen Durchfall.

Fisch, von dem die meisten Arten eßbar waren und einen hervorragenden Geschmack hatten, war das Fleisch der Armen und eine Abwechslung im Menü der Reichen. Die Fische wurden zumeist schon von den Fischern auf den Papyrusbooten getötet, mitunter auch abgeschuppt und gesäubert. Auf einer Malerei im Grab des Rechmire in Scheich Abd-el Gurna sehen wir einen über einem schrägen Brett vornübergebeugt sitzenden Mann, der einem Fisch den Kopf abtrennt, den Fischkörper längs aufschneidet und die Innereien herausnimmt.

141. Die Mannigfaltigkeit altägyptischer Kost ist vielen Grabmalereien zu entnehmen. Hier bringt ein Opferträger Gänse dar. Malerei im Grab des Nacht. Scheich Abd-el-Gurna, Theben-West. 18. Dynastie

Andere Darstellungen zeigen das Grillen von Fischen an einer langen Stange; während der Koch der Feuerstelle Luft zufächert, formt sein Gehilfe aus den Filets kleine Bällchen. Auf einem Relief aus dem Grab des Ti ist ein Koch dargestellt, der einem Fisch die Rogen entnimmt. In der Mastaba des Chnumhotep und des Nianchchnum finden wir Darstellungen, in denen Fisch oder Fischsuppe in einem großen Kessel über offenem Feuer gekocht wird.

39 Meistens wurden Fische aber gesalzen und konserviert oder an der Sonne getrocknet und in verbranntes Gras gewickelt. Als besondere Delikatesse galt gepökelter Fisch, den man auch exportierte.

Einige Fischarten durften allerdings ihrer Beziehung zu Osiris wegen nicht gegessen werden. Zu ihnen gehörten der *Lepidotus*, der *Phragus* und der Oxyrhynchos, den C. Gaillard mit der Gattung *Mormyrus* indentifizierte. Die genannten Fischarten hatten dem Mythos zufolge das Glied des Osiris verschluckt. An einigen Stätten Ägyptens wurde der Sägebarsch (*Lates niloticus*) verehrt, auf dessen Genuß man gleichfalls verzichtete. Zentrum seines Kultes war Esna, dessen späterer griechischer Name Latopolis auf diese Fischart Bezug nimmt; hier fand man Tausende an mumifizierten Barschen und anderen verwandten Arten. Priester durften sicherheitshalber überhaupt keinen Fisch verzehren.

Die Ägypter kannten zwei Arten von Fett: *ʿḏ*, das überwiegend tierischen Ursprungs war, und *mrht*, Pflanzenfett. In dem Tempel König Amenophis' III. in Malqata unweit von Theben hat man Gefäße gefunden, die alle mit dem Wort *ʿḏ* beschriftet waren und offenbar für die Lagerung von Fett dienten.

In den Opferlisten werden vier Unterarten des tierischen Fettes *ʿḏ* genannt, und zwar Rinderfett, Schafsfett, „weißes" und „zerlassenes" Fett (zerlassene Butter?). Milch ist nicht erwähnt, obwohl wir aus zahlreichen Szenen Männer kennen, die Töpfe mit Milch oder Sahne
87 tragen. Milch wurde Babys und Kleinkindern gereicht, aber auch von Erwachsenen getrunken; zusammen mit Milchprodukten war sie das Hauptnahrungsmittel der Bauern und Hirten.

Obwohl wir die ägyptische Bezeichnungen für Butter und Käse bislang noch nicht kennen, dürfte feststehen, daß die alten Ägypter beides kannten. Eine Grabmalerei in Theben

143. Einem der Gäste ist sichtlich unwohl. Fragment einer Wandmalerei. Theben-West. Neues Reich. Brüssel, Musées Royaux d'Art et d'Histoire.

Links
142. Vor Tischen, die mit den verschiedensten Speisen beladen sind, sitzen auf Stühlen und Schemeln elegant gekleidete Gäste eines Banketts, denen Dienerinnen Weinschalen reichen. Bemaltes Relief aus dem Grab des Nebamun in Dra Abu-el-Naga, Theben-West. 18. Dynastie. London, British Museum

aus der Zeit der Wende von der 19. zur 20. Dynastie zeigt uns eine sitzende Frau, die einem großen Gefäß weiße Klumpen entnimmt, sehr wahrscheinlich Butter oder Käse, und der neben ihr stehende Mann legt diese in einen dreieckigen Sack. Ähnliche Säcke werden dann von Eseln oder an Tragstangen transportiert. Käsereste konnten in zwei Gefäßen aus der 1. Dynastie nachgewiesen werden, weitere Funde stammen aber erst aus der Ptolemäerzeit.

Für Pflanzenöl hatte das Ägyptische 21 verschiedene Ausdrücke. Man gewann es aus den Samen von Sesam, Rizinus, Lein, Rettich, Safflor, der Ölmoringie und der Koloquinte. Das helle und geruchlose Öl des Moringaölbaumes war dabei besonders beliebt. Bekannt war auch Olivenöl, das aus den Mittelmeerländern importiert wurde. Erst in die 18. Dynastie sind Versuche zu datieren, Oliven in Ägypten zu züchten, und in der Ptolemäerzeit gab es dann ganze Olivenplantagen im Fajjum.

Öl oder Fett wurde hauptsächlich zum Braten von Fleisch und zum Backen von Gemüse verwendet. Gekocht wurde – wie auch heute im gesamten Vorderen Orient noch – in Milch oder Butter. Die Bedeutung von Fett für die Kosmetik, Medizin, den Kult und für die Beleuchtung wird an anderer Stelle beschrieben.

Honig war ein universeller Süßstoff im Alten Reich, den sich jedoch nur der Herrscher und seine Höflinge leisten konnten. Erst seit dem Neuen Reich findet er sich auch unter den Opfergaben in Beamtengräbern und Tempeln. Das einfache Volk ersetzte ihn durch Datteln und Fruchtsäfte. Honig wurde roh gegessen oder als Kuchenzutat und zum Aromatisieren von Bier und Wein verwendet. Die wenigen Fälle von Zahnfäule bei vornehmen Personen zeigen, daß der Genuß von Honig in diesen Kreisen offensichtlich keine negativen Auswirkungen auf das Gebiß hatte. Auch als häufigen Bestandteil von Rezepturen finden wir ihn.

Meersalz galt bei den alten Ägyptern als unrein, denn wie alles, was mit dem Meer irgendwie in Verbindung stand, gehörte es der Sphäre des Seth, des Gottes des Bösen, an. Uneingeschränkten Gebrauch hingegen machte man von dem in der Oase Siwa oder an anderen Lagerstätten geförderten Salz, und nur die Priester hatten sich des Salzes zu bestimmten Anlässen zu enthalten. Im übrigen war in dem heißen Klima Ägyptens, in dem man nicht nur bei harter körperlicher Arbeit ordentlich schwitzte, so daß der Körper reichlich Salz ausschied, ein gut gesalzenes Essen eine Notwendigkeit, um die Dichte der Körperflüssigkeiten in einem physiologischen Gleichgewicht zu halten.

Wie das tägliche Mahl richteten sich auch die Häufigkeit der Nahrungsaufnahme und die Tischsitten nach der sozialen Stellung des Einzelnen. Das einfache Volk aß zweimal täglich: bei Sonnenaufgang und bei Sonnenuntergang. Tagsüber begnügte man sich mit ein paar kleinen Bissen. Die Wohlhabenderen freilich begaben sich auch nachmittags zu Tisch. Arme Familien kauerten an einem niedrigen runden Tisch und nahmen die Mahlzeit aus gemeinsamen Schälchen mit bloßen Fingern oder kleinen Brotstücken zu sich. Vor und nach dem Essen gossen sie sich Wasser über die Hände, und mitunter spülten sie sich auch den Mund aus. Die Benutzung gemeinsamen Geschirrs erhöhte natürlich die Gefahr von Infektionskrankheiten.

In vornehmeren Kreisen pflegte man andere Tischsitten, insbesondere bei den Gastmahlen, *142*
die ja so häufig in den Gräbern dargestellt sind. Jeder Gast saß auf seiner eigenen Matte oder seinem eigenen Hocker vor einem mit Blumen geschmückten kleinen runden Tisch, auf dem für jeden extra gedeckt war. Doch auch hier kannte man kein Besteck, sondern aß mit bloßen Fingern, die mitunter vor dem Essen, besonders aber nach dem Essen unter Wasser abgespült wurden, das Diener aus Kannen über die Hände der Gäste gossen. Gegessen wurden auserlesene Speisen, zu denen man aus Bechern edle Weinsorten trank; zwischendurch versprühten Diener Parfüm unter die Gäste und schmückten deren Häupter mit wohlriechenden Salbkegeln. Nach dem Essen, oft auch bereits vor dem Essen, spülte man sich den Mund mit Wasser aus, das einen desinfizierenden Natonzusatz enthielt. Musiker beiderlei Geschlechts sowie Sänge- *45*
rinnen und nackte Tänzerinnen sorgten unterdessen für eine festliche Stimmung.

Mäßigkeit war bei derlei Anlassen unangebracht. Im Grab des Paheri in Elkab befiehlt eine Dame dem Diener: „Bring mir achtzehn Becher Wein. Siehst du nicht, daß ich mich betrinken will? Meine Kehle ist trocken wie Stroh.“ Nicht umsonst warnte ja auch Ani in seiner Lehre vor der Völlerei. Aus bildlichen Darstellungen kennen wir sogar Szenen sich übergebender Gäste, und im Grab des Cheti in Beni Hasan (11. Dyn.) sind in unmittelbarer Umgebung von Szenen, *143*
die die Herstellung von Wein und Bier zeigen, auch Männer dargestellt, die ihre stockbetrunkenen Gefährten hinaustragen.

Muß man nun aber annehmen, daß angesichts der Völlerei privilegierter Schichten das Gros der einfachen Menschen in Ägypten Hunger litt? Die meisten Wissenschaftler sind anderer Meinung. Der Boden Ägyptens bot genügend Nahrung für alle Menschen. Brot, Bier, Milch, Gemüse, Obst, Wildvögel und Fisch konnte sich fast jeder leisten. Auch heute, bei einer unvergleichlich höheren Bevölkerungszahl, müssen selbst die Ärmsten nicht Hungers sterben, da sie sich schon für ein paar Münzen einen Teller Bohnen kaufen können. Schwerstarbeiter in den Steinbrüchen von Gebel es-Silsileh erhielten der Stele König Sethos' I. zufolge täglich etwa 2 kg Brot, zwei Bund Gemüse und ein Stück Bratenfleisch.

144. Ein ausgemergelter Mann mit einer Schale. Holzstatuette. Mittleres Reich. Berlin, Ägyptisches Museum

Einer der Vorteile eines höheren sozialen Status' war eine bessere und vielseitigere Ernährung. So erhielt schon der Bote und Standartenträger Sethos' I. pro Tag „gutes Brot, Rindfleisch, Wein, süßes Öl, Olivenöl, Fett, Honig, Feigen, Fisch und Gemüse". Andererseits führte der übermäßige Genuß von Fleisch, Fett, Backwerk und Honig bei den Angehörigen höheren Standes, die nicht körperlich arbeiteten, zu Fettsucht. Fettleibigkeit konnte auch ein äußeres Zeichen für die Würde einer höheren sozialen Stellung sein – übrigens ganz so wie im heutigen Ägypten auch. Ein klassisches Beispiel dafür ist die Gestalt des Anchmahor, der auf der Außenwand seines Grabeingangs in Saqqara (6. Dyn.) als ein reifer, ausgesprochen fetter Mann, im Inneren des Grabeingangs jedoch als feingliedriger Jugendlicher dargestellt ist. Ein anderer
145 wohlbeleibter Herr findet sich auf einer Darstellung der Mastaba des Mereruka (6. Dyn.), der es sich in einem Papyrusboot gut gehen läßt, während ihm ein schlanker Diener einen Drink serviert. Ähnlich ausladend in seinen Körperproportionen ist der Wesir Ka-Aper, dessen Holzstatue im Ägyptischen Museum in Kairo ausgestellt ist. Sie ist im allgemeinen unter dem Na-
146 men *Scheich el-Beled* bekannt: 'der Dorfschulze', da sie vom Arbeiter, der sie ausgegraben hat, unmittelbar so bezeichnet wurde. Hochgestellte Persönlichkeiten waren natürlich häufig mit Krankheiten behaftet, die auf den übermäßigen Genuß von Speis und Trank zurückzuführen sind: Sie litten vielfach an Arteriosklerose, Gallen- und Harnsteinen, Gicht oder Diabetes.

Auch wenn die Armen im allgemeinen nicht Hunger litten, so konnte doch eine allgemeine Hungersnot die gesamte Bevölkerung und natürlich besonders die Armen treffen und katastrophale Auswirkungen haben. Nach Berichten aus ptolemäischer Zeit gab es bereits in der Zeit König Djosers, etwa 2700 v. Chr., eine Hungersnot, da die Nilschwemme in sieben aufeinander folgenden Jahren unzureichend gewesen war. Der Staat hielt ein gut organisiertes System von Vorratshaltung in Kornspeichern aufrecht, die regelmäßig in guten Jahren aufgefüllt wurden, damit man darauf in den schlechteren zurückgreifen und ähnliche Hungersnöte vermeiden konnte.

144 In der östlich angrenzenden Wüste, in der damals Nomadenstämme lebten, von den Ägyptern Medjau genannt, kam es während des Alten Reiches verschiedentlich zu Hungersnöten. Reliefs am Aufweg zur Pyramide des Unas, des letzten Königs der 5. Dynastie, zeigen eine Reihe abgemagerter Männer, die am Straßenrand hocken; sie haben vorspringende Rippen, magere Gliedmaßen, eingezogene Bäuche. In einem Grab in Meir aus dem Mittleren Reich wird ein offensichtlich unterernährter Schafhirte dargestellt, der die ausgefeilte Lockenfrisur trägt, die heute noch bei den Bischir-Beduinen zu sehen ist. Offensichtlich sehen wir hier die ursprünglichen Bewohner der Bergregionen Ostägyptens, die infolge der rapiden Ausdehnung der Wüste zwischen 2350 und 2000 v. Chr. ins Niltal weiterwanderten. Berichte aus der Zeit der 12. Dynastie über die südliche Grenzfestung Semna, südlich von Wadi Halfa, sprechen ausdrücklich von der 'den Hungertod bringenden Wüste'.

Nach dem Ende der 6. Dynastie, um etwa 2200 v. Chr., brach das staatliche System der Vorratshaltung in Kornspeichern zusammen, was wahrscheinlich mit dem Niedergang der Zentralverwaltung gerade im kritischsten Moment: als ein schlechter gewordenes Klima mit unzureichenden Nilüberschwemmungen zusammenfiel, zusammenhing. So kam es zu Hungersnöten, Bürgerkrieg und Invasion und einem allgemeinen Chaos, wie in der Klage Ipus über den Untergang des Alten Reiches berichtet wird.

Berechnungen zur Bevölkerungszahl Ägyptens zu verschiedenen Zeiten stützen sich im wesentlichen auf Schätzungen des genutzten Kulturlandes und der Ernten. Wegen des Fehlens zuverlässiger anthropologischer Daten sind direkte palaeodemographische Methoden nicht verwendbar.

Die umfassendste Studie zu Bevölkerungsdaten, die auf weitgespannten ökologischen Untersuchungen und Berechnungen zum urbargemachten Land beruht, wurde 1976 von K. W. Butzer veröffentlicht. Interessant ist es, seine Ergebnisse mit denen anderer zu vergleichen. Für die verstreuten Siedlungen in vordynastischer Zeit setzte er insgesamt nur 350.000 Einwohner an. Während der Reichseinigung Ägyptens sollen 870.000 Menschen dort gelebt haben (etwa 3000 v. Chr.) und zur Glanzzeit des Alten Reiches 1,6 Millionen (etwa 2500 v. Chr.). Diese letzte Zahl liegt zwischen der sicher zu hoch gegriffenen Schätzung R. Engelbachs von 3 Millionen und der wesentlich niedrigeren von 1 Million Einwohner, wie sie J. J. Hobbs vorgeschlagen hat.

Die Zahl von 1,6 Millionen Einwohnern ist auch von C. Aldred vorgeschlagen worden, allerdings erst für die 11. Dynastie (um 2000 v. Chr.), als sich Ägypten von der schweren Bevölkerungsdezimierung infolge einer Hungersnot in der 1. Zwischenzeit zu erholen begann. Für die Blütezeit des Mittleren Reiches (um 1800 v. Chr.) veranschlagt Butzer eine Bevölkerungszahl von 2 Millionen Einwohnern.

Die Ausbreitung kultivierten Landes nach der Einführung des Schadufs führt Butzer zu der Annahme, daß Ägypten zur Blütezeit des Neuen Reiches (um 1250 v. Chr.) fast 3 Millionen Einwohner gehabt habe – eine im Vergleich zu den Schätzungen J. Vercoutters (fast 4 Millionen) und K. Baers (4,5 Millionen) recht zurückhaltende Angabe, die allerdings J. A. Wilsons Schätzungen von 1,6 Millionen Bewohnern weit hinter sich läßt.

145. Ein Diener reicht dem dicken Bruder des Grabhinhabers zu trinken. Grab des Mereruka. Saqqara. 6. Dynastie

146. Der Oberste Vorlesepriester Kaaper scheint ein leidenschaftlicher Esser gewesen zu sein. Die Arbeiter, die diese Holzstatue fanden, gaben ihr den Namen *Scheich el-Beled,* „Dorfschulze“, weil sie ihrem Bürgermeister so sehr ähnelte. Saqqara. 5. Dynastie. Kairo, Ägyptisches Museum

Als die Ptolemäerzeit um 150 v. Chr. ihren Höhepunkt erreichte, sei die Bevölkerungszahl Ägyptens durch die Einführung der Sakije und der damit verbundenen Zunahme kultivierten Gebietes, so Butzer, auf 5 Millionen angestiegen. Auch Hobbs rechnet mit einem schnellen Anstieg von 2,4 Millionen Einwohnern zu Beginn der Ptolemäerzeit im 4. Jh. v. Chr. auf 5 Millionen gegen Ende dieser Epoche im 1. Jh. n. Chr. Eine ähnliche Schätzung, nämlich 4,5 Millionen, bietet für diese Zeit auch W. M. S. Russell. Von den griechischen Historikern und Zeitgenossen spricht Diodor einmal von 3 Millionen Menschen, ein anderes Mal von 7 Millionen, während Josephus sogar 7,5 Millionen Einwohner veranschlagt!

Zum Vergleich abschließend noch zwei Daten aus der Neuzeit: 1882 erbrachte die erste Volkszählung in Ägypten eine Bevölkerungszahl von 7 Millionen, und zur Zeit der Abfassung dieses Buches zählt Ägypten etwa 55 Millionen Einwohner.

KAPITEL 11

In den Werkstätten der Handwerker

147. Ein Zimmermann hockt auf einem Gerüst und bearbeitet mit dem Dechsel ein hölzernes Objekt, Unüblicherweise ist er ungepflegt, ungekämmt und unrasiert dargestellt. Wandmalerei. Fundort unbekannt. 18. Dynastie. Berlin, Ägyptisches Museum

Eine bedeutende Rolle unter all jenen, die nicht in der Landwirtschaft arbeiteten, spielten die Handwerker, die die übrigen Bevölkerungsschichten mit ihren Produkten versorgten. Ganz gleich, ob es sich um einfache Gegenstände des täglichen Bedarfs, die serienweise hergestellt wurden, oder um Luxuserzeugnisse des Kunsthandwerks handelte: ihre Produkte bestachen stets durch die Zweckmäßigkeit ihrer Form, durch eine vollendete Oberflächenbehandlung und eine geschmackvolle Verzierung. In den großen Museen der Welt werden sie deshalb als Zeugnisse der Geschicklichkeit, Geduld und Sorgfalt längst vergangener Meister aufbewahrt und entsprechend gepflegt.

Grabreliefs und Grabmalereien aus ganz unterschiedlichen Zeiten sowie Holzmodelle aus dem Mittleren Reich machen uns mit den Werkstätten bekannt, in denen handwerkliche Produkte entstanden. Das bescheidene Angebot von oft primitiven Werkzeugen verstanden die Handwerker durch einfallsreiche Technologien und manuelle Geschicklichkeit wettzumachen. Kein Zweifel besteht darüber, daß in bestimmten Handwerkszweigen nur Leute mit 'goldenen Händen' bestehen konnten. Wie in anderen Berufen, so traten auch hier die Söhne in die Fußstapfen ihrer Väter. Ihre handwerkliche Begabung vervollkommneten sie während ihrer Lehrzeit, indem sie Werke reifer Meister kopierten.

Die meisten Werkstätten waren von lokaler Bedeutung, so daß sie die Bedürfnisse ihrer Umgebung befriedigten, insbesondere hinsichtlich der gewünschten Art und Menge eines Erzeugnisses, mitunter aber auch, was bestimmte stilistische Besonderheiten betraf. Verständlicherweise war alles, einschließlich der handwerklichen Erzeugnisse, im Laufe der Zeit einem Formwandel unterworfen, der sich aus der fortschreitenden Entwicklung von Werkzeugen und Technologie ergab, und sicherlich wandelte sich auch der Zeitgeschmack. Dieser Umstand versetzt die Archäologen in die Lage, viele Gegenstände stilistisch oder typologisch bestimmen zu können.

Uns interessieren indes nicht fertige Erzeugnisse und ihr künstlerischer Wert – dazu sei auf zahlreiche kunsthistorische Publikationen verwiesen –, sondern das Leben in den Werkstätten der verschiedenen Handwerkszweige, die verwendeten Werkzeuge und angewandten Herstellungsmethoden, der Einfluß verschiedener Faktoren auf den Produzenten sowie dessen gesellschaftliche Stellung. Obwohl sich über diese Aspekte die meisten literarischen Denkmäler ausschweigen, besitzen wir doch in den Grabszenen beredte Zeugnisse, die die einzelnen Arbeitsschritte anschaulich darstellen.

Aus ihnen läßt sich ablesen, daß ein Erzeugnis in der Regel von einem Handwerker zum andern wanderte, wobei es von jedem in einem oder mehreren Arbeitsgängen bearbeitet wurde. Daraus ergibt sich eindeutig, daß die handwerkliche Produktion schon im Alten Reich über den Rahmen der individuellen Heimarbeit hinausging und eine Gemeinschaftsarbeit von Werkstätten darstellte, in denen eine größere Zahl von Handwerkern konzentriert war. Der Produzent ging seines ursprünglichen Eigentumsverhältnisses an Werkzeugen, Rohstoffen und fertigen Produkten verlustig und wurde Angestellter des Königs, der Priesterschaft und der hohen Beamtenschaft. Dieser Verlust indes wurde durch Vorteile wettgemacht, die in besseren technischen Bedingungen und der Möglichkeit bestanden, sich auf bestimmte Arbeitsgänge vollkommen spezialisieren zu können. Dies konnte andererseits natürlich zu einer Einförmigkeit der Arbeit führen und dazu, daß die Qualität nebensächlich wurde. Wenn wir uns die Gegenstände allerdings anschauen, die auf uns übergekommen sind, können wir Pfuscharbeit nicht feststellen, wir können nur die Perfektion – auch im Detail – bewundern. Im Vergleich mit den in Heimarbeit hergestellten Erzeugnissen im vorgeschichtlichen Ägypten können wir feststellen, daß das System mit Werkstätten die Produktivität steigerte – jedoch nicht nur in der Quantität, sondern auch, was die Qualität betrifft.

Wenn wir die Wandmalereien in den Gräbern und die Keramikmodelle des Mittleren Reiches betrachten, müssen wir uns daran erinnern, daß sie nicht geschaffen wurden, um einen wissenschaftlichen Bericht über die Produktionsmethoden zu ermöglichen, sondern um den Verstorbenen in der jenseitigen Welt die Fortsetzung des Lebens zu erleichtern. Nachdem das Grab mit allem ausgerüstet worden war, was der Tote auf Erden verwendet hatte, mußten seine Erben Vorsorge dafür treffen, daß die betreffenden Gegenstände mit der Zeit zerfallen könnten oder anderweitig unbrauchbar wurden, also ersetzt werden mußten, was nicht einmal fromme Stiftungen wirklich garantieren konnten. Hieraus entstand das Bedürfnis, abzubilden, wie diese Dinge hergestellt worden waren. So ging es also nicht nur darum, die weißen Wände der 'ewigen Wohnung' angemessen auszuschmücken, sondern die betreffenden Szenen so abzubilden, daß zwar irrelevante Details weggelassen wurden, sonst aber alles in den Augen der Ägypter dabei Wesentliche gezeigt wurde. Um diesen Szenen Leben einzuhauchen, genügte es dann, wenn ein Priester, die Familie des Toten oder spätere Besucher die entsprechenden Wiederbelebungsformeln aufsagten.

Es wäre natürlich schön, wenn man die aus diesen Szenen gewonnenen Erkenntnisse mit solchen sorgfältiger Ausgrabungen vergleichen könnte. Doch ist dies nur sehr selten möglich, da die Archäologen sich bisher nur wenig mit Werkstätten der Handwerker beschäftigt haben; hier gilt, was wir schon über unsere Kenntnisse der altägyptischen Wohnstätten gesagt hatten. Uns bleibt also nichts anderes übrig, als aus den bildlichen Darstellungen und den Modellen zu schöpfen – wohl wissend, daß sie nicht alles enthalten, was für uns von Interesse sein könnte, doch daß das, was wir zu sehen bekommen, ein Reflex des wirklichen Lebens ist.

Wenn wir jetzt über die einzelnen Handwerkszweige sprechen, dann übertragen wir moderne Unterscheidungsmerkmale, die entweder von der Art des bearbeiteten Materials oder vom Endprodukt ausgehen, auf altägyptische Verhältnisse. In Wirklichkeit aber griffen in verschiedenen Werkstätten unterschiedlich spezialisierte Handwerker nacheinander in den Herstellungsprozeß ein, und es kam zu Überschneidungen.

DIE HERSTELLER VON STEINWERKZEUGEN

Bereits in der Urzeit hatten sich die Ägypter bis in historische Zeiten reichende Kenntnisse angeeignet, wie man Werkzeuge aus Steinsplittern, sog. Abschläge, herstellt. Diese bildeten im Paläolithikum und Mesolithikum neben Werkzeugen aus Knochen und Holz das grundlegende Produktionsinstrument, dessen Formen allen erforderlichen Funktionen genügten. Jedes Mitglied der Urgesellschaft vermochte damals überall auf der Welt derartige Werkzeuge herzustellen, sei es durch einfaches Abschlagen eines Steines oder indem man einen Steinkern auf einem Amboß spaltete. Allmählich beherrschte man auch die Technik feiner Oberflächenretusche.

Im Neolithikum wurden diese Werkzeuge durch Steinwerkzeuge mit vollkommen glatter, polierter Oberfläche verdrängt. Kleinere Splitter von geometrischer Form, aus denen die
94 Schneiden von Sicheln gefertigt wurden, behielten jedoch auch weiterhin bis in die historische
148 Zeit ihre Bedeutung bei. In vordynastischer Zeit entwickelte sich die Herstellung von Messern aus Steinsplittern. Sie hatten zumeist einen geraden oder leicht S-förmig gebogenen Rücken und eine gewölbte Schneide mit einer asymmetrisch in der Verlängerung des Rückens angebrachten Spitze. Auf der gegenüberliegenden Seite lief das Messer konisch in einen langgestreckten Griff aus, der bogenartig von der Schneide abgesetzt war. Andere Werkzeuge dieser Art waren dicke längliche Äxte und große dünne Streitäxte von halbkreisartiger Form, Schaber und Kratzer, Glätter von Holzstielen, Klingenspitzen und Sägen, Dolch-, Speer- und Lanzenspitzen sowie Pfeilspitzen ganz unterschiedlicher Formen: dreiseitige, stäbchenförmige, flache mit Schaft oder gebogener Basis, geometrische Mikrolithen und anderes mehr.

Zahlreiche Werkzeuge aus Steinsplittern haben sich trotz der Konkurrenz von Kupferwerkzeugen bis weit ins Alte Reich hinein behaupten können. In den Totentempeln der Königinmutter Chentkaus und in dem Tempel der unvollendeten Pyramide des Königs Raneferef haben tschechische Ägyptologen mehrere Dutzend Messer gefunden. Sie wurden von Priestern zu rituellen Zwecken, vor allem zum Schlachten von Opfertieren benutzt. Ihre Sonderstellung haben sich diese Messer in der ganzen ägyptischen Geschichte bei der Beschneidung und der Mumifizierung bewahrt. Noch zu Herodots Zeiten benutzten die sogenannten Paraschisten, d.h. die Balsamierer, die aus den toten Körpern die Eingeweide entfernten, steinerne Messer 'aus Äthiopien', mit denen sie in der linken Unterrippengegend am Körper einen Schnitt anbrachten. Normale Metallmesser galten für diese Zwecke als rituell unrein.

In geschichtlicher Zeit vermochte es der Laie nicht mehr, durch Abschlagen Steinwerkzeuge herzustellen. Ihre Fertigung blieb ein Privileg spezialisierter Handwerker, die sich somit als Er-

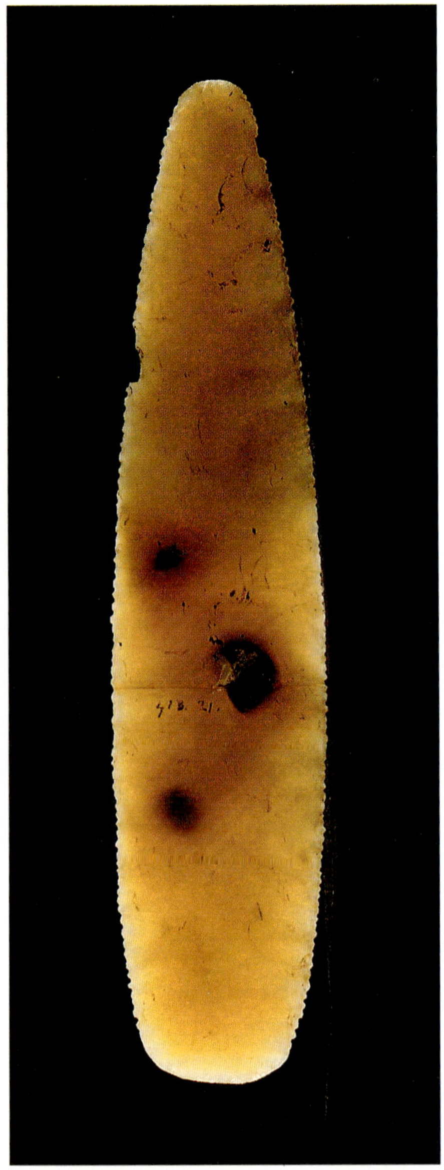

Links
148. Geschickt gearbeitete Feuersteinklinge. Vordynastische Zeit. Oxford, Ashmolean Museum

Rechts
150. Gefäß in Gestalt eines Fisches aus Breccie. Es diente wahrscheinlich für Opfergaben oder als Behältnis für kostbares Salböl. Die dünnen Wände und der feine Schliff sind das Ergebnis der Bearbeitung mit einem Drillbohrer, den man zur Aushöhlung sehr harten Gesteins verwendete. Vordynastische Zeit. Berlin, Ägyptisches Museum

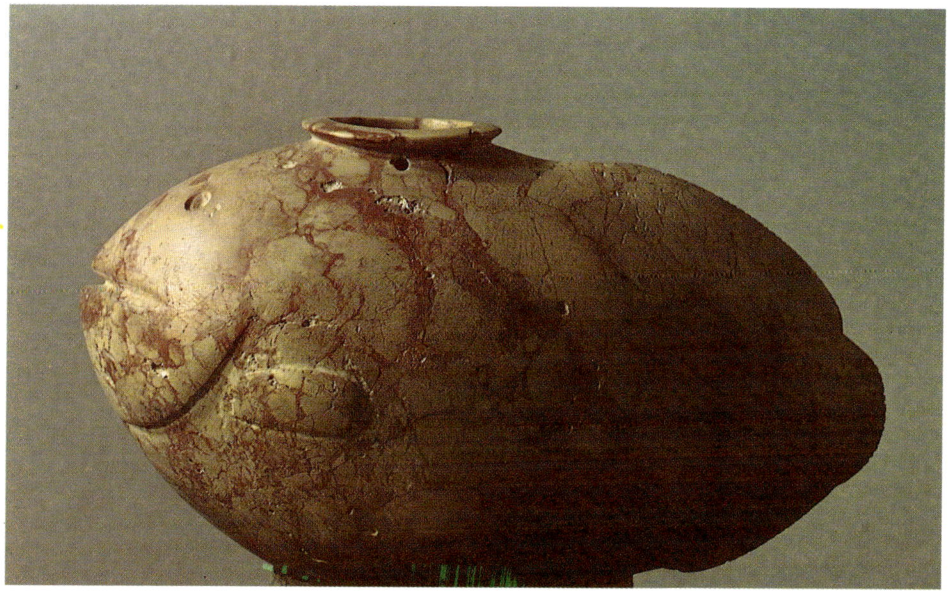

ben der Urgeschichte erwiesen. Den Bedarf an derartigen Werkzeugen vermochten nur relativ wenige Werkstätten zu decken, so daß wir ihre Herstellung durchaus nicht als üblich bezeichnen können. Es überrascht daher nicht, wenn es davon nur zwei Darstellungen in Gräbern des Mittleren Reiches in Beni Hasan gibt. Sie zeigen einen Handwerker, der in der einen Hand eine fertig geformte Messerklinge, in der anderen einen schräg angesetzten, aus hölzernem Schaft und besonders harter Steinspitze bestehenden stabähnlichen Gegenstand hält. Durch Druck auf dieses Instrument beseitigt er kleinere Grate auf der Klingenoberfläche, die durch diese Retusche begradigt wurde. Auf gleiche Weise schärfte er auch die Schnittkante des Messers.

Ausgangsmaterial für die Herstellung von Werkzeugen aus Abschlägen war Jaspis oder Quarzit verschiedener Abarten, seltener Flint (Feuerstein). Das durch frühere Nilfluten angeschwemmte Geröll zu beiden Seiten des Niltals enthielt unerschöpfliche Vorräte dieses Materials.

DIE HERSTELLER VON STEINGEFÄSSEN

Auf eine uralte, bis in die Anfänge vordynastischer Zeit reichende Tradition konnte man in Ägypten auch bei der Herstellung von Steingefäßen zurückblicken. Hierbei sammelte man wertvolle Erfahrungen in der Bearbeitung von Gesteinsarten ganz unterschiedlicher Härtegrade: von weichen Gesteinen wie Kalkstein, Alabaster, Sandstein und Magnesit bis hin zu den allerhärtesten wie Granit, Diorit und Quarzit. Dies war zugleich eine gute Schlung, um die Steinmetztechnik vollkommen in den Griff zu bekommen, sei es zu solch feinen Arbeiten, wie es die Anfertigung von Steinperlen darstellte, oder bei der Bearbeitung von Steinblöcken, die für Bauwerke und Kolossalstatuen mit Beginn der 3. Dynastie verwendet wurden. Die Arbeiter, die Holz und Stein bearbeiteten (*ḥmwti*), sind wahrscheinlich die ersten vordynastischen Handwerker, die eine eigenständige berufliche Identität entwickelten, denn die Bezeichnung für sie wird in Altägyptisch sowohl auf sie angewendet als auch für Handwerker im allgemeinen benutzt.

Die Herstellung von Steingefäßen ist häufig auf den Wandmalereien dargestellt, oft als Gegenpol zu jener von Skulpturen und dem Durchbohren von Steinperlen. Zwischen diesen Arbeiten wurde offensichtlich ein Zusammenhang gesehen, vielleicht weil alle hervorragenden Steinschneidern anvertraut werden mußten. Viele Szenen zeigten, wie Löcher in große, praktisch fertige Gefäße gebohrt werden. Man verwendete dazu einen Drillbohrer, der aus einer hölzernen Stange, Kurbel und einem Bohrkopf aus Metall oder einem harten Stein bestand, manchmal aus einer hohlen angespitzten Kupferschneide. Man mußte auf den Bohrer keinen Druck ausüben, da oben ein Paar Steingewichte herabhing, das wie ein Schwungrad funktionierte.

Bei Beginn seiner Arbeit hielt der Handwerker das Gefäß in der einen Hand, sobald der Bohrer etwas hineingedrungen war, legte er es jedoch ab, um – den Bohrer in der einen Hand – mit der anderen die Kurbel zu drehen. Auf anderen Wänden und auf Ostraka sehen wir einen oder zwei Männer bei der Glättung der inneren oder äußeren Oberfläche eines Gefäßes, wobei ein Poliermittel aus Quarz oder einem anderen harten Mineral verwendet wurde. Wir werden noch sehen, daß Steinmetzen mit derselben Methode die Stirnseite von Steinblöcken glätteten.

Archäologen haben eine ganze Reihe von Steingefäßen ausgegraben. Auffallend ist, daß sich das Design im Laufe der Zeit bei ihnen weniger veränderte als bei solchen aus Keramik. Zu den *150*

149. Der Phallus galt als Symbol der Lebenskraft, und Amulette wie dieses sollten Fruchtbarkeit garantieren. Polierter Stein. Privatsammlung.

151 Funden gehören große flache Platten und Tabletts, Schüsseln mit kreisförmigem Boden, Krüge, Kännchen mit hohem Hals, dickwandige zylindrische Gefäße, kelchartig erweiterte Vasen und andere Formen. Kleine Gefäße dienten zur Aufbewahrung von Kosmetika und Mitteln für rituelle Zwecke, insbesondere von Salben und Ölen. Einen Sondertyp stellen die Kanopen dar: Sie sind hohe Gefäße mit eiförmigem Körper und eingezogenem, mit Deckel versehenem Rand und dienten zur Aufbewahrung der Eingeweide, die man dem Verstorbenen bei der Balsamierung entnommen hatte.

DIE TÖPFER

Ein uralter Produktionszweig, der in Ägypten bis in die Anfänge des Neolithikums zurückreicht, war die Herstellung von gebrannten Tongefäßen, also von Keramik. In ältester Zeit wurden die einfachen halbkugeligen Gefäße von Frauen in Heimarbeit hergestellt. Zu einem Spezialzweig der handwerklichen Produktion wurde die Töpferei erst in vordynastischer Zeit. Das Gefäßrepertoire wurde um schwierigere Typen bereichert. Die Aufmerksamkeit galt von nun an auch dem Dekorieren der Gefäße durch Ritzen, Inkrustieren oder Bemalen – zunächst in Weiß auf dunklem Grund, später in Rot auf hellem Grund; die Serienfertigung begann. Die Keramikherstellung in Heimarbeit bestand jedoch auch weiterhin, und in abgelegenen Gebieten Nubiens hat sie sich bis in unsere Tage hinein erhalten.

Im Vergleich zu den Darstellungen der Steingefäßherstellung finden sich Szenen über jene von Tongefäßen selten; sie stammen hauptsächlich aus Gaufürstengräbern des Mittleren Reiches. Oft sind sie mit Darstellungen der Brot- und Bierzubereitung verbunden; Töpferware gehörte wie Brot und Bier zu den Dingen des Alltags, während Steingefäße mehr dem Totenkult dienten.

An Töpferton hat es in Ägypten nie gemangelt. Im fruchtbaren Land (dem 'Schwarzen Land') war er das Ergebnis jahrtausendelanger Anschwemmungen feinen Nilschlammes, den man überall abbauen konnte. In der Wüste (dem 'Roten Land') kam er als Einlagen weichen Mergels oder Schiefertons zwischen Kalksteinschichten vor. Welche Tonart jeweils verwendet wurde, verrät die Keramik: die aus Nilschlamm bestehenden Tongefäße pflegen schwarz bis rot und von weicherer Konsistenz zu sein, die aus Mergel oder Schieferton sind zartrosa bis grünlich und auffallend härter.

Zunächst mußte der Ton gründlich geknetet werden, was den bildlichen Darstellungen zufolge ein oder zwei Töpfer besorgten, indem sie ihn mit den Füßen 'durchwalkten'. Ein anderer Arbeiter knetete einen kleineren Tonklumpen mit den Händen. Nach der ermittelten Zusammensetzung des Materials von Tongefäßen können wir davon ausgehen, daß dem Ton in dieser Arbeitsphase Unkraut, Stroh, Dung oder Sand als Bindemittel beigegeben wurde. In einer weiteren Szene reicht ein Mann den gekneteten Klumpen an einen anderen Töpfer weiter, der vor einer einfachen Töpferscheibe hockt. Die Drehscheibe kam in Ägypten in dynastischer Zeit auf. Bemerkenswert in diesem Zusammenhang ist, daß die Kenntnis der Drehscheibe in Ägypten nicht zur Erfindung des Wagenrads geführt hat, sondern nur zu der militärischen Nutzung von Scheibenrädern an Sturmleitern.

151. Zwei Alabastergefäße von hübscher Einfachheit. 18. Dynastie, vielleicht Amarnazeit. Kairo, Ägyptisches Museum

152. Napf aus rotpoliertem Ton. Zwischen den modellierten und bemalten Krokodilen schräge Flechtbandstreifen. Vordynastische Zeit. Kairo, Ägyptisches Museum

153. Schale mit Nilpferdmuster, einem auf altägyptischen Kunstgewerbeerzeugnissen, Reliefs und Malereien oft dargestellten Motiv. Vordynastische Zeit. Kairo, Ägyptisches Museum

In bildlichen Darstellungen aus der Zeit des Königs Neuserre sehen wir, daß die Töpferscheibe aus einem Ständer bestand, auf dem sich die Scheibe drehte. Der Töpfer setzte die Scheibe mit der linken Hand langsam in Bewegung und modellierte mit der Rechten den Ton zu der gewünschten Gefäßform. Bei dieser Methode vermochte er das Gefäß nicht zu glätten; dies mußte er deshalb nachträglich mit der Hand vornehmen.

Ein Fortschritt ist erst im Neuen Reich zu verzeichnen. In einer Szene aus dem Grab des Kenamun (Zeit Amenophis' II.) arbeiten zwei Männer an der Drehscheibe. Der eine kniet und bringt die Scheibe mit seinen Händen in Schwung, der andere sitzt weiter oben auf einem Stuhl mit niedriger Lehne und hat beide Hände zum Formen und Glätten des Gefäßes frei.

Das letzte Entwicklungsstadium, bei dem der sitzende Töpfer die Scheibe mit den Füßen in noch schnellere Drehungen versetzt, hat nach einigen Wissenschaftlern bereits Ende des Neuen Reiches eingesetzt. Anderen zufolge ist der älteste Beleg für die eigentliche Töpferscheibe erst ein Relief im Tempel von Hibis (Oase Charga) aus der Zeit des persischen Königs Darius I. (522–486 v. Chr.): es zeigt den Gott Chnum, der auf der Töpferscheibe Menschen formt.

Die fertigen Gefäße wurden sorgfältig ausgebreitet und mehrere Tage lang getrocknet. Während dieser Zeit oder auch erst nach dem Trocknen wurde die Gefäßoberfläche geglättet und mit Kieselsteinen poliert. Die Gefäße wurden mit einer dünnen Schicht aus feinem bunten Ton (Engobe oder Slip) überzogen oder mit Farbe bestrichen. Zuweilen wurden sie durch Ritzen oder Bemalen verziert, eventuell versah man sie auch mit einer Töpfermarke.

Die getrockneten Gefäße kamen dann zum Brennen in mannshohe zylindrische Öfen. Durch eine Öffnung in Bodennähe wurde der Ofen mit Brennmaterial – gewöhnlich Holz oder getrocknetem Tiermist – versorgt. Während des Brennens stocherte der Töpfer hier auch mit einem Stab hinein, um das Brennmaterial zu schüren. Oberhalb der Feuerstelle befand sich ein löchriger Tonrost, auf dem er durch eine große Öffnung im oberen Teil des Brennofens die einzelnen Gefäße stapelte. Um an den Brennofen herankommen zu können, mußte er oftmals auf ein hölzernes Treppchen steigen. Vor dem Beginn des Brennens deckte er die obere Ofenöffnung zu und ließ nur einen kleinen Spalt für den Rauchabzug frei. Moderne Analysen von Keramikgefäßen haben gezeigt, daß die Brenntemperatur in den Öfen 600–800 Grad Celsius erreichte.

Nach Ablauf der Brennzeit schob der Töpfer ein Podest an die untere Öffnung des Ofens heran, um die Luftzufuhr abzuschneiden und das Erlöschen des Feuers zu beschleunigen Anschließend öffnete er die obere Öffnung, nahm die gebrannten Gefäße heraus und reichte sie einem Gehilfen, der sie an einem Schulterjoch forttrug.

Weil auch der Töpfer mit demselben Werkstoff arbeitete wie der Maurer, der getrocknete Nilschlammziegel herstellte, sind beide mit demselben Wort (*qd*) bezeichnet worden. Ihr Beruf war nicht besonders beneidenswert, wie die Lehre des Cheti überliefert: „Der Töpfer ist voller Erde, obwohl er noch unter den Lebenden weilt. Er wühlt sich in die Erde mehr als es Schweine tun, um seine Gefäße zu brennen. Seine Kleider sind voller Lehm, und sein Kopftuch ist ganz zerfetzt. Durch die Nase atmet er die Luft, die aus dem Ofen kommt." Wenngleich der Text wie gewöhnlich übertreibt, so waren doch Schmutz und Qualm aus dem Brennofen die getreuen Begleiter des Töpfers.

154. Im Mittleren Reich kommen Nilpferde als kleine Fayenceplastiken auf. Sie sind blau oder grün – mit den Farben des Wassers – bemalt und mit Lotusblüten und anderen Wasserpflanzen und Vögeln verziert. Kairo, Ägyptisches Museum

DIE GLASMACHER

Wann und wo das Glas erfunden wurde, darüber herrscht bis heute Unklarheit. Die von Plinius überlieferte Sage spricht von der phönizischen Küste (dem heutigen Libanon), wo später eines der bedeutendsten Zentren der Glasherstellung entstand. In Ägypten stammen die ersten Glaserzeugnisse als Bestandteil der sog. Fayence-Ware bereits aus äneolithischer Zeit, der Badari-Kultur (Wende vom 5. zum 4. Jahrtausend v. Chr.).

Glas entsteht, wenn man Kieselsand (Silizium), kohlensauren Kalk (Kalzium) und aus Natron gewonnenes Soda vermischt, mit Malachit (Kupfererz) einfärbt und diese Mischung dann über starkem Feuer schmilzt. Bei den ältesten ägyptischen Fayenceprodukten verwendete man diese Masse als Oberflächenschicht eines aus Kalzium und Lehm oder Stein (Steatit) bestehenden Kerns. Zunächst stellte man in diesem Verfahren nur Perlen, später auch Amulette, kleine
277 Dienerfiguren für Verstorbene (die sogenannten Uschebtis), Statuetten und Einlagen (kleine
Plättchen, die man in Gefäßwände, Holzgegenstände und Putz einlegte) her. Später glasierte
155 man ganze Gefäßwände und Statuetten mit einer Fayenceschicht, was besonders im Mittleren
und Neuen Reich großen Anklang fand.

Demgegenüber kam reines Glas als eigenständiges Material in Form einfacher durchschei-
170 nender Perlen erst im Verlauf der vordynastischen Zeit auf. Im Alten und Mittleren Reich
kannte man aus Glas bereits Schmuck, Amulette, Tierfigürchen, Mosaiksteinchen und dergleichen.

Doch erst im Neuen Reich, genauer in der Zeit Thutmosis' I., ist in Ägypten die Herstellung von Glasgefäßen belegt. Dies hing sehr wahrscheinlich mit den ägyptischen Eroberungszügen nach Vorderasien zusammen. In den dortigen entwickelten Produktionszentren lernten die ägyptischen Soldaten und Verwaltungsbeamten die Herstellungstechnik von Glasgefäßen kennen und brachten lokale Glasmacher – wohl zumeist als Sklaven – mit nach Ägypten. Diese
156 Vermutung wird auch durch die Tatsache erhärtet, daß die Herstellung von Glasgefäßen in
Ägypten anfangs ein Monopol des Königs, also nur für den Königshof, die höchsten Würden-
157 träger und Hohenpriester bestimmt war. Die Glasmacherwerkstätten der 18. Dynastie, die man
bisher hat freilegen können, lagen in unmittelbarer Nachbarschaft der Königspaläste: des Palastes Amenophis' III. in Malqata oder im Residenzviertel Echnatons in Amarna. In der 19. Dynastie kamen Werkstätten in Lischt, Menschijeh und wohl auch in Gurob hinzu.

Im Vergleich zu anderen Handwerkszweigen fällt auf, daß die Wandmalereien und Reliefs sich über die Glasherstellung ausschweigen. Angebliche Glasmacherszenen, wie sie in einigen Publikationen angeführt werden, sind in Wirklichkeit Szenen aus den Werkstätten der Metallgießer. Dies hing offensichtlich mit dem schon erwähnten Umstand zusammen, daß die Glasherstellung königliches Monopol war, weshalb sie in den Beamtengräbern nicht dargestellt wurde. Und in den Königsgräbern des Neuen Reiches war eine andere als die religiöse Thematik ungewöhnlich. Gäbe es weder Ausgrabungen noch Funde von Glasgefäßen, dann läge über den Arbeitsgängen der Glasherstellung auch heute noch der Schleier des Geheimnisses.

In einer Glasmacherwerkstatt in Lischt fand man Bruchstücke von Tiegeln, konische Tonuntersätze – auf ihnen standen während des Schmelzens die Tiegel –, Schlackenstücke aus Glasschmelzöfen, Reste farbiger Pigmente, die man dem Glas beigemischt hatte, Schälchen mit abgenutzten Kanten (mit ihnen hatte man die Oberfläche von Gefäßen), über hundert verschiedenfarbige Glasstäbchen, Fragmente unfertiger Fayencegegenstände und fast zweihundert

155. Fayenceschale mit Blumenmuster und einem Mandoline spielenden Mädchen. 20. Dynastie. Leiden, Rijksmuseum van Oudheden

156. Eine kleine bemalte Glasvase in Gestalt eines Fisches. Ihre Verzierung besteht aus andersfarbigen Glasstäbchen, die in heißem Zustand aufgetragen wurden. Tell el-Amarna. 18. Dynastie. London, British Museum

Glasscherben. Auf der Innenseite mancher Glasgefäße haben sich Reste eines lehmsandigen Kerns erhalten, die uns Aufschluß über die angewandte Technik gegeben haben.

Der eigentliche Arbeitsvorgang darf etwa wie folgt rekonstruiert werden: Die Glasmasse wurde zunächst in Pfannen bei einer Temperatur bis zu 750 Grad Celsius und dann erneut in Tiegeln bei 1100 Grad Celsius geschmolzen. In die flüssige Glasschmelze tauchte man anschließend einen Kern aus Sand und Ton, der den Innenraum des anzufertigenden Gefäßes bildete, in Stoff gewickelt war und auf einem Metallstäbchen steckte. Er wurde mehrmals rasch gedreht, damit sich die Glasur gleichmäßig über die Oberfläche verteilte, was nicht immer gelang, wie unterschiedlich starke Wandungen einiger Gefäße bezeugen.

Wollte man das Fertigprodukt verzieren, brachte man auf das noch weiche Glas einen oder mehrere farbige Glasfäden spiralförmig an. Der noch weiche Glasfaden wurde dann mit Hilfe von Metallnadeln nach oben oder unten gezogen, so daß Wellenlinien, Girlanden, Bögen, Blatt- oder Federmuster entstanden. Benutzte man statt der Metallnadeln einen Kamm, dann entstanden auf der Gefäßoberfläche senkrechte Rippen. Das Gefäß wurde dann noch einmal erwärmt und auf einer glatten Steinfläche gewälzt, wodurch es eine gleichmäßig glatte Oberfläche bekam. Anschließend zog man Ränder und Füße und schmolz den Henkel an. War das Gefäß abgekühlt, mußte der Ton-Sand-Kern herausgekratzt werden.

157. Drei kleine bemalte Glasfläschchen für kosmetische Zwecke. 18. Dynastie. London, British Museum

Das altägyptische Glas war in der Regel mit Pigmenten gefärbt, die man der Glasmasse beigegeben hatte. Eine milchigweiße Färbung wurde durch Zinn- oder Bleioxid erzielt, gelbes Glas entstand durch eine Blei-Antimonverbindung oder durch eisenhaltige Verbindungen, Rot- oder Orangefärbung ging auf Kupferoxide, violette Färbungen auf Manganverbindungen und grünes oder blaugrünes Glas (als Imitation für den beliebten Türkis) auf Kupfer- oder Eisenverbindungen zurück. Das den Lapislazuli imitierende Dunkelblau war das Ergebnis von Kobaltverbindungen, und die Schwarzfärbung erzielte man durch eine größere Menge an Kupfer und Mangan oder durch eisenhaltige Verbindungen.

Die fertigen Erzeugnisse – Fläschchen, kleine Vasen, Becher, Schälchen – waren vor allem Teil der Toilettenaustattung der Königin und vornehmer Damen und dienten zur Aufbewahrung von Schminken und duftenden Salben.

Ende des Neuen Reiches setzte der Zerfall der königlichen Macht ein, der auch eine Unterbrechung der Glasherstellung zur Folge hatte. Erst in griechischer Zeit entstanden in Ägypten neue Glasmacherwerkstätten, und zwar in den überwiegend von Griechen bewohnten Städten Alexandria und Naukratis. Sie pflegten enge Kontakte zu den vorderasiatischen Zentren der Glasherstellung und produzierten entsprechend dem internationalen Zeitgeschmack, wie dies Funde von Gefäßen in hellenistischer Formgebung zeigen. Etwa um die Zeitenwende kamen
157 als Neuheit Schälchen auf, die in Formen gegossen waren, sowie Mosaik- bzw. Millefiori-Glas, das aus bunten Stäbchen zusammengesetzt war. Während des 1. Jhs. v. Chr. kam es – offenbar in Syrien – zu der umwälzenden Erfindung der Glasbläserei. Nach Alexandria drang diese Neuheit etwas später, im Verlauf der zweiten Häflte des 1. Jhs. n. Chr. Geblasenes Glas war in der Regel klar: entweder von Natur aus grünlich oder, durch den Einsatz von Farbentzugsstoffen, farblos. Mit einem Kupferrädchen wurde es graviert und mit Schmirgelsand geschliffen. Die neue Erfindung vervielfachte die Herstellung von Glas, das nun keine Rarität mehr war und auch nicht mehr ausschließlicher Besitz der Aristokratie.

Über die gesellschaftliche Stellung der ägyptischen Glasmacher können wir nur Vermutungen anstellen. Es handelte sich bei ihnen um Vertreter eines ausgesprochenen Kunsthandwerks, und begabte Glasmacher konnten es zu angesehenen Meistern ihres Faches bringen. Geht man davon aus, daß die Beschäftigten der Glasmacherwerkstätten anfangs Sklaven und vorwiegend Ausländer waren, so durften geschickte Glasmacher wohl sehr bald aus der Sklaverei entlassen worden sein. Von ihnen lernten dann auch die ägyptischen Kollegen unter den königlichen Handwerkern das Geheimnis der Glasherstellung.

Die Arbeit des Glasmachers war ganz gewiß anstrengend und gesundheitsschädigend. Die beim Schmelzen über dem offenen Feuer entstehende hohe Glut konnte zu Störungen im Wasserhaushalt des menschlichen Organismus führen, Horn- und Netzhaut der Augen waren durch die Glut und den Schein der Flammen gefährdet, und auch Verbrennungen waren keine Seltenheit. Glasblasen belastete die Lungenalveolen, was selbst in relativ jungem Alter zu Lun-

158. Zwei Zimmerleute schlagen mit Holzschlegel und Meißel Löcher in einen Bootsbalken. Links ist ein Balken an einen senkrechten Pfahl gebunden, um beidhändig zersägt werden zu können. Grab des Ti, Saqqara, 5. Dynastie

genblähung und Kreislaufstörungen führen konnte und damit zu einer erheblichen Senkung der Lebenserwartung bei dieser Berufsgruppe.

ZIMMERLEUTE UND SCHREINER

Die Holzhandwerker versorgten die übrigen Bevölkerungsschichten mit zahlreichen Gegenständen, die für die Ausstattung von Haus, Haushalt und Grab erforderlich waren. Ihre Arbeit wurde indes durch den Mangel an guten einheimischen Hölzern beeinträchtigt. Deshalb importierte man Nadelhölzer aus Vorderasien, oder man führte 'schwarzes Elfenbein' ein, also afrikanisches Ebenholz. Das importierte Holz war freilich nur für den König, die Adligen und die Hohenpriester bestimmt; die Angehörigen der übrigen Bevölkerungsschichten mußten sich mit Gegenständen begnügen, die aus einheimischem Holz gefertigt waren. Diese wurden mitunter so gefärbt, daß sie wertvolleres Material imitierten. Da Material von guter Qualität eine Seltenheit war, sahen sich die ägyptischen Schreiber genötigt, auch kleinste Materialstücke zu verwerten, was ihnen dank der Technik, die Holzteile mit Dübeln zu verbinden, auch gelang.

Über das Handwerkszeug der Zimmerleute und Schreiner und ihre Arbeitstechnologie können wir uns anhand zahlreicher Darstellungen in den Gräbern und anhand der Holz- und Tonmodelle eine recht genaue Vorstellung machen. Die Holzhandwerker kamen – wie die übrigen altägyptischen Handwerker auch – mit nur wenigen Werkzeugen aus: mit Axt, Säge, Dechsel, Messer, Kratzer, Schlegel und Meißel; im Neuen Reich kam noch der Bohrer hinzu. Werkzeugklingen aus Steinsplittern hielten sich bis zur 3. und 4. Dynastie und wurden dann allmählich durch Klingen aus Metall: anfangs Kupfer, seit dem Mittleren Reich aus Bronze, verdrängt. Der Schlegel hingegen bestand stets aus Holz, der Kratzer aus Feuerstein (Flint).

Für die gröbsten Arbeiten war die Axt das geeignete Werkzeug des Zimmermanns. Die altägyptische Axt unterschied sich von anderen Äxten durch die halbkreisartige Form ihrer Klinge und deren schmalen Querschnitt. Die Klinge wurde mit ihrer geraden Seite in das gespaltene Ende eines Holzstieles geschoben und mit Stricken kreuzweise an ihm festgebunden. Die gewölbte Klingenschneide schliff man, indem man sie behämmerte und mit Wetzsteinen aus
Sandstein behandelte. Mit der Axt haute man vor allem Äste ab oder spaltete kleinere Stämme *107*
zu Deckenbalken. Bilder zeigen einen Zimmermann, der auf einen am Boden liegenden Stamm tritt und, leicht vornübergebeugt, die Axt mit beiden Händen schwingt.

Anschließend mußte der Stamm in Bretter zersägt werden. Um den Stamm nicht halten zu müssen, wurde er senkrecht an einen Pfahl gebunden. Indem man einen Stock mit einem angebundenen Stein durch die Umschnürung steckte, verhinderte man ein Lockern der Bindung. Der Zimmermann hatte nun beide Hände zum Sägen frei. War der Stamm allzu lang, dann wurde er an eine aus mehreren Stangen bestehende feste Konstruktion gelehnt, angebunden und noch zusätzlich an einem Ende festgehalten, während der Zimmermann den Stamm bequem von der Seite her zersägen konnte.

Die zugesägten Bretter mußten nun von Astansätzen und Unebenheiten befreit und geglät-
tet werden. Zu diesem Zweck benutzte man einen Dechsel, der äußerlich ganz einer Hacke *147*
glich, wie man sie beim Ackerbau verwendete, nur daß er flacher und seine leicht gewölbte Klinge auch länger und schärfer war. Eine Darstellung zeigt einen Arbeiter, der mit der Linken ein Brett mit einem Dechsel hobelt. Ein anderer Arbeiter schärft mit einem Wetzstein die abgestumpfte Dechselklinge nach.

Die einzelnen Bretter wurden von den Schreinern meistens mit Dübeln zusammengefügt. Diese waren mehrere Zentimeter lange und wohl einen Zentimeter dicke Stifte, die in wenig größere Öffnungen kamen. Die Herstellung von Dübeln finden wir zwar in keiner bildlichen
Darstellung, doch gibt es Szenen, in denen ein Schreiner, ausgerüstet mit Meißel und Holz- *158*
schlegel, Öffnungen für Dübel anbringt. Seltener verband man die einzelnen Holzteile durch Nuten und Pflanzenleim, der, wie die Modelle von Schreinerwerkstätten zeigen, gekocht wurde.

Zahlreiche Bilder zeigen uns die Herstellung der verschiedensten Produkte des Schreinerhandwerks, von denen wir uns auf die wichtigsten beschränken wollen. Dazu gehören vor allem Teile von Haus- oder Grabeingängen, also Türrahmen, Türflügel, Türriegel und -schlösser. Dargestellt werden beispielsweise vier Arbeiter beim Glätten oder Polieren eines Türrahmens. Türflügel wurden angesichts ihrer Ausmaße gewöhnlich von zwei Schreinern zusammengesetzt, wie wir dies einem Bild entnehmen können: Ein Arbeiter schlägt mit dem Schlegel auf einen größeren Türteil ein, der mittels Dübel mit einem kleineren Teil, den ein anderer Arbeiter mit einem Schlegel in die entgegengesetzte Richtung drückt, verbunden werden soll. Aus anderen Szenen kennen wir die Fertigung von hölzernen Riegelschlössern, mit denen die Türen von außen verschlossen wurden. Dieses einfache, aber wirkungsvolle Schloß hat sich dann von Ägypten aus nach Vorderasien und in andere Länder Afrikas verbreitet, wo es noch heute derartige Schlösser gibt.

Um die Decken größerer Räume in prachtvollen Häusern zu stützen, baute man Holzsäulen, deren Kapitelle zu Lotosblüten, Papyrusstengeln oder Palmenblättern geschnitzt waren. So gibt

159. Schreiner gestalten ein Bett und einen *Djed*-Pfeiler, das Symbol der Macht und Dauer. Bemaltes Relief im Grab des Nianchchnum und des Chnumhotep, Saqqara. 5. Dynastie

es Darstellungen von Schreinern, die mit Dechseln oder nicht näher zu identifizierenden Werkzeugen die Säulen glätten und polieren.

159 Die Herstellung von Möbeln, insbesondere von Betten, können wir auf zahlreichen Bildern verfolgen. Auch hier bedurfte es in der Regel zweier Schreiner, um die vielen kleinen Einzelteile, aus denen das Bett bestand, zusammensetzen zu können, was recht kompliziert zu sein schien. Gewöhnlich stellt man den einen Schreiner, der einen Dechsel handhabt, beim Glätten des Bettrahmens dar, während sein Kollege mit Meißel und Schlegel Löcher für die spätere Bespannung in das Bettgestell schlägt. Einen Fortschritt zeigen Szenen aus dem Neuen Reich, in denen die Löcher nun nicht mehr mit dem Meißel geschlagen, sondern mit einem Drillbohrer gebohrt werden. Er bestand aus einer Triebstange, an deren unterem Ende der Bohrkopf saß, und aus einem Bogen, dessen Sehne um die Triebstange geschlungen war, die sich durch Hin- und Herbewegen des Bogens drehte. Oftmals wird das Polieren des Bettrahmens mittels Poliersteinen und -sand dargestellt. Seltener sind bildliche Darstellungen, in denen zwei Schreiner aus langen Schnüren die Bettbespannung flechten, die dann durch die Löcher im Bettgestell gezogen wird.

In anderen Szenen ist das Schnitzen von Bett- oder Stuhlbeinen dargestellt. Die Beine des
73 königlichen Mobiliars hatten die Form von Löwentatzen oder Rinderfüßen. Dahinter stand die Vorstellung vom König als unbezwingbarem Löwen oder starkem Stier. Das Privileg, in solchen Betten schlafen zu dürfen, wurde später auch hohen Würdenträgern zuteil. Die einfachen Leute hingegen schliefen in Betten, deren Beine wenigstens durch Nuten und Vorsprünge verziert waren.

Fertige Betten kennen wir aus Grabfunden. In der Regel weisen sie vom Kopf- zum Fußende hin eine leichte Neigung auf; Kopf- und Fußlehne sind zuweilen mit Schnitzereien und Einlegearbeiten verziert, darunter mit den Gestalten der Schutzgottheiten des Schlafes, Bes und Thoeris. Über dem Bett erhob sich zuweilen eine Stangenkonstruktion, an der entweder Vorhänge eines Baldachins oder ein Moskitonetz hingen.

Andere Szenen stellen Schreiner bei der Fertigung von Stühlen oder Tischen dar, deren Formen den unseren gleichen. Einer der Schreiner beispielsweise bohrt in den Rahmen eines vierbeinigen Stuhls mit hoher Rückenlehne Löcher für die Bespannung aus Schilf. Die Rückenlehne war bei den ägyptischen Stühlen leicht geschwungen, so daß sie die natürlich Krümmung des Rückens besser unterstützte. Auch waren Stühle mit niedrigen Lehnen bekannt, die man beim Arbeiten verwendete, sowie Hocker aus einem Stück Holz mit geschwungener Sitzfläche und drei oder vier Beinen. Klappstühle dienten den hohen Beamten und Priestern auf ihren Reisen. Bestandteil hoher Stühle war noch ein Fußschemel.

Sehr einfache niedrige Tische bestanden aus einer kreisförmigen oder quadratischen Platte mit ein bis vier Beinen. Auf den Reliefs aus der Mastaba des Ti oder in den Lehmmodellen von Schreinerwerkstätten aus dem Mittleren Reich können wir Schreiner beobachten, wie sie Tischplatten mit Poliersteinen und Poliersand glätten.

Schränke unseres Typs haben die Ägypter nicht gekannt. Stattdessen verwendeten sie kleine oder größere Kästen und Truhen auf niedrigen oder höheren Füßen. In ihnen bewahrten sie Kleidung, Schuhwerk, verschiedenes Gerät und andere Gegenstände auf. Kleine Kästchen aus

160. Schreiner und Maler legen letzte Hand an zwei anthropomorphe Särge an. Malerei im Grab des Ipi. Deir el-Medineh, Theben-West. 19. Dynastie

Holz, Elfenbein oder Alabaster dienten zur Aufbewahrung des Schmucks und der Toilettengeräte vornehmer Damen.

Die Schreiner stellten ebenfalls Gegenstände für Tempel und Gräber her. Dazu gehörten hohe enge Schreine für die Aufbewahrung von Götterbildern oder lebensgroßer Königsstatuen. Um diese Schreine versetzen zu können, hatten sie einen flachen Untersatz, dessen vorderer Rand wie bei Schlitten nach oben gebogen war. Ein anderer Typ eines breiteren Schreins für Kultgeräte hatte durchbrochene Wände, die Hieroglyphen darstellen. Bildliche Darstellungen zeigen Schreiner beim Polieren und Bemalen der Schreine sowie beim Verkleiden mit Goldfolie. Kleinere, reich verzierte Schreine dienten zur Aufnahme von Kanopen.

Weniger häufiger im Bild dargestellt ist die Herstellung von Sarkophagen, was mit der zentralen Rolle des Sarges im Begräbniskult kontrastiert. Im Alten und Mittleren Reich hatten die Särge zumeist rechteckige Form und einen leicht gewölbten oder flachen Deckel. In den Bildern wird zumeist nur gezeigt, wie sie poliert werden. Drei Darstellungen aus dem Neuen Reich machen uns mit der abschließenden Herstellungsphase des damals so beliebten anthropoiden *160*
Sarkophagtyps bekannt: Sie zeigen das Bestreichen seiner Oberfläche mit Stuckmasse, das Umwickeln mit Leinenbinden, das Polieren, das Bemalen mit Ornamenten sowie die Anbringung von Inschriften. Oft werden Sarkophage auch zusammen mit anderen Gegenständen der Grabausstattung gezeigt, was bedeutet, daß es offenbar Werkstätten gab, in denen man Gegenstände speziell für den Verstorbenen herstellte.

Das altägyptische Wort *mḏḥ* bezeichnete nicht nur die Schreiner und Zimmerleute, sondern auch andere Holzhandwerker, wie beispielsweise die Schiffs- und Bootsbauer. Einige Handwerker werden in den Bildern auch namentlich und unter Angabe der zugehörigen Werkstatt oder ihrer Funktion als Totenpriester genannt, was eine Ausnahme bei den in der Regel anonym bleibenden Handwerker ist. Die kreative Arbeit erfüllte sie sicher mit Genugtuung und war offenbar nicht sonderlich gesundheitsschädigend. Zu den seltenen Zeugnissen eines Arbeitsunfalls und dessen Behandlung zählt eine Szene aus dem Grab des Bildhauers Ipi in Deir el-Medineh (19. Dyn.), in der die Herstellung eines reich verzierten Schreins dargestellt ist. Einer der Schreiner entfernt dort seinem Kollegen mit Hilfe eines langen, dünnen Stäbchens einen Fremdkörper aus dem Auge, wohl einen Splitter, den dieser sich beim Arbeiten zugezogen hatte.

GERBER UND SATTLER

Die Haut erjagter Tiere war in grauer Urzeit der erste künstliche Schutz des menschlichen Körpers vor den Unbillen der Witterung. Enthäuten, Entfernen der Unterhaut und Gerben gehörten zu den üblichen Tätigkeiten eines jeden Mitglieds der Urgemeinschaft. Mit der allmählichen Spezialisierung der Handwerke im alten Ägypten verselbständigten sich alsbald jene, die Tierhäute *en gros* zu Rohstoffen verarbeiteten (die Gerber), und jene, die daraus Lederprodukte herstellten (nennen wir sie nach der uns geläufigen Berufsbezeichnung „Sattler", dann ist uns gleichwohl bewußt, daß 'Sättel' im alten Ägypten nicht zu ihren Erzeugnissen gehörten). Mit der Herstellung zweirädriger Wagen, die von Pferden gezogen wurden, waren sie seit dem Neuen Reich auch an der Fertigung von Wagenteilen, Zaumzeug, Bogentaschen, Köchern und Lederschilden beteiligt.

Die verschiedenen Phasen des Gerbens sind am vollständigsten auf den Wandmalereien im Grab des Rechmire in Scheich Abd-el-Gurna (18. Dyn.) dargestellt. In einer Szene sieht man einen Gerber, der ein Fell aus einem Gefäß herausnimmt, das offensichtlich das Gerbmittel – vielleicht Sesamöl, wie es die Lehre des Cheti erwähnt – enthält. Anschließend mußte das Fell gründlich mit Steinen durchgeklopft werden, damit das Gerbmittel gleichmäßig eindrang. Das Produkt dieses Arbeitsvorganges ist das Sämischleder. Daß die Ägypter auch Tannin – es kommt in der Rinde der Nilakazie vor – als Gerbmittel verwendeten, haben chemische Analysen altägyptischer Lederprodukte gezeigt.

Das geläufigste Gerbverfahren war freilich die Weißgerberei, die auf der Verwendung von Alaun (ein Kalium-Aluminiumsulfat; ägyptisch *ibnw*) beruhte. Alaunvorkommen gab es in den Oasen Charga und Dachle. In diesem Zusammenhang sei auf eine interessante Szene im Grab des Iimeri in Gebel et-Teir (Mittleres Reich) hingewiesen: Sie zeigt einen Mann zwischen zwei Gerbern, der einen Ledersack über der Schulter trägt und irgendeinen Klumpen in den Händen hält. A. Erman hielt diese Darstellung für eine der üblichen Marktszenen, R. Drenkhahn zufolge beliefert der Mann die Werkstatt mit Alaun.

Seltener sind Darstellungen, in denen die Gerber das Leder von Unterhautfett befreien oder enthaaren. Das Gerben war mitunter mit dem Färben verbunden: Entweder wurde dann das Leder im Saft des Granatapfels gelblich oder durch das Pigment der Schildlaus rötlich gefärbt. Anschließend breitete man das Leder zum Trocknen aus.

Mit Alaun gegerbtes Leder wird in der Regel weiß und hart. Um es wieder weich und geschmeidig zu machen, mußte es 'gereckt', also gedehnt werden. Dieser Vorgang wurde so oft dargestellt, daß er geradezu zu einem Symbol des Gerbens wurde. Er zeigt einen, seltener zwei Gerber, die das Leder über einem zwei- oder dreibeinigen Holzbock hin- und herziehen.

In anderen Szenen finden wir dann die Herstellung der eigentlichen Lederprodukte. Gezeigt wird beispielsweise ein Sattler, der mit einem Kneif, einem Messer mit besonders breiter Klinge, aus einem Stück Leder Riemen oder Sandalen zuschneidet. In Darstellungen des Alten Reiches hockt er dabei vor einem niedrigen Arbeitstisch, im Neuen Reich ist der Arbeitstisch schräg gestellt, so daß er auf einem niedrigen Schemel sitzend arbeiten kann.

Die Darstellungen im Grab des Rechmire zeigen verschiedene Lederhandwerker bei der Arbeit. Einer reckt zugeschnittenes Leder, ein anderer schneidet Sandalen zu, ein dritter bohrt mit einer Ahle oder dem Horn eines Tieres Löcher in die Schuhsohlen, ein vierter schneidet Riemen und ein fünfter schließlich zieht sie durch die Löcher in der Schuhsohle, wobei er seinen Mund zu Hilfe nimmt.

In einer anderen Szene aus demselben Grab wird gezeigt, wie ein großes Stück Leder spiralförmig zu einem langen Streifen geschnitten wird. Zwei Arbeiter drehen mehrere solcher Streifen zu einem Lederseil. Die breiteren Streifen dienten als Verbindung der einzelnen Wagenteile oder zur Umwicklung der Räder. An fertigen Lederprodukten sehen wir Etuis, Säcke, Blasebälge, Pergamentrollen, Mäntel und dergleichen mehr.

Die Arbeiter des Lederhandwerks wurden ohne Unterschied *ṯbw* genannt. Nur ausnahmsweise traten sie aus ihrer Anonymität hervor, wie beispielsweise Weta, der sich der besonderen Gunst des Königs erfreute und den Titel 'Vorsteher der Geheimnisse' trug, womit offenbar die Herstellung von Pergament gemeint war. Das Lederhandwerk war nicht leicht und von dem Gestank gegerbten Leders begleitet. Alaun oder andere Gerbmittel waren zudem für empfindliche Haut gesundheitsschädigend, und nicht ungefährlich waren auch die scharfen Kneife, an denen sich so mancher Handwerker geschnitten haben dürfte.

SPINNERINNEN UND WEBER

Pflanzenfasern zu spinnen und Stoffe zu weben verstand man bereits im Neolithikum. Dabei handelte es sich lange Zeit ausschließlich um eine Tätigkeit, die von Frauen in Heimarbeit betrieben wurde. Die ersten Zeugnisse für Textilwerkstätten besitzen wir aus dem Alten Reich. Bei unserer Untersuchung der Mumienbinden der Prinzessin Chekeretnebti in Abusir (5. Dyn.) entdeckten wir ganz zufällig ein wertvolles Zeugnis: eine hieratische Inschrift, die uns den Namen dessen verrät, der die Mumienbinden hergestellt hat. Er nannte sich „Untergebener des Königs … Gehilfe, Verwalter der Spinnerei, Chenem …". Doch waren in den Webereien überwiegend Frauen beschäftigt. Nicht selten waren sie Teil des Harems, wie es beispielsweise für Gurob (Neues Reich) bezeugt ist.

Aus dem Mittleren Reich stammen Modelle von Textilwerkstätten und deren bildliche Darstellungen auf Grabwänden. In einem Modell aus dem Grab des Würdenträgers Meketre hokken Spinnerinnen am Boden und wickeln das vor ihnen liegende Bündel Flachs zu Knäueln auf. Andere Frauen ziehen Fasern aus den Knäueln, feuchten sie in Gefäßen mit Wasser an und winden sie auf Holzspindeln. Zwei Frauen spannen Kettfäden auf Pflöcke, die in eine Wand eingerammt sind. Im Webrahmen zweier horizontaler Webstühle, die auf niedrigen Füßen stehen, sehen wir zwei Reihen Kettfäden gespannt, durch die zwei Weberinnen das Schiffchen mit den Schußfäden schießen.

161. Dieses plissierte Kleid gilt als das älteste erhaltene Gewand der Welt. Tarchan. 1. Dynastie. University College London, Petrie Museum

162. Ein bemaltes Mumientuch aus Leinen in Form einer Mumienmaske mit einem geflügelten Skarabäus am unteren Rand. 21. bis 22. Dynastie. University College London, Petrie Museum

Eine sehr ähnliche Werkstatt ist im Grab des Chnumhotep in Beni Hasan abgebildet. Eine kniende Frau bereitet den Flachs vor, eine andere leitet ihn auf eine rotierende Spindel, während zwei andere, die am Boden kauern, das Schiffchen mit den Schußfäden zwischen den beiden Reihen Kettfäden im Webstuhl hin und her schießen. Alle diese Frauen arbeiten unter der Aufsicht eines fetten männlichen Aufsehers.

Während des Neuen Reiches wurde der horizontale Webstuhl von einem größeren vertikalen abgelöst, der bis in römische Zeiten in Gebrauch war. Er bestand aus zwei hängenden Stangen, die oben und unten an dazu quergestellten Balken festgebunden waren, so daß ein rechtekkiger Rahmen entstand. Der ägyptische Webstuhl unterschied sich also von dem sonst gebräuchlichen, bei dem irdene Gewichte die Kettfäden nach unten zogen. In vertikalen Webstühlen wurde von unten nach oben gewoben, die Weberinnen konnten auf bequemen Sitzbänken Platz nehmen.

Seit dem Neuen Reich wurde die Zahl der in diesem Handwerkszweig arbeitenden Männer immer größer, bis diese in römischen Zeiten sogar überwogen. Unter den Ptolemäern begannen die zu den großen Tempeln gehörenden Webereien eine immer größer werdende Bedeutung zu gewinnen.

Das Grundmaterial war von Beginn an der ägyptische Flachs, der von hoher Qualität war. Manchmal wurde auch Hanf oder Schafwolle verwendet, was allerdings als minderwertig galt und oft verschmutzt war. In römischer Zeit gewann Wolle an Popularität und wurde für gewebte Stoffe mit farbigen Mustern verwendet.

Baumwolle, ursprünglich in Indien angebaut, war offensichtlich seit der saitischen Zeit in Ägypten bekannt, denn es wird berichtet, daß König Amasis den Spartanern einen mit Gold und Baumwolle geschmückten Panzer schickte. Frühester Hinweis auf Baumwolle in Ägypten ist die 'Musterrolle', die – augenscheinlich als Füllmaterial verwendet – bei der Untersuchung der Mumie PUM II, die durch die Radiokarbonmethode ins 2. Jh. v. Chr. datiert wird, gefunden wurde. In römischen Zeiten war die Verwendung von Baumwolle nichts Ungewöhnliches mehr. Plinius der Ältere berichtet, daß sie in Oberägypten, Nubien und auf der Insel Tylos im Roten Meer angebaut wurde, und aus anderen Quellen erfahren wir, daß man sie auch in der Oase Charga anpflanzte. Unsere Untersuchungen der Grabstätten von Wadi Qitna und Kalabscha-Süd (3.–5. Jh. n. Chr.) im ägyptischen Teil Nubiens haben ergeben, daß die dort verwendeten Stoffe am häufigsten aus Wolle (44,3 %), Baumwolle (31,8 %) und aus einem Woll-Baumwoll-Mischgewebe (5,7 %) bestanden, während Flachs (14,8 %) oder anderes Material (3,4 %) nur äußerst selten verwendet wurde.

Für die Verwendung von Seide gibt es bis zur Zeitenwende keinerlei Belege. Das älteste Zeugnis für ihr Vorkommen im Niltal stammt von dem römischen Dichter Lucanus (Mitte des 1. Jhs. n. Chr.), der sie in seiner Sammlung Pharsalia (X, 141–143) erwähnt. Wahrscheinlich handelte es sich hierbei um Import aus dem Fernen Osten. Erst unter Justinian begann man mit der Zucht von Seidenraupen im Mittelmeerraum. Aus dem Fell von Ziegen und später auch von Kamelen webte man Säcke, seltener Mäntel.

In der Textilindustrie kam es allmählich zu einer Spezialisierung, die sich vor allem nach dem verarbeiteten Material richtete. Die traditionell größte Gruppe bildeten die Leinenweber. Eine Sonderstellung hatten die Hersteller von Teppichen, Kissen, die Walkmüller und Färber inne. Eine selbständige Färberwerkstatt in der Stadt Athribis im Delta ist von W. M. F. Petrie entdeckt und untersucht worden. Eine beliebte Farbe war Rot, das man aus der Safflorpflanze (*Carthamus tinctorius*) gewann.

SCHMELZER, METALLGIESSER UND METALLSCHLÄGER

Das Schmelzen von Metall ist keine ägyptische, sondern eine vorderasiatische Erfindung. Die ersten kupfernen Gegenstände in Ägypten sind einfache runde Kupferperlen und kurze Nadeln, die auf Friedhöfen der Badari-Kultur gefunden wurden (um 4000 v. Chr.). Mit Beginn der dynastischen Zeit verbreitete sich die Metallbearbeitung beträchtlich, und während der 3.–4. Dynastie ersetzten Arbeitsgeräte aus Kupfer die meisten steinernen beinahe gänzlich.

Die Metallbearbeitung und Herstellung von metallenem Arbeitsgerät spielten eine bedeutende Rolle, weil sie zugleich die Grundlagen für die Entwicklung weiterer Arbeitsgebiete legten. Dem entspricht auch die auffällige Häufigkeit von Szenen, in denen sie, ausführlich in einzelne Arbeitsvorgänge gegliedert, dargestellt sind, so daß derartige Szenen auf den Grabwänden beträchtlichen Raum einnehmen. Die einzelnen Phasen der Metallbearbeitung lassen sich in zwei grundlegende Komplexe gliedern: in die Aufbereitung des Rohstoffes und in die eigentliche Fertigung der Metallprodukte.

Der Rohstoffverarbeitung voran geht zumeist eine Szene, die die Zuteilung und das Wiegen des Materials zeigt. In der Regel wird das Metall auf einer Waage gewogen, deren waagrechter *163*
Balken mit je einer Waagschale an beiden Balkenenden an einem senkrechten Ständer aufgehängt ist. Das Balkenende schmücken Lotosblüten, der obere Rand des Ständers ist mit dem Kopf der Göttin Maat verziert, die ein genaues und gerechtes Wiegen garantiert. Eine Person

163. Ein Schreiber beaufsichtigt das Wiegen von Metall. Aus dem Grab des Kaemrehu in Saqqara. 5. Dynastie. Kairo, Ägyptisches Museum

bedient die Waage, eine andere kontrolliert und notiert das Ergebnis. Ihre Titel lauten 'Waagemeister', 'Vorsteher der Metallarbeiter' oder 'Schreiber und Vorsteher der Totenstiftung'. In Szenen des Neuen Reiches kommen drei Aufseher hinzu, die das abgewogene Material entgegennehmen und anderen Arbeitern zuteilen.

Das Material hat in den Darstellungen des Alten und Mittleren Reiches die Form von Barren, in den Darstellungen des Neuen Reiches die von Ringen. Es handelte sich also nicht um formlose, frisch geförderte Erzbrocken, sondern um gereinigtes und schon an der Förderstelle geformtes Rohmaterial. Damit erklärt sich auch der Sinn des Wiegens: nämlich Kontrolle über die ausgegebene Rohstoffmenge zu haben, die man dann mit dem Gewicht des Endproduktes verglich. Ungereinigter Rohstoff hätte im Schmelzprozeß zu viel Rückstände hinterlassen, so daß eine Kontrolle durch Abwiegen sinnlos gewesen wäre.

Szenen, in denen das Fertigprodukt gewogen wird, kommen nur selten vor, und zwar lediglich dann, wenn das Wiegen des Rohmaterials nicht dargestellt ist. Daß man den Wiegevorgang also nur einmal darstellte, dürfte auf eine Konvention zurückzuführen sein.

Das Schmelzen von Metall, eine für das Metallhandwerk charakteristische Szene, die in keiner Darstellung fehlt, erfolgt in einem Tiegel über offenem Feuer; Schmelzöfen waren den Ägyptern unbekannt. In einer seltenen Darstellung wird noch unverbranntes Brennmaterial ge-

164. Metallgießer schmelzen Metall über offenem Feuer. Sie umklammern die Schmelztiegel mit Stöcken und entfachen das Feuer mit Fußblasebälgen. Malerei im Grab des Rechmire in Scheich Abd-el-Gurna, Theben-West. 18. Dynastie

zeigt, das die Form eines runden Klumpens hat. Die meisten Forscher nehmen an, daß es sich dabei um Holzkohle handelt. D. M. Dixon vertritt die interessante Hypothese, daß gerade der wachsende Bedarf der Schmelzwerkstätten an Holzkohle dazu geführt hat, daß ursprünglich weiträumige Waldflächen allmählich abgeholzt wurden.

Um die erforderliche Schmelztemperatur zu erreichen, war eine maximale Sauerstoffzufuhr erforderlich. Im Alten und Mittleren Reich gebrauchte man zu diesem Zweck aus Schilfrohr und Lehmdüse bestehende Blasrohre. Um die Feuerstelle hocken also stets mehrere Schmelzer, *166*
die aus allen Kräften in die Rohre blasen. Über dem Feuer hing im Alten Reich ein runder Tiegel mit einem seitlichen Ausgußloch, das während des Schmelzens verschlossen war. Nach dem Schmelzen stieß man es durch und goß die Schmelzmasse aus. Im Mittleren Reich benutzte man Tiegel in Muldenform.

Das Neue Reich brachte eine umwälzende Erfindung – den Blasebalg. Er bestand aus einem *164*
Tongefäß mit Lederbespannung und einem seitlich angebrachten Blasrohr, das auf die Feuerstelle gerichtet war. Zur Bedienung von zwei Blasebälgen genügte ein einziger Arbeiter, der immer abwechselnd den einen Blasebalg niedertrat und den anderen mittels einer Schnur nach oben zog. Dank dieser Erfindung erzielte man höhere Schmelztemperaturen, die Arbeitsproduktivität stieg, und der Arbeitsaufwand konnte gesenkt werden. Der Tiegel hatte damals die Form einer flachen weiten Schale mit einem Ausguß am oberen Rand. Neben dem Blasebalg verwendete man im Neuen Reich aber auch noch das Blasrohr, vor allem dann, wenn es sich um eine geringere Schmelzmasse oder einen speziellen Arbeitsvorgang, beispielsweise das Löten, handelte.

165. In dieser Szene aus einer Metallarbeiterwerksattt ziseliert der Handwerker links im Bild mit einem Holzschlegel und einem Metallmeißel ein bereits fertiggestelltes Gefäß, während sein rechts vor ihm kniender Kollege ein Metallblatt mit einem Stein bearbeitet. Ganz rechts im Bild wird ein fertiges Gefäß weggetragen. Malerei im Grab des Rechmire. Scheich Abd-el-Gurna, Theben-West. 18. Dynastie

Nach dem Schmelzen mußte die Metallschmelze ausgegossen werden. Dies zeigen Darstellungen des Alten und Mittleren Reiches, in denen der Schmelzer den glühenden Tiegel zwischen zwei flachen Steinen hält und die Schmelze in eine flache Schale gießt, in der das Metall zu einer Platte erstarrt. In ähnlichen Darstellungen des Neuen Reiches behelfen sich die Schmelzer mit zwei langen biegsamen Stöcken, mit denen sie den Tiegel umklammern und ihn eiligst zu einer Gußform oder einer flachen Schale tragen, in die die Schmelze entweder durch den Ausguß oder durch einen Trichter fließt.

Als nächster Arbeitsgang schließt sich das Bearbeiten des erkalteten Materials an. Die Metallplatte kommt auf einen niedrigen und breiten Amboß und wird von mehreren Metallschlägern mit eiförmigen Steinen so lange behauen, bis das Blech die gewünschte Stärke erreicht hat. In anderen Darstellungen ist zu sehen, wie man Klingen für jene Werkzeuge zurechtschlägt, die wir bereits von den Arbeiten anderer Handwerker her kennen.

Metallerzeugnisse wurden im Alten und Mittleren Reich ausschließlich in Treibtechnik, im Neuen Reich auch in Gießtechnik (mittels Lehmformen oder im Wachsausschmelzverfahren) hergestellt. Mitunter kommen auch Kombinationen von Gieß- und Treibtechnik vor.

Oft wird die Herstellung von Metallgefäßen dargestellt, die im Alten Reich auf zweierlei Art erfolgt. Bei der ersten Herstellungsweise schneiden die Metallarbeiter aus dem zurechtgeschlagenen Blech die Umrisse der gewünschten Gefäßform heraus, biegen sie zurecht und vernieten die aneinandergelegten Ränder einschließlich Boden, Henkel oder Ausgußrohr. Die Nahtstellen und Nieten werden anschließend mit einem Polierstein unsichtbar gerieben.

Bei dem anderen Herstellungsverfahren wird das entstehende Gefäß auf einen runden Amboß gelegt und vom Metallschläger mittels eines eiförmigen Steines unter Drehungen 'getrie-

166. Dieses Relief zeigt Handwerker in einer Juwelierwerkstatt bei der Arbeit. Ein Fries mit der Darstellung fertiggestellter Schmuckstücke trennt das Bild in zwei Register: Im oberen Bildregister wird gewogen, geschmolzen, gegossen und geschmiedet, im unteren stellen Schmuckhandwerker, denen achondroplastische Zwerge helfen, Halskragen und ein Pektorale fertig. Grab des Mereruka, Saqqara. 6. Dynastie

ben'. Dieses Verfahren erfuhr im Neuen Reich eine Reihe von technischen Neuerungen, die auch die Fertigung von mannshohen Objekten ermöglichten. Die Oberfläche des so getriebenen Metallgefäßes wurde dann noch mit eiförmigen Poliersteinen poliert.

Im Neuen Reich schritt man auch zur Verzierung der Metallgefäße mit Hieroglyphen oder geometrischen Mustern. Zu dieser Arbeit wurden Kunsthandwerker herangezogen. Einer von
165 ihnen – 'der mit dem Meißel graviert' – arbeitete mit Holzschlegel bzw. Steinhammer und Meißel, ein anderer – 'der Umrißzeichner' – malte die eingravierten Inschriften oder Muster aus.

Die Fertigprodukte der Metallschläger und -gießer sind mitunter in Regalen angeordnet abgebildet. Im Alten Reich gehören dazu Schalen, Krüge, Waschgeschirre – oft mit Ausguß – und Gefäßuntersätze. Doch fehlen auch Klingen der verschiedensten Werkzeuge – von Sägen, Äx-
92 ten, Hacken und Dechsel – sowie runde Metallspiegel nicht.

Im Neuen Reich kommen unter fremdem Einfluß neue Gefäßformen auf, wie beispielsweise Gefäße mit einem Tierkopf (Steinbock oder Stier), und auch die Weihgeschenke weisen neue Formen auf (Sphinx, Geier).

Viele Metallerzeugnisse kennen wir auch aus archäologischen Funden. Hierher gehört z.B. ein Satz von symbolischen Miniaturgefäßen oder -werkzeugen aus Kupfer, vor allem Meißel, der als Grabbeigabe der Prinzessin Chekeretnebti in Abusir zutage gefördert wurde.

Wichtigster Rohstoff für die Herstellung von Metallobjekten war in Ägypten lange Zeit das Kupfer, dessen Lagerstätten an der Oberfläche der auf dem westlichen Sinai gelegenen Täler leicht zugänglich waren. Da das Kupfererz natürliche Beimengungen anderer Metalle aufwies, war das altägyptische Kupfer härter als unser heutiges, mit modernen Methoden gereinigtes Kupfer. Eine Analyse der aus der Mastaba der Prinzessin Chekeretnebti stammenden Kupferobjekte ergab, daß sie Zusätze von Arsen, Wismut, Eisen, Zinn, Silber, Nickel und Antimon enthielten. Bronze, eine aus Kupfer (etwa 90 %) und Zinn (etwa 10 %) bestehende Legierung, kommt in Ägypten als syrischer Import erst im Mittleren Reich auf und findet im Neuen Reich allgemeine Anwendung. Eisen war in Ägypten lange Zeit ein seltenes Metall: man gewann es aus Meteoriten oder importierte es. Das Schmelzen von Eisen ist erst im 6. Jh. v. Chr. in der von Griechen gegründeten Stadt Naukratis belegt.

Nicht nur Gold, sondern auch Silber, das importiert werden mußte, und deren Legierung Elektron waren selten und teuer, obgleich sich ihr Wert im Laufe der Zeiten änderte. Ihre Produkte haben die Goldschmiede meistens vergoldet und nur selten aus reinem Gold gegossen.

Zum Schmelzen von Gold waren Temperaturen von über 1000 Grad Celsius erforderlich. Das erstarrte Edelmetall kam in eine besondere Steinmulde, in deren Längsachse eine sog. Führungsrinne lief. Durch Hin- und Herwiegen und Druck auf einen Stein, der dieser Mulde genau angepaßt war, konnte das Goldblech zu sehr dünnen Folien verarbeitet werden, mit denen man dann Gegenstände aus Holz und Stein verkleidete. In einer Darstellung beispielsweise wird ein Metallschläger gezeigt, der seinem Kollegen ein Stück Goldfolie reicht, mit der dieser und ein dritter Arbeiter dann einen Holzschrein verkleiden.

Eine andere Methode der Vergoldung bestand darin, daß man die Oberfläche von Gegen-

167. In dieser Juwelierwerkstatt bohren Handwerker mit einem Drillbohrer Löcher in Perlen, polieren diese und stellen einen breiten *wsḫ*–Halskragen zusammen, während ein Metallhandwerker Feuer entfacht. Der Handwerker rechts im Bild hält ein Stück Metallarbeit in einem Tiegel und benutzt einen Lötkolben, um die Temperatur zu steigern. Aus dem Grab des Sobekhotep in Theben-West. 18. Dynastie. London, British Museum

ständen, z.B. von Holzstöcken, Königszeptern oder kupfernem Schmuck, mit flüssigem Gold bestrich.

Die Einführung der Gießtechnik sowie der wachsende Wohlstand im Neuen Reich hatten zur Folge, daß man ganze Gegenstände aus reinem Gold goß. Diese waren natürlich nur für die Götter oder für den König bestimmt. Nur wenige Objekte aus Gold sind nicht in die Hände von Grabräubern gefallen, wie beispielsweise die bekannte Goldstatuette Tutanchamuns aus seinem Grabschatz oder der goldene Horus-Falke aus Dendera. Die Ausmaße solcher seltenen Gegenstände überschritten natürlich nur selten die Länge einer Königselle (52 cm). Objekten mit einer goldenen Oberfläche wurde ein besonderes, 'göttliches Leben' zuteil: man bezog sie in Kulthandlungen mit ein. Vom Neuen Reich an wurden sie vor allem in den Tempelwerkstätten hergestellt.

Sämtliche Metallarbeiter wurden mit der Hieroglyphe für „Metallvase" (*bḏtj*) bezeichnet, und mitunter bestimmte ein Zusatzzeichen das entsprechende Metall näher, das der Betreffende bearbeitete. Im Vergleich zu den übrigen Metallarbeitern war die Arbeit der Schmelzer physisch am anstrengendsten und für die Gesundheit auch am schädlichsten. Das stundenlange Blasen in Blasrohre setzte sie der Gefahr von Lungenblähung und Kreislaufstörungen aus. Die Erfindung des Blasebalgs war also nicht nur ein wirtschaftlicher Fortschritt, sondern kam auch der Gesundheit zugute. Zudem brauchten die Schmelzer jetzt nicht mehr so nahe am Feuer zu arbeiten, dessen Glut den Wasserhaushalt des Körpers negativ beeinflußte, die Hornhaut des Auges und die Schleimhäute der Atemwege in Mitleidenschaft zog – von Verbrennungsgefahren ganz zu schweigen.

SCHMUCKHANDWERKER

Darstellungen in Gräbern zeigen uns spezialisierte Werkstätten, in denen erfahrene Handwerker mit der Herstellung von Perlen aus verschiedenen Gesteins- und Edelsteinarten beschäftigt sind und sie zu Halsketten fädeln. In anderen Werkstätten wiederum werden Halsketten und anderer Schmuck aus vorgefertigten Metall- oder Fayenceperlen hergestellt. In den erstgenannten Darstellungen wird vor allem gezeigt, wie in die grob bearbeiteten Steinperlen Löcher gebohrt werden. In einer Szene aus dem Alten Reich benutzen zwei Schmuckarbeiter dazu einen Handbohrer mit einem Feuersteinbohrkopf, wie wir ihn bereits von der Steingefäßherstellung her kennen, nur daß er in unserem Fall kleiner ist, keine Kurbel und auch keine Schwungsteine hat. Zwei andere Männer polieren die Perlen. Aus den Beischriften erfahren wir, daß das bearbeitete Material Karneol ist und daß die Arbeiter „Hersteller von Schmucksteinen", „Schmuckarbeiter" sind.

In mehreren Szenen aus dem Neuen Reich kann beim Bohren ein technischer Fortschritt beobachtet werden. Die Perlen sind jetzt auf dem Arbeitstisch mit Gips befestigt oder liegen in kleinen Vertiefungen einer Holzplatte, so daß der Handwerker den Bohrer verwenden konnte, den wir von der Holzbearbeitung her kennen, denn für diesen brauchte er beide Hände. Ein einziger Arbeiter wird gezeigt, wir er vier oder fünf Drillbohrer in Gang hält – mit einer Bogensehne. Eine andere Szene zeigt zwei Arbeiter an einer Bank, auf der an zwei Enden aufgehängt

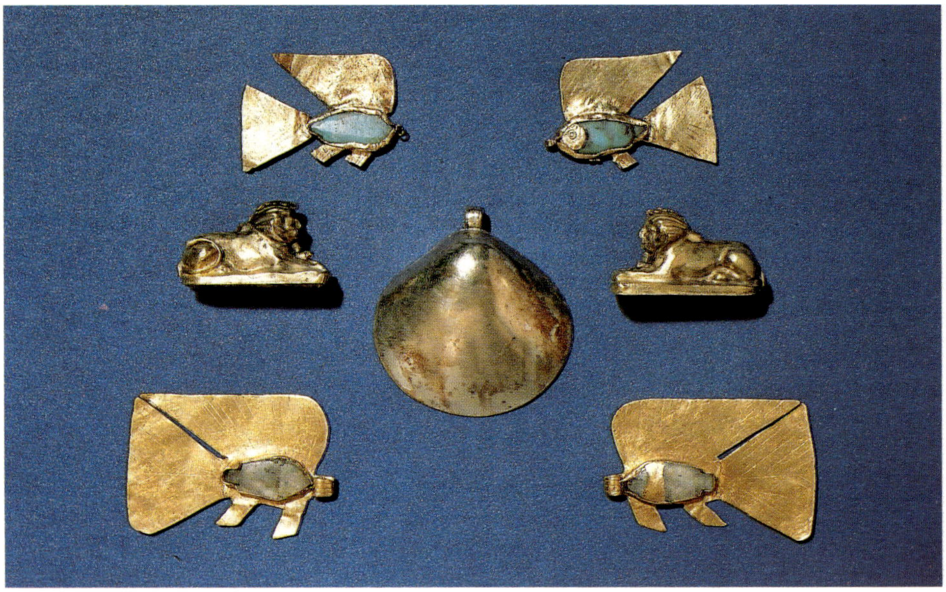

168. Amulettschmuck, bestehend aus vier goldenen Fischanhängern, zwei hohlen goldenen Sphinxperlen und einem Austermuschelamulett aus Elektron. Mittleres Reich. London, British Museum

169. Skarabäenpektorale mit Bändern, die aus Plättchen mit eingelegten Uräen (Kobras), Skarabäen und Sonnenscheiben zusammengesetzt und mit bunten Perlen eingefaßt sind. De Bänder schließen oben mit Darstellungen der Geiergöttin Nechbet ab und sind durch vier Perlenstränge mit dem Gegengewicht in Gestalt eines Uräus verbunden. Aus dem Grab des Tutanchamun im Tal der Könige, Theben-West. 18. Dynastie. Kairo, Ägyptisches Museum

ein Gurt mit Perlen liegt. In regelmäßigen Abständen werden von ihnen die Perlen angebohrt und vom Gurt getrennt. Das Polieren der Perlen – auf solchen Darstellungen nicht gezeigt – erfolgte per Hand: Entweder wurden sie über eine glatte Oberfläche gerollt oder in der Vertiefung eines Schleifsteins aus Sandstein oder Quarz, manchmal wurden sie an den Enden von Gerten festgemacht, die dann zwischen den Handflächen gerollt werden oder mit der Bogensehne. Als Schleifmittel wurde sowohl beim Bohren als auch beim Polieren feiner Grundquarz verwendet. Seit Beginn der dynastischen Zeit kann von Massenproduktion von Perlen in Hierakonpolis gesprochen werden.

In einer anderen Art von Werkstätte wurden die fertigen Perlen zu breiten Halskragen geschlungen, den *wsḫ*. Dies war eine sehr mühsame Arbeit, für die kleingewachsene Leute offensichtlich besonders geeignet waren. Drei Arbeitsgänge können dabei unterschieden werden.

Zuerst mußten die Schnüre vorbereitet werden. Eine Abbildung aus Meir zeigt einen Arbeiter, der eine Schnur zwischen seinen Fußsohlen festhält und mit seinen Handflächen dreht. Dann sehen wir zwei achondroplastische Zwerge, die sich gegenübersitzen, wobei der eine das Ende einer Schnur gespannt hält, während der andere die beiden Fasern des Fadens umeinan-
166 der dreht. Der Hauptarbeitsgang ist aus Darstellungen bekannt, in denen im Alten Reich überwiegend Zwerge als damit beschäftigt gezeigt werden. Diese sitzen sich in der Regel an einem niedrigen Tisch gegenüber, auf dem der fast fertige *wsḫ*-Halskragen ausgebreitet liegt, und legen letzte Hand an, indem sie die Perlen aufreihen und die Zwirnsfäden verknüpfen. Neben ihnen sitzt ein normalwüchsiger Mann mit einem Behälter, in dem er offenbar die in der Metallwerkstatt vorgefertigten Perlen herbeigebracht hatte.

Der letzte Arbeitsgang zeigt, wie der fertige Halskragen in einem Gefäß mit Flüssigkeit befeuchtet oder über einem breiten Gefäß mit einem Kännchen begossen wird. Aus den Beischriften zu diesen Szenen geht hervor, daß es sich um das „Bestreichen" oder „Befeuchten, Waschen des Halskragens" handelt; woraus die Flüssigkeit bestand, ist nicht bekannt. Allgemein wird angenommen, daß es sich dabei um Wasser handelte, das ein Einlaufen der Fäden und eine Festigung des Halskragens bewirkte. Aus dem Umstand aber, daß die Flüssigkeit bei diesem Arbeitsgang wieder aufgefangen wird, schließt Rosemarie Drenkhahn, daß es sich bei ihr entweder um einen flüssigen Farbstoff oder um ein Mittel gehandelt haben muß, das den Glanz des Schmuckstücks erhöhen oder erhalten sollte.

Obgleich der Beruf des Schmuckhandwerkers nicht mit größeren Gesundheitsrisiken verbunden war, so war er doch voller Nachteile, die Cheti in seiner Lehre beschreibt: „Der Juwelier bohrt beim Perlenaufziehen mit allerlei harten Edelsteinen. Wenn er die Füllung des Amuletts beendet hat, sind seine Kräfte geschwunden durch seine Müdigkeit. Er sitzt bis zum Sonnenuntergang, indem seine Knie und sein Rücken gekrümmt sind.

DIE STELLUNG DER HANDWERKER

Die altägyptischen Handwerker besaßen keine eigenen Werkstätten und auch keine eigenen Werkzeuge, sondern arbeiteten in Werkstätten und mit Werkzeugen, die den Angehörigen der herrschenden Schicht oder ihren Institutionen gehörten. Die gesellschaftliche Stellung und das Prestige der Handwerker ergab sich nicht primär aus ihrer Begabung, Geschicklichkeit, Sorgfalt oder Geduld, sondern hing von ihrem Dienstverhältnis ab.

170. Glasanhänger in Form von Papyrussäulen, glasierte Knöpfe und Ohrringe. Neues Reich. University College London, Petrie Museum

Die ranghöchsten Handwerker waren die der königlichen Hofwerkstätten. Interessant ist, daß sie niemals bei der Arbeit dargestellt wurden. In den Gräbern hoher Beamter treten sie bei Gastmahlen bzw. bei der Jagd als Totenpriester in Erscheinung, und zwar dann, wenn sie der König seinem Günstling für dessen Verdienste befristet zur Verfügung gestellt hatte. Wir kennen eine ganze Reihe von Titeln spezialisierter königlicher Schmuckhandwerker, Goldschmiede und Holzschnitzer. Viele von ihnen sind durch eigene Gräber oder in Bildern in den Gräbern jener Würdenträger belegt, an die sie ausgeliehen worden waren. Stets nehmen sie den Ehrenplatz neben dem Grabinhaber ein oder führen den Zug von Opferträgern an. Damit wird ihre hohe gesellschaftliche Stellung betont und zugleich der Dank des Grabinhabers für die ihm erwiesene Ehre zum Ausdruck gebracht. Einen gesellschaftlich niedrigeren Rang nahmen die Handwerker ein, die in den großen Tempeln – Göttertempeln oder königlichen Totentempeln – arbeiteten. Sie stellten dort das für die verschiedenen Kulthandlungen erforderliche Inventar her. Die rangniedrigste Gruppe rekrutierte sich aus den in den Werkstätten von Privatleuten, Würdenträgern und Beamten beschäftigten Handwerkern, die anonym blieben.

Innerhalb der einzelnen Handwerkszweige war die Stellung der Handwerker streng hierarchisch geordnet und reichte vom Lehrling und 'Gesellen' über den erfahrenen Meister bis hin zum Aufseher und Vorgesetzten. Wer einen jungen Anwärter welcher Werkstatt zuteilte, ist nicht genau bekannt, doch hat es den Anschein, daß das Prinzip der Übernahme des väterlichen Handwerks durch den Sohn die Hauptrolle spielte. Auch darf angenommen werden, daß der König oder die Tempel sich ihre Meister aus den Werkstätten rangniedrigerer Personen aussuchten, die dagegen wohl nur schwerlich Einwände geltend machen konnten.

Die altägyptischen Handwerker schlossen sich nicht in Organisationen zusammen, die mit den mittelalterlichen Zünften vergleichbar wären, und bildeten als Ganzes keine klar definierte gesellschaftliche Schicht.

KAPITEL 12

Künstler als Garanten des ewigen Lebens

171. Ein Meisterwerk der Bildhauerkunst ist diese majestätische Statue des Königs Chephren. Sie vereint in sich den Symbolismus von Macht und Schutz, die der Gott Horus seinem irdischen Vertreter verleiht. Hinter dem Thron der aufrecht sitzende Horus, der mit seinen ausgebreiteten Schwingen den König beschützt. Diorit. Aus dem Taltempel Chephrens, Giseh. 4. Dynastie. Kairo, Ägyptisches Museum

Das alte Ägypten ist unermeßlich reich an Denkmälern, die von der außerordentlichen Begabung und den Fähigkeiten seiner Künstler zeugen: der Zeichner, Maler und Bildhauer. Ihnen, ihren Arbeitstechniken, den Bedingungen, unter denen sie schufen, und ihrer Stellung in der damaligen Gesellschaft soll im folgenden unsere Aufmerksamkeit gelten.

Gleich zu Beginn sei freilich gesagt, daß sich die altägyptischen Künstler durch ihr Arbeitsgerät, in ihren Methoden und der Lebensweise nicht allzu sehr von den Handwerkern unterschieden. Bei Arbeiten mit Holz benutzten sie dieselben Werkzeuge und Methoden wie die Zimmerleute und Schreiner, bei der Bearbeitung von Stein nutzten sie die Erfahrungen der Steinmetzen und Steingefäßhersteller, und bearbeiteten sie Metall, dann griffen sie zu den Methoden der Metallhandwerker. Oftmals sehen wir Künstler direkt in den Werkstätten von Handwerkern arbeiten, die denselben Rohstoff bearbeiteten. Die Zeichner und Maler hingegen waren auf die Technik der Schreiber angewiesen.

Auch waren die altägyptischen Kunstwerke keinesfalls das Produkt einzelner, sondern entstanden durch die Mitwirkung vieler. Dabei knüpfte die Arbeit eines Künstlers an die eines anderen an: der Malerei oder Reliefbildnerei ging das Werk des Zeichners voraus, und eine fertige Statue wurde zum Schluß noch von Malern bemalt. Wenn wir dennoch die verschiedenen Spezialisierungen unter den Künstlern ihrer heutigen Klassifizierung entsprechend beschreiben, dann nur der Übersichtlichkeit halber.

Wir beginnen bei den Bildhauern, deren Schaffen auf bildlichen Darstellungen am besten dokumentiert ist. Gewöhnlich wird der Bildhauer stehend vor der fertigen Statue – einem männlichen oder weiblichen Stand- oder Sitzbild in Lebensgröße und seltener einer liegenden Tierplastik – dargestellt. In den Beischriften wird eine jede Plastik, unabhängig von ihrem Werkstoff, als
tut (*twt*) bezeichnet. Oft wird die gleichzeitige Herstellung verschiedener Statuen in ein und der- *175*
selben Werkstatt gezeigt: auf einem Bild im Grab des Ti in Saqqara (5. Dyn.) beispielsweise stehen acht Statuen in jeweils unterschiedlichem Fertigungsgrad nebeneinander.

Demgegenüber sind Darstellungen, die frühe Phasen der Statuenherstellung zeigen, selten. Zu diesen seltenen Darstellungen gehört eine Szene aus dem Grab des Chnumhotep in Beni Hasan (12. Dyn.), die einen Bildhauer zeigt, der mit einer langstieligen Axt das Material eines Steinblocks bearbeitet und der künftigen Statue somit ihre ersten Konturen gibt. In dem schon erwähnten Grab des Ti bearbeiten zwei Männer die Oberfläche einer Statue mit einem Hammer, der aus einem in einer Astgabel festklemmenden eiförmigen Stein besteht. Kolossalstatuen konnten in groben Umrissen bereits direkt in den Steinbrüchen behauen werden, wie dies jene Osiris-Statue bezeugt, die noch heute in den Granitbrüchen unweit von Schellal bei Assuan *in situ* liegt.

Feinere Modellierungen sind von den Bildhauern mit Meißel und Schlegel vorgenommen worden; im Alten Reich hatte der Schlegel Keulenform, im Mittleren Reich konnte er auch rund sein. Beide Werkzeuge ermöglichten dem Bildhauer, die Kraft seiner Schläge zu differenzieren. Durch eine entsprechende Meißelhaltung erzielte er darüber hinaus verschieden starke Abschläge, wie sie zur gewünschten Formgebung der Statue erforderlich waren.

Zum Abtragen von Unebenheiten auf der Oberfläche der Statue benutzten die Bildhauer den Dechsel, wie er auch aus den Gerätelisten der Zimmerleute und Schreiner bekannt ist. In einem anschließenden Arbeitsgang wurde die Statue mit einem ovalen Polierstein oder mit Kieselpulver, Leder und Wasser poliert. Abschließend nahmen sich die Maler der Statuen an, um sie mit einem polychromen Anstrich zu versehen.

Aus welchem Material die Statuen bestanden, läßt sich aus den bildlichen Darstellungen nur schwer erschließen. Nur ausnahmsweise verrät die gleichsam gesprenkelte Bemalung der Oberfläche, daß ihr Material Granit gewesen sein muß. Meistens hat man, um eine Antwort auf diese Frage zu finden, die benachbarten Szenen zu Hilfe zu nehmen: Sind die Bildhauer neben Steingefäßherstellern dargestellt, dann dürfen wir annehmen, daß auch sie Stein bearbeiten. Diese am häufigsten anzutreffende Verbindung wird auch archäologisch durch das Übergewicht steinerner Statuenfunde bestätigt. Der Gebrauch von Werkzeugen, die eher für das Holzhandwerk typisch sind, deutet darauf hin, daß es sich um weiche Gesteinsarten, vor allem um Kalkstein gehandelt haben muß. Dem entspricht auch der Umstand, daß die aus Gräbern und Tempeln stammenden Plastiken eher aus Kalkstein denn aus Hartgestein (wie Granit, Diorit oder etwa Breccie) bestehen.

Werden Bildhauer neben Zimmerleuten und Schreinern arbeitend dargestellt, dann darf angenommen werden, daß auch ihr Werkstoff Holz ist. Zwar sind Funde von Holzstatuen im Vergleich zu Steinstatuen weitaus seltener, doch dürfte dies auch an der größeren Vergänglichkeit dieses Materials gelegen haben.

Ausnahmeerscheinungen sind Statuen aus Metall. Die Kupferstatuette König Pepis I., die im Ägyptischen Museum in Kairo aufgestellt ist, besteht aus getriebenen und genieteten Metallplatten und ist in einer Metallarbeiterwerkstatt hergestellt worden. Erst vom Neuen Reich an kommen Szenen vor, die die Herstellung von Bronzestatuen zeigen, und zwar im Zusammenhang mit metallbearbeitenden Szenen, wie beispielsweise auf einem Relief aus der Min-Kapelle in Saqqara.

Im Alten und Mittleren Reich zeigen Reliefs die Herstellung von Statuen für Privatleute – für den Grabherren und die Mitglieder seiner Familie –, während Szenen mit der Herstellung von Königstatuen völlig fehlen. Im Neuen Reich dagegen verlagerte sich der Schwerpunkt der bildhauerischen Arbeiten in die Tempelwerkstätten, in denen zahlreiche Königsplastiken für die Tempel oder die Königsgräber entstanden.

Ziel der altägyptischen Bildhauer war es, die Gestalt des Abgebildeten so getreu wie möglich zu erfassen. Dabei handelte es sich freilich nicht um ein Porträt im heutigen Sinne des Wortes, also um das Bildnis einer bestimmten Person in einem ganz bestimmten Lebensabschnitt, sondern um die Wiedergabe ihrer wesentlichen Züge im Idealalter, das heißt gewöhnlich in der Jugend oder im reifen Erwachsenenalter.

Bereits im Alten Reich kannte man die Technik, Totenmasken abzunehmen. Ihre Abgüsse konnten als technisches Hilfsmittel für die Herstellung jener Statuen dienen, die in einem gesonderten Raum des Grabes, dem *Serdab*, aufgestellt wurden. Diese Statuen sollten den *Ka*, die Seele des Verstorbenen, verkörpern und galten als Symbol seiner Individualität, weshalb man an ihnen verschiedene Bestattungsrituale vollzog. Auch die sogenannten Ersatzköpfe, die man den Gräbern hoher Beamter in Giseh (4. Dyn.) beigab, um das Aussehen des Verstorbenen auch für den Fall zu sichern, daß seine Mumie zerfiel, verraten beträchtlichen Realitätssinn, obwohl man ihnen eine bestimmte Idealisierung nicht absprechen kann.

Zu allen Zeiten weisen die Statuen von Königen, wenngleich idealisiert, stets bestimmte charakteristische Züge auf, so daß man feststellen kann, welchen Herrscher sie darstellen sollen. Bestimmte Werke aus der Amarnazeit sind sogar naturalistisch zu nennen. Dies gilt vor allem für einen einzigartigen Fund an Masken, die offensichtlich von lebenden Modellen abgenommen worden sind und sich in der Werkstatt des königlichen Bildhauers Thutmosis in Tell el-Amarna fanden. Offenbar haben sie Künstlern bei der Anfertigung realistischer bzw. naturalistischer Porträts gedient, von denen sich leider nicht viele erhalten haben. Nach einer weiteren Phase der Porträtidealisierung setzte sich dann in der Spätzeit und in griechisch-römischer Zeit der Realismus wieder vollständig durch.

Die Bildhauer wurden *kesti* (*qs.tj*) genannt, wobei diese Bezeichnung auch die Gruppe jener mit einbezieht, die Stein- oder Holzreliefs herstellten. Diese sind in mehreren Szenen bei der Arbeit mit Meißel und Schlegel dargestellt, mittels deren sie das überflüssige Material aus den von den Zeichnern erstellten Vorzeichnungen entfernten. Die Anfertigung von Reliefs gehörte in der Tat zu den häufigsten Aufträgen der Künstler. Vom Alten Reich bis zur Zeit Sethos' I. herrschte in den Gräbern und Tempeln das feine erhabene Relief vor, auf dem die Figuren mit vollendet modellierter Oberfläche hervortreten, während die Flächen um sie herum abgearbeitet sind. Ein anderer, gleichfalls seit dem Alten Reich bekannter Relieftyp ist das versenkte Relief, bei dem die Figuren in die Fläche versenkt sind, während ihr Hintergrund unbearbeitet blieb. Seit Ramses II. bestimmte namentlich dieses Relief die Ausschmückung der Tempelwände. Sehr tiefe Reliefs vom selben Typ sind für die Ptolemäerzeit typisch.

Zeichner und Maler stellten zwei selbständige künstlerische Spezialgruppen dar, die auch durch ihre altägyptischen Bezeichnungen voneinander unterschieden wurden. Erstere hießen „Umrißzeichner", auch „Schreiber der Konturen" (*zš qdw.t*) – eine Benennung, die auf die enge

Rechts
173. Bekrönter Kopf der Königin Nofretete, der dank der Kunst des Bildhauers Thutmosis, in dessen Werkstatt diese bekannte Büste gefunden wurde, Unsterblichkeit erlangte. Bemalter Kalkstein. Tell el-Amarna. 18. Dynastie. Berlin-Charlottenburg, Ägyptisches Museum

172. Unvollendeter Quarzitkopf einer der sechs Töchter Echnatons. Das längliche Gesicht und das vorspringende Kinn sind typisch für den Stil der Amarnazeit. Die Gesichtszüge sind freilich eher die des Königs als die seiner Tochter, die zur Zeit der Entstehung dieser Plastik noch ganz jung gewesen sein dürfte. Quarzit. Tell el-Amarna. 18. Dynastie. Berlin, Ägyptisches Museum

Verbindung zwischen Zeichner und Schreiber hinweist –, während die Maler sogar mit dem Wort für „Schreiber": *zš*, bezeichnet wurden. Immerhin entbehrt dies nicht einer gewissen Logik, wenn man bedenkt, daß die ägyptische Schrift durch Standardisierung stilistischer Zeichnungen entstanden ist und beide, Schreiber wie Zeichner, dasselbe Arbeitsgerät verwendeten.

In der Praxis war die Tätigkeit der Zeichner und der Maler eng miteinander verbunden. Über die künstlerischen Voraussetzungen und ihre Arbeitstechnik indes sagen die von ihnen geschaffenen Bilder nichts aus, darüber erfahren wir etwas aus archäologischen Zeugnissen und den wenigen vorhandenen unvollendeten Werken dieser beiden Künsltergruppen.

Neben Kreativität und Begabung mußte der altägyptische Künstler auch ausgiebige Kenntnisse nicht nur der Formenwelt der ihn umgebenden Dinge und Erscheinungen haben, sondern auch zahlreicher feststehender religiöser Vorstellungen, die unveränderlich waren. Hierzu gehörte nicht nur die Kenntniss der Göttergestalten mit all ihren Attributen, sondern auch die des festgelegten Inhalts zahlreicher Götter-, Ritual- und Königsdarstellungen. Demgegenüber war der Künstler bei der Gestaltung von Szenen aus dem Leben der einfachen Bevölkerungsschichten relativ frei und nicht so streng an vorgegebene Schemata gebunden.

Was einer Zeichnung allgemein vorausging, darüber informieren uns Ostraka, auf denen nicht nur angehende Zeichner und Maler, sondern auch künftige Schreiber übten. Auch reifen
38 Meistern dienten sie als billiger Skizzenblock für Werke, die sie auf Grab- und Tempelwänden oder auf wertvollen Papyrusrollen schaffen sollten.

Diese Skizzen zeugen von den schöpferischen Einfällen der ägyptischen Künstler weit besser als deren fertige Werke, die in Inhalt und Form strengen Regeln unterlagen. Bewegungen beispielsweise sind auf ihnen viel lebendiger festgehalten, wie dies die Darstellung zweier Geparde, die eine Antilope angreifen (zu sehen auf einem Ostrakon im Náprstek-Museum, Prag), oder die
46 Abbildung einer Tänzerin in Brückenstellung zeigt (auf einem Turiner Ostrakon). Auch satirische Skizzen, die Fabeln illustrieren, finden sich auf Ostraka. Bekannt sind auch Ostraka mit realistischen und perspektivischen Skizzen menschlicher Figuren, deren Konturen dann mit schwarzen Linien auf die übliche, kanonisierte Darstellungsweise, von der gleich noch zu sprechen sein wird, reduziert worden sind.

Eine andere Art von Skizzenblock waren mit Stuck bezogene Holztäfelchen mit einem Quadratnetz, in das der Künstler seine Zeichnung komponierte. In diesen Fällen berücksichtigte er bereits kanonisierte Regeln. Er kopierte dann das Quadratnetz in größerem Maßstab auf die Wand, in das er die einzelnen Abschnitte seiner Zeichnung quadratweise übertrug.

180 Die Anwendung eines solchen Netzes von Hilfslinien garantierte zugleich, daß die Figurenproportionen, deren Kenntnis wir E. Iversen und G. Robins verdanken, eingehalten wurden. Bis zum Ende der 3. Zwischenzeit galt der sog. Erste Proportionskanon, der auf der sog. kleinen Elle beruhte, d.h. der Entfernung vom Ellbogen bis zur Daumenspitze, die gewöhnlich mit 45 cm angegeben wird. Eine Standfigur wurde in ein Netz mit 18 Quadraten eingezeichnet. Die Seite eines Quadrats entsprach der Breite einer geballten Faust. Dementsprechend maß beispielsweise die Länge des Unterarms drei Quadrate, die Handlänge betrug anderthalb Quadrate usw.

In der Saitenzeit führte man dann den sog. Zweiten Proportionskanon mit 21 Quadraten ein, was mit der Verbreitung der sog. Königselle zusammenhing (sie mißt 52,3 cm vom Ellenbogen

174. Der Oberste Bildhauer Juti bemalt die Statue der Prinzessin Baketaton. Relief im Grab des Huja, Tell el-Amarna. 18. Dynastie

175. Bildhauer bei der Arbeit an zwei Statuen. Relief im Grab des Nianchchnum und des Chnumhotep. Saqqara. 5. Dynastie

176. Ramses II. mit einer Prinzessin, vielleicht seiner Tochter Bintanat. Restaurierte Kolossalstatue vor dem zweiten Pylon des Amuntempels in Karnak. 19. Dynastie

bis zur Spitze des Mittelfingers), die bis dahin allein in der Architektur als Maßstab verwendet worden war. Das Grundmaß, die Breite der geballten Faust, blieb dabei aber unverändert. Deshalb mußte man die neu hinzugekommenen drei Quadrate über die gesamte Länge der abgebildeten Figur verteilen: eins wurde dem Schienbein zugeordnet und zwei kamen zum Rumpf, so daß der Oberkörper mitunter unnatürlich in die Länge gezogen schien.

Freilich gibt es auch Beispiele dafür, daß es der Künstler riskiert hat, die Konturen der künftigen Figur auf den noch feuchten Wandverputz direkt, ohne die Hilfe eines Quadratnetzes, zu zeichnen. Dies ist der Fall z.B. im Grab der Prinzessin Chekeretnebti in Abusir (5. Dyn.), in dessen Südkapelle man an der Ostwand eine sitzende Figur fand, die mit weißen Umrißlinien auf
180 den dunkelgrauen Verputz skizziert worden ist. Gewöhnlich erfolgten die Skizzen freilich in Rot,
181 wie dies Bildentwürfe im Grab des Haremheb (18. Dyn.) im Tal der Könige deutlich zeigen. Erst eine volle schwarze Linie markierte das fertige Stadium der Zeichnung, die nun zum Relief behauen oder ausgemalt werden konnte. Beispiele dieser Art kennen wir zur Genüge aus den Gräbern der Chekeretnebti und des Haremheb, und auch auf das schöne Profil der jungen Prinzessin aus dem Grab des Cheriuf im Assasif am Westufer des Nils bei Luxor (18. Dyn.) darf in diesem Zusammenhang verwiesen werden.

Neben dem Proportionskanon mußte der altägyptische Zeichner noch weitere Regeln beachten. Die einzelnen Bildszenen wurden entsprechend ihrem Inhalt in einer festgelegten Abfolge in waagrechte Bildregister angeordnet, die gewöhnlich übereinander lagen.

Die Figuren bedeutender Persönlichkeiten, zumeist der Grabinhaber und zuweilen auch seine Frau, pflegten um ein vielfaches größer zu sein als die Figuren ihrer Kinder, Diener und Op-

Oben
177. Unterweltsgestalten in einer Illustration aus dem Amduat (der „Schrift von dem verborgenen Raum"). Künstlerskizze für ein Relief im Grab Thutmosis' III. im Tal der Könige, Theben-West. 18. Dynastie

Links
178. Der Oberste Bildhauer Bak, der sich rühmt, „von Echnaton selbst" unterwiesen worden zu sein, mit seiner Ehefrau. Baks Fettleibigkeit wird in dieser Darstellung nicht verhehlt. Quarzitstele. 18. Dynastie. Berlin-Charlottenburg, Ägyptisches Museum

Rechts
179. Vergoldete Holzstatue der Göttin Nephthys, die den Kanopenkasten Tutanchamuns bewacht. Aus dem Grab des Tutanchamun im Tal der Könige, Theben-West. 18. Dynastie. Kairo, Ägyptisches Museum

ferträger. Damit wurde die in Familie und Gesellschaft vorherrschende hierarchische Denkweise zum Ausdruck gebracht.

Die Darstellung der menschlichen Figur erfolgte gewöhnlich von verschiedenen Blickwinkeln aus, wobei die Figur allerdings zu einem einheitlichen Ganzen harmonisiert ist. Kopf, Gesicht und die Gliedmaßen sind im Profil wiedergegeben, Augen und Schultern *en face*, und die Darstellung des Rumpfes geht von oben nach unten allmählich von der Vorder- zur Seitenansicht über. Diese Darstellungsweise des menschlichen Körpers wurde als die treffendste empfunden, was freilich oft zu Ungenauigkeiten und Fehlern führte.

Die perspektivische Sicht wurde ersetzt, indem man die Objekte gestaffelt oder übereinander gestellt wiedergab. Mitunter kombinierte man zwei charakteristische Ansichten desselben Ge-

Links
180. Zwei Gottheiten aus dem Pfortenbuch auf einer unvollendeten Künstlerskizze und einem Relief. Grab des Haremheb im Tal der Könige, Theben-West. 18. Dynastie

Rechts
181. Kopf und Oberkörper eines Mannes auf einer ersten, mit Korrekturen versehenen Skizze, einer Vorzeichnung eines Reliefs im Grab des Haremheb. Tal der Könige, Theben-West. 18. Dynastie

genstandes miteinander, z.B. Vorderansicht mit Draufsicht oder Vorderansicht mit Seitenansicht.

Wie die Schreiber, so benutzten auch die Zeichner und Maler eine Binse als Pinsel, eine Palette mit 6–8 Vertiefungen und ein Muschel- oder Keramiknäpfchen für die Farbe. Die Wahl der Farben unterlag bestimmten Regeln, denn jede Farbe hatte ihre symbolische Bedeutung: Weiß (aus Gips oder Kreide gewonnen) bedeutete Licht, Hellwerden, Pracht und Freude; Gelb wurde zur Bezeichnung von Gold, für den Körper von Gottheiten und zur Darstellung der Ewigkeit verwendet; Ockergelb (aus Ocker oder Arsensulfat) verwendete man zur Darstellung der weiblichen Haut, während Rotbraun (ebenfalls aus Ocker) die Haut der Männder symbolisierte. Rot (aus stark eisenhaltigem Ocker oder Hämatit) stand für Blut und Leben, aber auch für das Böse und die Gewalt; Grün (aus einer Malachit-Gips-Mischung) symbolisierte das Wasser, den Türkis, die Jugend und Frische. Blau (aus Kupfersilikat oder Kobalt) war die Farbe des Himmelsgewölbes, der Perücken der Götter und des Lapislazuli; Schwarz (aus Holzkohle oder Ruß) stellte die Erde des 'Schwarzen Landes' dar, bedeutete also Fruchtbarkeit und Reichtum, doch war es auch die Farbe der Unterwelt. Die Farben wurden mit Wasser angerührt und enthielten als Bindemittel Gummiarabikum und Eiweiß. Seit der 18. Dynastie verwendete man auch Bienenwachs; das schönste Beispiel dafür stellen die in der Technik der Enkaustik gemalten Mumienporträts aus dem Fajjum dar (röm. Zeit).

Nach Fertigstellung der Zeichnung folgte in der Regel die Behauung zum Relief, das von den Malern anschließend noch bemalt wurde. Diese Abfolge der Arbeitsgänge wurde im Alten Reich

Rechts
182. Sennefer, der Bürgermeister von Theben, mit seiner Gemahlin auf einer Darstellung in der Pfeilerhalle seines Grabes. Sennefer trägt unter dem langen durchsichtigen Obergewand einen kurzen Schurz; er und seine Frau werden von einem Priester mit heiligem Wasser besprengt. Scheich Abd-el-Gurna. 18. Dynastie

selten, im Neuen Reich öfter unterbrochen. Da mitunter die schlechte Qualität des Steins eine Bearbeitung zum Relief unmöglich machte, mußte man sich mit dem Bemalen der Fläche begnügen. In einem solchen Fall wurde die Felswand zunächst geglättet und direkt übermalt oder erst einmal mit einem Rohputz aus Häcksel und Nilschlamm versehen, über den eine feine weiße Gipsschicht kam, die als Malgrund diente.

Sehr schöne Malereien des Alten Reiches haben sich beispielsweise im Grab der Prinzessin Itet in Meidum (3. Dyn.) und in der Mastaba der Prinzessin Chekeretnebti in Abusir (5. Dyn.) erhalten. In den Gräbern des Mittleren Reiches überwiegt die Malterei insbesondere in denen von Beni Hasan, und in den Gräbern des Neuen Reiches vor allem in den Grabstätten am Westufer des Nils bei Luxor. Auch die Wände der Königspaläste waren bemalt. Aus dem Palast Amenophis' III. in Malqata und dem seines Sohnes Echnaton in Amarna haben sich Reste einer Wandmalerei erhalten, die vor allem Papyri, Giraffen, Vögel und geometrische Ornamente darstellen.

Wie bereits erwähnt, waren die Maler auch in den Bildhauerwerkstätten tätig, um die Statuen in einem letzten Arbeitsgang zu bemalen. Ihr Schaffen können wir auf bildlichen Darstellungen verfolgen, die sie mit Farbnapf oder Palette in der einen Hand und mit Spachtel oder Pinsel in der anderen zeigen, wobei sie entweder den vorderen oder hinteren Teil einer Statue bemalen oder aber auf dem Rückenpfeiler eine Inschrift vorzeichnen bzw. Hieroglyphen ausmalen. Weißer Stuck diente auch bei Statuen als Malgrund.

Obgleich die Künstler in ihren Arbeitstechniken den Handwerkern nahestanden, unterschieden sie sich durch ihre Stellung von diesen, und es besteht kein Zweifel, daß sie einen höheren

183. Die Wurfhölzer des Grabinhabers zeitigen unter den Vögeln in einem Papyrusdickicht, die zudem von einer Katze bedroht werden, verheerende Wirkungen. Ein Papyrusstengel biegt sich unter dem Gewicht eines Ichneumons. Ausschnitt aus einer ungewöhnlich lebhaft wirkenden Vogelfangszene im Grab des Menena in Scheich Abd-el-Gurna, Theben-West. 18. Dynastie

gesellschaftlichen Rang innehatten. Man hat darin eine Wertschätzung ihrer künstlerischen Leistung sehen wollen (H. Junker). Neuerdings konnte jedoch gezeigt werden, daß das gesellschaftliche Prestige der Künstler vor allem dem Umstand zu verdanken war, daß sie unmittelbarer als andere Handwerker „für die Ewigkeit“ schufen (R. Drenkhahn). Indem sie Bildnisse des Grabherrn anfertigten, sicherten sie seine Zuneigung und wohl auch seine Dankbarkeit – vergleichbar etwa mit einem Arzt, der durch seinen Eingriff seinem Patienten das Leben auf Erden verlängerte. Deshalb auch sind Künstler in den Privatgräbern häufiger in der ehrenvollen Funktion von Opferträgern oder Begleiter des Grabherrn bei der Jagd oder beim Festmahl dargestellt als bei ihrer Arbeit. Die Gestalten der Künstler erhielten zuweilen vielsagende Beischriften wie „sein (des Grabherrn) Wohltäter, sein Geliebter, sein Geehrter“.

Ein weiterer Beweis für die hohe Stellung der altägyptischen Künstler ist der Umstand, daß ihr Titel niemals die Bezeichnung *pr n ḏd* („Domäne, Totenstiftung“) enthielt, wie sie so oft für die Handwerker nichtköniglicher Werkstätten nachweisbar ist. Für die Künstler war es charakteristisch, daß sie nur so lange im Haus ihres Auftraggebers arbeiteten, wie dies die Herstellung einer Statue oder die Ausstattung eines Grabes erforderte. Darin unterschieden sie sich von den übrigen Handwerkern, deren Produkte auch für den alltäglichen Betrieb der Domäne eines Adligen unentbehrlich waren. Es scheint also, daß die Künstler in der überwiegenden Mehrzahl ausschließlich Angestellte königlicher Werkstätten waren und vom König als Gunsterweis an Tempel und Privatpersonen ausgeliehen wurden.

Ihr gesellschaftlicher Rang ermöglichte zahlreichen Künstlern, sich ein eigenes Grab zu bauen.

Aus diesen Gräbern wiederum sind uns auch ihre Namen überliefert. Sie finden sich zuweilen in Szenen, die die Künstler bei der Arbeit oder bei Vergnügungen zeigen. Bereits im Alten Reich gestattete der Wesir Ptahhotep jenem Bildhauer, der sein Grab in Saqqara (5. Dyn.) ausgestattet hatte, sich selbst, umgeben von Speisen und Getränken, bei der Bootsfahrt darzustellen und sich auf den Grabreliefs auch namentlich zu verewigen. In Gräbern des Neuen Reiches finden wir am Rande der Grabmalereien auch 'Selbstporträts' von Künstlern. Die bekannte Darstellung der Schlacht von Qadesch trägt gleichfalls die Signatur jenes Künstlers, der diese Szene komponiert, und des Bildhauers, der sie im Tempel Ramses' II. in Abu Simbel zu einem Relief behauen hatte. Unter den namentlich bekannten Bildhauern des Neuen Reiches befinden sich Thutmosis aus Amarna sowie Nebamun und Ipuki, die ein gemeinsames Grab in Scheich Abd-el-Gurna besitzen.

Auch die Künstler wurden je nach Erfahrungen und Fertigkeiten in verschiedene Ränge – vom niedrigsten bis hin zu dem eines Vorstehers (Meisters) – unterteilt. Bedeutende Künstler erhielten Sondertitel, wie 'Maler der göttlichen Bibliothek des Palastes' oder 'oberster Maler des Amun-Tempels'. Der König konnte sie auch mit der Schenkung von Land, 'Leuten' (Dienern und Sklaven), Vieh oder Wertgegenständen belohnen. Gerichtsprotokolle und Testamente zeigen, daß die Künstler oft zu beträchtlichem Wohlstand gelangten.

Allem Anschein nach war also das Leben der altägyptischen Künstler vom Glanz eines hohen gesellschaftlichen Status, von Ruhm, materiellen Gütern, öffentlichen Ehrungen und sicherlich auch einem Gefühl der Zufriedenheit über das geschaffene Werk begleitet. Ihre Gesundheit wurde durch die Arbeit im großen und ganzen nicht gefähdert, sieht man einmal von der Gefahr der Staublunge (Silikose) bei Bildhauern ab. Lediglich die Zeichner, Bildhauer und Maler, die die Felsgräber des Neuen Reiches auszuschmücken hatten, arbeiteten in den tiefen Grabgängen unter schweren Bedingungen. Weil die Beleuchtung mit behelfsmäßigen Kerzen nur sehr unzureichend war, wurden vor allem ihre Augen in Mitleidenschaft gezogen. Da die Kerzen den spärlichen Sauerstoff in den tiefen Gängen noch zusätzlich entzogen, dürften sie wohl auch oft an Kopfschmerzen gelitten haben. Zudem wurde die ohnehin schon warme Luft durch die Kerzenbeleuchtung noch weiter erwärmt und durch die Schweißausdünstungen der Arbeiter feucht, so daß sie stundenlang in stickiger Luft zubringen mußten. Nichts von alledem freilich ist in ihren Kunstwerken zu spüren, die durch ihre Qualität und ästhetische Wirkung bestechen.

184. Szene aus einer Fabel: Eine mit ihren Streifen als typisch ägyptisch ausgewiesene Katze führt, als Hirte mit Beutel an einem Hirtenstab dargestellt, peitscheschwingend sechs Gänse. Die geschickte Ausführung der Szene läßt eher auf die Arbeit eines Malers denn eines Schülers schließen. Ostrakon. Fundort unbekannt. 20. Dynastie. Kairo, Ägyptisches Museum

KAPITEL 13

Steinbrüche, Schiffe und Pyramiden

185. Die Chephrenpyramide trägt an ihrer Spitze noch die ursprüngliche Außenverkleidung, die sonst bereits fehlt und den Blick auf 1 m hohe Kalksteinblöcke freigibt. Giseh. 4. Dynastie

Die ägyptische Zivilisation ist vor allem durch ihre Monumentalbauten berühmt geworden: die Pyramiden, Tempel und Gräber. Die ersten Pyramiden, die mächtigsten Bauwerke, die der Mensch in seiner Geschichte je errichtet hat, finden sich bereits 3–400 Jahre nach der vollzogenen Reichseinigung Ägyptens. Sie waren zudem technisch so vollkommen gebaut, daß sie bereits jahrtausendelang den zersetzenden Umwelteinflüssen widerstehen.

Kein Wunder also, daß diese Kolossalbauten seit der Wende vom 18. zum 19. Jh., als das Interesse der Moderne an den Denkmälern Altägyptens zu erwachen begann, immer wieder zu zahlreichen Überlegungen über ihren Sinn und Zweck geführt haben. Zugleich fragte man sich, wie der hohe Kenntnisstand und die bautechnischen Methoden zu erklären waren, mit denen diese Bauten entworfen und bewerkstelligt wurden, und rätselte über die Stellung jener Menschen, die an ihnen beteiligt waren. Zahllose Theorien entstanden, von denen viele weit mehr auf blühende Phantasie schließen ließen, als sich auf gesicherte Erkenntnisse der archäologischen, architektonischen, ägyptologischen und – neuerdings auch naturwissenschaftlichen Forschung – stützen konnten.

Das Interesse konzentrierte sich vor allem auf die Pyramiden, namentlich auf die des Cheops in Giseh, die größte Pyramide, die oft isoliert von den anderen betrachtet wird. Im Neigungswinkel ihrer Seiten oder Gänge und in den Größenverhältnissen ihrer Kammern sind nicht nur Beweise für die tiefgreifenden mathematischen Kenntnisse der altägyptischen Priestergelehrten gesehen worden, sondern auch eine Art steingewordene Botschaft an die zukünftigen Generationen in Form verschiedener Prophezeiungen. Anderen Theorien zufolge sollten die Pyramiden als astronomische Beobachtungstürme oder als gewaltige Speicher oder als Rettungspunkte während der biblischen Sintflut dienen. Die Vertreter dieser Theorien waren bereit, jede beliebige Version über den Zweck der Pyramiden aufzugreifen – mit Ausnahme jener, die archäologisch sowie durch historische Texte als bewiesen gelten kann: daß es sich bei ihnen nämlich um Monumentalgräber der Großkönige handelt. Vor einigen Jahren noch dienten die Pyramiden dem Schweizer E. Däniken sogar als Beweis für den Besuch außerirdischer Lebewesen auf unserem Planeten.

Weder die hier zitierten Ansichten und Theorien noch die Geschichte der Entstehung und Entwicklung der Pyramiden indes sollen uns im folgenden beschäftigen. Verläßliche Informationen dazu kann der wißbegierige Leser in zahlreichen Publikationen finden. Uns interessieren die Großbauten der alten Ägypter von ihrer anderen, verdeckten Seite her, die mit der Arbeit und dem Leben all der Menschen zusammenhängt, die diese Denkmäler errichtet haben. Dabei geht es uns in erster Linie um die Arbeitsinstrumente und die angewandte Bautechnik, darum, wie das Baumaterial in den Steinbrüchen gewonnen, auf welche Art die tonnenschweren Blökke an den Bauplatz transportiert, wie sie dann in die gewünschte Höhe gehoben und schließlich im Mauerwerk verbaut worden sind. Darüber hinaus werden uns die Arbeitsbedingunen der Bauarbeiter ebenso interessieren wie die Frage, wer denn nun alles an den Großbauten beteiligt war.

Schon jetzt steht fest, daß derartige Bauprojekte von einem Arbeitsstab geleitet werden mußten, der über eine klare Konzeption und organisatorische Fähigkeiten verfügte. Dieser unterstand direkt dem König und wurde von dem 'Vorsteher aller Arbeiten des Königs', in der

Regel dem Wesir, angeführt. Zu den Mitgliedern des Stabes gehörten die höchsten Staatsbeamten, wie etwa der 'Oberste Domänenverwalter' und der 'Vorsteher der Schatzkammer', der Bürgermeister der Hauptstadt Memphis und ihre Hohenpriester sowie die Hohenprister von Heliopolis, dem geistigen Zentrum des Alten Reiches. Gemeinsam mit dem König beschlossen sie, an welcher Stelle gebaut werden sollte, wie groß der Grundriß zu sein hatte, welchen Neigungswinkel und damit auch welche Höhe die Pyramide haben sollte und welches Material zu verwenden war. Darüber hinaus berieten sie über weitere konzeptionelle Fragen.

Die Ausarbeitung konkreter Pläne war dann die Aufgabe des königlichen Architekten, dessen Titel *mdḫ nśw* („Zimmermann des Königs") in einer Zeit entstand, als man noch vorrangig in Holz baute. Er wurde auch 'königlicher Meister' oder 'königlicher Schreibermei-
261 ster' genannt. Einige von ihnen kennen wir auch namentlich. Hier ist vor allem Imhotep, der
Begründer der Steinarchitektur und Schöpfer der Pyramidenanlage des Königs Djoser zu
nennen, der Wesir und Angehöriger des Stammesadels (Iripat) war. Der Architekt Nefermaat
187 und sein Sohn Hemiunu entwarfen gleich mehrere Pyramiden, darunter jene in Meidum und
die Cheopspyramide in Giseh. Ferner kennen wir Vater und Sohn Senedjemib, die Baumei-
ster der Pyramiden der 5.–6. Dynastie. Unter den Schöpfern großer Bauvorhaben des Neuen
Reiches ist der Wesir Senenmut durch seine steile Karriere wohl am berühmtesten; er führte
10 etwa 80 Titel, darunter den des Erziehers der Kinder der Königin Hatschepsut, den des
Oberdomänenverwalters und des 'Vorstehers aller Arbeiten des Königs'. Unsterblichkeit sicherte er sich durch seinen Entwurf des einzigartigen Terrassentempels der Hatschepsut in Deir el-Bahari.

Technische Pläne von Pyramiden und großen Tempeln haben sich leider nicht erhalten,
doch dürfen wir deren Existenz getrost annehmen, da wir auf Papyri der 18. Dynastie Pläne
190 von Goldgruben, der Gräber im Tal der Könige und eines geplanten Naos besitzen. Das
Schema einer späten Pyramide in Meroë, der Hauptstadt des gleichnamigen Reiches, hat unlänst F. W. Hinkel entdeckt. Es war auf einer Seitenwand einer Kapelle eingeritzt, die zu einer benachbarten älteren Pyramide gehört.

Dem altägyptischen Architekten oblag außerdem, Art und Qualität des Baumaterials zu bestimmen, die zum Bau erforderliche Materialmenge zu errechnen, für die Materialbeschaffung in dem dafür zuständigen Steinbruch und den Transport der Baumaterialien auf die Baustelle zu sorgen sowie die Anzahl der erforderlichen Arbeitskräfte und ihre Qualifikation zu bestimmen. Unterbringung und Verpflegung der Arbeiter, ihre Ausrüstung mit Werkzeugen, Bekleidung, Schuhen und sonstigen Dingen wurden den Schreiberbeamten anvertraut.

Bevor mit dem Bau begonnen werden konnte, mußten grundsätzliche Entscheidungen gefällt und zahlreiche Messungen vorgenommen werden. Der König umgab sich zunächst mit einen engsten Beratern, um gemeinsam mit ihnen den Standort der künftigen Pyramide, ihren Neigungswinkel und die Ausmaße ihrer Basis festzulegen.

Danach betraten Astronomen das Baugelände, um die Nord-Süd-Achse der Pyramide fest-
zulegen. Im Laufe der Zeit erzielte man hierbei eine immer größere Genauigkeit. Bei der älte-
188 sten Pyramide, der Djoser-Pyramide, betrug die Abweichung noch drei Grad, bei den Seiten
der Cheopspyramide bewegt sie sich nur noch zwischen zweieinhalb und fünfeinhalb Minuten.
Über die Meßverfahren der alten Ägypter werden wir in Kapitel 18 sprechen.

Oben rechts
187. Die Stufenpyramide in Meidum war in eine echte Pyramide verwandelt worden. Sehr viel später verfiel die Außenverkleidung und legte die ursprüngliche Baustruktur frei. 4. Dynastie

Unten rechts
188. Stufenpyramide des Djoser mit Pavillons, die beim *Sed*-Fest, den königlichen Jubiläumsfeierlichkeiten, genutzt wurden. Die Außenverkleidung der Pyramide wurde später für andere Bauvorhaben entfernt. Saqqara. 3. Dynastie

Unten
186. Der majestätische Aufweg zu Djosers Stufenpyramide und ihrer Umfassungsmauer. Saqqara. 3. Dynastie

Mit Hilfe eines Vermessungsnetzes ermittelten Landvermesser die genaue Länge der parallel zur Nord-Süd-Achse verlaufenden Seiten der Pyramide und dann die Länge der rechtwinklig dazu verlaufenden übrigen Seiten. Bei der Cheopspyramide legten sie sie auf 400 Ellen fest. Zum Abmessen benutzten sie Schnüre, wohl ähnlich der Schnur, die W. B. Emery in einer der Mastabas der 1. und 2. Dynastie in Saqqara gefunden hat: Sie ist 1 cm dick, aus 190 Fasern fest gedreht, so daß sie sich beim Messen auch großer Entfernungen nicht dehnte. Von der Genauigkeit, mit der die altägyptischen Landvermesser ihr Handwerk verstanden, zeugen auch die Untersuchungen G. Goyons, der festgestellt hat, daß die bei der Cheopspyramide gewünschte Seitenlänge von 230,384 m (d.h. 440 Ellen mal 0,5236 m) an der Ostseite nur um 7mm und an der Südseite um 70 mm überschritten wurde, während an der Westseite 9 mm und an der Nordseite ganze 131 mm fehlen.

Zur Nivellierung sollten nach Ansicht älterer Autoren Wassergräben genutzt worden sein, deren Pegel als Wasserwaage diente. Jüngste Forschungen haben gezeigt, daß man mehrere Methoden verwendete. Rund um die Chephrenpyramide beispielsweise hat man ein System von *185*
Vertiefungen festgestellt, an der Stufenpyramide König Djosers in Saqqara und in der Umge- *186*
bung der Pyramide Amenemhets III. in Dahschur hingegen kleine Ziegeltürmchen für Meßpunkte und Höhenmarken. Das Fundament der Cheopspyramide erreichte angesichts seiner gewaltigen Ausmaße von 53,077 Quadratmetern eine nahezu perfekte horizontale Lage, die lediglich 2,1 cm Unterschied aufweist.

Erst nach Abschluß dieser vorbereitenden Arbeiten erfolgte der feierliche Akt des 'Strickspannens'. Bei Tagesanbruch zog der König, begleitet von den höchsten Würdenträgern, zum

Standort seiner zukünftigen Pyramide und kontrollierte Orientierung und Abmessungen. Dann schlug er an den Pyramidenecken mit einer goldenen Keule Pflöcke ein und verband diese mit einem Strick. Anschließend hackte er, dem Strick folgend, die Erde auf, streute eine Handvoll Sand in die Furchen, um das künftige Fundament kultisch zu reinigen, formte aus Lehm einen symbolischen Ziegel und beförderte schließlich mit einem Hebel den Grundstein an seinen Platz. Bei all diesen Verrichtungen standen dem König Assistenten zur Seite, die in der Rolle von Göttern auftraten, insbesondere der Seschat, der Göttin des Schreibens, Berechnens und somit auch des Bauens.

Den eigentlichen Bau der Pyramide eröffneten die Steinmetzen mit dem Aushauen ihrer unterirdischen Kammern. Ein überzeugender Beleg hierfür hat sich in der unvollendeten Pyramide des Nebka, eines Königs der 3. Dynastie, in Saujet Umm-er Racham erhalten. Ein breiter Einschnitt mit Doppeltreppe führt nach unten in die weiträumige, zentral gelegene Grabkammer, in die noch vor Anbringung der Decke der Granitsarkophag hinabgelassen worden war.

Für den Bau war es erforderlich, gewaltige Mengen von Steinblöcken zu brechen, sie abzutransportieren und wieder zusammenzusetzen. Für die Cheopspyramide in Giseh, deren Rauminhalt 2 600 000 Kubikmeter beträgt, schätzt man den Bedarf an Baumaterial auf zweieinviertel bis zweieinhalb Millionen Blöcke mit einem durchschnittlichen Gewicht von zweieinhalb Tonnen pro Block. Zum Glück mußte nicht alles Baumaterial von weither geholt werden. Den Kern der Pyramide, in dem ihre größte Masse konzentriert war, bildeten zum Teil anstehender Fels und vor allem Blöcke aus lokalem Material. Lediglich für die Außenverkleidung (Mantel) und zum Ausmauern der Innenräume waren bessere Steinarten aus den entfernter gelegenen Brüchen erforderlich.

Für ihre monumentalen Denkmäler wählten die Könige des Alten Reiches ein Hochplateau, das sich von der damaligen Hauptstadt Memphis nach Westen hin erstreckte. Es wird von tertiärem Nummulitenkalkstein gebildet, einem nicht sonderlich qualitätsvollen weichen Material von gelblicher oder gräulicher Farbe. Dieser Kalkstein ist in horizontalen Schichten abgelagert, die von dünnen tonigen Zwischenlagen unterbrochen sind, so daß man bei seinem Abbau die gewünschten Blöcke lediglich an den Seiten voneinander trennen mußte und sie dann nur noch von untern her mit Hebeln anzuheben brauchte. Der bekannte Sphinx von *192*
Giseh ist ein Felsenriff, das nach dem Abbau der Gesteinsblöcke aus den umliegenden Schichten übriggeblieben war. Sie zeigt im übrigen sehr überzeugend, daß die Höhe der Kalksteinlagen nach unten hin abnahm, so daß die aus den unteren Lagen gewonnenen Blökke kleiner waren. Steigt man auf die Spitze der Mykerinos-Pyramide und schaut nach Osten, dann wird man an zahlreichen Stellen, wo einst Blöcke anstanden, die Reste eines regelmäßigen Gitternetzes auf dem Erdboden wahrnehmen. Das meiste Material wurde also direkt neben der Pyramide abgebaut. Aus diesen Blöcken errichtete man auch das Kernmauerwerk der zur Pyramidenanlage gehörenden Tempel sowie die Mastabas der Adligen, die in der Nähe einer jeden Pyramide angelegt wurden.

Wollte man besseres Material haben, mußte man sich in die entferneter gelegenen Steinbrüche begeben. Für den Pyramidenmantel und die Verkleidung der Tempel und Mastabas eignete sich der feinere, kompaktere und härtere weiße Kalkstein, den man auf dem gegenüberliegenden Nilufer (Ostufer) im Mokattamgebirge unweit von Tura und Maasara vorfand. Die abgehauenen Kalksteinblöcke haben dort an den hohen Wänden der Steinbrüche deutlich sichtbare Spuren hinterlassen. Auch im Felsinneren wurden Blöcke abgebaut; es entstanden hier unterirdische Säle mit 10 m hohen Decken und bis in 50 m Tiefe reichende Stollen.

In Oberägypten und in Nubien machten sich die Baumeister den qualitätsvollen Sandstein zunutze, dessen Steinbrüche bis heute bei Gebel es-Silsileh, in der Umgebung von Kom Ombo und in Qertassi in Obernubien sichtbar sind. Die senkrechten Wände der Steinbrüche sind von einem Mosaik verschieden großer Abdrücke überzogen, die nach dem Abbau der Blöcke zurückblieben. Die hier gewonnenen Gesteinsblöcke dienten zum Bau sämtlicher nubischer Tempel – mit Ausnahme freilich jener Tempel, die man direkt aus Sandsteinfelsen hauen konnte.

Für ganz Ägypten von Bedeutung waren die Steinbrüche, die man an zahlreichen Stellen in der Umgebung von Assuan findet und in denen der sogenannte Rosengranit gewonnen wurde. Dieses sehr harte Gestein bildet unregelmäßig abgerundete bizarre Verwitterungsformen verschiedener Ausgangsgrößen, die man leicht zu Blöcken schneiden konnte. Auf den Granitplateaus wurde das Gestein im Tagebau in einer oder in mehreren Lagen gewonnen. Direkt an der ursprünglichen Abbaustelle kann man auch heute noch einen 36 m langen Obelisk bewundern, der an allen Seiten bearbeitet ist mit Ausnahme der Rückseite, an der er mit der Sohle verwachsen blieb. Zu ihrer Abtrennung ist es nicht gekommen, da der Obelisk im Verlaufe seiner Bearbeitung einen Riß bekam. Die Steinmetzen entschlossen sich zwar, wenigstens den jenseits des Risses befindlichen Teil zu nutzen, doch auch diese Arbeit blieb unvollendet.

Eine andere Granitart bauten die Ägypter im Wadi Hammamat ab. Diesen Granit verwendeten sie vor allem zur Auskleidung der Pyramidenkammern und zur Herstellung von Sarkophagen.

189. Die Würde des Taltempels König Chephrens wird durch rechteckige Granitmonolithe gesteigert, die das Dach stützten. Giseh. 4. Dynastie

190. Die älteste Landkarte der Welt zeigt die Goldminen und Steinbrüche des Wadi Hammamat. Papyrus. 20. Dynastie. Turin, Museo Egizio

Andere Gesteinsarten, die man zum Bauen verwendete, waren Basalt vom Gebel Qatrani im Fajjum, Quarzit vom Gebel el-Ahmar bei Kairo, Diorit aus der Westwüste 65 km nordwestlich von Abu Simbel, Alabaster aus Hatnub bei Assiut und aus dem Wadi Garawi bei Heluan, Schiefer aus dem Wadi Hammamat, Quarzit und Porphyr vom Gebel Fatira (Mons Claudianus) und Gebel Duchan (Mons Porphyrites) in der Ostwüste sowie Dolerit aus der Umgebung von Assuan.

Auch die Arbeit in den Steinbrüchen wurde von einem Stab geleitet, an dessen Spitze mitunter die höchsten staatlichen Beamten standen, wie beispielsweise der Wesir oder der Oberste Domänenverwalter. Zu seinen Mitgliedern gehörte auch der Befehlshaber der Wache. Unter den in den Steinbrüchen beschäftigten Arbeitern werden vor allem Fachleute genannt, wie Steinbrecher, Steinmetzen, 'Steinbohrer' und 'Bearbeiter von weichem Stein', doch waren sie nicht sehr zahlreich vertreten, in der Regel waren es etwa 30. Unvergleichlich höher lag die Zahl der unqualifizierten Arbeiter, die sich um den Transport der abgebauten Blöcke kümmerten, wie wir weiter unten noch sehen werden.

In Zeiten, da Monumentalbauten entstanden, wurde in manchen Steinbrüchen ununterbrochen das ganze Jahr hindurch gearbeitet, und zwar auch in der größten Sommerhitze.

Die altägyptischen Steinbrecher und Steinmetzen mußten sich – wie auch andere Handwerker – mit einer minimalen Auswahl von Werkzeugen begnügen. Zu ihren Arbeitsinstrumenten gehörten eine Art Spitzhacke, 1 bis 3 kg schwer und aus härtestem Gestein – Basalt oder Dolerit – bestehend, die man entweder direkt in der Hand hielt oder aber in einer Holzgabel befestigte. Unumgänglich waren auch Meißel, die zunächst aus Flint oder Dolerit bestanden, im Alten Reich jedoch allmählich von den größeren und härteren Kupfermeißeln abgelöst wurden. Auf die Meißel schlug man mit 3–5 kg schweren Hämmern aus Basalt oder Dolerit oder mit einer kegelförmigen Holzkeule mit stangenförmigem Griff ein. Weichere Gesteinsarten wurden mit Kupfersägen zersägt, deren Sägeblatt man beim Schmieden mit Sandkörnern überzog.

War das entsprechende Gestein ausgesucht, wurde seine Oberfläche begradigt. Zu diesem Zweck wurde es wahrscheinlich mit einer glühenden Holzkohleschicht bedeckt, über die man kaltes Wasser goß. Auf diese Weise bekam die Gesteinsoberfläche Risse und konnte besser bearbeitet werden. Anschließend bestimmte man die Umrisse der Blöcke, die man an den Seiten mit Hilfe von Meißel und Hammer behaute. Die ältere Theorie, wonach man nasse Holzkeile verwendete, die beim Quellen Druck freisetzten, der die Blöcke dann voneinander sprengte, wird heute von vielen abgelehnt. Die Unterseite der Blöcke trennte man am liebsten in den anstehenden Lagen weichen Gesteins, weil dies hier am einfachsten zu bewerkstelligen war.

Erst aus römischer Zeit haben wir Belege dafür, daß man Blöcke durch Keile spaltete. Entlang einer Markierung wurden zunächst mehrere kleinere Spaltlöcher angebracht, in die man Metallkeile schlug. Dann rammte man in gleicher Richtung Eisenmeißel gleichmäßig ein, wodurch sich der Block in glatter Fläche abspalten ließ.

Eine vollkommenere Bearbeitung der Gesteinsoberfläche erzielte man durch die Anwendung von Schmirgelsand, der aus zerstoßenem Quarzit bestand, dessen Splitter im Unterschied zu den gerundeten Wüstensandkörnern scharfe Kanten aufwiesen.

Die Wände der Steinbrüche und die abgebauten Steinblöcke wurden mitunter von den Schreibern, die auch die Arbeiten in den Steinbrüchen organisierten, mit flüchtigen Inschriften, sogenannten Graffiti versehen. Sie enthielten die Namen der Könige oder Pyramiden, für die die Blöcke bestimmt waren, zum Beispiel „Chufu (d.h. Cheops) ist der am Horizont Erscheinende", „Rachef (d.h. Chephren) ist groß" oder „Menkaure (d.h. Mykerinos) ist göttlich". Oft befinden sich auf den Blöcken auch Gewichtsangaben, Höhenmarken oder Anweisungen, wie die Steinblöcke zu verbauen sind, etwa der Hinweis „für das innere Mauerwerk verwenden", „diese Seite nach oben" und dergleichen mehr.

Zu den entfernter gelegenen Steinbrüchen oder Rohstofflagern entsandte der König von Zeit zu Zeit Expeditionen. Sie zielten beispielsweise auf das Gold im Wadi Hammamat und im Wadi Allaqi in Nubien ab, auf das Kupfervorkommen vom Sinai, in der Ostwüste und in Nubien, führten zu den Bleilagern an der Küste des Roten Meeres, zu den Alaunvorkommen in der Oase Charga, zu den Malachit- und Türkislagerstätten auf dem Sinai sowie zu verschiedenen Fundstätten in der Ostwüste, an denen Amethyst, Achat, Baryt, Amazonit, Bergkristall und andere Minerale lagerten.

An der Spitze derartiger Expeditionen stand im Alten Reich ein hoher Beamter, der den Titel 'Siegler des Gottes der beiden großen Flotten' trug oder einfach nur 'General'. Ihm unterstanden zahlreiche weitere Funktionsträger, die, nach dem Vorbild der Marine organisiert, als 'Kapitän' bzw. 'Kapitän der Schiffsmannschaft' oder 'Untervorsteher der Schiffe' betitelt waren. Ferner gab es einen 'Vorsteher der Steinbruchsarbeiten' und einen 'Vorsteher der nubischen Schutztruppen' usw. Spezialisten für die einzelnen Dienstarten, vor allem die Steinbrecher, waren in Abteilungen zu je 100 Mann eingeteilt. Diese Abteilungen zerfielen wiederum in Gruppen zu 10 Mann, wobei 5 Gruppen eine 'Seite' wie bei den Schiffsruderern bildeten. Die Zahl der Expeditionsteilnehmer war beträchtlich; an einer zu den Alabasterbrüchen in Hatnub führenden Expedition beispielsweise waren insgesamt 1 600 Mann beteiligt.

Im Neuen Reich standen die Expeditionen gewöhnlich unter der Leitung des 'Vorstehers des Schatzhauses', und in der Ramessidenzeit wurden sie mitunter auch vom Wesir persönlich oder dem Hohepriester des Amun befehligt. Die Größe der Expeditionen nahm gewaltig zu. Die zwecks Beschaffung von Baublöcken unter Ramses IV. ins Wadi Hammamat entsandte Expedition zählte einen 170köpfigen Stab, 130 Steinmetzen, 800 asiatische Kriegsgefangene, 2000 Tempelhörige für den Transport der Blöcke, 5000 Soldaten und 50 Schutztruppenangehörige. Auch in anderen Expeditionen stellten die Transportarbeiter, deren Zahl zwischen 350 und 17 000 Mann schwankte, den zahlenmäßig stärksten Anteil.

191. Ein Mann gießt Wasser vor den Schlitten, um den Transport der Statue über einen nun schlüpfrigen Boden zu erleichtern. Kalksteinrelief im Grab der Idut, Saqqara. 6. Dynastie

Ausführlicher informiert sind wir über die Arbeiten in den Goldgruben des Wadi Hammamat und Wadi Allaqi, wo seit der Ramessidenzeit ununterbrochen Gold gewonnen
190 wurde. Sogar eine einzigartige Karte der Goldminen des Wadi Hammamat hat sich erhalten. In römischer Zeit arbeiteten in den Goldminen vor allem Sklaven, die sich aus Kriegs- und Strafgefangenen rekrutierten, aber auch viele Arme und oft auch ihre Familienangehörigen. Es überrascht, wie gut die Vorarbeiter den Verlauf der goldhaltigen Quarzadern kannten, die sie nur dann ausbeuteten, sofern sie genügend Gold enthielten. Das Erz wurde in Galerien abgebaut, die bisweilen breit genug, mitunter aber so eng waren, daß nur Kinder sich durchzwängen konnten, um das ausgebaute Gestein zu fördern. Die Frauen zerstießen die Erzbrocken in Mörsern und zermahlten sie in Mühlen zu goldhaltigem Quarzmehl. Anschließend wurde das goldhaltige Quarzmehl gewaschen, wozu man Basalttische mit gerillten Tonplatten oder ausgebreitete Schafshäute verwendete. Das Wasser spülte das leichtere Quarzmehl fort, während die Golstückchen in den Rillen und Vertiefungen der Oberfläche hängen blieben. Diese Methode des Goldwaschens konnte freilich nur bei jenen Goldminen angewandt werden, bei denen es – wie im Wadi Fawachir – tiefe Brunnen mit genügend Wasser gab. Aus anderen Goldminen mußte das geförderte Erz zum Nil transportiert werden, wo dann, wie im Falle des Wadi Allaqi, Goldwaschanlagen installiert waren.

Ein Problem stellte der Transport des gewonnenen Materials und der Steinblöcke auf dem Landwege dar. Obgleich die Ägypter bereits seit dem Alten Reich das Rad kannten, war es angesichts der im Land herrschenden Bodenverhältnisse und seiner Infrastruktur – weicher Unterboden ohne ein Netz befestigter Wege – zu Transportzwecken ungeeignet. Die Lösung war
191 gefunden, als man das Prinzip des Gleitens mittels Schlitten entdeckt hatte. Die flachen, breiten, aus festem Holz konstruierten und mit zwei Kufen versehenen Schlitten wurden über einen Untergrund gezogen, der mit quer zur Gleitrichtung liegenden Balken befestigt war. Zur Erleichterung des Transports wurden die Balken mit einer feinen Schlammschicht versehen, die stets feucht gehalten wurde. Im Grab des Gaufüsten Djehutihotep in el-Berscheh (12. Dyn.) hat sich eine solche Transportszene erhalten. Sie zeigt die Beforderung der Kolossalstatue dieses Fürsten. Der die Szene begleitende Text verrät, daß die Statue von dem Schreiber Sipa, Sohn des Hennachtanch, aus Gestein aus Hatnub (also am ehesten wohl aus Alabaster) gehauen worden und 13 Ellen (d.h. 6,8 m) hoch war. Der Schlitten, der zusammen mit der Statue etwa 60 Tonnen gewogen haben dürfte, wird an einem Tau von 172 Männern (in vier Reihen zu je 43 Mann) gezogen. Am Fuß der Statue steht ein Mann, der die Bahn vor dem Schlitten mit Wasser begießt, während ein anderer die übrigen Männer mit rhytmischen Rufen oder Gesang anspornt. Drei Männer schleppen Wasserkrüge, drei andere tragen einen großen Holzbalken, der wohl als Hebel diente für den Fall, daß der Schlitten steckenblieb. Der Transport bewegt sich auf die Fassade eines Gebäudes zu, in dem wir möglicherweise die Grabkapelle dieses Gaufürsten erblicken dürfen.

Auf ganz ähnliche Weise haben die Ägypter des Alten Reiches wohl auch die für den Pyramidenbau bestimmten Steinblöcke transportiert. Obwohl die Blöcke für die Cheopspyramide 3–15 Tonnen wogen, war ihr Transport eine ganz gewöhnliche Angelegenheit, die nicht sonderlich dokumentiert zu werden brauchte. Die Steinblöcke, mit starken Tauen auf Schlitten befestigt, wurden von unqualifizierten Arbeitern gezogen. Je größer die Entfernung zwischen Steinbruch und Nil, der Hauptverkehrsader des Landes, um so mehr Männer wurden benötigt, den Schlitten zu ziehen. Für den Transport von zehn zweieinhalb Meter hohen königlichen Sitzstatuen aus Granit von den Steinbrüchen des Wadi Hammamat bis zu dem 90 km entfernt gelegenen Nil waren beispielsweise 2000 Menschen erforderlich. Bei einer anderen Gelegenheit wiederum waren 4500 Mann vonnöten, um 80 gewaltige Steinblöcke in nur 14 Tagen vom Wadi Hammamat zum Nil zu transportieren.

Der Nil als natürlicher Verkehrsweg hatte schon bei der Reichseinigung Ägyptens eine bedeutende Rolle gespielt. Auch in der Folgezeit behielt er diese Funktion bei. Während der Mittellauf des Nils von mehreren unpassierbaren Stromschnellen unterbrochen wird, fließt sein Unterlauf vom 1. Katarakt bei Assuan, wo das eigentliche Gebiet Altägyptens beginnt, frei in einem breiten Tal mit einem durchschnittlichen Gefälle von 8 cm pro Kilometer (im Delta sind es nur 4 cm je Kilometer). Eine Ausnahme bilden die kurzen Engpässe im Gebel Silsileh bei Kom Ombo. Fördernd auf die Nilschiffahrt hat auch der Umstand gewirkt, daß der Strom von Süden nach Norden fließt, der Wind aber vom Mittelmeer her, also aus entgegengesetzter Richtung bläst. Bei ausreichendem Wind konnte ein Segelschiff daher auch stromaufwärts fahren.

Von Felsenzeichnungen und Ritzungen auf Keramik wissen wir, daß die Ägypter mindestens
194 seit der älteren vordynastischen Zeit (1. Hälfte des 4. Jahrtausends v. Chr.) leichte Boote aus Papyrusbündel, die mit starken Seilen zusammengebunden waren, bauten und sie mit Holzpaddeln oder einer langen Stange vorwärtsbewegten. Noch heute sind auf dem äthiopischen Tanasee, dem der Blaue Nil entspringt, derartige Boote zu sehen. In der jüngeren vordynastischen Zeit (2. Hälfte des 4. Jahrtausends v. Chr.) kamen dann größere und stabilere Schiffe aus Holz

192. Sphinx und Cheopspyramide in Giseh. Der Königskopf auf einem Löwenkörper symbolisierte königliche Macht. Der Sphinx, aus anstehendem Fels gehauen, sollte vielleicht die königliche Grabanlage schützen. 4. Dynastie

193. Ein Lastschiff mit eingezogenem Segel beim Transport eines gewaltigen Steinblocks. Kalksteinrelief im Grab des Ipi, Saqqara. 6. Dynastie. Kairo, Ägyptisches Museum

mit hohem Zierbug, einer oder zwei Kabinen, Totemzeichen oder Gaustandarten und langen Ruderreihen auf.

Im Zusammenhang mit der Entwicklung großer Steinbauten seit der 3. Dynastie entstanden an den Ufern des Nils Werften, die dem König, den Tempeln oder dem Adel gehörten. In ihnen arbeiteten Zimmerleute und Schreiner, die auf den Bau von Schiffen spezialisiert waren. Sie montierten die Schiffe aus großen Bohlen, die mittels Zapfen, einer harzigen Kittmasse und mit
158 Seilen aus Pflanzenfasern verbunden waren. Beim Eintauchen ins Wasser schrumpften die Fasern zusammen und verliehen dem Schiffsrumpf somit Halt. Zur Festigung des Rumpfes großer Schiffe diente eine rippenartige Konstruktion. Die Schiffe wurden mit einem Mast ausgerüstet,
196 an dessen oberem Ende eine bewegliche Rahe mit einem Segel befestigt war. Die Bordränder erhielten Vertiefungen, in denen die Ruder, mitunter durch bewegliche Zapfen befestigt, saßen. Ein oder zwei lange Ruder am Heck ersetzten das Steuer. Die ägyptischen Schiffe waren bauchig, verhältnismäßig breit und mit geringem Tiefgang, und weil es im Nil zahlreiche Sandbänke gab, besaßen sie keinen Kiel.

Eine Vorstellung davon, wie die altägyptischen Schiffe ausgesehen haben, liefern nicht nur
195 zahlreiche Holzmodelle kleiner und größerer Schiffe mit Ruderern und Bootsleuten, wie sie
197 sich uns aus dem Mittleren Reich erhalten haben, sondern vor allem das Totenschiff König Cheops', ein einzigartiger Fund aus dem Jahre 1954. Insgesamt 1224 Schiffsteile vorwiegend aus Zedernholz fanden sich demontiert in einer der beiden Bootsgruben, die sich an der Südseite der Cheopspyramide in Giseh befinden. Mit der Konservierung und Zusammensetzung der Schiffsteile beschäftige sich von 1957–1968 Ahmed Youssef Mustafa. Das von ihm wiederhergestellte Schiff ist heute in einem eigens verglasten Pavillon oberhalb der ursprünglichen Fundstelle ausgestellt.

Das Totenschiff des Cheops ist 43 m lang, knapp 6 m breit und 1,78 m hoch. Sein breiter flacher Rumpf besteht aus Bohlen, die mit Querrippen versteift sind. Das Schiff besitzt keinen Kiel und hat einen nur äußerst geringen Tiefgang. Bug und Heck laufen nach oben in Säulen mit Papyruskapitellen aus. Auf dem Deck steht eine leichte Stangenkonstruktion mit Papyruskapitellen. Sie bot vorn Platz für den Kapitän, in der Mitte saßen zehn Ruderer, die das Schiff mit 5 Paar Rudern antrieben, und hinten befand sich eine Kabine mit Vorraum. Gesteuert wurde die Barke mittels zweier Ruder am Heck.

Unter Fachleuten ist lange Zeit über die Bedeutung dieses Schiffes diskutiert worden. War es eine symbolische Sonnenbarke, auf der der Gott Horus seine tägliche Reise am Firmament unternahm? War es eine der vier symbolischen Barken, auf denen die Seele des verstorbenen Königs die vier Himmelsrichtungen des himmlischen Ozeans aufsuchte? War es ein richtiges Boot, in dem man bei der Beisetzung des Königs dessen sterbliche Überreste von seiner Residenz Memphis zum Totentempel im Niltal überführt hatte? Oder handelte es sich um ein ganz gewöhnliches Reiseschiff, das der König zu Lebzeiten benutzt hatte? Nach Ahmed Youssef haben Laboranalysen gezeigt, daß Teile des Schiffes längere Zeit dem Wasser ausgesetzt waren –

haben also bestätigt, daß das Schiff tatsächlich auf dem Nil gesegelt ist. Der jüngste Fund eines weiteren Schiffes westlich vom ersteren gibt hingegen erneut einer symbolischen Interpretation Vorschub.

Unglaublich scheint uns die Nachricht des Uni, in der 6. Dyn. Verwalter des südlichsten Gaues, daß der Bau eines 31,4 m langen und 15,7 m breiten Holzschiffes nur 17 Tage gedauert haben soll. Derartige Schiffe waren für den Transport gewöhnlicher Steinblöcke durchaus geeignet. Für große Monolithe indes waren viel größere Schiffe erforderlich. Aus einer schriftlichen Quelle erfahren wir, daß das Schiff, auf dem die Obelisken Thutmosis' I. von Assuan zum Amuntempel in Karnak transportiert wurden, fast 63 m lang war und daß die Obelisken der Königin Hatschepsut für deren Tempel in Deir el-Bahari sogar auf einem 82 m langen Schiff transportiert wurden.

Den Schiffstransport von Säulen mit Palmenkapitellen stellt ein Relief südlich des Aufwegs zur Pyramide des Königs Unas (5. Dyn.) in Saqqara dar. Die Inschrift, die dem Relief beigegeben ist, lautet: „Das Herbeischaffen von Granitsäulen aus den Steinbrüchen von Elephantine unterhalb der Pyramidenanlage 'Die Stätten des Unas, Sohnes des Re, sind schön'."

Eine einzigartige Szene, die die Endphase des Transports der Obelisken der Königin Hatschepsut von den Steinbrüchen in Assuan nach Theben darstellt, hat sich im südlichen Teil der unteren Kolonnaden des Terrassentempels dieser Königin in Deir el-Bahari erhalten. Beide Obelisken sind auf Schlitten vertäut und liegen, die Basen einander zugekehrt, auf dem Deck des größten Schiffes, das von drei Bootsreihen zu je 9 Ruderfahrzeugen gezogen wird. Auf jedem Ruderboot sitzen 30–32 Ruderer mit Steuerleuten, Soldaten, Offizieren und einem Lotsen. Die Bootsreihen werden jeweils von einem Kapitänsschiff angeführt, in der untersten Reihe wahrscheinlich vom Schiff des Oberbefehlshabers des gesamten Manövers, wie die beigeschriebenen Worte zeigen: „Das Anlegen in Frieden im 'Siegreichen Weset (d.h. Theben)'; der Himmel feiert, das Land freut sich – das Herz bekommt Freude, (wenn) es dieses Andenken sieht, das (Makare) für ihren Vater Amun macht." L. Habachi hat nachgewiesen, daß es sich in dieser Szene um jene beiden Obelisken handelt, die außerhalb der östlichen Umfassungsmauer des Hatschepsut-Tempels standen und von denen sich lediglich Fragmente erhalten haben. Einem Graffito zufolge, das sich in Assuan gefunden hat, sind beide Obelisken unter der persönlichen Aufsicht des Architekten Senenmut zugehauen und abtransportiert worden. Ihre Fertigstellung, ihr Transport und ihre Aufstellung haben nur sieben Monate gedauert!

Wenden wir uns nun einem für den Transport von Steinblöcken bestimmten Schiff zu. Es *193*
ankerte im Hafen und war mit dem Festland durch Holzbrücken verbunden. Über diese wurden die mit den Blöcken geladenen Schlitten direkt an Deck gezogen, ohne daß sie hätten umgeladen werden müssen. War das Schiff beladen, gab der Kapitän den Befehl zum Auslaufen.

Die Fahrt über den Nil ermöglichte es, auch die größten Entfernungen zwischen den Steinbrüchen und dem Bauplatz zu überwinden; die 950 km lange Strecke von Assuan bis zu den Anhöhen mit den Pyramiden von Giseh konnte in ein bis zwei Wochen zurückgelegt werden. Da das Schiff stromab fuhr, mußten die Ruder nur in außergewöhnlichen Situationen eingesetzt werden, doch hatte der Kapitän bzw. der Schiffsführer die Trasse ständig im Auge zu behalten, da zahlreiche Gefahren wie Stromschnellen, Inseln oder Sandbänke drohten. Am Bug eines jeden Schiffes stand ein Mann, der mit einem Senkblei oder einer langen Stange von Zeit zu Zeit die Wassertiefe maß. Der niedrige Tiefgang und das Fehlen des Kiels gestatteten zwar, auch bei niedrigem Wasserstand die Fahrt fortzusetzen, doch mußte die Schiffsbesatzung wissen, mit welchem Manöver bei heftigem Seitenwind ein Kentern des Schiffes zu verhindern war. Zahlreiche Probleme fielen zwar während der Überschwemmung weg, wenn der Nil in breiter Strömung mit ausreichender Wassertiefe rasch dahinfloß, doch mußte sich der Kapitän die Strömungsrichtung und die Ufer des Flußlaufes merken, um von den Fluten nicht über die überschwemmten Felder getrieben zu werden. Mit welchem Sachverstand die Nilschiffahrt betrieben wurde, bezeugt ein Bordbuch, das älteste erhaltene der Welt.

Außer den großen Transportschiffen muß man sich nun auf dieser Hauptverkehrsader des Landes noch unzählige andere Schiffe und Boote der unterschiedlichsten Größen vorstellen. Große Lastschiffe, deren Eigner der König, der Adel oder die Tempel waren, brachten die Ernte in Speicher ein oder führten Vorräte an Bord, die für die auf den Großbaustellen oder in den Steinbrüchen Beschäftigten bestimmt waren. Mitunter konnte auch ein bequem eingerichtetes Personenschiff gesichtet werden, in dessen Kabine unter säulengeschütztem Dach der König, ein Adliger oder ein Priester saß. Und dazwischen kreuzten dutzendweise kleine Papyrusboote, in denen die Bauern ihre Erträge beförderten oder Fischer zum Fischfang ausfuhren oder vom Fischfang heimkehrten. Auf anderen Booten fuhren Dorfbewohner zum Markt in das nahe gelegene Städtchen, zum Tempel ihres Lieblingsgottes oder auf Besuch ihrer Verwandten und Bekannten.

Endlich war man dem Ziel nahe: im Nordwesten zeichnete sich am Horizont das Hochplateau mit dem Bau der Pyramide ab. Jetzt kam es darauf an, so nahe wie möglich anlegen zu können. Deshalb vertrat man früher zumeist die Meinung, daß die alten Ägypter zum Transport

194. Ruderboot mit zwei Masten zur Befestigung der Steuerruder. Dieses aus Holz geschnitzte Modell ist die Nachbildung eines Papyrusbootes. 6. Dynastie. London, British Museum

der Baublöcke die Überschwemmungszeit nutzten, wenn der Wasserstand des Nils bis an die Anhöhen mit den Pyramiden reichte. In jüngster Zeit konnte jedoch nachgewiesen werden, daß die Pyramidenbauer spätestens in der 3. Dynastie einen Kanal ausgehoben hatten, der beim heutigen Deirut vom Nil abzweigte und auch heute noch den Fuß des Pyramidenplateaus umgrenzt. Dieser Kanal ermöglichte das ganze Jahr über eine Verbindung mit dem Hafen, der unterhalb der entstehenden Pyramide angelegt worden war und schließlich Bestandteil ihres Taltempels wurde. In mehreren Tempeln haben sich bis auf den heutigen Tag steinerne Anlege-
198 rampen und Molen erhalten. Die Schiffe machten an den Rampen fest, und die mit den Steinblöcken beladenen Schlitten wurden auf die Mole gezogen.

Der weitere Transport des Baumaterials ist ohne das Vorhandensein einer ansteigenden
199 Rampe, die den Hafen mit dem etwa 50 m oberhalb des Niltals gelegenen Pyramidenbauplatz verband, nicht vorstellbar. Die Rampen wurden aus leichtem, dabei festem Material gebaut, das sich bereits bewährt hatte und leicht zugänglich war: aus getrockneten Nilschlammziegeln.

Über die Anzahl und die Konstruktion derartiger Rampen sind sich die Wissenschaftler auch heute noch nicht einig. Zahlreiche Ägyptologen waren der Meinung, daß eine bzw. mehrere Rampen in der Mitte einer oder mehrerer Seiten direkt auf die Pyramide geführt hätten. Dabei hätten mit forschreitendem Bau Länge, Höhe und Neigungswinkel der Rampen natürlich ständig zunehmen, die Rampen also ständig umgebaut werden müssen, und es wären Unmengen an Baumaterial verbraucht worden. Eine Stabilität der allzu hohen Rampen hätte man dabei jedoch nicht gewährleisten können, ihr immer steiler werdender Neigungswinkel hätte es schließlich nicht mehr erlaubt, auf ihnen Steinblöcke nach oben zu ziehen. Hölscher hat anhand von Spuren an den Seitenwänden der Stufenmastaba der Königin Chentkaus erkannt, daß die Rampen parallel zu den Mastabawänden verliefen, und zwar von der niedrigen zur höheren Stufe. Seine Theorie entwickelte G. Goyon zu der Vorstellung, daß die allmählich verlängerte Rampe spiralförmig um die Pyramide führte. Sie stieg von einer Stufe auf die nächste an, kam mit verhältnismäßig wenig Baumaterial aus und mußte zudem nicht umgebaut werden, so daß eine Erhöhung ihres Neigungswinkels vermieden werden konnte. Die Stufenförmigkeit hielt er im übrigen nicht nur für ein Charakteristikum der ältesten Pyramiden der 3. Dynastie, sondern für ein Bauprinzip aller Pyramiden, obgleich die Stufen bei den späteren Bauten ausgeglichen und mit einem glatten Mantel verdeckt worden sind. Die Stufenpyramide stellt in der Hieroglyphenschrift ein sogenanntes Determinativ für das Wort *i'i* dar, das „hinaufsteigen" bedeutet – eine Vorstellung, die wohl mit der Grundidee von der Pyramide als einem Berg mit Treppen zusammenhängt, auf denen die *ka*-Seele des Königs zur Sonne emporsteigt.

Eine Rampe durfte nicht allzu steil sein, damit die Ladung nach oben gezogen werden konnte, und mußte breit genug sein, um dem beladenen Schlitten, der nach oben befördert wurde, und dem nach unten gleitenden leeren Schlitten gleichzeitig Platz zu bieten. Bei der Cheopspyramide nimmt Goyon eine Rampenneigung von nur drei Zoll je zwei Königsellen (also etwas weniger als 4 Grad) und eine untere Breite von 24 m und eine obere Breite von 16 m an. Den Rauminhalt der gesamten Rampe bis zur Pyramidenspitze schätzte er auf fast 400 000 Kubikmeter, das ist etwa ein Siebentel des Volumens der Chephrenpyramide. Die Länge der Rampe hätte dabei 2,5 km betragen.

Zur Festigung der Rampenoberfläche eigneten sich Dattelpalmstämme vorzüglich; sie wur-

195. Hölzernes Segelbootmodell. Am Bug steht der Lotse, unter dem Baldachin ruht der Bootsbesitzer. 12. Dynastie. London, British Museum

den quer dicht nebeneinander gelegt und verteilten die Masse der beladenen Schlitten über eine größere Fläche. Die Rampenoberfläche mußte mit Wasser oder einem Schlammbrei ständig befeuchtet werden, um sie glatt zu halten.

Da man im Alten und Mittleren Reich keine Zugtiere verwendete, mußten die schwerbeladenen Schlitten von Menschen gezogen werden. Goyon hat errechnet, daß bei einer minimalen Zugkraft von 12 kg pro Arbeiter ein mit einem 3 t schweren Steinblock beladener Schlitten insgesamt 78 Mann benötigte, die in drei Reihen zu je 26 Mann gegliedert waren. Die Riesenblöcke, die man verwendete, um den Druck auf die Decke der Grabkammer abzufangen, und die bis zu 40 t wogen, konnten demzufolge von 200–250 Mann zu vier Reihen hinaufgezogen werden.

Die Goyonsche Hypothese von den spiralförmig umlaufenden Rampen ist neuerdings von D. Arnold infragegestellt worden. Seiner Ansicht nach seien derartige Rampen nicht stabil genug und würden außerdem die Pyramidenecken verdecken – und fortlaufende Messungen somit unmöglich machen. An den rechtwinkligen Rampenbiegungen wäre eine Dehnung der in direkter Richtung gezogenen Schlitten problematisch, sofern man nicht Steinplatten als Drehscheiben verwendete. Spiralrampen setzen Stufenpyramiden voraus, doch die sind mit Sicherheit nur für die 3. Dynastie bezeugt. Bei allen anderen Pyramiden, für die Arnold eine solche Konstruktion ablehnt, erwägt er den Bau einer Innenrampe, die in 20 bis 30 Meter Breite in die Mitte des Pyramidenkörpers eindringt. Auf ihr habe man eine Höhe von 60–65 m und durch einen Richtungswechsel der Rampe um 180 Grad noch zusätzliche 20–30 m erreichen können. Die restlichen 50 m der höchsten Pyramide erforderten noch etwa 150 000 Blöcke, die über eine stufenförmig angelegte Rampe oder von Schicht auf Schicht wie über eine große Treppe nach oben gehievt wurden. R. Stadelmann nimmt in seinem jüngsten Buch über die Pyramiden an, daß das Baumaterial zu Baubeginn von allen Seiten her über Rampen oder einfache Sandanschüttungen in eine Höhe von etwa 20–25 m herangeschafft worden sei. Für den weiteren Transport rechnet er – einer älteren Theorie von J. P. Lauer folgend – mit einer einzigen langen Rampe längs zu einer der Pyramidenseiten mit einem Neigungswinkel von 7–12 Grad und einer Höhe bis zu 100 m.

Heute ist man der Ansicht, daß die Pyramide in einzelnen Schichten emporwuchs. Das heißt, daß auch ihre Innenstruktur (Gänge und Kammern) mit der Verkleidung, mit Rahmen und Fallplatten zur Blockierung des in die Grabkammer führenden Ganges nach der Beisetzung der sterblichen Überreste des Königs jeweils gleichzeitig mit jener Schicht entstand, in die sie eingriff.

Schon lange interessiert Archäologen und Ägyptologen die Frage, auf welche Weise die altägyptischen Baumeister die tonnenschweren Blöcke an die gewünschten Stellen bewegt haben. Man kannte zwar das Prinzip des Hebels, der Schiefen Ebene und der Walze, doch Rolle und Flaschenzug war ihnen unbekannt. Zum Hieven des Blockes konnte ein einfaches Gerät dienen: ein auf einem Holzständer befestigter Stamm mit übergeworfenem Seil. In zahlreichen Museen der Welt sind Modelle von Holzwiegen zu sehen, die in wirklicher Größe dazu dienen konnten, einen Steinblock zu heben und zu verschieben. Ein noch einfacheres Mittel war eine Art Fächer aus Holzhebeln, von denen ein jeder von einem Arbeiter auf einen Befehl hin bedient wurde. L. Croon vertrat die Meinung, daß die Blöcke mit Hilfe eines Geräts gehoben und verschoben wurden, das nach dem Prinzip eines Waagebalkens wie ein Schaduf arbeitete, doch wurde dieser erst im Neuen Reich bekannt. Wie dem auch sei, die Verschiebung von Blöcken auf einer relativ ebenen Fläche in nicht allzu große Entfernung von ihrer Entladestelle stellte technisch kein unlösbares Problem dar.

Man muß sich zudem darüber im klaren sein, daß es beim Einpassen der Blöcke nicht so sehr auf die Genauigkeit ankam. Die Baumeister begnügten sich mit der Größe, der Form und einer groben Bearbeitung der Blöcke, so daß zwischen den einzelnen Blöcken unterschiedlich große Zwischenräume entstanden. Diese wurden dann mit einem harten Mörtel aus einer Mischung von Sand, Ton, Stein- und Ziegelsplittern ausgefüllt. Um die Statik des Bauwerks zu erhöhen, wechselten diese grob gebauten Schichten von Zeit zu Zeit mit präzise behauenen und eng ansitzenden Blöcken.

Anders verhielt es sich mit Blöcken aus besseren Gesteinsarten, wie etwa aus weißem Kalkstein oder Rosengranit, die den Mantel der Pyramide bildeten, und mit jenen Blöcken, die zur Verkleidung der Innenräume verwendet wurden. Ihre Seiten verstanden die Steinmetze zu vollendet geraden Flächen zu behauen, so daß sie so eng aueinandersaßen, daß nicht einmal eine Messerklinge zwischen ihnen Platz hatte. Sie behalfen sich dabei mit zwei geraden, durch eine Schnur miteinander verbundenen Platten, die sie nach und nach auf verschiedene Stellen des Blockes legten. Mitunter bestrichen sie die Schnur mit roter Farbe, die an den unebenen Stellen haften blieb.

Doch auch diese Blöcke waren nicht gleich groß, wohl absichtlich,da eine aus verschieden großen Steinen bestehende Wand eine größere Stabilität erhält und nicht absackt. Die Oberfläche der Mantelblöcke, die gleichzeitig mit jeder Schicht des Kernmauerwerks verlegt wurden, ließ man zunächst grob bearbeitet, also so, wie sie aus dem Steinbruch kamen. Erst mit dem schrittweisen Abbau der Rampen, der nach Fertigstellung der letzten, mit einem Pyramidion gekrönten Schicht erfolgte, ging man daran, die Außenverkleidung der Pyramide von oben nach unten zu glätten.

Außer den normalen Hilfsmitteln der Steinmetzen, mit denen wir uns bereits im Zusammenhang mit den Steinbrüchen vertraut gemacht haben, verwendete man zur Festlegung des rechten Winkels ein gleichschenkliges Dreieck. Ein ebensolches Dreieck, das zusätzlich mit einem Senkblei versehen war, gebrauchte man zur Ermittlung einer waagrechten Fläche. Zum Messen geringerer Entfernungen diente eine Meßlatte aus Holz oder Metall von der Länge einer Königselle, die in Markierungen von sieben Handbreiten zu je einer Fingerbreite unterteilt war.

Zur Pyramide ghörten zahlreiche weitere Bauten, die zusammen die sogenannte Pyramidenanlage bildeten. Um den ursprünglichen Hafen wuchs der Taltempel, der zu Bestattungszeremonien und zur Mumifizierung diente. Die einstige Rampe, auf der das Baumaterial befördert worden war, baute man zum sogenannten Aufweg aus, einem langen steinernen Gang, der zunächst unbedacht blieb, seit König Cheops aber überdacht zu werden pflegte. Er führte in den Totentempel am Fuße der Pyramide, in dem dann viele Jahre lang der Totenkult für den verstorbenen König stattfand. In der Nähe dieses Tempels haute man ein Felsbett zur Aufnahme der Begräbnis-, Toten- oder Sonnenbarke aus.

189 Auf den Pflasterblöcken der Chephrenpyramide kann man kreisrunde Vertiefungen in einem Durchmesser und einer Tiefe von 25 cm sehen, in denen sich einigen Wissenschaftlern zufolge die konische Basis einer Holzkonstruktion mit Seilen gedreht haben soll. Diese Konstruktion sei dazu benutzt worden, die Pfeiler, die den Tempelhof säumten, aufzurichten. Andere, und zwar quadratische Einkerbungen in den Bodenblöcken mögen einem Lastenheber, der nach dem Prinzip eines mächtigen Hebels arbeitete, als Verankerung gedient haben.

Dieselben Geräte und technischen Hilfsmittel verwendete man auch beim Bau der Tempel des Neuen Reiches. Die Kolossalstatuen und riesigen Obelisken vor den Fassaden oder auf den Höfen der Tempel wurden mit Hilfe von Seilen und Sandaufschüttungen errichtet.

Immer noch umstritten ist, wodurch die Größe einer Pyramide bedingt war, wie lange man an ihr baute und wieviel Arbeitskräfte dafür erforderlich waren. Sicher ist, daß die Größe einer Pyramide nicht von der Regierungsdauer des Pharaos abhing, da dieser ja das gesamte Projekt, einschließlich seiner Ausmaße, noch vor Baubeginn – gewöhnlich bald nach der Thronbesteigung – bestätigen mußte, ohne zu wissen, wieviel Jahre ihm vergönnt waren.

Daher scheint es wahrscheinlicher, daß die Größe einer Pyramide bzw. mehrerer durch ein und denselben Herrscher errichteter Pyramiden von der wirtschaftlichen Situation des Landes und anderer, unvorhergesehener Umstände abhing. K. Mendelssohn beispielsweise meint, daß
187 die Außenverkleidung der Snofrupyramide in Meidum während des Baues eingestürzt sei, und D. Arnold vertritt die Ansicht, die Pyramide Amenemhets III. in Dahschur sei wegen auftretender Risse im Innern aufgegeben worden.

Herodot zufolge, der aus ägyptischer Priestertradition schöpfte, habe der Bau einer Pyramide, an dem sich vierteljährlich jeweils 100 000 Arbeiter abwechselten, 20 Jahre gedauert. L. Croon hat errechnet, daß täglich 150 Quader verbaut werden konnten, wenn ein Block durchschnittlich alle vier Minuten von 40 Mann gehoben wurde. Eine mittelgroße Pyramide, beste-

Oben
196. Holzboote mit Bipodmasten. Wandmalerei aus dem Grab des Snefru-ini-ischetef in Dahschur. 5. oder 6. Dynastie. Kairo, Ägyptisches Museum

197. Das Totenschiff des Königs Cheops mag zu dessen Lebzeiten als Reiseschiff anläßlich religiöser Feste gedient haben. Es verfügt über einen Baldachin für den Lotsen und einer Kabine für den König. 4. Dynastie. Giseh, Barkenmuseum König Cheops'.

hend aus anderthalb Millionen Steinblöcken, konnte bei Nutzung einer einzigen Rampe in 26 Jahren, bei Verwendung von zwei Rampen in 13 Jahren errichtet werden. Diesen Angaben hat J. P. Lauer widersprochen, der feststellte, daß man bei diesen Daten den an der Basis und im oberen Teil der Pyramide unterschiedlichen Materialverbrauch unberücksichtigt gelassen habe. Seiner Meinung nach sei die Pyramide des Snofru in Meidum innerhalb von 8–11 Jahren gebaut worden. Diese Ansicht konnte jüngst von R. Stadelmann präzisiert werden, und zwar anhand von Inschriften, die sich auf den Verkleidungsblöcken der nördlichen Pyramide desselben Herrschers in Dahschur befinden. Aus ihnen geht hervor, daß innerhalb von 2–3 Jahren 15 Steinschichten mit einer Höhe von 13,2 m errichtet worden waren, also etwa ein Fünftel des Gesamtvolumens der Pyramide. Beim Bau der oberen Schichten hatte man zwar weniger Material verbraucht, doch war dafür der Transport zweitaufwendiger und mühsamer. Die von den Erbauern der größten Pyramiden erbrachte Tagesleistung schätzt Stadelmann auf 230–420 Kubikmeter verlegte Blöcke.

Woher kamen nun die Tausende und Abertausende von Menschen, die als anonyme Masse die Pyramiden und all die anderen großen Bauwerke Altägyptens errichtet haben, und unter welchen Bedingungen arbeiteten sie? Einige Autoren malen sie in dunklen Farben als Sklaven und Hörige, die auf Befehl eines despotischen Herrschers unter den Peitschenhieben der Aufseher sich bis zum Umfallen schinden mußten, mechanisch arbeitend und sich ihrem schweren Los widerstandslos fügend.

Demgegenüber halten andere Autoren, auf die Qualität der geleisteten Arbeit und auf die freudigen Arbeitsszenen an den Grabwänden verweisend, die Pyramiden für das „Werk freier Menschen, die sich dessen bewußt waren, daß sie ein einzigartiges Werk schufen" (G. Goyon). Mit Recht wird man annehmen dürfen, daß die Wahrheit irgendwo in der Mitte zwischen beiden Auffassungen liegt.

Zunächst wird man zu fragen haben, woher derartige Mengen an Arbeitskräften genommen werden konnten, ohne daß damit die Wirtschaft des Landes gefährdet war. Logischerweise darf angenommen werden, daß sich die Pyramidenbauer aus der zahlenmäßig stärksten Bevölkerungsschicht Altägyptens rekrutierte: den Landarbeitern. Die Arbeit an Großbauten war eine Art obligatorischer 'Zivildienst', zu dem gesunde junge Männer (*nfrw* „Rekruten") oder Arbeitslose, eventuell auch Saisonarbeiter (*ḥsbw* „Zwangsarbeiter") ausgehoben wurden.

Heute erscheint die Annahme wahrscheinlicher, daß man das ganze Jahr über, und nicht nur zur Überschwemmungszeit, auf den Großbaustellen arbeitete. Dafür spricht zum einen das Ausmaß der Bauten, zum andern der Umstand, daß sie ganzjährig mit dem notwendigen Baumaterial versorgt werden konnten. Für diese Annahme sprechen auch die datierten Bauinschriften auf den Steinblöcken einer der Pyramiden von Lischt (12. Dyn.). A. Lansing zufolge stammen vier Inschriften aus der Überschwemmungszeit, sechs aus der Zeit der Aussaat und

198. Kaianlage des Taltempels der Unaspyramide (5. Dyn.). Im Hintergrund die Stufenpyramide des Djoser (3. Dyn.). Saqqara.

fünf vom Ende der Erntezeit. R. Stadelmann meint, daß an dem Bau zehn- bis zwanzigtausend Arbeiter, davon fünftausend Facharbeiter, beschäftigt gewesen seien. Alle drei bis vier Monate wurden sie gegen frische Arbeitskräte ausgewechselt. Dieser Rhythmus entspricht zum einen den Informationen Herodots, erwiese sich zum andern aber auch als effektiver. Auf gar keinen Fall aber waren die Arbeiter dazu verurteilt, ihr Leben lang auf den Großbaustellen zu arbeiten.

Die ausgehobenen Arbeitskräfte waren militärisch in Mannschaften (*ʿprw*) zu 5 Phylen (*z3*) mit je 5 Zehnergruppen gegliedert, denen jeweils ein Vorarbeiter vorstand. Jede Mannschaft hatte ihre eigene Bezeichnung, die den Namen jenes Herrschers enthielt, an dessen Pyramide man arbeitete, z.B. „Chufu (d.h. Cheops) fordert zur Liebe auf" oder „Menkaure (d.h. Mykerinos), das ist Berauschung".

Obwohl die Arbeit Pflicht war, sind einige Kommentatoren der Meinung, daß man die Männer nicht mit Gewalt dazu zwingen mußte. Dies scheint aus einer Grabinschrift aus der Zeit des Mykerinos hervorzugehen, in der es heißt: „Seine Majestät will, daß keiner zur Arbeit gezwungen wird, sondern daß ein jeder zu seiner Zufriedenheit arbeite." Nicht ausgeschlossen ist, daß sich so manch einer auch freiwillig zur Arbeit meldete. Denn indem man seinen Beitrag zum Bau der ewigen Residenz des Königs leistete, hatte man auch selbst an der Unsterblichkeit teil.

Gegen die Ansicht, die Pyramiden seien vorrangig von Sklaven erbaut, spricht vor allem der Mangel an Zeugnissen von der Existenz zahlreicher Sklaven im Alten Reich. Zwar unternahmen die Könige schon damals häufige militärische Vorstöße in die Nachbarländer und machten Gefangene, die durchaus versklavt werden konnten, doch war deren Zahl noch zu gering. Zudem arbeiteten solche Sklaven verstreut über die Domänen der Adligen und waren durch einen Sonderstatus geschützt. In der Wirtschaft des Landes spielten sie also nur eine ganz untergeordnete Rolle. Erst im Mittleren Reich begann die Zahl der Sklaven zu wachsen und erreichte ihren Höhepunkt mit den Eroberungskriegen der Herrscher des Neuen Reiches.

Ein weiteres Argument gegen die Annahme, die Pyramidenerbauer seien ausnahmslos Sklaven und Strafgefangene gewesen, liefert auch die begrenzte Zahl der beschäftigten Ordnungskräfte, die sich im Alten Reich aus Wächtern mit Stöcken, im Neuen Reich aus Nubiern und den Medja-Leuten rekrutierten, deren Bewaffnung Pfeil und Bogen war. Zur Aufrechterhaltung der Arbeitsmoral unterdrückter Massen aber wäre ja wohl der Einsatz eines voll bewaffneten Heeres erforderlich gewesen. Daß dem so gewesen wäre, dafür gibt es allerdings nicht den geringsten Beweis.

Die Arbeitswoche bestand im alten Ägypten aus neun Tagen, der zehnte Tag diente der Erholung. Jedem Arbeiter stand es frei, diesen Tag zu Hause im Kreise seiner Familie zu verbringen, sofern die Entfernung es ihm erlaubte.

Die Arbeiter waren in Baracken aus Nilschlammziegeln und Holz untergebracht. Ein ganzes Barackenviertel ist westlich der Chephrenpyramide von W. F. Petrie entdeckt worden. In jeder Behausung gab es Schlafstellen für zehn Mann; insgesamt bot das Viertel für vier- bis fünftausen Personen Unterkunft. G. Goyon hat diese Behausungen jüngst als Magazine und Büroräume interpretiert; die Arbeiter, so Goyon, hätten in dem Dorf Rosetau am Fuße es Pyramidenplateaus gewohnt.

199. Aufweg der Sahurepyramide. Abusir.
5. Dynastie

Die reibungslose Versorgung der Arbeitskräfte oblag den Schreibern. Getreide kam aus den königlichen Speichern, Fleisch, Geflügel, Zwiebeln, Knoblauch und anderes Gemüse stellten die königlichen Domänen bereit, Arbeitsgeräte, Bekleidung und Sandalen bezog man aus den königlichen Magazinen und der Schatzkammer. Für die Verpflegung einer so gewaltigen Menschenmenge sorgten Köche, Bäcker, Bierbrauer und Metzger. Hilfskräfte schafften Wasser zum Trinken, Kochen und Waschen heran. Lageristen kontrollierten die Ausgabe von Schurzen und Sandalen, und geschulte Handwerker stellten das erforderliche Arbeitsgerät her.

Ganz ähnlich war die Situation auch in den Steinbrüchen. Lagen sie unweit vom Nil, so fehlte es nicht an Brunnen, aus denen sich jeder die gewünschte Wassermenge schöpfen konnte. Die Steinbrecher lebten in zeltähnlichen Hütten auf Steinfundamenten, über die sich mit Leinwand bespannte Holzkonstruktionen erhoben.

Über die gewaltigen sozialen Unterschiede in der Lebensmittelzuteilung gibt eine Felsinschrift in den Steinbrüchen des Wadi Hammamat aus dem Mittleren Reich Auskunft. Danach erhielt der Expeditionsleiter pro Tag 200 Brote und 5 Krüge Bier, der Vorsteher der Steinmetzen 100 Brote und 3 Krüge Bier, der Vorsteher der Schatzkammer hatte Anspruch auf 50 Brote und 2 Krüge Bier, ein Schreiber auf 30 Brote und 1 Krug Bier, ein geschulter Steinmetz durfte 20 Brote und einen halben Krug Bier fordern, während ein unqualifizierter Arbeiter sich mit 10 Broten und einem Drittel Krug Bier begnügen mußte.

Die Arbeiten auf den Baustellen und in den Steinbrüchen waren angesichts der wenig effektiven technischen Mittel körperlich sehr anstrengend. Die Arbeiter, nur mit kurzen Schurzen bekleidet, waren von Frühjahr bis Herbst der sengenden Sonne ausgesetzt. Obgleich sie zweifellos abgehärtet und duch ihre dunkle Hautfarbe vor Sonnenbrand geschützt waren, dürften gelegentlich auch Fälle von Sonnenstich und Hitzschlag vorgekommen sein. Bei der Bearbeitung der Steinblöcke kam es zu starker Staubentwicklung, die sich besonders an windgeschützten Stellen ohne Luftzug unangenehm bemerkbar machte. Der von scharfkantigen Quarzteilchen durchsetzte Staub von Hartgestein wie Granit reizte das Epithel der Lungenbläschen und regte die Bildung von Bindegewebe an, das auf die Lungenbläschen drückte und somit den Gasaustausch beim Atmen verringerte (Silikose). Die Durchblutung der Lunge verschlechterte sich und in vielen Fällen sogar der gesamte Blutkreislauf.

Die Arbeiter, die in den Steinbrüchen, beim Transport und auf den Baustellen mit gewaltigen Steinblöcken zu hantieren hatten, waren nicht sicher vor Arbeitsunfällen, die oftmals einen tödlichen Ausgang nahmen. Die Konzentrierung so vieler Menschen auf kleinstem Raum und unter schlechten hygienischen Bedingungen förderte das Aufkommen von Infektionskrankheiten und erleichterte den Ausbruch von Epidemien. Die Anwesenheit von Ärzten in Steinbrüchen und auf Expeditionen ist bekannt, für Großbaustellen jedoch nicht hinreichend bezeugt. Zwar konnten sie bei einer Reihe von Verletzungen helfen, Epidemien jedoch standen sie hilflos gegenüber.

KAPITEL 14

Die Erbauer der Königsgräber

Konnte das Bild, das wir von den Lebensbedingungen jener Menschen gezeichnet haben, die
die monumentalen Denkmäler des Alten und Mittleren Reiches errichteten, nur ein ungefähres
und in vielem hypothetisches sein, ist uns der Alltag der Siedlungsbewohner von Deir el-Me- *69*
dineh am Westufer des Nils bei Luxor bis in die kleinsten Details bekannt. Wir verdanken dies *203*
dem Französischen Institut für Orientarchäologie in Kairo, das in jahrzehntelangen Grabungen
(1917–1951) überaus reiche archäologische Funde, darunter auch viele wertvolle Schriftstücke
zutage gefördert hat.

Das Studium der Schriftquellen von Deir el-Medineh war dem tschechischen Ägyptologen J. Černý Beruf und Berufung zugleich. Ihm verdanken wir Einblicke in die Genealogie zahlreicher Familien, in die Sozialstruktur der Siedlungsbewohner, in die Organisationsform ihrer Arbeit sowie Kenntnisse über das Schicksal einzelner Personen.

In Deir el-Medineh lebten die königlichen Nekropolenarbeiter mit ihren Familien, also jene
Arbeiter, deren Aufgabe es von der 18. bis 20. Dynastie war, im Tal der Könige und im Tal der *207*
Königinnen Gräber anzulegen und auszugestalten. Sie waren zumeist geschulte Facharbeiter
ganz unterschiedlicher Berufe: Steinmetzen, Stukkateure und Gipshersteller, doch befanden
sich unter ihnen auch Künstler, wie Zeichner, Bildhauer und Maler.

Diese Gemeinschaft von Arbeitern, Handwerkern und Künstlern hatte in der altägyptischen Gesellschaft eine besondere Stellung inne. Sie gehörten direkt dem König und wurden in dessen Namen vom Wesir verwaltet. E. S. Bogoslovskij urteilt, daß sie persönlich nicht völlig frei waren, sondern vom Willen des Herrschers und der höchsten Beamten abhingen. Zumeist waren sie ihr Leben lang an ihren Arbeitsplatz gebunden, den sie nicht verlassen durften – es sei denn, ihre Vorgesetzten entschlossen sich dazu, ihnen eine andere Arbeit aufzutragen oder sie in den Stand unqualifizierter Arbeiter, der sogenannten *smdt*-Leute (wir hören noch von ihnen), zurückzustufen. In ihrer Siedlung lebten sie zwar isoliert, doch konnten sie sich frei bewegen, und es gibt keine sicheren Beweise dafür, daß man sie überwacht hätte, um die genaue Lage der Königsgräber geheimzuhalten. Wenn ihr Dorf dennoch umfriedet war und bewacht wurde, dann geschah dies aus Schutz vor Feinden und Dieben.

Jeder Handwerker, der zum königlichen Nekropolenarbeiter ernannt worden war, erhielt als persönliches Eigentum ein Haus im Dorf, eine Hütte im Tal der Könige sowie ein Grab zugewiesen, mitunter auch ein Magazin und andere Objekte. Zudem wurde er Eigentümer beweglicher Habe: von Rindern – meist einer Kuh –, eines Esels, von Schafen und Ziegen, eventuell bekam er auch Sklaven. Sofern nicht der Sohn, der in die Fußstapfen seines Vaters trat, diese Habe übernahm, erhielt der neueingestellte Arbeiter ein Stückchen Land, auf dem er sich 'in der Zeit des Königs', d.h. während der Arbeitszeit, ein Haus errichten konnte. Derartiger Besitz war freilich unteilbar und nicht vererbbar. Wollte ein Arbeiter vollberechtigter Eigentümer dieses Hauses werden, um es jederzeit mit einem anderen teilen oder es seinen Kindern vermachen zu können, mußte er es sich außerhalb des kommunalen Grundbesitzes und ausschließlich in seiner freien Zeit bauen. Auch waren sämtliche Gegenstände, die er aus eigenen Rohstoffen und mit eigenem Werkzeug in seiner Freizeit herstellte, sein privates Eigentum, das er auf dem Markt verkaufen konnte.

Die Gemeinschaft der Arbeiter und Handwerker, die „Diener an der Stätte der Wahrheit" genannt wurde, war nicht nach der beruflichen Spezialisierung ihrer Mitglieder organisiert, sondern nach dem Vorbild der ägyptischen Kriegsflotte. Deshalb bezeichnete man sie auch als „Schiffsmannschaft". So wie man die Besatzungen ägyptischer Schiffe in Ruderer der Back- und der Steuerbordseite einteilte, wurde die 'Schiffsmannschaft' von Deir el-Medineh in zwei 'Seiten' eingeteilt. Diese Einteilung hing einigen Forschern zufolge damit zusammen, daß jede 'Seite' für eine Seite des Grabes verantwortlich war.

Die Anzahl der Arbeiter schwankte je nach Fortgang der Bauarbeiten an den Gräbern. Die meisten Arbeiter, in der Regel 40 Mann, wurden zu Beginn eingesetzt. Die höchste Anzahl – 120 Arbeiter – ist aus den ersten beiden Regierungsjahren Ramses' IV. bekannt. Die Beschäftigtenzahl nahm dann im Laufe der Jahre ab, weil zum einen mit fortschreitender baulicher Vollendung des Grabes immer weniger Arbeit anfiel und zum anderen Todesfälle natürliche Lükken gerissen hatten. Deshalb hatten beide 'Seiten' auch niemals diesselbe Anzahl von Arbeitkräften.

Bis zur Wende von der 19. zur 20. Dynastie waren die Mitglieder der Arbeitergemeinschaft einander sozial gleichgestellt. Von nun an jedoch wurde die kreative Arbeit der Künstler höher eingestuft, während die Arbeit der Steinbrecher zu einer zweitrangigen Beschäftigung absank oder von Gerichten als Strafe verhängt werden konnte. Zugleich wurden einige Arbeiter (Gipshersteller, Schmiede, Sandalenhersteller, Grabwächter) in die Kategorie der *smdt*-Leute zurückgestuft.

Die Mitgliedschaft in der Arbeitergemeinschaft war auch altersgebunden. Heranreifende und „Halbwüchsige" (*mnḥw*), also junge, im Heiratsalter stehende, aber noch ledige Männer – so J. Černý – gehörten zu den *smdt*-Leuten und assistierten den Handwerkern. Im Laufe der Zeit traten gewöhnlich an die Stelle ihrer Väter. War eine größere Zahl von Handwerkern erforderlich, konnten auch junge Leute in die Gemeinschaft aufgenommen werden, deren Väter nicht Mitglied waren. Die neuen Mitglieder wurden auf Vorschlag eines Vorarbeiters und Schreibers vom Wesir ernannt. Schon damals versuchten einige Väter, mit Geschenken zugunsten ihrer Söhne zu intervenieren. So hat sich die Notiz eines Vaters erhalten, wonach dieser den Vorarbeitern Nechetmut und Inhercha sowie dem Schreiber Harscheri jeweils mehrere Möbel geschenkt habe – mit welchem Erfolg, erfahren wir leider nicht.

Weil es in den Handwerkerfamilien in der Regel mehrere männliche Nachkommen gab, nahm meistens der Älteste die Stelle des Vaters ein, während die übrigen im Rang der *smdt*-Leute blieben oder andernorts ihr Glück versuchten. Von den fünf Söhnen des Vorarbeiters Neferhotep wurde der erstgeborene Sohn gleichfalls Vorarbeiter, der zweite Soldat und später Schreiber im Offiziersrang, der dritte Offizier und Torhüter im Ramesseum. Der Beruf des vierten Sohnes ist dem Text nicht zu entnehmen, und der fünfte Sohn war zum Zeitpunkt der Aufzeichnung noch ein Knabe.

Begabte Knaben konnten Schulen für Schreiber oder Zeichner besuchen. Daß es solche Schulen direkt in der Siedlung gegeben hatte, bezeugen die zahlreichen Funde von Ostraka, also von Tonscherben und Kalksteinsplittern, die als Skizzenblöcke dienten. Dank ihrer Begabung und ihres persönlichen Fleißes konnten sich ausnahmsweise auch einfache Handwerker zu Schreibern emporarbeiten, wie uns das Beispiel des Amennacht, Sohn des Ipi, und seines Sohnes Harscheri lehrt.

Einige Mitglieder der Arbeiter- und Handwerkergemeinschaft übten bestimmte Funktionen aus. An der Spitze standen zwei Vorarbeiter – die 'Großen der Mannschaft' –, ein jeder für eine 'Seite'. Von den von J. Černý ermittelten 31 Vorarbeitern kamen 16 aus den Reihen der Handwerker, 12 waren Söhne ehemaliger Vorarbeiter, und in drei Fällen konnte ihre berufliche Herkunft zwar nicht ermittelt werden, doch waren auch sie keinesfalls Outsider. Man kann die Vorarbeiter von damals mit dem ägyptischen *reis* von heute vergleichen, der die Arbeiter auf Baustellen oder auf archäologischen Grabungen beaufsichtigt. Der *reis* weist ihnen Arbeit zu, achtet auf ordentliche Ausführung, kontrolliert den Zustand der Arbeitsgeräte, die er im Bedarfsfall gegen neue eintauscht, sorgt für die Einhaltung der Arbeitszeit und setzt Arbeitspausen fest. Bei den Arbeitern, die er mit Schreien und symbolischen Stockschlägen zur Arbeit anspornt, genießt er Vertrauen und Autorität. In Deir el-Medineh vertraten die Vorarbeiter ihre Arbeitergruppe bei den Vorgesetzten, und mit Hilfe der Schreiber korrespondierten sie mit dem Wesir und machten ihm Geschenke.

Eine überraschend demokratische Rolle spielten die 'Stellvertreter', von denen es gleichfalls für jede 'Seite' je einen gab. Von 24 uns bekannten 'Stellvertretern' war nur einer der Sohn eines anderen, 5 waren Vorarbeitersöhne und 18 kamen aus den Reihen der Handwerker, denen sie natürlich auch weiterhin zugeordnet blieben: Sie gingen ihrer Arbeit nach wie jeder andere auch und bezogen denselben Lohn. Doch traten sie als Fürsprecher der Handwerker auf, nahmen ihre Rationen entgegen, die sie dann an sie verteilten, sorgten für Ordnung und vertraten die abwesenden Vorarbeiter.

Gesondert geführt wurden die 'Wächter des Grabes', in der Regel zwei, die sich im Dienst ablösten. Sie bewohnten dieselbe Siedlung wie die Handwerker und bezogen denselben Lohn. Sie bewachten nicht Gräber, wie ihr Titel vermuten läßt, sondern waren eher Lagerhalter und

Vorherige Seiten
200. Das Grab des königlichen Grabbaumeisters Pasched birgt Wandmalereien von außerordentlichem Wert. Hier trinkt der Grabinhaber aus dem heiligen See. Deir el-Medineh, Theben-West. 19. Dynastie

Links
201. Pan-en-bui, der Wächter der 'Stätte der Wahrheit', mit den Götterstandarten des Ptah und des Amun, so wie er sie auch in feierlichen Prozessionen trug. Holzstatuette aus Deir el-Medineh, 19. Dynastie. Turin, Museo Egizio

Unten
202. Sarkophag des Königs Merenptah, des Sohnes und Nachfolgers Ramses' II. Rosengranit. Grab des Merenptah im Tal der Könige, Theben-West. 19. Dynastie

wachten über Material und Arbeitsgerät. Unter der Aufsicht der Schreiber gaben sie neue Arbeitsgeräte aus und ließen die alten von Schmieden nachschleifen oder reparieren. Die Ausgabe von Öl, Fett und Kerzen, Ledersäcken, Farbe, Kleidung, Sandalen und anderem Bedarf aus dem Lager gehörte gleichfalls zu ihren Aufgaben.

Eine sozial bedeutend niedrigere Stellung als die Handwerker hatten die bereits erwähnten *smdt*-Leute inne. Zu ihnen zählten nicht nur unqualifizierte Arbeiter, die Schwerstarbeiten ausführten, wie beispielsweise die Träger von Abraummaterial, sondern auch zahllose Fachkräfte aus den verschiedensten Berufen, die für die Handwerker Hilfsarbeiten ausführten. Hier wären Schmiede zu nennen, Töpfer, Stukkateure, Zimmerleute, Holzschnitzer, Wäscher, Gärtner, Grabwächter, Polizisten und dergleichen mehr. Schließlich gehörten zu den *smdt*-Leuten auch noch all jene Personen, die mit der Versorgung der Arbeitersiedlung beauftragt waren, also Jäger, Fischer, Bienenwachssucher, Wasser- und Lebensmittelträger.

Werfen wir nun einmal einen genaueren Blick z.B. auf die Türhüter und Polizisten. In der Regel gab es zwei bis drei Türhüter, die sich beim Bewachen der in Bau befindlichen Gräber und bei der Einhaltung der Ordnung unter den Siedlungsbewohnern in einem 12–Stunden-Rhythmus abwechselten. Sie waren auch als Boten und Briefträger tätig. Auf die Sicherheit im Königsgräbertal, in der Arbeitersiedlung und ihrer Umgabung achteten darüber hinaus die Abteilungen der 'Medjau des Grabes', die ihre eigenen Anführer hatten. Sie waren ursprünglich die Nachfahren von Nomaden der Ostwüste, die sich im Niltal angesiedelt hatten, als diese stark auszutrocknen begann (2300–2000 v. Chr.). Gegen Ende der 2. Zwischenzeit taten sie sich als Söldner in ägyptischen Diensten bei den Befreiungskämpfen gegen die asiatischen Hyksos hervor, die zwischen 1650 und 1550 v. Chr. das Delta okkupiert hielten. Nach Beendigung der Kämpfe fanden sie in Polizeieinheiten, die seit Thutmosis III. für verschiedene ägyptische Städte, darunter auch für Theben-West belegt sind, einen neuen Wirkungsbereich.

Auf der Rückseite eines Tagebuches aus dem 17. Regierungsjahr Ramses' IX., das von Schreibern, die die Arbeiten im Tal der Könige beaufsichtigten, geführt wurde, hat sich eine Namensliste der Medjau erhalten, die mit der Notiz endet: „6 Anführer und 18 Medjau, Summe 24". Daraus ergibt sich ein Verhältnis von 3 Mann je Anführer und zugleich ein zahlenmäßig starkes Wachaufgebot. J. Černý hielt diese Zahlen freilich eher für eine Ausnahmeerscheinung, die mit der damaligen Untersuchung einer Grabraubaffäre nötig geworden war. Älteren Quellen folgend, die gewöhnlich zwei Anführer nennen, schloß Černý deshalb, daß die normale

Stärke nur sechs Mann betrug, die sowohl für die Bewachung der Gräber im Tal der Könige als auch für den Schutz der Arbeitersiedlung zu sorgen hatten. Mit dem 1. Regierungsjahr Ramses' IV. und unter seinen Nachfolgern indes mehren sich die Zeugnisse, die von Einfällen lybischer Stämme, Übergriffen ägyptischer Aufrührer und von Grabplünderungen sprechen. Damit war es notwendig geworden, die zahlenmäßige Stärke der 'Medjau des Grabes' zu erhöhen bzw. sie zeitweilig durch Ordnungskräfte aus Theben-West zu verstärken.

Ihrer sozialen Stellung nach bildeten die *smdt*-Leute, die in den Quellen bereits ab der 1. Zwischenzeit belegt sind, eine gesonderte Schicht, die zwischen den Handwerkern einerseits und Sklaven andererseits anzusiedeln ist. Nach E. S. Bogoslovskij bekamen sie von den Vorarbeitern Arbeit zugewiesen und die zu leistende Norm vorgeschrieben. Kamen sie ihren Pflichten nicht nach, waren sie Schuldner, bis sie ihre Schulden abgearbeitet oder abgezahlt hatten. Ihre Schulden wurden dabei als Kollektivschulden betrachtet, so daß eine Gruppe der *smdt*-Leute (z.B. Wasserträger) einer anderen (etwa den Holzschnitzern) zu Hilfe kommen mußte. Vom Vorarbeiter konnten sie jederzeit von einer Arbeit zur anderen beordert werden, da sie alle als unqualifizierte Arbeitskräfte galten.

Die *smdt*-Leute zählten nicht zu den Mitgliedern der Arbeitersiedlung von Deir el-Medineh und wohnten deshalb auch in bescheidenen Häusern außerhalb der Siedlungsmauern und in der weiteren Umgebung, wie uns dies ein Häuserverzeichnis von Theben-West bezeugt. Sie waren offensichtlich Analphabeten, denn schriftliche Äußerungen haben sie in keiner Form hinterlassen. Das Privileg, an der Errichtung eines Grabes mitarbeiten zu dürfen, wurde ihnen niemals zuteil (wenn man einmal davon absieht, daß sie den Bauschutt wegräumen durften), so daß sie als Outsider erachtet wurden. Ihren Lohn, der geringer war als der der Nekropolenarbeiter, bekamen sie gesondert ausgezahlt. Im Unterschied zu den Handwerkern mußten sie auch an freien Tagen arbeiten (so hatten sie sich um die Wasserversorgung der Siedlungsbewohner zu kümmern, die ihr Wasser aus einer großen Zisterne hinter dem Nordtor der Siedlung bezogen). Andererseits verfügten aber auch sie über einen gewissen Besitz, wie beispielsweise Vieh, durften auf dem örtlichen Markt einkaufen und Waren feilbieten, und bei Gerichtsverhandlungen stand ihnen das gleiche Recht auf Zeugenaussage zu wie den Handwerkern.

Unter den Bewohnern der Arbeitersiedlung von Deir el-Medineh fehlten selbst die Angehörigen der niedrigsten Gesellschaftsschicht nicht: Sklavinnen (*ḥmwt*). In den Schriftquellen wird ihre Zahl von eins bis sechzehn angegeben, doch welche Arbeiten sie zu verrichten hatten, wird nicht mitgeteilt. Weil sie regelmäßig in den Verteilungslisten von Getreide – dieses war Teil der Entlohnung der königlichen Nekropolenarbeiter – geführt werden, schlußfolgerte J. Černý, daß sie von ihrem Eigentümer, dem König, reihum an die Handwerkerfamilien ausgeliehen wurden, um deren Getreide zu mahlen. Doch konnten die Handwerker Sklavinnen auch selbst besitzen oder sich mieten. Der Reliefvorzeichner Ken, ein Zeitgenosse Ramses' II., besaß ein ganzes Dutzend von Sklavinnen.

Oben
203. Die Arbeiter, Handwerker und Künstler, die die Gräber im Tal der Könige und Tal der Königinnen errichteten, lebten in der Arbeitersiedlung von Deir el-Medineh. Rechts im Bild die Fundamente ihrer Häuser, links ihre terrassenartigen Gräber. (Siehe auch Abb. 69.) 18.–20. Dynastie

Oben rechts
204. Rekonstruierte Pyramide über einer Grabkapelle auf dem Friedhof von Deir el-Medineh

Unten rechts
205. Diese Malerei in einem Privatgrab zeigt die Mumien des Grabinhabers und seiner Ehefrau außerhalb des Grabeingangs vor der Bestattung. Theben-West. 18. Dynastie

Wie bereits erwähnt, war die Anzahl der Sklaven (*ḥmw* oder *b3kw*), die auf den Sklavenmärkten erworben wurden und sich vor allem aus asiatischen Kriegsgefangenen (*hntw*) rekrutierten, erst seit dem Mittleren Reich nennenswert. Ihr erhöhter Einsatz hing mit der Entwicklung des Bewässerungssystems und der Kultivierung neuer Gebiete zusammen; andere Sklaven dienten in den Haushalten von Vornehmen und Beamten und waren diesen von ihrem ursprünglichen Besitzer, dem König, zugeteilt worden. Die Zahl der Sklaven stieg dann mit den Eroberungskriegen der Könige des Neuen Reiches. Thutmosis III. beispielsweise erbeutete auf seinen sieben Feldzügen insgesamt 2000 und Amenophis II. in zwei Kriegen angeblich 100 000 Sklaven. In einer Inschrift rühmte sich Amenophis III., daß seine Lager „voller Sklaven und Sklavinnen sowie Kinder aus aller Herren Länder“ sei. Versklavt wurden auch jene, die schwerer Vergehen wegen verurteilt worden waren oder sich aus einer Notlage heraus an eine hochgestellte Person – oftmals ihren Gläubiger – oder an einen Tempel verkauften, in der Hoffnung, dort Nahrung und Schutz zu erlangen.

Z. Žába zufolge waren die Sklaven „vom rechtlichen Standpunkt aus Vieh und Gegenständen gleichgestellt; sie sind Besitz, werden verkauft, verschenkt, per Testament vermacht und ihre Arbeit wird vermietet“. Und H. Schneider meint, man habe den Sklaven den Namen ihrer Besitzer eingebrannt. Nichtsdestoweniger forderte der ägyptische Sittenkodex auf, mit ihnen menschlich umzugehen. Aus schriftlichen Zeugnissen geht hervor, daß sie – natürlich mit Zustimmung ihres Herrn – auch persönliche Habe besitzen durften. Auch konnte ein Sklave von seinem Herrn aus der Sklaverei entlassen oder adoptiert werden, wodurch er dann ein vollberechtigter Bürger wurde.

Die meisten Fachgelehrten stimmen darin überein, daß die Sklaven weder im Neuen Reich noch in der Spätzeit einen bedeutenden Teil der Gesellschasft ausgemacht hatten. Erst in der Ptolemäerzeit schloß sich auch Ägypten dem internationalen Sklavenhandel an, und die Arbeit von Sklaven wurde zu einem bedeutenden Teil der Volkswirtschaft.

Das Leben der königlichen Nekropolenarbeiter von Deir el-Medineh spielte sich einerseits
an ihren Arbeitsstätten im Tal der Könige, andererseits in ihren Häusern in der Siedlung ab. Als *208*
‘Tal der Könige’ wird ein in der Gebirgskette westlich von Luxor gelegener Kessel bezeichnet, der von weitem nicht sichtbar ist und vom Nil her nur auf einem schmalen, gewundenen Felspfad zugänglich war. Dieser Zugang mußte an seiner engsten Stelle verbreitert werden, um auch für den Begräbniszug mit dem Sarg des verstorbenen Herrschers und der reichen Grabausstattung passierbar zu sein. In der 18. Dynastie wurden hier auch die Königinnen (ausnahmsweise auch ihre Eltern) und Prinzen bestattet. Von der 19. Dynastie an erhielten die Königinnen und Angehörigen der Königsfamilie eine besondere Begräbnisstätte im Tal der Königinnen, etwa einen Kilometer südlich der Arbeitersiedlung, zugewiesen.

Jeder König legte bald nach der Thronbesteigung fest, wo sein zukünftiges Grab zu liegen *207*
habe. Die Entscheidung wurde nach Beratungen mit dem Wesir und Mitgliedern einer Kommission gefällt, die der König zuvor ins Tal der Könige mit dem Auftrag entsandt hatte, dort einen geeigneten Bauplatz zu suchen. Der königliche Architekt entwarf einen Plan, der für die Nekropolenarbeiter verbindlich war. Nach Fertigstellung des Grabes wurde es vom Wesir kontrolliert, der einen erneuten, diesmal aktualisierten Plan anfertigen ließ. Zwei derartige Pläne haben sich uns erhalten: zum einen das Projekt vom Grab Ramses' IX. (Grab Nr. 6) auf dem Ostrakon Nr. 25184 des Ägyptischen Museums Kairo, zum anderen der tatsächliche Plan des Grabes Ramses' IV. (Grab Nr. 2) auf der Rückseite des Papyrus Turin Nr. 1885. Beide Pläne entsprechen den tatsächlichen Grabgrundrissen; der Papyrus enthält zudem die altägyptischen Bezeichnungen für die einzelnen Gänge, Räume, Grabkammern, Magazine u.a.

Die Zeit, die zwischen der Anfertigung des Projektes und dem Plan des fertigen Grabes lag, nutzten die Handwerker mit harter Tagesarbeit. Anhand der Listen über die Ausgabe von Kerzen gelangte J. Černý zu dem Schluß, daß der Arbeitstag aus zwei gleichlangen Teilen bestand. Da die Kerzenrationen für den ganzen Tag stets durch acht und die für den halben Tag (wenn der Nachmittag arbeitsfrei war) immer durch vier teilbar sind, darf angenommen werden, daß die Früh- und die Nachmittagsschichten jeweils vier Arbeitsstunden betrugen. Tag und Nacht hatten jeweils zwölf Stunden, allerdings variierte die Stundenlänge das Jahr über. Zur ägyptischen Sommersonnenwende beispielsweise, wenn die Sonne um 5 Uhr auf- und um 19 Uhr unterging, war die Tagesstunde um zehn Minuten länger als zur Tagundnachtgleiche im Frühjahr und im Herbst, im Winter hingegen war sie um zehn Minuten kürzer. Eine Arbeitszeit von 8 Stunden im Hochsommer bedeutete also, daß man in Wirklichkeit 9 Stunden und 20 Minuten zu arbeiten hatte – angesichts der physischen Anstrengungen inmitten glühendheißer Felsen eine Leistung, die an der Grenze des Erträglichen gelegen haben dürfte!

Während der Mittagspause und in der Nacht ruhten die Handwerker auf einfachen Liegen in Hütten: 78 solcher Hütten hat man am Rand der Königsgräber gefunden.

Die Bauarbeiten an einem Grab wurden von den Steinmetzen begonnen. Angesichts der beachtlichen Länge, die solche Gräber aufwiesen – 100 m lang war das Grab Sethos' I., das der Hatschepsut sogar 210 m –, war ihre Arbeit langwierig und schwer. Ein Ostrakon im Fitzwilli-

206 am Museum in Cambridge zeigt einen solchen Steinmetzen bei der Arbeit. Ein robuster, kahlköpfiger Mann mit Bartstoppeln im Gesicht und leicht geöffnetem Mund schlägt, leicht vornüber gebeugt, mit Hilfe eines langen Stemmeisens und eines birnenförmigen Schlegels gegen den Felsen. Der bei diesen Arbeiten anfallende Schutt wurde sodann in kleinere Stücke gehauen und von Trägern aus dem Kreis der *smdt*-Leute in Körben oder Ledersäcken auf den Abraum unweit des Grabeingangs geschafft. Andere Steinmetzen behauten die Wände der Gänge und Grabräume rechtwinklig und gerade. Etwaige Unebenheiten und Risse wurden anschließend von den Stukkateuren mit Gips begradigt und ausgefüllt. Ursprünglich hatten sie auch den Verputz selbst angebracht, doch seit der 20. Dynastie oblag diese Arbeit den 'Gipsherstellern' aus dem Kreis der *smdt*-Leute. Der Verputz mußte dann noch geglättet – dies erfolgte mittels Kies – und zuweilen mit einem weißen Anstrich versehen werden.

War eine solche Wandfläche fertig, konnten die Künstler mit ihrer Arbeit beginnen. Die Zeichner teilten die Flächen mit roten Linien in Register, die mit einem Quadratnetz von Hilfslinien überzogen wurden. In dieses Netz übertrugen sie dann von ihrer Vorlage mit derselben Farbe die Konturen der Bildszenen und die Kolumnen für den Hieroglyphentext. Ihre Themen entnahmen sie überwiegend religiösen Texten, wie dem sogenannten Amduat, einem Buch, das den nächtlichen Lauf der Sonne durch die Unterwelt schildert. Der Chefzeichner brachte dann noch in schwarzer Farbe Korrekturen an oder zog lediglich die Konturen nach, wie dies im Grab Sethos' I. noch schön zu sehen ist. Aus verschiedenen Quellen hat E. S. Bogoslovskij ein Namensverzeichnis von 97 Zeichnern und 5 Assistenten zusammenstellen können, das freilich nur einen Bruchteil der tatsächlich beschäftigten Zeichner wiedergibt. Ihm zufolge waren an der Ausschmückung des Grabes von Ramses II., an dem man 40 Jahre lang gebaut hat, 20 bis 30 Zeichner beteiligt, obwohl sicherlich nicht alle gleichzeitig im Einsatz gewesen sein dürften. Im Grab Ramses' III. waren in der Endphase der Arbeiten 15 Zeichner beschäftigt, im Grab Ramses' IV. waren es mehr als 20 Zeichner zugleich.

177 Der nächste Arbeitsschritt bestand entweder im Ausmalen der Bilder und Hieroglyphen,
180 wie bei den Gräbern Haremhebs und Ramses' I., oder aber, und dies war weit häufiger der Fall,
181 im Zubehauen der Reliefs, die dann anschließend von den Malern ausgemalt wurden.

211 J. Černý zufolge weisen die Gräber Sethos' I., Haremhebs und Sethos' II. die schönsten Re-
212 liefs auf, während die Ausschmückung der Gräber Ramses' III. und Ramses' X. von minderer
Qualität sind. Stilvergleiche erlauben die Feststellung, daß die Gräber Ramses' IV. (er herrschte
209 sechs Jahre lang), Ramses' VI. (10 Jahre) und Ramses' VII. (7 Jahre) von ein und denselben
Künstlern ausgeschmückt wurden. Zählt man nun noch die zehnjährige Regierungszeit Ramses' V. hinzu, dessen Grab noch immer nicht identifiziert werden konnte, dann haben diese Künstler insgesamt 33 Jahre lang miteinander gearbeitet.

Da man im Verlaufe der Arbeiten immer tiefer in den Felsen und ins Grabinnere vordrang, war alsbald künstliche Beleuchtung erforderlich. Das Tageslicht mit Hilfe von Kupferplatten zu reflektieren – diese Methode hatte ihre natürliche Grenze. Und doch hat man an den Decken der Gräber nicht die geringsten Rußspuren gefunden, die auf den Gebrauch von Öllampen hinweisen würden – ein „mysteriöser" Umstand, den sich E. von Däniken zunutze machte, um seine phantastische Theorie vom Besuch außerirdischer, genialer Lebewesen auf unserem Pla-

206. Ein mürrischer unrasierter Steinmetz bei verbissener Arbeit. Bemaltes Ostrakon. Deir el-Medineh. 20. Dynastie. Cambridge, Fitzwilliam Museum

Links
207. Grabeingänge im Tal der Könige. Seit Thutmosis I. sind im Königsgräbertal alle Pharaonen des Neuen Reiches und auch einige Königinnen bestattet. Theben-West. 18.–20. Dynastie

Rechts
208. Blick auf die Felsen des Tals der Könige

neten zu untermauern. Doch hatten wir bereits die Ausgabe von Kerzen erwähnt. Sie bestanden aus einem Stück gedrehter, etwa 35 cm langer Leinwand, die mit einem Stück Stoff spiralförmig umwunden war. Diese Kerzen entzielten kein Wachs, doch heißt es in den Listen, daß sie 'eingeschmiert' wurden, wahrscheinlich mit Sesamöl oder Fett. Da es sich hierbei um Speisefette handelte, durften sie einzig und allein 'in Gegenwart von Schreibern' eingeschmiert werden, und auch über die Ausgabe von Kerzen 'aus dem Lager' wurde sorgfältig Buch geführt. Dem Kerzenöl setzte man offensichtlich noch Salz zu, um das vorhandene Wasser zu absorbieren und damit ein Qualmen und die Ablage von Ruß an den Grabwänden und -decken zu verhindern. Die brennenden Kerzen konnten nicht in der Hand gehalten werden, weshalb man sie einzeln oder zu dritt gebündelt in Becher oder Schalen stellte, wie dies Bilder in einigen Gräbern von Deir el-Medineh zeigen. Diese 'Kerzenständer' stellte man dann in Wandnischen auf. Wieviel Kerzen jeweils ausgegeben wurden, hing davon ab, wie weit man sich bereits ins Grabinnere vorgearbeitet hatte und wieviel Arbeitskräfte im Einsatz waren. Auf einem Ostrakon wird für 22 Tage der tägliche Verbrauch von Kerzen mit 32 angegeben, während an drei anderen Tagen lediglich 12 bis 18 Kerzen genügten (offensichtlich hatte man an diesen Tagen nur vormittags gearbeitet). Zwei andere Ostraka aus dem 5. Regierungsjahr eines namentlich nicht zu identifizierenden Herrschers belegen den Verbrauch von 52 $^{1}/_{2}$ Kerzen – offenbar arbeitete man zu dieser Zeit bereits in größerer Tiefe.

Gelang den Handwerkern die Fertigstellung des Grabes noch zu Lebzeiten des Königs, dann hatten sie noch genügend Zeit, um den Bauschutt aus den Gängen und vom Eingang des Grabes wegzuräumen. Mitunter allerdings wurden sie inmitten ihrer Arbeit von der Botschaft überrascht, daß „der Falke in den Himmel geflogen ist und ein anderer seine Stelle eingenommen hat". In einem solchen Fall freilich verblieben ihnen nur noch 70 Tage – eben jene Frist, die für die Einbalsamierung des verstorbenen Königs gesetzt war –, um die nötigsten Arbeiten rasch zu Ende zu führen. Oft blieben somit große Flächen undekoriert und geplante Grabräume unvoll-
endet. Beim Tod Haremhebs in dessen 27. Regierungsjahr hätten die Arbeiter G. Maspero zufol- 212
ge noch nicht einmal daran gedacht, „den Schutt und alle anderen Reste zu entfernen, die auf dem Boden im Wege lagen … Nur ein Weg quer durch den Raum war entrümpelt worden, um den Mumien- und Opferträgern den Zugang zum Sarkophag zu ermöglichen." Am Tage der Beisetzung des Königs ruhte im Tal der Könige die Arbeit. Den Trauerzug begleiteten lediglich die Stimmen der Priester und das Jammern der Klageweiber. Der Regierungsantritt des neuen Königs aber war ein Grund zum Feiern, dem man sich drei Tage lang ausgelassen hingab.

Die arbeitsfreien Tage – jeden zehnten Tag und die Feiertage – verbrachten die Handwerker in ihrer Siedlung. Aus den Tagebüchern der Schreiber kennen wir auch andere Gründe für ein Fernbleiben von der Arbeit: familiäre Ereignisse wie Hochzeit und Geburt, der Tod eines Verwandten, eigene Krankheit oder ein krankes Kind zu Hause, Verletzungen, Schlangenbiß oder Tempeldienst. Daneben gab es auch äußerst bizarre Begründungen, wie etwa die Notwendigkeit, am Wochenende Bier brauen oder mit dem erkrankten Esel einen Arzt aufsuchen zu müssen. Ihre Arbeitsstätte verließen die Handwerker bereits am Mittag vor dem freien Tag. Sie nahmen einen Pfad, der sich auf dem Kamm zwischen dem Königsgräbertal und dem Kessel von Deir el-Bahari entlangwand, und bestiegen dann, die Gräber hoher Beamter passierend, den Sattel oberhalb von Deir el-Medineh. Diese Entfernung war in einer knappen Stunde bequem zurückzulegen.

Man fragt sich natürlich, warum Amenophis I., der wahrscheinliche Gründer der Arbeitersiedlung von Deir el-Medineh, der später als Schutzherr der Grabstätten von Theben-West göttliche Verehrung genoß, gerade dieses versteckt gelegene kleine Nebental als Standort gewählt hatte und nicht eine Gegend, die der königlichen Begräbnisstätte viel näher lag. Die Gründe dafür könnten religiöser Natur gewesen sein: die Siedlung der Lebenden durfte die Ruhe der Gottkönige nicht stören. Zudem entsprach der Siedlungsstandort auch Sicherheitsaspekten. Die Arbeitersiedlung bildete einen autonomen Teil von Theben-West, jenen bäuerlichen Anwesen und verstreut gelegenen Siedlungsgruppierungen der Priester und Bediensteten der königlichen Totentempel. Die Arbeitersiedlung bestand zunächst aus 21 Häusern und hatte
es gegen Ende ihres Bestehens (20./21. Dyn.) auf 68 Häuser gebracht, die sich über eine relativ 69
kleine Fläche von 48 x 130 m erstreckten. Die über zwei Meter hohe Lehmziegelmauer, die die 203
Siedlung umschloß, mußte infolge des Anwachsens der Siedlung mehrmals verlegt werden. Am
Westrand der Siedlung wuchs allmählich eine Nekropole empor, deren relativ dicht beieinan- 204
derliegende Gräber von kleinen Pyramiden gekennzeichnet waren.

Ihre Freizeit durften die Handwerker im Schoße ihrer Familien verbringen. Viele nutzten ihre freie Zeit, um Grabbeigaben oder Gegenstände des täglichen Bedarfs in Heimarbeit herzustellen, andere bauten sich mit Hilfe von Freunden ein eigenes Grab, das sie selbst ausschmückten. Weil einige Handwerker auch niedere Priesterfunktionen bekleideten, durften sie bei den Götterprozessionen die Kultbildstatuen der Gottheiten tragen, darunter auch die des vergöttlichten Amenophis I. Die Prozession machte gewöhnlich im Nordwesten der Siedlung halt, wo die Amenophis-Statue – wie man glaubte – Prophezeiungen von sich gab.

Vorherige Seiten
209. Der sechste Abschnitt des Höhlenbuches auf der Wand der Sargkammer Ramses' VI. Die beiden Löwen repräsentieren die Horizonte, an denen die Barke der Nacht und die des Tages unter- bzw. aufgeht. Tal der Könige, Theben-West. 18. Dynastie

210. Darstellung der Göttin Neith im Pfeilersaal des Grabes der Nefertari. Die außerordentliche Schönheit der Dekorationen läßt den Schluß zu, daß unter den zahlreichen Frauen Ramses' II. Nefertari die Lieblingsfrau war. Bemaltes Relief auf Stuck. Tal der Königinnen, Theben-West. 19. Dynastie

211. Die Strenge der Grabkammer Thutmosis' III. steht in völligem Gegensatz zu den üppigen Farben im Grab der Nefertari (Abb. 210). Ihre Architektur und ihre Zeichnungen auf glattem Stuckuntergrund sind Teil eines neuen, höchst wirksamen geometrischen Schemas. Auf den Wänden findet sich die erste vollständige Version des Amduat („Die Schrift von dem verborgenen Raum"), das die Sprüche und Zauber enthält, die zur Abwehr böser Kräfte während der zwölfstündigen Unterweltsfahrt notwendig sind. Einige Szenen auf den Pfeilern zeigen Thutmosis III. mit seinen Gemahlinnen. Tal der Könige, Theben-West. 18. Dynastie

Folgende Seiten
212. Dem Künstler hat die Zeit gefehlt, dieses schöne Wandbild mit dem Gott Osiris vor der Beisetzung König Haremhebs zu vollenden. Dies ist Haremhebs zweites Grab. Sein Grab in Saqqara hatte er sich noch als General errichten lassen. Tal der Könige, Theben-West. 18. Dynastie

Für ihr Werk, das dem König ein ewiges Leben sicherte, konnten die Handwerker zu Recht königliche Belohnung erwarten. Sie bestand vor allem in der Höhe der Entlohnung und darin, daß sie vom königlichen Schatzhaus bezahlt wurden. Da Geld bis zur 26. Dynastie unbekannt war, bekamen die Handwerker vor allem Getreidezuteilungen. Zuständig dafür waren der Wesir und der Vorsteher des königlichen Schatzhauses. Die Verteilung nahm dann ein Schreiber vor, der darüber auch genauestens Buch führte. Dieser exakten Buchführung der altägyptischen Schreiber haben wir es auch zu verdanken, daß wir über die monatlichen Kornzuteilungen (sie bestanden einerseits aus Weizen zum Brot- und Kuchenbacken, andererseits aus Gerste zum Bierbrauen), die nach „Säcken" (1 *ẖ3r* = 76,89 l) erfolgten, heute so gut Bescheid wissen.

Dürfen wir den jüngsten Interpretationen J. J. Janssens Glauben schenken, dann waren die Lohnunterschiede zwischen den einzelnen Arbeiterkategorien nicht allzu groß. Ein Vorarbeiter erhielt 5 $^{1}/_{2}$ Sack Weizen und 2 Sack Gerste, ein gewöhnlicher Handwerker 4 Sack Weizen und 1 $^{1}/_{2}$ Sack Gerste. Keinen Unterschied machte man zwischen der Entlohnung der körperlich arbeitenden Steinbrecher und der der Künstler. Das Gehalt eines Schreibers wird in den Quellen in halber Höhe dessen angegeben, was ein Vorarbeiter verdiente – angesichts der Manager- und Kontrollfunktionen, die jenem oblag, einfach unverständlich! Jedoch weist Janssen darauf hin, daß derselbe Schreiber für beide 'Seiten' der 'Mannschaft' arbeitete, also zweimal ausgezahlt wurde und damit doch auf dasselbe Gehalt kam wie ein Vorarbeiter. Auch das Gehalt eines Arztes pflegte nur mit 1 Sack Weizen und 1/4 Sack Gerste angegeben zu werden, was sich nach Janssen dadurch erklärt, daß es sich hierbei lediglich um eine Zusatzzahlung zum Gehalt eines normalen Handwerkers gehandelt habe, das dem Arzt gleichfalls zustand. Dasselbe nimmt er für das Gehalt des Türhüters des Grabes an, das 1 Sack Weizen und 1/2 Sack Gerste betrug. Allerdings könnte diese geringe Gehaltshöhe auch der Entlohnung der *smdt*-Leute entsprochen haben (sie wird in den Quellen nicht genannt), zu denen die Türhüter ja relegiert worden waren und deren Gehälter tief unter dem Lohnniveau der Handwerker gelegen haben müssen. Nur 1 1/2 Sack Weizen und 1/2 Sack Gerste erhielten junge ledige Männer, und nicht viel besser erging es auch all jenen Handwerkern, die einen größeren Teil ihrer Arbeitszeit versäumt hatten. Darüber hinaus erhielten die Handwerker – und in geringerem Maße auch die *smdt*-Leute – häufige Zuteilungen an Brot, Kuchen, Bier, Öl, Fisch, Gemüse, Datteln, seltener an Fleisch, ferner an Keramikgefäßen, Kleidung (mindestens einmal im Jahr), Sandalen (je nach Bedarf), Brennholz usw.

Die Quellen sprechen davon, daß der Lohn regelmäßig am letzten Arbeitstag im Monat ausgezahlt werden sollte, doch tatsächlich verschob sich die Lohnzahlung durchschnittlich um einen halben, im Extremfall um ganze sechs Monate. Diese Verzögerungen führten dann schließlich zu dem ersten Streik in der Geschichte der Menschheit, der im 29. Regierungsjahr Ramses' III. ausbrach. Ein ausführliches Protokoll darüber hat sich auf dem Papyrus Turin Nr. 1880 erhalten, das von dem Schreiber Amennacht erstellt worden ist.

Die Handwerker hatten die Arbeit niedergelegt und sich an den Umfassungsmauern der Totentempel von Theben-West versammelt, aus deren Magazinen sie Getreide und andere Dinge zu bekommen hofften. Dort auch trafen sie mit den Hohenpriestern und dem Schreiber Hednacht zusammen, denen sie verkündeten: „Hunger und Durst haben uns hierher getrieben. Es gibt keine Kleidung, es gibt kein Öl, weder Fisch noch Gemüse. Meldet es dem Pharao, unserem guten Herrn, schreibt dem Wesir, unserem Vorgesetzten, man möge uns unseren Lebensunterhalt geben." Obgleich die Vorgesetzten versuchten, mit Versprechungen den Streik zu brechen, und der Schreiber Amennacht ihnen sogar drohte, blieben die Streikenden in ihrem Kampf einig, denn sie wußten, daß ihnen „ein Unrecht geschah auf dem Boden Pharaos". Der Wesir hätte die Angelegenheit sehr rasch beilegen können, doch war dieser im Delta unterwegs, um am *Sed*-Fest anläßlich des 30. Regierungsjubiläums des Königs teilzunehmen. Mindestens sieben Monate lang wurde mit Unterbrechungen gestreikt. Schließlich erhielt der Schreiber Hori einen Teil des vorenthaltenen Lohnes zur Auszahlung: „Man gibt euch die Hälfte der Zuteilung. Ich selbst werde sie an euch verteilen."

Der Papyrus ist beschädigt und unvollständig, so daß wir nicht wissen, wie der Streit ausgegangen ist. I. M. Lurje zufolge ist dieser Streik ein Hinweis auf die in der altägyptischen Gesellschaft bestehenden Konflikte zwischen den einzelnen Schichten der freien Bevölkerung und zeugt zugleich von der „wirtschaftlichen Desorganisierung, die die ägyptische Gesellschaft in der 20. Dynastie erschütterte und zum Zusammenbruch des Landes führte".

Die oben erwähnten Angaben zeigen, daß die monatliche Getreideration eines Handwerkers eine halbe Tonne betrug – also den Mehlbedarf einer Familie bei weitem überstieg. Deshalb konnte der Handwerker einen wesentlichen Teil seines Lohnes gegen andere, dringend benötigte Waren eintauschen.

Es muß freilich betont werden, daß Ägypten bis zur Spätzeit keine Marktwirtschaft kannte, in der man Dinge für den Markt produziert hätte, die sich in ihrem Preis nach Angebot und Nachfrage richteten, oder selbständige Kaufleute, die mit Geld operierten. Die meisten Erzeugnisse wurden vom Staatsapparat angehäuft, der sie in Form von Zuteilungen an die Nichtproduzenten weitergab.

Dieses System wurde durch einen Tauschhandel ergänzt, der beliebigen Orts zwischen zwei Partnern oder an Ständen auf den Märkten von Städten und größeren Dörfern betrieben wurde. Die Bauern tauschten gewöhnlich ihren Überschuß an Früchten oder Haustieren, die Handwerker einen Teil ihres Getreidelohnes oder in Heimarbeit gefertigte Produkte wie Möbel, Särge, Holzstatuen u.ä. gegen Haustiere, Lebensmittel, Öl, Kleidung, Stöcke und dergleichen. Angestellte des Königs, des Adels und der Tempel – also auch unsere Handwerker – verschmähten selbst Aufträge gegen Naturalien, wie Brot, Bier und Kleidung, nicht.

Obwohl der Tauschhandel direkt, ohne Geld, erfolgte, wurde der Wert des Tauschobjekts in einer vergleichbaren Größe ausgedrückt, der *šnʿtj*', die ursprünglich einen flachen Ring aus Silber darstellte, das bis in die 18. Dynastie (nach neuesten Auffassungen sogar bis in die griechisch-römische Zeit hinein) wertvoller als Gold war. In der Praxis freilich kam diese Werteinheit nicht zur Anwendung, weil man ja direkten Tauschhandel betrieb, doch in Verträgen und Rechnungen mußte der Wert von Tauschobjekten angegeben werden. Im Neuen Reich entsprach die *šnʿtj*' 7,5–7,6 g Silber. Eine um das Zwölffache höhere Werteinheit war der *dbn* (90–91 g Silber). Ende der 18. Dynastie kostete beispielsweise eine Ziege 1/2 *šnʿtj*', eine Kuh 8, ein Bett 4 und ein Haus 10 *šnʿtj*'. Ein Sklave war für 7 *dbn* Silber, ein Sklavenmädchen für 4 *dbn* zu haben. Eine Arure Ackerland (2 756 Quadratmeter) hatte den Wert von nur 2 *šnʿtj*'.

Unter Ramses III. verschwand die Werteinheit *šnʿtj*', und es kam eine neue auf: die *qdt*, die einem Zehntel *dbn* Silber oder dem Zehnfachen eines Kupfer-*dbn* entsprach, woraus sich ein Wertverhältnis zwischen Silber und Kupfer von 100:1 ergab (unter Ramses IX. sank es auf

60:1). Auf Ostraka und Papyri aus Deir el-Medineh fand J. J. Janssen 1 250 verschiedene Preisangaben aus der Ramsessidenzeit. So betrug beispielsweise der Preis für eine Ziege oder ein Schaf – die Angaben erfolgen in Kupfer-*dbn* – 1–3 *dbn*, für ein Schwein 3–5 *dbn*, für einen Esel 25–40 *dbn*, ein Rind war 20–150 *dbn* wert, ein Stuhl 12–30 *dbn*, ein Bett 12–25 *dbn*, ein Tisch kostete etwa 15 *dbn*, eine Truhe je nach Größe $^1/_2$–10 *dbn*, Kleidung wurde mit 5–25 *dbn* veranschlagt, Sandalen mit $^1/_2$–3 *dbn*, ein Ledersack war $^1/_2$–3 *dbn* wert, eine Klinge 1–2 *dbn* usw.

Für Getreide diente als Werteinheit und als Hohlmaß der „Sack" (*ẖ3r*), der in 4 Oipe (*jpt*) – das sind 19,2 l – zu je 40 *hin* unterteilt war (1 *hin* = 0,48 l). In der Ramsessidenzeit hatte ein 'Sack' den Wert von 2 Kupfer-*dbn*.

Im Neuen Reich begann sich zwischen Ägypten und den entwickelteren Gebieten des Mittelmeerraumes und Vorderasiens der freie Handel durchzusetzen. Der ägyptische Außenhandel war bis dahin königliches Monopol gewesen. Die bildlichen Darstellungen aus dem Grab Kenamuns, des Hafenvorstehers von Theben, zeigen die Verladung von Ware durch syrische Kaufleute. Aus Ägypten wurde vor allem Getreide, aber auch Stoff, Pergament, Dörrfisch und ähnliches exportiert. Im Gegenzug führte Ägypten Kupfer aus Zypern, Bauholz aus Vorderasien, Metallgefäße aus der Ägäis, Myrrhe aus dem Lande Punt und Ebenholz, Elfenbein, Rinder und exotische Tiere aus dem Süden Afrikas ein. Kreta und Vorderasien versorgten Ägypten mit Waffen und anderem Kriegsgerät. Als Folge dieses regen Handelsaustausches stieg aber auch der ägyptische Binnenhandel, wie dies im Papyrus Lansing aus dem Ende der 20. Dynastie nachzulesen ist: „Kaufleute fahren stromab und stromauf und sind eifrig dabei, Ware von einem Ort zum andern zu bringen und (mit ihr) den Ort zu versorgen, der nichts hat." Auch mehren sich Kaufverträge, die gerichtlich beeidet sind.

Deir el-Medineh verfügte über ein lokales Gericht, dem die Vorarbeiter und Schreiber vorstanden. Sie nahmen Klagen entgegen, schlichteten Streitigkeiten, leiteten gerichtliche Vollstreckungen in die Wege und legten bei Vertragsabschlüssen Zeugnis ab. Die Grabwächter und Türhüter führten Verdächtige oder Häftlinge vor und traten als Zeugen auf. Polizisten nahmen erste Verhöre vor, traten als Zeugen auf und vollzogen die Strafen. Das Gericht befaßte sich hauptsächlich mit kleineren Eigentumsdelikten, so daß es nur milde Strafen verhängte; am häufigsten ging es um die Rückerstattung von Diebesgut oder unterschlagenen Gegenständen und um Geldstrafen, die den doppelten Wert der gestohlenen oder unterschlagenen Sachobjekte betrugen. Körperliche Züchtigungen als Strafe bedeuteten 100 oder 200 Stockschläge, zu denen in schwereren Fällen 5 blutige Schläge oder, zum Zeichen dauernder Schande, 10 Brandmale hinzukamen. Sämtlichen Gerichtsbeamten oblagen auch kommissionelle Grabinspektionen.

Die allmähliche Verarmung der Arbeiter gegen Ende der 20. Dynastie, die im Bau auffällig kleiner Gräber oder in der Wiederverwendung älterer Gräber ihren Ausdruck findet, führte so manch einen Arbeiter zu einem besonders verabscheuungswürdigen Verbrechen: dem Grabraub in der Nekropole von Theben-West. Aus Gerichtsprotokollen und Tagebüchern der Schreiber geht hervor, daß nicht nur Handwerker und *smdt*-Leute daran beteiligt waren, sondern auch Schreiber oder sogar Priester aus den nahe gelegenen Tempeln. Derart schwere Vergehen gegen Staat und Religion konnten nur vom König selbst oder seinem Wesir geahndet werden. Die Delinquenten wurden zur Verstümmelung verurteilt – ihnen wurde die Hand abgeschlagen bzw. Zunge, Nase oder Ohren abgeschnitten –, mit Verbannung nach Nubien oder in die westlichen Oasen bestraft oder zur Zwangsarbeit in entfernte Steinbrüche oder Gruben geschickt. Die Höchststrafe war die Todesstrafe: Der Delinquent wurde an einen Pfahl gebunden und Hunger und Durst ausgesetzt, bei lebendigem Leibe verbrannt, ertränkt, geköpft oder Raubtieren zum Fraß vorgeworfen. Flankierende Strafmaßnahmen waren der Verlust der beruflichen Stellung, Eigentumsentzug und in der Regel auch die Namenstilgung im Grab, das sich der Übeltäter errichtet hatte. Darüber hinaus glaubte man auch an eine göttliche Vergeltung: Wer gegen die herrschende Ordnung, die *maat* verstoßen hatte, werde von Mißerfolg, Elend, Krankheit, Blindheit und Taubheit geschlagen oder vom Tod getroffen und schließlich vor dem Totengericht endgültig gerichtet.

KAPITEL 15

Militärwesen

Links
213. In dieser imaginären Schlacht wütet Tutanchamuns Heer unter den nubischen Feinden. Ausschnitt aus einem Kästchen. Stuckiertes und bemaltes Holz. Aus dem Grab des Tutanchamun im Tal der Könige, Theben-West. 18. Dynastie. Kairo, Ägyptisches Museum

214. Gefallene Asiaten, höchstwahrscheinlich Assyrer. Fragment eines bemalten Kalksteinreliefs aus Deir el-Bahari, Theben-West. London, British Museum

Seit alters begleiten Kämpfe die Geschichte der Menschheit, zumindest seitdem der Mensch begann, sich bewußt jene Gebiete untertan zu machen, in denen er jagte, Fischfang trieb und die er später auch kultivierte. Stärkere Gruppen bemächtigten sich in Kämpfen der Territorien schwächerer. Nicht anders war dies auch bei den Ägyptern – trotz aller Behauptungen ihres friedliebenden Charakters.

Die ältesten Belege kämpferischer Auseinandersetzungen zwischen Jägern und Sammlern traten bei Untersuchungen eines Friedhofes der spätpaläolithischen Kultur von Qedi (12 000 – 10 000 v. Chr.) in Gebel Sahaba nördlich von Wadi Halfa zutage, wo man in Männerknochen steckende Pfeilspitzen aus Feuerstein fand.

In vordynastischer Zeit begannen sich lokale Gemeinschaften herauszubilden, aus denen schließlich die selbständigen Königreiche von Ober- und Unterägypten entstanden. Daß der Reichseinigungsprozeß nicht ohne Kämpfe ablief, bezeugen auch Details aus der ältesten erhaltenen Wandmalerei (aus später vordynastischer Zeit) in einem Grab bzw. Kultbau aus Lehmziegeln in Hierakonpolis, dem altägyptischen Nechen (heute Kom el-Ahmar). Um sechs große Schiffe herum sind unter anderem Kämpfer gruppiert, darunter ein Mann, der drei kniende Gegner erschlägt, und Männer im Zweikampf, wobei einer auf dem Kopf stehend abgebildet ist – wohl zum Zeichen dafür, daß er erschlagen wurde. Ein anderer Mann hebt die Keule gegen seinen Gegner, dessen Gestalt allerdings nicht erhalten ist. In dieser Zeit gab es noch kein stehendes Heer. Drohte also ein feindlicher Angriff, rief der Häuptling alle kampffähigen Männer zu den Waffen, die nach dem Kampf wieder an ihre Arbeit zurückkehrten.

Nach der 'Vereinigung der Beiden Länder' zu Beginn der historischen Zeit nahmen die Kämpfe zu. Einen Nachhall darauf verzeichnen einige zeitgenössische Denkmäler. So ist beispielsweise auf einer prachtvollen Elfenbeinschnitzerei eines Messergriffs aus Gebel al-Araq im oberen Teil der dargestellten Szene der Kampf zwischen zwei Reihen von neun nackten Männern dargestellt, während im unteren Bildteil zwischen zwei Schiffsreihen vier Leichname offensichtlich den Nil hinunterschwimmen. Auf der berühmten Schlachtfeldpalette ist der starke 218
König durch einen mächtigen Löwen personifiziert, der sich auf die fallenden Feinde stürzt. Einem von zwei gleichfalls auf dieser Palette dargestellten Männern sind die Hände auf dem Rükken in einer Weise gefesselt, wie man dies später bei Kriegsgefangenen tat. Im Vordergrund der Szene setzen sich zwei Raubvögel auf die Körper gefallener Männer.

Auf der sogenannten Narmer-Palette, der Palette des ersten historisch überlieferten Königs 215
des geeinten Ägypten, sehen wir den stehenden Herrscher, bekrönt mit der Krone Oberägyptens, wie er den vor sich knienden Gegner, der sich äußerlich durch Bart und langes Haar von ihm unterscheidet, am Schopfe faßt und ihn mit dem birnenförmigen Keulenknauf in seiner Rechten erschlägt. Über dem Knienden ist ein Oval zu erkennen, aus dem sechs Papyrusstengel sprießen, sowie der Kopf eines Mannes, durch dessen Nase ein von einem Falken gehaltener Strick gezogen ist. Die meisten Ägyptologen sehen in dieser Darstellung den Triumph des oberägyptischen Königs und des mit ihm verbündeten Gottes Horus über die Menschen des Papyruslandes, d.h. Unterägyptens. Im untersten Feld des Bildes sind abermals Opfer der Kämpfe dargestellt: zwei nackte bärtige Männer, offenbar Leichen, die im Wasser schwimmen. Auf der

Palettenrückseite ist neben anderen Szenen der König als 'starker Stier' dargestellt, der einen Feind zertrampelt und mit seinen Hörnern die Befestigungsmauern einer Stadt einrennt.

Gleich zu Beginn der historischen Zeit hat also ein unbekannter Künstler seiner Vorstellung von der Macht des Königs, der über den bezwungenen Gegner triumphiert, Ausdruck verliehen. Diese Vorstellung wurde dann an den Königsbauten und in den Tempeln ständig wiederholt, solange das ägyptische Reich bestand. Allmählich vermehrten und verdichteten sich die Reihen gefangener Feinde, unter denen man nach den Gesichtszügen, der Frisur und Barttracht sowie der Bekleidung die von Süden her vorstoßenden Nubier und Schwarzafrikaner identifizieren kann oder Libyer und Asiaten, die Ägypten von Norden her bedrohten.

Es gibt keinen Beleg dafür, daß es im Alten Reich eine ständige militärische Einrichtung oder ein stehendes Heer gegeben hätte. Im Bedarfsfall, wie bei dem für Pepi I. geführten Feldzug des Uni, stellten die Gaufürsten, Tempel und Domänen Verbände auf, die unter dem Befehl höherer lokaler Beamten standen. Die einzigen Berufssoldaten waren nubische Söldner, die spätestens für die 6. Dynastie bezeugt sind. Das einzige Gebiet, das damals ernsthaft bedroht werden konnte, war das Delta, da der übrige Teil des Landes von der zunehmend austrocknenden Wüste geschützt wurde. Das spärlich besiedelte Unternubien stellte keine Gefahr für Ägypten dar – im Gegenteil: Es waren die Ägypter, die sich Nubien in mehreren bezeugten Feldzügen zu unterwerfen trachteten, und zwar bereits in der 1. Dynastie, später in der 4. Dynastie, als sie ihre Festung Buhen gründeten, und dann wieder in der 6. Dynastie, um sich den Nachschub von Luxusgütern aus dem Inneren Afrikas zu sichern. Erst während des Mittleren Reiches wuchs dort das lokale Reich Kusch mit seiner im heutigen Kerma gelegenen Hauptstadt empor, und zwar mit solcher Macht, daß es für die Grenze Ägyptens zur Bedrohung wurde.

215. König Narmer, den man als König Menes, den Vereiniger von Ober- und Unterägypten identifiziert hat, schickt sich an, mit seiner Keule einen knienden (unterägyptischen?) Gefangenen zu erschlagen. Vorderseite der Narmerpalette. Grauwacke. Nechen (Hierakonpolis). Archaische Periode. Kairo, Ägyptisches Museum

Von der 1. Zwischenzeit an – einer turbulenten Zeit ständiger bewaffneter Konflikte – häufen sich Belege für den Militärberuf. Das darauf folgende Mittlere Reich besaß bereits ein stehendes königliches Heer, das von Berufsoffizieren geführt wurde. Mit Unterstützung der Gaufürsten und ihrer Verbände besetzte das ägyptische Heer Unternubien, das zu einer ausgesprochenen Militärzone wurde. Jagdeinheiten patrouillierten in der angrenzenden Wüste, und eine Kette mächtiger Forts schützte das ägyptische Heer vor drohenden Angriffen aus dem Süden und vor dem Widerstand der Bevölkerung. In Ägypten selbst nahm bis Ende des Mittleren Reiches die Vielfalt militärischer Titel zu. Im Neuen Reich ermöglichte dann ein zahlenmäßig starkes Berufsheer mit einer durchorganisierten Hierarchie die Expansion Ägyptens bis in die Küstengebiete des Vorderen Orients.

Es ist nicht unsere Sache, hier alle bedeutenden Kriegszüge und Schlachten der Ägypter aufzuzählen, wir möchten uns vielmehr auf die Organisation ihres Heeres und das Leben seiner Soldaten beschränken, werden uns also mit ihrer militärischen Ausbildung und Bewaffnung beschäftigen, mit den Methoden der Kriegsführung und den daraus erwachsenden Verletzungs- und Todesgefahren, den für erwiesene Tapferkeit verliehenen Auszeichnungen und mit der Versorgung der Kriegsveteranen. Wenn wir dabei hin und wieder doch auf historische Schlachten zurückgreifen, dann nur, um zu illustrieren, aber nicht, um eine systematische Aufzählung zu bieten.

In vordynastischer Zeit hatten die meisten jungen Männer nicht zu fürchten, zum Militär eingezogen zu werden. Doch existierte bereits während der 1. Dynastie ein Heer, wie es der aus dieser Zeit belegte Titel 'Vorsteher der Truppen' vermuten läßt, ganz sicher aber bestand es zur Zeit des Pyramidenbaues, also in der 3.–6. Dynastie. Vermutlich war es ein zahlenmäßig kleines Berufsheer. Die jungen Männer wurden also nicht eingezogen. Vielmehr suchten viele zweitgeborene und alle weiteren Söhne, die das Gewerbe des Vaters nicht übernehmen konnten, beim Militär Zuflucht, um sich hier für ihren Unterhalt zu verdingen und Karriere zu machen.

Im Neuen Reich, als das Heer erstarkte und immer mehr Soldaten benötigte, wurden junge Männer mitunter auch gegen ihren Willen rekrutiert. Davon zeugen Briefe des Schreibers Djehutimose, der den General und Wesir Pianchi auf dessen Nubienfeldzug begleitete, an den Schreiber der königlichen Handwerkersiedlung von Deir el-Medineh, Butehaiamun. Djehutimose trägt ihm auf, sich um die Rekruten zu kümmern, für ihre Ernährung zu sorgen, aber auch, sie zu bewachen, damit sie nicht fliehen. Viele junge Männer indes warteten nicht erst, bis man sie musterte, sondern verschwanden rechtzeitig.

Waren die Rekruten erst einmal in den Kasernen eingerückt, begann für sie eine harte Schule der Disziplin, der Mutproben und der Abhärtung. Ihre 'Uniform' war von nun an ein kurzer Schurz oder nur eine Phallustasche, und ihr Haupt zeirte eine Feder im Haar. Auf dem Tagesprogramm standen Körperertüchtigung mit Ringkämpfen und Übungen im Waffengebrauch. Disziplinarverstöße ahndeten die Offiziere mit Schlägen: Die Stöcke der übrigen Soldaten gingen auf den Übeltäter 'wie auf Papyri' nieder. (Diese Redewendung erinnert an eine Phase der Gewinnung von Schreibmaterial aus Papyrus). Militärparaden, die an Staatsfeiertagen oder anläßlich der Rückkehr siegreicher Truppen in Gegenwart des Königs und der Götter abgehalten wurden, waren von Trompeten- und Pfeifenklängen sowie von Trommelschlägen begleitet.

216. Der mit der Roten Krone Unterägyptens gekrönte König wird von Standartenträgern, die jeweils unterschiedliche Landesteile repräsentieren, zum Horustempel geleitet, um die erschlagenen Feinde zu inspizieren. Ausschnitt aus der Rückseite der Narmerpalette. Grauwacke. Nechen (Hierakonpolis). Archaische Periode. Kairo. Ägyptisches Museum

Welche zahlenmäßige Stärke das Heer im Alten und Mittleren Reich hatte, wissen wir nicht genau, doch die Heeresstärke des Neuen Reiches erreichte es bei weitem nicht. Veranschaulicht wird dies durch ein Holzmodell einer Soldateneinheit aus dem Grab des Mesehti, des Gaufürsten von Assiut, aus dem Mittleren Reich. Es stellt zwei Abteilungen dar, eine jede zu vierzig Mann, die in vier Zügen zu je 10 Mann marschieren. Die eine Abteilung wird von rotbraunen Ägyptern in weißen Schurzen gestellt, die mit Lanze und Schild bewaffnet sind. Die andere Abteilung besteht aus dunkelbraunen Nubiern mit bunten Schurzen, die in der Rechten ein Bündel von vier Pfeilen mit Feuersteinspitzen und in der Linken einfache, sich zu den Enden hin verjüngende Bögen tragen.

Mit Beginn des Neuen Reiches, als das ägyptische Heer blutige Befreiungskämpfe gegen die asiatischen Hyksos zu bestehen hatte und bald darauf mit der Expansion nach Norden und Süden begann, wurde die 5000 Mann zählende Division die grundlegende Gliederung der Truppen. Bis zur Zeit des Generals und späteren Königs Haremheb Ende der 18. Dynastie sind mindestens zwei Divisionen, bis zur Zeit Sethos' I. drei und ab Ramses II. vier Divisionen belegt.

Die Divisionen gliederten sich in acht Regimenter zu je 250 Mann, jedes Regiment hatte fünf Abteilungen zu 50 Mann. Jede Abteilung, jedes Regiment und jede Division hatten ihre eigene Bezeichnung. Die vier Divisionen unter Ramses II. beispielsweise waren nach den Göttern Amun, Ptah, Seth und Re benannt. Bereits seit dem Alten Reich verfügte das Heer über Schiffe, die auf dem Nil patrouillierten und militärische Einheiten sowie deren Ausrüstung transportierten. Zu den traditionellen Lanzenträgern und Bogenschützen kam im Neuen Reich als neue Waffengattung die Streitwagentruppe hinzu.

Die Organisation des Heeres beruhte auf einem streng hierarchischen Prinzip. An der Spitze stand der König, der ein Beraterkorps zur Seite hatte, bestehend aus dem Wesir, den höchsten Würdenträgern des Reiches und der Generalität. Die einzelnen Divisionen, Regimenter und Abteilungen hatten ihre eigenen 'Vorsteher', unseren Offizieren und Unteroffizieren vergleichbar. Doch fehlte es im Heer auch nicht an Schreibern, also Verwaltungsbeamten, die sich um den zahlenmäßigen Stand des Heeres, den Nachschub an Ausrüstung und Bewaffnung zu kümmern hatten und Buch über die Zahl der Gefallenen, die Kriegsbeute und die Gefangenen führten.

Im Alten Reich war das ägyptische Heer überwiegend ein nationales. Mit der fortlaufenden Unterwerfung fremder Völker aber begann man, aus deren Angehörigen Hilfstruppen zu bilden. Bereits während des Alten Reiches waren dies Nubier, die als hervorragende Bogenschützen galten (deshalb nannten die Ägypter Nubien das 'Bogenland'), seit der 2. Zwischenzeit besonders die Medjau, die sich in den Befreiungskämpfen gegen die asiatischen Hyksos ausgezeichnet hatten. Im Neuen Reich gab es Einheiten aus den verschiedensten Völkern Asiens, des Mittelmeerraumes und aus Libyen. Unter ihnen finden wir ab Sethos I. auch die sogenannten Scherden oder Schardin, die mit Schwert, Helm und Schild abgebildet werden. Ihre Herkunft liegt zwar im Dunkeln, doch nimmt man an, daß sie die Insel Sardinien kolonisiert und ihr ihren Namen gegeben haben. Nichts Ungewöhnliches war es, wenn sich fremde Söldner in den Rang eines höheren Offiziers empordienten oder Mitglied der königlichen Leibgarde, einer ausgesprochenen Eliteeinheit, wurden. Die Leibwächter König Amenophis' III. zum Beispiel waren Nubier.

Die Ausrüstung des ägyptischen Heeres bestand aus zwar einfachen, aber wirkungsvollen Waffen. Für den Kampf Mann gegen Mann dienten Stock, Keule, Feuersteinmesser, Streitaxt und Lanze. Häuptlinge, Könige und hohe Befehlshaber aus den Reihen der Aristokratie benutzten Dolche, seit Ramses III. auch Schwerter. Von den Waffen, die gegen Fernziele eingesetzt wurden, seien Speer, Bumerang und besonders Pfeil und Bogen genannt.

217. Gefangene werden von Götterstandarten – hier als Falke und Ibis dargestellt – eskortiert. Oberteil der sogenannten Schlachtfeldpalette. Vordynastische Zeit. Oxford, Ashmolean Museum

Das älteste Mittel für die Verteidigung war der Schild. Wir kennen ihn aus den späten vordynastischen Wandmalereien in Hierakonpolis in Form einer auf einen Holzrahmen gespannten Tierhaut. Später bestanden die Schilde aus lederbezogenem Holz. Mit ihnen schützte sich das Fußvolk, im Neuen Reich bedienten sich ihrer die Streitwagenlenker, um den Bogenschützen hinter ihnen Schutz zu gewähren. Damals kamen im ägyptischen Heer unter asiatischem Einfluß auch Leder- oder Bronzehelme auf, und auch eine Art 'Kettenhemd' wurde getragen, das allerdings aus dicken Lederstücken bestand, die reihenweise zusammengenäht wurden. Eine Rüstung aus Eisenlamellen ist aus der Zeit Scheschonqs I. (22. Dynastie) bezeugt.

Die Waffen wurden in den Werkstätten der Königspaläste sowie der großen Tempel hergestellt. Aus dem Alten und Mittleren Reich besitzen wir nur wenige bildliche Darstellungen; ihre Szenen beschränken sich auf das Glätten des Bogens und des Lanzenschaftes mittels eines Dechsels. In einem Grab der 6. Dynastie in Saujet el-Meitin ist ein Mann beim Glätten von Bogen und Lanze dargestellt, die er quer auf den Boden gestützt oder auf einer Unterlage festhält. Das Biegen des Bogens erfolgte mit Hilfe einer besonderen Konstruktion. In Szenen des Mittleren Reiches in Beni Hasan ist das Spannen des Bogens dargestellt.

In häufigen Szenen des Neuen Reiches sind Handwerker zu sehen, die Lanzenschäfte über offenem Feuer biegen, nachdem diese zuvor in Wassergefäßen getränkt worden waren. Andere Darstellungen zeigen, wie die Spannkraft des Bogens geprüft, Pfeile hergestellt, Metallhelme gewogen, Pfeilköcher genäht werden und anderes mehr.

218. Löwe und Geier fressen erschlagene Feinde. Der Löwe stellt wahrscheinlich den König dar. Ausschnitt aus der Schlachtfeldpalette. Vordynastische Zeit. London, British Museum

Ein unlängst veröffentlichter Gesteinsblock aus einem unidentifizierten Grab der 18. Dynastie in Saqqara stellt einen Handwerker dar, der einen fertigen Pfeil daraufhin prüft, ob er auch gerade ist, während ein anderer Arbeiter einen auf seinen Knien liegenden Pfeil mit einem Dechsel bearbeitet.

In der bereits erwähnten Korrespondenz des Schreibers Djehutimose mit seinem Kollegen Butehaiamun lesen wir, daß General Pianchi für seine Kämpfe in Nubien von den Schmieden in Deir el-Medineh eine weitere Lieferung kupferner Lanzenspitzen, Ersatzteile zu den Streitwagen, neuer Kleiderstoffe sowie alter Stoffe „für Binden zum Wickeln der Männer in sie" fordert. Dies darf als einzigartiger Beleg für die Sorge um die Verwundeten gelten, sofern die Binden nicht zum Einwickeln der Toten bestimmt waren.

Von den Hyksos, mit denen sie erbitterte Kämpfe zu führen hatten, übernahmen die Ägypter die von Pferden gezogenen Streitwagen und konnten dadurch ihre Taktik radikal ändern, indem sie von nun an den Gegner mit Umzingelungen zu überraschen vermochten. Die Kriegsführung wurde schneller, heftiger und auch grausamer. Die Streitwagen machten es möglich, auch dichte Scharen des Gegners zu durchbrechen. Sie waren leichte, einfach manövrierbare zweirädrige Wagen, die von einem Pferdepaar gezogen wurden. Auf dem Wagen war Platz für zwei Männer: den Wagenlenker, der sich selbst und seinen Kampfgenossen mit einem Schild schützte, und den mit Pfeil und Bogen bewaffneten Streitwagenkämpfer. Jede Division verfügte mindestens über 50 Streitwagen, und ihre Besatzung bildete die Elite des Heeres. Die mit wun-
226 derbaren Schnitzereien und mit Goldblechen verzierten Wagen gehörten dem König. Unklar
227 ist, ob sie für Kriegszwecke bestimmt waren oder nur zu feierlichen Anlässen und triumphalen Paraden nach siegreichen Schlachten verwendet wurden.

Zahlreiche Szenen aus Gräbern des Neuen Reiches zeigen die Herstellung dieser Wagen, an
224 der Zimmerleute, Schreiner und Sattler beteiligt waren. Neben Holz benötigte man eine große Menge Leder, und zwar sowohl für die Verbindung der Einzelteile, für den Bezug des Wagenkorbes und die Radwicklungen als auch für die Fertigung des Zaumzeuges. Auf den Darstellungen sehen wir Handwerker, die die schon fast fertigen Teile des Wagens, wie Rad, Joch oder Deichsel, glätten. Ein Handwerker prüft die Elastizität der Deichsel dadurch, daß er auf sie springt. Unter den hölzernen Bestandteilen erkennt man auch zugeschnittene Lederstreifen, die zur Radwicklung, zur Befestigung der Radspeichen an Felge und Nabe sowie zur Verknüpfung der Wagenteile bereitlagen. Ein Sattler umwickelt die Radfelge mit einem Lederstreifen, ein anderer bindet die Deichsel an den Wagenkorb, und sein Kollege befestigt die Lenkleine an der Deichsel.

Die Ägyptologin R. Drenkhahn hat nachweisen können, daß alle Werkstattszenen in den thebanischen Gräbern aus der Zeit der Königin Hatschepsut bis hin zu Thutmosis IV. die Werkstätten des Amuntempels in Karnak zeigen. Vier von sechs Grabinhabern, in deren Gräbern sich diese Bilder finden, hatten im Amuntempel nämlich höhere Funktionen inne. Natürlich stellt sich die Frage, warum Streitwagen, die sicher nicht zu Ritualzwecken dienten, gerade in den Tempelwerkstätten hergestellt wurden. Frau Denkhahn ist der Meinung, daß man zu ihrer Herstellung Importholz von guter Qualität benötigte, das als Ware und als königliche Ga-

ben in ausreichender Menge gerade in die Tempel kam, unter dessen Personal zudem Ausländer beschäftigt gewesen sein dürften, die sich in dieser Herstellungstechnik auskannten.

Seit dem Ende der 18. Dynastie mehren sich ähnliche Darstellungen auch in den Gräbern in Saqqara, deren Inhaber – ihren genannten Titeln „Vorsteher der Handwerker der Waffenschmiede" und „Vorsteher der Waffenhandwerker" zufolge – offensichtlich in den Waffenschmieden in Memphis beschäftigt waren. Man hat vermutet, daß die mit der Herstellung von Kriegsgerät befaßten Werkstätten der einstigen Altes-Reich-Hauptstadt das ganze Neue Reich über in Betrieb blieben und direkt dem königlichen Schatzhaus unterstanden, der für die Wirtschaft und die Finanzen des Landes zentralen Verwaltungsinstitution.

Auch über die Verwendung der verschiedenen Waffen und über die Kriegstechnik informieren uns am ausführlichsten die Wandbilder. Vom Beginn des Alten Reiches bis zur 5. Dynastie sind sie noch selten. Allem Anschein nach lebte Ägypten damals, als man sich ganz auf den Bau der großen Pyramiden konzentrierte, mit seinen Nachbarn in Frieden und unternahm nur ab und an Expeditionen nach Nubien, dessen Bevölkerung keinen allzu großen Widerstand leistete.

Die erste solche Kampfszene hat sich auf dem Relief eines isolierten Blocks erhalten, der ursprünglich einen Teil der Wand im Aufweg zur Pyramidenanlage des Unas, des letzten Königs der 5. Dynastie, bildete. Es zeigt Ägypter, bewaffnet mit Bogen und Dolchen, im Kampf mit dem Gegner, wohl Asiaten, wie langes Haar und Barttracht verraten.

In dem Felsengrab des Inti in Deschascheh, das W. M. F. Petrie in die 2. Hälfte der Regierungszeit der 5. Dynastie, W. S. Smith hingegen erst in die Mitte der 6. Dynastie datierte, haben wir eine lebendige Darstellung der Eroberung einer befestigten, offenbar in Palästina gelegenen Stadt vor uns. Der linke Teil der Szene erfaßt das Kampfgetümmel vor den Stadtmauern. Eine

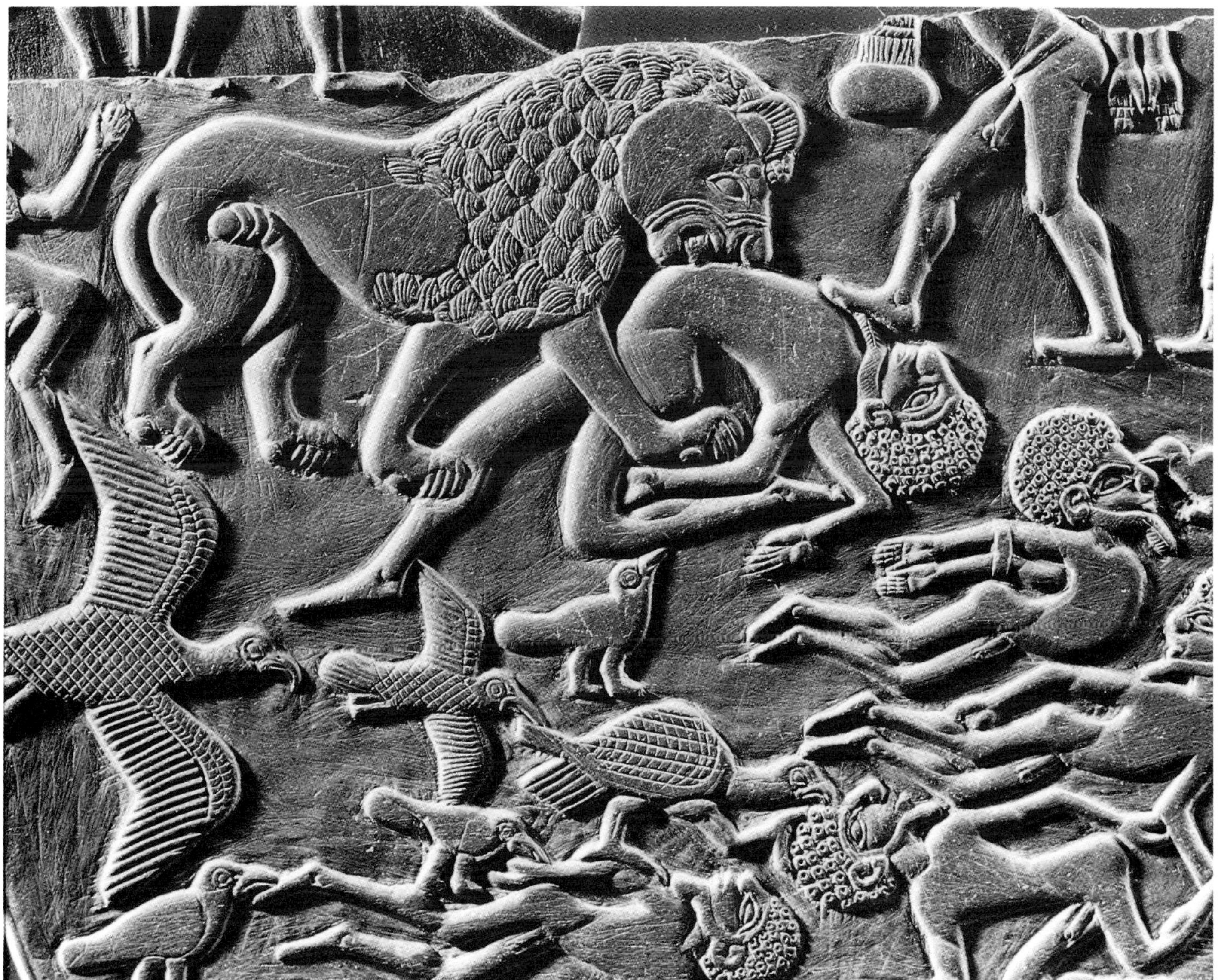

Abteilung von Bogenschützen nimmt vor ihnen Aufstellung. Andere, mit Streitäxten bewaffnete Soldaten machen den Gegner nieder, der mit Keulen bewaffnet die Festung verlassen hat, um den offenen Kampf zu suchen. Zwei ägyptische Soldaten führen eine Reihe von Gefangenen ab, darunter auch Frauen. Gleichzeitig treffen die Ägypter Vorkehrungen, um die Befestigung zu stürmen: Zwei Soldaten untergraben die Mauern, andere legen eine Leiter an, über die die Angreifer auf die Stadtmauern zu gelangen trachten.

Der rechte Teil der Szene stellt die angespannte Lage innerhalb der Stadtmauern dar. Unten verfolgt ein kniender Mann lauschend das Stoßen der Widder, die die Mauern durchbrechen, und fordert mit erhobener Hand die übrigen zur Ruhe auf. Weiter oben sind Frauen zu sehen, die feige Männer in ihren Verstecken aufgespürt haben und sie zur Strafe mit Stockschlägen traktieren. Der verzweifelte Festungskommandant rauft sich die Haare, und eine ihm zu Füßen kauernde junge Frau bemüht sich vergeblich, ihn zu beruhigen. Eine andere Frau weint, und ein alter Mann bringt ein Kind in Sicherheit. Die Machtlosigkeit der Verteidiger kommt im obersten Bildregister zum Ausdruck, wo ein Soldat vor seiner Frau und seinem Sohn zum Zeichen der Kapitulation seinen Bogen entzweibricht.

Eine weitere Phase der Festungseinnahme finden wir in einer Szene im Grab des Kaemheset in Saqqara (6. Dyn.). Über eine Leiter, die zur besseren Handhabung auf Rädern steht (übrigens ein Beweis dafür, daß die alten Ägypter das Rad bereits während des Alten Reiches kannten), klettern ägyptische Soldaten auf die Stadtmauern, hinter denen der Kampf Mann gegen Mann bereits in vollem Gange ist. Ein Stückchen weiter bringt ein Hirte seine Schafe in Sicherheit, und am Bildrand suchen Frauen und Kinder in Verstecken Schutz.

219. Im oberen Bildregister wendet sich ein Offizier an Rekruten, der untere Bildstreifen zeigt Rekruten beim Haareschneiden und zwei weitere, die unter einer Sykomore schlafen. Im mittleren Register verbringen Rekruten am Boden hockend oder auf Schemeln sitzend ihre Zeit. Grab des Userhet in Scheich Abd-el-Gurna, Theben-West. 18. Dynastie

220. Parade leichter Infanterie, die Standarten, Streitäxte und Palmenwedel mit sich führt. Die Soldaten tragen Perücken und einheitliche Schurze mit frontalem Streifen. Bemaltes Relief. Tempel der Königin Hatschepsut in Deir el-Bahari, Theben-West. 18. Dynastie

Der Kampf um eine befestigte Stadt ist auch in der Grabkapelle des Generals Antef in Theben-West dargestellt (11. Dyn.). Schwerbewaffnetes ägyptisches Fußvolk, Soldaten mit Streitäxten, Keulen, Dolchen, Lanzen oder Speeren sowie Schutzschilden und nubische Abteilungen mit Pfeil und Bogen marschieren auf eine Festung zu. Andere Krieger klettern bereits auf einen hölzernen Belagerungsturm, der gleichfalls mit Rädern versehen ist. Von den hohen Stadtmauern wehren Asiaten den Angriff mit Pfeil und Bogen ab. Viele von ihnen sind bereits von den ägyptischen Geschossen getroffen, und einige stürzen kopfüber zur Erde. Innerhalb der Festungsmauern siegen die Ägypter bereits im Zweikampf; die feigen Verteidiger sowie ihre Frauen und Kinder ergreifen die Flucht, und die Sieger führen zahlreiche Gefangene ab. Der Kampf wird von General Antef, der mit Pfeil und Bogen bewaffnet ist, höchstpersönlich geleitet.

Wandbilder mit ähnlichen Kompositionen befinden sich in den Gräbern der 12. Dynastie in Beni Hasan, und zwar in den Gräbern des Amenemhet, Chnumhotep, Baket III. und Cheti. Hier haben die mehr als zehn Meter hohen Festungsmauern einen vorspringendne Umgang, durch dessen Öffnungen im Boden die Verteidiger die Angreifer beschießen oder heiße Flüssigkeiten auf sie schütten können. Hinter Zinnen in Stellung, verteidigen sie sich durch Bogengeschosse. Die Angreifer, durchweg nubische Bogenschützen, nähern sich in Sprüngen, wobei sie im Stehen oder kauernd schießen. Begleitet werden sie dabei von Pfeilträgern mit Köchern. Hinter den Bogenschützen marschieren die 'Schwerbewaffneten', die sich entweder hinter ihrem eigenen Schild schützen oder hinter einem gemeinsamen großen Schild, der für zwei bis drei Kämpfer ausreichenden Schutz gewährt und an die römische *testudo* („Schildkröte") erinnert. Zwei Männer tragen einen Balken, mit dem die Mauern durchbrochen werden sollen. Ein Stückchen weiter toben Kämpfe Mann gegen Mann, daneben häufen sich die Leichen der Gefallenen. Einigen Gefallenen werden ihre Waffen, anderen wird ihr Schurz abgenommen.

Bezeichnend ist, daß in den hier beschriebenen Szenen Ägypter gegeneinander kämpfen. Möglicherweise handelt es sich hier um Episoden aus den Kämpfen um die Wiedervereinigung Mitte der 11. Dynastie, als der Norden des Landes gegen den Süden Krieg führte. Die Szenen aus den Gräbern in Beni Hasan können auch lokale Kämpfe darstellen, in die die Verteidiger des Gaues von Oryx mit Soldaten anderer Gaue verwickelt waren.

Obwohl die Ägypter während der 12. Dynastie zahlreiche Kriegszüge gegen die Nubier unternahmen, etwa in der Mitte des 16. Jhs. v. Chr. einen Befreiungskrieg gegen die Hyksos führten und zu Beginn des Neuen Reiches eine Serie von Eroberungskriegen gegen ihre asiatischen und nubischen Nachbarn starteten, die mit der Annexion ihrer Territorien und der Herausbildung des ägyptischen Imperiums endeten, fehlen ikonographische Zeugnisse dieser Schlachten gänzlich.

Erst Ende der 18. Dynastie kommen plötzlich große, von erklärenden Inschriften begleitete Schlachtszenen auf, die freilich jetzt von den Grabwänden ausschließlich in die Tempel verlegt werden. In ihnen rühmt man nun nicht mehr die Taten einzelner Generäle, sondern bindet sie
in die Staatspropaganda des allmächtigen Königs ein. In der Regel beginnen sie mit den Kriegs- 226
vorbereitungen, der Waffenausgabe an die Truppen und mit deren Abmarsch aufs Schlachtfeld.
Ihren Höhepunkt erreichen sie in einer dynamischen Schilderung des Kriegsgetümmels, in dem 227

221. Zwei Soldaten beim Ringkampf, offenbar in Gegenwart des Pharaos. Die Inschrift verweist auf den sportlichen Charakter dieses Kampfes: „Siehe, ich ließ dich sanft fallen vor Pharao". Skizze auf einem Ostrakon. 20. Dynastie. Kairo, Ägyptisches Museum

222. Ägyptische und hethitische Streitwagen in der Schlacht von Qadesch. Relief im Felsentempel von Abu Simbel. 19. Dynastie

die Gestalt des Königs dominiert, der entweder vom Streitwagen aus die unübersichtliche Ansammlung des Gegners beschießt oder über die gegnerischen Leichen schreitet oder Gefangene fesselt. Danach folgt die Siegesfeier, bei der die Beamten und Kronprinzen dem König die
228 Gefangenen und die Kriegsbeute vorführen, während die Schreiber damit beschäftigt sind, die Haufen abgeschlagener Hände oder männlicher Geschlechtsteile der getöteten feindlichen Soldaten zu zählen. Die Schlachtszenen enden in der Regel mit der Darstellung des Königs, der seine Gefangenen der höchsten thebanischen Göttertriade: Amun-Re, Mut und Chons, widmet, damit sie von nun an als Sklaven in den Tempeldomänen und Werkstätten arbeiteten.

Die Zyklen dieser Schlachtszenen, die mitunter gewaltige Flächen einnehmen, ersetzten für lange Zeit das alte traditionelle Klischee des stehenden Königs, der mit seiner Keule den Feind erschlägt. Diese plötzliche, seit Haremheb, dem letzten König der 18. Dynastie, bezeugte Änderung hängt wohl mit den vorangegangenen Ereignissen der Amarnazeit zusammen, in der die Stellung des allmächtigen Gottkönigs ernsthaft erschüttert worden war. Erinnert sei hier z.B. an Szenen aus dem Privatleben des Königs, in denen dieser als gewöhnlicher Sterblicher auftrat. Nach der Restaurierung des alten Regimes wurde es erforderlich, die Vorstellung vom König als einem unverletzbaren und stets siegreichen Gott zu erneuern, und für diesen propagandistischen Zweck eigneten sich Schlachtszenen ausgezeichnet.

Es würde den Rahmen dieses Buches sprengen, wollten wir jede Schlacht des Königs aufzählen, die er mit diesem oder jenem Gegner geführt hat. Über die Kampfesweise erfahren wir aus den Szenen ohnehin nicht viel Neues. Interessant ist aber das Schicksal der verwundeten Soldaten. In den Schlachtszenen im Felstempel des Haremheb in Gebel el-Silsileh, die seinen

Kampf gegen die Nubier schildern, sehen wir schmerzgekrümmte und sterbende nubische Krieger. Einer von ihnen versucht, sich einen Pfeil aus der Brust zu ziehen. In einer ähnlichen Szene, die den Kampf Ramses' II. gegen die Nubier darstellt, tragen zwei Männer ihren verletzten Kameraden vom Schlachtfeld. Ein Zyklus von Kämpfen, die Sethos I. gegen die asiatischen Schasu-Beduinen geführt hat, schmückt die nördliche Außenwand des großen Säulensaales seines Tempels in Karnak und stellt unter anderem eine Wüstenschlacht dar, zu der es auf seinem Marsch nach Palästina gekommen war. Auch hier werden zahlreiche verwundete, im Sterben liegende und fliehende Feinde gezeigt sowie Berge getöteter Soldaten. Eine andere Szene beschreibt die Kapitulation der Einwohner von Jenoam, die sich mit erhobenen Händen und entzündetem Weihrauch in ihr Schicksal ergeben.

Obwohl die Künstler, die diese Bilder schufen, den siegreichen, unverletzbaren König und seine Heldentaten feierten, den Gegner aber im Schlachtgetümmer und allgemeinen Chaos als anonyme Masse abbildeten, kann man sich anhand von Details dennoch eine Vorstellung von den blutigen Folgen dieser Kämpfe machen. Natürlich blieben auch den ägyptischen Soldaten derartige Folgen nicht erspart, obgleich die dargestellten Szenen dies taktvoll verschweigen.

Schauen wir uns nun einmal eine jener Schlachten näher an, die zu den bedeutendsten Ereignissen des Altertums gezählt werden dürfen. Es handelt sich um die militärischen Auseinandersetzungen zwischen dem von Ramses II. geführten ägyptischen Heer und der Streitmacht des Hethiterkönigs Muwatallis bei der syrischen Stadt Qadesch (dem heutigen Tell Nebi Mend) am Orontes (heutige Bezeichnung Nahr el-Asi) im Jahre 1285 v. Chr. Der Schlachtverlauf ist bestens bekannt durch ein episches Gedicht, das sich in einer Kopie des Schreibers Pentawere erhalten hat, sowie durch einen offiziellen Bericht, der sich als Beischrift zu den die Schlacht darstellenden Reliefs an den Wänden der Tempel Ramses' II. in Oberägypten und Nubien findet. Am besten erhalten haben sich die Reliefs am Pylon des Tempels von Luxor, am ersten und zweiten Pylon des Ramesseums und an der Nordwand des großen Saales im Felsentempel von Abu Simbel. *222* *223*

Ramses II. war vom (heutigen libanesischen) Ufer des Flusses Litani aus stromaufwärts mit vier Divisionen in die Schlacht gezogen. Er selbst führte die erste Division 'Amun' an:

> „Jetzt machte Seine Majestät seine Infanterie, seine
> Streitwagentruppe und die Scherden aus seiner Beute bereit,
> die er durch den Sieg seines starken Armes erlangt hatte.
> Sie wurden mit all ihren Waffen ausgerüstet und erhielten
> alle Instruktionen für den Kampf.
> Seine Majestät zog nach Norden und mit ihm seine Infanterie
> und seine Streitwagentruppe. Er hatte einen guten Start auf
> dem Marsch: im Jahre 5, dem 2. Monat des Sommers, am 9. Tag."

Aufgrund einer offensichtlich gezielten Desinformation, wonach die hethitischen Truppen von Qadesch noch weit entfernt waren, verzichtete er darauf, sein Heer zu sammeln, und rückte rasch bis in die Gegend nordwestlich von Qadesch vor, von wo aus er die befestigte Stadt anzugreifen gedachte.

223. Ramses II. in der Schlacht von Qadesch, er erschlägt einen Hethiter und zertrampelt einen am Boden liegenden Gegner. Relief im Felsentempel von Abu Simbel. 19. Dynastie

224. Stellmacher bei der Herstellung eines Wagenrades. Relief aus Saqqara. Neues Reich. Kairo, Ägyptisches Museum

Die Reliefs stellen nun die letzten Vorbereitungen im ägyptischen Lager vor den Toren der Stadt Qadesch dar. Das Lager ist von einer quadratischen Umfriedung aus eng anliegenden Schilden, die fest in den Erdboden gerammt sind, umgeben und durch zwei Eingänge passierbar. Weithin sichtbar ist das Zelt des Königs, um das sich die kleinen Zelte der Stabsoffiziere und der Prinzen gruppieren. Die Soldaten sind mit dem Entladen oder Striegeln der Pferde beschäftigt, bringen Wasser herbei, verteilen Futter, legen Proviantvorräte an, kochen in der Feldküche, legen letzte Hand an ihre Unterkünfte an, kontrollieren die Waffen und bewachen das Lager. In provisorischen Ställen stehen Pferde, Rinder und der gezähmte Löwe des Königs.

Ramses II. sitzt in seinem Zelt auf einem vergoldeten Thron und berät sich mit seinem Stab; nicht weit davon entfernt ist sein Streitwagen und seine aus Ägyptern und Scherden bestehende Leibwache. Im Vordergrund wird zwei hethitischen Aufklärern, die in das ägyptische Truppenlager eingedrungen sind, eine Bastonade verabreicht. Unter den schmerzhaften Schlägen machen sie ein alarmierendes Geständnis: Die Hethiter liegen nicht weit von hier, nordöstlich von Qadesch, in Bereitschaft.

> „Seine Majestät erreichte die Stadt von Qadesch.
> Der elende Feind von Hatti war gekommen,
> indem er alle Fremdländer bis zum Rand des Meeres
> zu sich beordert hatte. Das Land von Hatti war
> in seiner Gesamtheit gekommen."

Sofort sendet der König seinen Wesir und eine Ordonanz den noch im Anmarsch befindlichen Truppen entgegen, um deren Vormarsch zu beschleunigen. Doch vergeblich, denn unterdessen sind die hethitischen Streitwageneinheiten unter dem Befehl der Königssöhne zum Angriff ausgerückt. Sie überqueren den Orontes südlich von Qadesch und greifen die ägyptische Division 'Re' an, die sich dem ägyptischen Lager bereits genähert hat. Von dem Angriff völlig überrascht, fliehen die Soldaten auf das ägyptische Lager zu, werden jedoch von den hethitischen Streitwagen überrollt, die nun auch das ägyptische Truppenlager selbst angreifen. In unvorstellbarer Verwirrung und panischer Angst fliehen die ägyptischen Soldaten.

> „Da prescht Seine Majestät eiligst voran, mitten unter
> die Feinde von Hatti, wobei er ganz allein war,
> niemand bei ihm. Seine Majestät stürmte voran,
> um sich umzublicken, und stellte fest, daß ihn
> 2500 Gespanne auf seiner äußeren Seite umgeben ..."

Auf den Reliefs ist der ägyptische König mit seiner Leibgarde zu sehen. Unerschrocken steht er auf seinem Streitwagen inmitten des Gegners. Dank seiner göttlichen Kraft vermag er nicht nur,

Oben
225. Diese drei Fliegen aus Gold waren Teil des Ehrengoldes. Grabbeigabe der Königin Ahhotep, Dra Abu-el-Naga, Theben-West. 18. Dynastie. Kairo, Ägyptisches Museum

226. König Sethos I. schickt sich an, einen Libyer, den er mit seinem Bogen hält, zu erschlagen. Libyer werden mit Zopf und Feder im Haar dargestellt. Relief auf dem Westteil der Nordwand in der Säulenhalle des Amuntempels in Karnak. 19. Dynastie

227. Mehr als einmal hatte Ramses III. Ägypten gegen ausländische Eindringlinge zu verteidigen. Hier eine Szene von seinem zweiten Feldzug gegen die Libyer. Relief auf der Tempelwand Ramses' III. in Medinet Habu, Theben-West. 20. Dynastie

sich zu wehren, sondern auch zu siegen. Die Angreifer fallen einer nach dem anderen, sterben, fliehen in Richtung Stadt, verschwinden in den Wogen des Orontes …

Andere Szenen zeigen auch Personen der hethitischen Militärführung. Auf dem Relief am zweiten Pylon des Ramesseums halten Soldaten den Prinzen von Aleppo mit dem Kopf nach unten, damit er das Wasser ausspucken kann, das er geschluckt hat, als ihn Ramses II. wutentbrannt in den Fluß stieß. In derselben Szene ist die befestigte Stadt Qadesch abgebildet, die von allen Seiten vom Orontes umgeben ist, obgleich dieser Fluß nur an einer Seite der Stadt entlangfließt. Ein Stückchen weiter stehen der Hethiterkönig Muwatallis, sein Fußvolk und die Streitwagen.

Was den ägyptischen König indes tatsächlich gerettet und den Ausgang der Schlacht zu seinen Gunsten gewendet hatte, war der Einsatz eines frischen ägyptischen Kontingents, der sogenannten *Naaruna* oder Jugendlichen. Bei ihnen handelte es sich R. O. Faulkner zufolge um Eingreiftruppen, die das in Marschformation vorrückende Heer von den Flanken her sicherten oder ihm Rückendeckung gaben. Ihr plötzliches Eingreifen führte zu einer Wende des Kampfes. Der Hethiterkönig sah sich gezwungen, weitere tausend Streitwagen in den Kampf zu werfen. Doch ehe es dazu kommen konnte, war die Division 'Ptah' angerückt, und das Blatt hatte sich zugunsten der Ägypter gewendet.

Im Schutze der Nacht konnten sich die verstreuten Divisionen 'Amun' und 'Re' wieder sammeln, und als der Hethiterkönig tags darauf mit seinem Fußvolk aufbrach, kam es zu einer erneuten Schlacht, die mit einem Waffenstillstand endete, um den Muwatallis Ramses II. ersucht hat. Es ist begreiflich, daß man die Schlacht in ganz Ägypten als einen Sieg darstellte, obwohl deren Ziel: die Einnahme der Festung Qadesch und die Eindämmung der hethitischen Expansion nach Vorderasien, nicht erreicht worden ist. Das Ergebnis der militärischen Auseinandersetzung war in der Tat das genaue Gegenteil, denn nach dem Abzug der ägyptischen Truppen gelangte das Gebiet von Upe, das die Oberhoheit Ägyptens bereits anerkannt hatte, unter hethitische Herrschaft. Trotz dieser alles andere als günstig zu nennenden Umstände fehlen auf

den Reliefs die gewöhnlichen Siegesszenen nicht, und auch auf den Darstellungen in Karnak werden der thebanischen Göttertriade Gefangene vorgeführt.

In Ägypten, einem Land schiffbarer Wasserwege, kam auch die Armee nicht ohne Wasserfahrzeuge aus. Einige Schiffe patrouillierten auf dem Nil vom Delta bis nach Nubien. Andere lagen vor Anker bereit, um im Falle von Kriegszügen oder drohenden gegnerischen Angriffen die ägyptischen Truppen aufzunehmen. Obwohl das Heer und die Streitwagen bei den Asienfeldzügen oft zu Lande vorrückten, gelangten Verstärkung, Proviant und Waffen per Schiff über den Meeresweg nach Byblos oder in andere Häfen. Die Kriegsschiffe kamen an Größe den Lastschiffen gleich, waren darüber hinaus jedoch noch mit Offizierskabinen ausgestattet und mit hölzernen Schutzverkleidungen versehen, die über die Schiffsränder ragten und Schlitze zum Durchstecken der Ruder besaßen. Sie beschützten die Ruderer vor feindlichem Beschuß, so daß das Schiff auch in einer Schlacht manövrierfähig blieb. Die Kriegsschiffe trugen klingende Namen wie „Der Stern Ägyptens“, „Die Seele Gottes“, „Wilder Stier“, „Geliebter des Amun“ oder „Thutmosis erscheint in Memphis“ u.ä. Ihren Bug zierte eine suggestive Schnitzerei, beispielsweise ein Löwenkopf, das Haupt eines Asiaten verschlingend.

Das älteste Zeugnis von Kämpfen zu Wasser besitzen wir in dem bereits erwähnten Messergriff aus Gebel el-Araq, die erste wirkliche Schlachtszene aber, in der auch Schiffe eingesetzt werden, findet sich erst im Grab des Generals Antef. In jedem der drei Bildregister ist ein Ruderschiff mit Soldaten dargestellt, die sich anschicken, ans Ufer zu springen oder ein gegnerisches Schiff zu entern. Sie sind bis an die Zähne mit Streitäxten und Pfeil und Bogen bewaffnet und nehmen den Gegner unter Beschuß.

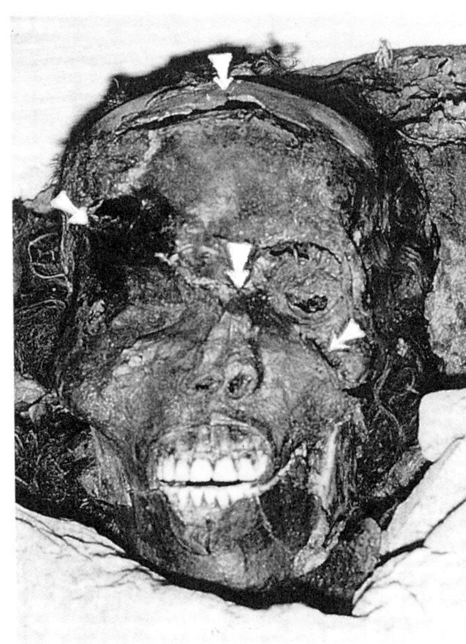

228. Besiegte Philister werden in die Gefangenschaft geführt. Wandrelief im Tempel Ramses' III. in Medinet Habu, Theben-West. 20. Dynastie

Eine einzigartige Reliefdarstellung, die die Seeschlachten Ramses' III. mit den sogenannten Seevölkern im Jahre 1174 v. Chr. zum Thema hat, findet sich an der nördlichen Außenwand seines Tempels in Medinet Habu. Eine Szene zeigt den König am Ufer, der auf den Leichnamen seiner Gegner steht und gemeinsam mit vier Bogenschützen – wohl Prinzen – die sich auf Schiffen nähernden Feinde mit Pfeil und Bogen unter Beschuß nimmt. Eine Beischrift erläutert, daß die Feinde „über Kanäle in der Nilmündung" nach Ägypten vorgedrungen seien. Eine andere, sich diesmal an der vorderasiatischen Küste abspielende Schlacht wird in der nächsten Szene dargestellt. Hier sehen wir in drei Reihen vier ägyptische und fünf gegnerische Schiffe, deren Buge mit Vogelköpfen verziert sind. Die gegnerische Besatzung, aus Philistern und Scherden bestehend, sieht sich einem Pfeilregen seitens der Ägypter ausgesetzt. Einige Matrosen werden von Pfeilen durchbohrt, andere fallen kopfüber ins Wasser. Ein feindliches Schiff ist gekentert. Ein Stückchen weiter verläßt ein ägyptisches Schiff mit Kriegsgefangenen an Bord die Schlacht.

Kriegszüge in fremde Länder oder Abwehrschlachten gegen feindliche Kräfte war nur die eine Seite des Soldatenlebens. Wichtig war auch die Defensivfunktion des Militärs zu Friedenszeiten. Bereits im Alten Reich hatte Ägypten die vorgeschobene Festung Buhen in Nubien errichtet und seine Verteidigung im Mittleren Reich durch den Bau einer ganzen Befestigungskette im Gebiet des 2. Katarakts vervollkommnet. Hierzu gehörte auch Mirgissa, deren Friedhof ägyptische Soldaten barg, die in Ausübung ihres Wachdienstes ums Leben gekommen sind.

Nicht unbedeutend war auch die Rolle der Armee bei der Aufrechterhaltung der öffentlichen Ordnung und königlichen Macht im Innern des Landes. Zahlreiche Militärkräfte sorgten auch für die Sicherheit von Erkundungs- und Handelsexpeditionen.

Für Tapferkeit im Kampf und andere militärische Tugenden wurden Offiziere und Soldaten mit dem 'Gold der Tapferkeit' ausgezeichnet. Dabei handelte es sich um Prunkwaffen, beson- *225*
ders um Streitäxte, Dolche oder Schwerter. Schmuckstücke, wie Löwen und Fliegen aus Gold, dürfen als die ältesten Orden in der Geschichte der Menschheit gelten. Der Löwe symbolisierte Mut, die Fliege den unermüdlichen Angriff. Hinzu kam ein Anteil an der Kriegsbeute, die Zuteilung eines oder mehrerer Kriegsgefangener bzw. erbeuteter Frauen als Sklaven und später auch ein Stückchen Land.

Freilich, nicht jeder kehrte lebend und unversehrt aus einer Schlacht zurück. Die in den Kämpfen erlittenen Verluste an Menschenleben waren nicht gering. Und viele Soldaten waren zeit ihres Lebens durch den Verlust ihrer Gliedmaßen, ihres Augenlichtes oder – im besten Falle – durch eine Narbe gekennzeichnet. Es sind zwei Fälle von Unterarmamputationen bei erwachsenen Männern bekannt, die entweder auf feindliche Schwerthiebe zurückzuführen sind oder auf Bestrafung wegen Diebstahls.

In jeder Knochenfundserie gibt es eine stattliche Anzahl von Schädeln mit schweren und leichten Hieb- und Stichwunden und mit Verletzungen, die von stumpfen Gegenständen herrühren; gebrochene Gliedmaßen sowie Wirbelbrüche sind keine Ausnahmeerscheinungen. Die meisten Befunde dieser Art haben wir an anthropologischem Material des 3.–5. Jh. n. Chr. im nubischen Sayala festgestellt, das österreichische Grabungen zutage förderten. Wahrscheinlich handelte es sich hier um die Überreste der von den Ägyptern gefürchteten Blemmyer, ursprünglich Nomaden aus der Ostwüste, die sich ihren Lebensunterhalt durch Beutezüge nach Oberägypten verdienten.

Daß auch Könige sich durch Tapferheit hervortaten und im Kampf ihr Leben ließen, bestätigte eine Untersuchung der Mumie des Königs Seqenenre Tao (17. Dyn.), die wir mit M. Bietak *229*
1974 in Kairo vornahmen. Von den fünf tödlichen Wunden am Kopf des Königs wiesen zwei im Querschnitt genau die Form jenes Streitaxttyps auf, der zur Bewaffnung der Hyksos gehörte, gegen die der König ins Feld gezogen ist.

Auch für die Besiegten waren die Folgen der Niederlage damals unheilvoll. Der Sieger führte viele Frauen und Männer in die Sklaverei, plünderte ihre Häuser, raubte oder vernichtete ihr Vieh und die Ernte und fällte die Bäume. Dasselbe Schicksal ereilte allerdings mitunter auch die Ägypter selbst.

229. Stirn und Gesicht des mumifizierten Kopfes König Seqenenres weisen von Hieben herrührende tödliche Verletzungen auf. Sequenenre wollte den von den Hyksos besetzten Teil Ägyptens befreien und kam dabei ums Leben. Sie hatten in der 2. Zwischenzeit das Delta besetzt. 17. Dynastie. Kairo, Ägyptisches Museum

KAPITEL 16

Bürokraten oder Manager? – Die Schreiber und die Verwaltung

231. Schreiber in Ausübung ihrer Ämter in ehrwürdiger Verbeugung wohl vor dem König. Fragment eines vertieften Reliefs. 18. Dynastie. Amarnazeit. Detroit, Institute of Art

Links
230. Die hohe Wertschätzung, deren sich Schreiber erfreuten, kommt in diesem Meisterwerk wohl am besten zum Ausdruck. Obwohl Statuen von sitzenden Schreibern, die eine Papyrusrolle auf den Knien halten, keineswegs ungewöhnlich sind, gibt es doch keine Plastik, die sich mit dem Schreiber des Louvre messen könnte. Die Augen bestehen aus Alabaster, die Pupillen sind aus Kristall und liegen in einer Kupferkapsel. Bemalter Kalkstein. Saqqara. Späte 4. oder frühe 5. Dynastie. Paris, Musée du Louvre

Welchen Bereich menschlichen Tuns wir im alten Ägypten auch ins Auge fassen – ob Arbeiten auf dem Lande oder in den Werkstätten der Handwerker, die Ausbildung militärischer Pflichten oder das geschäftige Treiben in den Kanzleien der Tempel und der Staatsverwaltung –, nirgends und zu keiner Zeit durfte der allgegenwärtige Schreiber (*zš*) fehlen. Er gehörte einer ausgeprägten und bis zu einem gewissen Grade auch exklusiven Schicht an, die im Gegensatz zu den analphabetischen Massen des Lesens und Schreibens kundig war. Diese Fähigkeit galt als ein gewisses Privileg, vielleicht auch als ein Geheimnis, das die Schreiber mit den Herrschern und den Göttern teilten.

Es wäre ein Irrtum zu glauben, die Aufgabe der Schreiber hätte lediglich darin bestanden, schriftliche Protokolle anzufertigen. Dies war nur die eine Seite ihres Berufes. In Wirklichkeit war der Schreiber Verwaltungsbeamter einer königlichen, fürstlichen oder Tempelinstitution, der ein bestimmtes Ressort perfekt beherrschte und die Fähigkeit besaß, selbständig zu denken, Entscheidungen zu treffen und zu organisieren. Protokolle dienten ihm zu Entscheidungsfindungen, deren Ziel es war, jeder Tätigkeit die bestmögliche Ordnung zu geben und auch für die Zukunft ihren reibungslosen Ablauf zu sichern.

Zusammen mit den Hohenpriestern und den gebildeten Würdenträgern gehörten die Schreiber zu den Vertretern der ägyptischen Intelligenz. In der gesellschaftlichen Hierarchie nahmen sie die höheren, mitunter auch höchste Stufen ein und konnten sich der gesellschaftlichen Anerkennung sicher sein. Darüber hinaus verdienen sie auch unseren Dank – für ihren Fleiß nämlich, durch den sie uns ein so reiches schriftliches Zeugnis vom Leben ihrer Zeit hinterlassen haben, seien es nun Zeugnisse des Alltags oder literarische Texte von hohem künstlerischen Wert.

Die Schreiber waren sich ihrer außerordentlichen Stellung sehr wohl bewußt und hüteten eifersüchtig ihr Berufsgeheimnis. Da sie nicht physisch zu arbeiten hatten, waren ihre Hände stets weich, ihre Kleidung sauber und sie selbst unbelastet von jedweder körperlichen Erschöpfung. Sie waren Herren, die Befehle gaben, kontrollierten, registrierten, genehmigten oder etwas untersagten. An sie wandten sich die einfachen Leute mit den unterschiedlichsten Anliegen, beispielsweise mit der Bitte um Aufsetzung einer Eheurkunde oder eines Testamentes, aber auch mit der Bitte, einen Brief zu verfassen oder ihn einfach nur vorzulesen.

Der Beruf des Schreibers wurde in der Regel vom Vater auf den Sohn vererbt, und nur selten gelang es auch dem Sohn eines Außenstehenden, in den Kreis der Schreiber vorzudringen. Wohl in der Absicht, seinem Sohn Pepi, der seine Heimatstadt im Delta verlassen hatte und auf der staatlichen Schreiberschule in der Residenz lernte, den Beruf des Schreibers noch schmackhafter zu machen, verfaßte Cheti zu Beginn der 12. Dynastie eine berühmte Lehre, die auch unter der Bezeichnung 'Ständesatire' bekannt ist. Sie schildert die Schattenseiten verschiedener Berufe, um auf diese Weise die Vorzüge des Schreiberstandes deutlicher hervortreten zu lassen. Denn das Amt des Schreibers „ist doch größer als jeder andere Beruf, und es gibt nicht seinesgleichen auf Erden". Das wichtigste freilich ist: „Siehe, nicht gibt es einen Beruf ohne Vorgesetzten außer den Schreiber, denn der ist Vorgesetzter. Wenn du schreiben kannst, so ist das für dich besser als die Berufe, die ich dir vorgeführt habe", beschließt Cheti seine Ratschläge. Gewiß hat sich Pepi die Ratschläge seines Vaters zu Herzen

genommen, wie auch all jene, die diese Lehre in den Schreiberschulen eifrig auf Täfelchen und Ostraka abschrieben …

Ähnliches steht auch in anderen Lehrtexten für die angehenden Schreiber geschrieben: „Der Schreiber ist es, der die Steuer für Ober- und Unterägypten festsetzt und einzieht; er ist es, der die Abrechnungen all dessen macht, was existiert. Er organisiert alle militärischen Einheiten. Er ist es, der die Gesandten der Städte und Dörfer vor den König führt und den Schritt eines jeden einzelnen bestimmt. Er ist es, der dem ganzen Land befiehlt und jeden Vorgang beaufsichtigt." Und an die jungen Anwärter dieses Berufsstandes ergeht der Aufruf: „Werde Schreiber, damit deine Gliedmaßen glatt und deine Hände zart bleiben, damit du, in Weiß gekleidet, wie ein Geehrter einhergehst, den (auch) die Höflinge grüßen."

Kein Wunder also, wenn die Exklusivität dieses Berufes einigen ihrer Vertreter derart in den Kopf stieg, daß sie sich gegenüber ihren Mitbürgern als Herren aufspielten und sich sogar untereinander zankten. Im Papyrus Anastasi beispielsweise wirft der Schreiber Hori seinem Kollegen Amenemope, dessen Brief er nicht für gut befunden hatte, Unfähigkeit vor, den Proviant für die mit Ausschachtungsarbeiten beschäftigten Bauarbeiter, die für den Bau der Rampe erforderliche Menge an Ziegeln, das Gewicht des Obelisken sowie die für seinen Transport notwendige Anzahl an Männern richtig berechnen zu können.

Die Bilderschrift der alten Ägypter nannten die Griechen *hieroglyphika grammatika*, „heilige Buchstaben" also, da sie sie bei ihrer Ankunft in Ägypten an den Wänden von Tempeln und Gräbern vorgefunden hatten und der Meinung waren, daß sie kultische Geheimnisse enthielten. Entstanden waren diese Zeichen aus zwar vereinfachten, aber treffenden und charakteristischen Bildern konkreter Gegenstände. Die im Laufe der Zeit um neue Zeichen vermehrten Hieroglyphen wurden in monumentalen Inschriften durch die Geschichte der altägyptischen Zivilisation hindurch verwendet. Auf Tempel- und Grabreliefs auch darüber hinaus.

Für tägliche Berichte wie für ausgebaute literarische Texte war die verschliffene Form oder 'hieratische Schrift' gefordert, in der die meisten ursprünglichen Bilder so vereinfacht waren, daß sie unmittelbar nicht wiederzuerkennen sind. Diese Schriftform wurde von Schreibern seit dem Alten Reich bis ins 8. Jh. v. Chr., für religiöse Texte bis in die letzten Jahrhunderte vor der Zeitenwende verwendet. Bis in die Zeit des Mittleren Reiches wurde in vertikalen Kolumnen von oben nach unten geschrieben, ab dem Neuen Reich jedoch in Reihen von links nach rechts.

Oben links
232. Schreiber messen den Getreideertrag. Wandmalerei im Grab des Menena. Scheich Abd-el-Gurna, Theben-West. 18. Dynastie

Oben rechts
233. Der königliche Schreiber Maja war Oberstschatzmeister sowohl unter Tutanchamun als auch unter Haremheb. (Siehe auch Abb. 64.) Kalksteinstatue, späte 18. Dynastie. Leiden, Rijksmuseum van Oudheden

234. Schreiber verzeichnen die Erträge der einzelnen Bodenpächter, die vor jenen knien müssen. Relief im Grab des Mereruka, Saqqara. 6. Dynastie

Ab dem 8. Jahrhundert wurde die Umgangssprache in einer noch abgekürzteren Alltagsform, der 'demotischen Schrift' abgefaßt, in der oft Gruppen von Symbolen, nun völlig unkenntlich vereinfacht, in Phonogramme verschmolzen sind.

In ptolemäischer Zeit benutzte der Hof die griechische Sprache und das griechische Alphabet. Übersetzungen wurden notwendig, wie dies exemplarisch am Dekret von Memphis aus der Zeit des Ptolemaios V. Epiphanes (196 v. Chr.) abzulesen ist. Es war dieses auf einem Basaltstein in Griechisch, Demotisch und ägyptischer Hieroglyphenschrift wiedergegebene Dekret, das von Hauptmann Bourchard, einem Mitglied der napoleonischen Expedition, nahe der Stadt Raschid (Rosette) im Nildelta gefunden wurde und für Champollion zum Schlüssel wurde, 1822 die Hieroglyphenschrift zu entziffern.

Gravierungen in Stein oder auf Tontafeln, wie sie in Mesopotamien praktiziert wurden, eigneten sich nicht für die beiden ägyptischen Schreibschriften. Doch besaß Ägypten hierfür ein leicht zugängliches, überlegenes und leicht transportables Material: den Papyrus.

Das Wort wurde auch für den Schriftträger benutzt, der aus der gleichnamigen Pflanze hergestellt wurde. *Cyperus papyrus L.* – ein Riedgras, die Binse – wuchs damals in den Sümpfen der Nilarme, besonders im Delta. Heute würde man diese Pflanze dort vergeblich suchen. Zu ihrem völligen Aussterben hat offensichtlich auch der Umstand beigetragen, daß sie nicht nur als Schreibmaterial beliebt war, sondern auch zur Herstellung von leichten Booten, Matten, Körben und anderen geflochtenen Gegenständen, Sandalen, Schürzen, Seilen u.ä. diente. Ob auch andere, klimatische und Umweltfaktoren zu ihrem Aussterben beigetragen haben, ist noch ungeklärt. Wer also heute in Ägypten Papyrus wachsen sehen möchte, der muß sich mit Proben begnügen, wie beispielsweise vor dem Ägyptischen Museum oder im Landwirtschaftsmuseum in Kairo. In der freien Natur kommt die Papyruspflanze noch in den Sümpfen von Bahr el-Ghazal im Südsudan oder am Blauen Nil in Äthiopien vor.

Die Bezeichnung „Papyrus" – griech. *papyros* – ist ägyptischer Herkunft und bedeutet „das des Pharao", was auf das königliche Monopol seiner Herstellung und seines Vertriebes hinweist. Über das Griechische und Lateinische gelangte das Wort als 'Papier', engl. *paper*, tschechisch *papír* usf. in die europäischen Sprachen, obgleich der Grundstoff für Papier die Zellulose ist, die mit Papyrus nichts gemein hat.

Zur Herstellung des Schreibmaterials Papyrus schnitt man die Papyrusstengel zunächst in dünne Längsstreifen. Diese wurden dann parallel und einander überlappend nebeneinandergelegt. Darüber kam eine zweite Lage von Streifen, aber vertikal zur ersten. Anschließend wurden die Streifen begossen und durch Schlagen und Pressen geglättet. Der dabei austretende stärkehaltige Saft in den Streifen verklebte beide Lagen zu einem festen, aber biegsamen Blatt, das in der Regel 15 bis 50 cm breit war. Einmal getrocknet, hielt die weiße Blattschicht die aufgetragene Schriftfarbe und bleichte selbst nach längerer Zeit nicht aus. Die Blätter wurden dann zu breiten Bahnen zusammengeklebt und auf einem Holzstab zu einer Rolle aufgewickelt. Solche Rollen erreichten beachtliche Längen – bei literarischen Texten bis zu 40 Meter und mehr!

Weniger häufig verwendete man als Beschreibstoff Pergament, das aus sorgfältig gereinigter, dünn gezogener und geweißter Tierhaut hergestellt wurde.

Den altägyptischen Schreibern erkannte man an seiner Schreibpalette – einem rechteckigen Holzbrettchen –, die er an einer Schnur über der Schulter trug. Sie besaß zwei Vertiefungen: *258*

eine zur Aufnahme der aus einer Mischung aus Ruß und Papyrussaft (als Bindemittel) bestehenden schwarzen Farbe, die andere zur Aufnahme der roten Farbe, die aus fein gemahlenem gebranntem Ocker und einem Bindemittel bestand. Dazu gehörte ein Lederbeutel mit Verschnürung, in dem man ein Töpfchen Wasser zum Anrühren der Farbpasten trug. In die Palette war ein Schlitz eingearbeitet, der das Schreibgerät aufnahm: die Binse (*juncus maritimus, juncus rigidus*), deren eines Ende zugespitzt und zu einem Pinselchen zerkaut wurde. Seit der Ptolemäerzeit benutzte man zum Schreiben häufiger eine Rohrfeder (*phragmites aegyptiaca*), deren eines Ende wie eine mittelalterliche Gänsefeder zugeschnitten war. Die Federn bewahrte man in einer Lederhülse auf, die mit einem Riemen an der Schreibpalette befestigt war.

Dank dem trockenen und heißen Klima Ägyptens haben sich Papyri trotz ihrer zerbrechlichen organischen Struktur zu Tausenden an den verschiedensten Stätten des Landes erhalten. Zu den aufsehenerregendsten Funden gehört auch das berühmte Tempelarchiv von Abusir, das zu Beginn unseres Jahrhunderts von L. Borchardt in den Resten des Totentempels des Königs Neferirkare (5. Dyn.) zutage gefördert und 1976 von Frau P. Posener-Kriéger veröffentlicht worden ist. Bedeutende Fragmente, gleichfalls Teil dieses Archivs, konnten jüngst von M. Verner im Totentempel der Königin Chentkaus sowie im Totentempel des Königs Raneferef in Abusir entdeckt werden. Besonders letzterer Fund, der aus 150 kleineren und größeren Papyrusfragmenten besteht, brachte neue Einblicke in die Organisation und das Funktionieren der Tempelwirtschaft allgemein.

Viele Papyri entdeckte man in den Kehrrichthaufen antiker Städte. Leider haben sie mitunter auch als Brennstoff für die Back- und Keramiköfen herhalten müssen, wie dies neue Funde beispielsweise im Bereich der Schatzkammer König Thutmosis' III. nordöstlich des Amuntempels von Karnak beweisen.

Besser erhalten sind Papyrusrollen mit den Texten des Totenbuches, die dem Verstorbenen ins Grab mitgegeben worden sind. Zu ganz überraschenden Funden kam man beim Auseinandernehmen sogenannter Mumienkartonagen, die in der Spätzeit und in der griechisch-römischen Zeit Verwendung fanden. Sie bestanden aus mehreren Lagen stuckierter Leinwand oder nicht mehr benötigter Papyri. Auch zum Ausstopfen heiliger Tiermumien, vor allem von Krokodilen, wurden neben Stoffen auch ausrangierte Papyri verwendet.

Außer Papyri benutzten die Schreiber für kurze Aufzeichnungen und Notizen, Rechnungen, Quittungen oder erste Textfassungen billigeres Schreibmaterial, und zwar die Scherben zerbrochener Tongefäße oder Kalksteinscherben: sogenannte Ostraka. Ausnahmsweise kommen auf ihnen aber auch Aufzeichnungen dauerhafteren Charakters vor, wie beispielsweise von Inventarlisten.

Aus Grabinschriften und bildlichen Darstellungen in den Gräbern gewinnen wir eine Vorstellung von der Tätigkeit der Schreiber im Wirtschaftsalltag Altägyptens. Als Ergebnis ihres Wirkens sind verschiedene Urkunden nichtliterarischen Charakters auf uns gekommen, in erster Linie Verzeichnisse und Listen. Aufgezeichnet werden mußte offenbar alles, von den Säkken eingebrachten Getreides und dem Viehbestand über Material- oder Saatgutausgaben bis hin zu Art und Anzahl der jeweiligen Erzeugnisse, des Baumaterials, der Werkzeuge und Hilfsmittel. Schriftlich vermerkt wurden die Präsenz von Arbeitern, Lohnzahlungen, Art und Menge

Links
235. Ein Schreiber überprüft anhand einer Liste Gefangene, ein anderer registriert Rinder. Relief aus dem Grab des Maja, Saqqara. Späte 18. Dynastie

Rechts
236. Ein Schreiber bei fleißiger Arbeit in seinem 'Büro'. Relief im Grab der Prinzessin Idut. Saqqara. 6. Dynastie

der Kriegsbeute, die Zahl der Hände und Geschlechtsteile, die man gefallenen Feinden abgehackt hatte, sowie die Art und Anzahl der Grabbeigaben, die dem Verstorbenen ins Jenseits folgten, und der Opfergaben, die diesem von den Totenpriestern tagtäglich dargebracht wurden.

Aus den exakt geführten Verzeichnissen geht hervor, daß ein guter Schreiber auch ein guter Rechner sein mußte. Algebrakenntnisse waren auch zum Bau eines Kanals, einer Rampe oder größerer Objekte erforderlich, da die dafür benötigten Arbeitskräfte und die Menge des Baumaterials genau berechnet werden mußten, um entsprechend exakt planen zu können. Die pedantisch geführten Verzeichnisse waren also keine sinnlose Erfindung geistloser Bürokraten, sondern verschafften den höchsten Beamten den nötigen Überblick über das Ausmaß angehäufter materieller Güter, was wiederum deren ordnungsgemäße Verteilung, das Anlegen von Reserven und die Planung außerordentlicher Vorhaben ermöglichte.

Andere Urkunden enthalten Anordnungen der verschiedensten Ämter, Gerichtsprotokolle, privatrechtliche Verträge unterschiedlichster Art – u.a. Käufe und Verkäufe, Darlehen, Vermietungen, finanzielle Schlichtungen zwischen Eheleuten sowie Erbschaftsangelegenheiten betreffend – sowie Steuerbestätigungen und Quittungen.

Zu den Urkunden privaten Charakters gehören die Briefe. War ihr Absender Schreiber, dann verfaßte er sie natürlich selbst. Eine umfangreiche Korrespondenz, bestehend aus insgesamt 54 vollständig bzw. teilweise erhaltenen Briefen, hat Butehaimun, Schreiber der Handwerkersiedlung von Deir el-Medineh, mit seinem in Nubien weilenden Vater Djehutimose geführt. War der Verfasser eines Briefes hingegen des Schreibens unkundig, dann beauftragte er damit einen Schreiber – gegen Entrichtung einer entsprechenden Gebühr natürlich.

Eine wichtige Aufgabe der Schreiber indes bestand im Aufzeichnen und besonders Abschreiben der verschiedensten literarischen Texte. So sind uns Biographien, Weisheitslehren, literarhistorische Texte, Tendenz- und Propagandaschriften, Erzählungen, Märchen, Fabeln und Reiseberichte, Gedichte, Annalen, Königsnovellen, 'Sachbücher', wissenschaftliche Literatur, religiöse und dramatische Texte überliefert.

Wie fleißig und konzentriert die Schreiber ihre Arbeit verrichteten, kann man zum Beispiel auf den bildlichen Darstellungen in der Mastaba des Mereruka in Saqqara (6. Dyn.) sehen. Die Schreiber hocken, leicht vornübergebeugt, in einer Reihe und schreiben, die Papyrusrolle auf den Knien, einen Text nieder. Hinter dem letzten Schreiber steht ein junger Anwärter, der in den Händen eine leere Papyrusrolle hält, um sie auf Geheiß einem der Schreiber zu geben. Dabei verbeugt er sich zum Zeichen der Ehrerbietung gegenüber seinen Meistern und Vorbildern.

232 Die Wandmalereien im Grab des Menena in Scheich Abd-el-Gurna (18. Dyn.), der Schreiber des Katasters des 'Herrn der beiden Länder' Thutmosis' IV. war, zeigen, wie Erntearbeiten von den Schreibern aufmerksam verfolgt werden. Die Schreiber, mit Täfelchen ausgestattet, zeichnen die Angaben der Landvermesser, die das abzuerntende Feld vermessen, auf, um den zu erwartenden Ernteertrag schätzen und ihn dann mit dem tatsächlichen Resultat vergleichen zu können. In einer anderen Szene notieren sich drei Schreiber den Ernteertrag an Getreide, während ihr Vorsteher – wohl der Grabherr Menena persönlich – auf einen Haufen abgemähter Getreidehalme steigt, um so einen besseren Überblick über das Geschehen zu haben. Von anderen Schreibern wiederum wird die Zahl der Säcke notiert, aus denen Bauern das gedroschene Korn in die Speicher schütten. Diese letzte Kontrolle ermöglichte es, über den Stand der Vorräte in den staatlichen Speichern eine Übersicht zu gewinnen.

Ein Holzmodell aus dem Grab des Würdenträgers Meketre (11. Dyn.) macht uns mit einer weiteren Art von Verzeichnissen bekannt. Es zeigt uns den Besitzer einer Domäne in Gesellschaft von vier Schreibern, die Stückvieh zählen und notieren. Auf diese Weise gewann man in jedem Landesteil eine Übersicht über den dortigen Viehbestand und konnte so den Viehverbrauch für die Ernährung und die Opfergaben in den Tempeln kalkulieren.

Auch in den Werkstätten, besonders in denen der Metallarbeiter, waren Schreiber beschäftigt.
163 Auf einem Relief aus Saqqara (5. Dyn.), das sich heute im Ägyptischen Museum in Kairo befindet, sehen wir einen Beamten an der Handwaage. Auf der einen Waagschale liegen mehrere längliche Gegenstände, wohl der Rohstoff, auf der anderen Gewichte. Das Ergebnis des Wägens hält ein Schreiber auf einer Papyrusrolle fest. Nach der Fertigstellung des Erzeugnisses wurde erneut gewogen. Der Schreiber verglich beide Ergebnisse miteinander und konnte so feststellen, ob der Materialverlust der 'Norm' entsprach.

Wägeszenen aus dem Alltag fanden auch in den Darstellungen vom Totengericht Eingang.
287 Dabei wird das Herz des Verstorbenen gegen die Wahrhaftigkeit seiner zu Lebzeiten vollbrachten Taten aufgewogen. Die guten Taten sind durch eine Straußenfeder, dem Symbol der Wahrheitsgöttin Maat, oder durch die sitzende Göttin selbst vertreten. Der Schreiber, der den Vorgang notiert, ist Thot, der Patron der Schreiber und Gott der Beamten.

Auch in der Siedlung der königlichen Nekropolenarbeiter in Deir el-Medineh waren Schreiber beschäftigt. Sie gehörten zwar keiner der Arbeiter- und Handwerkergruppen an, bildeten aber mit den Vorarbeitern und einem der Zeichner die leitende Beamtenschicht, die man „Auf-

237. Ein Schreiber registriert Krüge mit frischem Wein. Malerei auf Kalkstein im Grab des Userhet. Scheich Abd-el-Gurna, Theben-West. 18. Dynastie

seher der Arbeiten am Platz der Wahrheit" nannte. J. Černý zufolge pflegten es zwei, gegen Ende der Ramessidenzeit vier Schreiber zu sein. Sie unterstanden direkt dem Wesir, wie auch aus ihrem Titel 'königlicher Schreiber am Platz der Wahrheit' deutlich wird. Sie wohnten entweder direkt in der Handwerkersiedlung, wie die Schreiber Unnefer und Horscheri, oder aber in der näheren Umgebung. Unter den Gräbern der Handwerker fanden sich auch zwei Grabstätten von Schreibern: das Grab des Amenemope und das des Ramose; beide Gräber kamen in Größe, Ausschmückung und Ausstattung den Gräbern von Vorarbeitern gleich.

Die Hauptaufgabe der Schreiber von Deir el-Medineh bestand darin, den Bau der Königsgräber im Tal der Könige zu 'managen', d.h. zu organisieren, zu kontrollieren und zu registrieren. Ihr Arbeitstag begann damit, daß sie zunächst einmal kontrollierten und schriftlich festhielten, wer zur Arbeit erschienen war bzw. aus welchem Grunde einer fehlte. Flüchtige Notizen, die verschiedene Aspekte des Arbeitsprozesses betrafen, machten sie sich zunächst auf Ostraka. Diese Notizen dienten ihnen dann als Grundlage für zusammenhängende Tagebucheintragungen auf Papyrusrollen, die sie für künftige Zwecke in ihren Büros hinterlegten. In regelmäßigen Abständen stellten sie daraus dann ihre Meldungen für den Wesir zusammen.

Aus den königlichen Schatzkammern empfingen die Schreiber verschiedenes Material, wie kupfernes Gerät, Gips, Holzkohle, Bauholz, Stoffe, Kerzenöl und anderes mehr. Diese Dinge verwahrten sie in Magazinen auf, wobei sie über den Stand der Vorräte genaue Verzeichnisse anlegten. Über jedes Gerät und die geringste Menge an Material, die den Arbeitern ausgehändigt wurden, führte man genau Buch. Dadurch besaß man nicht nur einen Überblick über den Materialverbrauch, sondern konnte die königliche Schatzkammer rechtzeitig um neue Lieferungen bitten.

Mit gleicher Sorgfalt wurde auch über den Getreidevorrat, aus dem die Schreiber die Arbeiten entlohnten, Buch geführt. Wenn sich infolge von Unordnung, wie sie in den Amtsstuben der 20. Dynastie häufig herrschte, die Lieferung von Korn mitunter verzögerte, waren die Schreiber um eine Klärung der eingetretenen Mißlage bemüht. In Begleitung zweier mit Stökken bewaffneter Wächter gingen sie durch die umliegenden Dörfer, um von den Bauern Getreide für ihre Arbeiter und Handwerker einzutreiben. Gemeinsam mit den Vorarbeitern hatten die Schreiber auch für Ruhe und Ordnung an den Arbeitsplätzen und in der Umgebung zu sorgen.

Ein Gutteil ihrer Arbeit betraf auch das Leben der Handwerkersiedlung selbst. Sie waren bei der Lösung sämtlicher Angelegenheiten behilflich, die schriftliche Protokolle oder das Verlesen schriftlicher Dokumente erforderlich machten. An die Schreiber wandten sich die Leute, um ihnen ihre Beschwerden und Streitfälle vorzutragen oder um tatverdächtige Personen einem ersten Verhör zuzuführen. Handelte es sich um kleinere Vergehen oder um Angelegenheiten, die niedere Angestellte betrafen (die sog. *smdt*-Leute), bemühten sich die Schreiber um eine Klärung vor Ort. Schwere Vergehen zu ahnden oblag dem 'Gericht des Grabes', dem auch Schreiber angehörten. Wo ein irdisches Gericht versagte, wurde das Orakel des vergöttlichten Königs Amenophis I. angerufen; zu diesem Zweck verfaßten die Schreiber konkrete Fragen und legten sie der Götterstatue vor.

In die Kompetenz der Schreiber fielen auch Dienste, wie sie auch heute noch von professionellen Schreibern in einigen islamischen Ländern, in denen es einen hohen Prozentsatz von Analphabeten gibt, versehen werden. Sie setzten privatrechtliche Verträge auf und unterzeichneten sie als Zeugen, schrieben Briefe, die ihnen von ihren Mitbürgern diktiert wurden, und lasen Schreiben vor, deren Empfänger nicht lesen konnten. Auch die Niederschrift von Inschriften für die Särge verstorbener Arbeiter oder deren Angehöriger durch Schreiber ist bezeugt. Mit ihren Diensten an den Mitbürgern verdienten sich die Schreiber noch nebenbei etwas hinzu. So kassierte der Schreiber Horscheri für seine 'Schreib- und Zeichenarbeit' an drei Särgen der Amun-Sängerin Tanedjemeti 95 Kupfer-*dbn*, eine im Theben der 20. Dynastie stattliche Summe.

Die meisten Schreiber erwiesen sich als fleißige, geduldige und tüchtige Manager des Alltags. Sie stellten eine relativ große Gruppe gebildeter Menschen dar, die zur Entfaltung der Kultur beitrugen. Obgleich sie in vielem ein gewichtiges Wörtchen mitzureden hatten, täte man ihnen wohl Unrecht, wollte man in ihnen – analog den modernen Bürokraten – eine Bremse des Fortschritts sehen. Und ohne die Früchte ihrer Arbeit stünden wir heute in Ägypten nur mehr vor stummen Zeugen längst vergangener Zeiten!

KAPITEL 17

Im Innern der Tempel

Links
238. Das Innere der Säulenhalle des Amuntempels in Karnak. Blick durch die Papyrussäulen zur Fensteröffnung mit Steingitter. 19. Dynastie

Jeder Ägyptenbesucher ist fasziniert von der Zahl und den riesigen Ausmaßen der altägyptischen Tempel. In ihren massiven Steinmauern mit den gewaltigen Pylonen und den schlanken, zum Himmel ragenden Obelisken ist eine Lebensanschauung verewigt, deren Religion mit ihrem Götterpantheon die kosmische Ordnung und die Harmonie zwischen dem Menschen und der ihn umgebenden Natur aufrecht erhielt.

Aus den allgegenwärtigen Tempeln kann man deren Bedeutung für die damalige Gesellschaft ablesen. Doch hatten sie nicht nur religiöse Bedeutung. Die Ausmaße der Tempel, seien sie nun Göttern oder verstorbenen Königen geweiht, verraten zugleich, daß hinter ihren Mauern ein reges Treiben geherrscht haben muß. Obgleich dieses Treiben auf den Kult hin gerichtet war, hatten doch die Tempeldomänen, Werkstätten, Bibliotheken und auch die Lebenshäuser, von denen wir näheres im folgenden Kapitel erfahren, wesentliche Bedeutung auch für die Wirtschaft und das geistige Leben des ganzen Landes. Lag doch oft Tempel neben Tempel, so daß ganze Komplexe, ja richtige Tempelstädte entstanden, wie etwa Giseh, Abusir und Saqqara im Alten Reich oder Theben-West und Karnak im Neuen Reich.

Die Priesterschaft, stark hierarchisch gegliedert, war äußerst zahlreich. Dank verschiedener Privilegien, die sie vom König verliehen bekam, wuchs der wirtschaftliche und damit auch der politische Einfluß ihrer Führung, der Hohenpriester. Immer mehr beteiligten diese sich an der politischen Macht, und in bestimmten Zeiten (an der Wende von der 20. zur 21. Dynastie) strebten die Hohenpriester des Amun nach der Macht des Pharao, der sie sich schließlich auch bemächtigten. Unser Bild vom Leben der alten Ägypter wäre unvollständig, würden wir nicht auch einen Blick in die Organisationsstruktur und den Alltag der Priesterschaft werfen.

Vor allem müssen wir uns klar machen, welch gewaltiger Unterschied zwischen der Berufung eines ägyptischen und eines christlichen Priesters besteht. Der altägyptische Priester war nicht Verkünder einer offenbarten Wahrheit, denn die Vorstellung von der Entstehung, der Ordnung und dem Lauf der Welt, wie man sie den Göttern verdankte, wurde vom Vater auf den Sohn weitergegeben und war auch in den verschiedenen Aspekten des täglichen Lebens aller präsent. Er war kein Prediger, der die Menschen zum Glauben zu bekehren oder zu einem gerechten Leben zu führen hatte, denn an der Gültigkeit der religiösen Weltanschauung zweifelte niemand (wenn wir Echnaton und seine Häresie ausnehmen, die vielleicht nur eine andere Form desselben Dogmas war). Die Menschen waren bestrebt, ein ordentliches Leben zu führen, um des Weiterlebens nach dem Tode, wovon sie zumeist überzeugt waren, teilhaftig zu werden. Während die Gläubigen im christlichen Gottesdienst Gott anbeteten, der sie mit seiner Gnade beschenkt, dienten die altägyptischen Priester dem Gott ihres Tempels mit materiellen und magischen Handlungen. Sie waren um die Sicherung der Gegenwart Gottes auf Erden und damit zugleich um eine harmonische Ordnung der Welt in der Form bemüht, die ihr die Götter gegeben hatten. Deshalb nannten sie sich 'Gottesdiener', in griechischer Zeit auch 'Propheten'.

Bei ihrem Dienst an den Göttern handelten die Priester stellvertretend für den König, der mit seinen Entscheidungen den Willen der Götter auf Erden verwirklichte und als einziger das Recht hatte, in den Kulthandlungen in engste Verbindung mit ihnen zu treten. Deshalb sehen wir auf den Reliefs, die die Tempelwände zieren, über die gesamte geschichtliche Zeit in Ägyp-

239. Die Würde und Autorität der Priesterschaft ist in dieser Quarzitstatue des Obersten Vorlesepriesters Pentamenope aufs vollkommenste eingefangen. Karnak. 26. Dynastie. Kairo, Ägyptisches Museum

240. Erster Pylon mit Eingang in den Isistempel. Der Tempel ist vor Jahren von der Insel Philae auf die Insel Agilkia verlegt worden. Ptolemäerzeit

ten stereotyp wiederkehrende Szenen des stehenden Königs, der einer Vielzahl von Göttern
7 opfernd gegenübergestellt ist. Als 'lebendiger Gott' ist er in gleicher Größe dargestellt wie das
243 übernatürliche Wesen ihm gegenüber, dem er im wesentlichen ebenbürtig ist.

In Anbetracht der großen Anzahl der vorhandenen Götter und ihrer Tempel konnte der König alleine nicht allen mit seiner privilegierten Stellung verbundenen Pflichten nachkommen. Einen Teil davon mußte er auf die Priester abwälzen, die im ganzen Königreich Tag für Tag in seinem Namen religiösen Riten nachkamen. Wenn wir uns die schöpferische Energie vergegenwärtigen, ebenso die materiellen Ressourcen, die für den Unterhalt der Tempel notwendig waren, müssen wir davon ausgehen, daß sie eine beträchtliche Last für die Wirtschaft des Landes waren.

Bevor der Priester das Allerheiligste des Tempels betrat, wo der Gott mit einem Teil seines Seins in einer im Halbdunkel stehenden Statue anwesend war, mußte er eine komplizierte Reinigungsprozedur absolvieren. Dies war nicht wie im Christentum ein spiritueller Akt, verbunden mit dem Widerruf und der Vergebung von Sünden, sondern mehrere aufeinanderfolgende, rein physische Vorgänge. Die größte Gruppe der niedrigrangigen Priester wurde auch als 'die Reinen' gekennzeichnet.

Eine Grundvorbedingung der rituellen Reinheit war die Beschneidung. Wenn dies dem angehenden Priester noch nicht in seiner Jugend angetan worden war, mußte der Novize sich der

Rechts
241. Tanefer, Der Dritte Prophet des Amun, beim Libations- und Weihrauchopfer vor einem Tisch mit Brot, Wein, Fleisch, Obst und Blumen, den für Osiris bestimmten Opfergaben. Zeichnung auf Papyrus aus dem Totenbuch des Tanefer. 21. Dynastie. Kairo, Ägyptisches Museum

Unten
242. Träger mit Lotus und Kranich als Opfergaben. Bemaltes Kalksteinrelief. 20. Dynastie. Kairo, Ägyptisches Museum

Operation unterziehen, bevor er in die Tempelgemeinschaft aufgenommen werden konnte. Herodot bemerkt (II, 37): „Sie praktizieren die Beschneidung um der Reinheit willen; denn sie setzen Reinheit über Schicklichkeit".

Eine weitere Vorbedingung für die Priester war eine Ganzkörperrasur. Wir haben bereits Herodot zitiert (II, 37), der berichtet, daß diese alle drei Tage stattfand, um die Gefahr von „Läusen und anderen Unreinlichkeiten" zu vermeiden. Deshalb sind sie in Darstellungen im-
mer glatzköpfig und ohne Wimpern und Augenbrauen abgebildet. Auch der Fremde, der nach 241
dem Geheimnis der in den Tempeln gepflegten Wissenschaften strebte, mußte sich, wie beispielsweise der griechische Reisende Eudoxos von Knidos, vor dem Betreten des Tempels die Haare und die Augenbrauen abrasieren.

Auch hatten die Priester den Verzehr bestimmter Speisen zu meiden. Antiken Autoren zufolge waren davon sehr viele Speisen betroffen, beispielsweise das Fleisch von Kuh, Schwein, Schaf, Taube, Pelikan und Fisch (besonders Meeresfisch), ferner Bohnen, Knoblauch oder gar sämtliches Gemüse. Sie durften die Speisen nicht salzen, und Wein war ihnen, wenn überhaupt, nur in kleinen Mengen gestattet. Es hat den Anschein, als ob die Priester sehr asketisch leben mußten – eine Annahme, die allerdings mit Herodots Angaben nicht zu vereinbaren ist (II, 37): „Denn ihr Haushalt kostet ihnen nichts, da ihnen Brot auf Tempelkosten gebacken und jedem täglich Rind- und Gänsefleisch in Mengen geliefert wird und Wein dazu, Fisch aber durften sie nicht essen." Das Verbot bestimmter, in der Regel aber nur von einigen wenigen Speisen schien also vom jeweiligen Tempel abzuhängen, insofern dessen Gottheit den Verzehr einer bestimmten Fleischart oder bestimmter Gemüsesorten ablehnte. Auch durften die Priester nicht jenes Tier verzehren, das als Inkarnation der Gottheit und deshalb als heilig galt.

Die Priester heirateten normalerweise und führten ein Familienleben, doch durften sie sich nach Diodor nur eine Frau nehmen (obgleich auch Ausnahmen bekannt sind). Mehrere Tage vor Betreten des Tempels sollten sie sich des Geschlechtsverkehrs enthalten, und im Tempel selbst galt das Verbot, mit den Priesterinnen, Tänzerinnen, Sängerinnen und Musikerinnen des Tempels geschlechtlich zu verkehren. Herodot zufolge galt es als sündhaft, „mit einem Weibe in einem Tempel den Beischlaf zu vollziehen" oder einen Tempel zu betreten, nachdem man Geschlechtsverkehr gehabt und sich noch nicht gewaschen hatte.

Auch ihre Tracht unterschied die Priester von der übrigen Bevölkerung. Um rituell rein zu sein, hatte ihre Kleidung aus sauberen, feinen Leinenfäden gewebt zu sein und wurde nach einem konservativen Modell aus dem Alten Reich geschnitten. Während das einfache Volk barfuß ging, trugen die Priester weiße Sandalen. Vorlesepriester hatten gewöhnlich ein Band um die Brust. Die höheren Ränge zeichneten sich aus durch besondere Kleidungsstücke, wie etwa das über die Schulter getragene Leopardenfell der *Sem*-Priester. Der Hohepriester von Heliopolis trug ein aus ledernen Sternen genähtes Gewand, sein Kollege in Memphis war mit einem besonderen Halskragen und einer langen, am Kopf befestigten Flechte geschmückt.

Nachdem alle genannten Bedingungen erfüllt waren, hatte sich der Priester vor Betreten des Allerheiligsten weiteren rituellen Reinigungen zu unterziehen. Bei großen Tempeln finden wir an der Innenseite der Außenmauer einen geräumigen steinernen Teich, in den eine Reihe von Stufen führen, so daß der Priester hier seine Waschungen ausführen konnte. Kleinere Tempel hatten kleine Becken oder Zisternen für den gleichen Zweck. Die Waschung sollte nicht nur allen Haus- und Straßendreck und -staub beseitigen, sondern den Priester auch mit frischer Kraft, die dem Wasser als Wiege des Lebens und Quelle der täglichen Wiedergeburt der Sonne zugesprochen wurde, stärken. Herodot behauptet (II, 37), daß sich die Priester zweimal am Tag und zweimal bei Nacht in kaltem Wasser wuschen. Zur Waschung gehörte auch das Ausspülen des Mundes mit einer Natronlösung und das Einreiben des Körpers mit Öl, das in Tempeln in großen Mengen vorhanden war und konsumiert wurde.

Die rituelle Reinigung der Priester trug sicherlich auch dazu bei, daß ihre Hygiene auf einem relativ hohen Niveau stand. Berücksichtigt man dann noch ihre gute materielle Versorgung, ausreichende Verpflegung, angemessene Unterbringung sowie die ruhige, genau geregelte Lebensweise, die keine Abweichung, keine Aufregungen und keine anstrengenden Arbeiten kannte, so besaßen die Priester alle Voraussetzungen, um ein gesundes und langes Leben führen zu können.

Neben den Forderungen nach körperlicher Reinheit galt für die Priester auch ein strikter Sittenkodex, auch wenn wir nicht wissen, inwieweit sie ihn respektierten. „Betretet niemals den Tempel als Sünder, und zeigt euch dort auch nicht, wenn ihr unrein seid“, heißt es darin, und weiter: „Sprecht keine falschen Beschuldigungen aus, seid nicht gewinnsüchtig, laßt euch nicht

243. Ramses II. weihräuchert zu Ehren des Amun, der von Priestern, die als mythologische Gestalten maskiert sind, in seiner heiligen Barke getragen wird. Flachbild, später als versenktes Relief umgearbeitet, auf einer Wand in der Säulenhalle des Amuntempels in Karnak. 19. Dynastie

mit Geschenken bestechen, wendet euch nicht von den Geringen wegen der Großen ab, fälscht nicht Maße und Gewichte, verratet durch eure Gesprächigkeit die Riten nicht, an denen ihr teilnehmt: sie sind das Geheimnis, das den Tempeln vorbehalten bleibt."

Im Unterschied zu den christlichen Gotteshäusern waren die ägyptischen Tempel für Laien nur begrenzt zugänglich: sie durften nur den Vorhof betreten, während die Innenräume des Tempels den Priestern vorbehalten blieben. Versetzen wir uns nun einmal in einen ägyptischen Tempel und wohnen einem Gottesdienst bei.

Nachdem sich die schweren Tempeltore aufgetan haben, betreten die Priester allmorgendlich eine große Säulenhalle, deren Decke auf mächtigen Säulen mit Lotos- oder Papyrusdoldenkapitellen ruht. Einige Priester tragen Teller mit Speisen und Gefäße mit Getränken, andere Kästchen mit Toilettengeräten und wieder andere Wasser und Weihrauch. Je weiter sie ins Innere des Tempels vordringen, um so mehr verändern sich die Räume, die sie passieren: ihre Decken werden immer flacher, durch ihre Belüftungslöcher dringt immer weniger Licht, so daß die Atmosphäre in den Räumen immer geheimnisvollere Züge annimmt. Vor den geschlossenen Türen des zentralen Sanktuars, des Allerheiligsten, hält die Prozession an. Ein Lehmsiegel, das den Intimbereich der Gottheit vor Unbefugten über Nacht geschützt hat, wird aufgebrochen, ein Riegel beiseite geschoben, und die Türflügel werden geöffnet.

Sobald sich am Horizont die Sonne zeigt, beginnen die Priester das Morgenlied „Erwache, großer Gott, in Frieden ..." zu singen. Im Dunkeln des Sanktuars, das lediglich durch den Schein flackernder Fackeln erhellt ist, tritt der höchste Priester an den Kultbildschrein (Naos) heran, einen gewöhnlich aus Granit oder Basalt bestehenden besonderen Bau zur Aufbewahrung der Kultstatue, zerreißt das Siegelband und öffnet ihn. Vor den Augen der Zeremonienmeister erscheint die Götterstatue. Der Priester streckt ihr seine Hand entgegen, um dem Gott 'seine Seele wiederzugeben' und seine körperliche Gestalt zu festigen, wobei er viermal nacheinander ein dafür vorgeschriebenes Gebet spricht. Anschließend legen die Priester im Duft des entzündeten Weihrauchs ein aus Broten und Kuchen, Fleisch, Gemüse und Obst sowie Bier und Wein bestehendes Frühstück auf dem Opferaltar nieder. Die Gottheit – in den Totentempeln: der Verstorbene – begnügt sich freilich mit der geistigen Essenz des Opfers, so daß die Priester den materiellen 'Rest' unter sich und den Angestellten der Tempelwerkstätten aufteilen können. Um die Versorgung der Gottheit und der Priester mit Nahrungsmitteln zu gewährleisten, verfügte jeder Tempel über in eigenes Landgut (Domäne), das ihm vom König gestiftet worden war.

Nach dem Frühstück folgt die Morgentoilette der Gottheit. Sie obliegt einem besonderen Priester, den die Griechen *stolistēs* „Bekleider" nannten und der das Kultbild entkleidet, wäscht, mit Öl salbt und neu einkleidet. Die Stoffe dafür wurden wie die für die Priesterkleidung aus feinstem Leinen in den Tempelwebereien hergestellt und in besonderen Magazinen gelagert. Dem Kultbild des Gottes opferte man täglich vier Binden aus weißem, rotem, blauem und grünem Leinen. Ist das Kultbild neu eingekleidet, wird sein Gesicht geschminkt und die Stirn mit Öl bestrichen, wobei der Priester Segensformeln rezitiert. Zum Schluß werden Kultbild und Schrein mit Wasser besprengt, dem Gott je sieben Körner Natron und Harz vorgelegt und die Statue mit Weihrauch beräuchert. Danach wird der Naos verschlossen und versiegelt, die Prozession entfernt sich, und ein jeder Priester geht seinen Pflichten nach ...

244. Der heilige See war eine bedeutende Anlage aller großen Tempel. Hier nahmen die Priester an Reinigungsriten teil und veranstalteten kultische Barkenfahrten. Karnak

Ein Gottesdienst fand auch mittags und abends statt, doch blieben Naos und Allerheiligstes dabei verschlossen. Die abendliche Kulthandlung erfolgte in einer der Seitenkapellen; die mittäglichen Zeremonien beschränkten sich lediglich darauf, die Tür des Allerheiligsten und seine Umgebung mit Wasser zu reinigen und zu räuchern.

Vom Alltagskult des Götterbildes unterschied sich der sogenannte Festtagskult. Bei der Prozession des Kultbildes oder seiner Fahrt außerhalb des Tempels hatte auch das Volk die Möglichkeit, zugegen zu sein und es um Rat zu fragen. Das Götterbild pflegte aus diesem Anlaß reich geschmückt zu sein: es trug einen Halskragen, Arm- und Fußbänder, Krummstab, Amulette und anderen Schmuck aus Gold, Silber, eingelegtem Lapislazuli, Emaille, Glas und Halbedelsteinen aus der Schatzkammer des Tempels. Der Schmuck glänzte im Sonnenlicht und unterstrich nachhaltig die Größe und Erhabenheit des Gottes.

Das Götterbild wurde sodann in einen hölzernen Schrein verschlossen, der dem steinernen Allerheiligsten nachgebildet war und inmitten einer leichten Holzbarke stand. Diese hatte in jedem Tempel auf einem Steinsockel nebem dem Allerheiligsten ihren Platz, in großen Tempeln stand sie in einem gesonderten Raum, der nach beiden Seiten hin offen war, und im Amuntempel in Karnak gab es dafür sogar ein eigenes Gebäude. Je größer der Tempel war, desto größer und schwerer war auch die Barke, so daß man mehrere Männer benötigte, die sie auf einem schlittenförmigen Tragegestell oder auf Balken über den Schultern trugen. Mitunter waren
243 dreißig Trägerpaare nötig. Vor der Barke schritt ein weihräuchernder Priester, hinter der Barke folgte der Umzug von Priestern und Schaulustigen. Seltener wurde die Götterstatue, wie die des Gottes Min in Buto – einer Stadt im Nildelta –, auf einem Wagen gefahren, den Pferde oder Menschen zogen.

Die Prozession machte öfter halt, damit sich die Träger ausruhen und die Priester die vorgeschriebenen Riten vollziehen konnten, die aus Räucher-, Speise- und Trankopfern, dem Rezitieren von Sprüchen und dergleichen mehr bestanden.

Bei dieser Gelegenheit 'antwortete' die Gottheit auch mit einem Orakel. War die Antwort auf die gestellte Frage positiv, neigten sich die Barkenträger oder machten einen Schritt nach vorn, bei negativer Antwort wichen sie zurück.

Ging das Kultbild auf eine längere Reise, lud man die Barke auf ein Schiff, das mitunter sehr groß war (bis zu 130 Ellen lang). Auf seiner Fahrt machte das Schiff in verschiedenen Häfen halt, wo es von großen Menschenmengen erwartet wurde. Auf einem solchen Schiff bereiste beispielsweise das Götterbild der Isis von ihrem Tempel auf der Insel Philae aus die über ganz Nubien verstreuten Tempel.

Eine andere prachtvolle Prozession fand während des Festes von Opet in Theben statt. Dieses Fest fiel in die Zeit der Nilschwemme und erstreckte sich über immer mehr Tage: zur Zeit Thutmosis' III. dauerte es 11 Tage und gegen Ende der Regierung Ramses' III. bereits 27 Tage. Bei diesem Fest besuchte der Gott Amun, der in seinem Tempel in Karnak residierte, seine 'Südkapelle' im Luxor-Tempel. Den Verlauf der Festlichkeiten halten die Reliefs der sogenannten Prozessionskolonnade im mittleren Teil des Luxor-Tempels fest. Auf der Westwand ist die Reise des Gottes von Karnak nach Luxor und auf der Ostwand seine Rückkehr dargestellt.

Der Festzyklus beginnt mit einer Ritualhandlung König Tutanchamuns vor der Barke mit dem Kultbild des Amun, die im Karnak-Tempel aufgestellt ist. In der nächsten Szene wird die auf einem Tragegestell ruhende Barke von Priestern getragen, die zu dritt oder zu viert in sechs Reihen einherschreiten und von zwei *Sem*-Priestern angeführt werden. Vor der Barke geht ein Priester, der kultische Reinigungen vornimmt, ein anderer Priester räuchert und der letzte bläst auf einer Trompete. Hinter der Barke des Amun tragen Priester ähnliche Barken mit den Kultbildern des Chons (Amuns Sohn), der Mut (Amuns Gemahlin) und des Königs Tutanchamun. Wie Reliefs aus der Kapelle der Königin Hatschepsut in Karnak zeigen, führte die Prozession von Karnak nach Luxor ursprünglich über Land, wahrscheinlich die von Sphingen umsäumte Allee entlang, wobei man an sechs Raststellen halt machte. Später, aber mindestens seit der Zeit Tutanchamuns, führte die Prozession nur zum Hafen von Karnak, wo die Barken auf besondere Nilfähren verladen wurden.

Nun folgte die Fahrt über den Nil, der auf dem Relief als schmales Wasserband dargestellt
248 ist. Die Barke des Amun, die man *Userhet* nannte, und die des Königs wurden auf eine große Nilfähre verladen, während man die Barken des Chons und der Mut auf einem anderen Schiff transportierte. Die Fähre wird zum einen von zahlreichen Segelbooten gezogen, zum andern von einer Gruppe von Männern getreidelt, für die diese Tätigkeit eine Auszeichnung war. Das Ufer ist von vielen Schaulustigen gesäumt: von Soldaten mit einem Offizier, von Männern mit Standarten, von Verehrern des Amun, die sich vor ihm ehrfürchtig zu Boden werfen. Wir sehen
250 ferner drei Nubier, die keulenschwingend zu den Rhythmen einer Trommel tanzen, zwei Ägypter und fünf Libyer, die tanzend mit Stöcken auf den Boden stoßen, sowie Sistren spielende Frauen und eine Gruppe von Priestern, die mit ihren Händen den Takt klatschen.

In der nächsten Szene tragen Priester die Barke auf ihren Schultern vom Hafen zum Tempel von Luxor. Unterdessen hat man am Ufer acht Stiere rituell getötet, deren Keulen als Opferga-

245. Opfergaben und Nachthimmel. Wand- und Deckenmalereien in der Anubiskapelle des Hatschepsut-Tempels in Deir el-Bahari, Theben-West. 18. Dynastie

ben von sechs Männern in den Tempel gebracht werden. In drei Kapellen im nordwestlichen Teil des ersten Tempelvorhofs ruhen die Barken bereits sicher auf Podesten und der König opfert den Göttern.

Allem Anschein nach galt Amuns Besuch in Luxor seiner mystischen Hochzeit. Bestätigt wird dies durch die bedeutende Rolle, die die Hohenpriesterin als 'Gottesgemahlin' in den im Tempel selbst dargestellten Umzügen spielt, sowie durch die Lage jenes Raumes, in dem die Amunsbarke ruht: neben dem 'Geburtshaus' nämlich, in dem die göttliche Geburt Amenophis' III. dargestellt ist. Die Ägypter hegten offenbar die Vorstellung, daß Amun bei einem seiner Aufenthalte in Luxor den künftigen König zeugte. Mit der heiligen Hochzeit des Gottes ist auch der alte Name von Luxor: *Ipet-Resit*, verbunden, der „Südlicher Harem" bedeutet.

Das Fest endet mit der Rückreise zu Wasser, die durch ähnliche Szenen dargestellt ist, jedoch in umgekehrter Reihenfolge. Der die Prozession begleitende König ist nun allerdings Amenophis III. Die Fährschiffe müssen auch nicht mehr gezogen werden, da sie nun stromabwärts fahren.

Das einfache Volk konnte die Gottheit auch in den Tempeln befragen, wozu es ausnahmsweise in besondere Räume eingelassen wurde. Die Antwort erteilte ein Priester, der sich hinter einem hoch oben in der Wand verborgenen Fensterchen oder in der hohlen Götterstatue verbarg. Die Fragen konnten auch schriftlich gestellt werden, wie dies kurze Texte auf Ostraka aus Deir el-Medineh bezeugen: „Ist das Kalb gut genug, auf daß ich es empfange?" oder „Mein guter Herr, ist eine meiner Ziegen bei Ptahmose?" Die göttliche Antwort war gewöhnlich ein lapidares „Ja" oder „Nein". Orakel erteilten auch heilige Tiere, Verkörperungen der Gottheit. Der Apis-Stier beispielsweise wurde aus dem Stall gelassen, und sein Verhalten, das man genau beobachtete, gab dann Auskunft.

Die Priester übten an den Tempeltoren auch richterliche Funktionen aus. Aus der Spätzeit ist die Bezeichnung „Tor, das Gerechtigkeit walten läßt" bekannt. Dort versammelten sich jene, die ein schlechtes Gewissen hatten und von der Gottheit ein Urteil verlangten. Im Namen der Gottheit wurde es von den Priestern verkündet. Wie diese Gottesgerichte aussahen und welche Fälle sie behandelten, ist nicht näher bekannt. Darüber hinaus tagten die Priester auch mit bei weltlichen Gerichten, die oft im Tempel oder in seiner Nähe zusammentraten. Damit wurde die Rolle des betreffenden Gottes für die Aufrechterhaltung einer gerechten Ordnung auf Erden proklamiert.

Den Priestern oblagen vielfältige Pflichten, die sowohl mit der inneren Verwaltung der Tempel als auch mit der Leitung der Produktion in den Tempelwerkstätten, auf den Tempeldomänen oder mit dem Bau und Umbau von Gebäuden verbunden waren. Außerdem studierten sie in den Tempelbibliotheken und in den Lebenshäusern Fragen der Theologie, des Rechts und andere Wissenschaften. Nachts bestiegen sie die flachen Tempeldächer, um die Bewegungen der Sterne zu beobachten.

Oft befand sich ein Priester auf offiziellen Reisen außerhalb seines Tempels. Die Gründe dafür waren vor allem religiöser Natur, z.B. die Teilnahme an den Feierlichkeiten der Nachbartempel oder Heiligtümer, in denen dieselbe Gottheit oder deren 'Ehepartner' verehrt wurde. Die Priester am Hathor-Tempel in Dendara beispielsweise reisten mit dem Kultbild ihrer Göt-

246. Hymnus auf Amun, aufgezeichnet auf einer Wand im Grab des Wesirs Ramose. Scheich Abd-el-Gurna. 18. Dynastie

247. Die rituelle Abydosfahrt zum Grab des Osiris wurde von frommen Ägyptern unternommen, wenngleich nicht unbedingt zu Lebzeiten. Ihr sehnlichster Wunsch war es, so nahe wie möglich bei Osiris bestattet zu werden. Malerei aus dem Grab des Userhat. Scheich Abd-el-Gurna. Ende 18. Dynastie

tin 150 km südwärts nach Edfu in den Horus-Tempel, wo das 'Fest der schönen Umarmung' gefeiert wurde und die Göttin zwei Wochen lang an der Seite ihres Gemahls zubrachte.

Die ranghöchsten Priester nahmen auch an den Beratungen im Königspalast teil und begleiteten den König bei seinen Jubiläumsfeierlichkeiten oder Auslandsreisen. Vertreter der Priesterschaft trafen zunächst im Bedarfsfall, in der Ptolemäerzeit jedoch regelmäßig zu 'Synoden' zusammen, die von dem Vorsteher der 'Propheten der beiden Länder' geleitet wurden und auf denen man Fragen von gemeinsamem Interesse besprach.

Priester zu sein hieß, eine gesellschaftlich bedeutende und wirtschaftlich gesicherte Stellung erreicht zu haben und zugleich am Leben der Götter beteiligt zu sein, woraus man geistigen Schutz vor drohender Gefahr bezog. Kein Wunder also, daß die Priesterschaft eine verhältnismäßig abgeschottete Schicht darstellte, in die nur selten Angehörige aus nichtpriesterlichen Familien vorzudringen vermochten. Herodot notierte, daß nach dem Teode des Hohenpriesters sein Sohn Nachfolger wird (II, 37). Auf Stelen von Priestern aus der Spätzeit sind mitunter Vorfahren aus siebzehn Generationen angegeben, die gleichfalls Priester desselben Gottes waren. Die Amtsnachfolge des Sohnes erfolgte freilich nicht mechanisch, sondern bedurfte neben der Zustimmung des Königs – eine zumeist nur formale Angelegenheit – stets der Genehmigung seitens der Priesterschaft des betreffenden Tempels.

Zeigte es sich, daß für die freigewordene Stelle kein geeigneter Nachfolger zur Verfügung stand, wählte die Priesterschaft einen jungen Anwärter aus einer nichtpriesterlichen Familie aus. In der Regel waren dies wohl Söhne von Vätern, die sich in irgendeiner Form um den Tempel verdient gemacht hatten oder in ihm Ehrenfunktionen als Laien ausübten. Ein dritter Weg der Amtsnachfolge war der Kauf einer Priesterfunktion, wie dies vereinzelt aus dem Mittleren Reich, ganz geläufig aber aus römischer Zeit bekannt ist.

Über die Ausbildung der Priesteranwärter im Tempel wissen wir nichts Genaues. Ganz sicher mußten sie die Schrift beherrschen und verschiedene religiöse Traktate auswendig lernen, um ein theologisches Grundwissen zu erlangen. Das Bildungsniveau der einzelnen Priester dürfte sehr unterschiedlich gewesen sein. Sicherlich gab es Priester, die nur mit Mühe lesen und schreiben konnten und die vorgeschriebenen kultischen Handlungen beherrschten, während es andererseits auch solche gab, die durch ihr schöpferisches Denken den Kreis tradierter Anschauungen durchbrachen und die Grundlagen der Wissenschaft legten. In sein Priesteramt wurde der Anwärter durch Einweisungsriten eingeführt, in deren Verlauf er mit Wasser gereinigt, seine Hände gesalbt und er selbst schließlich im Allerheiligsten dem Gott vorgestellt wurde. Der Priesterneuling mußte 'voller Angst vor seiner Macht' sein. Vielleicht wurde er auch in die verschiedenen Geheimnisse und Kenntnisse magischer Formeln eingeweiht.

Wie in anderen Berufen gab es auch bei den Priestern eine Rangstufenleiter. Sie waren vor allem bei den Priestern großer Tempel – das Personal kleinerer Tempel beschränkte sich nur auf ein paar Personen – recht kompliziert.

An der Spitze eines jeden Götterkultes stand der Hohepriester oder 'Erste Prophet'. Im Neuen Reich besaß der Hohepriester des Amun von Theben die höchste Macht. Seine Wahl oblag dem König, der ihn in der Regel aus dem Kreis der niedereren Priesterschaft des Amun-Tempels, der Hofbeamten oder der Generalität bestimmte.

248. Heilige Barke mit dem Schrein des Amun. Relief auf einem Block aus Hatschepsuts 'Roter Kapelle', die von ihrem Nachfolger Thutmosis III. zerstört wurde. Karnak. 18. Dynastie

Über die Einsetzung des Hohenpriesters des Amun-Tempels durch Ramses II. lesen wir beispielsweise folgendes: „Und seine Majestät gab Nebwenenef seine zwei goldenen Ringe und seinen Stab aus Elektron. Er wurde zum Hohenpriester des Amun ernannt, zum Vorsteher der beiden Goldhäuser und der beiden Silberhäuser, zum Vorsteher der beiden Scheunen, zum Vorsteher der Arbeiten und zum Vorsteher aller Handwerker von Theben. Der königliche Herold wurde entsandt, dem ganzen Land kundzutun, daß ihm das Haus des Amun mit all seinem Vermögen und allen seinen Leuten darin gegeben worden war." Der Hohepriester des Re von Heliopolis hieß „der den Großen (d.h. den Gott Re) schauen darf", und der Hohepriester des Ptah von Memphis wurde der „Oberste der Leiter der Handwerkerschaft" genannt, da ihm die dortigen Werkstätten unterstanden.

Den Stellvertretern der Hohenpriester, den 'Zweiten Propheten', oblag vor allem die Verwaltung des Tempelvermögens. Der Zweite Prophet war oberster Organisator und Kontrolleur der Domänen, Werkstätten und Magazine, in denen sich Geschenke und Kriegsbeute häuften, die der betreffenden Gottheit als Opfergaben dargebracht worden waren. Ihm unterstanden die Vorsteher der Domänen, Schreiber, Soldaten, Herden, Felder, Speicher, des Schatzhauses und 'all das, was unter Amuns Siegel ist', ferner der Majordomus und anderes Personal. Und ein jeder verfügte über einen Stab von Schreiberbeamten, Fachleuten und Hilfsarbeitern, die auf einen ordentlichen Wirtschaftsablauf achteten.

Der größte Wirtschaftsbetrieb, den Priester je im Lande verwalteten, waren die Domänen und Werkstätten des Amun-Tempels in Karnak. Einem Papyrus aus der Zeit Ramses' III. zufolge umfaßten sie 2 393 Quadratkilometer Ackerboden, 433 Gärten, 421 362 Stück verschiedener Tiere, 65 Dörfer, 83 Schiffe, 46 Werkstätten und Bauplätze und 81 322 Beschäftigte.

Das Vermögen des Re-Tempels in Heliopolis bestand aus 441 Quadratkilometern Ackerboden, 64 Gärten, 45 544 Tieren, 103 Dörfern, 3 Schiffen, 5 Werkstätten und Baustellen und 12 693 Beschäftigten. Aus den von Schreibern sorgfältig notierten Angaben geht hervor, daß die Tempeldomänen in der Wirtschaft des Landes eine Schlüsselrolle gespielt haben müssen.

Zwischen den ranghöchsten Priestern, deren Zahl nicht sehr groß war, und der Masse der niederen Priesterschaft gab es eine Schicht von „Spezialisten" (S. Sauneron), denen bestimmte und genau abgegrenzte Aufgaben zukamen. Zu ihnen zählten die sog. Stolisten, die sich um Kleidung und Schmuck ihrer Götter kümmerten und deren Kultbilder täglich wuschen, ankleideten und schminkten. Ferner gehörten hierzu die in Lebenshäusern tätigen Priestergelehrten. Die sogenannten Vorlesepriester *(ḫr jw-hb)* oder „Rezitatoren des Gottesbuches" – von den Griechen *pterophoroi* „Befiederte" genannt, denn ihr Haupt zierten zwei Federn – waren vor allem Schreiber, die mit administrativen Aufgaben und dem Rezitieren von Ritualtexten betraut waren. Daneben beschäftigten sie sich auch mit magischer Medizin und anderen Zauberhandlungen, mit denen sie bei Beerdigungen „Handlungen vollzogen, die für gute Geister nützlich" waren. Eine weitere Kategorie waren die *Sem*-Priester. Ihr Name bezeichnete ursprünglich den erstgeborenen Sohn, der für das ordnungsgemäße Begräbnis seines Vaters zu sorgen hatte. Seit der 3. Dynastie ist *sm* Amtstitel für Laien, die bei der Bestattung die Rolle des Sohnes übernahmen. Im Neuen Reich entwickelte sich daraus ein Priesteramt, dessen Inhaber wichtige rituelle Handlungen vorzunehmen hatten.

Strittig ist die Rolle der sogenannten Stundenpriester, in denen viele Gelehrte Laien sehen, die zu bestimmten Stunden beim Gottesdienst im Tempel assistierten und dafür oft priesterliche Ehrentitel verliehen bekamen. S. Sauneron hingegen sieht in ihnen praktische Astronomen, die tagsüber den Lauf der Sonne und nachts die Bewegungen der Sterne beobachteten, um den Beginn des Gottesdienstes auf die Stunde genau festlegen zu können.

Eine ganz andere Aufgabe war den Horoskopen genannten Priestern beschieden. Sie mußten den mythischen Kalender mit seinen guten, bedenklichen und schlechten Tagen vollkommen beherrschen. Interessenten gaben sie auf Verlangen Auskunft, vor allem bei Kindesgeburten. Daraus entwickelten sich später Horoskope. Auch Traumdeuter (griech. *oneirokritēs*) gab es. Sie wirkten in bestimmten Räumen des Tempels, in denen sich in der Spätzeit Menschen zum Schlaf niederlegten, um von der Gottheit Ratschläge in Form eines Traumorakels zu erhalten.

Zu den Priesterspezialisten gehörten auch die Tempelsänger und -musiker, die zur Harfe Abschnitte aus den Ritualtexten sangen. Sie rekrutierten sich aus musikalisch begabten Knaben, die aus ärmlichen Verhältnissen kamen und von ihren Familien zwecks Aufbesserung der materiellen Einkünfte den Tempeln zum Dienst angeboten wurden. In griechisch-römischer Zeit stieg ihr Prestige und auch ihr Einkommen.

64 Unter den Tempelsängern und -musikern befanden sich auch Frauen, wie dies zahlreiche
65 Reliefs bezeugen. Sie sangen, rasselten mit dem Sistrum oder zupften auf Saiteninstrumenten.
66 In Göttinnen geweihten Tempeln verrichteten Priesterinnen – zumeist Priesterfamilien oder
83 höheren Gesellschaftskreisen stammend – auch andere Dienste. Im Amun-Tempel von Karnak gab es, wie wir gesehen haben, auch das Amt einer irdischen Gottesgemahlin, der 'Gottesgemahlin des Amun', das bei den Kulthandlungen von der Königin oder einer Prinzessin wahrge-

249. Opfertisch aus Alabaster in Gestalt von zwei stilisierten Löwen. Die Tischplatte fällt leicht nach hinten zu einem tiefen Gefäß ab, in dem das Blut des Opfertieres aufgefangen wurde, um die heilige Stätte nicht zu verunreinigen. Ende 2., Anfang 3. Dynastie. Kairo, Ägyptisches Museum

250. Männer bei einem rituellen Tanz auf einem Fest. Relief in einem Privatgrab. Scheich Abd-el-Gurna, Theben-West. 18. Dynastie

nommen wurde; von der 3. Zwischenzeit bis in die Saitenzeit hinein übernahm diese Rolle dann eine dem Amun geweihte Jungfrau aus der königlichen Familie.

Der tägliche Tempeldienst wurde gewöhnlich von vier Priestergruppen versehen, die sich monatlich abwechselten. Am Ende ihrer Dienstzeit fertigten sie eine Art Übergabeprotokoll von den zum Gottesdienst benötigten Utensilien an, von denen sich Verzeichnisse auf Papyri und Holztäfelchen erhalten haben.

Zahlenmäßig am stärksten vertreten waren die *Web*-Priester oder „Reinen" (*w3b*); sie bildeten die unterste Priesterkategorie. Zu ihnen zählten die Träger heiliger Gegenstände, die Opferpriester, die die Opfertiere nach Vorschrift des Ritus schlachteten, die Träger der Kultbildbarke, die Obergärtner, die Vorsteher der Tempelzeichner, -maler und -schreiber u.a. Selbständig organisiert waren die Balsamierungspriester.

Neben den Priestern waren in den Werkstätten und auf den Domänen der Tempel viele Laien angestellt, die die verschiedensten Berufe ausübten. Mitunter begaben sich alte Leute unter den Schutz des Tempels, die gegen ein Geschenk hier bis ans Ende ihres Lebens Zuflucht fanden und bei kleineren Arbeiten behilflich waren.

Die Tempel waren auch die Geburtsstätte des ägyptischen Theaters. Anläßlich großer Feste veranstalteten die Priester vor den Toren des Tempels in Abydos Kultspiele, die vom Leben, dem heimtückischen Tod, der Auferstehung und der Verehrung Osiris, des Schutzherrn der Toten, handelten.

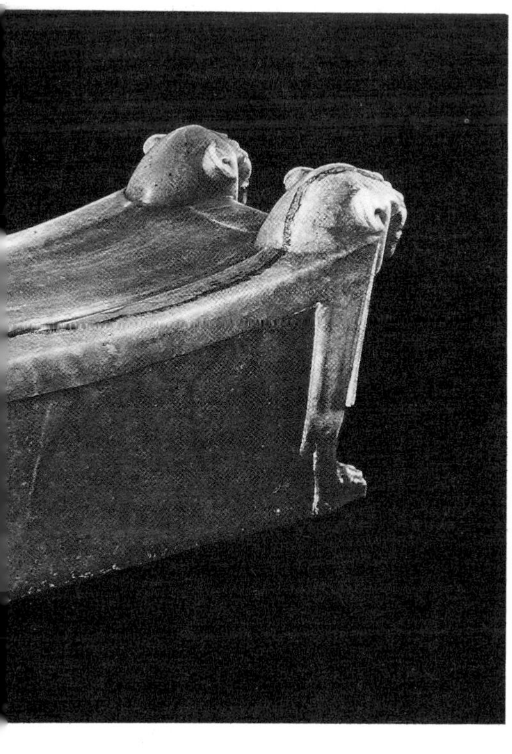

KAPITEL 18

Die Schreiber in den Lebenshäusern

252. Ein weibliches Nilpferd mit einem Krokodil auf dem Rücken war eines der Sternbilder des Nordhimmels. Ausschnitt aus der Sargkammerdecke Sethos' I. Tal der Könige, Theben-West. 19. Dynastie

Was war und wie funktionierte das altägyptische Lebenshaus (*pr-ʿnḫ*)? Diese Frage ist nicht leicht zu beantworten, da uns noch immer entscheidende Informationen fehlen. In den ägyptischen Quellen wird diese Institution zwar ständig erwähnt, doch Einzelheiten hinsichtlich ihrer Organisation und ihrer Aufgaben erfahren wir aus ihnen kaum. Sicher ist nur, daß das Lebenshaus mit größeren Tempeln zusammenhing, von denen es wirtschaftlich am Leben gehalten wurde und profitierte.

Lebenshäuser sind für die Städte Memphis, Amarna, Achmim, Abydos, Koptos, Esna und Edfu bezeugt und können auch für zahlreiche andere Orte angenommen werden. Stellen wir sie uns also als Einrichtungen mit Arbeitsräumen, Projektionsbüros, Labors und Observatorien vor, in denen religiöse wie fachliche Texte verfaßt, überprüft und abgeschrieben wurden sowie Handbücher, die mehr oder weniger das damalige empirische Wissen enthielten.

Im Geiste sehen wir die Schreiber der Lebenshäuser über Papyrusrollen gebeugt – jene Schreiber, die von den Griechen *hierogrammateis*, also „Kenner heiliger Schriften" genannt wurden. Aus verschiedenen Zusammenhängen geht hervor, daß diese Schriftgelehrten zumeist Priester waren, die allerdings auch mit Laien zusammenarbeiten konnten, wie aus weltlichen Titeln, die einige von ihnen innehatten, ersichtlich ist. Unzweifelhaft ist, daß wir es hier mit einer Art Bildungselite des alten Ägypten zu tun haben, die auf vielen Gebieten bemerkenswerte Ergebnisse erzielte. Kein Wunder also, wenn der König aus ihren Kreisen seine Berater wählte, wie beispielsweise Peteese, Schreiber des Lebenshauses, der dazu auserkoren war, 591 v. Chr. König Psammetich II. Amuns Blumenstrauß zu überreichen – wohl deshalb, weil man ihn nach allem fragen konnte und er stets die richtigen Antworten wußte.

Eng mit dem Lebenshaus verbunden war auch die Existenz von Tempelarchiven bzw. Bibliotheken, also kleinen dunklen Räumen – mitunter „Haus der Buchrollen" genannt –, deren Mauern enge Nischen zum Ablegen der Papyrusrollen aufwiesen. Bei Ausgrabungen eines solchen Raumes in dem Städtchen Tebtynis im Fajjum sind Papyrusfragmente gefunden worden. In den Tempeln von et-Tod, Edfu, Esna und auf der Insel Philae haben sich in Wände geritzte *253* Verzeichnisse von Schriften erhalten, die ursprünglich in den Bibliotheken dieser Tempel aufbewahrt waren. Eine der ältesten Bibliotheken ist die von Hermupolis im Delta. In der Tat stellten die Bibliotheken eine Schatzkammer des Wissens dar, das von der entwickelten altägyptischen Zivilisation angehäuft und von den Schreibern der Lebenshäuser in schriftliche Form gebracht wurde.

Die griechischen Gelehrten der Antike empfanden tiefe Hochachtung vor dem Niveau der heiligen Wissenschaft der alten Ägypter und betrachteten Ägypten als die Wiege der Wissenschaften. Sie berichteten, daß sich die Ägypter in der Theologie, der Königsgeschichte, in Geographie, Astronomie, Geometrie, in Heilkräutern, Krankheiten und deren Behandlung, aber auch in der Kunst des Regenzaubers sowie der Weissagung der Zukunft ausgekannt haben. Deshalb hielten sich viele griechische Gelehrte zum Studium der 'Wissenschaften' bei ägyptischen Priestern und Schriftgelehrten auf.

Thales von Milet beispielsweise studierte in Ägypten Astronomie und Geometrie, Demokrit widmete diesen Disziplinen fünf lange Jahre in Ägypten, und Plato, der sich mit Geometrie und Theologie befaßte, lebte 13 Jahre unter ägyptischen Priestern, deren astronomische Kenntnisse

Links
251. Die Decke der Sargkammer im Grab Sethos' I. ist mit einer Liste verziert, die die Sternbilder des Nordhimmels enthält. Tal der Könige, Theben-West. 19. Dynastie

er bewunderte. Interessante Einzelheiten über Pythagoras' Studienreise nach Ägypten weiß sein Biograph Porphyros (233 bis etwa 304 n. Chr.) zu berichten. Nach einem durchaus freundlichen Empfang bei König Amasis wurde der griechische Gelehrte zu den Priestern von Heliopolis geschickt, anschließend nach Memphis und schließlich nach Theben, wo er bleibende Aufnahme fand. Durch eine nicht gerade zuvorkommende Behandlung gab man ihm allerdings zu verstehen, daß er kein willkommener Gast sei. Trotz allen Unbills aber studierte er so eifrig, daß er das Mißtrauen seiner Gastgeber schließlich überwand, Bewunderung und Ehrfurcht gewann und man ihm am Ende gestattete, an den Opferhandlungen teilzunehmen, was für einen Ausländer eine ganz große Seltenheit war. Besonders eilig hatte es Pythagoras nicht, wieder nach Hause zurückzukehren, und so soll er insgesamt 22 Jahre in Ägypten zugebracht haben ...

Obwohl den alten Ägyptern bemerkenswerte Entdeckungen auf den verschiedensten Wissensgebieten nicht abzusprechen sind, besteht doch ein himmelweiter Unterschied zwischen der modernen Wissenschaft und jener heiligen Gelehrsamkeit, über die die Schreiber der Lebenshäuser verfügten. Während die moderne Wissenschaft versucht, durch Experimente, Analysen und durch Hypothesen, die sich entweder als falsch erweisen und durch neue ersetzt werden oder aber zu ganzheitlichen Theorien bzw. zu allgemein gültigen Sätzen führen, den Dingen auf den Grund zukommen, hielten die altägyptischen Gelehrten traditionell an den Schriften ihrer Vorfahren, an der magischen Kraft des geschriebenen Wortes fest.

Dies war freilich nicht immer so. Vor allem zu Beginn des Alten Reiches scheinen immer neue Entdeckungen gemacht und ein ungewöhnlicher wissenschaftlicher Erkenntniszuwachs erzielt worden zu sein. Sobald aber ein bestimmter Kenntnisstand, der den Bedürfnissen des Alltags entsprach, erreicht war, hielt man die gewonnenen Kenntnisse für ausreichend, ja sogar für verbindlich und in ihrem Wesen für unveränderlich. Geschah beispielsweise etwas Ernsthaftes oder kam es gar zu einer Katastrophe, für die das gültige Wissenssystem keine Abhilfe bot, versuchte der Priestergelehrte nicht, die Ursachen dafür zu erforschen, sondern vertiefte sich in die Schriften seiner Vorfahren, um dort nach einer Lösung für analoge Situationen zu suchen.

Erstaunlicherweise erwies sich die wissenschaftliche Erkenntnis trotz einer derartigen Autoritäts- und Traditionsgläubigkeit doch als entwicklungsfähig. Und zwar nun nicht etwa dadurch, daß man die Ansichten und Lehrsätze der Vorfahren in Zweifel gezogen hätte, sondern auf empirischem Wege, indem man die Ergebnisse der verfügbaren Methoden überprüfte und dabei zu alternativen, oft richtigen Lösungen kam. Es war also die tägliche Praxis und ihre dringenden Bedürfnisse, die die Schreiber der Lebenshäuser mitunter dazu nötigten, ihr Heil nicht mehr in den Papyrusrollen zu suchen, sondern die entstandenen Probleme auf untraditionelle Art und Weise zu lösen.

254 Ein wesentliches Merkmal der altägyptischen Wissenschaft war ihre enge Bindung an die
255 Theologie, an die damals vorherrschende Vorstellung, die Welt sei von den Göttern geschaffen, sei vorgegeben, geordnet und unveränderlich. Deshalb beschäftigte man sich hauptsächlich mit theologischen Problemen und mit Fragen, die mit der Kultpraxis zusammenhingen. Die Priester schrieben alte Texte ab, verbesserten Fehler in ihnen und ergänzten Lücken. In Tausenden von Exemplaren kopierten sie das Totenbuch, das dem Verstorbenen auf seiner Reise in die Unterwelt als Wegweiser dienen sollte. Andere Priester bereiteten jene Textvorlagen und Bildschemata vor, die dann von den Künstlern an den Wänden der Gräber und Tempel angebracht wurden. Die philosophischen Probleme, die man diskutierte, entsprangen verschiedenen religiösen Systemen, die in den großen Tempeln der wichtigsten Götter entworfen worden waren und die Schöpfung auf unterschiedliche Art und Weise erklärten.

Bei alledem behielten die Priester zweitausend Jahre lang ihre liturgische Sprache: das klassische Ägyptisch, unverändert bei, obwohl sich die Volkssprache inzwischen nach und nach von ihr entfernt hatte. Noch weitere acht Jahrhunderte lang faßten sie ihre Schriften in Hieratisch ab, während sich in der Verwaltung seit dem 8. Jh. v. Chr. der Gebrauch der demotischen Schrift eingebürgert hatte. Schon dies allein zeigt, wie konservativ sie waren und wie sehr sie an den ursprünglichen Textfassungen festhielten.

Der Theologie nahe stand die Magie. Sie zu beherrschen bedeutete, Macht über alles Lebendige, über die Kräfte des Alls und selbst die Götter zu gewinnen. Durch magische Formeln hielten die Priester die Anwesenheit des Gottes in seiner Statue gebannt und schützten diese vor Dämonen. Die eingangs erwähnten Schriftenverzeichnisse nennen auch „Bücher zum Ergreifen von Menschen, zum Schutze des Königs in seinem Palast, zur Abwehr von Behexung, zum Sturz des Apophis, des Feindes von Re und Osiris, das Ritual zur Vertreibung böser Kräfte" und ähnliches mehr.

Literarisches Schaffen war den Schreibern der Lebenshäuser zwar nicht unbekannt, doch die meisten Texte entstanden wohl außerhalb der Tempel, beispielsweise in den Schreiberschulen. Erst in der Spätzeit und besonders in griechischer Zeit beschäftigte man sich damit auch in den Tempeln. In der Tempelbibliothek in Tebtynis haben sich auch mehrere literarische Texte, Kopien der Lebenslehren und drei onomastische Papyri, deren Worte sinnentsprechend angeordnet sind, erhalten.

253. Die Bibliothek befand sich im Ostteil der Tempelvorhalle in dem am besten erhaltenen Heiligtum Ägyptens. Der Bau des Horustempels in Edfu wurde 237 v. Chr. begonnen und 57 v. Chr. beendet. Ptolemäerzeit

254. Nach einer ägyptischen Theorie ging der Erschaffung der Welt die göttliche Vereinigung zwischen dem Erdgott Geb und der Himmelsgöttin Nut voraus. Malerei auf stuckiertem Holz. Sarkophag des Butehaiamun, Nekropolenschreiber in Theben. 21. Dynastie. Turin, Museo Egizio

Die Geschichtswissenschaft war im alten Ägypten durch die reine Annalistik vertreten. Das
älteste Dokument dieses Typs ist der sogenannte Palermostein. Er enthält eine namentliche
Aufstellung von Königen der Frühzeit und des Alten Reiches, ein Verzeichnis der Nilhöhen,
Daten von Handels- und Militärexpeditionen und dergleichen mehr. Ein weiteres Zeugnis die-
257 ser Art ist der Turiner Königspapyrus aus der Zeit Ramses' II., in dem die Regierungsdauer ei-
nes jeden Königs angeführt, Herrscher zu Dynastien zusammengefaßt und die einzelnen Her-
schaftsperioden gezählt werden. Im Tempel Sethos' I. in Abydos ist dieser König dargestellt,
wie er seinen 76 Amtsvorgängern – einschließlich dem legendären Reichseiniger Menes, hinter
dem sich vermutlich der historisch faßbare König Narmer verbirgt – Opfer darbringt. Der erste
Versuch einer wirklichen Geschichtsschreibung ist, wenngleich mit zahlreichen fehlerhaften
Angaben, das Werk des Priesters Manetho, der zur Zeit Ptolemaios' II. lebte. Darüber hinaus
entnahmen die ägyptischen Priester viele historische Fakten den Tempelinschriften.

Zu weitaus mehr Erkenntnissen gelangten die Schreiber der Lebenshäuser auf dem Gebiet
256 der Geographie. An den Wänden einiger Tempel sind in den untersten Bildregistern Prozessio-
nen von Opferträgern aus den verschiedensten Gebieten des ägyptischen Imperiums abgebil-
det. Männliche Gestalten mit weiblichen Brüsten symbolisieren den Nil, der als weibliches
Fruchtbarkeitsgefilde galt. In den Händen halten sie landwirtschaftliche Produkte, und auf
dem Kopf tragen sie den Namen ihres Gaues. Das Schema der Zeichnung dürfte den Händen
von Priestern entstammen, die über Geographiebildung verfügten. Das Verzeichnis im Tempel
von Edfu, das vollständigste seiner Art, enthält neben dem Namen des jeweiligen Gaues auch
den seiner Hauptstadt, eine Liste der in ihr aufbewahrten heiligen Gegenstände sowie die Na-
men der verehrten Lokalgötter. Selbst der Name des Hohenpriesters und der für die Tempel-
musik zuständigen Priesterin, der Name der heiligen Barke und des Kanals, auf dem sie zu fah-
ren pflegte, der Name des heiligen Baumes dieses Gaues, die wichtigsten Festtagsdaten, reli-
giöse Verbote bestimmter Handlungen und Speisen, der Name des durch diesen Gau fließen-
den Nilarmes, die Bezeichnung seiner Felder und des *Pehu*, mit dem man wohl moorastigen,
unbestellbaren Boden bezeichnete, fehlen nicht. Wir haben hier also gleichsam eine religiöse
Geographie des Landes vor uns.

Der Papyrus Jumilhac aus dem Louvre enthält ganz ähnliche Angaben und darüber hinaus noch ein Verzeichnis sämtlicher Tempel des 18. oberägyptischen Gaues mit einem Inventar seiner heiligen Gegenstände, mit einer Liste der mythischen Legenden, der im betreffenden Tempel zelebrierten Feste und einer Aufzählung des wirtschaftlichen Tempelbesitzes. Daß es ähnliche Verzeichnisse für alle Gaue gegeben hat, davon zeugen der Fund eines Fragments für den im Delta gelegenen 3. unterägyptischen Gau sowie das Verzeichnis heiliger Stätten des Gaues von Dendara, das aus einem in seiner Hauptstadt gelegenen Tempel stammt und

Rechts
255. Beim Schöpfungsakt hält der Luftgott Schu die Himmelsgöttin Nut empor, nachdem er sie von Geb getrennt hat. Sarkophag des Butehaiamun. 21. Dynastie. Turin, Museo Egizio

offensichtlich aus ähnlichen Vorlagen schöpft. An den Wänden anderer Tempel, wie beispielsweise im Alabastertempel Sesostris' I. in Karnak, finden sich Listen mit der Entfernung und Lage der Gaue.

Königliche Expeditionen nach Asien und Nubien erweiterten auch die geographischen Kenntnisse der Schreiber der Lebenshäuser um die Gebiete außerhalb Ägyptens. So finden wir auf den Sockeln der königlichen Kolossalstatuen vor den Pylonen der Tempel in Karnak und Luxor Verzeichnisse der Länder und Städte, die von Amenophis III., Ramses I. und Scheschonq I. erobert wurden. Von den Gruben in Asien und südlich Ägyptens, die das Ziel verschiedener Expeditionen waren, existieren Verzeichnisse in den Tempeln von Dendara und Edfu. Die Namen asiatischer Könige und Fürsten oder nubischer Prinzen, die als Feinde Ägyptens galten, sind auf Gefäßen oder auf Gefangenenstatuen erhalten, dazu bestimmt, zerschlagen zu werden oder Gegenstand von Zauberpraktiken zu sein, mittels derer man aus der Ferne vernichtenden Einfluß auf die genannten Personen zu gewinnen hoffte.

Zu bemerkenswerten Einsichten kamen die altägyptischen Astrologen, die insbesondere von den flachen Dächern der Pylone aus den Nachthimmel beobachteten. Ihr Eifer war nicht durch reinen Wissensdurst bestimmt, sondern entsprang der praktischen Notwendigkeit, den Lauf der Zeit für den Beginn der Kulthandlungen zu beobachten, ferner den von ihnen benutzten Kalender mit dem astronomischen in Übereinstimmung zu bringen sowie die heiligen Bauten – Pyramiden wie Tempel – nach den Himmelsrichtungen auszurichten.

256. Ptolemaios VIII. Euergetes II. und seine Gemahlin Kleopatra, begleitet von verschiedenen Personen, die unterschiedliche Regionen versinnbildlichen und deren Produkte tragen. Geburtshaus (*mammisi*) des Tempels von Kom Ombo. Ptolemäerzeit

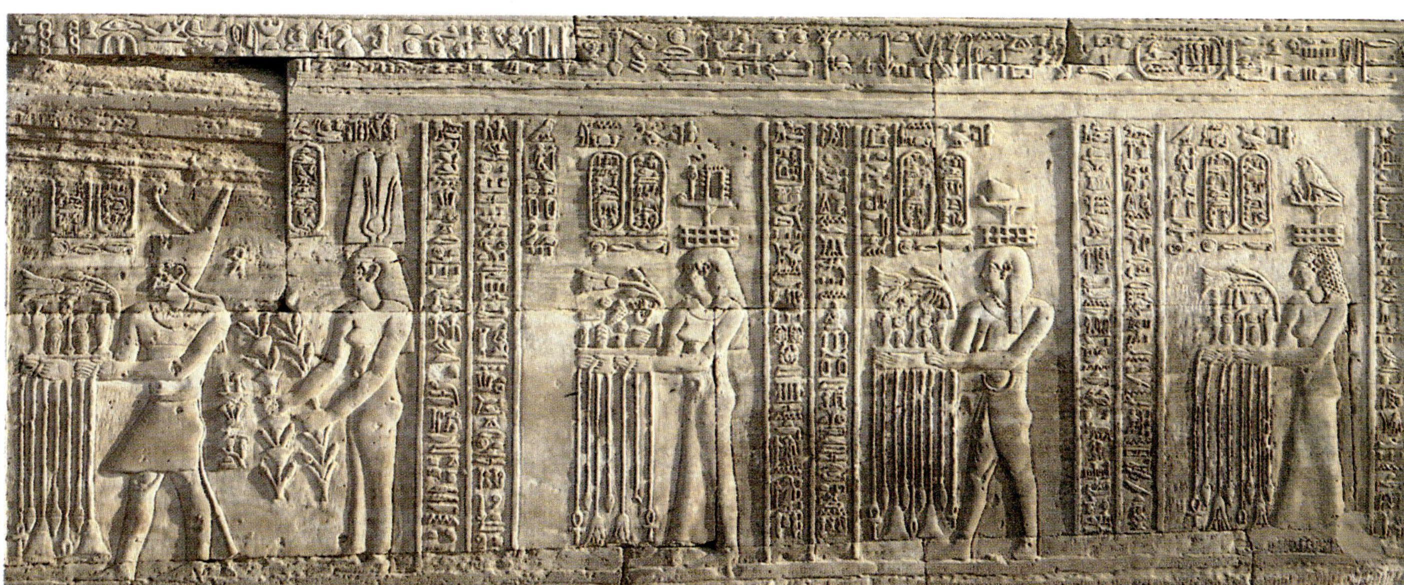

Außer Sonne und Mond kannten die ägyptischen Astronomen auch die fünf Planeten Merkur (*Sbgw*), Venus („der Gott des Morgens“), Mars („Horus der Horizontische“), Jupiter („Horus der die beiden Länder begrenzt“) und Saturn („Horus, Stier des Himmels“). Die Planeten bezeichneten sie treffend als „Sterne, die keine Ruhe haben“. Die Fixsterne gruppierten sie zu Sternbildern, die von den unseren abweichen und die sie anscheinend von den Babylo-
251 niern übernommen hatten. Bildlich dargestellt finden sie sich an den Decken einiger Königs-
252 gräber, zum Beispiel in dem 'goldenen Saal' Sethos' I.

Eine besondere Stellung unter den Fixsternen hatte der Sirius, der Hundstern, inne, den man mit der Göttin Sopdet (*Sothis*) gleichsetzte. Dank ihrer hervorragenden Beobachtungsfähigkeiten erkannten die Astronomen der Lebenshäuser, daß der Sirius, der in Ägypten 70 Tage im Jahr vom Horizont verdeckt ist, sich alljährlich zu Beginn der Nilschwemme kurz vor Sonnenaufgang am Morgenhimmel zeigt (etwa um den 19. Juni herum). Diesen Tag setzten sie als Beginn des neuen Jahres fest.

Die einfachen Ägypter teilten das Jahr in drei Jahreszeiten zu je vier Mondmonaten: in die Zeit der „Überschwemmung“ (*3ḫt*), ungefähr von Anfang Juli bis Oktober reichend, in die des „Herauskommens“ der Saat (*prt*) von November bis Februar und in die der Hitze (*šmw*), die von März bis Juni dauerte.

Weil jedoch der Umlauf des Mondes um die Erde annähernd 29 $^1/_2$ Tage dauert, betrug die Länge eines solchen Mondjahres nur 354 Tage, was natürlich nicht dem astronomischen oder Sonnenjahr mit weniger als 365 $^1/_4$ Tagen entsprach.

Deshalb stellten die Astronomen zu Verwaltungszwecken neben diesem 'natürlichen' noch einen künstlichen 'bürgerlichen' Kalender auf, der ebenfalls aus 12 Monaten zu jedoch 30 Tagen bestand, zu denen noch 5 Zusatztage (Epagomenen) hinzukamen, die als 'Geburtstage' der Götter Osiris, Seth und Horus sowie der Göttinnen Isis und Nephthys gefeiert wurden. Dieser Kalender 'verspätete' sich jedoch alle vier Jahre um ungefähr einen Tag gegenüber dem Sonnenjahr, so daß erst nach Ablauf von 1460 Jahren wieder Deckungsgleichheit erreicht war. Der bürgerliche Kalender verschob sich also gegenüber dem natürlichen unablässig. Erst Kaiser Augustus führte dann den sogenannten Alexandrinischen Kalender ein, der bereits 238 v. Chr. von der ägyptischen Priestersynode vorgeschlagen worden war, sich aber nicht hatte durchsetzen können. Dieser Kalender erhielt noch einen 6. zusätzlichen Tag alle vier Jahre und wird bis heute noch von den Kopten benutzt.

Auf der Übereinstimmung des solaren mit dem altägyptischen 'bürgerlichen' Kalender alle 1460 Jahre beruht die moderne Rekonstruktion der altägyptischen Chronologie, da die Ägypter selbst nur die Regierungszeit ihrer Könige datierten.

Zur Bestimmung der Nachtstunden dienten sogenannte Dekanuhren, d.h. Verzeichnisse, die den Aufgang, den Kulminationspunkt und den Untergang verschiedener Sterne für 36 Dekaden des Jahres festhielten. Derartige Listen haben sich beispielsweise in den Gräbern Sethos' I. und Ramses' IV. erhalten.

Im Unterschied zu anderen Völkern, die bei eintretender Sonnenfinsternis von Schrecken erfaßt wurden und in ihr ein Zeichen der Götter sahen, haben die Astronomen der Lebenshäuser diese Naturerscheinung als eine 'Begenung der Sonne mit dem Mond' interpretiert. Das Fragment einer Schrift aus der Zeit Thutmosis' III. enthält sogar die Beobachtung eines leuchtenden Himmelskörpers am südlichen Firmament – einer der ersten Vermerke über den Flug eines Kometen, vielleicht des Halleyschen.

Wir wissen nicht mit Sicherheit, warum die alten Ägypter auf der Orientierung ihrer heiligen Bauten nach den Himmelsrichtungen bestanden. Im Hintergrund standen offenbar religiöse Gründe, denen zufolge sich im Osten die Stätte der Wiedergeburt des Gottes Horus befand, im Westen hingegen das von Osiris beherrschte Totenreich. Sicher ist, daß die Ägypter um maximale Genauigkeit bemüht waren, wie wir bereits von der Cheopspyramide wissen. Wie erzielten sie aber nun diese Genauigkeit? Unseren Polarstern im Sternbild des Großen Wagen konnten sie noch nicht benutzen. Infolge langjähriger Lageverschiebungen der Erdachse zur Weltraumachse befand sich an der Stelle jenes Sternbildes damals der Stern Alpha aus dem Sternbild des Drachen (Alpha Draconis), der einigen Gelehrten zufolge den Polarstern ersetzte. Z. Žába hat jedoch nachgewiesen, daß der Stern Alpha Draconis im Jahre 3440 v. Chr. und um 2160 v. Chr. genau nach Norden wies, nicht aber in der Zeit des Pyramidenbaues, also zwischen 2700 und 2400 v. Chr.

Demselben Gelehrten zufolge bedienten sich die altägyptischen Astronomen einer anderen Methode: Sie verfolgten die maximale Abweichung des Sternes Pi (aus dem Sternbild des Großen Bären), und aus der Mitte der Abweichungen ermittelten sie die Nord-Süd-Richtung. Dazu benutzten sie ein *mrḫt* genanntes Gerät mit L-förmigem Rahmen. In der Verlängerung des kürzeren Armes, der nach oben zeigte, hing eine mit einem Gewicht beschwerte Schnur. Während der Astronom den längeren Arm waagrecht hielt, bestimmte ein anderer aus einer bestimmten Entfernung durch die Kerbe in einem Palmblattstengel die Richtung. Beim Blick von der Cheopspyramide in Giseh aus hat G. Goyon festgestellt, daß die Nord-Süd-Verbindungs-

257. Teil der ägyptischen Königsliste. Die Könige der 18. Dynastie sind in der oberen Reihe genannt; die untere Reihe nennt wiederholt die Namen Ramses' II. Bemaltes Relief aus dem Tempel Ramses' II. in Abydos. 19. Dynastie. London, British Museum

linie durch einen bedeutenden Punkt am Horizont verlaufen konnte, am ehesten durch einen Turm oder ein hohes Bauwerk in Letopolis, der Hauptstadt des 2. unterägyptischen Gaues.

Von praktischer Bedeutung waren die mathematischen und geometrischen Kenntnisse der Lebenshaus-Schreiber. Die alten Ägypter benutzten das Dezimalsystem, das sich für den Menschen als ein Geschöpf mit zehn Fingern als das natürlichste erweist. Es haben sich mehrere mathematische Papyri erhalten (der Moskauer, Berliner, Kahuner und der Rhind-Papyrus), die freilich keine allgemeinen Definitionen, Regeln oder Gleichungen enthalten, die von einer theoretischen Beherrschung der Mathematik zeugen, sondern praktische Anweisungen zur Lösung konkreter Probleme oder Schülerübungen.

Beim Messen ging man von der Königselle (= 52,36 cm) aus. Die Elle war in 7 Handbreiten zu je 4 Fingern unterteilt. Zum Abmessen der Felder bedurfte es größerer Einheiten: 100 Königsellen entsprachen 1 *t3*. Die Einheit des Flächenmaßes war 1 *sṯ3.t* (Arure) oder 100 Ellen im Quadrat.

Von den allgemeineren geometrischen Gesetzen erkannten die Ägypter, daß ein Dreieck mit einem Seitenverhältnis von 3:4:5 gegenüber der Hypotenuse einen rechten Winkel aufweist. J. Ph. Lauer meint, daß sie das Prinzip des pythagoreischen Lehrsatzes gekannt haben müssen. Auch waren sie fähig, die Fläche von Drei- und Vierecken zu berechnen, und versuchten, die Fläche eines Kreises so genau wie möglich zu bestimmen. Anstelle von Pi benutzten sie entweder den Faktor 3 oder errechneten die Quadratzahl von 16/9, was 3,16 ergibt, also einen Wert, der der Ludolfschen Zahl (3,1416) nahekommt. Das Verhältnis zwischen der Höhe einer Pyramide und der Hälfte ihrer Basislänge bestimmte den Neigungswinkel ihrer Seiten. Bei der Cheopspyramide ist dieses Verhältnis 14:11, was einem Winkel von 51°52′ ergibt. Einer neueren Studie des Architekten J. Švastal zufolge konnten die alten Ägypter den Neigungswinkel anhand einer geometrischen Funktion bestimmen, die sich den Goldenen Schnitt zunutze machte.

Als wichtigster mathematischer Papyrus gilt der Rhind-Papyrus, der – Kopie eines älteren Traktats aus der 12. Dynastie – um 1660 v. Chr. von dem Priester Ahmose verfaßt worden ist. Er enthält 84 Rechenaufgaben. Aus ihnen geht hervor, daß die Ägypter auch Brüche mit dem Zähler 1, also Stammbrüche kannten (Ausnahme: $^{2}/_{3}$ und $^{3}/_{4}$). Um Brüche mit dem Zähler 2 bestimmen zu können, enthält der Papyrus eine Zerlegungstafel. Anscheinend war man auch in der Lage, Gleichnisse mit einer Unbekannten zu lösen, wie folgende Textaufgabe zeigt: „Die zu ermittelnde Menge (*ʿḥʿ*) und ihr Siebentel entsprechen 19, wie groß ist *ʿḥʿ*?“ Bei der Lösung teilten sie *ʿḥʿ* in sieben Teile, erhielten also insgesamt 8 Teile, die sie durch 19 teilten. Sie erhielten $2\,^{1}/_{4} + {}^{1}/_{8}$, was mit 7 multipliziert *ʿḥʿ* = $16\,^{1}/_{2} + {}^{1}/_{8}$ ergab.

Um duftende Salben für ihre Götterstatuen herstellen zu können, mußten die Priester die erforderliche Rezeptur beherrschen. In dem Tempel von Edfu sind die Wände eines kleineren Raumes, den man als Labor bezeichnet, mit hieroglyphischen Anleitungen zur Zubereitung liturgischer Essenzen bedeckt. Die Rezepte führen an, aus welchen Substanzen man sie herstellt, wie die Ingredienzien dosiert werden müssen, wie lange sie zu kochen und abzukühlen sind. In der Bibliothek desselben Tempels hatte man ein „Buch zum Kennen aller Geheimnisse des Laboratoriums“ zur Verfügung. Auch in anderen Tempeln, wie in Karnak oder Esna, gab es kleine Labors, die auch als Lagerräume für wohlriechende Produkte funktionierten. Zweifellos stellte man hier aus verschiedenen Mineralien, Pflanzen und tierischen Stoffen auch Drogen her, die in der Medizin und bei Tierärzten Verwendung fanden. Daß die alten Ägypter sich auch in Heilkräutern auskannten, haben wir bereits im 8. Kapitel erfahren.

Einige Schreiber der Lebenshäuser eigneten sich auch zoologische Kenntnisse an. Dies gilt insbesondere für die *Stolisten*, die Herodot (II, 38) zufolge die rituelle Reinheit von Stieren überprüften. Zu ihren Aufgaben gehörte es ferner, nach genau festgelegten Kriterien einen geeigneten Nachfolger für heilige Tiere auszusuchen, etwa für den Falken in Edfu und auf Philae, für den Apis-Stier in Memphis, für den Widder in Mendes oder für das in Crocodilopolis, der Hauptstadt des Fajjum, verehrte Krokodil.

Obwohl sich in dem von Clemens von Alexandrien kompilierten Verzeichnis ägyptischer Priesterbücher keine medizinischen Schriften finden, bezeugen der Fund medizinischer Texte unter den aus dem Tempel von Tebtynis stammenden Papyri sowie die überlieferten Ärztetitel, die zahlreiche Priester innehatten, daß unter den in den Lebenshäusern gepflegten Disziplinen auch die Medizin nicht fehlte, der wir uns im folgenden zuwenden möchten.

KAPITEL 19

Die Heilkunde

258. Hesire, der oberste der Ärzte und Zahnärzte, war ein bedeutender Würdenträger und Inhaber zahlreicher Titel. Über der Schulter trägt er die Schreibutensilien, bestehend aus einer Palette mit Tuschenäpfchen, einem Köcher für die Schreibbinsen und einem Beutelchen. In der Linken hält er Zepter und Stab als Abzeichen seiner Würde. Holztafel. 3. Dynastie. Kairo, Ägyptisches Museum

Unter allen Wissenschaftszweigen, die im alten Ägypten gepflegt wurden, war die Medizin wohl die berühmteste. Homer hat dies in seiner Odyssee überaus treffend zum Ausdruck gebracht (IV, 229 – 232): „Dort bringt die fruchtbare Erde mancherlei Säfte hervor, in guter und schädlicher Mischung. Dort ist jeder ein Arzt und übertrifft an Erfahrung alle Menschen ...".

Eine für die damalige Zeit bemerkenswerte Eigenschaft der ägyptischen Medizin war ihre angebliche Spezialisierung. Nach Herodot (II, 84) wird die „Heilkunde bei ihnen (den Ägyptern) von Spezialärzten versehen. Jeder Arzt behandelt nur eine Krankheit und nicht mehrere. Ärzte gibt es überall in Menge; es gibt Augenärzte, Ohrenärzte, Zahnärzte, Magenärzte und Ärzte für innere Krankheiten."

Zur Bezeichnung des Arztes gebrauchen die ägyptischen Texte den Ausdruck *zwnw*. Seine Schreibweise als Pfeil könnte mit dem Verbrauch von Pfeilspitzen bei der chirurgischen Öffnung von Abszessen zusammenhängen.

Ein Teil der Ärzte gehörte dem Priesterstand an, darunter Priester der Göttin Sachmet – sie ist die Schutzherrin der Kranken, der Heilkunde und der Ärzte –, manche zu den Vorlesepriestern (Cheriheb), wie den Priestern der Göttin Selket. Andere Ärzte waren Angehörige des Schreiberstandes, wie dies Titel wie 'Oberarzt und Schreiber der Gottesworte' verraten. Viele Ärzte hatten sowohl weltliche als auch Priestertitel inne.

Gleich anderen Berufen hatten auch die Ärzte ihre Hierarchie. Neben einfachen Ärzten gab es Oberärzte, den 'Arzt des Großen Hauses' (d.h. des Königspalastes), den 'Oberarzt des Herrn der Beiden Länder' (d.h. Leibarzt des Königs) sowie den 'Größten der Ärzte von Ober- und Unterägypten', also eine Art Gesundheitsminister.

Der belgische Wissenschaftler F. Jonckheere zählte 82 namentlich bekannte Ärzte, viele mit Titeln, die auf eine Spezialisierung auf ein bestimmtes Gebiet schließen lassen. Möglicherweise hat aber auch H. Grapow recht mit seiner Behauptung, daß hiermit nur auf die vielen Fähigkeiten hingewiesen werden sollte, die ein Arzt besitzen mußte. So war der Hofarzt und Hohepriester Pepianch, bekannt als Iri, nicht nur 'Arzt des königlichen Bauches' und 'Hirte des königlichen Anus', sondern auch 'des Königs Augenarzt'. Umstritten war lange die Frage, ob die Zahnmedizin als gesonderter Bereich gesehen wurde. Es gibt nur fünf Hinweise auf sie aus dem Alten Reich und einen weiteren isolierten aus der Zeit der 26. Dynastie. Auch wurde immer noch nicht festgestellt, ob einer der uns bekannten Ärzte auch Untersuchungen durchführte.

Es gab keine weiblichen Krankenschwestern, den Arzt zu unterstützen, wir kennen allerdings männliche Krankenpfleger, Assistenten, Masseure und Therapeuten.

Es wäre falsch, irgendwelche Verbindungen zwischen dem Arztberuf und den Einbalsamierern zu sehen, den Priestern des Gottes Anubis. Konträr zu älteren Vorstellungen, daß ägyptische Ärzte Anteil an der Vorbereitung der Mumien hatten, um ihre Kenntnisse der Anatomie zu verbessern, geht man heute davon aus, daß sie ihr Wissen zum großen Teil den alten Texten entnahmen, in denen die Beschreibung der inneren Organe in Analogie zu denen der Tiere erfolgte. Die Prozedur der Einbalsamierung hatte nichts zu tun mit einer medizinischen Autopsie.

Der Arzt erwarb seine Kenntnisse im Lebenshaus, namentlich in Per Bastet im Neuen Reich und in Abydos und Sais in der Spätzeit. Die Ausbildung beruhte auf dem Erwerb praktischer

Erkenntnisse, vor allem aber auf dem Studium bereits schriftlich fixierter Kenntnisse. Dazu heißt es in dem bekannten Medizinischen Papyrus Ebers: „Sein Leiter ist Thot, der die Papyri sprechen läßt, Bücher verfaßt und den Gelehrten und Ärzten, die seinen Spuren folgen, alles deutet."

Ähnliches behauptet auch Diodor (I, 82): „Bei der Kur halten sich die Ärzte an die gesetzlich vorgeschriebene Behandlungsweise, die von zahlreichen und berühmten Ärzten älterer Zeit verfaßt wurde."

Aus Diodors Worten, daß „auf Feldzügen sowie auf Reisen innerhalb der Landesgrenzen alle ohne weitere Vergütung behandelt werden" (I, 82), geht hervor, daß man in einigen Fällen auch kostenlose medizinische Versorgung gewährte, wie wir es beispielsweise aus Deir el-Medineh kennen. In anderen Fällen wiederum ließen sich die Ärzte ihre Dienste ordentlich honorieren, wie dies eine Szene aus dem Grab des Arztes Nebamun in Dra Abu el-Naga zeigt (18. Dyn). In ihr ist ein Patient zu sehen, der von seiner Frau gestützt wird (beide übrigens in typisch syrischem Gewand) und von Nebamuns Pfleger ein Arzneimittel gereicht bekommt. Hinter dieser Figurengruppe schreiten in einem anderen Bildregister Diener einher, die das für den Arzt bestimmte Honorar tragen: einen kupfernen Ingot, einen Satz Gefäße (offenbar gefüllt) und kleine Sklavenmädchen.

Born ärztlicher Weisheit und zugleich Schutzschild des Arztes bei mißglückter Heilbehandlung waren die medizinischen Texte. Diodor merkt dazu treffend an (I, 82): „Wenn sie nun bei genauer Befolgung der Regeln dieses heiligen Buches nicht imstande sind, den Leidenden zu retten, so sind sie vor jeder Beschuldigung sicher; haben sie aber gegen die Vorschriften gehandelt, so kann auf Todesstrafe gegen sie erkannt werden."

Von den insgesamt acht bekannten medizinischen Kompendien ist der Papyrus Ebers der mit Abstand wichtigste. Er enthält etwa 700 Verordnungen zur Heilung innerer Krankheiten, die entsprechend der erkrankten Organe angeordnet sind. Der Papyrus entstand über einen Zeitraum von 2000 Jahren hinweg (4. Jahrtausend v. Chr. – Beginn des Neuen Reiches) durch ständiges Hinzufügen immer neuer Rezepte. Demgegenüber stellt der Papyrus Hearst eher das Notizbuch eines praktischen Arztes aus der 18. Dynastie dar, der Rezepte aus anderen Büchern, darunter auch aus dem Papyrus Ebers, abschrieb. Der Chirurgische Papyrus Edwin Smith wiederum zeigt uns die empirischen Kenntnisse der ägyptischen Ärzte, die diese bei der Diagnostizierung und Behandlung von Verletzungen erlangt hatten. Er stellt eine Abschrift von Texten dar, die mindestens 1000 Jahre älter sind, und ist in der 2. Zwischenzeit abgefaßt worden. Von den restlichen Papyri seien noch erwähnt der Berliner Medizinische Papyrus, der Londoner Medizinische Papyrus, der Medizinische Papyrus Chester Beatty VI, der Papyrus Ny Carlsberg No. VIII und die Papyrusfragmente aus Kahun mit Resten eines gynäkologischen Buches. Bei all diesen Texten

259. Ein blinder Harfner spielt bei einem Gastmahl auf. Ausschnitt aus einer Wandmalerei im Grab des Nacht. Scheich Abd-el-Gurna, Theben-West. 18. Dynastie

Links
260. Die Königin von Punt und ihr Gemahl, der Fürst von Punt, empfangen Teilnehmer der von Königin Hatschepsut entsandten Expedition. Die Darstellung der übermäßig fettleibigen Königin von Punt zeigt klare Anzeichen von Lipodystrophie bzw. der Dercumschen Krankheit: Steatopygie, eine betonte Krümmung der Wirbelsäule, Fettansatz an den Armen und Beinen. Fragment eines bemalten Kalksteinreliefs aus dem Hatschepsut-Tempel in Deir el-Bahari. 18. Dynastie. Kairo, Ägyptisches Museum

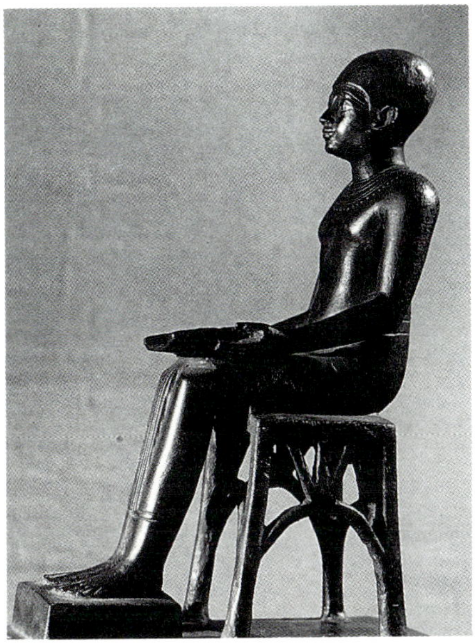

261. Votivstatuette Imhoteps, des Architekten König Djosers. Er errichtete das erste steinerne Bauwerk der Welt, die Stufenpyramide von Saqqara. Seiner Heilkünste wegen wurde er verehrt und später vergöttlicht. St. Petersburg, Eremitage

262. Ein bierbauchiger schwarzer Zwerg mit einem nackten Kind, das rittlings auf seinem Rücken sitzt. Die Hieroglyphe über seinem Kopf bedeutet „Schutz" und verweist auf den magischen Zweck dieses Objekts. Spätzeit. New York, Norbert Schimmel Collection

handelt es sich überwiegend um Abschriften von Werken des Alten Reiches; die Kopien selbst sind im Verlauf des Mittleren und des Neuen Reiches angefertigt worden.

Die anatomischen Kenntnisse der alten Ägypter sind nun anhand medizinischer und nichtmedizinischer Texte von zahlreichen Fachleuten nachgeprüft und für relativ genau befunden worden. Außer Bezeichnungen für die allen sichtbaren Körperteile haben sich uns auch Namen für die inneren Organe erhalten, die die Ägypter bei der Zerteilung und Zubereitung von Tieren kennenlernten.

Die physiologischen und pathophysiologischen Vorstellungen beruhten auf der Annahme, das menschliche Herz sei das Zentrum des Organismus. Es galt als Sitz der Seele, des Verstandes, der charakterischen Eigenschaften und des Gefühlslebens. Durch das Herz sprach Gott, über dieses erhielt der Ägypter sein Wissen über Gott und den Willen Gottes. Das Herz war des Menschen Partner, sprach zu einem in seiner oder ihrer Einsamkeit. Es war gleichzeitig die Maschine, die alle Körperfunktionen in Gang hielt, nicht nur die Blutzirkulation und den Kreislauf, wie die moderne Wissenschaft festgestellt hat. Vom Herzen aus führten Kanäle *(mtw)* in alle Teile des Körpers und banden sie zusammen. Diese Kanäle leiteten nach dem Glauben der Ägypter nicht nur das Blut, sondern auch Luft (die das Herz von der Nase aus erreichte, wie sie dachten), Tränen, Speichel, Schleim, Sperma, Urin, Nahrung und Kot, ebenso gefährliche Substanzen *(wḥdw)*, die als die Ursachen von Schmerz und Krankheit angesehen wurden. Nicht nur die Blutgefäße wurden als *mtw* gesehen, sondern auch der Atmungstrakt, der Tränengang, ebenso jene, die mit anderen Drüsen in Zusammenhang stehen, Samenzufuhr, Muskeln, Sehnen und Bänder. Die weiblichen Geschlechtsorgane wurden ähnlich als Röhren gesehen – offen in die innere Höhlung hinein. Man glaubte, daß Augen und Ohren miteinander in Verbindung stehen, als einziger Zweck des Gehirns galt die Zufuhr von Schleim in die Nase, mit der es auch verbunden zu sein schien. Nach der ägyptischen Vorstellung war der menschliche Körper ein Netzwerk von untereinander verbundenen Kanälen, analog zu den Armen des Nils und den künstlich angelegten Kanälen, die ihr Land ausmachten.

Frühzeitig wurde erkannt, daß in einigen der *mtw* das Herz ‘sprach’ und ein Arzt hier das ‘Herz messen’ konnte an seinem Schlag. Doch konnte er nur feststellen, ob das Herz im Vergleich zum eigenen Pulsschlag schwächer oder schneller schlug. Vom Blutkreislauf wußten die Ägypter noch nichts, denn sie unterschieden noch nicht zwischen Arterien und Venen und wußten nicht, daß das Blut zum Herzen zurückströmt.

Voraussetzung der Gesundheit war dementsprechend der freie Fluß durch die *mtw*; Beschwerden traten so auf bei Verstopfungen – ähnlich wie bei Bewässerungskanälen. Die Unfruchtbarkeit einer Frau hatte ihre Ursache also darin, daß ihre Geschlechtsröhre verstopft war, und Verstopfung sowie Anhäufung von Blut verursachte Krankheiten.

In das System der *mtw* konnten von außen durch die natürlichen Öffnungen des Körpers Schadstoffe gelangen, am häufigsten mit der Aufnahme schlechter Nahrung. Schadstoffe konnten aber auch im Innern des Verdauungstraktes entstehen, weshalb die alten Ägypter so peinlich auf dessen ordnungsgemäße Leerung achteten. Von den Würmern im Stuhlgang nahmen sie an, daß sie durch den Mund in den Körper gelangt seien. Sie unterschieden verschiedene Wurmarten wie den ‘*ḥf3t*-Wurm im Bauch’ oder den ‘*pnd*-Wurm’, und bei Zahnschmerzen lautete ihre Diagnose: „Der *fnt*-Wurm nagt an seinem Zahn."

Während die alten Ägypter bei äußerlichen Leiden, wie Verletzungen oder Brüchen, zumeist wußten, wie sie entstanden waren, standen sie den Ursachen innerer Krankheiten jedoch zumeist hilflos gegenüber. Sie schlossen hier auf irrationale Einflüsse, vor allem auf das Wirken feindlicher, bösartiger Gottheiten oder wohlgesonnener Götter, die den schuldig gewordenen Menschen durch Krankheit strafen wollten. Doch auch Dämonen oder der böse Blick eines neidischen Mitmenschen konnten Krankheiten verursachen.

Eine Aufzählung sämtlicher Krankheiten, an denen die alten Ägypter nachweislich litten, würde den Rahmen dieses Kapitels bei weitem überschreiten. Wir beschränken uns deshalb auf einige Analysen altägyptischer Krankheitsbezeichnungen und ihrer Beschreibungen in den medizinischen Texten, auf charakteristische bildliche Darstellungen ihrer äußeren Symptome und auf Untersuchungen pathologisch veränderter Mumiengewebe. Bei Knochen- und Zahnerkrankungen können wir auf Untersuchungen beinerner Überreste zurückgreifen, die sich in Gräbern fanden. Mit der Auswertung dieser Quellen befaßt sich eine eigenständige Wissenschaftsdisziplin: die Paläopathologie.

Nach den medizinischen Texten zu urteilen, kannten die alten Ägypter etwa 200 Krankheiten. Nicht erwähnt werden indes Funktionsstörungen der Lunge, Leber, Galle, Milz, Bauchspeicheldrüse und der Nieren, deren Krankheitssymptome ihnen offensichtlich unbekannt waren. Welche konkrete Krankheit sich hinter der jeweiligen altägyptischen Bezeichnung verbirgt, kann nur aus dem Kontext erschlossen werden, sofern die Symptome oder die Art ihrer Behandlung genannt sind.

Relativ klar ist die Beschreibung äußerer Krankheiten, insbesondere von Verletzungen. Die Wunde hat einen ‘Mund’ mit ‘Lippen’, also einen Rand, und kann ‘bis zum Knochen gehen’.

263. Der Zwerg Seneb mit Familie. Seneb war Vorsteher aller Zwerge der 'königlichen Kleider'. Seine normal gewachsene Frau zeigt ihre Zuneigung zu ihm. Indem der Bildhauer die Kinder Senebs, die auch normale Proportionen aufweisen, vor diesen plazierte, fallen dessen körperliche Mißbildungen weniger auf. Bemalter Kalkstein. Giseh. 4. oder frühe 5. Dynastie. Kairo, Ägyptisches Museum

Als Begleiterscheinungen werden Blutungen genannt, die bei schweren Verletzungen des Schädels auch aus Nase und Ohren auftreten. Bei Schädelbruch in Verbindung mit Gehirnblutung führt Papyrus Ebers Lähmung nicht auf der der Hirnblutung entgegengesetzten, sondern auf derselben Körperseite an (Fall 8), was möglicherweise auf ein Versehen des Abschreibers zurückgeht. In Papyrus Smith werden bei einem Mann mit einer klaffenden Kopfwunde Symptome beschrieben (Fall 7), die auf Tetanus hinweisen: „Sein Mund ist zusammengekniffen ..., seine Augenbrauen sind krampfartig verzerrt, sein Gesicht (sieht aus), als ob es weine."

Bei Brüchen unterschied man einfache (*pšn*), bei denen der Knochen in zwei Teile gebrochen war, und komplizierte (*sḏ*) mit mehreren Bruchstellen.

Störungen, bei denen die betreffende Stelle geschwollen war, bezeichnete man als *šfwt*, was gewöhnlich als „Schwellung" übersetzt wird, aber auch als Eitergeschwulst interpretiert werden kann, und *ḥnḥnt* und *ˁ3t*, beides offenbar Geschwüre, von denen ersteres mit Verbänden behandelt und letzteres chirurgisch entfernt wurde.

Schwieriger ist die Identifizierung von Augenkrankheiten und inneren Erkrankungen. Keine Zweifel bestehen lediglich bei Verstopfung, Entzündung des Mastdarmes, Harnblasenentzündung und Blutabsonderung im Harn; letzteres wird in Ägypten vor allem durch die Bilharziose hervorgerufen, die B. Ebbell und F. Jonkheere als die Krankheit *aaa* (*ˁ3ˁ*) identifiziert haben.

Verläßliche Informationen bieten uns bildliche Darstellungen, die von den Künstlern relativ realistisch und mit Sinn für die charakteristischen Veränderungen am menschlichen Körper

264. Die akromegalischen und eunuchoiden Merkmale Echnatons können mit dem Fröhlichschen Syndrom in Verbindung gebracht werden, das auf eine Störung der Hypophyse oder des Mittelhirns zurückgeht. Dies ist einer von mehreren Köpfen, die zu den Kolossalstatuen des Königs im Säulenhof des Aton-Tempels in Karnak gehörten. Sandstein. 18. Dynastie. Kairo, Ägyptisches Museum

wiedergegeben sind. An pathologischer Fettleibigkeit, wohl Lipodystrophie, litt die Königin 260
von Punt, die wir von einem Relief im Hatschepsut-Tempel in Deir el-Bahari her kennen. Das
eunuchoide Äußere Echnatons in dessen späterer Regierungsphase hängt möglicherweise mit 264
der Ausbildung des Fröhlichschen Syndroms bei Erkrankung der Hypophyse oder des Zwi-
schenhirns zusammen, die am ehesten von einer Geschwulst hervorgerufen wird. Häufig darge-
stellt sind Zwerge, die sich durch ihre Disproportionen von den Pygmäen Afrikas unterschei- 262
den. Bei Buckligen stehen wir vor der Entscheidung, ob es sich um einen Knick der Wirbel- 263
säule infolge von Tuberkulose oder um eine Wirbelsäulenverkrümmung handelt, die durch 268
schlechte Körperhaltung, Rachitis, verwachsene Spondylose und ähnliches verursacht wurde.
Das kürzere, geschrumpfte (atrophierte) rechte Bein des Priesters Remi auf dessen Stele in der
Ny Carlsberg Glyptothek in Kopenhagen war offenbar eine Folge von Kinderlähmung. In der 265
Mastaba des Ptahhotep und des Mehu in Saqqara (5. Dyn.) sind mehrere Männer mit Nabel-
und Leistenbruch dargestellt. Porträts blinder Harfner oder die Darstellung eines hinter einem
Landvermesser einherschreitenden Blinden aus dem Grab des Menena zeugen von der Verbrei- 259
tung des Trachoms, das oft zur Blindheit führt.

Das Studium pathologischer Veränderungen an Mumien kann bereits auf eine über 170jährige Tradition zurückblicken. 1820 stellte A. B. Granwille an der Mumie einer älteren Frau aus der Ptolemäerzeit eine bösartige Eierstockgeschwulst fest. Mikroskopische Untersuchungen an einer anderen Frauenmumie, die J. N. Cermák 1851 in Prag vornahm, erbrachten Anzeichen von Arterienverkalkung (Arteriosklerose). Nach der Jahrhundertwende wurden Mumienautopsien zusehends durch Röntgenuntersuchungen ersetzt, bei denen die Mumien intakt gehalten

265. Der Priester Remi mit Frau und Kind. Sein kürzeres und dünneres rechtes Bein ist wahrscheinlich die Folge einer Poliomyelitis (spinale Kinderlähmung). Grabstele des Remi. 18. Dynastie. Kopenhagen, Ny Carlsberg Glyptothek

werden konnten. Diese Form der Mumienuntersuchung ist seitdem in vielen Museen der Welt vorgenommen worden. Alleine in der Tschechoslowakei konnte der Autor in Zusammenarbeit mit dem Radiologen L. Vyhnánek und anderen in der Zeit von 1971–1974 170 Mumien und Mumienfragmente auf diese Weise untersuchen. In den 70er Jahren wuchs erneut das Interesse an Mumienautopsien, wobei man sich vor allem auf die Entnahme von Gewebeproben konzentrierte, die mit Hilfe der neuesten Medizintechnik analysiert wurden. Auf diese Weise konnten unsere Kenntnisse von der altägyptischen Pathologie wesentlich erweitert werden.

Von besonderer Bedeutung erwies sich die Untersuchung von Lungengewebefetzen, die die Balsamierer bei der Entfernung der inneren Organe des Toten übersehen hatten. Es zeigte sich, daß auch die Lungenbläschen der alten Ägypter Kohlenstaub enthielten (Kohlenstaublunge oder Anthrakose), der wohl durch das Einatmen des Rauches offener Feuerstellen in die Lunge gelangt war. In den zwischen den Lungenbläschen pathologisch vermehrten Bindegeweben sowie in den Lymphgefäßen anderer Mumien wurden kleine scharfkantige Teilchen von Silikaten, Feldspaten und anderen Granitmineralien gefunden (Silikose). In anderen Fällen enthielten die Lungen Wüstensand (Staublunge bzw. Pneumokoniose). Andere Mumien wiederum wiesen an der Lunge Veränderungen auf, die für Lungenentzündung typisch sind, wobei der Verlauf dieser Krankheit noch durch eine Rippenfell- oder Herzbeutelentzündung kompliziert worden war. Sogar ein Fall von Lungentuberkulose sowie Befunde von Wirbelsäulentuberkulose konnten festgestellt werden; sie alle zeigen, wie weit verbreitet die Tuberkulose gewesen sein muß.

Mikroskopische Untersuchungen anderer Organe bestätigten das häufige Auftreten parasitärer, insbesondere durch Würmer verursachter Krankheiten. Hierher gehören die Bilharziose, die Trichinose, die Infizierung durch Spul- und Bandwürmer, durch Leberegel oder durch die Würmer *Strongyloides, Trichuris trichiura, Ancylostoma duodenale* und *Dracunculus medinensis*. Auch Amöbenzysten konnten festgestellt werden. Diese Befunde hingen mit dem niedrigen Stand der Hygiene vor allem bei den altägyptischen Landbewohnern zusammen, mit ihrer Sitte, barfuß durch Wasser oder Schlamm zu waten, Schmutzwasser zu trinken und ungewaschenes Obst und Gemüse zu essen.

Eine Vergrößerung der Milz, die auf Malaria oder auch Darmbilharziose zurückzuführen sein dürfte, zeigte sich bei der Autopsie der Mumie des armen Webers Nacht (19. Dyn.), dessen innere Organe man in seiner Mumie belassen hatte.

An schweren Infektionskrankheiten konnten an Mumien Pocken und Kinderlähmung nachgewiesen werden. Metabolische Störungen, die zur Bildung von Gallensteinen führten, sind nur in drei Fällen festgestellt worden, Harnsteine hingegen häufiger. Als große Überraschung darf das Vorkommen von Arteriosklerose bei 10 – 20 % aller erwachsenen Mumien gelten; dieser Befund widerspricht unserer Vorstellung von der ruhigen Lebensweise und der gesunden Ernährung der Ägypter. Offenbar hielten die Angehörigen der mittleren und oberen Schichten, die sich mumifizieren ließen, nicht Maß, besaßen eine Vorliebe für tierische Fette und waren Streßsituationen ausgesetzt.

Serien von Knochenfunden ermöglichen es, nicht nur Knochen- und Zahnkrankheiten direkt zu erkennen, sondern auch die Reaktion der Knochen auf Krankheiten, die sich im angrenzenden, allerdings längst verfallenen Fettgewebe abgespielt hatten. Darüber hinaus kann durch ausreichende Knochenfunde die Häufigkeit verschiedener pathologischer Prozesse oder deren altersabhängiger Verlauf ermittelt werden. Und schließlich erfahren wir einzig und allein aus diesen Funden, an welchen Krankheiten die einfachen Menschen litten, die sich eine vollständige Mumifizierung nicht und häufig sogar überhaupt keine Mumifizierung hatten leisten können.

Ein ganz häufiger Befund, der sich bereits vor dem 30. Lebensjahr abzuzeichnen beginnt, sind die Auswüchse an den Rändern der Wirbelkörper der Wirbelsäule (Spondylose), die man bei fast allen Individuen zwischen dem 50. und 60. Lebensjahr findet und die oft sehr lang sind und mitunter 'Brücken' bilden. Daß diese Erscheinung an Mumien weniger häufig nachzuweisen ist, erklärt sich aus dem Umstand, daß die Menschen wohlhabender Schichten, die sich mithin eine Mumifizierung leisten konnten, physisch schwerer Arbeit weniger ausgesetzt waren und ihre Wirbelsäule demzufolge schonen konnten. Eine völlige Versteifung der Wirbelsäule, die auf eine krankhafte Entzündung der Wirbelgelenke (Bechterewsche Krankheit) zurückzuführen ist, konnte weitaus seltener festgestellt werden, wohingegen das Vorkommen von Wirbelsäulentuberkulose, die oft mit einem Zusammenfall der Wirbel und einer Verkrümmung der Wirbelsäule einherging, in mehr als dreißig Fällen nachzuweisen ist.

Außerordentlich zahlreich ist der Befund von Verletzungen und Brüchen. Betroffen sind fast ausschließlich Erwachsene, davon Männer zwei- bis dreimal häufiger als Frauen, was sich durch das höhere Unfallrisiko erklärt, denen Männer bei der Arbeit und in Kämpfen ausgesetzt waren. Bei Brüchen überrascht, wie gut sie wieder verheilt sind, und zwar ohne größere Verschiebungen der Knochen und ohne die Bildung von Scheingelenken (Pseudoarthrose), mit Ausnahme freilich des Oberschenkelbeins, bei dem der starke Muskelzug oft zu einer Verkür-

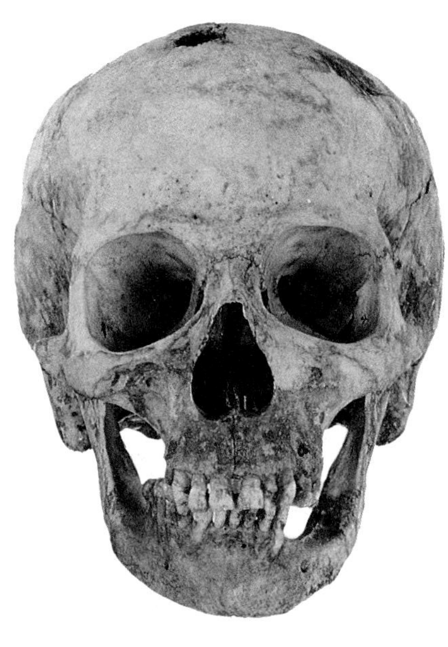

266. Zwei metastatische Herde an der Schädeldecke einer 35- bis 45jährigen Frau, die wahrscheinlich durch ein Brustkarzinom verursacht wurden. Christlicher Friedhof in Sayala, Unternubien. 6.–11. Jh. n. Chr. Wien, Naturhistorisches Museum

267. Die infolge eines aggressiven nasalpharyngalen Karzinoms zerstörte Schädelbasis eines 40– bis 50jährigen Mannes. Friedhof in Naga el-Deir. 6.–12. Dynastie. Berkeley, Robert H. Lowie Museum of Anthropology

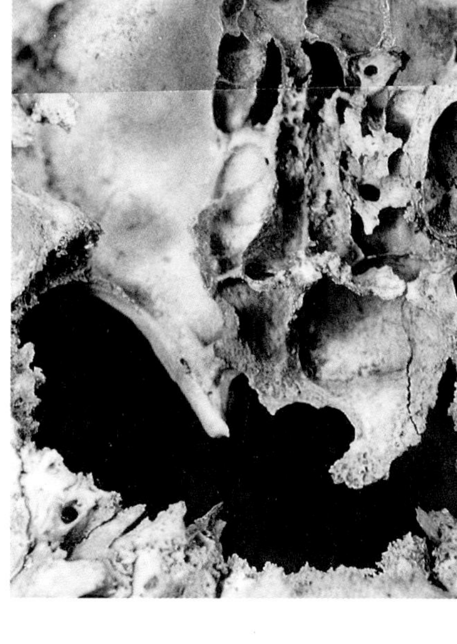

zung der Knochen und zur Kallusbildung führte. In der Regel kommen auch degenerative Gelenkerkrankungen (Arthrose) vor, seltener schon Gelenkentzündungen (Arthritis).

Gutartige Knochengeschwülste sind in fast jeder Knochenserie zu finden. An bösartigen Geschwülsten kennen wir aus der Literatur bislang nur sieben Fälle, hinzu kommt ein Fall von Krebs, den wir aus eigener Beobachtung an einem 40–50jährigen Mann feststellen konnten, dessen beinerne Überreste sich auf einem Friedhof aus dem Alten Reich in Naga ed-Deir fanden. Die Geschwulst, die im Epithel des Nasen-Rachen-Raumes entstand, hat den größten Teil des Gesichtsschädels und die Vorderhälfte der Schädelbasis zerstört. In Spätzeitgräbern und Grabstätten aus der Ptolemäerzeit in Abusir und Saqqara haben wir vier Schädel gefunden, die mit kleinen kreisförmigen Löchern übersät sind, welche entweder auf Metastasen eines Karzinoms oder auf eine primäre Knochenmarksgeschwulst (*Myeloma multiplex*) zurückzuführen *266*
sind. Daß nur relativ wenig Geschwulste festgestellt werden konnten, hängt mit dem niedrigen Durchschnittsalter der ägyptischen Bevölkerung sowie damit zusammen, daß man bei frühen Untersuchungen von Skeletten dieser Krankheit nicht die entsprechende Aufmerksamkeit gewidmet hatte.

Eine offene Frage bleibt zunächst noch, inwieweit es auch Erkrankungen an Gicht gegeben hat; bislang kennen wir nur einen einzigen sicheren Fall aus einem Grab des 6. Jhs. v. Chr. von der Insel Bigga unweit von Philae. Gleiches gilt für die Lepra, die ebenfalls für dieses Grab nachgewiesen werden konnte. Herde zerstörter Knochen, möglicherweise die Folge von Lepra, hat jüngst T. Dzierżykray-Rogalski an den Oberkiefern von vier Schädeln entdeckt. Die Funde stammen aus einem ptolemäerzeitlichen Begräbnis in Balat (Oase Dachle).

Als schwerwiegendster Geburtsfehler darf die Achondroplasie gelten, eine Störung der *166*
Knochenbildung, die zu Zwergwuchs führt. K. R. Weeks hat insgesamt neun achondroplasti- *263*
sche Skelette aus Gräbern verschiedener Epochen festgestellt; damit sind die ikonographischen Zeugnisse dieser relativ häufig auftretenden Anomalie bestätigt worden. Sie hielt sich übrigens unter der Bevölkerung infolge der von ihr geübten Inzucht.

Ein Kapitel für sich sind Zahnerkrankungen. Nicht Zahnfäule, sondern die rasche und intensive Abnutzung der Zähne war das Hauptproblem im alten Ägypten. Dabei verringerte sich die Höhe der Zahnkrone, und es kam zu einer gefährlichen Freilegung des Zahnmarks, wogegen sich der Körper mit der Bildung sogenannten Sekundärdentins wehrte. Ging die Abnutzung rascher vonstatten als die Abwehrreaktion des Körpers, wurde das Zahnmark freigelegt und entzündete sich. Die Infektion gelangte durch den Wurzelkanal in das Zahnfach, in dem ein Eiterherd entstand, der die Zahnwurzelspitze zerstörte. Der Inhalt des Eiterherdes leerte sich entweder durch eine Knochenfistel oder nach Ausfallen des Zahnes. Die Ursache für die rasche Abnutzung der Zähne wird von den meisten Gelehrten in der zähen Konsistenz der Nahrung und einer Beimischung von feinem Quarzstaub gesehen, der von Mehlmörsern herrührte oder durch den starken Wüstenwind in die Nahrung gelangte.

Angesichts der unzureichenden Zahnhygiene bei den alten Ägyptern überrascht es nicht, daß Parodontose und Zahnsteinbildung zu den gewöhnlichen Befunden in einer jeden Knochenserie gehören.

Gebißanomalien beschränken sich auf kleine Abweichungen wie Vorbiß, vorstehende Zähne, Stellungsunregelmäßigkeiten der unteren Eck- und Schneidezähne, Fehlstellungen und

268. Die scharfe Krümmung der Wirbelsäule eines Buckeligen deutet darauf hin, daß er an Tuberkulose litt. Holzstatuette. Brüssel, Musées Royaux d'Art et d'Histoire

Unten
269. Die letzten vier Brust- und der erste Lendenwirbel des Chuianch, Beamter und vielleicht auch Priester der königlichen Nekropole, sind durch Tuberkulose zerstört. Dies zeigt die scharfe Krümmung, die allerdings völlig verheilt ist. Abusir. Mittleres Reich. Grabungen des Tschechoslowakischen Ägyptologischen Instituts

Unten rechts
270. Verkalktes Gebärmuttermyom. Gutartiger Tumorbefund einer 35- bis 45jährigen Frau. Sayala, Unternubien. 3.–5. Jh. n. Chr. Wien, Naturhistorisches Museum

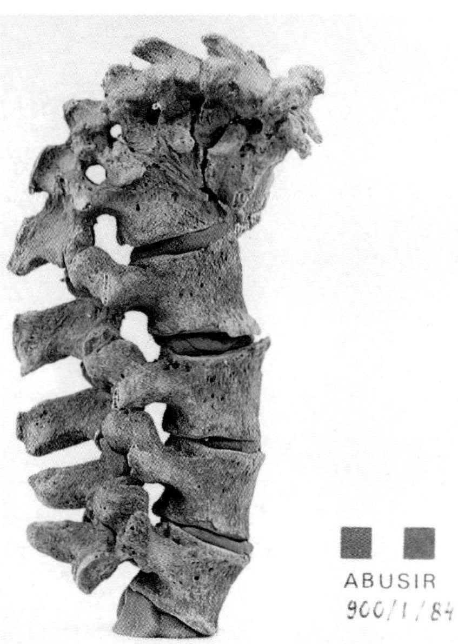

achsiale Abweichungen der Zähne, Ausbleiben der dritten Mahlzähne (seltener waren auch andere Zähne nicht angelegt), Beibehaltung der Milchzähne im Erwachsenenalter u.ä.

Obgleich hier nicht alle Krankheiten genannt werden konnten, die man bei den alten Ägyptern bislang festgestellt hat, geht aus der gebotenen Übersicht jedoch klar hervor, daß sich die altägyptischen Ärzte über mangelnde Arbeit nicht zu beklagen hatten. Im folgenden sei der Frage nachgegangen, ob sie auch über ausreichende Mittel, Behandlungsmethoden und medizinische Kenntnisse verfügten, um diese Krankheiten erfolgreich zu behandeln.

Die medizinischen Texte nennen etwa 200 verschiedene Arzneimittelarten, von denen allerdings nicht alle geholfen haben dürften. Arzneimittel wurden aus 70 verschiedenen Tier-, 25 Pflanzenarten und 20 Mineralstoffen hergestellt, aber auch aus ganz gewöhnlichen Speisen, Getränken und Ausscheidungen. Zu den Ausgangsstoffen gehörten Fleisch, Fett, Blut, Milch, Galle, Kot und Urin von Mensch und Tier, aber auch die Blätter, Früchte und das Holzmehl von Pflanzen, von denen das Bilsenkraut, der Stechapfel und die Mandragora wohl am wirksamsten waren. Dagegen darf die heilende Wirkung von himmlischem Tau, Nilschlamm oder von Lehm unter den Fingernägeln des Patienten oder gar die Wirkung von Fliegenkot mit Recht bezweifelt werden. Die wirksamen Ingredienzen der Arzneimittel mischten die Ärzte selbst mit ihren Grundstoffen, zu denen insbesondere Milch, süßes Bier oder Öl zählten, bei Salben war es Fett oder Öl. Besondere technische Hilfsmittel, deren sich die Ärzte dabei bedient hätten, sind uns unbekannt; wir nehmen deshalb an, daß man gewöhnliche Gefäße, Mörser, Stäbchen und Löffelchen benutzte.

Wollte man Klistiere oder vaginale Einläufe verabreichen, konnten stumpfe Hörner verwendet werden. Davon überzeugt, daß Schadstoffe mit der Nahrung in den menschlichen Körper gelangten oder im Verdauungstrakt entstanden, pflegten die Ägypter ihren Körper „mit Klistieren, Fasten und Brechmitteln, manchmal Tag für Tag, zuweilen aber setzten sie auch drei oder vier Tage aus. Sie behaupten nämlich, daß von aller im Körper verdauten Nahrung der größere Teil überflüssig sei und daß sich aus diesem die Krankheiten erzeugen“ (Diodor I, 82). Nach den Erkenntnissen der modernen Diätetik waren die alten Ägypter mit dieser Ansicht nicht weit von der Wahrheit entfernt.

Augentropfen wurden mit Hilfe einer Geierfeder appliziert. Beim Inhalieren wurde eine Substanz auf einem glühenden Stein unter einem umgestülpten Topf erhitzt und der Dampf durch ein Schilfrohr eingeatmet, das aus dem Topfboden herausragte. Bei der vaginalen Räucherung setzten sich die Frauen auf einen Topf, in dem das verordnete Mittel auf ähnliche Weise erhitzt wurde.

Für chirurgische Eingriffe eigneten sich Messer, Pinzetten und Holz- oder Metallstäbchen. Auf einem Relief in dem aus ptolemäischer Zeit stammenden Tempel in Kom Ombo ist ein Kästchen mit Instrumenten dargestellt, die chirurgischen, zahnärztlichen oder kosmetischen Eingriffen gedient haben könnten. Anderen Wissenschaftlern zufolge gehörten diese Instrumente jedoch zu den Gründungsbeigaben dieses Tempels, die man zu Baubeginn in den sogenannten Gründungsgruben deponierte.

Zum Verbinden von Wunden verwendete man gewöhnliche Leinenbinden, Fäden, Netze, Tampons und Pölsterchen. Brüche wurden mit Palmblattrippen, Baumrinde, leinen- oder faserumwickeltem Schilfrohr oder Holz fixiert.

Die ägyptischen Ärzte beherrschten die Technik der Wundbehandlung recht gut. Weil die Texte in diesem Zusammenhang von Fäden sprechen, ist nicht auszuschließen, daß sie die Wundränder mit Nadel und Faden zunähten; meistens zogen sie sie jedoch mit Binden zusammen. Auf die Wunde legten sie den ersten Tag frisches Fleisch, das sie dann an den folgenden Tagen durch eine öl- oder honiggetränkte Binde ersetzten. Schwere oder entzündete Verletzungen ließen sie offen, behandelten sie lediglich mit Öl, kühlten sie und ließen sie trocknen.

Daß es die alten Ägypter verstanden, Verrenkungen zu behandeln, beweist Papyrus Edwin Smith: „Wenn du einen Mann behandelst, dessen Unterkiefer ausgerenkt ist, so daß sein Mund offen steht und er ihn nicht schließen kann, so mußt du beide Zeigefinger auf die Enden des Kieferknochens in seinen Mund legen und beide Daumen unter sein Kinn. Dann mußt du sie (die ausgerenkten Knochenköpfe) nach unten ziehen, bis sie sich an ihrer richtigen Stelle befinden. Zur gleichen Zeit mußt du sagen: ‘Ein Mensch mit ausgerenktem Kiefer, das ist die Krankheit, die ich behandeln werde.’ Dann wirst du täglich einen Verband mit *imrw* und mit Honig anlegen, bis es ihm besser geht.“

Die Messer, mit denen die ägyptischen Ärzte ‘Geschwülste’ – darunter verstanden sie auch Abszesse – öffneten, erhitzten sie über Feuer, um die bei dem Eingriff auftretende Blutung zu stillen. Daß sie damit zugleich Bakterien abtöteten, war ihnen nicht bewußt. Auch Brandblasen oder Warzen durchstachen sie mit einem glühenden Holz- oder Metallstäbchen. Über kompliziertere chirurgische Eingriffe, beispielsweise die Schädelöffnung (Trepanation), schweigen die medizinischen Texte.

Dennoch sind aus Ägypten bislang 10 trepanierte Schädel bekannt. In vier Fällen erfolgte die Öffnung des Schädels zweifelsfrei aus therapeutischen Gründen, in den übrigen Fällen ist

271. Kolossalstatue des Gottes Horus am Eingang des Horustempels von Edfu. Im alten Ägypten wurde der Himmelsgott Horus, dessen Augen man sich als Sonne und Mond vorstellte, mit dem König gleichgesetzt. Horus in anderen Erscheinungsformen verfügte über böse Geister abwehrende Kräfte. Sandstein. Ptolemäerzeit

dies zumindest wahrscheinlich. Sämtliche Eingriffe wurden an lebenden Patienten vorgenommen, die in allen Fällen die Operation auf Jahre hinaus überlebten, wie dies Merkmale eines umfangreichen Genesungsprozesses bezeugen.

Zahnfüllungen – empfohlen beispielsweise aus einer Malachit- und Harzmischung, die wohl nicht von langer Haltbarkeit gewesen sein dürfte –, konnten bislang nicht nachgewiesen werden. Von 16 zahnärztlichen Rezepten in den medizinischen Papyri befassen sich sieben mit der Heilung lockerer Zähne: Der betreffende Zahn und das angrenzende Zahnfleisch wurden in eine Masse aus Weizenkörnern, Ocker oder Honig gekleidet (dieselbe Masse wendete man übrigens auch bei Schienen zur Fixierung von Knochenbrüchen an). Mehrere Rezepte im Papyrus Ebers verschreiben zur Behandlung des Gebisses Arzneimittel mit einem Adstringens (Kupfersulfat), das auch heute bei chronischen Zahnfleischentzündungen angewendet wird.

War ein Zahn ausgefallen, befestigte man ihn mit einem Gold- oder Silberdraht an die gesunden Nachbarzähne. Heute sind bereits in fünf Fällen derartige 'Brücken' nachweisbar.

Wo die rationelle Medizin versagte, sprang die Magie ein. In der Tat wurden Arzneimittel verschrieben, die nur magisch wirken konnten, zum Beispiel das Mittel gegen Kahlköpfigkeit, das man aus den Wirbeln eines Raben, aus einem verbrannten Eselshuf und dem Fett einer schwarzen Schlange herstellte. Auch der Ekel, den man vor einigen Arzneimitteln wie Kot, Urin oder Blut empfand, genügte angeblich, um die dämonischen Krankheitserreger zu vertreiben. Darüber hinaus gab es natürlich Zaubersprüche, die bei der Einnahme von Arzneien, bei ihrer Zubereitung und beim Anlegen von Verbänden aufgesagt wurden.

Auch an die Götter, denen Heilfähigkeiten zugesprochen wurden, wandte man sich in Ge- *59*
beten oder in schriftlicher Form. Zu ihnen zählten Amun, Thot, Min, Horus, Isis und Serapis. *7, 332*
Nicht nur göttliche, sondern geradezu heilgöttliche Verehrung genossen zudem drei Sterbliche: *271*
Imhotep, der Wesir und Architekt unter König Djoser und von den Griechen mit Asklepios *261*
gleichgesetzt; Amenophis, Sohn des Hapu, Architekt und hoher Offizier unter Amenophis III.; *274*
und schließlich Antinoos, der Liebling Kaiser Hadrians.

Magische Therapien wurden auch in Tempeln vorgenommen. Die ältesten Zeugnisse dafür stammen aus der Ramessidenzeit aus Deir el-Medineh. Weitere Stätten waren die obere Terrasse des Hatschepsut-Tempels in Saqqara sowie die Tempel in Kanopus und Abydos. Im Hathortempel in Dendara sind Reste eines Sanatoriums gefunden worden, in dessen Mönchszellen ähnelnden Räumen die isoliert gehaltenen Kranken in Gebeten, Meditationen und in therapeutischem Schlaf zubrachten, wobei ihnen Traumoffenbarungen zuteil wurden. Zu der Therapie gehörten auch Bäder in Bassins, die mit dem Wasser heiliger Tempelseen gespeist wurden.

Böse Dämonen – als Krankheitserreger – wurden von Zauberern mit magischen Sprüchen aus dem Körper vertrieben. Vor Dämonen schützte man sich durch Amulette. Zu den beliebtesten Amuletten gehörte das Horusauge (*wedjat*-Auge), das sogenannte Mondauge, das im Zwei- *272*
kampf mit Seth von diesem verletzt und von Thot wieder geheilt wurde. Das *wedjat*-Auge entspricht den Phasen des Mondes, dessen Abnahme von Seth und dessen Zunahme von Thot bewirkt wird. Gegen den Biß von Schlangen und Skorpionen und gegen den Angriff von Krokodilen schützten jene Stelen, die den Gott Horus im Kampf mit diesen gefürchteten Tieren darstellen (die sogenannten Horusstelen) und mit magischen Inschriften versehen sind. Es genügte, die Stelen zu begießen, das Wasser aufzufangen und zu trinken.

Der ägyptische Patient konnte also bei jedweder Art von Leiden auf wirksame Hilfe hoffen. Auf rationaler Grundlage, die keinen Vergleich mit dem Niveau anderer zeitgenössischer Völker zuläßt, stand zweifelsohne die altägyptische Chirurgie. Bei der Behandlung innerer Krankheiten konnten einige Medikamente den Krankheitsverlauf zwar positiv beeinflussen, doch wirkten viele lediglich psychotherapeutisch.

272. Das Auge des Horus (*wedjat*-Auge) symbolisierte Gesundheit. Hier wird es von der Geiergöttin Nechbet und der Göttin Wedjat, die in Gestalt eines Uräus (einer aufgerichteten Kobra) dargestellt ist, beschützt. Goldpektorale und Einlagen aus Lapislazuli, Nephrit und buntem Glas. Aus dem Grab des Tutanchamun im Tal der Könige, Theben-West. 18. Dynastie. Kairo, Ägyptisches Museum

KAPITEL 20

Eine Reise ohne Wiederkehr ...

273. Der Verstorbene betet zu Anubis, dem göttlichen Balsamierer, und bittet um Aufnahme in Abydos, um dem Grab des Osiris nahe zu sein. Der Tote hofft auf eine Auferstehung wie Osiris. Vignette aus dem Totenbuch des Neferrenpet. „Spruch für die Aufnahme des Verstorbenen in Abydos". Papyrus. 19. Dynastie. Brüssel, Musées Royaux d'Art et d'Histoire

Die einzelnen Lebensabschnitte des alten Ägypters, die wir bislang verfolgt haben, faßt die aus ptolemäischer Zeit stammende Lehre des Papyrus Insinger wie folgt zusammen (17, 22 – 18, 3):

„Der Mensch bringt zehn Jahre als Kind zu, bevor er versteht, was Tod und Lebens sind. Zehn weitere Jahre braucht er für die Lehre, die ihn zu leben in die Lage versetzt. Zehn Jahre lang erwirbt und verdient er sich Besitz, von dem er leben wird. Abermals zehn Jahre verstreichen bis zu jenem Alter, da sein Herz ihm Ratgeber ist. Und noch sechzig Jahre des gesamten Lebens verbleiben, die Thot einem gottgefälligen Menschen zuerkannt hat."

Danach lag die schönste Zeit des Lebens, in der der Mensch die Früchte seiner Arbeit und seines erworbenen Wissens genießen konnte, zwischen dem 40. und dem 100. Lebensjahr. Ein solches Alter zu erreichen, galt den Ägyptern als Beweis einer besonderen Gunst der Götter und als Auszeichnung für untadeliges Benehmen. Alte Leute genossen aufgrund ihrer Lebenserfahrung und Weisheit die Ehrfurcht der Jüngeren, die ihren 'klugen Lebensratschlägen' aufmerksam zuhörten. Ani, Verfasser einer der Weisheitslehren, mahnt, dieser Ehrfurcht auch formal Ausdruck zu verleihen: „Bleib nicht sitzen, wenn ein anderer steht, der älter ist als du."

Interessant ist, daß es im Alten und Mittleren Reich fast keine realistischen Darstellungen alter Menschen gibt. Daraus kann nun freilich nicht gefolgert werden, man hätte damals kein hohes Alter erreicht, doch scheint das Ideal für die Abbildung der menschlichen Gestalt in der Jugend oder im reifen Erwachsenenalter gesehen worden zu sein.

Im Neuen Reich änderte sich dies. Jetzt finden wir unter den Dargestellten bereits gebeugte Gestalten mit Rundrücken, Fettpolstern um Brust und Bauch und faltigem Gesicht; sie gehen am Stock, der in der Hieroglyphenschrift zum Deutzeichen (Determinativ) für den Begriff des Alters schlechthin wurde.

Die Beschwerden, die den Menschen im Alter plagen, schildert die Lehre des Ptahhotep recht plastisch:

„Das Greisenalter ist gekommen,
Gebrechlichkeit hat sich eingestellt,
Schwäche und immer wieder Müdigkeit.
Einem Kind gleich schläft man all den Tag.
Die Augen sind schwach, die Ohren taub,
die Kraft nimmt ab durch Müdigkeit.
Der Mund schweigt still und spricht nicht mehr,
das Herz ist leer und erinnert sich nicht mehr,
und die Knochen schmerzen durch und durch.
Was einst so gut ist schlecht geworden,
und schmackhaft finde ich nichts mehr.
Fürwahr: Was das Alter den Menschen antut,
ist schlecht in jeglicher Hinsicht."

Um ein hohes Alter zu erreichen, mußte der Mensch ein gerechtes Leben führen und in Harmonie mit der Natur, mit seinen Mitmenschen und der unabänderlichen Ordnung der *Maat* leben. Darüber hinaus sollte er seine guten und schlechten Tage kennen und sich an magische Formeln halten, denn in den Sargtexten stand geschrieben: „Wer (dieses) Leben kennt, wird 110 Jahre leben."

Damit sind wir bei der rätselhaften Angabe von 110 Jahren als dem Idealalter der alten Ägypter. J. M. A. Janssen hat 27 diesbezügliche Textstellen zusammengestellt, die zeigen, daß es sich hierbei um eine bereits im Alten Reich geläufige Konzeption handelte, die sich die gesamte ägyptische Geschichte über hielt und ihren Höhepunkt während der 19. und 20. Dynastie erreichte. Einer der Männer, die 110 Jahre alt geworden sein sollen, war König Pepi II. (6. Dyn.). Da sein 96. Regierungsjahr im Zusammenhang mit anderen Ereignissen in den Quellen bezeugt ist und er möglicherweise bereits als Sechzehnjähriger den Thron bestiegen hat, ist er wohl tatsächlich so alt geworden. Auch Ptahhotep, Wesir unter Djedkare Isesi, dem vorletzten König der 5. Dynastie, sowie zwei weitere Personen rühmen sich, dieses Alter erreicht zu haben. Die übrigen 23 Textstellen führen das Alter von 110 Jahren nur mehr als bloßes Ideal an.

Welches Alter haben die Ägypter nun tatsächlich erreicht? Eine Antwort auf diese Frage würde man am ehesten in den Biographien erwarten, die sich bedeutende Persönlichkeiten auf die Wände ihrer Gräber oder auf ihre Grabstelen – unseren Grabsteinen gleich – haben meißeln lassen. Seit dem Mittleren Reich kommen biographische Angaben auch auf Tempelstatuen vor. Sie enthalten den Namen, die Titel tatsächlich ausgeübter oder ehrenhalber verliehener Funktionen sowie den Namen des Königs, in dessen Regierungszeit der Betreffende lebte. Im Neuen Reich treten auch noch andere Angaben hinzu, wie beispielsweise die Teilnahme an Kriegszügen, Expeditionen oder großen Bauunternehmen. Was indes fehlt, sind Geburts- und Todesdatum bzw. exakte Hinweise auf die Lebensdauer, die mitunter durch nebelhafte Andeu-
274 tungen auf ein 'langes Leben' ersetzt werden. Nur vereinzelt erfahren wir, daß „Amenophis, Sohn des Hapu, 80 Jahre erreichte", oder daß „Amenemope 88 Jahre vollendete".

Erst in ptolemäischer Zeit ändert sich die Situation, denn jetzt finden wir in den Biographien auch Informationen, die das Geburtsdatum, den Namen und Beruf des Vaters, das Hochzeitsdatum und den Namen des Ehepartners, die Anzahl der Kinder, das Todes- oder das Begräbnisdatum enthalten. H. Grapow hat biographische Angaben über die Lebensdauer von 14 Männern und 5 Frauen gesammelt, aus denen sich ein Durchschnittsalter von 54 Jahren für die Männer und von 58 Jahren für die Frauen ergibt. Dieser hohe Durchschnitt ist freilich durch die geringe Anzahl der Proben sowie dadurch bestimmt, daß hierbei Personen nicht berücksichtigt wurden, die jünger als 25 Jahre waren und noch nicht die gesellschaftliche Stellung erreicht hatten, die sie zur Abfassung einer Biographie berechtigt hätte.

Auf verläßlichere Informationen indes konnten sich F. Baratt und B. Boyaval bei ihren Untersuchungen von Holztäfelchen – sogenannten Mumienetiketten – stützen, die man den Mumien in römischer Zeit gleichsam als 'Identitätskärtchen' um Hals oder Brust band. Auf ihnen befindet sich mit schwarzer Farbe der Name des Verstorbenen geschrieben. Die untersuchten Mumien im Louvre trugen überwiegend ägyptische Namen, nur selten waren griechische und ausnahmsweise auch römische Namen darunter. Die Täfelchen enthielten auch Herkunftsangaben, die alle einheitlich auf den Gau von Panopolis (Achmim) verwiesen, und Angaben zum Beruf, wobei der des Priesters überwog, gefolgt von dem des Handwerkers oder Bauern, während Beamte oder Soldaten seltener vertreten sind. Datiert sind die Etiketten durch die Regierungsjahre des entsprechenden Königs, in der Regel freilich ohne Angabe seines Namens, lediglich in 20 Fällen sind römische Kaiser – von Augustus bis Aurelian – erwähnt. Altersangaben werden von den insgesamt 1211 Täfelchen zwar nur bei 279 gemacht, doch bedeutet auch dies einen beachtlichen und recht homogenen Bevölkerungsquerschnitt. Das errechnete Durchschnittsalter beträgt lediglich 25,4 Jahre, wobei die Männer im Durchschnitt fünf Jahre länger lebten (27 Jahre) als die Frauen (22 Jahre). Dies ist nicht weiter verwunderlich, bedenkt man, daß in der Auswahl Kinder bis zu fünf Jahren relativ zahlreich (18 %) und Personen über 60 nur sehr wenig (unter 5 %) vertreten waren. Zu einem ähnlichen Ergebnis sind auch wir bei einer Untersuchung von Altersangaben gekommen, die sich auf 43 von 58 jüngst publizierten Grabstelen aus dem 2. – 3. Jahrhundert n. Chr. in Kom Abu Billu (Delta) fanden: Das Durchschnittsalter beträgt hier 25,2 Jahre.

Das Lebensalter altägyptischer Könige ist bislang gewöhnlich anhand ihres in den Quellen genannten höchsten Regierungsjahres errechnet worden, wobei man das Thronbesteigungsalter durch Schätzung bestimmte. Der Turiner Königspapyrus aus der Zeit Ramses' II. enthält durchweg höhere Angaben als die ermittelte Regierungsdauer, so daß es Stimmen gibt, die diese Angaben auf die Lebensdauer beziehen. Alle zugänglichen Daten für die im Ägyptischen Museum Kairo befindlichen Königsmumien sind neuerdings von E. F. Wente verglichen worden. Von den 26 Königen und Königinnen hat er lediglich für Ramses II. (maximal 92 Jahre), Merenptah (Höchstalter 70 Jahre) und Thutmosis III. (55–66 Jahre) sowie für die Königinnen Henuttaui (Höchstalter 91 Jahre), Nedjmet (maximal 60 Jahre) und Teje (höchstens 59 Jahre) ein hohes Alter ermitteln können. Die übrigen Herrscher bzw. Herrscherinnen starben zwischen ihrem 20. und 50. Lebensjahr, Siptah war sogar nicht einmal 20 Jahre

274. Diese Statue des gealterten Amenophis, Sohn des Hapu, entstand ihrer Inschrift zufolge, als er 80 Jahre alt war. In der Inschrift heißt es außerdem, daß er 110 Jahre alt zu werden hoffte. Grauer Granit. Karnak. 18. Dynastie. Kairo, Ägyptisches Museum

275. Trauernde. Ausschnitt aus einem Künstlerentwurf auf Stuck für ein Grabrelief des Haremheb. Theben-West. 18. Dynastie

alt geworden. Bleibt anzumerken, daß in dieser Auswahl die Könige Semenchkare, der etwa 30 Jahre alt geworden ist, und Tutanchamon, der im 18. Lebensjahr starb, fehlen.

Eine Überraschung brachte ein Vergleich dieser Angaben mit den Ergebnissen von Röntgenuntersuchungen derselben Mumien, die J. E. Harris und sein Team vorgenommen haben. Ein hohes Alter – 'über 55 Jahre' – bestätigte sich nur bei Ramses II., drei weitere Herrscher – Merenptah, Ramses IV. und Amenophis II. – waren zwischen ihrem 40. und 50., alle anderen Könige zwischen dem 20. und 40. Lebensjahr gestorben. Anhand individueller Angaben konnten wir ein Durchschnittsalter von knapp 35 Jahren errechnen, das dem Durchschnittsalter (38,1 Jahre) von 53 Mumien in tschechoslowakischen Sammlungen nahekommt (39,8 Jahre für Männer, 35,2 Jahre für Frauen). Die Mumien weisen also ein um 10 und mehr Jahre höheres Alter auf als das aus den schriftlichen Quellen errechnete Durchschnittsalter. Allerdings sind Kindermumien nur ausnahmsweise darunter, da man Kinder nur selten mumifizierte.

Während die hier angeführten statistischen Angaben Individuen aus höheren und den höchsten Gesellschaftsschichten betreffen, sind wir bei unserer Vorstellung vom Durchschnittsalter der Volksschichten auf anthropologische Funde angewiesen. Bei Funden, die aus einem spätbzw. ptolemäerzeitlichen Sekundärbegräbnis aus der Ptahschepses-Mastaba aus Abusir stammen, haben wir bei 296 Personen ein durchschnittliches Todesalter von 19,5 Jahren ermittelt. Die Männer überlebten die Frauen nur um ein knappes Jahr. Nicht viel anders sehen die Ergebnisse aus, die ähnliche Untersuchungen an insgesamt 609 Einzelpersonen aus einem Friedhof des 3.–5. Jahrhunderts n. Chr. im nubischen Wadi Qitna ergaben: Das durchschnittliche Lebensalter betrug hier 20,1 Jahre, und zwar bei beiden Geschlechtern. Ein durchschnittliches Lebensalter von 23 Jahren erreichten 225 Personen, deren sterbliche Überreste gleichfalls aus einem Sekundärbegräbnis (im Grab des Haremhab in Saqqara) stammen; die Männer lebten fast vier Jahre länger als die Frauen.

Obwohl diese Angaben niedrig scheinen, bleibt festzuhalten, daß eine kritische Auswertung der Sterblichkeit in den einzelnen Lebensjahren gezeigt hat, daß Säuglinge bis zum ersten Lebensjahr nur unzureichend vertreten sind: In Abusir beträgt ihre Zahl 7,1 %, in Saqqara 14,5 % und in Wadi Qitna 13,6 %. Demgegenüber sind sie auf den Friedhöfen aus vorindustrieller Zeit mit 20–25 % vertreten. Zieht man in Betracht, daß ein Teil der Säuglinge in unserer Statistik fehlt, dann muß man das Durchschnittsalter noch um 1–2 Jahre reduzieren.

Aus dem Gesagten ergibt sich, daß die durchschnittliche Lebenserwartung der einfachen Leute sehr niedrig war: Sie lag zwischen 20 und 25 Jahren, wogegen eine höhere Lebenserwartung zu den wichtigsten Privilegien der herrschenden Schicht gehörte. Den Hauptgrund dafür darf man wohl in der unterschiedlichen Ernährungsweise und Säuglingspflege sehen. Die kurze Lebensdauer der Ägypter generell ist jedoch auf ihre unzureichende Hygiene, auf die Verbreitung endemischer Krankheiten, auf häufige Epidemien und oft unwirksame Medikamente zurückzuführen.

Die enormen Bevölkerungsverluste, die sich aus der Kindersterblichkeit und dem frühen Tod der Erwachsenen ergaben, konnten nur durch eine hohe Geburtenzahl aufgefangen werden, so daß die Bevölkerungszahl schließlich allmählich zunahm. Die Generationen freilich wechselten schnell, so daß die Population überwiegend jung blieb. Gestehen wir einer Generation eine Lebenserwartung von 20 Jahren zu und schätzen die ägyptische Bevölkerung der Einfachheit halber auf durchschnittlich drei Millionen Menschen, dann haben sich binnen 3500 Jahren ägyptischer Zivilisation 5 1/4 Milliarden Menschen abgelöst. Hinzugezählt werden muß die Bevölkerung der Urzeit und aus vordynastischer Zeit, deren Zahl nur schwer abschätzbar ist.

Nun waren sich die Ägypter der Kürze ihrer Lebenserwartung durchaus bewußt. Der Ägyptologe H. Brunner machte darauf aufmerksam, daß der Text der Lehre des Ani im Papyrus Nr. 1, der in die ramessidische Zeit datiert wird und aus Deir el-Medineh stammt, einen Satz enthält, der in anderen Versionen fehlt; er lautet: „Der Worte gibt es viele, die Zeit des Lebens ist kurz.“ Dies erinnert an das geflügelte Wort des Hippokrates „Ars longa, vita brevis.“

Es ist also verständlich, daß sich die Ägypter angesichts der ständigen Todesdrohung nicht anders mit der rauhen Wirklichkeit ihres ephemeren Daseins abzufinden vermochten, als daß sie an die Fähigkeit glaubten, eine Verlängerung ihres Lebens über den Tod hinaus, im Jenseits, zu erreichen. Aus Erfahrungen wußten sie, daß die im heißen Wüstensand bestatteten Körper ihrer Vorfahren erhalten blieben und über Jahrzehnte hinweg sich ihre Gestalt bewahrten. Deshalb wurde für sie die Erhaltung des Körpers zu einer Bedingung für die Rückkehr der Seele, die sich im Augenblick des Todes vom Körper getrennt hatte.

Der Glaube an die Auferstehung ging von Beobachtungen aus, die man in der Natur gemacht hatte. Die Sonne ‘stirbt’ zwar täglich im Westen, doch wird sie im Osten jeden Tag aufs neue geboren. Das in die Erde geworfene Saatkorn ‘stirbt’ nur scheinbar, denn binnen kurzem sprießt aus ihm neues Leben hervor. Auch in den Mythen fanden sie eine Bestätigung für die Auferstehung, besonders in dem Mythos von dem guten König Osiris: Dessen neidischer Bruder Seth hatte ihn erschlagen, seinen Leichnam zerstückelt und über ganz Ägypten verstreut. Osiris’ treue Gemahlin Isis sammelte dann die Teile seines toten Körpers wieder ein, fügte sie aneinander und belebte ihn, wobei ihr andere Götter halfen.

Der Ägypter, ob reich oder arm, hing an seinem paradiesischen Niltal und fühlte sich woanders nie so glücklich wie gerade dort. Deshalb wollte er auch nach seinem Tod zu Hause sein. Starb ein Ägypter im Ausland, setzten seine Verwandten deshalb alles daran, seinen Leichnam in die Heimat zu überführen. Auch nach dem Tod sollte sein Leben in einem Milieu weitergehen, das ihn zu Lebzeiten umgeben hatte. Dienerfiguren, sogenannte Uschebtis, hatten für den Verstorbenen im Jenseits zu arbeiten, damit dieser ungestört die Freuden des Paradieses genießen konnte. (277)

Der Glaube an ein Leben im Jenseits war in jedem Ägypter tief verwurzelt, und nur selten – zudem in der jüngeren ägyptischen Geschichte – können wir ein Schwanken in dieser Glaubenshaltung feststellen, wie etwa in dem „Gespräch des Lebensmüden mit seiner Seele“. Doch auch hier, trotz aller Einwände der *Ba*-Seele, die Vorkehrungen des Totenkultes seien doch überflüssig, siegt schließlich die Überzeugung von der Glückseligkeit des Lebens an der Seite der Götter.

Dies ist der Grund, weshalb jeder vermögende Mann bei Erreichen einer guten Stellung, also etwa zwischen dem 20. und 25. Lebensjahr, damit begann, für sich und die Seinen ein Grab, eine ‘ewige und wirkliche Heimstatt’ zu errichten. Die Geburt eines männlichen Nachkommens wurde nicht nur als die des Nachfolgers im Amt bzw. Beruf und des Erhalters seines Geschlechts willkommen geheißen, sondern in ihm sah man auch den künftigen Erhalter des Totenkultes. Auch die Ärmsten, die sich den Luxus eines steinernen Grabes am Rande der Wüste nicht leisten konnten, hegten die feste Hoffnung, daß ihr Körper, in Matten, Stoff oder Tierhäute gewickelt und dem heißen Sand übergeben, dank der natürlichen dörrenden Wirkung er-

276. Der einbalsamierte Kopf des Nebiri, Stallmeister unter Thutmosis III. Grab des Nebiri im Tal der Königinnen, Theben-West. 18. Dynastie. Turin, Museo Egizio

277. Die Uschebti gab man dem Toten mit ins Grab, damit sie stellvertretend für ihn im Jenseits arbeiteten. 18. Dynastie. St. Petersburg, Eremitage

278. Der Kanopendeckel des Nebiri trägt dessen Gesichtszüge. Grab des Nebiri. Tal der Königinnen, Theben-West. 18. Dynastie. Turin, Museo Egizio

halten blieb und daß ihre Nachkommen von Zeit zu Zeit über dem Leichnam beten und magische Sprüche rezitieren würden.

Trotz dieser Vorkehrungen waren sich die Ägypter der Tragik des Todes bewußt. „Der Tod ist ein böses Ereignis, eine Quelle der Tränen und Trauer. Er reißt den Menschen aus dem Kreis seiner Nächsten und wirft ihn in das Grab in der Wüste. [...] Niemals mehr wirst du die Erde betreten, um das Sonnenlicht zu schauen!"

Nach ägyptischen Vorstellungen ging dem Tod, dessen Schutzherrin die Göttin Sachmet war (sie war, wie wir bereits sahen, auch die Patronin der Ärzte), eine gefährliche Zeit voraus, in der sich die *Ka*-Seele von dem materiellen Körper trennte und außerhalb von ihm lebte. Erst wenn die Priester und die Hinterbliebenen den Körper rituell gereinigt, durch die Mumifizierung vor dem Verfall bewahrt und ihn bestattet hatten, konnte die Seele wieder in ihn einziehen. Alle am Verstorbenen vollzogenen rituellen Handlungen dauerten 70 Tage, also genau so lange, wie Sothis (Sirius), der wichtigste Stern am ägyptischen Firmament, brauchte, um am Horizont zu verschwinden, zu 'sterben'.

Das Bestattungsritual war kompliziert und hing von der gesellschaftlichen Stellung des Verstorbenen sowie von lokalen Besonderheiten ab. An den Grabwänden begegnet man oft Szenen dieses Rituals, doch niemals allen auf einmal und in der entsprechenden Reihenfolge. Unter den Gräbern des Alten Reiches finden sich die meisten Szenen im Grab des Pepianch in Meir (6. Dyn.), unter denen des Neuen Reiches in den Gräbern des Nebamun, Amenemhet und Rechmire in Theben-West. Mit der Rekonstruktion der Szenenabfolge haben sich zahlreiche Ägyptologen beschäftigt, die 13 (G. A. Gaballa) bis 16 Episoden (H. W. Altenmüller) unterscheiden. Werfen wir jetzt also einen Blick auf die wichtigsten Szenen des Bestattungsrituals.

Zunächst wird man im Sterbehaus Zeuge der Totenklage der Hinterbliebenen. In der Regel *275*
sind es Frauen, die sich in ihr ergehen, wobei einige vor Schmerz in Ohnmacht fallen und andere sie stützen. Die Tochter klagt: „O mein Vater, mein geliebter Herr", und eine andere Frau tröstet sich mit den Worten: „[...] Anubis macht dich schön." Herodot (II, 85) berichtet darüber: „Stirbt in einem Hause jemand aus den besseren Ständen, so bestreichen sich die Weiber im Trauerhause alle den Kopf oder auch das Gesicht mit Kot. Dann lassen sie die Leiche im Hause und ziehen kurz geschürzt mit entblößtem Busen in der Stadt herum, wobei sie sich an die Brust schlagen, und mit ihnen alle ihre weiblichen Verwandten. Ebenso schlagen sich auch die Männer an die Brust, auch sie kurz geschürzt."

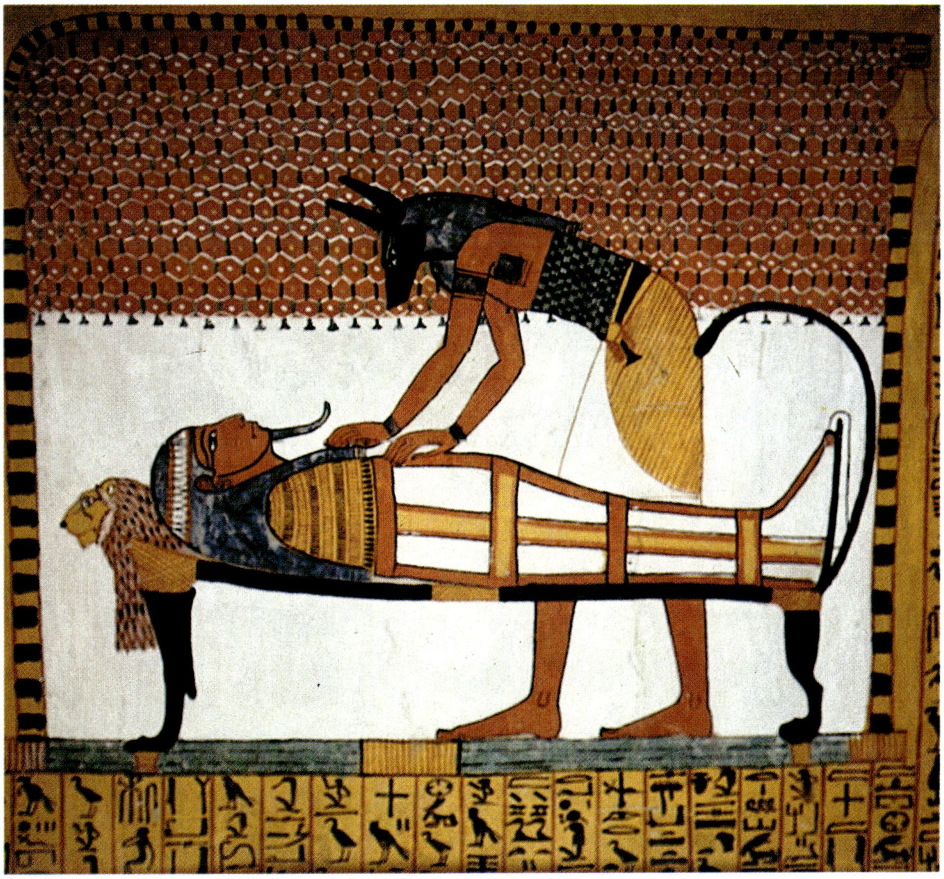

Rechts
279. Ein Priester in der Maske des Anubis, des schakalköpfigen Balsamierungsgottes, beugt sich über eine Mumie, um vor der Bestattung das Osiris-Ritual zu vollziehen. Die Mumie in ihrem anthropomorphen Sarg liegt auf einem löwengestaltigen Mumifizierungstisch oder einer Bahre. Grab des Sennedjem. Deir el-Medineh, Theben-West. 19. Dynastie

Es folgt der Transport des Sarges aus dem Sterbehaus zum Kanal, wo bereits Boote warten. Der Sarg wird zumeist von drei Männern getragen, denen sich der Trauerzug, in dem auch der König symbolisch dargestellt sein kann, anschließt. Zugegen sind ferner der Balsamierer Anubis und der *Sem*-Priester. Die nächste Szene zeigt die Bootsfahrt des Sarges auf dem Nil oder einem Kanal. Diese Fahrt wird im Alten und Mittleren Reich als „Überführen zum Reinigungszelt", im Neuen Reich direkt als „Fahrt zur Gotteshalle des Anubis" bezeichnet. Der Sarkophag (mitunter ist es auch nur ein Schrein mit den Statuen des Verstorbenen) steht unter einem Baldachin in der Mitte des Bootes, das die Form einer Kultbarke hat. Begleitpersonen sind lediglich Priester und Balsamierer.

Im 'Reinigungszelt', einem leichten, provisorischen Holzbau mit zwei Eingängen, wird die Ankunft der Barke von zwei Gruppen zu je sechs Mann erwartet. Diese Männer nehmen die rituelle Waschung des Leichnams vor. Dieser wird anschließend von den Teilnehmern des Trauerzuges zur Balsamierungshalle, der sogenannten *Wabet* oder 'reinen Stätte', eventuell auch zum 'guten Haus' oder zur 'Gotteshalle des Anubis' überführt. Die Balsamierungshalle befand sich zumeist am Rande der Wüste im westlichen Niltal.

Die Balsamierungshallen waren feste Konstruktionen aus getrockneten Ziegeln oder aus Stein und von einer hohen Mauer umgeben, die Unberufenen den Blick versperren sollte. In späteren Zeiten gab es auch die transportable *Wabet*, die aus einer nicht näher bekannten leichten Konstruktion bestand. Die für die Mumifizierung der Könige des Alten Reiches bestimmten *Wabet* standen auf der Terrasse des königlichen Taltempels. Über ihre innere Anordnung wissen wir nur wenig; nach den Bildern im Grab des Pepianch zu urteilen, besaßen sie einen Haupteingang und einen kleineren Ausgang. Durch einen Raum in L-Form gelangte man in einen kleinen Raum und von da aus in den 'zentralen Hof', einen großen rechtwinkligen Arbeitsraum.

In Deir-el-Bahari haben sich in den Ruinen der Balsamierungshalle kleine Kammern gefunden, in denen Bottiche bzw. Päckchen mit Natron, Gefäße mit Stroh zum Ausstopfen der Mumien, Papyrusfragmente und Perlen und anderes mehr gelagert waren.

Den Balsamierungstisch kennen wir aus dem Grab des Ipi in Deir el-Bahari (12. Dyn.), wohin er aus nicht näher bekannten Gründen gelangt war. Er bestand aus Holz, und auf der Tischfläche haben sich noch klebrige Harz- und Natronreste erhalten. Um den Tisch herum langen Holzblöcke, die man bei der Einbalsamierung anscheinend unter den Körper schob. Alabastertische in Löwenform mit leicht geneigter Oberfläche, an deren Enden sich ein Loch befindet, durch das die beim Balsamieren austretende Flüssigkeit abfließen konnte, sind von einer Stätte in Memphis bekannt, an der die Balsamierung heiliger Stiere erfolgte.

Als Balsamierungsinstrumente werden ein spiralförmig gebogener Kupferhaken, mit dem man die *Lamina cribrosa* beim Entfernen des Gehirns durchbrach, ein großes Feuerstein- oder Obsidianmesser, das aus rituellen Gründen zur Öffnung des Bauches an der linken Unterrippe verwendet wurde, ein gewöhnliches Eisenmesser zum Herausschneiden der Eingeweide und eine Zange erwähnt, mit deren Hilfe man durch kleine Schnitte in der Haut Polsterungen in die Unterhaut einführte.

Die Balsamierung war jedoch kein bloßer technischer Vorgang, sondern wurde von einem komplizierten Ritual begleitet, das an das im Mythos geschilderte Vorgehen des Anubis bei der Auferweckung des Osiris erinnerte. Als Ritual gehörte die Balsamierung fest zu den Bestattungszeremonien. Jede Handlung der Balsamierer war mit dem Rezitieren entsprechender Sprüche verbunden, das genauso wichtig war wie die ordnungsgemäß vollzogene Handlung selbst.

Darstellungen von Balsamierungen pflegen stets nur symbolisch zu sein und enthalten keinerlei technische Einzelheiten zu den einzelnen Eingriffen, die offenbar streng geheim waren.
279 Neben dem Balsamierungspriester in der Maske des Gottes Anubis, der sich über den aufgebahrten Leichnam beugt, pflegt mitunter ein Vorlesepriester mit einer Papyrusrolle abgebildet zu sein.

Aus zwei hieratischen Papyri im Ägyptischen Museum Kairo und im Louvre – aus dem 1. Jh. n. Chr. stammende Kopien uralter Texte – kennen wir leider nur den Schlußteil des Balsamierungsrituals. Von den insgesamt 11 erhaltenen Paragraphen beschreibt ein jeder zunächst die am Leichnam vorzunehmenden Handlungen und dann die zu rezitierenden magischen Texte.

Natürlich gehörten die Balsamierer, in griechisch-römischer Zeit *taricheuten* („Pökler") genannt, zu einer besonderen Priesterklasse. Der oberste Balsamierer hieß 'Vorsteher des Geheimen' und wurde auch 'Anubis' genannt, da er stellvertretend für diesen Gott Handlungen vornahm, durch die der Verstorbene zum unsterblichen Osiris wurde. Der das Balsamierungsritual unmittelbar leitende Taricheut trug den Titel 'Geheimrat'; ihm standen weitere Balsamierer zur Seite, die die Salben zubereiteten, Wasser, Natron, Harz und andere Substanzen herbeibrachten, den Körper und die Eingeweide wuschen, mit Natronpäckchen füllten, mit Harz bestrichen und schließlich mit Binden umwickelten. Sie hießen 'Kinder des Horus'.

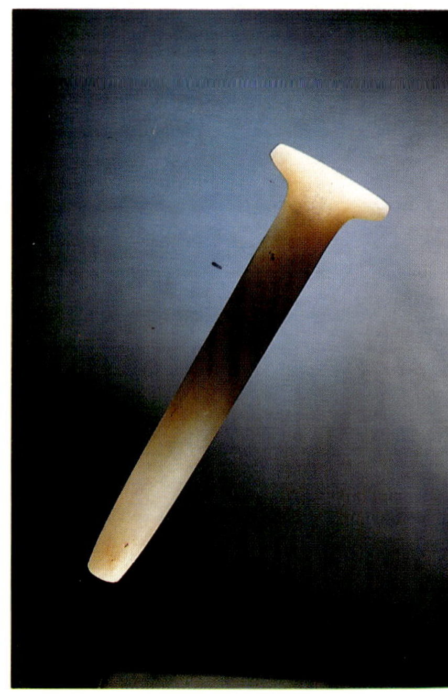

Oben
280. Der Zweck des Mundöffnungsrituals war es, die Sinne des Toten zu beleben, um ihm ein Weiterleben nach dem Tode zu ermöglichen. Hier bietet ein als Anubis verkleideter Priester der Mumie ein Schälchen mit heiligem Wasser an. Grab des Inhercha. Deir el-Medineh, Theben-West. 20. Dynastie.

Unten
281. Eines der beim Mundöffnungsritual verwendeten Geräte. Alabaster. Privatsammlung.

282. In einer letzten Reinigungszeremonie besprengen die Hinterbliebenen die Särge ihrer verstorbenen Eltern mit heiligem Wasser. Malerei aus dem Grab des Neferrenpet in Theben-West. 18. Dynastie

Neben dem 'Geheimrat' standen ein oder mehrere Vorlesepriester, die die heiligen Texte rezitierten.

Berichte griechischer Autoren, wonach die sogenannten Paraschisten, denen das Aufschneiden des Leichnams oblag, gesteinigt worden seien, dürfen wohl am ehesten als eine symbolisch-rituelle Bestrafung des Seth angesehen werden, der dem Mythos zufolge den Körper des Osiris geschändet hatte. Einige griechisch-römische Autoren, von ihren eigenen Abneigungen geleitet, wiesen den Balsamierern irrtümlicherweise einen Platz am Rande der Gesellschaft zu.

Die technische Seite der Mumifizierung war das Ergebnis einer langjährigen Entwicklung, die in historischer Zeit begann, als sich mit der Staatsentstehung die verstorbenen Könige und Angehörigen der oberen Schichten in großen Grabkammern bestatten ließen. Ihre Körper blieben in der Regel nicht unversehrt wie einst in dem trockenen heißen Wüstensand, sondern waren der Fäulnis ausgesetzt. Dem wollte man zunächst dadurch abhelfen, daß man den Leichnam an der Sonne trocknete und ihn fest in Binden wickelte. Später wandte man die beim Pökeln von Fischen gesammelten Erfahrungen an, doch führte diese Methode zu einer Zerstörung der Haut, so daß man den Leichnam mit einer Mumienhülle umgab, deren Stuckschicht man bemalte. Mumien aus dieser Zeit ähneln deshalb polychromen Statuen.

In der 4. Dynastie kam man dann darauf, daß der Fäulnisprozeß verhindert werden kann, sofern man die Eingeweide herausnimmt. Anstelle von Salz fand man im Natron ein ideales Trockenmittel.

Die Balsamierungstechnik entwickelte sich auch in späterer Zeit weiter. An neuen Funden konnten wir nachweisen, daß die Technik der Entfernung des Gehirns aus dem Schädel bereits seit dem Mittleren Reich und nicht erst ab dem Neuen Reich bekannt war, wie gemeinhin angenommen wird. In der 3. Zwischenzeit bildeten die Balsamierer auch die äußere Gestalt des Verstorbenen lebensnah nach, indem sie Packungen unter die Haut legten, künstliche Augen einsetzten u.ä. In der Spätzeit setzte ein Rückgang der Balsamierungstechnik ein, die in römischer Zeit ihren Tiefpunkt erreichte.

Die einzige historische Quelle für unsere Kenntnis der Balsamierungstechnik sind die Zeugnisse Herodots und Diodors, die in einer Zeit entstanden, da die Balsamierung bereits im Rückgang begriffen war. Moderne Untersuchungen an Mumien haben es ermöglicht, die Angaben dieser beiden griechischen Schriftsteller nachzuprüfen, wobei Irrtümer richtig- und die Reihenfolge mancher Eingriffe umgestellt werden konnten. Im folgenden seien nun die einzelnen Schritte rekonstruiert, die bei einer kompletten Mumifizierung in der 3. Zwischenzeit erfolgten, als die Balsamierungstechnik auf ihrem Höhepunkt stand.

Zunächst wuschen die Balsamierer den Körper sorgfältig und entfernten seine Behaarung. Dann durchstießen sie mit einem Haken, den sie in den Nasengang führten, die *Lamina cribrosa* des Nasenbeins und entnahmen – Herodot zufolge – auf diesem Wege einen Teil des Gehirns, während sie den Rest mit Hilfe von 'Drogen' auflösten.

Untersuchungen an Mumien haben allerdings gezeigt, daß diese Öffnung viel zu klein ist, als daß man das Gehirn mit einem Instrument – und sei es auch noch so lang – in kleine Stücke hätte schneiden und herausziehen können. Die Obduktion der Mumie PUM II in Detroit und jüngste computertomographische Untersuchungen von Mumien aus tschechischen oder slowakischen Sammlungen zeigen auch, daß in zahlreichen Fällen die Gewebezwischenwand der Gehirnhöhle (die *Falx cerebri* und das *Tentorium cerebelli*) unversehrt blieb.

Welche Drogen die Balsamierer verwendeten, um das Gehirn zu verflüssigen, ist nicht bekannt und auch gar nicht so wichtig. Wir wissen, daß das Gehirn insbesondere bei hohen Temperaturen, wie sie in der *Wabet* übrigens die Regel waren, von selbst rasch flüssig wird. Es genügte dann nur noch, den Körper auf den Kopf zu stellen, und der Inhalt der Gehirnhöhle konnte durch die angebrachte Öffnung abfließen.

283. Szenen aus einem Begräbniszug. Im oberen Register tragen fünf Männer die Barke mit dem vergoldeten Sarkophag, der einen anthropoiden Sarg birgt, an drei Trauernden vorüber. An der Spitze des Zuges der Lieblingsstier des Verstorbenen. Im unteren Bildstreifen begegnen Männer mit Opfergaben und der Grabausstattung einer Gruppe von Klageweibern. Wandmalerei im Grab des Amenemhet. Deir el-Medineh, Theben-West. 18. Dynastie

284. Teil des Bestattungszuges des Wesirs Ramose. Malerei im Grab des Ramose, Theben-West. 18. Dynastie

Mit einem Schnitt an der linken Unterrippe öffnete dann der Paraschist den Bauch des Toten und langte mit der Linken durch die kleine, nur wenige Zentimeter lange Öffnung in die Bauchhöhle und, nachdem er das Zwerchfell durchdrungen hatte, weiter in die Brusthöhle. Die inneren Organe entfernte er mit einem Metallmesser auf sehr grobe Weise, wobei er sich praktisch nur auf seinen Tastsinn verließ. Von einem systematischen Vorgehen kann also nicht die Rede sein. Die Nieren, die von der tastenden Hand nur schwer auszumachen waren, und auch das Herz, das als angeblicher Sitz der Seele nicht entfernt werden durfte, wurden gewöhnlich im Leichnam belassen. War das Herz dennoch mit den anderen Organen der Brusthöhle irrtümlicherweise entfernt worden, legte man es einfach in den Körper zurück.

Die herausgenommenen Eingeweide wurden sorgfältig in Natron gewaschen, getrocknet und, in Harz getaucht, entweder in Holzkästen oder in hölzerne Miniatursärge gelegt. Meistens kamen sie jedoch in steinerne Krüge, die Kanopen genannt werden. Ihren Namen verdanken sie der frühen Ägyptologengeneration, die in ihnen die von klassischen Autoren der Antike beschriebenen Krüge mit Deckeln in der Form von Menschenköpfen sahen, die von den Bewohnern der von den Griechen Kanopus genannten Stadt im Delta für den Osiris-Kult verwendet wurden. Entsprechend den vier Horussöhnen, die die vier Elemente symbolisierten, gab es vier Kanopen. Seit dem Neuen Reich wurden die Kanopendeckel als Köpfe dieser Göttersöhne gestaltet. Die Kanope mit menschlichem Kopf – der Gott Amset – war für die Aufnahme der Leber bestimmt, die Kanope mit dem Schakalkopf des Gottes Duamutef enthielt die Lunge, in der Kanope mit dem Paviankopf des Gottes Hapi wurde die Milz beigesetzt, und die Gedärme wurden in der Kanope mit dem Falkenkopf des Gottes Kebehsenuf aufbewahrt.

In der 3. Zwischenzeit packte man die Eingeweide zu vier länglichen Päckchen, die mitunter Wachsfiguren in Gestalt der soeben genannten vier Götter trugen, und legte sie in die Bauch- und Brusthöhle zurück. In der Spätzeit wurden die Päckchen zwischen die Oberschenkel gelegt. Fanden sich auch in diesen Fällen traditionsgemäß Kanopen am Sarg, dann handelte es sich zumeist um Symbole bzw. um Kanopen ohne Hohlraum.

Als weitere Balsamierungshandlung führt Herodot die Reinigung des Leichnams und das Füllen des Körpers mit aromatischen Substanzen an. In Wirklichkeit folgte jedoch nach der Entnahme der Eingeweide das Trocknen des Körpers. Welche Technik man dabei verwendete, war lange Zeit Gegenstand wissenschaftlichen Meinungsstreits. Einige Gelehrte, darunter der bedeutende Kenner der Mumifizierung W. R. Dawson, gingen von Herodots Angaben aus, wonach der Körper des Toten 70 Tage lang in eine Natronlösung gelegt wurde.

Demgegenüber weisen trockenes Natron in Leinensäckchen, das in den Balsamierungshallen gefunden wurde, sowie das Fehlen von Bottichen, in denen der gesamte Leichnam hätte untergetaucht werden können, darauf hin, daß die Balsamierer die Körperhöhlen mit Natronpäckchen ausgestopft und auch den gesamten Leichnam mit Natron bepackt haben. Diese Methode konnte an einer versuchsweisen Mumifizierung von Tauben bestätigt werden. Trockennatron ist in der Lage, die Feuchtigkeit des Körpergewebes zu absorbieren. Erhöht wird die Wirkung des Natrons noch durch glühenden Sonnenschein und, wenn nötig, noch durch offenes Feuer. Diodors Angabe, die Trockenzeit betrage 30 Tage, dürfte im Vergleich mit Herodot wohl die richtigere sein. Das Trocknen war der wichtigste Arbeitsschritt

der gesamten Balsamierung und die Voraussetzung dafür, daß der Körper auch wirklich erhalten blieb.

Erst nach dem Trocknen konnte man den Leichnam von allen Unreinheiten und Resten der Trockensubstanz befreien, ihn mit Palmwein unter Zugabe von Gewürzen und aromatischen Substanzen reinigen und mit Weihrauch beräuchern. Danach wurde er Herodot zufolge mit „zerriebener Myrrhe, Kasia und anderen Spezereien gefüllt" und der Einschnitt zugenäht. Doch verschweigt Herodot noch andere Balsamierungshandlungen. Der Körper wurde mehrmals mit Duftölen eingerieben, um ihn geschmeidig zu machen. Die Gehirnhöhle füllte man mit warmem flüssigem Harz, das bei der Kopfhaltung – tiefliegendes Genick – gewöhnlich in waagerechter Lage im hinteren Teil der Hirnschale erstarrte. Mitunter verwendete man Stoffstreifen oder Ton anstelle von Harz. Brust- und Bauchhöhle wurden gewöhnlich mit harzgetränkten Leinenfetzen, Sägemehl, Lehm, Flechte oder Stroh ausgestopft, nachdem sie zuvor mit Öl ausgeschmiert oder teilweise mit Harz gefüllt worden waren.

Die Behauptung Herodots, der zur Eingeweideentnahme angebrachte Einschnitt sei dann wieder zugenäht worden, hat sich nur in seltenen Fällen bestätigt. Meistens sind die Ränder der Wunde lediglich zusammengezogen worden. Bei Mumien aus späteren Epochen hat man über dem Einschnitt Wachstäfelchen gefunden, und die Mumien von Königen und hohen Würdenträgern trugen an dieser Stelle sogar Platten aus Edelmetallen.

Verschiedene Organe sowie die äußeren Körperpartien wurden zuweilen lebensnah nachgestaltet. So setzte man in die Augenhöhlen künstliche Augen aus Glasfluß, Stein, Knochen, Holz oder auch nur Leinwandstückchen mit schwarz aufgemalten Augen ein. In der 3. Zwischenzeit brachte man an Gesicht und Hals kleine Schnitte in der Haut an, um diese Partien mit demselben Material auszupolstern, das man auch zum Füllen der Körperhöhlen verwendete. Die Haut selbst wurde bei Männern zuweilen mit rotbraunem, bei Frauen mit gelbem Ocker bemalt; die Augen der Frauen zog man mit *kohl*, einer schwarzen Schminke, nach. Auch gab es Versuche, die Nägel an Fingern und Zehen mit Leinenfäden zu befestigen.

Die nächste Balsamierungsphase ist uns bereits aus den schon erwähnten Balsamierungstexten bekannt. Zwei Papyri aus der 18. Dynastie zufolge – wir verdanken sie dem schottischen Anwalt A. H. Plind – dauerte diese Phase 17 Tage. Begonnen wurde damit, daß man den Kopf zunächst mit Öl einrieb, den gesamten Körper parfümierte und den Rücken massierte. Dann wurde der Leichnam in ein gelbes oder schwarzes leinernes Leichentuch geschlagen. Die Finger umwickelte man mit schmalen Binden, denen man bei Königsmumien goldene Kapseln überstülpte. Anschließend rieb man den Kopf erneut mit Öl ein und bandagierte ihn – diese Handlung währte angeblich sieben Tage. Nachdem man den nun bereits bandagierten Kopf ein drittes Mal eingeölt hatte, machte man sich an die Bandagierung der Gliedmaßen, wobei die Binden spiralförmig geführt wurden. Die Beine wurden zusammengebunden. Sodann wickelte man den Körper in breitere Binden, wobei die Arme entweder gestreckt am Körper anlagen, in den Schoß gelegt oder über der Brust verschränkt wurden. In die Bindenlagen steckte man zu-

285. Ein anthropoider Sarg wird zum Grab getragen, wo man ihn dann auf einer löwengestaltigen Bahre bestattet. Die Sargträger werden von einem weihräuchernden Priester angeführt. Rechts im Bild verläßt die Seele des Toten als *ba*-Vogel mit menschlichem Kopf den Sarg. Malerei aus dem Grab des Amenemone. Quernet Murrai, Theben-West. 19. Dynastie

weilen Schutzamulette und Skarabäen, besonders den sogenannten Herzskarabäus, der den Text des 30. Totenbuchkapitels trug. Herodot zufolge bestrich man die Lagen mit „Gummi, das die Ägypter vielfach statt des Leims gebrauchten"; zweifellos wird darunter Harz zu verstehen sein. Das Gesicht des toten Königs wurde mit einer Goldmaske verziert.

Die Art und Weise, in der man die Balsamierung vornahm, unterschied sich nun nicht nur zeitlich voneinander, sondern auch je nach der sozialen Zugehörigkeit des Toten. Herodot nennt drei 'Klassen' der Einbalsamierung, von denen die erste mit einer kompletten Mumifizierung den Wohlhabendsten vorbehalten war. Bei der zweiten Klasse verzichtete man auf die Entnahme des Gehirns und das Öffnen des Leichnams; stattdessen spritzte man durch die Afteröffnung Zedernöl, um eine Auflösung der Eingeweise zu bewirken. Bei der dritten Klasse handelte es sich im wesentlichen nur um eine Waschung des Körpers mit anschließendem Austrocknen durch Natron. Nach Diodor kostete eine Balsamierung erster Klasse 1 Talent, eine zweitklassige Mumifizierung 20 Minen, und die Einbalsamierung dritter Klasse sei „sehr billig" gewesen.

War die Mumifizierung abgeschlossen, konnte das Bestattungsritual fortgesetzt werden, das wir auf bildlichen Darstellungen gut bezeugt finden. Die Mumie kam auf eine Barke, und man brachte ihr Speise- oder Schlachtopfer dar. Die Opferriten wurden im Alten Reich direkt in der *Wabet*, im Neuen Reich in der 'Vereinigungshalle' vollzogen.

Rituelle Fahrten zu den heiligen Stätten waren bis zur 5. Dynastie ausschließlicher Bestandteil des königlichen Begräbnisses. Sie führten nach Sais, dem Sitz der Göttin Neith, nach Buto (dem heutigen Tell el-Fara'in), der einstigen Hauptstadt des Deltas und Sitz der Göttin Udjat, nach On und in weitere Städte im Norden sowie in die im Süden gelegene Stadt Abydos. Mit der allmählichen 'Demokratisierung' des Totenglaubens gelangte mit Beginn der 6. Dynastie auch dieser Ritus in das Bildprogramm der Gräber von Privatleuten. Während jedoch der verstorbene König diese Fahrten auf seiner Totenbarke tatsächlich absolvierte, wurde bei Privatbe- *247*
stattungen nur symbolisch oder ikonographisch auf sie Bezug genommen.

286. Sennedjem an der Pforte zur Unterwelt. Malerei im Grab des Sennedjem. Deir el-Medineh, Theben-West. 19. Dynastie

287. Am Tage des Totengerichts in der Halle des Osiris. Thot wiegt das Herz des Toten. Ein krokodilköpfiges Ungeheuer steht bereit, es zu verschlingen, sofern es für unwürdig befunden wird. Vignette aus dem Totenbuch des Qenna. Papyrus. Theben-West. 19. Dynastie. Leiden, Rijksmuseum van Oudheden

Eine der anschaulichsten Darstellungen der Sargprozession findet sich auf einer Malerei im
284 Grab des Ramose, des Wesirs Echnatons, in Scheich Abd-el-Gurna. Auf ihr sehen wir den Priester, der das Bestattungsritual leitete, mit einer Papyrusrolle in den Händen, und hinter ihm eine Prozession von Trägern mit duftenden Salben, mit Wein, Obst, Fleisch, Brot und Gemüse. Einige tragen Kästchen mit der persönlichen Habe des Verstorbenen, andere runde Tische, auf denen Gegenstände angeordnet sind, die er für das Leben im Jenseits braucht. Die Priester libieren und räuchern. Hinter ihnen schreiten professionelle Klageweiber einher, die Hände im Trauergestus erhoben. Ihnen folgen gemessenen Schrittes hohe Würdenträger. Auf einem Schlitten ziehen vier Männer einen seltsamen Gegenstand, der einem Riesenskarabäus gleicht und *Tekenu* genannt wird. Er symbolisiert die Stiergestalt des Sonnengottes. Auf einem anderen Schlitten befindet sich in einem vergoldeten Holzschrein der Sarkophag mit der Mumie, und ein weiterer Schlitten trägt den Kanopenkasten, der von den Statuen der vier Schutzgöttinnen Isis, Nephthys, Selket und Neith umstellt ist, und dahinter abermals Priester ... In der Prozession fehlen auch Tänzerinnen nicht, die mit den Händen den Takt schlagen und sich im Rhythmus bewegen. Sie vollführen das *Muu* genannte Tanzritual, das bis in die Pyramidenzeit zurückreicht und bis in griechisch-römische Zeit befolgt wurde.

War die Prozession dann am Grab angelangt, wurde die Mumie aufrecht gestellt. Die Klage-
205 weiber warfen sich ihr zu Füßen, und ein Priester begann mit den Reinigungszeremonien, wo-
282 bei der Vorlesepriester Texte rezitierte, die den Verstorbenen priesen. Anschließend erfolgte
280 die 'Mundöffnung', das für das künftige Leben der Mumie wohl wichtigste Ritual, das vom *Sem*-Priester vollzogen wurde. Er berührte das Gesicht der Mumie zweimal mit einem Dechsel und einmal mit einem Meißel und rieb es anschließend mit Milch ein. Mit dieser Handlung sollten die Sinne und körperlichen Funktionen des Verstorbenen wiederbelebt werden. Abschließend umarmte der Priester die Mumie, wodurch sie ihre Seele wiedererlangen sollte. Nun konnte dem Verstorbenen der Opfertisch mit Brot, Fleisch, Wein, Obst und Gemüse bereitet werden. Mit den Worten „O Osiris, auf, setz dich vor die Tausende deiner Opfergaben" forderte der Priester den Verstorbenen zur Annahme der Opfergaben auf, zu denen auch Gegenstände der Grabausrüstung gehörten.

Anschießend nahmen die Familienmitglieder vom Verstorbenen Abschied. Auf bildlichen Darstellungen wird mitunter die Witwe gezeigt, wie sie den Priester daran zu hindern versucht,

288. Hathor in Gestalt der heiligen Kuh leckt den Arm des Verstorbenen, um ihn zu beruhigen. Aus dem Totenbuch des Tanefer. 21. Dynastie

den Sarg im Grab beizusetzen. Schließlich legen Priester und Träger den Sarg und die verschiedenen Gegenstände der Grabausrüstung im Grab bei, wobei Sprüche wie „Zum Westen, zum Westen, dem Land der Gerechtfertigten, nach Ausführen des schönen Begräbnisses!" gesprochen werden. Dies alles erfolgt unter Libieren, Räuchern und rhythmischem Stockschlagen, wobei Rufe „Es kommt der Gott!", d.h. der mit Osiris gleichgesetzte Tote, erschallen. *285*

Beim königlichen Begräbnis erfolgt das Mundöffnungsritual an der Statue des Verstorbenen im 'Goldhaus', d.h. in der Bildhauerwerkstatt. Die Beisetzung dieser Statue im Grab war auch mit dem Ritual der 'Abydosfahrt' verbunden, also mit der Fahrt zu der traditionellen Begräbnisstätte der Könige.

Anschließend luden die Hinterbliebenen die Trauergäste zu sich nach Hause ein. Hier veranstalteten sie bei Musik und Tanz ein Totenmahl, dessen unsichtbarer Gast auch der Verstorbene war.

Auch nach der Beisetzung hält die Sorge um den Toten an. Dem Totenkult der verstorbenen Könige dienten ihre Totentempel, die durch eigens für diesen Zweck errichtete Stiftungen versorgt wurden. Sie verfügten über eigenes, „Ka-Diener" (*ḥm k3*) genanntes Personal, Totenpriester also, die sich um das Grab kümmerten und dem Verstorbenen täglich Speise und Trank auf dem Opferaltar darbrachten, Libation und Räucherung vollzogen, heilige Texte rezitierten und den Wirtschaftsbetrieb der Totenstiftung verwalteten.

Einen bescheideneren Totenkult pflegten die Hinterbliebenen hoher Beamter in deren Grabkapellen, besonders an Festtagen. Für den Fall, daß die Sorge um die Toten einmal aufhörte, gab es hier noch eine Sicherung durch das magische Beleben der in den Gräbern dargestellten Szenen. Der Tote war also nicht zu Hunger und Durst verurteilt und mußte auch nicht auf die für sein Weiterleben notwendigen Dinge verzichten. Auch gegen einen etwaigen Zerfall der Mumie war vorgesorgt: Im Serdab – einem besonderen, völlig verschlossenen Raum des Grabes – oder aber in einer Nische der Grabkapelle stand die Statue des Verstorbenen. Sein Abbild fand sich zudem auf einer Stele über der sogenannten Scheintür, durch die seine Seele (sein *Ba*) das Grab verlassen und wieder zurückkehren konnte. Statue und Abbild des Verstorbenen vertraten diesen beim Empfang der Totenopfer und ermöglichten der wiederkehrenden Seele, seinen Körper sicher zu erkennen.

Das Grab eines Mannes einfacher Herkunft wurde von Zeit zu Zeit, ganz sicher aber an offiziellen Festtagen vom ältesten Sohn des Verstorbenen und dessen Familienangehörigen aufgesucht, die ihm ein bescheidenes Opfer darbrachten.

Jeder Ägypter glaubte fest daran, dem Verstorbenen werde ein ewiges Leben zuteil. Dieses war nicht einfach, denn nach den altägyptischen Vorstellungen harrten der Seele auf ihrer Unterweltsreise zahlreiche Gefahren. Zu ihrer Überwindung dienten Anweisungen und Sprüche in den Pyramidentexten, den Sargtexten und den Totenbüchern. Im Angesicht des strengen Unterweltgottes Osiris erwartete einen jeden das Totengericht, bei dem das Herz des Toten, be-
287 laden mit den guten Taten, gegen die Maat, die Göttin der Wahrheit, aufgewogen wurde. Selig war, wer guten Gewissens von sich sagen konnte, daß er sein ganzes Leben lang in Gerechtigkeit, dem strengen altägyptischen Sittenkodex entsprechend, gelebt hatte.

Die alten Ägypter empfanden den Tod als eine ständige Bedrohung und trafen schon zu Lebzeiten Vorkehrungen, die ihnen ein Weiterleben auch im Jenseits sichern sollten. Wohl gerade deshalb schätzten sie das irdische Leben mit all seinen Freuden. Treffend wird dieses Gefühl im Harfnerlied aus dem Grab des Königs Antef zum Ausdruck gebracht:

„Keiner kommt von dort, daß er ihren Zustand künde,
daß er künde, was sie brauchen,
und unser Herz beruhige, bis wir gelangen
zu dem Ort, zu dem sie gegangen sind.
Darum feiere einen schönen Tag
und ermatte nicht dabei ...“.

289. Die *ba*-Seele kehrt zum Körper zurück: Durch ihre Vereinigung erreicht der Verstorbene das ewige Leben. Vignette aus dem Totenbuch des Neferrenpet. Papyrus. 19. Dynastie. Brüssel, Musées Royaux d’Art et d’Histoire.

Zeittafel

NEOLITHIKUM	
5000–4000 v. Chr.	
VORDYNASTISCHE ZEIT	
Etwa 4000–3000 v. Chr.	
FRÜHDYNASTISCHE ZEIT	
3000–2840 v. Chr.	*1. Dynastie* Narmer, Aha, Djer, Wadj, Dewen, Adjib, Semerchet, Qaa
2840–2700 v. Chr.	*2. Dynastie* Hetepsechemui, Nebre, Ninetjer, Preibsen, Chasechemui
ALTES REICH	
2700–2600 v. Chr.	*3. Dynastie* Nebka, Djoser, Sechemchet, Chaba, Huni
2600–2500 v. Chr.	*4. Dynastie* Snofru, Cheops, Djedefre, Chephren, Mykerinos, Schepseskaf
2500–2350 v. Chr.	*5. Dynastie* Userkaf, Sahure, Neferirkare, Schepseskare, Raneferef, Niuserre, Menkauhor, Djedkare (Asosi), Unas
2350–2190 v. Chr.	*6. Dynastie* Teti, Userkare, Pepi I., Merienre I., Pepi II., Merienre II.
1. ZWISCHENZEIT	
2190–2160 v. Chr.	*7.–8. Dynastie*
2160–2106 v. Chr.	*9. Dynastie* (Herakleopolitenzeit)
2106–2010 v. Chr.	*10. Dynastie*
MITTLERES REICH	
2106–1963 v. Chr.	*11. Dynastie* Mentuhotep I., Antef I., Antef II., Antef III., Mentuhotep II., Mentuhotep III.
1963–1786 v. Chr.	*12. Dynastie* Amenemhet I., Sesostris I., Amenemhet II., Sesostris II., Sesostris III., Amenemhet III., Amenemhet IV., Königin Nefrusobek
2. ZWISCHENZEIT	
1786–1633 v. Chr.	*13. Dynastie*
1786–1602 v. Chr.	*14. Dynastie* (Westdelta)
1648–1540 v. Chr.	*15. Dynastie* (Hyksos)
17. Jh. v. Chr.	*16. Dynastie* (Vasallen der Hyksos)
1633–1550 v. Chr.	*17. Dynastie* (Theben)
NEUES REICH	
1550–1295 v. Chr.	*18. Dynastie* Ahmose, Amenophis I., Thutmosis I., Thutmosis II., Königin Hatschepsut, Thutmosis III., Amenophis II., Thutmosis IV., Amenophis III., Amenophis IV./Echnaton, Semenchkare, Tutanchamun, Eje, Haremheb
1295–1186 v. Chr.	*19. Dynastie* Ramses I., Sethos I., Ramses II., Merenptah, Sethos II., Amenmesse, Siptah, Königin Tausret
1186–1069 v. Chr.	*20. Dynastie* Sethnacht, Ramses III., Ramses IV., Ramses V., Ramses VI., Ramses VII., Ramses VIII., Ramses IX., Ramses X., Ramses XI.
3. ZWISCHENZEIT	
1069–945 v. Chr.	*21. Dynastie* Smendes, Psusennes I., Amenemope, Osochor, Siamun, Psusennes II.
945–715 v. Chr.	*22. Dynastie* (Libyer) Scheschonk I., Osochor II., Takelothis I., Scheschonk II., Osochor III., Takelothis II., Scheschonk III., Pami, Scheschonk V., Osochor V.
818–715 v. Chr.	*23. Dynastie* (verschiedene gleichzeitige Herrscher) Pedubastis I., Osochor IV.
727–715 v. Chr.	*24. Dynastie* (Libyer) Tefnacht, Bocchoris
747–656 v. Chr.	*25. Dynastie* (Nubier oder Kuschiten) Kaschta, Pianchi, Schabaka, Schebitku, Taharka, Tanutamun
SPÄTZEIT	
664–525 v. Chr.	26. Dynastie (Saiten) Necho I., Psammetich I., Necho II., Psammetich II., Apries, Amasis, Psammetich III.
525–404 v. Chr.	*27. Dynastie* (Perser) Kambyses, Darius I., Xerxes I., Artaxerxes I., Darius II.

404–399 v. Chr.	*28. Dynastie* Amirteus
399–380 v. Chr.	*29. Dynastie* Nepherites I., Psammuthis, Achoris, Nepherites II.
380–343 v. Chr.	*30. Dynastie* (Perser) Artaxerxes III., Ochos, Arses, Darius III., Chababasch

GRIECHISCH-RÖMISCHE ZEIT

332–323 v. Chr.	*Makedonische Dynastie* Alexander III. der Große, Philipp Arrhidaios, Alexander IV.
323–30 v. Chr.	*Ptolemäer* Ptolemaios I. Soter I., Ptolemaios II. Philadelphos, Ptolemaios III. Euergetes I., Ptolemaios IV. Philopator, Ptolemaios V. Epiphanes, Ptolemaios VI. Philometor, Ptolemaios VII. Neos Philopator, Ptolemaios VIII. Euergetes II., Königin Kleopatra III. und Ptolemaios IX. Soter II., Königin Kleopatra III. und Ptolemaios X. Alexander I., Ptolemaios IX. Soter II., Königin Kleopatra Berenike und Ptolemaios XI. Alexander II., Ptolemaios XII. Neos Dionysos, Königin Berenike IV., Königin Kleopatra VII., Ptolemaios XIII., Ptolemaios XIV., Ptolemaios XV. Caesarion
30 v. Chr.–641 n. Chr.	*Römische und byzantinische Zeit#* Römische Herrscher
641 n. Chr.	*Arabische Eroberung*

Aussprache der Transskriptionszeichen des Hieroglyphisch-Ägyptischen

(Nach: W. Schenkel, Tübinger Einführung in die klassisch-ägyptische Sprache und Schrift, Tübingen 1991)

Transskriptionszeichen	*Empfohlene Aussprache*
ꜣ	kurzes a
i (j)	i
y	j
ꜥ	langes a
w	w
b	b
p	p
f	f
m	m
n	n
r	r
h	h
ḥ	wie arabisch h
ḫ	wie ch in „ach“
ẖ	wie ch in „ich“
z	stimmhaftes s (wie „so“)
s (ś)	stimmloses s (wie „das“)
š	sch (wie in „schon“)
q (ḳ)	wie arabisch q
k	k
g	g
t	t
ṯ	wie tsch in „Tscheche“
d	d
ḏ	wie dsch in „Dschungel“

Literaturverzeichnis

ABKÜRZUNGEN

BIFAO Bulletin de l'Institut français d'Archaeologie Orientale
IJHM Indiana Journal for the History of Medicine
JEA Journal of Egyptian Archaeology
JNES Journal of Near Eastern Studies
ZÄS Zeitschrift für ägyptische Sprache und Altertumskunde

Aldred, C. *The Egyptians*. London 1966.

Aldred, C. *Akhenaten, Pharaoh of Egypt*. London 1968.

Aldred, C. *Jewels of the Pharaohs*. London 1971.

Allam, S. „Zur Stellung der Frau im Alten Ägypten in der Zeit des Neuen Reiches". *Altertum*, 16–1970: 67–81.

Allam, S. „Quelques aspects du mariage dans l'Égypte ancienne". *JEA* 67–1981: 116–135.

Allam, S. „Wie der Altägypter in der Zeit des Neuen Reiches kaufte und verkaufte". *Altertum* 27–1981: 233–240.

Allam, S. „Eheschließung und Scheidung in Altägypten". *Altertum* 29–1983: 117–123.

Allam, S. *La vie quotidienne en Égypte ancienne*. Giseh 1983.

Allam, S. „Women as owners of immovables in Pharaonic Egypt". In: Lesko, B. S. (Hg.) *Women's Earliest Records form Ancient Egypt and Western Asia*. Atlanta, Georgia 1987, 123–135.

Altägyptisches Märchen (übertr. u. bearb. v. E. Brunner-Traut). Düsseldorf 1963.

Altenmüller, H. *Darstellung der Jagd im alten Ägypten*. Hamburg 1967.

Anderson, R. D. *Musical Instruments*. Catalogue of Egypt. Antiquities in the British Museum. Bd. III. London 1976.

Arnold, D. (Hg.) *Studien zur altägyptischen Keramik*. Mainz 1981.

Badawy, A. *A History of Egyptian Architecture: The Empire (the New Kingdom)*. Berkeley and Los Angeles 1968.

Badawy, A. *The Tomb of Nyhetep-Ptah at Giza and the Tomb of Ankhmahor at Saqqara*. Berkeley, Los Angeles, London 1978.

Baines, J., Malek, J. *Atlas of Ancient Egypt*. Oxford 1984.

Baines, J. „Practical religion and Piety". *JEA* 73–1987: 79–98.

Baratte, F., Boyaval, B. *Catalogue des étiquettes de momies du Musée du Louvre*. CRIPEL 2–1974: 155-264.

Bardis, O. „Circumcision in ancient Egypt". *IJHM* 12/1–1967: 22–23.

Bardis, P. „Contraception in Ancient Egypt". *IJHM* 12/2–1967: 1–3.

Bardis, P. „Incest in Ancient Egypt". *IJHM* 12/2–1967: 14–20.

Baud, M. *Le caractère du dessin en Égypte ancienne*. Paris 1978.

Bietak, M., Strouhal, E. „Die Todesumstände des Pharaos Seqenenre (17. Dynastie)". *Annalen des Naturhistorischen Museums Wien* 78–1974: 29–52.

Bietak, M., „Zu den nubischen Bogenschützen aus Assiut". Mélanges Gamal eddin Mokhtar, *Bulletin de l'Institut d'Égypte* 97–1985: 78–97.

Bietak, M. „Zur Marine des Alten Reiches". In: *Pyramid studies and other Essays presented to I. E. S. Edwards* (J. Baines et al., Hgg.), London 1988, 35–40.

Bissing, F. W. *Altägyptische Lebensweisheit*. Zürich 1955.

Bissing, F. W. *Die Kultur des alten Ägyptens*. Leipzig 1913.

Blackman, A. M. *The Story of King Kheops and the Magicians. Transcribed from Papyrus Westcar (Berlin Papyrus 333)*. Reading 1988.

Boak, A. E. R., Peterson, E. E. Karanis. *Topographical and Architectural Report of Exacavations during the season 1924–28*. Ann Arbor, Mich. 1931.

Boessneck, J. *Die Haustiere im Altägypten*. München 1953.

Boessneck, J. *Studien an subfossilen Tierknochen aus Ägypten*. München 1982.

Bogoslovskiy, E. S. „Hundred Egyptian Draughtsmen". *ZÄS* 107–1980: 89–116.

Bogoslovskiy, E. S. „On the System of the Ancient Egyptian Society of the Epoch of the New Kingdom". *Altorient. Forschungen* 8–1981: 5–21.

Bogoslovskiy, E. S. „Drevneyegipetskaya ekonomika na puti k vozniknoveniyu deneg". *Vestnik drevney istoriyi* 159–1982: 3–12.

Bogoslovskiy; E. S. *Drevneyegipetskiye mastera po materialam iz Der el-Medina*. Moskau 1983.

Borchardt, L., Ricke, H. *Die Wohnhäuser in Tell el-Amarna*. Berlin 1980.

Borchardt, L. „Eine Holzschachtel mit Darstellung einer ländlichen Szene in Nubien". In: *Studies presented to F. Ll. Griffith*. London 1932. 257–262.

Bourriau, J. Umm el-Ga'ab. *Pottery from the Nile Valley before the Arab Conquest*. Cambridge 1981.

Breasted, J. H. *The Edwin Smith Surgical Papyrus*. 2 Bde. Chicago 1930.

Brothwell, D. R. „Notable Examples of Early Trephining". *Man* 59–1959: 93–96.

Brothwell, D. R., Chiarelli, B. A. (Hg.). *Population Biology of the Ancient Egyptians*. London, New York 1973.

Brothwell, D. R., Møller-Christensen, V. „A Possible Case of Amputation. Dated to c. 2000 BC. *Man* 63–1963: 192–193.

Brothwell, D. R., Sandison, A. T. (Hg.) *Diseases in Antiquity*. London 1967.

Brunner, H. *Altägyptische Erziehung*. Wiesbaden 1957.

Brunner, H. *Grundzüge einer Geschichte der altägyptischen Literatur*. 4. revid. u. erw. Aufl. Darmstadt 1986.

Brunner, H. „Vita brevis, ars longa". *ZÄS* 107–1980: 42–45.

Brunner, H. *Altägyptische Weisheit. Lehren für das Leben*. München 1988.

Brunner-Traut, E. *Die Alten Ägypter. Verborgenes Leben unter Pharaonen*. 3. Aufl. Stuttgart 1981.

Brunner-Traut, E. „Der Tanz im alten Ägypten". *Ägyptologische Forschungen* 6, Glückstadt 1938.

Brunner-Traut, E. „Die Wochenlaube". *Mitt. d. Inst. f. Orientforsch.* 3–1955: 11–30.

Brunner-Traut, E. „Das Muttermilchkrüglein". *Welt des Orients* 5–1969–70: 145–164.

Brunner-Traut, E. „Buchmalerei und Bildpostraca", In: *Propyläen Kunstgeschichte*, Bd. 15. Berlin 1975, 338–348.

Brunner-Traut, E. *Egyptian Artists Sketches*. Istanbul 1979.

Bruyère, B. *Rapport sur les fouilles de Deir el-Médineh*, 17 Bde. Kairo 1924–1953.

Bruyère, B. „Les fouilles de l'Institut Français à Deir el-Medineh de 1914 á 1940". *Revue d'Égyptologie* 5–1946: 11–24.

Butzer, K. W. *Early Hydrauic Civilisation in Egypt*. Chicago 1976.

Bryan, C. P. *The Papyrus Ebers*. London 1930.

Centre de Documentation et des Études sur l'Ancienne Égypte: *Dress in Ancient Egypt. L'Agriculture dans l'Égypte Ancienne. La Chasse*

et la Pêche dans L'Égypte Ancienne. L'Armée dans l'Égypte Ancienne. Le Mobilier dans l'Égypte Ancienne. Kairo (o.D.).
Černý, J. „Questions adressées aux oracles?" *BIFAO* 35–1934: 41–58.
Černý, J. „Consanguineous Marriages in Pharaonic Egypt". *JEA* 40–1940: 23–29.
Černý, J. *Ancient Egyptian Religion.* London 1952.
Černý, J. „Prices and Wages in Egypt in the Ramesside Period". *Cahiers d'histoire mondiale* 1–1954: 903–921.
Černý, J. „A Community of Workmen at Thebes in the Ramesside Period". *Bibliothèque d'études* 50, Kairo 1973.
Chapelain, J. R. *La pathologie dans l'Égypte ancienne.* Coulommiers 1920.
Cherezov, E. V. *Tekhnika sel'skogo khozyaystva drevnego Yegipta.* Chernovtsy 1969.
Chevrier, H. „Technique de la construction dans l'ancienne Égypte". *Revue d'Égyptologie* 22–1970: 15–39.
Clayová, J. „Váhy a vážení ve starém Egyptě". *Listopad 1977 v Náprstkově muzeu v Praze,* 1–6.
Cockburn, T. A., Barraco, R. A., Reyman, T. A., Peck, W. H. „Autopsy of an Egyptian Mummy". *Science* 187–1975: 1155–1160.
Cockburn, A. und E. (Hgg.) *Mummies, Disease, and Ancient Cultures.* Cambridge 1980.
Cole, D. „The Role of Women in the Medical Practice of Ancient Egypt". *Discussions in Egyptology* 9–1987: 25–29.
Crocker, P. T. „Status Symbols in the Architecture of el-Amarna". *JEA* 71–1985: 52–65.
Czermak, J. „Beschreibung und mikroskopische Untersuchung zweier ägyptischer Mumien". *Sitzungsberichte d. K. Akad. d. Wissensch., Mathem.-Naturwiss. Klasse (Wien)* 9–1852: 427–469.
Darby, W. J., Ghaliounghui, P., Grivetti, L. Food. *The Gift of Osiris,* 2 Bde. London, New York, San Francisco 1977.
Daressy, G. *Ostraka. Catalogue génüeral des antiquités égyptiennes du Musée du Caire.* Nos. 25001–25385. Kairo 1901.
Daumas, M. *Histoire de la Science.* Paris 1957.
Daumas, F. „Le sanatorium de Dendera". *BIFAO* 56–1957: 35–57.
Daumas, F. *La vie dans l'Égypte ancienne.* Paris 1968.
D'Auria, S., Lacovara, P., Roehrig, C. H. *Mummies and Magic. The Funerary Arts of Ancient Egypt.* Boston, Mass. 1988.
David, A. R. (Hg.) *The Manchester Museum Mummy Project.* Manchester 1979.
David, A. R. (Hg.) *Science in Egyptology.* Manchester 1986.
David, A. R., Tapp, E. *Evidence Embalmed.* Manchester 1979.
Dawson, W. R., Gray, P. H. K. *Catalogue of Egyptian Antiquities in the British Museum. I. Mummies and Human Remains.* London 1968.
Deines, H. von, Gapow, H., Westendorf, W. *Grundriß der Medizin der alten Ägypter,* Bde IV–IX, Berlin 1958–1973.
Desroches-Noblecourt, C. „'Concubines du Mort' et mères de famille au Moyen Empire". *BIFAO* 53–1953: 7 ff.
Diodors von Sicilien Geschichts-Bibliothek (übers. v. A. Wahrmund). Stuttgart 1866.
Dixon, D. M. „The Disposal of Certain Personal Household and Town Waste in Ancient Egypt". In: Ucko, J., Tringham, R., Dimbleby, J. (Hgg.) *Man, Settlement and Urbanism.* London 1972.
Dixon, D. M. „Population, Pollution and Health". In: Cox, P. R., Peel, J. (Hgg.) *Population and Pollution.* London, New York 1972, 29–36.
Drenkhahn, R. *Die Handwerker und ihre Tätigkeit im alten Ägypten.* Wiesbaden 1976.
Drioton, E. „Une représentation de la famine sur un bas-relief égyptien de la Ve Dynastie". *Bulletin de l'Institut d'Égypte* 25–1942–43: 44–45.
Duchesne-Guillemin, M. „Music in Ancient Mesopotamia and Egypt". *World Archaeology* 2–1980–81: 287–297.
Ebbell, B. *The Papyrus Ebers, the Greates Egyptian Medical Document.* Kopenhagen 1928.
Ebbell, B. „Die ägyptischen Krankheitsnamen". *ZÄS.* 63–1928: 71–75.
Edwards, I. E. S. *The Pyramids of Egypt.* London 1961.
Eggebrecht, A. *Schlachtungsbräuche im Alten Ägypten und ihre Wiedergabe im Flachbild bis Ende des Mittleren Reiches.* Diss. München 1973.
Egyptian Civilisation: Daily Life. Egyptian Museum Turin 1988.
El-Aguizy, O. „Dwarfs and Pygmies in Ancient Egypt". *Annales du Service des Antiquités d'Égypte* 71–1987: 53–60.
Emery, W. B. *A Funerary Repast in an Egyptian Tomb of the Archaic Period.* Leiden 1962.
Erman, A. *Aegypten und aegyptisches Leben im Altertum.* Berlin 1887.
Erman, A. *Zaubersprüche für Mutter und Kind. Aus dem Papyrus 3027 des Berliner Museums.* Berlin 1901.
Endesfelder, E. „Sklaven in der Nekropole von Deir el Medine. *Altorientalische Forschungen* 5–1977: 17–24.
Endesfelder, E. „Zur Frage der Bewässerung im pharaonischen Ägypten". *ZÄS* 106–1979: 37–51.
Endesfelder, E. „Bemerkungen zur Entstehung und zum Charakter des Beamtentums im alten Ägypten". *Altorientalische Forschungen* 9–1982: 5–11.
Erman, A. *Life in Ancient Egypt.* London 1894.
Estes, J. W. *The Medical Skills of Ancient Egypt.* Canton, Mass. 1989.
Eyre, C. J. „Crime and Adultery in Ancient Egypt". *JEA* 70–1984: 92–105.
Eyre, C. J. „Employment and Labour Relations in the Theban Necropolis in the Ramesside Period". PhD Thesis, The Queen's College, Cambridge.
Fakhry, A. *The Pyramids.* Chicago 1961.
Feucht, E. „Geburt, Kindheit, Jugend und Ausbildung im Alten Ägypten". In: *Zur Sozialgeschichte der Kindheit* (J. Martin und A. Nitschke, Hgg.), Freiburg und München 1986, 225–265.
Field, H. „Body-Marking in Southwest Asia". *Papers of the Peabody Museum,* Harvard University 45/1–1958, Cambridge, Mass.
Fischer, H. G. „The Trumpet in Ancient Egypt". In: *Pyramid Studies and Other Essays presented to I. E. S. Edwards* (J. Baines et al., Hgg.) G. A., *Narrative in Egyptian Art.* Kairo 1976.
Fischer, H. G. „Women in the Old Kingdom and the Heracleopolitan Period". In: Lesko, B. S. (Hgg.) *Women's Earliest Records from Ancient Egypt and Western Asia.* Atlanta, Georgia 1987, 5–24.
Gaballah, G. A. *Narrative in Egyptian Art.* Kairo 1976.
Gaillard, C. „Les tatonnements des Égyptiens de l'ancien empire à la recherche des animaux à domestiquer". *Revue d'Ethnographie et de Sociologie* 3–1912: 329–348.
Gamer-Wallert, I. *Fische und Fischkult in Ägypten.* Wiesbaden 1970.
Gardiner, A. „The House of Life". *JEA* 24–1938: 157–179.
Gardiner, A. *Egypt of the Pharaohs.* Oxford 1961.
Germer, R. *Flora des alten Ägypten.* Mainz *1985.*
Das Geschichtswerk des Herodotos von Halikarnassos (übertr. v. Th. Braun) 3. Aufl. Leipzig 1958.
Ghalioungui, P. *Magic and Medical Science in Ancient Egypt.* London 1963.
Ghalioungui, P. „The Persistence and Spread of Some Obstetric Concepts held in Ancient Egypt". *Annales du Service des Antiquités de l'Égypte* 62–1977: 141–154.
Ghalioungui, P. *The Physicians of Pharaonic Egypt.* Kairo und Mainz 1983.
Ghalioungui, P., El-Dawakhly, Z. *Health and Healing in Ancient Egypt.* Kairo 1965.
Gillings, R. J. *Mathematics in the Time of the Pharaohs.* Cambridge, Mass. 1972.

Goyon, G. *Les secret de bâtisseurs des grandes pyramides Khéops.* Paris 1977.
Goyon, J. C. *Rituels funéraires de l'ancienne Égypte.* Paris 1972.
Granville, A. B. *An Essay on Egyptian Mummies.* London 1825.
Grapow, H. *Grundriß der Medizin der alten Ägypter.* Bde. I–III. Berlin 1954, 1955, 1956.
Griffith, F. Ll. *Beni Hasan, Memoir 5.* London 1896.
Griffith, F. Ll. *Hieratic Papyri from Kahun and Gurob.* 2 Bde. London 1898.
Grunert, S. *Thebanische Kaufverträge.* Berlin 1981.
Guglielmi, W. *Reden, Rufe und Lieder auf altägyptischen Darstellungen der Landwirtschaft, Viehzucht, des Fisch- und Vogelfangs vom Mittleren Reich bis zur Spätzeit.* Bonn 1973 (Tübinger Ägyptologische Beiträge 1).
Hafemann, I. „Zum Problem der staatlichen Arbeitspflicht im alten Ägypten". II. *Altorient. Forsch.* 12–1985: 179-215.
Harris, J. R., Weeks, K. R. X-Raying the Pharaohs. New York 1973.
Harris, J. E., Iskander, Z., Farid, S. „Restorative Dentistry in Ancient Egypt: an Archaeological Fact". *Journal of the Michigan Dental Association* 57–1975: 401–404.
Harris, J. E., Wente, E. F. (Hgg.) An X-Ray Atlas of the Royal Mummies. Chicago, London 1980.
Hartmann, F. *L'agriculture dans l'ancienne Égypte.* Paris 1923.
Hayes, W. C. „Inscriptions from the Palace of Amenhotep III". *JNES* 10–1951: 82–112.
Helck, W. „Die Tochterheirat ägyptischer Könige". *Cahiers d'Égypt* 87–1969: 27–59.
Helck, W., Otto, E. *Kleines Wörterbuch der Ägyptologie.* Wiesbaden 1956.
Hepper, F. N. *Pharaoh's Flowers. The botanical treasures of Tutankhamun.* London 1990.
Hermann, A. *Altägyptische Liebesdichtung.* Wiesbaden 1959.
Hickman, H. „Altägyptische Musik". In: *Orientalische Musik.* Leiden, Köln 1970, 135–170.
Hinkel, F. W. „Ancient Scheme to Build a Pyramid at Meroe". In: *New Discoveries in Nubia.* Leiden 1982, 45–49.
Hobbs, J. J. „Sands of the Shore: Animals in Egyptian Life". M. A. Thesis, University of Texas, Austin 1980.
Hoffmann-Axthelm, W. *History of Dentistry.* Chicago etc. 1981.
Hooper, F. A. *Funerary Stelae from Kom Abu Billou.* Ann Arbor 1961.
Hooton, E. A. „Oral Surgery in Egypt during the Old Empire". *Harvard African Studies* 1–1917: 29–32.
Hornung, E. „Zum Turiner Grabplan". In; *Pyramid Studies and other Essays presented to I. E. S. Edwards* (J. Baines et al., Hgg.). London 1988. 138–142.
Hölscher, U. *Das Grabdenkmal des König Chefren.* Leipzig 1912.
Hurry, J. B. *Imhotep, the vizier and physician of King Zoser.* Oxford 1928.
Iversen, E. *Canon and Proportions in Egyptian Art.* 2. Aufl. Warminster 1975.
James, T. G. H. *An Introduction to Ancient Egypt.* London 1979.
James. T. G. H. *Pharaoh's People. Scenes from LIfe in Imperial Egypt.* London 1984.
Janssen, J. J. *Commodity prices from the Ramessid Period.* Leiden 1975.
Janssen, J. J. „The Day the Inundation Began". *JNES* 46–1987: 126–136.
Janssen, J. J. „Marriage Problems and Public Reactions". In: *Pyramid Studies and other Essays presented to I. E. S. Edwards* (J. Baines et al., Hgg.). London 1988.
Janssen, J. J. „On Prices and Wages in Ancient Egypt". *Altorientalische Forschungen* 15–1988: 10–23.
Janssen, J. M. A. „On the Ideal Lifetime of the Egyptians". *Oudheidk. Medelingen Rijksmuseum Oudheden* 31–1950: 33–43.
Jonckheere, F. *Une maladie égyptienne: L'hématurie parasitaire.* Brüssel 1944.
Jonckheere, F. *Le Papyrus médical Chester Beatty.* Brüssel 1947.
Jonckheere, F. „La circoncision des anciens ègyptiens". *Centaurus* 1–1951: 212–234.
Jonckheere, F. „La „mesdemet". Cosmétique and médicaments égyptiens". *Histoire de la médicine* 2/7–1952: 1–12.
Jonckheere, F. „L'eunuque dans l'Égypte pharaonique". *Revue d'Histoire des Sciences.* 7–1954: 139–155.
Jonckheere, F. „La durée de la gestation d'après les textes égyptiens". *Chronique d'Égypte.* 30–1955: 19–45.
Jonckheere, F. „Un chapitre de pediatrie égyptienne: l'allaitement". *Aesculape* 36–1955: 19–45.
Jonckheere, F. *Les médicins de l'Égypte pharaonique. Essai de prosopographie.* Brüssel 1958.
Katsnel'son, I. S. (Hg.) *Kul'tura drevnego Yegipta.* Moskau 1976.
Kamal, H. *Dictionary of Pharaonic Medicine.* Kairo 1967.
Kanawati, N. *The Egyptian Administration in the Old Kingdom. Evidence of its Economic Decline.* Warminster 1977.
Kelmer, J. *Remarques sur le tatouage dans l'Égypte ancienne.* Kairo 1948.
Kemp, B. J. „Tell el-Amarna as a Source for the Study of Urban Society in Egypt". *World Archaeology* 9–1969: 123–139.
Kemp, B. J. „The Harim-Palace at Medinet el-Ghurab". *ZÄS* 105–1978: 122–133.
Kemp, B. J. *Amarna Reports III.* London 1986.
Kemp, B. „Large Middle Kingdom Granary Buildings (and the archaeology of administration)". *ZÄS* 113–1986: 120–136.
Killen, G. *Ancient Egyptian Furniture.* Bd. I. Warminster 1980.
Kitchen, K. A. „The chronology of ancient Egypt". *World Archaeology* 23–1991: 201–208.
Korostovtsev, M. A. „Was ist ein Sklave?" *Altorientalische Forschungen* 5–1977: 5–15.
Kromer, K. *Siedlungsfunde aus dem frühen Alten Reich in Giseh.* Wien 1978.
Lacovara, P. „The Hearst Excavations at Deir el-Ballas: The Eighteenth Dynasty Town". In: *Studies in Ancient Egypt, the Aegean and the Sudan. Essays in honor of Dows Dunham.* Boston, Mass. 1981, 120–124.
Laskowska-Kusztal, E. „Un atelier de perruquerier à Deir el-Bahari". *Études et Travaux* 10–1978: 83–120.
Lauer, J. P. *Histoire monumentale des pyramides d'Égypte.* 2 Bde., Paris 1962.
Leake, C. D. *The Old Egyptian Medical Papyri.* Lawrence, Kansas 1952.
Leben im Ägyptischen Altertum. Literatur, Urkunden, Briefe aus vier Jahrtausenden, Staatl. Museen zu Berlin 1977.
Lebensweisheiten der Alten Ägypter (eingel., übers. u. kommentiert v. E. Brunner-Traut). Freiburg i. Br. 1985.
Leca. A.-P. *La médecine égyptienne au temps des Pharaons.* Paris 1971.
Leca, A.-P. *Les momies.* Paris 1976.
Leek, F. F. „Observations on the Dental Pathology seen in Ancient Egyptian Skulls". *JEA* 52–1966: 59–64.
Leek, F. F. „Bread of the Pharaoh's Baker". *American Research Center in Egypt Nwsletter* 77–1971: 2–4.
Leek, F. F. *The Human Remains from the Tomb of Tutankhamun.* Oxford 1972.
Leek, F. F. „Teeth and Breath in Ancient Egypt". *JEA* 58–1972: 126–132.
Leek, F. F. „Did a Dental Profession exist in Ancient Egypt during the 3rd Millennium BC?" *Medical History* 16–1972: 404–406.
Leek, F. F. „A Third Millennium BC Dental Profession in Egypt: Fact

or Fiction?" In: *Paleopathology Association 3th European Meeting*, Caen 1980, 43–49.

Lefebvre, G. „Tableau des parties du corps humain mentionnées par les Égyptiens". *Suppl. Annales du Service des Antiquit.* 17. Kairo 1952.

Lefebvre, G. *Essai sur la médicine égyptienne de l'époque pharaonique*. Paris 1956.

Lefebvre, G. „L'âge de 110 ans et la vieillesse chez les Égyptiens". *C. R. de l'Acad. des Inscr. et Belles Lettres* 1944: 106–119.

Lefebvre, G. „Lait de vache et autres laits en Égypte". *Revue d'Égypt.* 12–1960: 59–65.

Leff, S., Leff, V. *Von der Zauberei zur Weltgesundheit*. Berlin 1958.

Lewin, P., Mills, A. J., Savage, H., Vollmer, J. „Nakht, a weaver of Thebes". *Rotunda* 7/4–1975: 14-17.

Lexa, F. *La magie dans l'Égypte antique de l'ancien empire jusqu'á l'époque copte*. 3 Bde. Paris 1925.

Lexa, F. *Papyrus Insinger. Les enseignements moraux d'un égyptien du premier siècle après J.-C.* 2 Bde. Paris 1926.

Lexa, F. *Výbor ze starší literatury egyptské*. Prag 1947.

Lexa, F. *Výbor z mladší literatury egyptské*. Prag 1947.

Lexa, F. *Veřejný život ve starém Egyptě*. 2 Bde. Prag 1955.

Lexikon der Ägyptologie (W. Helck, W. Westendorf, Hgg.). Wiesbaden 1–1975. 1.–1977. III–1980, IV–1982, V–1984, VI–1986.

Lexová, I. *O staroegyptském tanci*. Prag 1930.

Lichtheim, M. *Ancient Egyptian Literature: a Book of Readings*. Bde. I–III. Berkeley 1975–1980.

Lisowski, F. P. „Trépanation en ancienne Egypte". *VI Congès fédératif internat. d'anatomie*. Paris 1955. 143 ff.

Lucanus, M. A. *De bello civili libri X* (C. Hosius, Hg.) Leipzig 1905.

Lucas, A. L. „Cosmetics, Perfumes and Incense in Ancient Egypt". *JEA* 16–1930: 41–53.

Lucas, A. L. „The Use of Natron in Mummification". *JEA* 18–1932: 125–140.

Lucas, A. „Poisons in Ancient Egypt". *JEA* 24–1938: 198–199.

Lucas, A., Harris, J. R. *Ancient Egyptian Materials and Industries*. 4. Aufl. London 1962.

Lurye, I. M. „Zabastovka remeslennikov Fivanskogo nekropolya vo vremeni Ramese III". *Vestnik drevney istoriyi* 35/1–1951: 221–232.

Lurye, I. M. *Studien zum altägyptischen Recht des 16. bis 10. Jahrhunderts v.u.Z.* Weimar 1971.

Lüddeckens, E. „Ägyptische Eheverträge", *Ägyptologische Abhandlungen* 1–1960.

Manniche, L. „Egyptian Sexual Life". *Acta Orientalia* 38–1977: 11–24.

Marro, G. „Contributo alla patologia del sistemo osseo negli Egiziani antichi". *Memorie della Reale Accademia delle Scienze di Torino*, ser. II, tomo 70, parte I, 119–140, 1946.

Marro, G. „Documentazioni morbose finore ignorate nell'antico Egitto". *Minverva Medica* (Turin) 42/39-1952: 1–14.

Masali, M. „Dati sulla mortalità infantile nell'Egitto dai reperti della collezione „G. Marro". *Rivista di Antrop.* 54–1967: 171–173.

Matiegková, L. „Vyšetřování egyptských mumií". *Anthropologie* 7–1929: 237–253.

Matiegková, L. *Dítě ve starém Egyptě*. Anthropologická knihovna Prag 1937.

Meisterwerke altägyptischer Dichtung (übertr. v. E. Hornung). Zürich 1978.

Mendelssohn, K. *The Riddle of the Pyramid*. London und Cambridge 1974.

Middleton, R. „Brother-Sister and Father-Daughter Marriage in Ancient Egypt". *American Sociol. Review* 27–1962: 603 ff.

Millet, N. B. „The Narmer Macehead and Related Objects". *Journal of the Americ. Research Centre in Egypt* 27–1990: 53–59.

Miller, R. L. „Hogs and Hygiene". *JEA* 76–1990: 125–140.

Montet, P. *Les scènes de la vie privée dans les tombeaux égyptiens de l'ancien Empire*. Straßburg u. Paris 1925.

Montet, P. *La vie quotidienne en Égypte aux temps des Ramsès*. Paris 1946.

Moodie, R. L. „Roentgenologic Studies of Egyptian and Peruvian Mummies". *Field Museum Nat. History Memoir* 3. Chicago 1931.

Morenz, S. *Gott und Mensch im alten Ägypten*. Heidelberg 1963.

Morenz, S. *Egyptian Religion*. Ithaka 1984.

Moussa, A. M., Altenmüller, H. *Das Grab des Nianchchnum und Chnumhotep*. Mainz 1977.

Müller, W. M. *Die Liebespoesie der alten Ägypter* 2. Aufl. Leipzig 1932.

Naville, E. „Figurines égyptiennes de l'époque archaique". *Recueil des Travaux* N.S. 5–1899: 212–216, N.S. 6–1900: 65–71.

Newberry, P. E. *Beni Hasan, memoirs 1–2*. London 1893.

Nolte, B. „Die Glaßgefäße im alten Ägypten". *Münchner Ägypt. Studien* 14. München 1968.

Ockinga, B. G. „On the Interpretation of the Kadesh Record". *Cahiers d'Égypte* 123–124–1987: 38–48.

Omlin, J. A. „Der Papyrus 55001 und seine satirisch-erotischen Zeichnungen und Inschriften". *Catalogo del Museo Egizio di Torino*. Bd. III Turin 1973.

Onasch, A. „Werde Schreiber!" Schulen und Schüler im alten Ägypten. *Das Altertum* 31–1985: 204–212.

Onasch, A. „Zur sozialen Stellung der ägyptischen Beamten im Neuen Reich". *Ethnogr.-archäologische Z.* 26–1985: 281–290.

Pavlov, V. V., Khodzhash, S. I. *Khudozhestvennoye remeslo drevnego Yegipta*. Moskau 1959.

Peck, W. H., Ross, J. G. *Egyptian Drawings*. New York 1978.

Peet, T. E. „Excavations at Tell el-Amarna: a preliminary report". *JEA* 7–1921: 169–185.

Peet, T. E. *The Great Tomb-Robberies of the Twentieth Egyptian Dynasty*. Oxford 1930.

Peterson, B. E. J. „Zeichnungen aus einer Totenstadt". *Medehavs Museet Bulletin* 7–8. Stockholm 1973.

Petrie, W. M. F. *Kahun, Gurob and Hawara*. London 1890.

Petrie, W. M. F. *Illahun, Kahun and Gurob.*, London 1891.

Petrie, W. M. F. *Athribis*. London 1908.

Petrie, W. M. F. *Arts and Crafts of Ancient Egypt*. Chicago 1910.

Petrie, W. M. F. *Social Life in Ancient Egypt*. London 1923.

Petrie, W. M. F. *Objects of Daily Use*. London 1927.

Pliny *Natural History*. 10 Bde. (H. Rackham et al., übers.). Cambridge, Mass. 1938–1962.

Poláček, V. „Randbemerkungen zum Sklaventum im Alten Ägypten". In: Becher, W. G., Schnorr von Carolsfeld, L. *Sein und Werden im Recht. Festgabe Ulrich von Lübtow*. Berlin 1970: 153–172.

Pollak, K. *Wissen und Weisheit der alten Ärzte*. Düsseldorf 1968.

Posener, G. „Sur l'attribution d'un nom à un enfant". *Revue d'Égyptologie* 22–1970: 204–205.

Posener, G., Sauneron, S., Yoyotte, J. *Knaurs Lexikon der ägyptischen Kultur*, München, Zürich 1960.

Posener-Kriéger, P. *Les archives du Temple funéraire de Neferirkare (Les papyrus d'Abousir)*. 2 Bde. Kairo 1976.

Posener-Kriéger, P. „Remarques préliminaires sur les nouveaux papyrus d'Abousir". In: *Ägypten. Dauer und Wandel*. Mainz 1986. 35–43.

Pusch, E. B. „Das Senet/Brettspiel im Alten Ägypten". I. und II. *Münchener ägyptologische Studien* 38, München u. Berlin 1979.

Rachelwiltz de, B. *Black Eros*. London 1968.

Reineke, W. F. „Wissenschaft und Wissenschaftler im alten Ägypten". *Altorient. Forschungen* 9–1982: 13-31.

Riad, N. *La médecine au temps des Pharaohs*. Paris 1955.

Riefstahl, E. „An Egyptian Portrait of an Old Man" *JNES* 10–1951: 65–73.

Rizqallah, F., Rizqallah, K. *La préparation du pain*. Kairo 1978.

Robins, G. „The Physical Proportions and Living Stature of New Kingdom Pharaohs“. *J. of Human Evolution* 12–1983: 455–465.

Robins, G. „Natural and Canonical Proportions in Ancient Egyptians“. *Göttinger Miszellen* 61–1983: 17–25.

Robins, G. „Ancient Egyptian Sexuality“. *Discussions in Egyptology* 11–1988: 61–72.

Robins, G. „A critical examination of the theory that the right to the throne of ancient Egypt passed through the female line in the 18th dynasty“. *Göttinger Miszellen* 62–1983: 67–77.

Robins, R. G. „Some images of women in New Kingdom art“. In: Lesko, B. S. (Hg.) *Women's Earliest Records from Ancient Egypt and Western Asia*. Atlanta, Georgia 1987, 105–116.

Rowling, J. T. „Pathological Changes in Mummies“. *Proc. Royal Soc. of Medicine* 54–1961: 409–415.

Ruffer, M. A. „Study of Abnormalities and Pathology of Ancient Egyptian Teeth“. *Amer. J. Phys. Anthrop.* 3–1920: 335–382.

Ruffer, M. A. *Studies in the Paleopathology of Egypt*. Edited by R. L. Moodi. Chicago 1921.

Salib, P. „Orthopaedic and Traumatic Skeletal Lesions in Ancient Egyptians“. *J. Bone and Joint Surgery* 44 B–1962: 944–947.

Sameh, W. *Alltag im alten Ägypten*. München 1963.

Sandison, A. T. „The Use of Natron in Mummification in Ancient Egypt“. *JNES* 22–1963: 259–267.

Sauneron, S. *Les prétres de l'Ancienne Égypte*. Paris 1962.

Sauneron, S. „Les dix mois précédant la naissance“. *BIFAO* 58–1959: 33–34.

Sawi, A., Bouzek, J., Vidman, L. „New Stelae from Terenoathis Cemetery in Egypt“. *Archív Orientální* 48–1980: 330–355.

Scheel, B. „Studien zum Metallhandwerk im Alten Ägypten“. I. *Studien zur Altägyptischen Kultur* 12–1958: 117–177.

Schenkel, W. *Die Bewässerungsrevolution im Alten Ägypten*. Mainz 1978.

Schneider, H. D. „Shabtis“. *Rijksmuseum van Oudheden te Leiden*, Teil I. Leiden 1977, 13–17.

Schott, S. *Altägyptische Liebeslieder mit Märchen und Liebesgeschichten*. Zürich 1950.

Schott, S. *Das Schöne Fest vom Wüstentale. Festbräuche einer Totenstadt*. Wiesbaden 1952.

Schott, S. „Aufnahmen vom Hungersnotrelief aus dem Aufweg der Unaspyramide“. *Revue d'Egypt*. 17–1965: 7–13.

Scott, N. E. *The Home Life of the Ancient Egyptians*. New York 1947.

Scott, S. *Altägyptische Liebeslieder*. Zürich 1950.

Shaaban, M. M. „Trephination in Ancient Egypt and the Report of a New Case from Dakhleh Oasis“. *Ossa* 9–11–1982–84: 135–142.

Shattock, S. G. „Microscopic Sections of the Aorta of King Merneptah“. *Lancet* 1–1909: 318.

Shaw, I. *Egyptian Warfare and Wapons*. Princes Risborough 1991.

Shorter, J. „A Magical Ivory“. *JEA* 18–1932: 1–2.

Slomann, H. C. „Contribution à la paléopathologie égyptienne“. *Bull. Soc. d Anthrop. Paris, sér.* 8, tome VII–1927: 62–86.

Smith, G. E. „The Most Ancient Splints“. *Brit Med. J.* 1–1908: 732–734.

Smith, G. E. *The Royal Mummies. Catalogue général des antiquités égyptiennes du Musée du Caire* 59. Kairo 1912.

Smith, G. E., Dawson, W. R. *Egyptian Mummies*. London 1924.

Smith, H. S. *A Visit to Ancient Egypt. Life at Memphis and Saqqara*. Warminster 1974.

So lebten die alten Ägypter. Katalog. Museum Basel 1976.

Stadelmann, R. *Die ägyptischen Pyramiden*. Mainz 1985.

Staehelin, E. „Untersuchungen zur ägyptischen Tracht im Alten Reich“. *Münchner Ägypt. Studien* 8. München 1966.

Steinmann, F. „Gab es im alten Ägypten Sklavenarbeit in der Sphäre der handwerklich-künstlerischen Produktion?“ *Altorient. Forschungen* 5–1977: 25–31.

Steinmann, F. „Die gesellschaftliche Stellung der ägyptischen 'Künstler' im Neuen Reich“. *Altertum* 24–1978: 36–43.

Strabo, *The Geography of Strabon* (übers. v. H. C. Hamilton und W. Falconer). London 1881.

Strouhal, E. „Tumours in the Remains of Ancient Egyptians“. *Amer. J. Phys. Anthrop.* 45–1976: 613–620.

Strouhal, E. „Maternity in Ancient Egypt“. In: Doležal, A., Gutvirth, J. (Hgg.) *Anthropology of Maternity*. Prag 1977, 287–292.

Strouhal, E. „Ancient Egyptian Case of Carcinoma“. *Bull. N. York Acad. Medicine* 54–1978: 290–302.

Strouhal, E. „Queen Mutnodjemet at Memphis: Anthropological and Palaeopathological Evidence“. In: *Égyptologie en 1979. Axes prioritaires de recherche*, Bd. II, Paris 1982. 317–322.

Strouhal, E. „Paleopathology of Dentition of the Ancient Egyptians from Abusir“. *Garcia de Orta, sér. antropobiol* (Lissabon) 3–1984: 163–172.

Strouhal, E. „Anthropology of the Late Period Cemetery in the Tomb of King Horemheb at Saqqara (Egypt)“ *Internat. J. ofAanthrop.* 1–1986: 215–224.

Strouhal, E. „Adaptation of the Late Period Population of Abusir (Egypt)“. *Anthropos* (Athinai) 11–1986: 94–103.

Strouhal, E. „Embalming Excerebration in the Middle Kingdom“. In: *Science in Egyptology. Proceedings of the Science of Egyptology Symposia* (A. R. David, Hg.). Manchester 1986, 141–154.

Strouhal, E. „Three Figured Ostraka from the Ancient Egyptian Collections of the Náprstek Museum“. *Annals of the Náprstek Museum* 15–1988: 47–68.

Strouhal, E. „Life of the Ancient Egyptian Children according to Archaeological Sources“. In: *Children and Exercise* (G. Beunen et al., Hgg.). Stuttgart 1990, 184–196.

Strouhal, E. „Vertebral Tuberculosis in Ancient Egypt and Nubia“. In: *Human Paleopathology. Current Syntheses and Future Options* (D. J. Ortner and C. Aufderheide, Hgg.). Washington 1991, 181–194.

Strouhal, E., Jungwirth, J. „Ein verkalktes Myoma uteri aus der späten Römerzeit in Ägyptisch-Nubien“. *Mitteil. d. Anthrop. Gesellsch.*, Wien 107–1977: 215–221.

Strouhal, E., Jungwirth, J. „Paleopathology of the Late Roman – Early Byzantine Cemeteries at Sayala, Egyptian Nubia“. *J. of Human Evol.* 9–1980: 61–70.

Strouhal, E., Vyhnánek, L. „New Cases of Malign Tumours from Late Period Cemeteries at Abusir and Saqqara (Egypt)“. *Ossa* 8–1981: 165–189.

Strouhal, E., Vyhnánek, L. „Results of Examination of the Mummy of Qenamum“. *Antropologie* (Brüm) 13–1975: 219–221.

Strouhal, E., Vyhnánek, L. „Egyptian Mummies in Czechoslovak Collections“. *Acta Musei Nationalis Pragae* 35 B, 1979.

Švastal, J. „Beitrag zur Erforschung der Geschichte der Vermessungskunde im Alten Ägypten“. *Acta Polytechnica – Prácee ČVUT v Praze* 13–1983: 69–80.

Thierfelder, H. *Die Geschisterehe im hellenistisch-römischen Ägypten*. Münster 1960.

Thomas, A. P. *Gurob: A New Kingdom Town*. Warminster 1981.

Thorwald, J. *Macht und Geheimnis der frühen Ärzte*. München, Zürich 1962.

Tietze, C. „Amarna. Analyse der Wohnhäuser und soziale Struktur der Stadtbewohner“. *ZÄS* 112–1980: 48–84.

Tietze, C. „Amarna (Teil II) Analyse der ökonomischen Beziehungen der Stadtbewohner“. *ZÄS* 113–1986: 55–78.

Touny, A. D., Wenig, S. *Der Sport im alten Ägypten*. Leipzig 1969.

Vachala, B. „Ein neuer Beleg der Polygamie für das Alte Reich?“ *ZÄS* 106–1979: 87–88.

Vachala, B. „Ein interessantes Relieffragment mit Familienszene aus Abusir". *ZÄS* 107–1980: 88.
Vahala, B. „Neue Salbölpaletten aus Abusir". *ZÄS* 108–1981: 61–67.
Vachala, B. „Die Kriegsgefangenen im Lichte der schrifltichen Quellen des Alten Reiches". In: *Akten des vierten internationalen Ägyptologenkongresses München 1985.* Bd. 4. Hamburg 1992. 87–93.
Valbelle, D. *„Les ouvriers de la Tombe". Deir el-Medineh à l'époque ramesside.* Kairo 1985.
Vandier, J. *La famine dans l'Égypte ancienne.* Kairo 1936.
Vandier, D., Abbadie, J. *Catalogue des objets de toilette égyptiens.* Paris 1972.
Vercoutter, J. „Les femmes et l'amour au temps des Pharaons". *Miroir de l'Histoire* 186–1965. 32 ff.
Verner, M. „Periodical Water-Volume Fluctuations of the Nile". *Archiv Orientální* 40–1972: 105–123.
Verner, M. „The Seal-Bearer Qenamun". *ZÄS* 100–1974: 130–136.
Verner, M. „A Slaughterhouse from the Old Kingdom". *Mitteil. d. Dtsch. Arch. Inst. Kairo* 42–1986: 181–189.
Vilímková, M. *Egyptian Jewellery.* London 1969.
Vyhnánek, L., Strouhal, E. „Arteriosclerosis in Egyptian Mummies". *Anthropologie* 13–1975: 216–221.
Vhnánek, L., Strouhal, E. „Spondylosis and Arthrosis in Ancient Egyptian Mummies from Czechoslovak Collections". *Acta Facult. Rerum Natur. Univ. Comen.-Anthropologia* 23–1976: 319–324.
Watermann, R. „Paleopathologische Beobachtungen an altägyptischen Skeletten und Mumien". *Homo* 11–1960: 167–179.
Weeks, K. R. „The Anatomical Knowledge of the Ancient Egyptians and the Representation of the Human Figure in Egyptian Art". Ph. Diss., Yale Univ., University Microfilms International, Ann Arbor, Mich. 1981.
Weinberger, B. W. „The Dental Art in Ancient Egypt". *Amer. Dental Assoc. J.* 34–1947: 170–184.
Weindler, F. *Geburts- und Wochenbettdarstellungen auf altägyptischen Tempelreliefs.* München 1915.
Wenig, S. *Die Frau im alten Ägypten.* Wien, München 1969.
Wilkinson, G. *Manners and Customs of Ancient Egyptians.* London 1837.
Wilkinson, G. *Second Series of the Manners and Customs of the Ancient Egyptians* ... London 1841.
Wilson, J. A. „Medicine in Ancient Egypt". *Bull. Hist. Medicine* 36–1962: 114–123.
Winlock, H. E. *Models of Daily Life in Ancient Egypt from the Tomb of Meket-Re at Thebes.* Cambridge 1955.
Wipszycka, E. „L'industrie textile dans l'Égypte romaine". *Archiwum filologiczne* 9–1965. Wróclaw, Warszawa, Karków.
Wolf, W. *Die Bewaffnung des altägyptischen Heeres.* Leipzig 1926.
Wolf, W. *Kulturgeschichte des Alten Ägyptens.* Stuttgart 1962.
Wolley, C. L. „Excavations at Tell el-Amarna". *JEA* 8–1922: 48–82.
Wreszinski, W. *Atlas zur altägyptischen Kulturgeschichte.* I–III. Leipzig 1923–1938.
Wreszinski, W. *Die Medizin der Alten Ägypter.* I–III. Leipzig 1909–1913.
Yoyotte, J. „Les os et la semence masculine". *BIFAO* 61–1962: 139–146.
Žába, Z. „Orientation astronomique dans l'ancienne Égypte et la précession de l'axe du monde". *Archív Orientální, Supplementa II.* Prag 1953.
Žába, Z. *Les Maximes du Ptahhotep.* Prag 1956.

Orts- und Personenregister

Kursive Ziffern beziehen sich auf die Abbildungslegenden

Karten von Altägypten

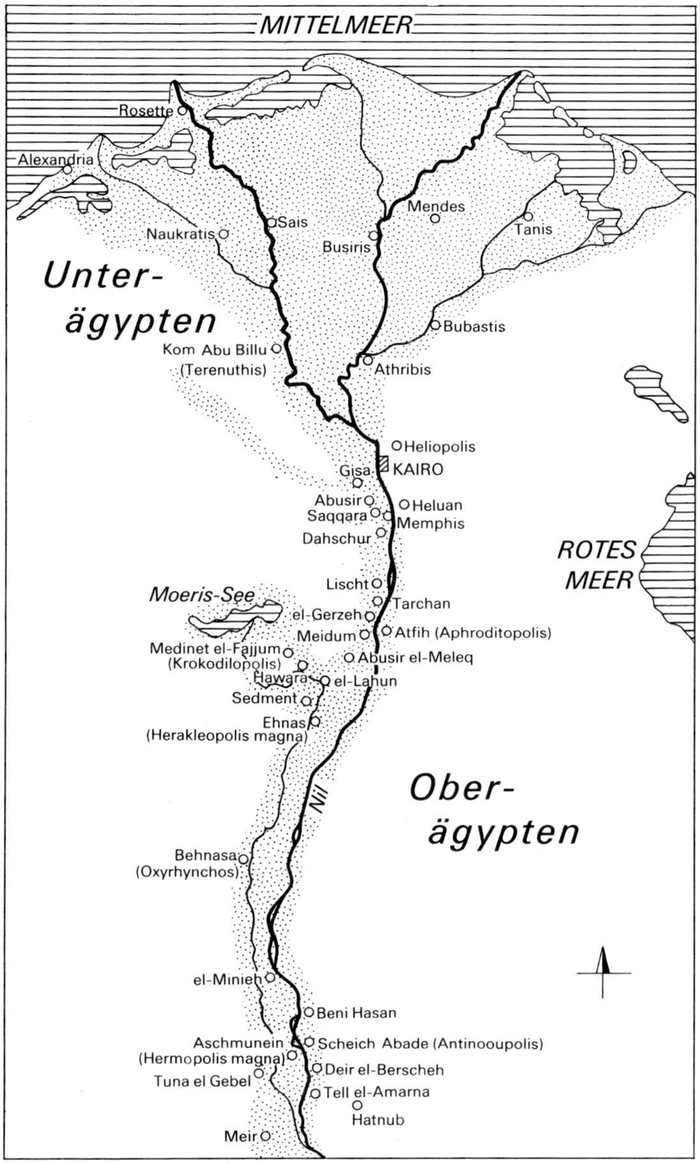

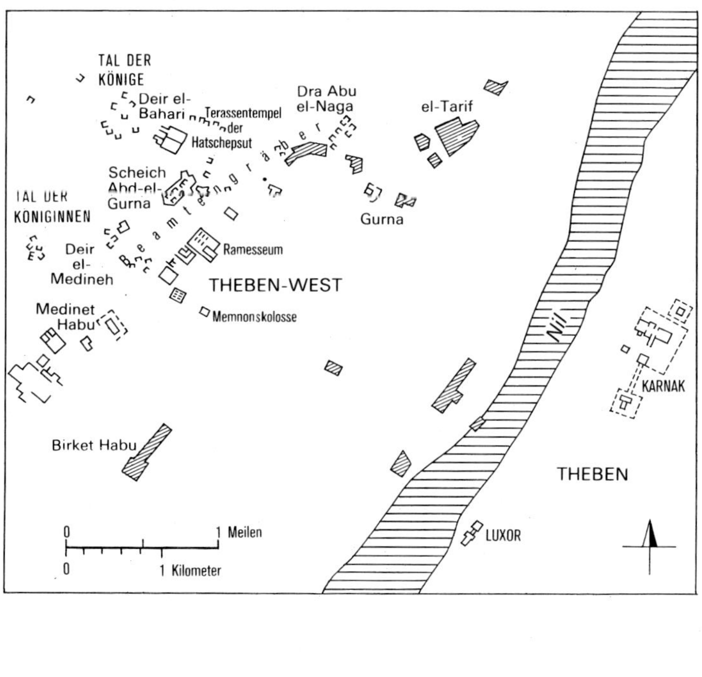

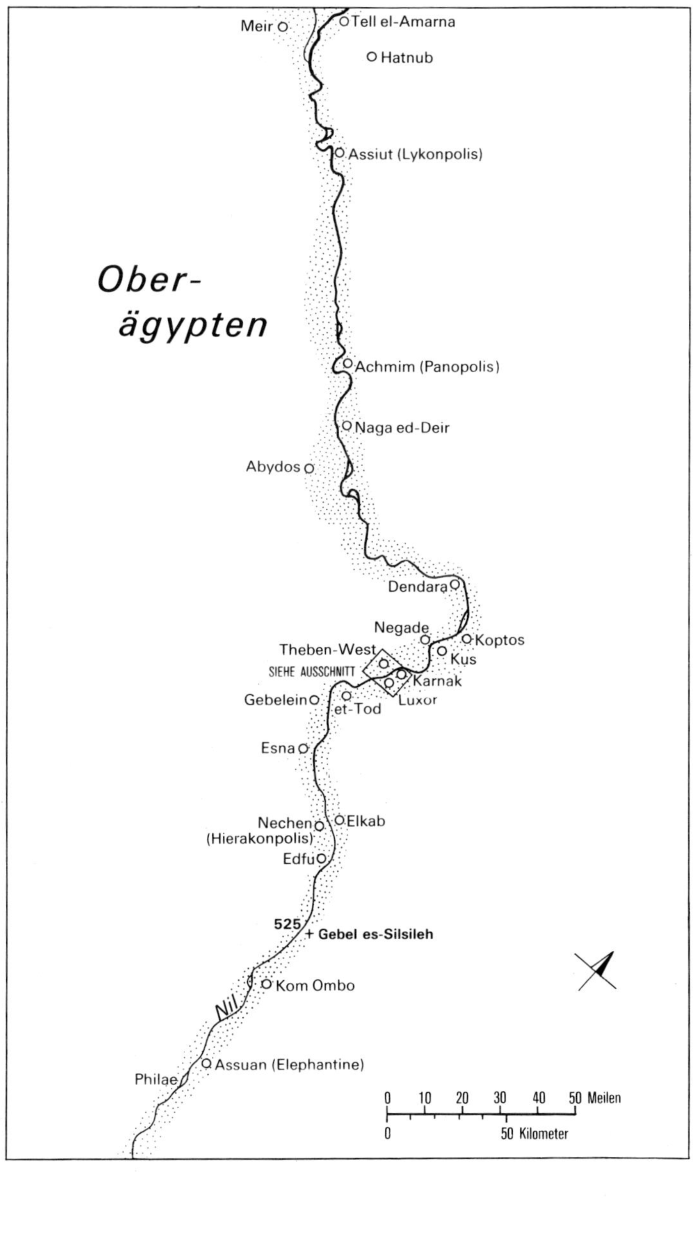